Frank Lorenz Müller

Die Thronfolger

Frank Lorenz Müller

# DIE THRONFOLGER

*Macht und Zukunft der Monarchie im 19. Jahrhundert*

Siedler

Sollte diese Publikation Links auf Webseiten Dritter enthalten, so übernehmen wir für deren Inhalte keine Haftung, da wir uns diese nicht zu eigen machen, sondern lediglich auf deren Stand zum Zeitpunkt der Erstveröffentlichung verweisen.

MIX
Papier aus verantwortungsvollen Quellen
FSC® C014496

Verlagsgruppe Random House FSC® N001967

Erste Auflage 2019



Umschlaggestaltung: Büro Jorge Schmidt, München
Umschlagabbildung: Rudolf, Kronprinz von Österreich, 1862,
Foto: Ludwig Angerer, ÖNB/Wien
Lektorat und Satz: Peter Palm, Berlin
Reproduktionen Aigner, Berlin
Druck und Bindung: GGP Media GmbH, Pößneck
Printed in Germany 2019
ISBN 978-3-8275-0071-7

www.siedler-verlag.de

Dieses Buch ist auch als E-Book erhältlich.

*This book is for Ceel.*

# Inhalt

# Einleitung

Der 21. Januar 1793, der Tag, an dem König Ludwig XVI. von Frankreich zum Schafott auf der heutigen *Place de la Concorde* gebracht wurde, war kalt und neblig. Mehr als 100 000 Soldaten säumten die verschneiten Straßen der französischen Hauptstadt. Die Wagenkolonne mit dem Verurteilten brauchte beinahe zwei Stunden für die dreieinhalb Kilometer lange Strecke von Ludwigs Gefängnis im *Tour de Temple*. Als man die Hinrichtungsstätte erreicht hatte, stieg der entthronte Monarch aus der Kutsche, legte den Mantel ab und knöpfte den Kragen seines Hemdes auf. Da der Weg zur Guillotine rutschig war, stützte er sich zunächst auf den Arm seines Beichtvaters, des irischstämmigen Abbé Henry Edgeworth, erklomm die Stufen dann jedoch allein. Vom Schafott aus wandte sich der König, der vom Nationalkonvent wegen Landesverrats zum Tode verurteilt worden war, an die riesige Menschenmenge, beteuerte seine Unschuld und vergab seinen Feinden. Doch ein von General Antoine Santerre, dem Kommandanten der Nationalgarde, befohlener Trommelwirbel übertönte seine letzten Worte. Dann packten die Scharfrichter den Bourbonen und zwangen ihn unter das Fallbeil. Der kräftige Nacken des Verurteilten passte allerdings nicht richtig in die vorgesehene Aussparung im Richtblock, und so verlief die Hinrichtung unsauber und sehr blutig. Als der Henker das abgetrennte Haupt endlich hochhielt, brachen bei einigen der Umstehenden alle Dämme: Ein paar Gaffer kosteten von dem verspritzten Blut des Königs und stritten über seinen Geschmack, andere tauchten ihre Hände hinein, und so viele wollten Taschentücher oder Briefumschläge damit benetzen, dass der Scharfrichter schließlich einen Eimer voll Blut bereitstellte. Neun Monate später wurde an gleicher Stelle die Witwe des Königs, Marie Antoinette, enthauptet. Als das Beil fiel, ertönte auch bei dieser Gelegenheit der Ruf: »Es lebe die Republik!«[1]

Aus monarchischer Sicht hätte das lange 19. Jahrhundert, das sich von der Französischen Revolution bis zum Ende des Ersten Weltkriegs erstreckte, kaum apokalyptischer beginnen können. Für viele Zeitgenossen und Nachgeborene war die juristisch sanktionierte, öffentliche Tötung eines gesalbten Monarchen eine so empörende Untat, dass durch sie eine uralte Weltordnung für immer verloren schien. Einige verzweifelte Zeitgenossen wurden durch die Nachricht von Ludwigs Enthauptung in tiefe seelische Abgründe gestürzt, sodass es Berichten zufolge zu Selbstmorden und Fällen von plötzlicher Geisteskrankheit kam. Noch im 20. Jahrhundert bedauerte der französische Philosoph und Schriftsteller Albert Camus die Hinrichtung des Königs, denn sie erschien ihm, so Susan Dunn, als »die irreversible Zerstörung einer Welt, die sich für ein Jahrtausend an eine heilige Ordnung gehalten hatte«. Der 21. Januar 1793 bedeutete für Camus den dauerhaften Verlust eines moralischen, von einem transzendenten Gott sanktionierten Kodex.[2]

Angesichts dieses blutigen Auftakts zum langen 19. Jahrhundert hätte wohl kein Mitglied des eng miteinander verwobenen Netzwerks europäischer Herrscherfamilien sich an jenem düsteren Wintertag träumen lassen, welch farbenfrohe monarchische Spektakel 120 Jahre später in Berlin und Braunschweig veranstaltet werden sollten. Im Frühsommer 1913 gab sich nämlich in der deutschen Hauptstadt das dynastische Europa ein prachtvolles Stelldichein – nunmehr vor den Linsen von Filmkameras, die den festlichen Augenblick für alle Zeiten in bewegten Bildern festhielten. Man war gekommen, um der Hochzeit der Prinzessin Viktoria Luise, der Tochter des deutschen Kaisers, mit dem Welfenprinzen Ernst August von Cumberland beizuwohnen. Unter den mehr als tausend Gästen befanden sich die Spitzen der europäischen Monarchien: Zar Nikolaus II. war ebenso gerne beim deutschen Kaiser Wilhelm II., seinem angeheirateten Cousin, zu Gast wie König Georg V. von Großbritannien – auch er ein Vetter des Hohenzollern. Beide ließen es sich nicht nehmen, die junge Braut bei der Polonaise zu führen. Die Feier war mit Bedacht auf den 24. Mai, den Geburtstag der 1901 verstorbenen britischen Königin Viktoria, gelegt worden, eine Ahnin vieler der anwesenden hohen Gäste. Die Hochzeit war hochgradig politisch: Sie diente der Beilegung des seit der preußischen Annexion von Hannover im Jahr 1866 herrschenden Konflikts zwischen den Dynastien der Welfen und der Hohenzollern. Trotz dieses Hintergrunds wurde die Verbindung erfolgreich als Herzensangelegenheit präsentiert, und so säumten Tausende von begeisterten Berlinern die Straßen. Sehr zum Ärger der sozialistischen Presse, die solchen »Hurrapöbel« mit galligen Worten schmähte, nahm die Bevölkerung der Stadt während der mehrtägigen Feierlichkeiten lebhaften Anteil am Glück ihres »Prinzeßchens«.[3]

Die Berliner Hochzeit fiel in ein üppig ausgestattetes monarchisches Jubiläumsjahr, denn 1913 jährte sich nicht nur die siegreiche Schlacht von Leipzig zum hundertsten Mal, es war auch ein Vierteljahrhundert vergangen, seit Wilhelm II. den deutschen Kaiserthron bestiegen hatte. Beides wurde pompös gefeiert. Im November 1913 zog das frisch vermählte Paar dann unter dem Jubel der Bevölkerung in Braunschweig ein, wo Ernst August den Thron des Herzogtums bestieg. Damit kehrten die Welfen mehr als vier Jahrzehnte nach dem Ende des Königreichs Hannover als regierende Fürsten ins Deutsche Reich zurück. »Du alter Stamm / Sei stets erneut / In edler Fürsten Reihe, / Wie alle Zeit / Dein Volk Dir weiht / Die alte deutsche Treue«, war auf einer Festpostkarte zu lesen, die eigens für den großen Tag gedruckt worden war. »Auf den mit Blumen und blaugelben Landesfarben geschmückten Bahnhöfen begrüßte uns die Bevölkerung«, erinnerte sich Herzogin Viktoria Luise später. »Nicht nur die Einwohnerschaft der Stadt war hieran beteiligt. Aus der näheren und weiteren Umgebung waren weit über 100 000 Menschen gekommen. […] Wer den Jubel gehört hat, bekam einen Begriff von der Macht der Tradition in den Herzen der Menschen.«[4]

Auch 120 Jahre nachdem der französische Revolutionär Maximilien de Robespierre im Nationalkonvent ausgerufen hatte, »Ludwig muss sterben, weil das Vaterland leben muss«, konnten sich die europäischen Monarchen also noch immer im warmen Licht öffentlicher Zustimmung sonnen, große Politik als Familienangelegenheit inszenieren und von der Macht dynastischer Loyalität in den Herzen der Menschen zehren. Durch das 19. Jahrhundert zog sich eine breite monarchische Ader, die jene Ära auf vielfältige Weise prägte. Um dieses Phänomen geht es im vorliegenden Buch.

Das Überleben der europäischen Monarchien im 19. Jahrhundert ist umso erstaunlicher, wenn man den Blick darauf richtet, dass dieses Jahrhundert zumeist als eine Zeit beschleunigter, tiefgreifender, oftmals revolutionärer Veränderungen verstanden wird. Diese Interpretation spiegelt sich auch in den Titeln der historischen Meistererzählungen zu diesem Säkulum wider. Eric Hobsbawms klassische Trilogie charakterisiert es als eine Abfolge von drei Epochen: Auf die der Revolution folgt die des Kapitals und schließlich die des Imperiums; in den Bänden der großen Propyläen-Geschichte Europas machten Eberhard Weis und Theodor Schieder erst den »Durchbruch des Bürgertums« und dann die Errichtung eines »Staatensystems als Vormacht der Welt« als die Kennzeichen des Jahrhunderts aus, und nach Jürgen Osterhammels *magnum opus* erlebte das Säkulum nichts Geringeres als die »Verwandlung der Welt«. In der Tat veränderten sich die Lebensumstände der Menschen in Europa im Verlauf des 19. Jahrhunderts gewaltig: Die sich beschleunigende Industrialisierung erreichte immer mehr Regionen des Kontinents; der Anstieg der Bevölkerungszahl und die damit verbundenen Wanderungsbewegungen vom flachen Land in die Städte und fort aus Europa nach Übersee waren enorm; die Bereiche Kommunikation und Mobilität wurden von einem rapiden wissenschaftlich-technischen Fortschritt erfasst; die Alphabetisierung schritt rasch voran, und daraus erwuchs eine breitere Öffentlichkeit; immer größere Bevölkerungsgruppen profitierten davon, dass Verfassungen eingeführt und das Wahlrecht schrittweise ausgeweitet wurde; mit dem imperialen Ausgreifen einiger europäischer Mächte auf den Rest der Welt ergaben sich neue Horizonte.[5]

Trotz aller Veränderungen blieb Europa während dieser Epoche ein zutiefst monarchisch geprägter Kontinent. Jeder Staat, der sich im 19. Jahrhundert in Europa neu etablierte, hat den Schritt in die Unabhängigkeit unter der Herrschaft eines gekrönten Hauptes getan: von Griechenland (1821) und Belgien (1830) bis Bulgarien (1878) und Norwegen (1905). Auch als die Staaten des Erdteils 1914 in den Krieg zogen, war er noch immer ganz überwiegend monarchisch. Frankreich, die Schweiz, Portugal und das kleine San Marino stellten die republikanischen Ausnahmen dar, die die monarchische Regel bestätigten.[6] Zwar gab es in einigen Staaten antimonarchische Bewegungen, und einzelne Herrscher waren einer scharfen, mitunter ätzenden öffentlichen Kritik ausgesetzt. Zudem befanden sich unter den zahlreichen Opfern der Welle nihilistischer Attentate um die Jahrhundertwende auch einige gekrönte Häupter – etwa Zar Alexander II., Kaiserin Elisabeth von Österreich oder König Umberto I. von Italien. Dennoch kann man nicht von einem ernst zu nehmenden antimonarchischen Trend sprechen. Vielmehr erfreuten sich die monarchischen Regime – in den verschiedenen Formen, die sie im Verlauf der Jahrzehnte seit 1793 angenommen hatten – noch immer einer großen Akzeptanz. Mitunter waren sie sogar recht beliebt in der neuen Zeit der Radiogeräte, Motorflugzeuge, Röntgenapparate und Charlie-Chaplin-Filme. Die »Macht der Tradition in den Herzen der Menschen« war nicht verpufft.

Gerade im Kontrast zwischen der tiefgreifenden Verwandlung Europas und der kaum zu erwartenden Beharrlichkeit der monarchischen Staatsform liegt der Reiz in der Beschäftigung mit der monarchischen Dimension des Zeitalters. In Arthur Conan Doyles Kurzgeschichte *Silver Blaze* musste Meisterdetektiv Sherlock Holmes einen begriffsstutzigen Polizisten einmal auf den »sonderbaren Umstand« hinweisen, dass der Wachhund in der besagten Nacht eben *nicht* angeschlagen hatte. Darin lag der Schlüssel zur Überführung des Verbrechers. Diese Ermahnung – auf das zu achten, was gerade *nicht* passiert ist, obwohl man es hätte erwarten sollen – soll auch hier den Anstoß geben: Trotz der schockierenden Symbolik des 21. Januar 1793 und im Angesicht monumentaler politischer, sozialer, wirtschaftlicher und kultureller Veränderungen kam es in Europa im 19. Jahrhundert eben nicht zu einem monarchischen Massensterben. Auf das, was der amerikanische Historiker Robert Roswell Palmer das »Zeitalter der demokratischen Revolution« genannt hat, folgte keine republikanische Epoche.[7] Auch die nächste große Revolutionswelle, die den Kontinent in den Jahren 1848/49 erfasste, dünnte die Riege der Monarchen kaum aus. Das Thema dieses Buches ist also jener »sonderbare Umstand«, dass die Monarchien Europas im Verlauf des langen 19. Jahrhunderts, das sich an die Französische Revolution anschloss, nicht verschwanden. Im Zentrum steht dabei das erstaunliche Beharrungs-, Umgestaltungs-

und Überlebensphänomen, ohne das die Feierlichkeiten des Jahres 1913 nicht möglich gewesen wären.

In dem hier vorliegenden Buch wird das monarchische 19. Jahrhundert porträtiert, analysiert und danach gefragt, was Europas royale Spätblüte ermöglichte und wie sie sich entfalten konnte. Auf welche Weise gelang es den Dynastien und ihren Befürwortern, eine Staatsform zu bewahren, in der das Staatsoberhaupt sein auf Lebenszeit verliehenes Amt durch regulären Erbgang erwarb? Denn dies war gewiss keine Selbstverständlichkeit inmitten des rasanten Wandels, dem so viele Elemente des Ancien Régime zum Opfer fielen, und angesichts der Herausforderungen eines nachrevolutionären Zeitalters, das auf eine größere Teilhabe des Volkes an der Macht, den Abbau von Privilegien und weitreichende Freiheitsrechte pochte. Wie also sah der von den fürstlichen Systemen angenommene und umgesetzte Wandel aus, durch den der Monarchie, wie Dieter Langewiesche es formuliert hat, die »Selbstbehauptung im 19. Jahrhundert« glückte?[8]

Lange haben Historiker die monarchische Dimension dieses Zeitalters stiefmütterlich behandelt. Das Thema war ihnen zu nostalgisch, zu apologetisch oder zu reaktionär, und wenn sie sich ihm dennoch zuwandten, taten sie es in analytisch unzureichender Weise. Noch 1989 klagte der britische Historiker David Cannadine, einer der Väter der modernen Monarchiegeschichte, dass auf diesem Gebiet »zuviel Chronik und zu wenig Geschichte, ein Übermaß an Mythen und ein Mangel an wissenschaftlicher Skepsis« angeboten werde. Das hat sich im Verlauf der letzten Jahre entscheidend geändert. Inzwischen geben hervorragende Studien Auskunft über die Entwicklung der europäischen Monarchie im 19. Jahrhundert. Im Zentrum des wissenschaftlichen Interesses stehen dabei einerseits das Thema königlicher Öffentlichkeitsarbeit – die Analyse von Medien, Selbstdarstellung und Kommunikation – und andererseits verfassungsgeschichtliche Fragen nach der Entwicklung und Leistungsfähigkeit des konstitutionell-monarchischen Systems. Daneben wird das monarchische Jahrhundert in zahlreichen neuen Herrscherbiographien beleuchtet. Man denke nur an biographische »Stars« wie Königin Viktoria von Großbritannien, König Ludwig II. von Bayern, Erzherzog Franz Ferdinand von Österreich oder den bombastisch-irrlichternden deutschen Kaiser Wilhelm II., die alle Gegenstand zahlreicher Biographien sind.[9]

In dieser Untersuchung wird eine neue Perspektive gewählt mit dem Ziel, ein besseres Verständnis der Wandlungs- und Überlebensfähigkeit der europäischen Monarchien zu gewinnen. Im Zentrum sollen dabei jene stehen, die für jedes erbmonarchische System von existenzieller Bedeutung sind, weil von ihnen die Zukunft der Dynastie abhängt: die Thronfolger. Es geht um Männer und Frauen, denen bereits zum Zeitpunkt ihrer Geburt große Bedeutung beigemessen und Aufmerksamkeit geschenkt wurde.

Am 21. August 1858 wurde in der Nähe von Wien eines dieser Kinder geboren, das vom ersten Atemzug im Mittelpunkt des Interesses stand. »Des Kaisers Stolz. – Die Hoffnung seiner Völker«: Unter diesem Titel erschien im Spätsommer 1858 ein prachtvolles »Erinnerungsblatt« an »Oesterreichs Freudentag«. Mit allen Insignien von Macht und Herrlichkeit ist hier die Taufe des Kronprinzen Rudolf (1858–1889) durch Kardinal Josef Rauscher ins Bild gesetzt, die am 23. August 1858 auf Schloss Laxenburg südlich von Wien stattfand.

Im Zentrum der Darstellung steht der zwei Tage alte Knabe, den der Kaiser Franz Joseph über das Taufbecken hält, während der Kardinal das Sakrament der Taufe spendet. Stelen mit den Büsten der großen Ahnen des Hauses Habsburg, Rudolf I. (1218–1291) und Maria Theresia (1717–1780), rahmen die Szene ein. Zudem sind das Kind, der Kaiser und der Kardinal von den Heiligenpatronen der österreichischen Kronländer, zahlreichen anderen Würdenträgern und einem milde dreinblickenden Löwen umringt. Auf einem Kissen zu ihren Füßen werden dem Betrachter die drei Kronen präsentiert, die das Kind dereinst tragen wird: die Kaiserkrone von Österreich sowie die Königskronen von Ungarn und Böhmen. Anlässlich der Geburt des Thronfolgers wurde eine Vielzahl ähnlicher Bilder geschaffen. Die Lithographie »Habsburgs jüngste Blüte« von Eduard Kaiser zeigt den Neugeborenen in einer Krippe, die mit einer Personifikation Österreichs geschmückt ist. Die kolorierte Kreidelithographie »Die Allerhöchste kaiserliche Familie mit dem durchl: / Kronprinzen Rudolf Carl Josef« zeigt das Bettchen des Thronfolgers unter einem mächtigen Bildnis Rudolfs I. und einem

Posaune blasenden Engel, der auf das Kind weist. Joseph Kohns »Kron-Juwel für die Habsburgische-Dynastie«, ein »Fest-Album bei Gelegenheit der beglückenden Geburt Sr. k.k. Hoheit des Allerdurchlauchtigsten Kronprinzen Rudolf«, das 1858 in Lemberg erschien, bot seinen Lesern gar 35 Seiten kaisertreuer Erbauung.[10]

Die barock anmutende Üppigkeit dieser Propagandagraphik und der über sie verbreiteten Jubelprosa weist darauf hin, dass die Sicherung der Thronfolge – der Übergang monarchischer Herrschaft von einem Individuum auf seinen Nachfolger, zumeist von einer Generation auf die nächste – für dynastische Systeme nach wie vor eine große Herausforderung darstellte. Weil das Prinzip der Vererbung der Kronen ein Kernelement der europäischen Königsherrschaft blieb, stellten Thronfolger eine unerlässliche Systemkomponente dar. Zudem boten sie den Monarchien, deren Teil und Zukunft sie waren, eine einzigartige politische Ressource, die sich im 19. Jahrhundert als besonders nützlich erweisen sollte: Mit ihnen existierte die künftige Herrschergeneration nämlich auf eine sichtbare, direkt vermittelbare und formbare Weise, und das bereits Jahre und Jahrzehnte vor der Machtübernahme. Thronfolger eröffneten in monarchischen Systemen die Möglichkeit, die Zukunft der eigenen Dynastie durch Nachkommen aus Fleisch und Blut vorzubereiten, anzukündigen und diese so zu formen, dass sie den Bedürfnissen und Vorlieben der relevanten Bevölkerungsteile entsprachen.

Thronfolger verkörperten einerseits die Botschaft von der fundamentalen Kontinuität monarchischer Herrschaft – ebenjener beruhigenden und Ehrfurcht gebietenden Stetigkeit der Tradition, die durch den Blick des Stammvaters Rudolf I. auf seinen 650 Jahre später geborenen gleichnamigen Nachfahren betont wurde. Andererseits verwiesen sie auf die naturgesetzmäßige Unvermeidbarkeit des Wandels an der Spitze des Systems. Denn die Männer (und wenigen Frauen), denen es vorherbestimmt war, dereinst eine Krone zu tragen, wurden zwar durch ihre Herkunft und das dynastische wie höfische Umfeld geprägt, waren aber dennoch mehr als das bloße Produkt traditioneller Einflüsse. Die künftigen Herrscher mussten auch in der Lage sein, auf politische, mediale, kulturelle und verfassungsrechtliche Impulse ihrer Gegenwart zu reagieren. Zudem dienten sie – umso mehr, je stärker sie

*»Des Kaisers Stolz. – Die Hoffnung seiner Völker«: Ein zeitgenössischer Druck stellt die Taufe des 1858 geborenen österreichischen Kronprinzen Rudolf als einen entrückten, von Heiligen und Vorfahren umringten Akt dar, der die Jahrhunderte überstrahlt.*

medial präsent waren – als Projektionsflächen, auf denen das Volk seine Hoffnungen abbilden konnte. Gerade in Zeiten rapider Veränderung verband sich dessen Wunsch nach einer besseren Zukunft oft mit dem Bedürfnis nach vertrauter Kontinuität. Thronfolger versprachen beides.

Die Rolle der künftigen Herrscher war eben nicht nur von alten Konventionen geprägt, sondern auch von neuen Faktoren wie der Einführung von Verfassungen und den Forderungen einer ständig wachsenden Öffentlichkeit nach mehr Teilhabe. Daher mussten Thronfolger ihr Leben zunehmend in der Öffentlichkeit führen, wo es für das Publikum sichtbar war und die staatlichen und gesellschaftlichen Kompetenzen des kommenden Herrschers begutachtet werden konnten. Ob der Thronerbe als tüchtig oder nutzlos galt, als tugendhaft oder verkommen, als sorgfältig vorbereitet oder überfordert, als engagiert oder lethargisch, ob er als lüsterner Schürzenjäger verschrien war oder als liebender Ehemann und Vater verehrt wurde: All das war von großer Bedeutung für das Zukunftsversprechen der herrschenden Dynastie. Es lohnt sich daher, die Erfahrungen, Darstellungen, Rollen und Funktionen der künftigen Monarchen während der Jahre zu erforschen, in denen sie sich im Licht der Öffentlichkeit auf ihr Herrscheramt vorbereiteten. Sie taten dies auf vielfältige Weise: als zarte Babys, als fleißige Schüler, als treu sorgende Eltern, als Weltreisende, als Parlamentarier, als Hüter der Verfassung, als schneidige Soldaten oder als Förderer von Kultur und Wissenschaft.

Zugleich eröffnet der Blick auf die Thronfolger eine Perspektive auf das monarchische Jahrhundert insgesamt. In ihren Biographien bildete sich das ab, was unverändert blieb, und ebenso das, was sich wandelte; die Anpassung der Königshäuser an vermeintlich bürgerliche Formen des Lebens der vielen wird genauso ersichtlich wie das Bemühen, den Zauber zu bewahren und im Kern etwas zutiefst Anderes und Seltenes zu sein. Im Zentrum dieser Betrachtung stehen dabei jene Monarchien Europas, deren Gesellschaften sich sozial, politisch, medial, kulturell und wirtschaftlich rapide modernisierten. Auf die sich daraus ergebenden Herausforderungen reagierten die Monarchien von Spanien bis Schweden, von den Niederlanden bis Griechenland, indem sie früher oder später zu einer Form von konstitutioneller Herrschaft übergingen. Dies ist als das wichtigste gemeinsame Charakteristikum zu nennen, denn damit setzte sich der »monarchische Konstitutionalismus«, so der Verfassungshistoriker Martin Kirsch, als »europäischer Verfassungstyp« auf dem Kontinent durch.[11] Unter den größeren Staaten Europas scherten nur die zwei von den Auswirkungen der postrevolutionären Modernisierung zunächst weniger stark betroffene Monarchien am östlichen Rand Europas aus: Russland und das Osmanische Reich. Die Romanows konnten ihre autokratische Herrschaftsform weitestgehend unvermindert bis 1905 und in wichtigen Belangen sogar darüber hinaus bewahren. Auch den türkischen Sultanen gelang es nach der Aufhebung der kurzlebigen Verfassung von 1876 bis 1878, den Eintritt ins konstitutionelle Zeitalter bis zur jungtürkischen Revolution von 1908 hinauszuzögern. Diese beiden Sonderfälle werden hier ausgespart.

Obwohl in diesem Buch der Versuch unternommen wird, ein europäisches Panorama zu bieten, wird nicht der Anspruch erhoben, enzyklopädisch zu sein. Zu groß ist die Anzahl der Monarchien und ihrer Thronfolger in diesem Zeitraum, als dass jedes einzelne Herrscherhaus und jeder Thronanwärter erwähnt, geschweige denn ausführlich behandelt werden könnte.[12] Stattdessen werden zur Erläuterung der zentralen Themen beispielhaft Dynastien, Einzelpersonen, Entwicklungen und Ereignisse aus mehr als einem Dutzend europäischer Monarchien herangezogen. Im Zentrum der Betrachtung stehen die monarchischen Systeme in Großbritannien, den deutschen Ländern, Österreich und Italien. Aber auch die Monarchien in Spanien, Griechenland, Frankreich, den Niederlanden, Belgien und Skandinavien bleiben nicht unberücksichtigt. Dabei wird die farbenfrohe Eindringlichkeit der Biographien der behandelten Thronfolger mit dem Blick auf breitere Zusammenhänge und Entwicklungen verbunden. Auch wenn die künftigen Herrscher wichtige und aufschlussreiche Systemkomponenten waren, sollen ihre individuellen menschlichen Schicksale doch nicht gänzlich hinter ihre Funktionen zurücktreten.

Ob und wie einzelne Thronfolger die schwierigen Aufgaben, die ihnen in die Wiege gelegt waren, erfolgreich erfüllen konnten und wollten, hing von zahlreichen Faktoren ab. Zufälle waren hier ebenso von Bedeutung wie individuelle Neigungen oder unterschiedliche Grade von Begabung. Weil die Vielfalt menschlicher Persönlichkeiten hier ins Spiel kam, kann man keine gleichförmigen Gesetzmäßigkeiten erwarten. Zudem gab es für die monarchischen Akteure, die im 19. Jahrhundert auf die Bühne traten, kein allgemeingültiges Skript. Immer wieder durchbrachen – und bestätigten – Ausnahmen die Regeln einer breiten Entwicklung. Dennoch ist es wichtig, zunächst die Grundzüge der Welt zu skizzieren, in der die meisten Thronfolger in den konstitutionellen Monarchien Europas im Verlauf des 19. Jahrhunderts ihre Rolle finden und ausfüllen mussten.

KAPITEL I

# »Unterpfand einer gesegneten Zukunft«?

## *Thronerben im 19. Jahrhundert*

Ein Artikel, der am 14. Juli 1891 im *Herald Democrat* erschien, warf ein ungewöhnliches Licht auf die Umstände, die das Leben eines europäischen Thronfolgers bestimmten. Heloise, eine zehnjährige Amerikanerin auf Europareise, gab darin den Lesern des Provinzblattes aus der Bergarbeiterstadt Leadville in Colorado eine ausführliche Beschreibung der Eröffnung des Parlaments in Rom. Dies sei eine »sehr elegante Angelegenheit« gewesen, die der jungen Reisenden geradezu fantastisch vorkam. König Umberto I. (1844–1900) und Königin Margherita (1851–1926) waren in der Staatskarosse, gezogen von sechs Pferden im festlichen Prunkgeschirr, vor dem Parlamentsgebäude vorgefahren. Lakaien in seidenen Strümpfen und mit gepuderten Perücken begleiteten das Paar. Unter den Hochrufen des Volkes zog der König, in eine prachtvolle Galauniform gekleidet und mit einem reich verzierten Messinghelm auf dem Haupt, in den Parlamentssaal ein und hielt dort eine Rede. Anschließend nahm er jedem einzelnen Abgeordneten den Treueeid ab. In diesem Jahr leistete auch sein Sohn, der einundzwanzigjährige Viktor Emanuel, Prinz von Neapel (1869–1947), das Gelöbnis, »was alle für sehr interessant zu halten schienen«.[1]

Diese aus einer gewollt kindlich wirkenden Perspektive geschriebene Vignette ließ viele der Aspekte anklingen, die das Leben und Wirken von europäischen Thronfolgern im 19. Jahrhundert bestimmten: Der Anlass für die Zeremonie war die Eröffnung des gewählten, von der Verfassung garantierten Parlaments durch den König; nach der Verfassung wurde der Kronprinz mit Vollendung des einundzwanzigsten Lebensjahres Mitglied des Senats, der ersten Kammer des Parlaments, und leistete den Treueeid, der ihn an König und Verfassung band. Er tat dies vor einer interessierten Öffentlichkeit, die von Rom bis nach Colorado reichte, umgeben von seiner sorgfältig in Szene gesetzten Familie in einer Zeremonie voller helmbuschgeschmücktem und seidenbestrumpftem höfischen Pomp, der 1891 nicht nur zehnjährigen amerikanischen Mädchen märchenhaft und altertümlich erschienen sein dürfte.

Was in dieser Zeremonie versinnbildlicht wurde, war eine Politik, die Wandlung und Beharrung miteinander verknüpfte und damit den europäischen Monarchien das Überleben im postrevolutionären Zeitalter ermöglichte. Für die Königshäuser stellte der Übergang ins konstitutionelle Zeitalter die vermutlich tiefste Zäsur zwischen der vorrevolutionären Epoche und dem 19. Jahrhundert dar. Er bestimmte auch die festliche Szene in Rom. Denn auch wenn die nach dem Sieg über Napoleon bald überall auf dem Kontinent promulgierten Verfassungstexte weiterhin die monarchische Herrschaft von Gottes Gnaden und den königlichen Vollbesitz aller staatlichen Gewalt vorsahen, veränderte sich mit der Einführung von Staatsgrundgesetzen doch alles: Der von Gott begnadete und nach eigenem Anspruch unbeschränkte Herrscher wurde zu einem rechenschaftspflichtigen staatlichen Organ mit definiertem Zuständigkeitsbereich. Die einstmals strahlende Majestät nahm einen nüchterneren Amtscharakter an; die zuvor als gottgewollt akzeptierte monarchische Herrschaft musste fortan durch politischen Erfolg und effektive Regierungsarbeit überzeugen.

Wollten sie ihre Identität – die Kultur, für die sie standen, und das Herrschaftssystem, das sie verkörperten – nicht gänzlich aufgeben, mussten die königlichen Familien versuchen, die überlieferten Traditionen und Kontinuitäten zu bewahren. Möglichst viel von dem, was Europas Monarchen nach eigenem Selbstverständnis und in den Augen ihrer Untertanen von alters her besonders und staunenswert gemacht hatte, sollte überdauern und musste im öffentlichen Auftritt, bei Hof und innerhalb des dynastischen Familienverbunds weiterhin gepflegt werden. Das berühmte Aperçu in dem Roman *Der Gattopardo* von Giuseppe Tomasi di Lampedusa galt also, wie immer man es wendete: Alles musste sich ändern, damit alles gleich bleiben konnte; alles musste gleich bleiben, damit sich die Dinge wandeln konnten.[2]

Die Erwartungen und Verpflichtungen, die sich für Europas Thronfolger aus den Herausforderungen einer Zeit ergaben, in der die Forderungen der Französischen Revolution nach Freiheit und Demokratie nachhallten, waren neu und dynamisch und ließen sich nicht so leicht mit den zähen Kontinuitäten vereinbaren, die weiterhin Bestand hatten – am Hof und innerhalb der Familie. Das galt zunächst einmal für den institutionellen Rahmen, in dem Monarchen und ihre Familien existierten, agierten und regierten. Durch strikte Regelwerke war festgelegt, was für die Mitglieder der Königshäuser legal und legitim, was erwünscht und was verpönt war. Dem hatten sich selbst die Monarchen an der Spitze der staatlichen Institutionen zu unterwerfen, ganz gleich wie stark die Gestaltungs- und Führungsmöglichkeiten ausgeprägt waren, über die sie verfügten. Für rangniedrige dynastische Figuren – in besonderem Maße für Thronfolger – mag die Tatsache, dass sich ihr Leben innerhalb dieser sich ständig verschiebenden, wandelnden oder rigide beharrenden Institutionen abzuspielen hatte, eine ganz besondere Herausforderung gewesen sein – privat und öffentlich, persönlich wie politisch.

Das Lebensglück und der Erfolg eines künftigen Monarchen im Europa des 19. Jahrhunderts hing wesentlich ab von seiner Fähigkeit, diesen schwierigen und zum Teil im Zickzack verlaufenden Parcours zu bewältigen. Wie er sich schlug, hatte Einfluss darauf, wie sicher das monarchische System in Zukunft sein würde. Wenn es gelang, ein ansprechendes Bild von dem künftigen Herrscher zu verbreiten, konnte der Thronfolger vor den Augen der Öffentlichkeit zu dem werden, was die *Norddeutsche Allgemeine Zeitung* im Oktober 1881 im deutschen Kronprinzen Friedrich Wilhelm sah: »das Unterpfand einer gesegneten Zukunft«. Das Bild, das die Öffentlichkeit vom Kronprinzen gewann, war damit von zentraler Bedeutung für das Überleben der Monarchie im 19. Jahrhundert.[3]

Es galt also, den Thronfolger möglichst wirkungsvoll in die Institution Monarchie einzubinden. Das betraf zuallererst die Bemühungen der Kronen, mit dem Versprechen politischer und gesellschaftlicher Nützlichkeit einen Weg zur Überwindung der »Legitimationskrise der europäischen Monarchie« zu eröffnen. Hier kam dem Thronfolger als künftigem Monarchen naturgemäß große Bedeutung zu.[4] Eng damit verbunden war die Entwicklung des Verfassungsstaates, in dem das Verhältnis zwischen den Rechten der Krone und ihres Trägers einerseits und denen der Untertanen andererseits gegeneinander abgegrenzt und auf eine austarierte rechtliche Basis gestellt werden musste. Es galt aber auch, Thronfolger im Rahmen der öffentlich sichtbaren, zunehmend an bürgerlichen Maßstäben gemessenen Institution der königlichen Familie zu präsentieren. Diese Verbände waren von dem strengen, oftmals in Hausgesetzen kodifizierten Entscheidungsmonopol des Familienoberhaupts geprägt, das tief in das private Leben jedes Familienmitglieds eingriff. Und nicht zuletzt hatte der Thronfolger seine Rolle am Hof zu spielen, in jener sorgfältig strukturierten unmittelbaren persönlichen und architektonischen Umgebung des Herrschers, die diesem ein machtvolles Mittel zur Kommunikation monarchischer Herrschaft und zur Disziplinierung verschiedener Personengruppen bot. Diese Strukturen prägten die Welt, in der sich Europas Thronfolger zurechtfinden mussten. Unter diesen Vorzeichen gestaltete sich die Zukunft der monarchischen Systeme.

## »Monarchen brauchen Mehrheiten«
### *Wege aus der Legitimationskrise*

Als Herzogin Viktoria Luise im Herbst 1913 feierlich in Braunschweig einzog, glaubte sie bei der loyalen Bevölkerung eine durch die Tradition gefestigte Herzensneigung zu erkennen, die ihr und ihrem Gemahl entgegenschlug. Solche Gemütsregungen allein hätten jedoch kaum ausgereicht, die Monarchie im Verlauf des 19. Jahrhunderts abzustützen. Vielmehr hatte eine ausreichend große Zahl von Zeitgenossen davon überzeugt werden müssen, dass die Monarchie als Herrschaftsform geeignet war, Politik und Kultur des Kontinents entscheidend zu prägen und brauchbare Lösungen für Probleme anzubieten. »Die Monarchie steht heutzutage in den meisten Ländern stärker da als vor 50 Jahren«, resümierte der liberale niederländische Parteiführer Willem Hendrik de Beaufort im Jahr 1900. »Meinte oder befürchtete man zuvor, dass die konstitutionell-parlamentarische Monarchie nur eine Übergangsform für die Republik sein könnte, so kann man gegenwärtig sagen, dass die konstitutionelle Monarchie ihren festen Platz hat. Die Demokratie, bis auf einige Sozialisten, will das auch nicht ändern.«[5] Wenn die grundsätzlich antimonarchische sozialdemokratische Bewegung auch deutlich zahlreicher war, als de Beaufort es hier suggerierte, traf seine zuversichtliche Einschätzung des Zustands der Monarchie doch weitgehend zu. Dieses Ergebnis war nicht ohne Anstrengungen erzielt worden. Um die Herausforderungen der Zeit, die mit der Französischen Revolution angebrochen war, zu überstehen, hatten sich Europas gekrönte Häupter im 19. Jahrhundert weitreichenden Veränderungen unterworfen.

Der Wandel war den Monarchien trotz – oder auch wegen – der Schwierigkeiten geglückt, die sich aus den Ereignissen nach 1789 ergaben. Mit dem Sturm auf die Bastille hatten sich Forderungen des Volkes nach größerer Teilhabe an der politischen Macht Bahn gebrochen. 1848/49 wurden diese Forderungen erneut erhoben. Sie rüttelten an den Grundfesten des monarchischen Modells, das durch eine weitere wichtige Entwicklung zusätzlich geschwächt wurde: Der Glaube der Menschen an den göttlichen Ursprung königlicher Macht schwand. Bereits die Rationalität der Aufklärung hatte der gottgewollten Königsherrschaft erste Kratzer zugefügt, und im aufgeklärten Absolutismus hatte die Erwartung monarchischer Leistungsfähigkeit zur weiteren Entzauberung der Monarchen beigetragen. Dass ein Fürst nur dann Legitimität beanspruchen konnte, wenn er sein Handwerk beherrschte, hatte bereits König Friedrich II. von Preußen in seinem »Politischen Testament« von 1752 formuliert, wo er konstatierte, dass der König als der »erste Diener und Amtmann seines Staates« fungieren müsse. Denn mit dem Eintritt der Monarchien in das Zeitalter der Verfassungen gelangte die religiös-magische Form von Herrschaftslegitimierung an ihr Ende. Die Einbindung in den Verfassungsstaat entweihte die Kronen und machte sie letztlich zu profanen staatlichen Organen.

Hier und da mochten Bevölkerungsteile und vereinzelt auch Monarchen und ihre engsten Berater weiter dem romantischen Gedanken von göttlich begnadeter Königsherrschaft nachhängen – etwa in der westfranzösischen Vendée oder im bayerischen Oberland, bei Friedrich

Wilhelm IV. von Preußen oder dem Bayernkönig Ludwig II. Zudem beharrten die Kronen fast überall auf der trotzig-nostalgischen Formel von der Gnade Gottes. Doch änderte all dies nichts daran, dass es dem monarchischen Prinzip im 19. Jahrhundert an einer generell akzeptierten geistigen Rechtfertigung mangelte. Zwar konnten die Fürsten weiterhin auf die allgemeine christliche Verpflichtung pochen, nach der ihre Untertanen legitimer säkularer Herrschaft Gehorsam zu zollen hatten, doch das bot weit weniger Schutz als der Glaube, der Monarch persönlich befinde sich im Stand göttlicher Gnade. »Nicht nur die Intelligenz empfand diese Begriffe als überholt«, hat Heinz Gollwitzer lakonisch resümiert, »die Bevölkerung insgesamt glaubte nicht mehr so recht daran.«[6]

Da sich traditionelle und einst als axiomatisch geltende Bindungen zwischen Herrschern und Beherrschten abschwächten, bedurfte die Monarchie anderer Formen der Legitimierung. Das Recht der Monarchen, bei der Ausübung der Macht im modernen Staat eine wichtige Rolle zu spielen, musste völlig neu begründet werden, und das galt zwangsläufig auch für die staatlichen Zivillisten zum Unterhalt des Hofstaats. Allein mit dem Appell an die Herzen der Menschen war es nicht mehr getan, vielmehr galt es, die monarchische Herrschaft mit effektiver Regierungsarbeit und staatlicher Führung zu verbinden. Allerdings konnte diese Herrschaft nicht unbeschränkt sein, sondern musste sich der Kontrolle durch gewählte Parlamente sowie durch eine wachsende und zunehmend selbstbewusste Öffentlichkeit stellen.[7] Bemühungen in diese Richtung begannen bereits unmittelbar nachdem die europäischen Monarchen mit ihrem Sieg über Napoleon den Nachlassverwalter der Französischen Revolution niedergerungen hatten, der als Vorbild wie Schreckbild die Entwicklungen der Monarchie entscheidend beeinflusste.

Im Verlauf des 19. Jahrhunderts sollten zahlreiche europäische Monarchien breite Zustimmung erlangen, indem sie sich mit politischen Tendenzen eines Großteils der politisch engagierten Zeitgenossen in Einklang brachten. Die Logik dieser Entwicklung brachte der deutsche Publizist und Politiker Friedrich Naumann 1912 auf die knappe Formel »Monarchen brauchen Mehrheiten«.[8] Nicht nur chronologisch steht bei der Suche nach Mehrheiten die Verfassungsentwicklung an erster Stelle. Schon zu Beginn des 19. Jahrhunderts war »Konstitution« ein wirkmächtiges »Zauberwort«, auf dessen Magie viele Kronen nicht verzichten zu können glaubten. 1814 präsentierte sich der nach Frankreich zurückgekehrte Bourbonenkönig Ludwig XVIII., der jüngere Bruder des 1793 enthaupteten Ludwig XVI., der französischen Nation daher nicht nur als rechtmäßiger Monarch von Gottes Gnaden, sondern auch als »Vollender der Revolution«. Als solcher legitimierte er wichtige Errungenschaften der Nation seit 1789, unter anderem eine Verfassung, die ein gewähltes Parlament vorsah und entscheidende Bürgerrechte festschrieb. Nach Dieter Langewiesche erkannten Zeitgenossen darin einen »Pakt des Monarchen mit der Reform«, eine »Revolution im guten Sinn«, mithin eine »Verheißung an die Nation, ihr die Reformen zu geben, welche die Zeit verlangt, ohne die Ordnung zu gefährden«.[9]

Neben der Konstitutionalisierung gab es noch weitere Bereiche von Bedeutung, in denen Monarchen sich um die Etablierung einer Spitzenposition bemühten: nationale Identität, imperiale Macht, militärische Stärke und gesellschaftliche Tugendhaftigkeit.

Es gelang den europäischen Fürsten schon frühzeitig, den Widerspruch zwischen der aufstrebenden Ideologie des Nationalismus und dem dynastischen Prinzip in ihrem Sinne zu entschärfen. Die Monarchien des Ancien Régime waren durch Erbgang, Eroberung, Tausch oder Kauf entstanden und beruhten auf den rechtlichen Normen dieser Vorgänge. Den Ergebnissen solcher Erwerbsmethoden – oftmals zerstreute, heterogene, lose integrierte Gebilde – stand mit der Nation ein politisch-kulturelles Konzept gegenüber, das Gemeinsamkeit, Zusammengehörigkeit sowie Einheitlichkeit in Sprache, Kultur, Religion und Politik forderte. Der zunehmend alle anderen Bezugsgrößen in den Schatten stellenden Nation wurden spezifische Rechte und Interessen zugesprochen, und so entwickelte sich die Verteidigung der nationalen Interessen allmählich zur entscheidenden Aufgabe jeder Form von legitimer Regierung. Das zwang die Monarchien zum Umdenken. »Statt dynastischer verfolgten sie nun nationale Ziele«, resümiert Volker Sellin, und bewiesen dabei beachtliches Talent. Je mehr sich der Nationalismus im Verlauf des 19. Jahrhunderts als »selbständige politische Kraft« etablierte, »gegen die auf die Dauer alle anderen Legimitationsangebote chancenlos waren«, so Hagen Schulze, desto mehr waren die Monarchen bereit, sich Nationalflaggen um die Schultern zu legen und sich als erste Vertreter ihrer Nationen zu gerieren. In vorderster Reihe stand dabei der britische König Georg III. (1738–1820), der sich schon frühzeitig bemühte, das Königshaus mit den Leistungen der Nation zu identifizieren. Am Ende seiner jahrzehntelangen Regierung, die im siegreichen Kampf gegen das napoleonische Frankreich gipfelte und somit die Freiheit und Sonderstellung Großbritanniens verteidigte, erfuhr der Monarch eine nationale Vergöttlichung. Mit der festlichen Begehung seines fünfzigsten Thronjubiläums im Jahr 1809 und der Trauer über seinen Tod elf Jahre später feierte die Nation ihre Freiheit und den Triumph über das, was sie als den militärischen Despotismus des französischen Kaisers begriff. Als tadelloser Hausvater an der Spitze einer vielköpfigen Familie und im Zentrum sorgfältig inszenierter Prachtentfaltung wurde »our Geordie« zum Bezugspunkt der Nation. »Wie sollen wir unseren Patriotismus zeigen?«, fragte der Pfarrer Henry Gauntlett seine Gemeinde im Oktober 1809. »Gewiss, meine Freunde, die wichtigste Art zu zeigen, dass er existiert, ist es, für den König zu beten.«[10]

Auch die Monarchien auf dem europäischen Festland griffen beherzt nach den Rockschößen des Nationalismus, der ja auch den Thron ihres großen Widersachers, des Kaisers Napoleon, machtvoll gestützt hatte. Der Grund dafür liegt auf der Hand: »Wenn ein Monarch sich auf den Boden des nationalen Gedankens stellte«, so Volker Sellin, »verwandelte er die Anhänger der Nationalbewegung in Parteigänger der Monarchie.« Nach dem Minister Élie Decazes war es das Ziel des 1814 nach Frankreich zurückgekehrten Bourbonenkönigs Ludwig XVIII., »die Nation zu royalisieren und den Royalismus zu nationalisieren«. Diese Idee zündete auf beiden Seiten des Rheins. Als 1840 aufgrund französischer Ambitionen auf die Wiedergewinnung der Rheingrenze in Deutschland der Nationalismus aufloderte und sich in der sogenannten Rheinliedbewegung entlud, wollten auch die gekrönten Häupter nicht abseits stehen. Nikolaus Becker, der damals mit dem patriotischen Gedicht »Sie sollen ihn nicht haben,/den freien, deutschen Rhein« zum Mann der Stunde wurde, fand auch auf königlicher Seite außerordentliche Anerkennung: Friedrich Wilhelm IV. von Preußen (1797–1861) verlieh dem rheinischen Verseschmied eine lebenslange Ehrenpension. Der Bayernkönig Ludwig I. (1786–1868) überreichte ihm einen kostbaren Pokal, woraufhin der Geehrte den Wittelsbacher in einem Dankschreiben als »starken Beschützer deutscher Gesinnung« rühmte. Als 1861 in Italien und zehn Jahre später in Deutschland die Gründung geeinter Nationalstaaten gelang, wurde dies vor allem als Leistung der führenden Dynastien gefeiert. König Viktor Emanuel II. (1820–1878) aus dem Hause Savoyen wurde zum »Vater des Vaterlands«, während man den betagten Hohenzollernkaiser Wilhelm I. (1797–1888) in Anlehnung an den sagenumwobenen Stauferkaiser mit dem Ehrentitel »Barbablanca« als den Wiedererwecker deutscher Herrlichkeit feierte.[11]

In ganz Europa verbanden sich Dynastie und Nation miteinander. Im Rahmen aufwendig inszenierter nationaler Feiern präsentierten sich Monarchen als symbolischer Mittelpunkt der Nation. So wurde etwa im Juni 1867 der österreichische Kaiser Franz Joseph (1830–1916) in einer mehrtägigen, überaus prunkvollen Zeremonie zum ungarischen König gekrönt. Dafür wurde ein Krönungshügel aufgeschüttet, zu dem Bauern aus allen Provinzen Ungarns je einen Kubikfuß Erde beitrugen. Nachdem Franz Joseph gesalbt sowie mit der Stephanskrone gekrönt worden war und geschworen hatte, die Verfassung zu wahren, ritt er auf den Hügel und zückte das Schwert Stephans des Heiligen. »Hoch blitzte es auf in seiner erhobenen Faust und der gesalbte Arm führte mit männlicher Kraft die vier Hiebe in die vier Gegenden der Welt«, berichtete der *Pester Lloyd* aus der ungarischen Hauptstadt, »und nun kannte die Begeisterung des Volkes keine Grenzen mehr. Ununterbrochen dröhnten die stürmischen Eljen[=Jubel-]rufe dem geliebten Monarchen zu.« Die Stimmung war ähnlich, als die englische Königin Viktoria 1887 feierlich ihr goldenes Thronjubiläum beging: »Nicht nur London allein, sondern ganz England hat sich eine Zeitlang in einen riesigen Hofstaat verwandelt«, resümierte die Londoner *Times* nach Abschluss der Festlichkeiten, »an dem die Nation und das Empire ihrem Souverän Gefolgschaft schworen.«[12]

Das Beispiel der britischen Königin, der Nation und Empire huldigten, offenbart, dass die europäischen Monarchien sich im 19. Jahrhundert nicht nur durch Konstitutionalisierung und Nationalismus legitimierten, sondern auch durch ihren Beitrag zu den imperialen Ambitionen ihrer Staaten und Gesellschaften. Unter den Würdenträgern, die 1887 die Westminster Abbey füllten, um die Frau zu ehren, die seit 1877 auch den Titel »Kaiserin von Indien« trug, entdeckte der Berichterstatter der *Times* »asiatische Fürsten, die vor lauter Juwelen schimmerten, Formen und Gesichter, die ebenso schön wie königlich und edel waren«. Die »imperialisierte Monarchie«, beobachtet David Cannadine, »verschmolz mit dem monarchisierten Weltreich«. Der britische Premier Benjamin Disraeli, der Architekt der Erhebung Viktorias zur Kaiserin von Indien, hatte die Verbindung von nationalem Stolz, Empire und Monarchie bereits in seiner großen Kristallpalastrede von 1872 zum Programm erhoben: Das englische Volk »und besonders seine arbeitenden Schichten« seien stolz darauf, »zu einem Imperium zu gehören«. Die Menschen seien überzeugt, »dass die Größe und das Weltreich Englands den altehrwürdigen Institutionen des Landes zuzuschreiben sind«. Zu Ehren der »Mutter des Empire« nahmen 1887 indische Prinzen und die Königin von Hawaii an der Jubiläumsprozession teil. Sie verkörperten jene imperiale Beziehung, durch die Untertanen in Übersee mit ihrer Königin-Kaiserin verbunden wurden. Zugleich bestärkte das Spektakel die britischen Schaulustigen im Mutterland in ihrem Stolz auf das gewaltige überseeische Kolonialreich, über dem der Union Jack wehte und das – unter anderem – sechs nach Viktoria benannte Seen, zwei Viktoria-Kaps, die Viktoria-Wasserfälle am Sambesi, den Viktoria-Nil in Uganda und die australische Viktoria-Kolonie umspannte.[13]

Ähnlich exponiert repräsentierte Kaiser Wilhelm II. (1859–1941) die deutsche Sehnsucht nach Weltpolitik, kolonialer Macht und einem Platz an der Sonne. Mit seiner lautstark inszenierten Flottenbegeisterung, seiner ruhelos-energischen Omnipräsenz und dem selbstbewussten Pochen auf Deutschlands globale Interessen bot der letzte Hohenzollernkaiser – wie Rüdiger vom Bruch es formulierte – eine »einzigartige Mischung, eine preußisch akzentuierte Sakralisierung des jungen Nationalstaats mit Weltmachtambitionen«. Damit entsprach der Monarch einem zeitgenössischen Bedürfnis, das besonders markant in der vielfach zitierten Antrittsvorlesung Max Webers zum Ausdruck kam. Hier wurde 1895 die Forderung erhoben, dass die nationale Einigung Deutschlands den »Ausgangspunkt einer deutschen Weltmachtpolitik« bilden müsse. Fünf Jahre später brachte Friedrich Naumann diesen Anspruch direkt mit dem deutschen Kaiser in Verbindung. »In diesem Punkt ist unser Kaiser ganz modern und macht sich zum Führer einer unausweichbaren Lebensforderung der Gesamtnation. Wer ihn in dieser Frage verläßt, der hat keinen Blick für die kommende Zeit«, heißt es in der Abhandlung *Demokratie und Kaisertum*. »Auf keinem Gebiete liegt das Wollen des Kaisers so klar, so absolut geschichtlich notwendig vor seiner ganzen Nation wie auf diesem. Mit seinem Flottengedanken setzt er sich durch, damit wird er der Erzieher der Nation.« Dass Wilhelm II. mit seinem Eintreten für einen forschen deutschen Imperialismus den Geschmack der Zeit traf – ja vielleicht gar ein Produkt dieses Geschmacks war –, haben bereits scharfsichtige Zeitgenossen bemerkt. Walther Rathenau stellte 1919 im Rückblick fest: »Dies Volk in dieser Zeit, bewußt und unbewußt, hat ihn so gewollt, nicht anders gewollt, hat sich selbst in ihm so gewollt, nicht anders gewollt.«[14]

Eine solch wohlwollende Haltung gegenüber dem Monarchen zeigte sich nicht nur bei den Großmächten, die ihre imperialen Ambitionen machtvoll verfolgten, sondern färbte auch die Wahrnehmung der Monarchien in den kleineren europäischen Staaten. Im Sommer 1900 etwa kehrte Prinz Waldemar (1858–1939), Marineoffizier und Sohn des dänischen Königs Christian IX. (1818–1906), von einer langen, von der Presse ausführlich geschilderten Weltreise an Bord der Korvette *Walküre* nach Kopenhagen zurück. Dort wurde er von Tausenden enthusiastisch willkommen geheißen. Einer seiner Begleiter, der bekannte Journalist Henrik Cavling, hatte schon bei der Abfahrt erklärt, dass das Unternehmen des Prinzen »einem kleinen, friedlichen Land gewisse Vorteile« einbringen würde. »Europäische Gouverneure und eingeborene Fürsten« würden Waldemar mit »orientalischen Festlichkeiten« ehren und damit den »zivilen Interessen« dienen. Im Juli 1900 kommentierte Cavling den großartigen Empfang, den die dänische Hauptstadt dem Prinzen bereitete, in der Zeitung *Politiken:* »Kein Kaiser hat bei seiner Ankunft jemals mehr Menschen auf die Promenade von Tobolden gelockt«, denn die Menschen hätten begriffen, dass Prinz Waldemar »dem Land den größtmöglichen Nutzen gebracht hat, den man von einem Königshaus gewinnen könnte und sollte, indem er es in fernen Ländern repräsentiert hat«.[15]

Auch der spanische König Alfons XIII. (1886–1841) profierte von imperialen Themen, gestaltete seine Rolle jedoch betont weniger zivil, als dies in Dänemark geschehen war. Nachdem er von Anfang an großes Interesse an den Entwicklungen in Marokko gezeigt hatte, reiste Alfons 1909 – als erster spanischer Herrscher seit dem 16. Jahrhundert – nach Nordafrika. In der Uniform des *Capitan General* inspizierter er vor Ort spanische Truppen, die im Kampf gegen den Berberstamm der Rifkabylen standen, und setzte sich fortan besonders für Offiziere ein, die dafür kämpften, das spanische Herrschaftsgebiet in Nordafrika zu erweitern. Nach seiner Rückkehr wurde auch er von seinem Volk bejubelt und gefeiert. Der Präsident des spanischen Senats verglich Alfons mit dem legendären Kaiser Karl V. (1500–1558), in dessen Reich die Sonne niemals untergegangen war, und ehrte ihn mit dem Titel »Don Alfonso el Africano«.[16]

König Viktor Emanuel III. von Italien, der im Herbst 1911 die Eroberung der damals türkischen Provinz Libyen befahl, stieß ebenfalls auf begeisterte Zustimmung beim Volk. Nachdem eine von nationalistischen Gruppen inszenierte Propagandakampagne das Bild eines Libyens gezeichnet hatte, in dem Milch und Honig flossen und dessen arabische Bevölkerung die Italiener dankbar als Befreier begrüßte, erklärte der im Grunde eher vorsichtige und skeptische König dem Osmanischen Reich am 29. September 1911 den Krieg. Auch der Monarch war am Ende überzeugt, so berichtete Gioacchino Volpe, es nicht zulassen zu können, dass Italien im Mittelmeer gänzlich von anderen Mächten eingeschlossen wurde. Zudem sei er froh gewesen, eine Gelegenheit ergreifen zu können, um die Moral der Armee zu heben. Der Öffentlichkeit wurde ein schneller Sieg versprochen, der nur wenige Opfer fordern würde. Der Jubel war groß. Um einer etwaigen französischen Annexion von Tripolis zuvorzukommen, hatten die von der Regierung geleitete Presse sowie nationalistische und katholische Blätter für ein beherztes Eingreifen geworben. Selbst liberale und sogar einige sozialistische Politiker stimmten in den imperialistischen Enthusiasmus ein. »Gerade einmal fünfzig Jahre nachdem es wieder zum Leben erwacht ist«, erklärte der Dichter Giovanni Pascoli nach dem Einmarsch italienischer Truppen in Libyen in einer weit verbreiteten Rede, »hat Italien, der große Märtyrer unter den Nationen, seine Pflicht getan und zum Fortschritt und zur Zivilisation der Völker beigetragen und sein Recht behauptet, nicht hinter seinen eigenen Küsten eingepfercht und erstickt zu werden.« Militärisch konnte Italien einen Erfolg verbuchen: Im Oktober 1912 schloss das Osmanische Reich Frieden und zog seine Truppen aus Libyen ab, das damit faktisch an Italien fiel.[17]

Die Kämpfe in Nordafrika waren hart und von Grausamkeiten auf beiden Seiten gekennzeichnet. Dennoch wendeten sich zahlreiche italienische Intellektuelle aufgrund dieser Erfahrung einer Erscheinung zu, die den Monarchen nützten: dem Militarismus. »Ich bin zu der festen Überzeugung gelangt, dass Italien erst dann sagen kann, dass es anderthalb Jahrtausende schamvoller Geschichte gerächt hat und der Zukunft mit Zuversicht entgegensehen kann, wenn es einen männlichen Sieg seines Volkes über einen Feind errungen hat – egal welchen«, schrieb der Historiker Giustino Fortunato im November 1912. »Zum ersten Mal in meinem Leben habe ich eine Vorstellung von der Heiligkeit des Krieges.«[18] Von solchen Gefühlen sollten die Monarchien in erheblichem Maß profitieren, denn Europas Königshäuser trafen im 19. Jahrhundert auch durch ihre Verkörperung und Darstellung militärischer Kraft den Nerv der Zeit. Es gelang den gekrönten Häuptern, die archaische Rolle des Herrschers als Krieger und Feldherr den Anforderungen eines Zeitalters anzupassen, das von Verfassungen, Massenheeren, komplexer Militärtechnik und einer wachsenden medialen Öffentlichkeit geprägt war.

Der Siegeszug des Nationalismus im 19. Jahrhundert führte dazu, dass Gesellschaften und Staaten ihre oftmals aggressiven außenpolitischen Interessen auch durch kriegerische Mittel – oder zumindest deren Androhung – durchzusetzen suchten. Bald zeigte sich jenes Phänomen, das Johannes Paulmann als die allgemeine »Aufwertung des Militärischen« bezeichnet hat. Dank ihrer traditionellen Rolle an der Spitze der Armee und ihrer engen Verbindung zur bewaffneten Macht fiel es den Monarchen leicht, diese Aufwertung in eine Bestätigung der eigenen Rolle umzumünzen, da sie selbst ja die öffentlich sichtbare Verkörperung der nationalen militärischen Macht waren.[19] So wie Viktor Emanuel III., dessen Konterfei auf den 1912 gedruckten Jubelpostkarten über einem Siegesengel schwebte, obwohl er kaum aktiv in die Leitung des italienischen Feldzugs in Libyen eingegriffen hatte, präsentierten sich im 19. Jahrhundert viele Monarchen ihren Völkern: als die verfassungsmäßigen Väter der Nation, die zu Hause wie in Übersee siegreich für die Interessen des Vaterlandes eintraten – fast immer in Uniform und wenn nötig an der Spitze ihrer Heere.

Der Erfolg, den die Monarchen mit dieser Rolle erzielten, ergab sich nicht zuletzt aus der Tatsache, dass sie das – mehr oder minder helle – Licht ihrer politischen Leistungen keineswegs unter den Scheffel stellten. Vielmehr erwiesen sie sich als gewiefte Werbestrategen in eigener Sache und bedienten sich geschickt der Medien. Das waren zunächst Münzen, Proklamationen, zeremonieller Pomp, Denkmäler, Gemälde und Stiche, später auch die Presse, Photographien, das Bad in der Menge und sogar bewegte Bilder. Überdies waren sie nun auch bereit zu reisen und sich – umtost von Jubelrufen und patriotischen Klängen – dem untertänigen Publikum fernab des Hofes zu präsentieren. Sie hatten sich also zunehmend auf die Anforderungen des aufziehenden politischen Massenmarktes einzulassen und mit ihnen zurechtzukommen. *Bella figura* zu machen und unterschiedliche Öffentlichkeiten auf vielfache Arten zu umgarnen gehörte zu den Mitteln, mit denen sich die Kronen im Verlauf des Jahrhunderts behaupteten. Sobald das, was die Monarchen taten, als ein Handwerk verstanden wurde, musste es eben auch klappern – und nach Möglichkeit so laut und klangvoll wie möglich.

Zum Klappern gehörte, dass sich Fürsten nicht nur in strikt politischen und militärischen Bereichen als führend präsentierten, sondern ihren Gesellschaften auch in kulturellen, philanthropischen und moralischen Angelegenheiten ein Vorbild waren. Aufbauend auf zum Teil jahrtausendealten Handlungs- und Darstellungsmustern der Könige als Retter der Armen, Beschützer der Religion und Förderer der Künste, entwickelten die Monarchien im 19. Jahrhundert ein betörendes

Narrativ. Es kündete von der allumfassenden Tugendhaftigkeit der Einrichtung und zielte sorgfältig auf die Vorlieben der Zeitgenossen. So wurde nichts, was die französische Kaiserin Eugénie tat, in der zeitgenössischen Presse so sehr gefeiert wie die sorgfältig inszenierten Besuche der Gemahlin Napoleons III. in den Choleraspitälern von Paris und Amiens in den Jahren 1865 und 1866. Schon bald kursierten Anekdoten, die das Handeln der Kaiserin in ein mildtätiges Licht tauchten: In Paris habe sie sich darüber gefreut, von einem Patienten als »Schwester« angesprochen worden zu sein; in Amiens habe sie zwei Cholerawaisen adoptiert; und als ein hoher Offizier ihr von solch gefährlichen Besuchen abgeraten habe, sei Eugénie ihm ins Wort gefallen: »Herr Marschall, dies ist unsere Art, in die Schlacht zu ziehen.«[20]

Nicht immer bedurfte es solchen Mutes, um Herrschertugend zu demonstrieren. »Ich müßte nicht ein Spross des kunstsinnigen Hauses Wittelsbach sein, das überall oder nahezu überall, wo es geherrscht hat [...] Spuren seiner Kunstthätigkeit hinterlassen hat«, erklärte etwa der bayerische Thronfolger Prinz Ludwig (1845–1921) im April 1890 im Parlament, »ich müßte nicht der Enkel sein des unvergeßlichen Königs Ludwig I., des Wiedererweckers der deutschen Kunst; ich müßte nicht der Sohn sein des eifrigen Freundes und Förderers der Kunst und der Künstler, Sr. Königlichen Hoheit des Prinzregenten, wenn ich nicht mit Freuden Alles begrüßen würde, was dazu bestimmt ist, die Kunst zu fördern.«[21] So wie der Spross der Wittelsbacherdynastie rühmten sich im 19. Jahrhundert fast alle Mitglieder der Herrscherhäuser der ehrwürdigen und bis in die Gegenwart reichenden kulturellen, wohltätigen und tugendhaften Traditionen ihrer Familien. Sie bemühten sich, ihren Platz an der Spitze von Nationen, Staaten und zunehmend bürgerlich geprägten Gesellschaften auch dadurch zu rechtfertigen, dass sie sich als Sterne am bürgerlichen Wertehimmel inszenierten, die alles überstrahlten.

Die Wege aus der Legitimationskrise, in der sich die Monarchien nach der Französischen Revolution und angesichts des schwindenden Glaubens an das Gottesgnadentum befanden, waren also durchaus nicht unbeschwerlich. Die Notwendigkeit, Mehrheiten hinter sich zu bringen, stellte die Fürsten und ihre Nachfolger vor beträchtliche Herausforderungen und führte sie auf teilweise unbekanntes Terrain. Dass

Prinz Ludwig von Bayern – der künftige König Ludwig III. – sein Loblied auf das kulturelle Schaffen seines Hauses in einer Parlamentskammer angestimmt hat, und zwar als deren Mitglied, ist kein Zufall, sondern verweist auf eine entscheidende Hürde für das monarchische Überleben im 19. Jahrhundert: auf den Übergang zum Verfassungsstaat.

## Für »die Souveräne gibt es keinen anderen Weg mehr«
*Die Konstitutionalisierung der Monarchie*

Schon bald nach Ausbruch des Deutsch-Französischen Krieges von 1870/71 zeichnete sich ab, dass das Ergebnis des blutigen Konflikts ein von Preußen geführter deutscher Verfassungs- und Nationalstaat sein würde. Der preußische Kronprinz Friedrich Wilhelm (1831–1888) machte sich daher – nicht ohne Selbstvertrauen – mit der Rolle vertraut, die ihm nun vorherbestimmt schien. Den Anforderungen der neuen Zeit werde er entsprechen, notierte er im März 1871, denn er glaubte der erste Fürst zu sein, »der den verfassungsmäßigen Einrichtungen ohne allen Rückhalt ehrlich zugetan« vor sein Volk treten werde.[22] Mit dieser Selbsteinschätzung dokumentierte der künftige deutsche Kaiser Friedrich III. seinen Willen, sich als Thronfolger und Monarch konstruktiv in jenen in Preußen noch recht neuen institutionellen Rahmen einzufügen, der die europäischen Monarchien nach Napoleon am stärksten verändert hat: in den der Konstitutionalisierung.

Der Beginn des monarchischen Konstitutionalismus, der sich im Verlauf des 19. Jahrhunderts in fast ganz Europa als Verfassungstyp durchsetzte, lässt sich auf das Verfassungsdekret König Ludwigs XVIII. (1755–1824) von Frankreich datieren. Der Bourbone, der 1814 nach der Niederwerfung Napoleons aus dem englischen Exil in die Heimat zurückkehrte, verwarf zwar eine vom französischen Senat vor seiner Ankunft formulierte Verfassung, gewährte aber sehr rasch die sogenannte *Chartre*. In diesem Dekret wurden weiterhin das Königtum von Gottes Gnaden verkündet und die Souveränität allein dem Monarchen zugesprochen. Doch der Text griff entscheidende politische Forderungen und Errungenschaften aus der Revolutionszeit und der napoleonischen

Epoche auf, die konstruktiv in die Gestaltung monarchischer Herrschaft im 19. Jahrhundert eingebunden wurden. »Wir glauben auch«, erklärte Ludwig etwa in der Präambel, »die neuen Verhältnisse würdigen zu müssen, welche diese Fortschritte in der bürgerlichen Gesellschaft hervorgebracht haben, die dem menschlichen Geiste seit einem halben Jahrhundert dadurch gegebene Richtung und die tief greifenden Veränderungen, welche daraus hervorgegangen sind.«[23]

Mit der *Chartre* begann ein Prozess, der im Laufe des 19. Jahrhunderts früher oder später in fast allen europäischen Staaten umgesetzt wurde: der Übergang von ehemals absoluter Fürstenherrschaft zu einem System der konstitutionellen Monarchie. Auf diese Weise wurde die Macht des Herrschers durch kodifiziertes Recht begrenzt und an die Mitwirkung anderer staatlicher Organe – insbesondere gewählter Volksvertretungen – gebunden. Zudem garantierten Verfassungen zentrale Menschen- und Bürgerrechte. Mitunter reagierten die Monarchien auf die Forderungen nach konstitutionellem Fortschritt und Verfassungsreformen nicht schnell genug, und die Reformmaßnahmen erfolgten erst, wenn sich revolutionärer Druck aufgebaut oder bereits entladen hatte. So erzwang etwa die Pariser Julirevolution des Jahres 1830 das Ende der Bourbonenherrschaft und den Übergang zur »Julimonarchie« des Königs Ludwig Philipp (1753–1850), die eine Verfassungsrevision und ein erweitertes Wahlrecht mit sich brachte. Während der Nachwehen dieses Ereignisses wurden in Braunschweig, Sachsen und Hannover Verfassungen eingeführt; wenig später gelang in Großbritannien eine tiefgreifende Reform und Erweiterung des Wahlrechts. Die europaweiten Revolutionen von 1848/49 führten lediglich in Frankreich, Venedig, in der Pfalz und im Großherzogtum Baden zur Errichtung kurzlebiger Republiken, bewirkten aber einen weiteren, vielerorts nachhaltigen Konstitutionalisierungsschub. Die Monarchien in Preußen, Piemont-Sardinien und zeitweilig auch in Österreich traten damals ins Verfassungszeitalter ein.

Mal früher, mal später, mal mehr und mal weniger getrieben vom Druck der öffentlichen Meinung gelang es im Verlauf des Jahrhunderts, die monarchischen Staaten des Kontinents durch wiederholte Umgestaltungen fürstlicher Herrschaft verfassungsrechtlich zu modernisieren – und zwar auf weitgehend friedliche und geordnete Weise. Vielerorts präsentierten sich Monarchen als die Väter der Verfassung und hehre Garanten der darin verbrieften Rechte. So ließen die »dankbaren Stände« ein Jahr nach dem Verfassungsdekret vom 26. Mai 1818 zu Ehren des bayerischen Königs Maximilian I. Joseph (1756–1825) eine Münze schlagen, um an die *Charta Magna Bavariae* zu erinnern, die er gewährt hatte. Im Königreich wurden zahlreiche Denkmäler errichtet, um die Erinnerung an die königliche Tat lebendig zu halten. Darüber hinaus sorgten Maximilians Nachfolger – die Könige Ludwig I. und Ludwig II. (1845–1886) – durch eine versierte dynastische Öffentlichkeitsarbeit dafür, dass die Wohltat nicht in Vergessenheit geriet. Das zahlte sich auf vielfache Weise aus. So blickte Otto von Stromer, der Bürgermeister von Nürnberg, im März 1891 anlässlich einer Feier zum siebzigsten Geburtstag des bayerischen Prinzregenten Luitpold (1821–1912) dankbar auf die Leistungen des bayerischen Königshauses zurück: »Haben wir nicht Sr. Majestät König Maximilian I. unsere Verfassung zu danken, die noch heute maßgebend ist, die vortrefflich ausgearbeitet und im Hauptzweck das bietet, was das bayerische Volk will?«, fragte er in Gegenwart des bayerischen Thronfolgers. Nach Stromers Rede, so berichteten die *Münchner Neuesten Nachrichten,* erhob sich jubelnder Beifall.[24]

Auf der Basis von dergestalt gefeierten monarchischen Verfassungsdekreten wurde im frühen 19. Jahrhundert vielerorts eine Versöhnung von Krone und Nation angestrebt: Reformanliegen fanden Berücksichtigung, womit man auch dem Bedürfnis nach Ruhe und Ordnung Rechnung trug, das nach Jahrzehnten der Kriegführung vorherrschte. Hier befand sich der Ursprung jener klassischen Formel vom »Monarchischen Prinzip«, die im Laufe des Jahrhunderts zu einem zentralen politischen Kampfbegriff werden sollte. Danach lag die Gesamtheit der staatlichen Macht in der heiligen und unverletzlichen Person des Monarchen, der sich – nach Maßgabe des jeweils gültigen Verfassungskompromisses – verpflichtete, diese nur im Zusammenwirken mit anderen Verfassungsorganen auszuüben. Zwar blieben im System des Konstitutionalismus die Machtmittel der Kronen in einigen Bereichen – etwa beim Kommando über die Streitkräfte oder in der Außenpolitik – weiterhin beachtlich, doch die

*»Dem Geber der Verfassung Baiern's dankbare Staende«: So wie König Maximilian I. Joseph von Bayern ließen sich Monarchen in ganz Europa von ihren Völkern als großmütige Väter der Verfassungen und der darin garantierten Freiheiten feiern.*

prinzipielle Einschränkung monarchischer Gewalt war unübersehbar und sollte im Laufe der Zeit fortschreiten.[25]

Für den König von Frankreich bedeutete die Ausübung der exekutiven Gewalt nach dem Übergang zum Verfassungsstaat im Jahr 1814 die Mitwirkung verantwortlicher Minister, während die Gesetzgebung und die Bewilligung öffentlicher Gelder der Zustimmung des gewählten Parlaments bedurften. Zudem wurden – auch dies war ein wichtiges Erbe der Aufklärung und der Revolutionszeit – in der *Chartre* und den ihr folgenden europäischen Verfassungstexten die individuellen Rechte der Untertanen verbrieft. In der Deutung des Historikers Volker Sellin begann mit diesem Verfassungsdekret ein dynamischer Prozess, der die Monarchien Europas während des darauffolgenden Säkulums prägen sollte. Sellin spricht von einem »Jahrhundert der Restaurationen«, in dem monarchische Herrschaft immer wieder von oben stabilisiert und neu legitimiert wurde. Dies geschah durch Verfassungsreformen, die sich an den Forderungen der Zeit orientierten. Restauration wird hier also nicht als der rückwärtsgewandte Versuch definiert, die Uhr mehr oder minder gewaltsam bis zu einem *status quo ante* zurückzudrehen. Vielmehr zielten die wiederholten Restaurationen darauf, die Macht zwar formal beim Monarchen zu belassen, das Recht auf politische Partizipation aber auf immer breitere Bevölkerungsschichten auszudehnen. Dies geschah »durch die Behauptung der monarchischen Souveränität und die Verbeugung vor der Revolution«. So wurden verfassungsrechtliche Lösungen geschaffen, die weniger dramatische Verwerfungen verursachten als revolutionäre Veränderungen und die obendrein länger Bestand hatten.[26]

Die insgesamt beständige, wenn auch oftmals nur widerwillig eingeräumte Konzessionsbereitschaft der Monarchen hatte zur Folge, so Sellin, dass sich das monarchische und demokratische Prinzip langfristig aufeinander zubewegten. Restaurationsbemühungen dieser Art sollten nämlich keine einmaligen Vorgänge bleiben, sondern Schritte einer kontinuierlichen Reformpolitik darstellen. Und selbst da, wo die einmal kodifizierten Verfassungstexte über Jahrzehnte weitestgehend unverändert blieben – etwa bei den von der *Chartre* inspirierten Verfassungen in Bayern und Württemberg oder dem piemontesisch-italienischen

*Statuto Albertino* von 1848 –, ist eine stetige Veränderung der Verfassungswirklichkeit unter dem Druck der sich wandelnden Zeitläufte nicht zu übersehen: Die im späten 19. und frühen 20. Jahrhundert regierenden Könige Ludwig III. von Bayern (1845–1921), Wilhelm II. von Württemberg (1848–1921) oder Viktor Emanuel III. von Italien waren trotz unveränderter verfassungsrechtlicher Grundlage von einem ganz anderen Selbstverständnis der eigenen Rolle erfüllt als ihre bedeutend selbstherrlicheren Vorgänger Ludwig I. (1786–1868), Wilhelm I. (1781–1864) oder Viktor Emanuel II. (1820–1878) zwei Generationen zuvor. Zwar wurde diese gesamteuropäische Regel einer fortschreitenden expliziten oder auch nur stillen Konstitutionalisierung der Monarchie durch einige prominente Ausnahmen bestätigt – man denke etwa an den »Märchenkönig« Ludwig II. von Bayern, den als »König Gorilla« verspotteten Wilhelm III. der Niederlande (1817–1890) oder Kaiser Wilhelm II., der bereits wenige Jahre nach seiner Thronbesteigung in einem Pamphlet mit Caligula verglichen wurde, was für viel öffentliche Aufregung sorgte. Das offenbart jedoch, dass diese neo-absolutistischen oder rückschrittlich orientierten Herrscherpersönlichkeiten schon von den Zeitgenossen als skandalös, bedrohlich oder geisteskrank, jedenfalls als nicht zeitgemäß wahrgenommen wurden.[27]

Es gelang diesen schwarzen Schafen offensichtlich nicht, dem nachzukommen, was sich im Laufe des Jahrhunderts zunehmend als zentrale öffentliche Anforderung an einen europäischen Monarchen herausgeschält hatte: ein guter konstitutioneller Herrscher zu sein. Welche Erwartungen das waren, lässt sich dem Nachruf entnehmen, mit dem der *Staats-Anzeiger für Württemberg* den im Oktober 1891 verstorbenen König Karl I. ehrte. Zu dessen »edlen Herrschertugenden« habe sein konstitutioneller Sinn gehört: »Treu hielt der König an der Verfassung, diesem festen Band, das Fürst und Volk Württembergs stets einigte«, fest, lobte das amtliche Blatt. Noch besser war es, wenn die Haltung des Herrschers gegenüber dem Parlament freundlich war: »Mit der Volksvertretung verknüpfte den König in der ganzen Zeit Seiner Regierung ein schönes Verhältnis ungetrübter Eintracht.« Den neun Jahre später durch ein Attentat ums Leben gekommenen italienischen König Umberto feierte die *L'Illustrazione Italiana* in ähnlicher

Weise als »modellhaften konstitutionellen König«. Die »tiefste und absolute Hingabe an die Institutionen des Vaterlandes nahm von ihm seinen Ausgang«, und die Essenz moderner Verfassungen sei geradezu »in seine Seele eingegraben« gewesen. Im darauffolgenden Jahr verfasste der katalanische Architekt José Grases Riera ein Memorandum zur Errichtung eines Denkmals für den 1885 jung verstorbenen spanischen König Alfons XII. Der Herrscher, mit dessen Regierung sich die Hoffnung auf Frieden, Ordnung und Freiheit verbunden hatte, dieser kultivierte, tolerante, liberale, zeitgemäße, ja demokratische Mann verkörperte, so Grases Riera, das Vaterland, und zwar als ein »konstitutioneller König der modernen Zeit«. Die durch dieses Ideal vorgegebene Richtschnur band den Thronfolgern zunehmend die Hände.[28]

Dass die Idee eines vorbildlichen konstitutionellen Herrschers – womit noch nichts über die Realität der Verfassungs- oder Parlamentsfreundlichkeit dieses oder jenes Monarchen gesagt ist – so gefeiert wurde, ist kein Zufall. Vielmehr ergab sich dies beinahe zwangsläufig aus der Tatsache, dass der monarchische Konstitutionalismus – also die Herrschaft eines Einzelnen, dessen Macht durch (zumeist kodifiziertes) Recht eingeschränkt ist – im 19. Jahrhundert zu einem erfolgreichen »europäischen Verfassungstyp« wurde. Dem frühen Sonderfall Großbritannien, wo die fortschreitende verfassungsrechtliche Einhegung königlicher Gewalt seit der »Glorreichen Revolution« von 1688 nicht durch ein zentrales Dokument umfassend und systematisch kodifiziert wurde, folgten im 19. Jahrhundert nach und nach fast alle europäischen Monarchien.

Zumeist verlief die Entwicklung gemäß dem Sellin'schen Restaurationsmodell: Der Monarch gewährte einen in schriftlicher Form fixierten Verfassungskompromiss, in dem er seine Herrschaftsrechte dadurch zu sichern suchte, dass er deren künftige Ausübung Bedingungen und Beschränkungen unterwarf. Als zuletzt auch das russische Kaiserreich mit dem Staatsgrundgesetz von 23. April 1906 einen ersten Schritt in diese Richtung unternahm, waren die anderen europäischen Großstaaten schon lange im konstitutionellen Zeitalter angelangt. Die verschiedenen französischen Monarchien hatten sich 1814, 1830 und 1851/52 Verfassungen gegeben. Im Herrschaftsbereich der österreichischen

Habsburgerdynastie fand dies 1848, 1849, 1862 und 1867 statt. Preußen (-Deutschland) erhielt 1848/50, 1867 und 1871 Verfassungen. Piemont-Sardinien war seit 1848 Verfassungsstaat und übertrug dies 1861 auf das unter seiner Leitung vereinigte Königreich Italien. Spanien erlebte seit der ersten Verfassung von 1808 eine Vielzahl von Verfassungen und Verfassungsrevisionen (1812, 1834, 1837, 1845, 1869), bis es mit der Restauration der Monarchie durch die Verfassung von 1876 zu einer beständigeren Lösung fand. Auch Europas zahlreiche kleinere Monarchien – von Bayern in den Jahren 1808/1818 bis zum neu gegründeten Fürstentum Bulgarien im Jahr 1879 – folgten dieser Entwicklung beinahe ausnahmslos.[29]

Der Verfassungshistoriker Martin Kirsch erklärt den Erfolg dieses Modells, indem er auf den Prozess der »Funktionalisierung des Monarchen« hinweist. Der durch die Verfassung beschränkte königliche Herrscher erfüllte innerhalb des politischen Systems eine erkennbare, nützliche Funktion: als Quelle nationaler Integration, als Vermittler zwischen konkurrierenden Parteien, als sicherndes Bollwerk gegen exzessive Veränderungen. Auf diese Weise rechtfertigte er seine Existenz – sofern er erfolgreich war. Königsherrschaft wurde im 19. Jahrhundert nämlich zunehmend danach beurteilt, ob es dem Mann oder der Frau auf dem Thron gelang, der ihm oder ihr zugeschriebenen Funktion für Staat, Nation und Gesellschaft gerecht zu werden. In dieser Hinsicht hat die jüngere Forschung den europäischen Monarchien ein recht gutes Zeugnis ausgestellt. Ähnlich wie der Historiker Dieter Langewiesche gesteht auch Kirsch den konstitutionellen Monarchien Europas einen beachtlichen Anteil bei der Lösung wichtiger Probleme zu, allem voran bei der Vollendung der Revolution, die friedlich erfolgte, indem zahlreiche der mit ihr verbundenen Versprechen eingelöst wurden. Den Kronen gelangen in der nachrevolutionären Epoche bedeutende politische, rechtliche und soziale Reformen, etwa die Integration neuer Bevölkerungsgruppen in den politischen Willensbildungsprozess, die Verkörperung nationaler Unabhängigkeit sowie die weitgehend friedliche Umgestaltung Europas in ein System mächtiger Großstaaten.[30]

Für Europas gekrönte Häupter sowie für die Männer und Frauen, die sich anschickten, das noch zu werden, bedeutete der Triumph der

Konstitutionalisierung königlicher Herrschaft eine Vielzahl von Veränderungen. Mitunter ließen schon die Äußerlichkeiten an Deutlichkeit nichts zu wünschen übrig. So musste Viktor Emmanuel II. von Piemont-Sardinien mit einem Gesetz vom 17. März 1861 als König von Italien eine dualistische Legitimation seiner Stellung akzeptieren und der Formel »von Gottes Gnaden« die Ergänzung »und nach dem Willen der Nation« seinem Titel hinzufügen.[31] Aber auch handfeste Dinge änderten sich: Die Finanzierung der monarchischen Hofhaltung durch staatliche Mittel hing nun von der Gewährung einer Zivilliste durch eine gewählte Volksvertretung ab. Wenn – wie beispielsweise bei der Thronbesteigung König Friedrich Augusts von Sachsen im Jahr 1904 – die Stimmung gereizt und das Thema belastet war, konnte es ratsam sein, keine Erhöhung dieser jeweils zu Regierungsantritt festgelegten Zahlung zu beantragen. Das Parlament wachte auch sonst über die Verwendung von Steuergeldern. Dies konnte dazu führen, dass die Volksvertreter Regierungsinitiativen zu Fall brachten, indem sie den Geldhahn zudrehten. Zu Beginn der 1860er Jahre verweigerte etwa die liberale Mehrheit im Preußischen Abgeordnetenhaus die Finanzierung der vom König gewünschten Armeereform. Dies verursachte eine Staatskrise, die beinahe zur Abdankung Wilhelms I. geführt hätte.[32]

Wenn sie in irgendeiner Form an der Lenkung des Staatsschiffes beteiligt bleiben wollten, mussten die Monarchen sich also innerhalb des vorgegebenen konstitutionellen Rahmens bewegen. Der in seiner Haltung durchaus schwankende niederländische König Wilhelm II. hat das sehr prägnant formuliert: »Man muss frei heraus den konstitutionellen Weg beschreiten«, soll er bei seinem Regierungsantritt 1840 erklärt haben, denn für »die Souveräne gibt es keinen anderen Weg mehr«, als mit dem Jahrhundert zu gehen. Dies hatte konkrete Folgen: Monarchen mussten nun ein politisches Einvernehmen mit den Parlamenten erreichen, ohne deren Kooperation die vom König ernannten Minister nur schwerlich regieren konnten. Sie mussten parlamentarische Sitzungsperioden eröffnen und Thronreden verlesen, bei der Ernennung ihrer Minister in zunehmendem Maße die öffentliche Meinung, Mehrheitsverhältnisse und Wahlergebnisse berücksichtigen und versuchen, sich ebenjener Haltung zu befleißigen, für die der württembergische Monarch 1916 ausdrücklich gelobt wurde: »König Wilhelm hat nie persönliche Politik getrieben oder zu treiben versucht. Er hat sich zu allen Zeiten streng im Rahmen seiner verfassungsmäßigen Stellung bewegt«, urteilte damals kein Geringerer als der Führer der württembergischen Sozialdemokraten Wilhelm Keil. »In seinem öffentlichen Auftreten legt er sich die Zurückhaltung auf, die von einem über den Parteien stehenden obersten Diener des Staates zu wünschen ist.«[33]

Nicht jedem Herrscher war es gegeben, die Einschränkungen, die aus der verfassungsrechtlichen Situation erwuchsen, mit Einsicht und Gleichmut hinzunehmen. König Ludwig I. von Bayern, der Sohn Maximilians I. Joseph, der die bayerische Verfassung 1818 erlassen hatte, dachte gar nicht an »ein partnerschaftliches Verhältnis zwischen Volk und Monarch«, wie sein Biograph Heinz Gollwitzer betont, »Führung und Leitung des Volkes beanspruchte ausschließlich er«, und an den Kronrechten hat er nie rütteln lassen. Auch Wilhelm I., der erste konstitutionelle König der Niederlande, konnte sich mit den durch die Verfassung vom 24. August 1815 geschaffenen Realitäten nur schwer abfinden und betrachtete im Konflikt mit den Kammern sein königliches Recht stets als das höhere und ältere. In der Frühphase ihrer Herrschaft war auch Königin Viktoria – mit Unterstützung ihres Gemahls Albert – sehr darauf bedacht, ihre monarchischen Machtmittel offensiv einzusetzen und gegen jegliche Einschränkung zu verteidigen. In den 1840er Jahren war sie noch weit davon entfernt, sich mit den drei Rechten zu begnügen, die der Krone in Walter Bagehots bekannter Abhandlung zur englischen Verfassung noch zugestanden wurden: konsultiert zu werden, zu warnen und zu ermuntern. Auch König Friedrich Wilhelm IV. von Preußen, der die Verfassung seines Landes gestiftet und durch Eid bekräftigt hatte, blieb reserviert: In seinem Testament forderte er seinen Nachfolger auf, ebendiesen Schwur zu verweigern.[34]

Solche konstitutionellen Kinderkrankheiten verflogen im Laufe des 19. Jahrhunderts. Es ist bezeichnend, dass keiner der Nachfolger Friedrich Wilhelms IV. auf dem preußischen Thron dessen testamentarische Anordnung befolgte. Sowohl Wilhelm I. als auch Friedrich III. und Wilhelm II. legten bei der Thronbesteigung den Verfassungseid ab. Letzterer vernichtete 1888 sogar eigenhändig das Testament seines

Vorfahren, um diesen peinlichen Beweis mangelnder Verfassungstreue zu tilgen. Dieses zunehmend weniger antagonistische Verhältnis zur Verfassung dürfte sich im Laufe der Zeit herausgebildet haben, weil die späteren Herrschergenerationen, Europas Thronfolger, politisch bereits weitgehend im Rahmen des konstitutionellen Systems sozialisiert worden waren. Sie haben sich – sei es durch Übung, sei es aus Überzeugung oder aus Resignation – mit diesem Umfeld arrangiert und akzeptiert, dass sie nur herrschen würden, wenn sie gute konstitutionelle Herrscher sein wollten.

Die Institutionen des Verfassungsstaates und die konstitutionellen Pflichten des Herrschers erlebten diese Thronerben schon als Kinder oder Jugendliche, wenn sie den Monarchen zu Parlamentseröffnungen oder Thronreden begleiteten. Die sorgsam geplante und durch ein veröffentlichtes Dekret festgelegte Zeremonie, mit der beispielsweise der König der Belgier das Parlament eröffnete, sah die Mitwirkung seiner Familie explizit vor, und so begleitete der damals zwölfjährige Thronerbe Prinz Leopold 1847 seinen gleichnamigen Vater hoch zu Ross bei der alljährlichen Prozession zum Parlamentsgebäude. Da er selbst kinderlos blieb, stand König Leopold II. später bei diesem Ritual sein Bruder Philipp, der nächste Thronerbe, zur Seite. Viktor Emanuel, der italienische Kronprinz, war sogar noch jünger, als er König Umberto I. im Februar 1880 zur Eröffnung des Parlaments begleitete. Laut Presseberichten wurde der zehnjährige Knabe im Sitzungssaal wie auch in den Straßen vor dem Parlament laut bejubelt.[35]

Die Verfassungen der europäischen Monarchien sahen in den meisten Fällen eine noch frühere und fundamentalere Verbindung zwischen dem Thronfolger und der neuen staatlichen Ordnung vor. Denn über die übliche Praxis der Festschreibung von Thronfolgeregelungen – meistens die Erbfolge im männlichen Stamm – in den jeweiligen Verfassungstexten wurden die künftigen Herrschaftsansprüche des Thronerben – und oftmals auch die aktuellen Ansprüche auf Apanagen – Teil des öffentlichen Rechts und an gleicher Stelle verbrieft wie die Bürgerrechte der Untertanen. Dass hierdurch auch Bedingungen für den Antritt der Regierung und sogar mögliche Sanktionen mitbedacht werden konnten, zeigten beispielsweise die spanischen Verfassungen von 1837,

1845, 1869 und 1876, in denen dem Parlament, den *Cortes*, explizit zugestanden wurde, Personen, »welche unfähig zum Regieren sind oder etwas getan haben, weswegen sie das Recht auf die Krone zu verlieren verdienen«, von der Erbfolge auszuschließen.[36] Eine Thronfolge außerhalb des konstitutionellen Rahmens war somit undenkbar.

Die Verbindungen, die sich im 19. Jahrhundert zwischen Thronfolgern und Parlamenten ausbildeten, waren im Allgemeinen jedoch einvernehmlicher, als die spanischen Verfassungsartikel suggerieren. In vielen konstitutionellen Monarchien besaßen die Prinzen des königlichen Hauses – und damit auch die Thronfolger – ein Geburtsrecht auf Mitgliedschaft in den jeweiligen ersten Kammern der Parlamente. In Wahrnehmung dieses Rechts beteiligten sich die künftigen Monarchen als Parlamentarier am Gesetzgebungsprozess. Solche Regelungen gab es in vielen deutschen Staaten – zum Beispiel in Preußen, Bayern, Württemberg, Sachsen, Baden, Hessen-Darmstadt oder Hannover – und ebenso in Österreich, Frankreich, Spanien, Griechenland und Italien. Auch in Belgien beschränkte sich die Teilnahme der Thronfolger am parlamentarischen Geschehen nicht darauf, den König alljährlich zur feierlichen Eröffnung des Hohen Hauses zu begleiten. Prinz Leopold, der künftige König Leopold II., trat dem belgischen Senat im April 1853 bei und hielt dort bis zu seiner Thronbesteigung zwölf Jahre später mehr als ein Dutzend Reden zu Fragen der Handels- und Kolonialpolitik. Als selbstbewusster Senator griff er in Debatten ein und unterbrach sogar Ministerreden. Auch Leopolds Neffe Albert, der künftige König Albert I., war zwischen 1906 und 1909 Senatsmitglied, hielt Reden und nahm an Abstimmungen teil.[37]

Beim Eintritt in die jeweilige Kammer sprach der künftige Monarch zumeist eine Eidesformel, die ihn schon lange vor der Thronübernahme, die in der Regel mit einem weiteren Verfassungseid verbunden war, an die Verfassung des Landes band. So legten nach der französischen Revolution des Jahres 1830 und der darauffolgenden Errichtung der Julimonarchie unter König Ludwig Philipp die beiden ältesten Söhne des Monarchen, die Herzöge von Chartres und Nemours, wie alle anderen Mitglieder der Pairskammer einen Eid ab. Darin verpflichteten sie sich feierlich zur Treue gegenüber dem König und zum Gehorsam gegenüber der *Charte Constitutionelle* und den Gesetzen des Landes. Als er im März 1887 Mitglied der Ersten Kammer des sächsischen Königreichs wurde, schwor auch der einundzwanzigjährige Prinz Friedrich August, der künftige König, wie es in Paragraph 82 der Verfassung vorgesehen war, »die Staatsverfassung treu zu bewahren«. Vier Jahre später gelobte der ebenfalls einundzwanzigjährige Viktor Emanuel beim Eintritt in den italienischen Senat in Gegenwart seines königlichen Vaters und vor den Augen der kleinen Heloise aus Amerika in ähnlicher Weise Verfassungstreue. In Württemberg mussten Kammermitglieder – und somit auch die Thronfolger – sogar versprechen, »die Verfassung heilig zu halten«, während die großjährigen Hohenzollernprinzen beim Eintritt ins Preußische Herrenhaus neben der Treue zum König »die gewissenhafte Beobachtung der Verfassung« gelobten. In Bayern hatten alle Prinzen, unabhängig von der Kammermitgliedschaft, sobald sie volljährig waren, einen Eid »auf die genaue Beobachtung der Verfassung« abzulegen.[38]

Die Existenz dieser Bestimmungen bedeutete freilich nicht, dass sich alle Kronprinzen an die Prinzipien und Ideale des Verfassungsstaates gebunden fühlten. Nur wenige begeisterten sich für die parlamentarische Gremienarbeit, die meisten mieden die ihnen gebotene Möglichkeit zur Eingewöhnung in die Institutionen des Verfassungsstaates. Wurde sie aber genutzt, brachte das dem künftigen Herrscher zumeist öffentliches Lob ein. Beim Regierungsantritt Wilhelms II. von Württemberg im Jahr 1891, Friedrich Augusts III. von Sachsen 1904 oder Ludwigs III. von Bayern 1912 wies die Presse anerkennend darauf hin, dass diese als Thronfolger bereits wertvolle Erfahrungen als Parlamentarier gesammelt hätten. Besonders dem Bayernprinzen, einem der wenigen Thronfolger, der seine Pflichten als Parlamentsmitglied über Jahrzehnte mit Ernst und Hingabe versah, wurde immer wieder hohes Lob gezollt. Münchens *Volks-Zeitung* pries 1893 den »rühmlichen und erfolgreichen Eifer«, mit dem der Prinz »seine parlamentarischen Aufgaben als Mitglied der bayerischen Reichsratskammer« wahrnahm. Die selbstbewussten Worte, mit denen der Präsident der sächsischen Ersten Kammer im Januar 1914 den volljährigen Kronprinzen Georg als Parlamentsmitglied willkommen hieß, machen deutlich, welche Bedeutung den Institutionen des Verfassungsstaates inzwischen bei der Ausbildung eines künftigen Monarchen zugemessen wurde. »Wir geben uns aber auch der Hoffnung hin«, erklärte Friedrich Graf Vitzthum von Eckstädt, nachdem er von Georg Eifer und Interesse eingefordert hatte, »daß die parlamentarische Tätigkeit in dieser Kammer und die dadurch bedingte enge Fühlung mit dem Hohen jenseitigen Hause [also der gewählten Kammer, FLM] ihren Teil dazu beitragen werden, Ew. Königliche Hoheit auf Ihren erhabenen Beruf vorzubereiten«.[39]

Die Wichtigkeit von Verfassungen zu akzeptieren, sich mit den Prinzipien, Abläufen und Institutionen des Verfassungsstaates – bis hin zur »engen Fühlung« mit gewählten Parlamenten – vertraut zu machen und ein guter konstitutioneller Herrscher werden zu wollen, dies gehörte zu den neuen, im Verlauf des 19. Jahrhunderts sich herausbildenden Rahmenbedingungen, innerhalb derer sich das Heranwachsen der kommenden Monarchengeneration – und somit die Zukunft der Monarchie überhaupt – abspielte. Noch näher am Leib und deutlich älter als der neue, eng geschneiderte konstitutionelle Rock, den sie im 19. Jahrhundert nicht mehr ablegen konnten, war den Thronfolgern jedoch das Hemd: die oftmals in fürstlichen Hausgesetzen festgeschriebene Macht des dynastischen Familienoberhaupts über die Sippe.

## »Familientyrannis als Absolutismusersatz«
### *Das königliche Haus*

Unter der »Familiengewalt des Regenten« war aus Sicht des Bonner Staatsrechtlers Romeo Maurenbrecher der »Inbegriff derjenigen Rechte zu verstehen, welche jedem Regenten als Haupt der Familie über alle ihre Glieder zustehen«. Ferdinand von Prittwitz und Gaffron weist auf zwei Wurzeln dieses Phänomens hin: Die eine stammte aus der Zeit der absoluten Monarchie und bedeutete etwa für den preußischen Monarchen nach dem Erwerb der Königskrone im Jahr 1701, »nun auf Grund der Souveränität die Herrschaft über seine Familie in Anspruch« zu nehmen; »er betrachtete die Mitglieder derselben als seine Untertanen«. Diese fürstliche Familiengewalt reichte noch weiter zurück und hatte ihre Wurzeln – zweitens – im romanischen Recht, in der *patria potestas*, der Macht des römischen Hausvaters über seine Familie. Der Zweck dieser Oberaufsicht des Familienoberhaupts war es, so der Heidelberger Staatsrechtsprofessor Hermann Schulze, »dem Könige einen entscheidenden Einfluss auf die äußere Lebensstellung und das Betragen der dem Throne am nächsten stehenden Personen einzuräumen, damit die Würde der Krone und das Wohl des Staates in jeder Weise aufrecht erhalten und die so nothwendige Einheit und Einigkeit der königlichen Familie auch in ihrem äusseren Auftreten gewahrt werde«.[40]

Aus diesem »Gemisch von Familienrechten und Rechten der Souveränität«, wie Maurenbrecher es nannte, ergab sich ein sehr eng gewebtes Netz von väterlichen Zuständigkeiten für die einzelnen Familienmitglieder: die Beaufsichtigung ihrer Erziehung, die Bestätigung ihrer Vormundschaften, die Genehmigung ihrer Reisen und Ankäufe im Ausland sowie die Zustimmung zur Wahl ihrer Gatten, ohne die ihre Ehen keine Gültigkeit hatten. Zudem verfügte das Familienoberhaupt über die Gerichtsbarkeit innerhalb der Familie, was auch die Verhängung von Strafen einschloss sowie das Recht, Hausgesetze zu erlassen, die Maßregeln zur Erhaltung von Ruhe, Ehre, Ordnung und Wohlfahrt der gesamten Familien enthielten. Eine besonders dezidierte Version dieser patriarchalischen Ordnung findet sich im österreichischen »Familien-Statut«, in dem 1839 alle bis dahin erlassenen Regelungen der Habsburger zusammengefasst wurden. Nach Paragraph 25 war dort dem Familienoberhaupt vorbehalten, neben der Erziehung und den Reisen der Familienmitglieder auch »die Begründung der Etablissements jedes einzelnen Familienmitglieds« sowie die »Wahlen ihres Hofstaats, das ist der Personen, welche ihre nächste Umgebung bilden sollen«, zu bestimmen. Damit hatte der Kaiser, der selbstverständlich die Finanzen aller Familienmitglieder kontrollierte, das Recht, seinen Verwandten den Ehepartner, den Wohnort und das Personal vorzuschreiben. Erzherzog Leopold Ferdinand von Österreich-Toskana, der nach einer Reihe von Skandalen und Zerwürfnissen mit Kaiser Franz Joseph I. im Jahr 1902 förmlich aus dem Kaiserhaus ausschied und daran scheiterte, unter dem Namen Leopold Wölfling ein bürgerliches Leben zu führen, erkannte im Familienstatut und seiner

Handhabung verbittert eine »Familientyrannis als Absolutismusersatz«.[41]

Ungewöhnlich waren die Vorgaben des Familienstatuts der Habsburger keineswegs. Auch Bayerns »Königliches Familiengesetz« aus dem Jahr 1816 verbot den Prinzen des Hauses Wittelsbach Heiraten oder Auslandsreisen ohne Genehmigung des Königs und behielt dem Oberhaupt der Familie »alle zur Erhaltung der Ruhe, Ehre, Ordnung und Wohlfahrt des königliches Hauses dienliche Massregeln« vor. Das »Königlich sächsische Hausgesetz« von 1837 betonte, dass »alle Glieder des Königlichen Hauses [...] der Hoheit und [...] der Gerichtsbarkeit des Königs untergeben« seien, und machte die Ernennung von Hofpersonal von dessen Genehmigung abhängig. Im Königreich Württemberg, wo Wilhelm I. schon 1828 ein umfassendes »Königliches Hausgesetz« erlassen hatte, das regelte, was die »oberste Aufsicht des Königs« ausmachte, waren die Zuständigkeiten des Familienoberhaupts ähnlich weit gefasst. Der König bestimmte danach etwa über die Wahl des Ehepartners, die Erziehung der Kinder und den Aufenthalt im Ausland.[42]

Die Ausübung von »Familiengewalt« durch das Familienoberhaupt, den Monarchen, war letztlich gar nicht an die Existenz kodifizierter Hausgesetze gebunden, die vor allem im deutschsprachigen Europa verbreitet waren. In der britischen Königsfamilie beispielsweise gab es eine solche Rechtsgrundlage nicht, dennoch reichte die Stellung, die Viktoria als Souverän und aufgrund der konventionellen Autorität des Familienoberhaupts einnahm, völlig aus, um ihr ein beinahe absolutes Regiment über ihre Familie zu sichern. Selbst in Deutschland war die Existenz eines Hausgesetzes keine notwendige Bedingung. »Sind auch in Preußen diese oberhauptlichen Befugnisse nicht wie in den übrigen konstitutionellen deutschen Staaten in einem modernen Hausgesetze formuliert«, erklärte Hermann Schulze 1883, »so gebührt doch unzweifelhaft dem Könige [...] alle zur Erhaltung der Ruhe, Ehre, Ordnung und Wohlfahrt des königlichen Hauses dienlichen Massregeln zu ergreifen«. Die hier behauptete Selbstverständlichkeit der königlichen Autorität über seine Familienmitglieder erklärt sich unter anderem auch aus der Tatsache, dass die umfassenden Hausgesetze, die in Deutschland seit dem bayerischen Hausgesetz von 1808 weite Verbreitung fanden, vorher nicht bekannt waren. Sie entstanden als Reaktion auf die Auflösung des Heiligen Römischen Reiches im Jahr 1806, das den reichsunmittelbaren Status der Mitglieder von Fürstenfamilien beendete, und als Ergänzung zu den überall erlassenen Verfassungen.[43]

Auch zuvor hatten königliche Väter schon eine mitunter drangsalierende Aufsicht über ihre Familien geführt, man denke nur an die Behandlung des künftigen Königs Friedrich II. von Preußen durch seinen Vater. Doch das Phänomen sollte sich durch die monarchische Familiengewalt, mit der sich Thronfolger zu arrangieren hatten, noch verstärken. »Noch nie war die Stellung des Familienoberhaupts gegenüber den Familienmitgliedern so stark gewesen«, urteilt die Rechtshistorikerin Dorothee Gottwald mit Blick auf die Entwicklungen zu Beginn des 19. Jahrhunderts.[44]

Ob der Ausbau dieser patriarchischen Stellung und die oftmals rigorose Ausübung der monarchischen Oberaufsicht über die rangniedrigeren Familienmitglieder erfolgte, um den Verlust der absoluten Herrschaft im Staat zu kompensieren, wie Leopold Wölfling mit geradezu psychoanalytischem Anklang nahelegte, wird sich kaum endgültig klären lassen. Schließlich war auch dem Zeitalter des Absolutismus der herrschsüchtige gekrönte Vater nicht fremd. Im Verlauf des 19. Jahrhunderts kamen allerdings zwei miteinander verwobene Entwicklungen zum Tragen, aufgrund derer sich die Einbindung des Thronfolgers in die vom Monarchen geführte Institution der königlichen Familie noch verstärkte und als intensiver wahrgenommen wurde. Zum einen stellten sich die Dynastien mehr als zuvor als Familien im bürgerlichen Sinne dar, was die Verpflichtung zur Übernahme gewisser Ideale und Verhaltensweisen zur Folge hatte. Zum anderen war die Erreichung dieser Standards durch die Königsfamilien aufgrund der »fast pausenlose[n] Öffentlichkeit ihres Daseins«, wie Heinz Dollinger es nannte, einer viel intensiveren Kontrolle von außen unterworfen als je zuvor. Denn das »Haupterforderniß«, dem zu entsprechen das Volk vom Monarchen erwartete, war es, »[s]ichtbar zu seyn«, wie etwa in einem Bericht in den Kabinettsakten des Königs von Bayern zu lesen war.[45]

Eine äußerst scharfzüngige Analyse des Nutzens, den die Monarchie aus der Selbstdarstellung ihres Führungspersonals als Familie ziehen konnte, stammt aus der Feder des britischen Journalisten und Ökonomen Walter Bagehot. In seiner berühmten Abhandlung *The English Constitution* hatte er Mitte der 1860er Jahre spöttisch bemerkt, dass »eine *Familie* auf dem Thron eine interessante Idee« sei. Durch sie werde der »Stolz der Souveränität auf die Ebene des gemeinen Lebens« heruntergebrochen. Universelle Momente im Leben aller Familien wie Hochzeiten oder Geburten machten die Menschen – und vor allem die Frauen – glücklich, umso mehr, wenn sie brillant dargeboten werden. Nur wenige Zyniker würden sich dem Zauber einer rührenden Geschichte verschließen, so Bagehot, und genau hier entfalte das Spektakel der königlichen Familie seine Wirkung: Sie »versüßt die Politik durch die zeitgemäße Beigabe netter und hübscher Ereignisse«. Für Königin Viktoria war Bagehots Erkenntnis nichts Neues. Schon 1844 hatte sie ihrem Onkel, dem König der Belgier, ein wenig selbstgefällig mitgeteilt, in den Zeitungen könne man lesen, dass »kein Souverän mehr geliebt werde als ich«. Und sie glaubte auch den Grund dafür zu kennen, nämlich »unser häusliches Glück – das ein so gutes Vorbild abgibt«.[46]

Mit dem Hinweis auf ihr familiäres Idyll erinnerte die Monarchin mit gutem Grund an ihren Vorfahren, den 1820 verstorbenen König Georg III., dem seine Tugenden als Ehemann und fürsorglicher Familienvater große Sympathien beim englischen Volk eingebracht hatten. Auch diesseits des Kanals reichten die Wurzeln der königlichen Inszenierung eines glücklichen, bürgerlichen Familienlebens bis ins späte 18. Jahrhundert zurück. Die Geschichte von König Friedrich Wilhelm III. von Preußen, der als Oberhaupt einer heilen Familie mit seiner Gemahlin Luise und den acht Kindern ein idyllisches Familienleben in der Umgebung des schlichten Landschlosses Paretz genoss, übte auf weite Teile der Öffentlichkeit große Anziehungskraft aus. 1798 bemerkte der romantische Dichter Friedrich von Hardenberg, genannt Novalis, dazu: »Je mehr das königliche Haus, durchdrungen von dem Werte echter Häuslichkeit, diese zu der seltenen Höhe des Thrones erhebt, um desto mehr erkennt die große Familie des Volkes sich in diesem Bilde wieder [...] und vereint sich zu stärkrer Kraft, dasselbe zu schützen.«[47]

Wollten sie die Früchte einer so gewonnenen Popularität genießen, mussten die Königsfamilien jenen von Novalis gepriesenen »Werten echter Häuslichkeit« entsprechen und sich – zumindest teilweise – dem Tugendkatalog der bürgerlichen Familie unterwerfen. Dies erforderte, dass man auch »auf der Höhe des Throns« treu und in liebevoller Nähe miteinander lebte, dass man Eltern- und Kindesliebe sowie Güte und Respekt zeigte. Die Popularisierungsstrategie eines »Transfers dynastischer Tradition in das Reich der modernen Familie« wurde von fast allen europäischen Königshäusern verfolgt. Zahllose sorgsam inszenierte und öffentlich vertriebene Photographien aus den Jahrzehnten nach 1840 zeigen uns Vertreter der Königshäuser als glückliche Paare und Eltern, eingerahmt von einer liebevoll behüteten Kinderschar und umstrahlt vom warmen Glanz häuslichen Glücks. Es kam damit zu einer Verschränkung der Institutionen von bürgerlicher Familie und Dynastie.[48]

Wenn es schon für viele Menschen eine Herausforderung war, dem bürgerlichen Familienideal im gewöhnlichen Leben zu genügen, so war die Herausforderung in Königshäusern ungleich größer. Das mögen die Thronfolger besonders zu spüren bekommen haben, denn anders als erwachsene Bürgersöhne blieben sie der Familiengewalt des Monarchen unterworfen. Bei langlebigen Monarchen mussten die Nachfolger – zum Beispiel Eduard VII. von Großbritannien oder der Hohenzollernkaiser Friedrich III. – es noch als Großväter ertragen, vom Familienoberhaupt gegängelt zu werden. Ihre Stellung im dynastischen Verbund beraubte die Thronfolger vieler der Freiheiten, die ihre künftigen Untertanen selbstverständlich genossen. Trotz jahrelanger intensiver Bemühungen scheiterte beispielsweise der künftige Kaiser Wilhelm I. in den 1820er Jahren daran, seinem Vater die Zustimmung zur Ehe mit der Frau seines Herzens abzuringen, weil sie als nicht ebenbürtig galt. Kronprinz Rudolf von Österreich wurde Ende der 1870er Jahre sein inniger Wunsch verwehrt, an der Universität zu studieren. Dem künftigen König Eduard VII. von Großbritannien untersagten seine Eltern die erhoffte Karriere beim Militär, und 1883 wurde dem damals zweiundfünfzigjährigen deutschen Kronprinzen Friedrich Wilhelm von seinem Vater die Bitte abgeschlagen, seinen Sohn Wilhelm auf eine Spanienreise mitzunehmen. »Mir werden alle meine Wünsche kurz verweigert«, beklagte der Kronprinz verbittert, »wie einem noch ganz jungen Menschen, der sich in Abhängigkeit des Vorgesetzten befindet.«[49]

Zweifellos war die rigorose Ausübung der monarchischen Familiengewalt in manchen Fällen einem maliziösen Altersstarrsinn oder dem schlechten persönlichen Verhältnis zwischen Herrscher und Thronfolger geschuldet. Doch gab es auch andere Gründe für die auf diese Weise sichergestellte Besonderheit der königlichen Familie. Diese sollte zwar bürgerliche Tugenden demonstrieren – am besten in einer Form, die so perfekt war, dass sie dem Bürgertum als Vorbild dienen konnte –, nicht aber selbst bürgerlich und gewöhnlich sein. Zum einen wäre dies kaum mit dem tief verwurzelten Selbstverständnis hochadliger Besonderheit zu vereinbaren gewesen, zum anderen war es eben gerade die Mischung aus scheinbar bürgerlicher Leutseligkeit und magisch-majestätischer Verschiedenheit, die den europäischen Königsfamilien öffentliche Wirksamkeit verlieh.

Damit der Schein gewahrt und das Publikum gefesselt wurde, so hatte schon Walter Bagehot angemerkt, musste die Prinzenhochzeit »eine brillante Ausgabe einer universellen Tatsache sein«. Allerweltshochzeiten interessierten nicht. Des Kaisers neue Kleider durften eines eben nicht sein: gewöhnlich. Scharfsinnige, promonarchische Beobachter wie die Baronin Hildegard von Spitzemberg reagierten daher ausgesprochen heftig auf Königsfamilien, die ihre Pflicht zu majestätischer Besonderheit angeblich vernachlässigten. Bei einem Besuch in Württemberg rügte sie im Oktober 1897, dass das dortige Königspaar in einer »Klitsche« lebe – nämlich dem bescheidenen Landsitz Marienwahl in Ludwigsburg – und nicht im prachtvollen Schloss mit seinen Höfen, Gärten und kostbaren Dekoren. »Sie sind eben keine Fürsten mehr von Gesinnung, diese Herren«, notierte die Gräfin resigniert in ihrem Tagebuch, »sie mögen nicht mehr herrschen und beschützen und geben sich selber auf.«[50]

Mit der Oberaufsicht durch den Monarchen, der dafür Sorge trug, dass »Ruhe, Ehre, Ordnung und Wohlfahrt« des Königshauses gewahrt wurden, wie es das bayerische Hausgesetz formulierte, war im Grunde also ein durchaus politischer Zweck verbunden. Die Verpflichtung zu »ebenbürtigen« Ehen, die königliche Erzwingung von »standesgemäßem« Benehmen und die demonstrative Unterordnung unter die Autorität des Familienoberhaupts und Monarchen, das alles hatte, so

Martina Fetting, »nach außen Distinktion, Exklusivität, kurz: die Majestät zu vermitteln« und angesichts immer machtvollerer Medien den Fortbestand der Institution Königsfamilie im Innern wie nach außen zu festigen.[51] Die dem Thronfolger zukommende Rolle innerhalb der Institution königliche Familie war damit klar: Die Beziehung zwischen Vater und Sohn, zwischen Monarch und Thronfolger musste – unbeschadet aller vorgeblichen oder tatsächlichen Annäherung an das Ideal einer privaten, bürgerlichen Familie – vor allem das erwünschte staatliche Herrschaftsverhältnis zwischen Souverän und Untertan widerspiegeln. »In einem monarchischen Staat ist immer nur einer Herr und ist einer, der zu entscheiden hat«, erklärte Prinz Ludwig, der bayerische Thronerbe, dieses Prinzip 1886, »und derjenige, der ihm noch so nahe steht, muss ebenso sein Untertan sein wie der geringste Tagelöhner.«[52]

Diese ohnehin schon schwierige Aufgabe wurde noch dadurch erschwert, dass sich das Leben der königlichen Familien zusehends auf einer öffentlichen Bühne abspielte und die »monarchische Performanz« (M. Fetting) immer mehr an Bedeutung gewann. Thomas Mann ließ das in seinem satirischen Roman *Königliche Hoheit* schon 1909 mit ironisierendem Unterton anklingen, als er die entscheidenden Aufgaben des fiktiven Prinzen Klaus Heinrich von Grimmburg beschrieb: »[…] ob ihm ein Gruß gelang, ein gnädiges Wort, eine gewinnende und doch würdevolle Handbewegung, war wichtig und entscheidend.« Die stets sichtbare Königsfamilie musste ihre »monarchische[n] Zeigepflichten« vor einer immer größer werdenden medialen Öffentlichkeit erfüllen. Dazu gehörten Gesten wie Klaus Heinrichs würdevolle Handbewegung, der alljährliche Parlamentsritt des belgischen Königs in Begleitung des Thronfolgers, die »brillante« Hochzeit des Prinzen von Wales im Jahr 1863, bei der das Publikum vorab über jedes modische Detail des Brautkleides informiert wurde, und ebenso das tagtägliche Erscheinen am »historischen Eckfenster« gegenüber der Neuen Wache, mit dem Kaiser Wilhelm I. die Passanten unterhielt.[53]

Weil der Palast eines Fürsten, wie die Berliner *National-Zeitung* im Januar 1883 ausführte, »stets mehr oder weniger ein Glashaus« war, reichte der Blick der Öffentlichkeit bis in intime Winkel.[54] Die aufsehenerregenden königlichen Skandale und Tragödien des 19. Jahrhunderts – der Unfalltod des französischen Thronfolgers im Jahr 1842, die Glücksspielaffären und Amouren des Prinzen von Wales, das lange Sterben des Kaisers Friedrich III., die homosexuellen Beziehungen des Königs von Württemberg, die Flucht der sächsischen Kronprinzessin vom Dresdner Hof –, all das offenbarte, dass der durch die Presse geschärfte und vervielfältigte Blick der Öffentlichkeit bis in die privatesten Belange der königlichen Familien vordrang. Als Resultat dieser »schrankenlosen Publicität« ihres Daseins, wie es der spätere Reichskanzler Bernhard von Bülow 1893 nannte, reichte es für die künftigen Herrscher daher nicht, wenn sie sich auf der politisch-rechtlichen Bühne des Verfassungsstaates durch normgerechtes Verhalten auszeichneten.[55] Dies musste ihnen auch als Mitglied der ähnlich öffentlichen Institution »königliche Familie« gelingen, die sie in einem Netz eng miteinander verwobener dynastischer und bürgerlicher Verpflichtungen gefangen hielt.

## »In jener zweiten, künstlichen Welt«
### *Die königlichen Höfe*

Bezüglich der dynastischen Aufgaben, die er zu erfüllen hatte, konnte sich Kronprinz Rudolf, der Sohn des österreichischen Kaisers Franz Joseph, wahrlich nicht über einen Mangel an ernster Belehrung beklagen. Zumeist kam sie aus der Feder des als streng und theoretisch versiert geltenden Feldmarschalls und Erzherzogs Albrecht von Österreich-Teschen (1817–1895), ein Enkel des Kaisers Leopold II. Anlässlich der Großjährigkeitserklärung Rudolfs im Jahr 1877 präsentierte die »graue Eminenz des Habsburger Hofes« dem Thronfolger einige »Aphorismen« zum tieferen Sinn der Hofetikette und des strengen Zeremoniells. Diese habe den Zweck, die Individualität und mögliche persönliche Schwächen des Herrschers zu verdecken, der durch sie gänzlich hinter sein hohes Amt zurücktrete. »Bei feierlichen Gelegenheiten«, so Albrecht, »sah das Volk […] den Pomp und den Glanz der Majestät, aber nicht als unnahbaren Halbgott, sondern gleichzeitig als Gott bekennenden und sich vor Gott demüthigenden Christen.« Der Feldmarschall warnte eindringlich vor jeglicher Auflockerung des Zeremoniells, denn mit einer solchen »Verweichlichung« gehe eine »geringere Sittlichkeit« einher mit der Folge, dass »das Ansehen der Dynastie durch die immer ungenirter zu Tage tretenden Schwächen der einzelnen Prinzen« leide.[56]

Die strenge Wiener Hofordnung mit ihrer rigiden Rangordnung und der Bevorzugung des hohen Hofadels hatte also durchaus einen tieferen, systemerhaltenden Sinn. Hinter den mächtigen Absperrgittern, die den Hofburgkomplex seit der Revolution von 1848 schützten, erlebte die Institution des Hofes – geleitet von den auch politisch einflussreichen Inhabern der Ämter des Obersthofmeisters, des Oberstkämmerers, des Obersthofmarschalls und des Oberststallmeisters – eine späte Blüte. Unterhalb dieser vier »obersten Hofchargen« tummelte sich eine fast unübersehbare Schar von Geheimräten, Truchsessen, Palastdamen und Edelknaben, die den Kaiser und seine unmittelbare Familie umgaben und beobachteten, aber auch von der Außenwelt isolierten. Der Hof stellte damit den dritten institutionellen Rahmen dar, der das Leben von Thronfolgern im 19. Jahrhundert unmittelbar prägte. Innerhalb dieser in höchstem Maße regulierten, exklusiven und privilegierten Teilöffentlichkeit verbanden sich politische Aspekte, wie sie im Verfassungsstaat vorherrschend waren, mit der zentralen Entscheidungsposition des Monarchen in Bezug auf die königliche Familie.

Auch die königlichen Höfe – für die meisten Beobachter der Inbegriff monarchischer Herrschaft und Kultur – hatten sich im Verlauf des 19. Jahrhunderts gewandelt. Im Ancien Régime, so schreibt der Historiker Philip Mansel, war der französische Königshof eine der wichtigsten Institutionen Europas. Er stellte nicht nur das Machtzentrum des Landes dar, sondern übte auch den größten Einfluss auf die Sitten und Gebräuche, die bevorzugte Mode, die Künste und das Vergnügungsleben der europäischen Eliten aus. Der Hof war die Quelle, aus der sich der Stolz der Nation speiste, und ein wesentlicher Bestandteil der nationalen Identität. In der Schlossanlage von Versailles fand dieser hohe Anspruch kongenialen architektonischen Ausdruck und eine Bühne. Während der vorrevolutionären Zeit waren die Höfe aber nicht nur kulturell-soziale Zentren. Volker Press hat ausgeführt, wie sich in diesen »Gehäusen alteuropäischen Regierens« jene Institutionen herauskristallisierten – etwa die Kanzleien, Kabinette und Hofgerichte –, durch die die Höfe mit den moderneren staatlichen Behörden verklammert wurden. Da es zudem – gerade bei Adligen – keine strikte Trennung ihrer Rollen bei Hof und in der fürstlichen Verwaltung gab und Macht durch Prunk und Glanz vor dem relevanten höfischen Publikum demonstriert werden musste, wurden die frühneuzeitlichen Höfe zentrale Herrschaftsinstrumente.[57]

In diesen beiden Dimensionen ist die relative Bedeutung der nun durch verfassungsmäßig verbriefte Zivillisten finanzierten europäischen Königshöfe im 19. Jahrhundert geschrumpft. Trotz aller verbliebenen und mitunter wieder überraschend üppig aufblühenden Pracht waren die Höfe nicht mehr allein tonangebend, was die Kultur und den Geschmack der europäischen Gesellschaft betraf. Mit öffentlichen Museen, Galerien, Theatern und Konzertsälen, Universitäten, Konservatorien und Akademien waren neue kulturelle, künstlerische oder gesellschaftliche Zentren neben die Höfe getreten und konkurrierten mit diesen erfolgreich um die Aufmerksamkeit der sich wandelnden Eliten. Auch die Medien, die einem immer größeren und vielfältigeren Publikum Spektakel auf neuen Bühnen boten, spielten hier eine Rolle. Wer in die Paläste hineinschauen wollte, musste nicht mehr hoffähig sein, denn er konnte in diese Glashäuser auch durch das Prisma der Presse blicken. Die Funktion der Höfe als politische Machtzentren durchlief eine ähnliche Entwicklung: In dem Maße wie staatliche Macht auf Institutionen überging, die die Krone ergänzten oder sogar in Konkurrenz zu ihr standen, wurde die Rolle des königlichen Hofes als alleiniges oder zentrales Herrschaftsinstrument modifiziert. Wo Monarchen noch über weitgefasste politische Macht verfügten und diese auch ausübten – wie im wilhelminischen Deutschland, in der Donaumonarchie oder im zweiten französischen Kaiserreich –, waren die Höfe und die höfischen Eliten allerdings noch von größerer unmittelbarer politischer Bedeutung als in Großbritannien oder im Königreich Sachsen.

Weder der unvorteilhafte Vergleich mit dem strahlenden Hof des französischen Sonnenkönigs noch das satirische Bild eines schäbig-skurrilen Anachronismus, das Thomas Mann 1909 vom Hof des fiktiven

Großherzogtums Grimmburg zeichnete, sollten jedoch dazu verführen, die Bedeutung der Höfe im 19. Jahrhundert zu unterschätzen. Sie waren nach wie vor von enormem Gewicht bei der Ausübung, Verteidigung und Kommunikation königlicher Herrschaft – gerade weil diese aufgrund der Verfassungsentwicklung eingeschränkt und auf das ihr verbliebene Instrumentarium fokussiert wurde. Die vielerorts praktizierte vorsichtige Öffnung der einstmals exklusiven Hofgesellschaft für aufstrebende, erfolgreiche Mitglieder einer nunmehr erweiterten Oberschicht band zudem neue Eliten in einen weiterhin gänzlich von der Monarchie bestimmten Wirkungskreis ein. »Der Hof war in der bürgerlichen Gesellschaft nicht mehr alleiniges Zentrum«, resümierte Karl Möckl, blieb aber »Fluchtpunkt der Gesellschaft«.[58]

Insofern ist es wenig erstaunlich, dass man an vielen europäischen Höfen im 19. Jahrhundert Anstrengungen unternahm, die Pracht und Besonderheit der Institution zu wahren oder wiederherzustellen. In der Frühzeit der sogenannten Julimonarchie hatte der französische König Ludwig Philipp, der seinen Thron ja der Revolution von 1830 verdankte, eine Liberalisierung seines Hofes gestattet. Die Livreen der Lakaien wurden abgeschafft, und sogar Handwerker galten als hoffähig, wenn sie bei der Nationalgarde als Offiziere dienten. Doch schon bald kehrte der König zu strengeren Formen und einer höfischen Kleiderordnung zurück, nicht zuletzt weil er hoffte, den Hof damit prachtvoller und für die Eliten, die er an sich binden wollte, attraktiver zu machen. Auch sein Nachfolger auf dem Thron, der seit 1852 als Kaiser der Franzosen regierende Napoleon III., wusste um die Bedeutung eines glanzvollen Hofes. Mit acht Millionen Franc verschlang sein Hofstaat ein Drittel der gewaltigen kaiserlichen Zivilliste. In zeremonieller Anlehnung an den Hofstil Napoleons I. wurde dort etwas inszeniert, was Roger Price als einen schillernden »Akt im Theater der Macht« beschrieben hat. Bei besonders großen Festlichkeiten versammelten sich bis zu viertausend Vertreter der politischen und gesellschaftlichen Eliten Frankreichs – die Herren in den von Napoleon wieder eingeführten Kniebundhosen, die Damen in ausladenden Krinolinen – um den Monarchen und seine Familie. Dieser Aufwand diente natürlich einem politischen Ziel. Der britische Außenminister Malmesbury, der Paris im Frühjahr 1853 besuchte, prophezeite

*»Der Empfang der Botschafter aus Siam im Château Fontainebleau, 1861«: Jean-Léon Gérômes prachtvolles Gemälde fängt den Glamour des Hofes Napoleons III. ein und dokumentiert damit einen sorgfältig choreographierten und schillernden »Akt im Theater der Macht«.*

den Aufstieg eines »großartigen Hofes mit einem Souverän, der die Aufmerksamkeit ganz Europas bannen wird«. Die Wirkung, die der Hof Napoleons III. im folgenden Jahr auf Alexander Graf von Hübner, den österreichischen Botschafter, ausübte, bestätigte Malmesburys Einschätzung: »Der brillante Saal, der Thron mit Ihren Majestäten, die Anzahl und Pracht der Uniformen und das Aussehen der Damen machten einen überwältigenden Eindruck«, so der Diplomat.[59]

Auf die Besonderheit höfischer Kultur mit ihrem die Autorität des Monarchen stützenden Regelwerk wurde auch dort geachtet, wo man weniger üppig inszenierte als beim letzten französischen Kaiser. So zum Beispiel am Hof des persönlich bescheidenen und im Umgang mit dem Volk als ungemein leutselig geltenden Prinzregenten Luitpold, der Bayern von 1886 bis 1912 regierte. Bei ihm stellte Karl Alexander von Müller, der Sohn des bayerischen Kultusministers, in seinen Memoiren einen verblüffenden Widerspruch fest: »[D]er schlichte, für seine Person in manchem spartanische Regent [behielt] an seinem Hof das ganze kulthafte Tabu des abwehrenden spanisch-burgundischen Zeremoniells bei [...] Auch wir Kinder hörten bald, manchmal ironisch, manchmal auch respektvoll von den unübersteigbaren, geheiligten Schranken der fünf Hofrangklassen, von Kronbeamten und Obersten Hofchargen, Obersthofmeister, Oberststallmeister, Oberstzeremonienmeister, Generalkapitän der königlichen Leibgarde, von General- und Flügeladjutanten, Kämmerern – die bei feierlichen Anlässen noch den goldenen Schlüssel an der Seite trugen, wie unter Karl V. oder Philipp II.« In ihnen erkannte von Müller Menschen, die »in jener zweiten, künstlichen Welt des Hofes wie eine magische weiß-blaue Garde den Traum des dynastischen Gottesgnadentums hüten sollten, auf dem die Formen unseres Staatslebens noch weithin beruhten«.[60]

Höfische Rituale wurden auch andernorts beibehalten, verschärft oder neu erfunden. So sorgte am britischen Hof Prinzgemahl Albert, der die Umgestaltung des königlichen Haushalts als eine seiner ersten Aufgaben anging, dafür, dass Herren sich in Gegenwart der Königin nur setzen durften, wenn man gemeinsam speiste. Selbst Premierminister wie der nach langer Krankheit rekonvaleszente Lord Derby oder der an Gicht leidende Benjamin Disraeli hatten vor der sitzenden Königin zu stehen. Im Gegenzug verordnete Viktoria, dass die jüngeren Hofdamen sich zu erheben hatten, wenn Prinz Albert zugegen war. Es war den Damen verboten, den Prinzgemahl anzusprechen, der zur Erhöhung seiner Würde Wert darauf legte, jederzeit von einem Kammerherrn begleitet zu werden.[61] Am Hof König Karls XV. von Schweden wurde Mitte der 1860er Jahre eine Praxis eingeführt, die eine taktisch motivierte Liberalisierung des Zugangs mit strenger Kontrolle über die Formen verband. Im Rahmen einer geradezu »machiavellistischen Strategie«, so Angela Rundquist, versuchte der Monarch die Welt der Industrie und der Finanzen mit einer »scheinbaren Demokratisierung« an sich zu binden, indem er heiratsfähigen Töchtern aus diesen Gesellschaftskreisen die Möglichkeit bot, zusammen mit dem Adel alljährlich bei Hofe präsentiert zu werden, was heftige Proteste adliger Damen hervorrief, die dieses Privileg nicht mit den Bürgerstöchtern teilen wollten. Mit ihren Protesten konnten sie sich nicht durchsetzen, dennoch fand ihr Anliegen Berücksichtigung, denn die bürgerlichen Debütantinnen hatten ein schwarz-weißes Hofkleid mit auffällig schwarz-weiß gegitterten Puffärmeln zu tragen. Dieser höfischen Uniformierung, die gleichzeitig Homogenität innerhalb der Gruppe und eine scharfe Abgrenzung zu nichthöfischen Schichten ausdrückte, sollten sich alle Debütantinnen bis zum Ende der Tradition in den 1960er Jahren unterwerfen.[62]

Das wohl am gründlichsten erforschte Beispiel des politischen Zwecks, dem eine geradezu hypertrophe Ausbildung eines Hofes im 19. Jahrhundert dienen sollte, ist jedoch im wilhelminischen Kaiserreich zu finden. Einerseits übernahmen in der Umgebung des letzten deutschen Kaisers höfische Institutionen – wie die zivilen und militärischen »Kabinette« Wilhelms II. – in zunehmendem Maße Regierungsfunktionen, die man bewusst möglichst weit von parlamentarischer Mitsprache und Kontrolle fernhalten wollte. Aber es kam auch zu einer staunenswerten Vergrößerung und Militarisierung des gesamten Hofapparats mit seinen 62 sorgsam abgezirkelten höfischen Rangstufen – vom »Oberst-Kämmerer« und den Feldmarschällen an erster und zweiter Stelle über die Kardinäle (9.), den Berliner Oberbürgermeister (39.) und die Universitätsrektoren (47.) bis zu den an 62. und damit letzter Stelle rangierenden »Seconde-Lieutenants«. Bürgerliche, die keinen militärischen Rang und kein öffentliches Amt bekleideten, erhielten allenfalls an 57. Stelle als »die bei Hofe vorgestellten Herren« Zutritt, egal wie einflussreich und bedeutend sie waren. Der Historiker John Röhl erkennt in diesem »prunkhaften Luxurieren einer neoabsolutistischen Hofkultur« ein charakteristisches Merkmal des Kaiserreichs, in dem der Hohenzollernhof bis 1914 das Zentrum des politischen Lebens gebildet habe. Mit dem pompösen Hof und der Ausbildung einer großen Hofgesellschaft verbanden sich, so Röhl, drei wichtige politische Funktionen: erstens die »Charismatisierung der Monarchie«; zweitens die höfische »Integration und Hierarchisierung« der deutschen Führungselite – einschließlich des Industriebürgertums und der Beamtenschaft – und drittens die Repräsentation deutscher Machtfülle nach außen.[63]

Der Blick auf den britischen Hof in der Zeit Königin Viktorias zeigt, dass die Institution des königlichen Hofes auch unterhalb der Schwelle der großen Politik oder gesamtgesellschaftlicher Lenkung machtvolle Wirkung entfaltete, und gerade auf dieser Ebene waren auch die Thronfolger – als Mitglieder der Hofgesellschaft – betroffen. Der Historiker Michael Bentley hat in diesem Zusammenhang angeregt, nicht nur ein grobes Konzept von der Macht zu verwenden, das diese allein als die Fähigkeit definiert, etwas durch legitime Anwendung von Gewalt zu erzwingen. Sieht man in der Macht zudem die historisch gewachsene Erwartung, dass sich innerhalb einer geschichteten Gesellschaft sozial tiefer Stehende als willfährig erweisen, dann lohnt die Frage nach der Macht der Höfe umso mehr. Denn im direkten Kontakt mit dem Monarchen – persönlich in stärkerem Maße als schriftlich und erst recht inmitten der höfisch-hierarchischen Atmosphäre der Schlösser von Windsor, Osborne House oder Balmoral – fanden sich die sozial tiefer Gestellten einer Autorität, Überredungskraft und eingeübten Praxis ausgesetzt, mit deren Hilfe es der Krone trotz aller konstitutionellen Beschränkung gelang, weiterhin Macht auszuüben. Das bemitleidenswerte Schicksal tödlich gelangweilter Minister, die es nicht wagten, während eines längeren Besuches den Palast zu verlassen, weil ja die Königin jederzeit nach ihnen verlangen konnte und sie bei Einladungen künftig nicht beachten würde, wenn sie nicht zur Stelle waren, wirft ein bezeichnendes Licht auf die disziplinierende Kraft der Institution Hof. Für die dieser Gewalt des Familienoberhaupts ganz unmittelbar unterworfenen Thronfolger gab der Hof einen noch viel bedrückenderen Rahmen ab. Oftmals erwuchsen daraus Spannungen, die nicht durch strenge Worte wie die des Erzherzogs Albrecht zu beheben waren.[64]

Bei Kronprinz Rudolf fruchteten die Ermahnungen zur pflichtbewussten Einhaltung höfischer Disziplin jedenfalls nicht. Wie seiner Mutter, der Kaiserin Elisabeth, waren ihm die Rangfragen und die Protokollvorschriften des Hofes zuwider, und er wurde, so Jean-Paul Bled, nicht nur zum Fremdkörper innerhalb des Hofsystems, sondern zu seinem Gegner. Der Kronprinz begann damit, diese Institution zu unterlaufen: Er hielt sich vom Hof und dem Kaiser zunehmend fern, wandte sich dezidiert unhöfischen Interessen wie einem oppositionellen Journalismus oder der Naturwissenschaft zu und pflegte in seinem Umfeld bewusst einen völlig anderen Stil. Beim Kronprinzen gab es – anders als bei seinem Vater – keinen Frackzwang, vielmehr herrschte eine bewusst kultivierte Lässigkeit. Auch Erzherzog Franz Ferdinand, der nach dem skandalösen Selbstmord Rudolfs im Jahr 1889 als präsumtiver Thronerbe nachfolgte, war nicht bereit, am Wiener Hof jene familiäre Geschlossenheit und Unterwerfung unter die Autorität des Kaisers zu demonstrieren, auf die Erzherzog Albrecht gepocht hatte. Seine unübersehbare Distanz zum Hof war vor allem der protokollarischen Zurücksetzung seiner Gemahlin bei Hof geschuldet. Franz Ferdinands Ehe mit der zwar hochadligen, aber nicht ebenbürtigen Sophie von Chotek war vom Kaiser nur nach langem Kampf und unter strikten Auflagen genehmigt worden. Das bedeutete unter anderem, dass das Paar am kaiserlichen Hof nicht gemeinsam auftreten konnte. Der Thronfolger zog es daher vor fernzubleiben. Dies verstärkte den – korrekten – Eindruck, dass es politische Spannungen und Differenzen zwischen der Regierung des Kaisers und der Gruppierung um seinen Nachfolger gab.[65]

Das Leiden der Thronfolger am Hof war nicht auf Wien beschränkt. Der preußisch-deutsche Kronprinz Friedrich Wilhelm empfand die Atmosphäre am kaiserlichen Hof, wo sein greisenhafter Vater ein strenges Regiment führte, als beinahe unerträglich beengend. So datierte er beispielsweise einen Brief an seine Frau Vicky mit »Berliner Käfig, 23. Oktober 84« und klagte gegenüber seinem »liebe[n] Frauchen«, dass er nach seiner Rückkehr in die Hauptstadt nun wieder im »widerlichen Gefängnis« sitze. Auch das Verhältnis des britischen Thronfolgers Albert Edward (»Bertie«; der spätere König Eduard VII.) zum Hof seiner Mutter war alles andere als unbelastet und blieb auch nach dem Tod seines Vaters, des Prinzgemahls Albert, im Jahr 1861 problematisch. »Die Respektabilität des Hofes der Königin und des Prinzgemahls [...] wurde allgemein als ein großer Schutz des Throns und des Landes angesehen«, schrieb Königin Viktoria 1866 mit unverhohlener Schärfe an William Knollys, den Hofmarschall ihres Sohnes; und darum sei es »absolut notwendig«, dass der Thronfolger und seine Gemahlin zu Hause keine zwielichtigen Gäste empfingen oder selbst bei fragwürdigen Leuten zu Gast weilten. Es war gerade diese moralinsaure und beherrschende Haltung der Eltern, die Bertie vom Hof vertrieben und zu einem skandalumwitterten Lebemann gemacht hatte. Nach dem Tod seiner Mutter im Jahr 1901 nahm der neue König daher viele Veränderungen vor: Die Paläste wurden entrümpelt, Personal ausgetauscht, und es hielt ein lebenslustigerer Stil Einzug. Das hieß nicht, dass Eduard VII. etwa darauf verzichtete, dem Hof umgehend die Zeichen seiner Vorrangstellung aufzuprägen. So ordnete er beispielsweise an, dass die Damen bei Hof ihn per Handkuss zu begrüßen hatten. Auch für seine Enkel, die den königlichen Großvater mit »Sir« anzusprechen hatten, wurde dies zur Pflicht und ebenso für den Thronfolger, den damals fünfunddreißigjährigen Prinzen George.[66]

***

Von ebenjenem Prinzen George, dem späteren König Georg V., heißt es, er habe über seine Söhne gesagt: »Mein Vater hat sich vor seinem Vater gefürchtet; ich habe mich vor meinem Vater gefürchtet, und ich werde, verdammt nochmal, dafür sorgen, dass sie sich vor mir fürchten.«[67] Wenn diese häufig zitierte Zuschreibung auch nicht belegbar ist, so verweist sie doch auf die besondere Schwierigkeit, das Verhältnis zwischen Thronfolger und Monarch gedeihlich zu gestalten. War dies schon im Rahmen der quasi-öffentlichen Institution der königlichen Familie eine Herausforderung, so galt dies umso mehr bei Hof. Denn bei diesem handelte es sich um eine prinzipiell teilöffentliche, fast vollständig vom Monarchen kontrollierte Institution, die auch im 19. Jahrhundert vor allem monarchischer Machterhaltung diente. Dies wurde nicht nur durch öffentliche Prachtentfaltung und die Erweckung gesellschaftlicher Sehnsüchte nach monarchischer Anerkennung erreicht, sondern auch – um mit Michael Bentley zu sprechen – durch die Institutionalisierung eines Zusammenhangs, in dem der tiefer Stehende sich zur Willfährigkeit gezwungen sah. Der Thronfolger musste dies – mit Handkuss und Frackzwang – öffentlich und mit Würde ertragen, um durch den demonstrativen Gehorsam ebenjene monarchische Autorität zu bestätigen, auf der auch seine eigene Stellung dereinst beruhen würde. Gleichzeitig stand er unter dem Druck, ein eigenes Leben zu führen und ein Profil zu entwickeln, das den Zeitgenossen eine zeitgemäße, effiziente und verfassungskonforme Wahrnehmung der monarchischen Funktion durch den künftigen Herrscher selbst in Aussicht stellte.

Die Spannungsbögen, welche die Lebensaufgabe der europäischen Thronfolger im 19. Jahrhundert prägten, taten sich innerhalb der vier hier skizzierten konzentrischen Kreise auf: der Notwendigkeit, Mehrheiten für die Monarchie zu erarbeiten; der Vorgaben des Verfassungsstaates; der alten und neuen Regularien der Herrscherfamilie und der Etikette des Hofs. An diesen charakteristischen Punkten des monarchischen Europas im 19. Jahrhundert mussten die Vertreter der folgenden Herrschergenerationen tätig werden und ihren Beitrag zur Zukunft der Monarchie leisten. Ob und wie dies im Einzelfall gelang, soll nun zunächst im Hinblick auf ihr Verhalten innerhalb des dynastischen Familienverbandes beleuchtet werden, dem sie als Kinder regierender Eltern und als Ehepartner angehörten.

## KAPITEL 2

# Prinzen und ihre Familien

*Königliche Söhne und Ehemänner*

Leo Tolstois großer Roman *Anna Karenina* beginnt mit einem der berühmtesten Sätze der Weltliteratur: »Alle glücklichen Familien gleichen einander, aber jede unglückliche Familie ist auf ihre eigene Weise unglücklich.« Bei Psychologen, Biologen und Ökonomen ist Tolstois Diktum inzwischen als »Anna-Karenina-Prinzip« zu wissenschaftlichen Ehren gelangt. Auf die königlichen Familien Europas im 19. Jahrhundert scheint es jedoch nur teilweise zuzutreffen.[1] Denn wenn man die Dynastien dieser Epoche ins Auge fasst, denen kein privates familiäres Glück vergönnt war, so entsteht schnell der Eindruck, dass dies eben nicht auf ihre jeweils eigene Art geschah. Vielmehr sieht es so aus, als ob die Struktur des familiären Elends – das Misstrauen zwischen Monarchen und ihren Nachfolgern, die Gefühlskälte zwischen Ehepartnern – generationen- und länderübergreifend mehr oder weniger identisch war. Die Konfliktmuster und die Faktoren, die zu solchen Verwerfungen führten, glichen sich auf bedrückende Weise. Man kommt leicht zu dem ernüchternden Schluss, dass hier – trotz genauer Kenntnis der eigenen Vergangenheit und ungeachtet aller transnationalen Vernetzung und Kommunikation – kaum jemand aus Schaden klug wurde.

Dass sich alles stets zu wiederholen schien und keine probaten Mittel gegen die weit verbreitete Dysfunktionalität von Dynastien als Familien gefunden wurden, ist in doppelter Hinsicht erstaunlich. Schließlich war es ein zentrales Anliegen des monarchischen Familienoberhaupts, für den Zusammenhalt, die Reputation und die Ordnung der Dynastie zu sorgen. Eine solche Zielsetzung ist auch schwerlich verwunderlich, denn die Erbmonarchie war ein Familienunternehmen, das den biologischen Kern der eigenen Fortpflanzung entlang einer ununterbrochenen, sorgsam gehüteten Abstammungslinie seit Jahrhunderten politisch, rechtlich, ideologisch und kulturell ummantelte und zur Begründung des eigenen Herrschaftsanspruchs heranzog. Doch nach der Französischen Revolution und den damit verbundenen politischen Veränderungen mussten sich Europas monarchische Systeme zusätzlich auf ganz neue Weise um den Erhalt ihrer Herrschaft bemühen. Das bedeutete auch, dass die zunehmend im Rampenlicht der medialen Öffentlichkeit stehenden Familienunternehmen die öffentliche Akklamation und Unterstützung der bürgerlichen Schichten gewinnen und sich daher als tugendhaft-glückliche Familien präsentieren mussten. Ein wohlgeordnetes, glückliches und liebevolles Familienleben – oftmals unter dem Etikett der »bürgerlichen Familie« – galt nämlich im 19. Jahrhundert als zentrale Tugend, und diese hatte vor allem die erste Familie im Staat vorzuleben.[2] Für die Dynastien wurde es also geradezu notwendig, sich als vorbildliche Familien zu präsentieren und damit dem Ideal der Zeit zu entsprechen.

Dass die europäischen Königshäuser im 19. Jahrhundert so häufig daran scheiterten, zu diesem gewünschten glücklichen Miteinander zu gelangen, hatte eine ironisch-tragische Ursache: Die beiden wichtigsten Voraussetzungen *für* ein erfolgreiches dynastisches Familienleben ließen sich nicht miteinander vereinbaren. Das alte System einer exklusiven und autoritären dynastischen Hierarchie und das neue Ideal einer modernen Familie kollidierten permanent. Das verursachte immer neue Konflikte, ja manchmal sogar Skandale und Tragödien. In seinem Roman *Die Hohenzollern* schrieb der Schriftsteller Reinhold Schneider mit Blick auf das katastrophale Verhältnis Friedrichs des Großen zu seinem Vorgänger: »Könige sind keine Väter; werdende Könige keine Söhne.« Der konkrete Fall, über den Schneider berichtete, wurde schon in der ersten Hälfte des 18. Jahrhunderts als bestürzend empfunden, doch mochte eine solche Ansicht damals noch angehen. Im darauffolgenden Säkulum hatten sich die Bedeutung der öffentlichen Meinung und die Erwartungen der Öffentlichkeit an das Verhältnis von Vätern und Söhnen jedoch gewaltig verändert. Es reichte nicht mehr, wenn Monarchen sich im hermelinverbrämten purpurnen Krönungsmantel oder der schimmernden Wehr des siegreichen Kriegers präsentierten.

Das im monarchischen Kult des 19. Jahrhunderts gefragte Bild vom König als »Landesvater«, dessen liebevolle Strenge gegen seine Landeskinder sein Verhalten innerhalb der eigenen Familie widerspiegelte, erforderte, dass das Volk sich den Herrscher auch im behaglichen Hausrock vorstellen konnte.[3]

Wie andere Bereiche monarchischer Herrschaft wurden im 19. Jahrhundert selbst die innerfamiliären Beziehungen in den Königspalästen von dem belastet, was der Philosoph Ernst Bloch als »Gleichzeitigkeit des Ungleichzeitigen« bezeichnet hat. Das für Übergangszeiten so typische »Nebeneinander von tiefgreifender gesellschaftlicher Modernisierung und traditionalen sozialen Formen und Argumentationsmustern« war in Bezug auf Väter und Söhne, Ehemänner und ihre Gattinnen in der breiten Öffentlichkeit, die sie beobachtete, mit unterschiedlichen Erwartungen und Bedürfnissen verknüpft.[4] Diese Unterschiede konnten gewaltige Spannungen und Konflikte erzeugen. Die königlichen Familien hatten im Grunde keine Chance, diesem Dilemma zu entrinnen, da es den Dynastien nicht wirklich offenstand, die traditionalen Argumentations- und Verhaltensmuster aufzugeben und so Widersprüche zugunsten der eigenen Modernisierung aufzulösen. So wie die meisten Mitglieder der europäischen Fürstenhäuser konnte Klaus Heinrich, jener unglückliche Prinz in Thomas Manns Roman *Königliche Hoheit,* lediglich davon träumen, »Dr. Fischer zu heißen und einem ernsten Beruf nachzugehen«. Realisieren ließ sich das nicht, denn mit einer solchen öffentlichen Entzauberung wäre die Dynastie wohl am Ende gewesen.[5] Die europäischen Thronfolger waren als Väter, Söhne und Ehepartner dazu verdammt, in einem unauflöslichen Zwiespalt zu leben, der so viele von ihnen auf so ähnliche Weise unglücklich machte.

Je notwendiger der Zugang zur Öffentlichkeit, zum »Volk«, wurde, den die Medien den Königshäusern boten, umso drückender wurden die Zwänge, die sich für die Palastbewohner aus dieser Zusammenarbeit ergaben. Es lag in der »Logik der Massenmedien« (Martin Kohlrausch), dass diese ihre Aufmerksamkeit auf den medialen Mittelpunkt des Interesses richteten. Für die königliche Prominenz, die diesen Mittelpunkt bildete, hieß das, in jedem Augenblick und an jedem Ort eine möglichst vorteilhafte Figur abzugeben.[6] Denn die Öffentlichkeit drang über die Medien nun selbst in höchst private, ja intime Bereiche wie die persönlichen Verhältnisse verwandter Mitglieder königlicher Häuser zueinander vor.

Alles in allem wurden die Königshäuser bei ihren Bemühungen, ein tugendhaftes Beispiel abzugeben, von einem Teil der Journalisten und später auch Photographen bereitwillig unterstützt. Diese verbreiteten das patriotisch-fromme Bild von der vorbildlichen Herrscherfamilie auch dann noch, wenn die Dinge – wie zum Beispiel die Ehe Kaiser Wilhelms I. und seiner Gemahlin Augusta – längst im Argen lagen.[7] Sosehr die bürgerlichen Blätter auch zu staatstragender Schönfärberei neigten – was von antimonarchisch eingestellten sozialistischen Journalisten scharf kritisiert wurde –, gelang es nicht immer, alles mit Zuckerguss zu überziehen. Wenn es schließlich nicht mehr möglich war, die Form zu wahren und die Zerrüttung des Familienverhältnisses offenbar wurde, dann brachte der faustische Pakt mit der wohlgesinnten medialen Öffentlichkeit die Königshäuser in gewaltige Schwierigkeiten, die nunmehr schonungslos vor aller Welt ausgebreitet wurden. Wenn es ganz schlimm kam – etwa bei der skandalösen »Ehe-Wirrung«, die 1902/03 die sächsische Königsfamilie erschütterte –, schien gar das monarchische System selber in Gefahr. Im Februar 1903, wenige Wochen, nachdem die sächsische Kronprinzessin Mann und Kinder verlassen hatte, um mit ihrem Liebhaber durchzubrennen, berichtete der preußische Botschafter jedenfalls alarmiert nach Berlin, dass sogar »die gebildeten, treu monarchisch gesinnten Kreise [...] nicht ohne Besorgnis der Zukunft« entgegensehen würden.[8]

Um die Zukunft ging es aber, wenn man die Erziehung und die Rolle sowie die öffentliche Präsentation und Wahrnehmung von Thronerben ins Auge fasst: um die Zukunft des monarchischen Systems, die durch den Übergang fürstlicher Macht vom Inhaber des Throns auf den Thronfolger gesichert wurde und ohne die Geburt legitimer Thronerben nicht denkbar war. Weil familiäre Verflechtungen und Verwerfungen für das Herrschaftssystem und mithin für den Staat von Bedeutung waren, waren Erbmonarchien folgerichtig strengen Regularien unterworfene Familienunternehmen. Die verwandtschaftlichen Verflechtungen, die innerhalb der europäischen Herrscherhäuser bestanden, gerieten im 19. Jahrhundert aber ebenfalls unter Druck. Dieser ergab sich aus den zum Teil widersprüchlichen Ansprüchen eines modernen, auf der freien Entscheidung von zwei Partnern füreinander basierenden Familienideals einerseits und den traditionsverhafteten, hierarchischen Clans andererseits, als welche die Dynastien agierten. Dieser Druck wurde noch beträchtlich durch die Medien und die von ihnen mitgestaltete Öffentlichkeit erhöht. Im Zentrum dieses Komplexes standen zwei für die Zukunft der Monarchie zentrale Beziehungen: die zwischen den herrschenden Monarchen und ihren direkten Nachfolgern – zumeist, aber beileibe nicht immer Monarchen und ihre Söhne – und die zwischen Thronfolgern und ihren Ehegatten, jene biologische Einheit, auf der die Zukunft der Dynastie beruhte.

## PRINZEN ALS SÖHNE

Vielen Thronfolgern des 19. Jahrhunderts wird in den Ohren geklungen haben, was Paulus einst im Brief an die Galater schrieb: »Solange der Erbe unmündig ist, ist zwischen ihm und einem Knecht kein Unterschied, obwohl er Herr ist über alle Güter; sondern er untersteht Vormündern und Verwaltern bis zu der Zeit, die der Vater bestimmt hat.«[9] Für Thronerben endete die Unmündigkeit fast immer erst mit dem Ableben des regierenden Monarchen, und wenn auch Vormünder und Verwalter zumeist keine Rolle spielten, so wird so mancher Kronprinz doch unter dem bitteren Gefühl gelitten haben, am Hof seines Vorgängers kaum mehr als ein Knecht zu gelten. Die besondere *patria potestas* des monarchischen Familienoberhaupts und dessen Status als Souverän verschärften zweifellos die Spannungen und Abnabelungskonflikte, zu denen es auch in nichtmonarchischen Vater-Sohn-Beziehungen kommt.

Damit ist auf ein entscheidendes Problem im monarchischen System des 19. Jahrhunderts hingewiesen: Das Verhältnis zwischen Herrscher und Thronfolger war oftmals so gestört, dass die Vorbereitung des künftigen Monarchen durch den Regenten, die angesichts wachsender Erwartungen an die Leistungsfähigkeit und verfassungsgemäße Trittsicherheit des »funktionalisierten« Monarchen nötiger war denn je, nicht selten misslang. In vielen Fällen wurde der Versuch erst gar nicht unternommen oder vom Herrscher sogar geradezu sabotiert. Für das Haus Savoyen, das im 1861 begründeten Königreich Italien herrschte, hat ein führender Historiker sogar eine regelrechte Tradition des Misstrauens zwischen den Generationen diagnostiziert. Das hatte zur Folge, dass kein Thronerbe in die Staatsgeschäfte eingeführt wurde oder auch nur Erfahrungen im öffentlichen Leben sammeln konnte.[10] Diesen Ausschluss von den Regierungsgeschäften musste jeder Thronfolger – nicht nur in Italien – als schmerzlich und unwürdig empfinden. Es ist jedoch zu fragen, ob der dadurch beförderte Bruch, den der unvermeidbare Thronwechsel mit sich brachte, und damit die Aussicht auf einen Neubeginn nicht letztlich ein Vorteil für das monarchische System war. Überdies wurden die Mängel der Ausbildung, die der künftige Herrscher durch seinen Vorgänger erhielt, im Laufe der Zeit kompensiert, da sich die Thronerben im 19. Jahrhundert zunehmend einer gründlichen und stärker öffentlich dargestellten Erziehung unterzogen.

Im zerrütteten Verhältnis zwischen Herrscher und Thronerben ging es also immer um mehr als nur um persönliche Schicksale und familiäre Reibereien, denn in ihm bündeln sich auch charakteristische Aspekte des monarchischen Herrschaftssystems und seiner Entwicklung im 19. Jahrhundert. Hier sollen drei prominente Thronerben in den Blick genommen werden, die ein höchst problematisches Verhältnis zu ihren Vorgängern hatten: der preußisch-deutsche Kronprinz Friedrich Wilhelm, der 1888 nur neunundneunzig Tage lang als Kaiser Friedrich III. regieren sollte, der britische Thronfolger Albert Edward, der 1901 seiner Mutter Viktoria als König Eduard VII. nachfolgte, und schließlich der Kronprinz Rudolf, der einzige Sohn des österreichischen Kaisers Franz Joseph I., dessen Leben 1889 mit den Schüssen von Mayerling endete.

## Die »pflichtgemäßen Rücksichten kindlicher Ehrfurcht«

### *König Wilhelm I. von Preußen und sein Sohn Kronprinz Friedrich Wilhelm*

Nach einem Streit mit seinem ältesten Sohn, dem späteren Kaiser Wilhelm II., konstatierte Kronprinz Friedrich Wilhelm 1883 in einem Brief an seine Frau, dass »die hergebrachte unerquickliche Spannung zwischen Vater u. Sohn in der Preuß. Familie nun auch bei uns sich einstelle«. In diesen verbittert-resignierten Worten des damals zweiundfünfzigjährigen Thronfolgers schwangen nicht nur die Erfahrungen mit, die er als Vater eines schwierigen Sohnes gemacht hatte. Sie spiegelten auch das äußerst belastete Verhältnis wider, das er zu seinem Vater, dem damals sechsundachtzigjährigen Kaiser Wilhelm I., hatte.[11]

Dass es für das Verhältnis von Herrschern zu ihren Erben innerhalb der preußischen Hohenzollerndynastie eine düstere Tradition gab, war dem Betroffenen also durchaus bewusst. Lange hatte es allerdings so ausgesehen, als ob Friedrich Wilhelm und seinem Vater das bei den Hohenzollern bis ins 17. Jahrhundert zurückreichende Elend einer antagonistischen Vater-Sohn-Beziehung erspart bleiben würde. In den ersten drei Lebensjahrzehnten des im Jahr 1831 geborenen Prinzen war das Verhältnis der beiden ungetrübt. Prinz Wilhelm erfreute sich daran, dass sein Sohn nicht nur den vergleichsweise fortschrittlichen Bildungsanforderungen genügte, die seine Mutter, die Prinzessin Augusta aus dem Hause Sachsen-Weimar, erhob, sondern auch militärisch eine gute Figur machte. Bei der von den Eltern betriebenen Verheiratung des Sohnes mit der britischen Prinzessin Victoria, der ältesten Tochter Königin Viktorias und ihres Gemahls Albert, tat der junge Prinz klaglos, was man von ihm verlangte. Nach vorsichtigen, von langer Hand geplanten Sondierungen und Absprachen fand im Januar 1858 in London die Trauung statt, der der Vater des Bräutigams als Vertreter der preußischen Königsfamilie beiwohnte. Ein knappes Jahr zuvor hatte Prinz Wilhelm in einem ausführlichen Testament das »höchste Elternglück« erwähnt, das er durch das »Wohlgeraten« seiner beiden Kinder erfahren dürfe.[12]

Die Beziehung zwischen Prinz Friedrich Wilhelm und seinem Vater war zunächst also völlig unbeschwert. Dies mag dadurch begünstigt worden sein, dass der Sohn zwar präsumtiver Thronerbe war, der Vater aber nicht der amtierende Herrscher, sondern lediglich der jüngere Bruder des kinderlosen Königs Friedrich Wilhelm IV. Aufzeichnungen des Prinzen Wilhelm ist zu entnehmen, dass er von der Zukunft nicht mehr viel erwartete, als er seinen sechzigsten Geburtstag beging: »Einige Jahre werde ich es vielleicht noch mitmachen können, aber das Gute liegt doch wohl dahinter bereits«, schrieb er im April 1857. Zur selben Zeit dankte er in seinem Testament, auf sein Leben zurückblickend, »dem Könige, meinem Bruder, der mir zugleich vertrauensvoller Freund ist«, für »diese Stellung zu ihm«. Kurze Zeit später wurde seine Tochter Luise von einem Sohn entbunden und der sechzigjährige Hohenzoller zum ersten Mal Großvater. Das beschaulich-ereignislose Altenteil, mit dem sich Prinz Wilhelm anscheinend abgefunden hatte, sollte ihm jedoch nicht vergönnt sein. Im Juli 1857 erlitt sein älterer Bruder den ersten in einer Reihe weiterer Schlaganfälle, die ihn schließlich regierungsunfähig machten. Im Oktober 1857 übernahm Prinz Wilhelm zunächst die zeitlich befristete Stellvertretung für den erkrankten König, im Jahr darauf die dauerhafte Regentschaft. Mit dem Tod Friedrich Wilhelms IV. im Januar 1861 erbte er schließlich die Krone und regierte als König Wilhelm I.[13]

Der Beginn der Regentschaft Prinz Wilhelms im Jahr 1858 führte nicht sofort zu einer Belastung der Beziehung zu seinem Sohn und Nachfolger. Vielmehr bewährte sich das gute Verhältnis, und der Vater band Friedrich Wilhelm eng in die Regierungsarbeit ein. »Ich empfand unendliches Glück in dem großen Vertrauen, mit welchem mein Vater sowohl während der Vorbereitungen zur Regentschaft als auch während der ganzen Zeit nachher und unausgesetzt mich in alle Verhältnisse einweihte«, schrieb der Sohn im Januar 1859. Entscheidend war dabei, dass Friedrich Wilhelm das Hauptanliegen des Regenten – die Reform des preußischen Heeres – nachdrücklich unterstützte, wofür er vom Vater öffentlich belohnt wurde. Dieser ernannte den Prinzen im Juni 1860 zum Chef des Ersten Grenadierregiments. Der »Dusel vor Freude«, den der junge Mann darüber empfand, hielt auch noch an, als Prinz Wilhelm seinem verstorbenen Bruder ein halbes Jahr später auf den Thron folgte. »Gott möge mir beistehen«, schrieb Friedrich

Wilhelm damals, »mich als der würdige Sohn eines solchen Vaters zu benehmen und ihn in mir die Stütze finden zu lassen, die ich ihm so gerne sein will.«

Dieses tiefe gegenseitige Vertrauen sollte innerhalb kurzer Zeit für immer verloren gehen. Es begann damit, dass sich die liberale Mehrheit des Preußischen Abgeordnetenhauses nach anfänglichen Zugeständnissen an die Politik des neuen Herrschers schließlich weigerte, die Finanzierung der ungeliebten Heeresreform zu bewilligen und der Verfassungsstaat Preußen Anfang der 1860er Jahre in eine schwere Krise geriet. Die durch wiederholte Wahlsiege gestärkte liberale Mehrheit weigerte sich ebenso hartnäckig nachzugeben wie König Wilhelm I., der die Vorrechte der Krone gerade auf militärischem Gebiet keinesfalls beschnitten sehen wollte. Da die vom Monarchen mehrmals umgebildete Ministerriege immer entschlossener auftrat, eskalierte die Krise im Spätsommer 1861: Das Parlament weigerte sich, den Haushalt zu verabschieden, und Wilhelm I. trug sich mit der Absicht, abzudanken. Der letzte Versuch des Königs, seine Linie doch noch durchzusetzen, war die Berufung Otto von Bismarcks im September 1861 an die Spitze der Regierung, denn dieser hatte Wilhelm zugesagt, den sogenannten Verfassungskonflikt durchzufechten und mit einem Sieg für die Krone zu beenden.

Zum Entschluss Wilhelms I., nicht zugunsten seines Sohnes abzudanken, mag beigetragen haben, dass der Kronprinz kompromissbereiter und weniger rigide auf die Verschärfung der Krise reagieren wollte als der König. Durch den Einfluss seines Schwiegervaters, des Prinzgemahls Albert, und – nach dessen Tod im Dezember 1861 – seiner liberal argumentierenden Frau Victoria stand Friedrich Wilhelm den Rechten des Parlaments in dieser Sache weniger ablehnend gegenüber als sein Vater und stärkte verständigungsbereiten Politikern sogar diskret den Rücken. Für den offensichtlich unter gewaltigem Druck stehenden Monarchen war dies ein Zeichen inakzeptabler Illoyalität. 1862 kam es diesbezüglich zu dramatischen Szenen, bei denen der König den Sohn – zum Teil vor Zeugen – heftig anfuhr. Während einer Konfrontation im März 1862 warf Wilhelm I. dem Kronprinzen vor, dass er in demokratischen Zeitungen als Gegner des Königs dargestellt werde und

Umgang mit unzuverlässigen Politikern pflege. »Wie ich an dem Abend vor'm Schlafengehen geheult und geschluchzt habe, glaubst du nicht«, schrieb Friedrich Wilhelm danach an Vicky.

Trotz dieser Tränen und weil seine Frau ihn unterstützte, hielt der Kronprinz an seiner skeptischen Haltung gegenüber dem unnachgiebigen Vater fest. Auf die Berufung des ihm zutiefst suspekten Otto von Bismarck reagierte Friedrich Wilhelm zunächst durch die Flucht in ausgiebige Reisen, dann mit demonstrativer Schweigsamkeit. »Er sitzt im Ministerrat als Bildsäule und *memento mori*«, bemerkte einer seiner Vertrauten im Februar 1863. »Dieses Schweigen soll auf der einen Seite Kompromittierung nach unten, auf der anderen Seite den Bruch mit dem Vater verhindern.« Hinweise auf die Sterblichkeit des damals fast sechsundsechzigjährigen Königs und die durch den Kronprinzen verkörperte Zukunft waren allerdings kaum geeignet, das Verhältnis zwischen Vater und Sohn zu kitten. Vielmehr wuchs mit der Verschärfung der politischen Krise im Jahr 1863 das Bedürfnis des Königs nach Loyalität, und sein Zorn über die Haltung des Sohnes nahm weiter zu. Die vorsichtige öffentliche Kritik an Bismarcks Einschränkung der Pressefreiheit, die der Kronprinz im Juni 1863 äußerte, brachte das Fass zum Überlaufen. Der König konnte nur mit Mühe von dem Gedanken abgebracht werden, den Sohn zu inhaftieren und vor ein Militärgericht zu bringen, weil dieser sich in einer kurzen Rede in Danzig mit wenigen Worten vom Kurs der Regierung distanziert hatte. Aber er tadelte den Kronprinzen heftig dafür, sich »öffentlich in Opposition mit den Anordnungen [des] Königs gesetzt« und so das Volk vor die Wahl zwischen Vater und Sohn gestellt zu haben.

Friedrich Wilhelm gab sofort klein bei. Obwohl er sich nach wie vor nicht bereitfand, den reaktionären Kurs Bismarcks zu unterstützen, enthielt er sich in den ereignisreichen Jahrzehnten, die nun folgten, jeder politischen Einflussnahme. Das einstmals harmonische Verhältnis zwischen Vater und Sohn blieb aber unwiederbringlich verloren. Trotz großer Momente der Gemeinsamkeit – wie das Treffen der beiden Männer auf dem Schlachtfeld von Königgrätz, wo der Vater den siegreichen Sohn umarmte und mit seinem eigenen Orden *Pour le Mérite* auszeichnete – war der Grundton der Beziehung nunmehr antagonistisch. Unter großen politischen Belastungen oder bei Zornausbrüchen kam Wilhelm I. immer wieder auf die Unzuverlässigkeit und Abtrünnigkeit des Sohnes zu sprechen – beim Streit über die Beendigung des Krieges von 1866 ebenso wie 1871, als ihm die Kaiserkrone aufgedrängt wurde. In aller Offenheit kritisierte der Monarch den als liberal geltenden und von Oppositionskreisen hofierten Sohn vor Dritten. Der Kronprinz vernachlässige die »pflichtgemäßen Rücksichten kindlicher Ehrfurcht«, schrieb Wilhelm I. 1869 an seine Tochter, und 1880 nannte er Friedrich Wilhelm im Gespräch mit seiner Frau einen gefährlichen Anhänger staatsfeindlicher Parteien. Mitte der 1880er Jahre rügte er schließlich, dass sein Sohn sich dem Monarchen gegenüber respektlos zeige.

Voller Misstrauen sorgte Wilhelm I. für den Rest seines noch langen Lebens dafür, dass der Kronprinz von den Staatsgeschäften so gut wie möglich ferngehalten und von entsprechenden Informationen abgeschnitten wurde. Von dem im März 1871 mit Frankreich geschlossenen Frieden erfuhr Friedrich Wilhelm aus der Zeitung. Sieben Jahre später unterband der Kaiser eine Initiative Bismarcks, dem Kronprinzen den Posten des Statthalters von Elsass-Lothringen anzutragen. Im März 1887 beklagte sich Friedrich Wilhelm beim ehemaligen deutschen Botschafter in Paris über die immer noch andauernde Isolierung: »Ich erfahre alles nur durch die Zeitungen, und dabei ist der Kaiser 90 Jahre alt.«

Wilhelm I. begnügte sich keineswegs damit, den Nachfolger politisch an den Rand gedrängt zu haben, sondern setzte seine Aufsichtsmacht als Familienoberhaupt rigoros ein, um den Haushalt und das private Leben seines Sohnes streng zu kontrollieren. Schon im Herbst 1864, als er ein Schreiben des Vaters erhielt, in dem der Monarch eine Höchstdauer für den geplanten Urlaub in der Schweiz festlegte, das Mitreisen der Kinder des Kronprinzenpaares untersagte und zudem anordnete, dass das neugeborene Söhnchen Sigismund nicht von der Mutter, sondern von einer Amme gestillt werden müsse, hatte sich der Kronprinz ratlos gezeigt. »Wie soll ich das meinem armen Frauchen mitteilen?«, schrieb er in sein Tagebuch. Dieses Hineinregieren in die Familie des erwachsenen Sohnes – das in Europas Dynastien keineswegs die Ausnahme war – blieb bis in die 1880er Jahre gängige Praxis. Bei Victoria und Friedrich Wilhelm erzeugte dies einen tiefen Groll gegen den Kaiser. »Er ist leider sehr autokratisch und tyrannisch und sehr dickköpfig in diesen Angelegenheiten«, schrieb die Kronprinzessin 1876 an ihre Mutter, »und Fritz nimmt es sich schrecklich zu Herzen und es macht ihn sehr verbittert.«

Von den »Greiseneigenthümlichkeiten« seiner Eltern, unter »denen herkömmlicherweise die Kinder und Nachstehenden immer am Meisten zu leiden haben«, zeigte Friedrich Wilhelm sich zunehmend abgestoßen. Angesichts der Langlebigkeit seines Vaters kämpfte er mit tiefer Resignation und unverhohlener Ungeduld. Der Kronprinz rede »über diesen zu erwartenden Tod ohne Rückhalt«, berichtete sein Vertrauter Albrecht von Stosch. Der alte Kaiser konterte mit einer schier unverwüstlichen Gesundheit und schwarzem Humor. Bei der Feier zu seinem neunzigsten Geburtstag im März 1887 soll er gewitzelt haben, dass er noch gar nicht sterben könne, weil ja sein Sohn noch lebe. Was Wilhelm I. noch nicht wissen konnte: Beim Kronprinzen sollte wenige Wochen später eine tödliche Krebserkrankung diagnostiziert werden, die dazu führte, dass der Sohn den Vater, der am 9. März 1888, kurz vor seinem 91. Geburtstag, sanft entschlief, nur um neunundneunzig Tage überlebte.

### »Dass er seinem Vater in *jeder jeder* Hinsicht gleichen wird«
*Queen Victoria und ihr Sohn Albert Edward, Prinz von Wales*

Wenn das Verhältnis zwischen Wilhelm I. und Friedrich III. nach Jahrzehnten des Misstrauens und der Gängelung zerrüttet war, so hatte der Vater doch bis in die späten 1850er Jahre in dem Gefühl gelebt, durch das »Wohlgeraten« des Sohnes zutiefst beglückt worden zu sein. In dieser Hinsicht hebt sich das preußische Drama wohltuend von dem problematischen Verhältnis der Königin Viktoria von Großbritannien zu ihrem ältesten Sohn ab, dem künftigen König Eduard VII. Schon als der Prinz noch in den Kinderschuhen steckte, zeigte sich die Königin von seinen charakterlichen und intellektuellen Anlagen tief enttäuscht. Später sollte sich das ins Hysterische steigern. Noch 1921 – zwei Jahrzehnte nach dem Tod der Königin und elf Jahre nach dem ihres

*»Die seltenen, die ziemlich furchtbaren Besuche Albert Edwards, des Prinzen von Wales, in Windsor Castle«: Max Beerbohms Karikatur zielt auf einen für die Zukunft der Monarchie gefährlichen Punkt: das alles andere als sonnige Verhältnis zwischen der britischen Königin Viktoria und ihrem ältesten Sohn.*

Sohnes – war das schlechte Verhältnis zwischen Mutter und Sohn den Zeitgenossen so präsent, dass es den berühmten Karikaturisten Max Beerbohm zu der Zeichnung »Die seltenen, die ziemlich furchtbaren Besuche Albert Edwards, des Prinzen von Wales, in Windsor Castle« inspirierte: Im Bildvordergrund ist eine rundliche, grimmig dreinblickende Königin in schwarzer Witwentracht zu sehen, im Hintergrund, von der Mutter abgewandt, in eine Ecke geschickt, die Wand anblickend und die Hände schmollend hinter dem Rücken verschränkt, ihr ähnlich korpulenter Sohn.[14]

Der künftige König Eduard VII. kam am 9. November 1841, knapp ein Jahr nach seiner Schwester Victoria, auf die Welt. Seit 1762 war in Großbritannien kein direkter männlicher Thronfolger mehr geboren worden, und die Erleichterung war so groß, dass man Dr. Locock, dem Gynäkologen der Königin, ein exorbitantes Honorar in Höhe von tausend Pfund Sterling für die glückliche Geburt des künftigen Monarchen anbot. Die neu gegründete Zeitschrift *Punch* feierte das frohe Ereignis in pompös-patriotischen Versen: »Hurra. Endlich ein kleiner Prinz; / Wir haben einen Jungen; / Die Glocken haben stundenlang / Vor Freude laut geklungen«. Der königliche Sohn wurde auf die Namen Albert Edward getauft – zu Ehren Prinz Alberts, des von der Mutter vergötterten Kindsvaters, und im Andenken an Viktorias verstorbenen Vater, den Herzog von Kent. Schon wenige Tage nach der Geburt drückte die Königin in fast schon frenetischen Worten aus, was sie von ihrem Sohn erwartete. »Du wirst verstehen, wie inbrünstig meine Gebete sind, und – da bin ich sicher – wie die aller Menschen sein müssen«, schrieb sie ihrem Onkel Leopold, dem König der Belgier, »dass er seinem Vater in *jeder jeder* Hinsicht gleichen wird, sowohl im Körper wie im Geist.«[15]

Solch hochgeschraubte und ungeduldige Erwartungen waren kaum zu befriedigen. »Bertie«, wie er in der Familie genannt wurde, war erst achtzehn Monate alt, als sich bereits eine gewisse Enttäuschung einstellte. »Ich halte ihn noch nicht für würdig, *Albert* genannt zu werden«, ließ die Königin ihren Onkel wissen.[16] Das würde er nie sein, fügt seine Biographin Jane Ridley hinzu, und verweist damit auf das zentrale Problem im Verhältnis zwischen der Monarchin und ihrem Erben: die

Unfähigkeit des Sohnes, in den Augen der Mutter den von den Eltern erhobenen Ansprüchen gerecht zu werden, und die Auswirkungen dieses Versagens. Anders als im preußischen Fall gab es hier keine explizite politische Krise, die das persönliche Verhältnis für immer vergiftete. Vielmehr entzweiten sich Viktoria und Bertie in der persönlichen Sphäre, was dazu führte, dass die Königin im Leben ihres Sohnes über Jahrzehnte gar keine politische Dimension zuließ.

Prinz Albert, selbst das Produkt eines durchorganisierten und systematischen Erziehungsprozesses, hatte für seine Kinder ein anspruchsvolles und in seiner rigorosen Methodik geradezu überspanntes pädagogisches Konzept entwickelt, dem sich seine Gemahlin vorbehaltlos anschloss. Berties frühreife und hochintelligente ältere Schwester, Prinzessin Victoria, entzückte ihren Vater mit hervorragenden Leistungen und wurde bald zu seinem Augapfel. Für den Thronfolger wurde das sorgfältig auf die Bildung des optimal qualifizierten konstitutionellen Monarchen ausgerichtete System jedoch zu einer schweren Belastung. Er fiel im Vergleich zu seiner Schwester deutlich ab, erkannte ihre Überlegenheit resigniert an und quittierte die gefühlte Zurücksetzung durch die Eltern mit Widerspenstigkeit und Verhaltensauffälligkeiten. Anstatt dies als Betteln um die Zuwendung des Vaters und der Mutter zu verstehen, ließen Viktoria und Albert ihren Sohn von dem bekannten Phrenologen Dr. Andrew Combe untersuchen, der anhand der Schädelform des Prinzen eine fehlerhafte Entwicklung des Gehirns diagnostizierte. Auch der Unterricht mit einem neuen Lehrer, Henry Birch, brachte aus Sicht der Eltern keine Besserung, sodass 1850 ein weiterer Phrenologe, Dr. George Combe, zurate gezogen wurde. Obwohl dieser den vernünftigen Rat gab, den Jungen mit mehr Rücksicht und Freundlichkeit zu erziehen als bisher, glich seine Diagnose derjenigen seines jüngeren Bruders: Berties Hirn sei schwach und abnormal geformt. Bei der ohnehin schon mit wenig instinktiver Mutterliebe ausgestatteten Königin wirkte sich das fatal aus, da ihre hyperkritische Haltung dem Sohn gegenüber nun in eine leicht angeekelte Ablehnung umschlug. Der gut vernetzte und jedes herumschwirrende Gerücht gierig aufsaugende Tagebuchschreiber Charles Greville stellte schon 1848 fest, dass sich hier die »erbliche und unvermeidliche Antipathie unserer

Souveräne ihren Thronfolgern gegenüber« offenbare, denn »die Königin mag das Kind nicht sehr«.[17]

Daran sollte sich im Laufe der Zeit wenig ändern – jedenfalls nicht zum Guten. Anlässlich der Konfirmation des Thronfolgers im Frühjahr 1858 äußerte sich die Königin grundsätzlich, aber wenig schmeichelhaft über ihren Erstgeborenen: Er habe ein gutes Herz und sei auch liebevoll, aber dies werde von Berties allzu vielen Schwächen überschattet. Besonders bemängelte Viktoria seinen geringen Intellekt, seine grenzenlose Faulheit, sein schlechtes Benehmen, seinen Ungehorsam und seine Unselbstständigkeit.[18] Unter Prinz Alberts rastloser Anleitung folgten nun auf Berties frühe Erziehung eine Reihe verschiedener Bildungsexperimente und -stationen in der Hoffnung, doch noch ein befriedigendes Ergebnis zu erzielen. Der Prinz unternahm eine Reise über Belgien und Deutschland nach Italien, absolvierte einen Studienaufenthalt in Edinburgh und wechselte dann ans Christ Church College in Oxford, dem sich Studien am Trinity College in Cambridge anschlossen. Dazwischen, im Sommer 1860, trat Bertie seine erste offizielle Auslandsreise als Vertreter der Krone an. Die Tour führte ihn nach Kanada und in die USA, wo der junge Prinz enthusiastisch empfangen wurde und generell eine gute Figur machte.[19]

Weder der Erfolg in Übersee noch die bescheidenen Fortschritte, die Bertie bei seinen Studien zu Hause erzielte, ließen den Strom nörgelnder Zurechtweisungen versiegen, mit dem die Eltern die Bemühungen des Thronfolgers bedachten. »Ich habe in meinem ganzen Leben noch keinen so gründlichen und durchtriebenen Faulpelz getroffen«, beklagte sich Prinzgemahl Albert bei seiner Tochter Victoria über Bertie, »es bekümmert mich, da es sich um meinen eigenen Sohn handelt, und wenn man berücksichtigt, dass es ihm jederzeit zufallen könnte, die Regierung in einem Land zu übernehmen, in dem die Sonne nicht untergeht.« An just diese Victoria wandte sich auch der vielgescholtene Thronfolger, um in seiner schwierigen Lage etwas Mitgefühl zu erheischen. Tatsächlich scheint er unaufhörlich und von allen Seiten ermahnt worden zu sein: Er solle sein Haar anders scheiteln; er solle sich nicht auf dem Sofa ausruhen; er solle keine schweren Speisen zu sich nehmen; er solle bei der Jagd keine Risiken eingehen. Doch bei der großen Schwester fand Bertie keinen Trost, sondern wurde vielmehr angehalten, den Wünschen der Eltern zu entsprechen. Dann werde alles gut, »und die liebe Mama wird erfreut und zufrieden sein«.[20]

Dem von seiner engsten Familie gegängelten, von vielen Zeitgenossen jedoch umschmeichelten jungen Mann schien bald nichts mehr daran zu liegen, Vater und Mutter zu erfreuen. Aus einem verständlichen Bedürfnis nach Entspannung und Vergnügungen, vielleicht auch aus Opposition gegen ein Regime, das kritische Geringschätzung mit engherzigen Ermahnungen verband, schlug Bertie über die Stränge. Er entwickelte sich zu einem Genussmenschen, der seine ausgeprägten sinnlichen Bedürfnisse mit einer teils naiven, teils tollkühnen Unbekümmertheit befriedigte. Für das Verhältnis zu den Eltern, die sich solchem Verhalten gegenüber gänzlich verständnislos zeigten, musste das schwerwiegende Folgen haben.

Das Unheil nahm seinen Lauf, als der Prinz im September 1861 wieder einmal in den Genuss eines von seinem Vater sorgfältig geplanten Erziehungsprojekts kam. Diesmal handelte es sich um militärische Übungen bei einer Garnison in Irland. Dort schlüpfte der Prinz – und dies war gewiss nicht Teil des väterlichen Bildungsauftrags – mit Wissen einiger Offizierskameraden mehrmals nachts aus dem Fenster seiner Unterkunft, um Schäferstündchen mit Nellie Clifden zu verbringen, einer attraktiven Schauspielerin, die auch für andere Dienstleistungen zur Verfügung stand. Pikanterweise begab er sich – unmittelbar nachdem er am 10. September 1861 »N.C. – drittes Mal« in sein Tagebuch eingetragen hatte – nach Deutschland. Er sollte dort Prinzessin Alexandra von Dänemark treffen, die sein Vater nach genauer Sichtung des Marktes als künftige Braut für ihn ausgewählt hatte. Zum Missvergnügen seiner Eltern war der Thronfolger von der dänischen »Perle« nicht eben beeindruckt, zeigte keinerlei Interesse an einer baldigen Heirat und kehrte schnurstracks nach London zurück, wo sich inzwischen auch Nellie eingefunden hatte.[21]

Zwei Monate später, am 12. November 1861, kamen Viktoria und Albert die Gerüchte zu Ohren, die inzwischen über Bertie und seine anschmiegsame »Prinzessin von Wales« die Runde machten. Zunächst schrieb Albert seinem Sohn einen beinahe apokalyptischen Brief über

»ein Thema, das mir den tiefsten Schmerz bereitet hat, den ich in diesem Leben je gefühlt habe«. Am 25. November stattete der gesundheitlich labile und psychisch angeschlagene Prinzgemahl seinem Sohn dann einen Überraschungsbesuch in Cambridge ab, wo bei einem langen Spaziergang ein klärendes Gespräch geführt wurde. Als die beiden Männer schließlich zurückkehrten, waren sie vom Regen vollkommen durchnässt und schlotterten vor Kälte. Albert sollte sich von dieser Anstrengung nicht mehr erholen. Für die Königin lag klar auf der Hand: Berties Schande hatte den Zusammenbruch seines Vaters verursacht. Am 7. Dezember 1861 diagnostizierten die königlichen Leibärzte bei Albert eine Typhuserkrankung. Eine Woche später verstarb er. Weder der Prinzgemahl noch Viktoria verlangten in diesen letzten Tagen nach Bertie. Durch ein Telegramm seiner Schwester Alice wurde der Thronfolger dennoch an das Krankenbett nach Windsor gerufen, sodass er seinen Vater noch einmal lebend sah. Wenn die Königin noch Zweifel gehabt haben sollte, dass ihr Sohn am Tod ihres geliebten Gemahls Albert schuld war, so wurden diese durch die Ärzte ausgeräumt. Angesichts wachsender Kritik an ihrer Unfähigkeit, das Leben des Prinzgemahls zu retten, bestätigten die Mediziner, dass die mentale Erregung über Berties Sündenfall, die daraus erwachsene Depression und die Anstrengung der Reise nach Cambridge Alberts frühen Tod verursacht hätten.[22]

Damit war das Verhältnis zwischen Mutter und Sohn für immer beschädigt und die entscheidende Weichenstellung für das weitere Leben des Thronfolgers vorgenommen. Anstatt Bertie wenigstens Teile der wichtigen Aufgaben zu übertragen, die sein Vater bei der Abwicklung der königlichen Staatsgeschäfte erfüllt hatte, wurde der Thronfolger in ein gänzlich apolitisches Privatleben abgedrängt. Zu der Geringschätzung durch seine Mutter Viktoria trat nun auch noch der Makel, angeblich am Tod des Vaters Schuld zu tragen. »Oh! Dieser Junge«, schrieb die Königin im Dezember 1861 an ihre älteste Tochter, »ich kann und werde ihn niemals ansehen, ohne dabei zu erschaudern.«[23] Für sie stand fest, dass Bertie – ungeachtet seiner pflichtbewussten Bereitschaft, Prinzessin Alexandra entsprechend den Plänen des Vaters im Frühjahr 1863 zu ehelichen – als künftiger Monarch ein großes Risiko darstellte. Deshalb überwachte Viktoria das Eheleben des jungen Paares fortan bis ins kleinste Detail und teilte ihre Ansichten indiskret mit anderen Familienmitgliedern. Ihr Urteil über den Thronfolger fiel dabei vernichtend aus. »Oh, was wird nur aus dem armen Land werden, wenn ich sterbe«, schrieb sie ihrer Tochter Alice im Sommer 1863, »ich sehe, wenn Bertie den Thron besteigt, nichts als Elend vorher, und er würde alles tun, was man von ihm verlangt, und sein Leben, so wie jetzt, in einem einzigen Wirbel von Amüsements verbringen.« Es zeige sich immer mehr, »wie *vollständig vollständig* unfähig er ist, jemals König zu werden«.[24]

In den kommenden Jahrzehnten schien die Monarchin geradezu zielstrebig dafür zu sorgen, dass ihre Ansicht zu einer »self-fulfilling prophecy« wurde. Auf keinen Fall wollte sie Macht und Herrschaftswissen mit ihrem Sohn teilen. Der Zugang zu den Staatspapieren und diplomatischen Berichten wurde ihm konsequent verwehrt. Als der Thronfolger Anfang der 1870er Jahre Einsicht in diese Unterlagen erbat, um sich auf seine künftigen Aufgaben vorbereiten zu können, lehnte die Monarchin dies mit dem Hinweis ab, dass »alle Vorbereitungen dieser Art *gänzlich nutzlos* seien & der Prinz von Wales sie *nicht erledigen* würde«. Erst 1892 sollte Premierminister Rosebery die Erlaubnis erhalten, dem damals fünfzigjährigen Thronfolger den goldenen Schlüssel zu den Aktenkassetten auszuhändigen, den seinerzeit Prinz Albert benutzt hatte. Den Vorschlag des Premierministers Gladstone, Bertie als Vertreter der Krone nach Irland zu schicken, beschied die Monarchin dagegen abschlägig.[25]

Die viele freie Zeit, über die der Thronfolger aufgrund der Haltung seiner Mutter verfügte, erlaubte es ihm, seinen hedonistischen Neigungen hemmungslos nachzugehen. Ungeachtet seiner Ehe und seiner Verpflichtungen als Familienvater pflegte er unzählige Liebschaften, war den Genüssen der Tafel ebenso zugeneigt wie den Leidenschaften der Rennbahn und des Spieltisches, vergnügte sich bei opulenten Jagden oder tauchte in das Nachtleben von Paris ein. Der künftige König wurde zum Mittelpunkt des berüchtigten *Marlborough House Set*, einer nach seinem Londoner Wohnsitz benannten Clique, deren Mitglieder von moralisch zweifelhaftem Charakter waren und deren Treiben so skandalös war, dass Berties tugendhafter Vater im Grab kaum Ruhe gefunden haben dürfte.

Ein derartig ausschweifendes Lotterleben ließ sich trotz aller Bemühungen um Geheimhaltung und Diskretion nicht lange vor den Augen der Öffentlichkeit verbergen. Dabei waren Streiche wie der vom März 1868 noch vergleichsweise harmlos, als Bertie und seine Jagdgesellschaft einen Hirsch quer durch London verfolgten, ihn schließlich auf dem Frachtlagerplatz des Bahnhofs Paddington vor den Augen von Schaffnern und Gepäckträgern erlegten und danach fröhlich durch den Hyde Park nach Hause ritten. Schwerwiegender waren öffentliche Skandale, die die Diskrepanz zwischen Berties Lebenswandel und den gültigen Moralvorstellungen offenbarten. 1871 wurde er als Zeuge im Scheidungsprozess von Sir Charles gegen Lady Mordaunt aufgerufen, der die sexuelle Zügellosigkeit des *Marlborough House Set* in schockierender Detailfreude an die Öffentlichkeit brachte. Es folgten die Aylesford-Affäre von 1876 – samt Ehebruch, einer Scheidung, Liebesbriefen des Kronprinzen und einer Duelldrohung – und der Beresford-Skandal von 1891, in dem Bertie, nachdem er Lord Charles Beresford die Geliebte ausgespannt hatte, von Letzterem mit einer öffentlichen Bloßstellung bedroht wurde.[26]

Noch höhere Wellen schlug die Tranby-Croft-Affäre von 1891, bei der es um den Vorwurf des Falschspiels ging. Auf dem adligen Landsitz war angeblich bei dem verbotenen Glücksspiel Baccara betrogen worden. Der Prinz wurde wiederum als Zeuge vorgeladen, diesmal jedoch in einem Verleumdungsprozess, der ans Licht brachte, dass er sich auf privaten Partys beim illegalen Glücksspiel vergnügte. Der Jurist Sir Edward Clarke, der den angeblichen Falschspieler Sir William Gordon-Cumming vertrat, nahm den Thronfolger nach allen Regeln der Kunst in die Mangel. Vor den Augen der an dem Prozess außerordentlich interessierten Öffentlichkeit wurden Bertie Fehlverhalten und Illoyalität vorgeworfen. Auf den Ruf des Prinzen wirkte sich das verheerend aus. »Wir bedauern es zutiefst«, schrieb die Londoner *Times* am 10. Juni 1891 in einem Leitartikel, »dass der Prinz von Wales nicht nur mit diesem Fall in irgendeiner Weise verbunden war, sondern auch mit den sozialen Umständen, die zu ihm geführt haben.« Der Thronfolger, so

SOCIETY'S IDOL, 1841.

SOCIETY'S IDOL, 1891.

*Die Monarchie als »Kultbild der Gesellschaft 1841–1891«: Aus dem Inbegriff der Tugend, für den die Krone nach der Thronbesteigung der jungen Königin Viktoria stand, war fünfzig Jahre später die Aussicht auf ein lasterhaftes Regime unter ihrem skandalumwitterten Sohn Bertie geworden. In der Karikatur der Zeitschrift »Truth« drohte auf die Königin, die sich Wissenschaft, Gerechtigkeit und Wohltätigkeit widmete, ein König zu folgen, der sich Vergnügungen wie Pferdewetten, Glücksspiel und Alkoholgenuss hingab.*

das Blatt, ist »nach der Königin die sichtbarste Verkörperung des monarchischen Prinzips; und jede persönliche Verfehlung von ihm versetzt diesem System einen Schlag, der in diesen demokratischen Zeiten von Übel, wenn nicht sogar gefährlich ist«. Viktoria sah das nicht anders. »Es ist eine schreckliche Demütigung zu sehen, dass der künftige König dieses Landes (schon zum zweiten Mal) vor einem Gericht wie jeder andere auch durch den Dreck gezogen wird«, schrieb sie an ihre älteste Tochter. »Es ist sehr schmerzhaft und muss seinem Ruf schweren Schaden zufügen.« Wenn der Thronfolger so erniedrigt und verachtet werde, so die Königin, dann bestehe Gefahr für die Monarchie.[27]

Ein Thronfolger, der durch ungezügelte, tollkühn-hedonistische Männlichkeit auffiel, vertrug sich ganz und gar nicht mit dem kultivierten Ideal der sittenstrengen trauernden Witwe von Windsor. Die britische Zeitschrift *Truth* führte ihren Lesern diesen Kontrast 1891 in einer Zeichnung vor Augen: Unter dem Datum 1841 – dem Geburtsjahr des Thronfolgers – wird das Königshaus als Hort von Recht und Tugend dargestellt; fünfzig Jahre darauf droht ihm ein Monarch, der sich dem Kartenspiel und dem Pferderennen verschrieb.[28]

Obwohl die Altersmilde den Antagonismus zwischen der Monarchin und ihrem Sohn in Viktorias letztem Lebensjahrzehnt ein wenig entschärfte, blieb die Kluft zwischen den beiden unüberwindbar. Als die Königin im Januar 1901 starb, verlor der beinahe sechzigjährige Nachfolger keine Zeit und machte den Stilwechsel bei Hof umgehend durch eine Vielzahl symbolträchtiger Veränderungen deutlich. So fiel etwa das seit Jahrzehnten scharf überwachte Rauchverbot in den königlichen Palästen, und der deutsche Kaiser wie die Könige von Belgien und Portugal konnten ihre Nerven mit einer Zigarre beruhigen, als sie in Windsor Castle auf den Beginn der Begräbniszeremonie warteten. Während der Überführung der Leiche der Königin von der Isle of Wight, wo Viktoria verstorben war, aufs britische Festland fragte Eduard VII. den Kapitän des Schiffes, warum die königliche Standarte auf halbmast wehe. »Die Königin ist tot, Sir«, kam die Antwort. »Der König von England lebt«, erklärte Edward daraufhin und ließ die Flagge hissen.[29]

## »Du bist nicht würdig, mein Nachfolger zu werden«

*Kaiser Franz Joseph und sein Sohn Kronprinz Rudolf*

Mit seinen über siebzig Jahren fühlte sich Kaiser Franz Joseph von Österreich schon zu alt, um der verstorbenen britischen Monarchin 1901 in London das letzte Geleit zu geben. Österreich-Ungarn wurde bei den Beerdigungsfeierlichkeiten von seinem Neffen, dem designierten Thronfolger Franz Ferdinand, vertreten. Kronprinz Rudolf, der 1858 geborene einzige Sohn von Franz Joseph und seiner Frau Elisabeth, war bereits 1889 im Alter von dreißig Jahren verstorben. Die Umstände seines Todes stellen eines der düstersten und schockierendsten Ereignisse in der Geschichte der europäischen Monarchie im 19. Jahrhundert dar: Ende Januar 1889 zog sich Rudolf mit seiner erst siebzehnjährigen Geliebten, der ihm gänzlich verfallenen Baroness Mary Vetsera, auf das ungefähr zwanzig Kilometer südwestlich von Wien gelegene Jagdschloss Mayerling zurück. In einer tragischen Nacht, deren Verlauf noch immer nicht bis ins letzte Detail aufgeklärt ist, vollzog sich wohl ein Selbstmordpakt: Der Kronprinz erschoss erst Mary und dann sich selbst.[30]

Nur mit größter Mühe und mit einem beträchtlichen Maß an Rücksichtslosigkeit gegen die Familie der Baroness Vetsera gelang es dem Wiener Hof, die unerträglichen Details von Rudolfs Ableben zu verschleiern. Nachdem die erste Meldung – Tod nach Schlaganfall – nicht mehr zu halten war, wurde beim Kronprinzen posthum eine durch eine »Abflachung der Hirnwindung« verursachte »Geistesverwirrung« diagnostiziert. Mit dieser Aktenfälschung konnte dem Selbstmörder zugleich ein christliches Begräbnis gesichert werden.[31]

Es war ein hochkompliziertes Geflecht aus physischen, psychischen und politischen Faktoren, das den Kronprinzen zu dieser Tat bewogen hatte. Vor allem aber war dieser dramatische Schritt Rudolfs der Höhe- und Endpunkt im langjährigen Konflikt mit dem Vater, mit dem der Thronfolger noch kurz zuvor einen heftigen Streit ausgefochten hatte. Die besondere Rolle des Kaisers während der letzten Stunden seines Sohnes kam durch ein Bündel Abschiedsbriefe zum Ausdruck, die Rudolf unter anderem an seine Frau Stephanie, seine Mutter, seine Schwester Marie Valerie, seine langjährige Geliebte Mizzi Caspar und den Bankier Moritz Hirsch schrieb. Wenigstens einige wenige Zeilen an seinen Vater zu richten, brachte er dagegen nicht über sich. Als der Kronprinz sich am Tag vor seinem Tod von seinem Freund Prinz Philipp von Coburg verabschiedete, der auf dem Weg zum Kaiser war, trug er diesem jedoch auf, dem »kaiserlichen Vater viele Handküsse [zu] entbieten«. Bis zur letzten Auseinandersetzung mit dem Vater, dessen Regierungshandeln der Sohn zuvor als verhängnisvoll kritisiert hatte, beherrschte vor allem die politische Dimension dieses Ringen zwischen Vater und Sohn. »Wenn Papa einmal die Augen schließt, wird es in Österreich sehr ungemütlich«, schrieb Rudolf in seinem Abschiedsbrief vielsagend an die Schwester: »Ich kenne, was dann folgt, nur zu genau und gebe Euch den Rat, dann auszuwandern.«[32]

Die tragische Vater-Sohn-Beziehung zwischen Kaiser und Kronprinz endete in der Kapuzinergruft, jener traditionellen Grablege der Habsburger, wo Rudolf am 5. Februar 1889 beigesetzt wurde. Er habe sich am Tag des Begräbnisses gut gehalten, berichtete der Kaiser danach seiner Tochter Marie Valerie, »nur in der Gruft ›da ists nicht mehr gegangen‹«.[33] Während im Verhältnis von Wilhelm I. zu Friedrich III. und dem Viktorias zu Eduard VII. jeweils nur ein Konfliktfeld vorherrschend war, nämlich politische Differenzen hier, unterschiedliche Lebensweisen dort, wurde die Beziehung zwischen Franz Joseph und Rudolf durch beides belastet. Berücksichtigt man zudem die besondere mentale Fragilität des Kronprinzen und die ungewöhnlich rigide Hierarchie der Wiener Hofkultur, so ergibt sich daraus ein toxisches Gemisch, das die Nacht von Mayerling zu einem großen Teil erklären kann.

Die politische Ebene der Verwerfung zwischen Vater und Sohn spiegelte – vielleicht noch stärker als im Fall des mit Rudolf befreundeten preußisch-deutschen Kronprinzen Friedrich Wilhelm – die Polarisierung wider, die sich aus der schrittweisen Durchsetzung des monarchischen Konstitutionalismus ergab. Erzherzog Rudolf wurde zu einem typischen Vertreter des sogenannten Kronprinzenliberalismus. Seine fortschrittliche Haltung zu Fragen der Verfassungsentwicklung, Nationalitätenpolitik, zu Religion, Kultur und Wissenschaft stand in scharfem Widerspruch zu der von seinem Vater und anderen führenden Vertretern des Kaiserhauses vertretenen erzkonservativen Politik.[34] Dass der Thronfolger sich politisch in eine solche Richtung entwickelte, musste den Vater sehr verdrießen, der doch stets darauf vertraut hatte, dass ein männlicher Erbe gerade bei der Fortführung der neo-absolutistischen Politik eine wichtige Rolle spielen würde.

Nach zwei Töchtern hatte ihn die Geburt eines Thronfolgers im Jahr 1858 daher hoch beglückt. Nachdem die Wiener durch 101 Salutschüsse über das freudige Ereignis unterrichtet worden waren, stiftete der Kaiser der Stadt aus diesem Anlass das neue »Rudolfspital« und spendete 20 000 Gulden für die Armen. In einem selbst für die militarisierten Monarchien des 19. Jahrhunderts ungewöhnlichen Akt ernannte Franz Joseph seinen Sohn zudem schon am Tag seiner Geburt zum Ritter des Ordens vom Goldenen Vlies und zum Obersten eines Infanterieregiments. In einem Tagesbefehl verkündete der stolze Vater: »Ich will, daß der durch Gottes Gnade Mir geschenkte Sohn von seinem Eintritt in diese Welt an Meiner braven Armee angehöre.« Damit wurde die enge Bindung zwischen Militär und Dynastie durch den künftigen Herrscher buchstäblich verkörpert. Und genau in diesem Sinne entwickelte sich zunächst auch die Erziehung des jungen Erzherzogs. Franz Joseph wünschte sich einen beherzten, körperlich kräftigen Sohn, der einmal einen tüchtigen Soldaten abgeben würde. Die frühreife Intelligenz und sensible Feinfühligkeit, der Fantasiereichtum und die liebesbedürftige Anhänglichkeit des Knaben entsprachen eher nicht seinen Vorstellungen, sondern gaben ihm Anlass zur Sorge. Daher wurde Rudolf, als man ihn – nach altem Familienbrauch – mit sechs Jahren aus der Obhut der Kinderfrau nahm, einem soldatischen Erzieher und Obersthofmeister überantwortet, der aus dem zarten Kind einen ganzen Kerl formen sollte. Der für diese Aufgabe ausgewählte kinderlose Generalmajor Leopold Graf Gondrecourt zog rücksichtslos alle Register, um Rudolf abzuhärten: stundenlanges Exerzieren, eiskalte Bäder und Wecken durch nächtliche Pistolenschüsse. Er ließ den Jungen im Lainzer Tiergarten allein zurück, rief ihm über die Mauer zu, dass ein Wildschwein nahe, und zeigte sich ungerührt, als das verängstigte Kind daraufhin weinend an das verschlossene Tor trommelte. Der verschreckte Sechsjährige, der nicht wagte, sich bei seinem Vater zu beklagen, und der von der rastlos umherreisenden Mutter immer wieder allein zurückgelassen wurde, erkrankte schließlich so schwer, dass man seinen Tod befürchtete.[35]

Erst jetzt schaltete sich die Kaiserin ein und stellte – was damals ein unerhörter Schritt war – ihrem Mann und seiner am Hof äußerst mächtigen Mutter ein Ultimatum. In einem außergewöhnlich scharf formulierten Schreiben forderte sie im August 1865 von ihrem Mann die Aufsicht über die Erziehung des Sohnes bis zu dessen Volljährigkeit. Der seiner Frau ergebene und einen Skandal scheuende Monarch gab nach. Gondrecourt wurde durch Oberleutnant Joseph Latour von Thumberg ersetzt. Der als liberal geltende Offizier und Jurist hatte zwar bei Hof mächtige Feinde, wurde aber vom Kaiser gemäß der Verabredung mit der Kaiserin gedeckt. In Zusammenarbeit mit Latour sorgte Elisabeth dafür, dass Rudolf fortan einfühlsamer und liberaler erzogen wurde. Man folgte dem Lehrplan erst der Volksschule und dann dem des Gymnasiums. Die Lehrkräfte wurden nach ihrer erzieherischen und wissenschaftlichen Befähigung ausgewählt, sodass der künftige Monarch vorrangig von bürgerlichen Intellektuellen ausgebildet wurde, die die verschiedenen Nationalitäten des Habsburgerreiches vertraten und zumeist aus bescheidenen Verhältnissen stammten. Zudem zeichneten sie sich durch anti-aristokratische und antiklerikale Neigungen aus. Innerhalb dieser von der Kaiserin geschützten erzieherischen Blase, die am Wiener Hof ein verachteter Fremdkörper blieb, entwickelte sich der Kronprinz zu einem überzeugten Liberalen, zu einem Kritiker der Hofgesellschaft und der Aristokratie und zu einem glühenden Befürworter naturwissenschaftlicher Forschung.[36]

Neben der akademischen Erziehung kam Rudolfs militärische Ausbildung keinesfalls zu kurz. Der heranwachsende Erzherzog zeigte sich eifrig bemüht, den Anforderungen des Vaters zu entsprechen – als guter Jäger, Reiter und Soldat. Dass das Verhältnis zwischen Vater und Sohn noch ungetrübt war, als Rudolf an der Schwelle zum Erwachsenenalter stand, offenbart eine bewegende öffentliche Szene: Anlässlich seines fünfundzwanzigsten Regierungsjubiläums sprach Franz Joseph von seiner Zuversicht, dass die Armee »Meinem Sohne dieselbe Liebe und Treue weihen wird, wie sie es Mir stets bewiesen hat«. Bei diesen Worten brach der fünfzehnjährige Kronprinz vor Rührung in lautes

Schluchzen aus, woraufhin der Kaiser vor innerer Bewegung kaum weitersprechen konnte. Diese Harmonie sollte nach der Volljährigkeit des Kronprinzen und dem Ende seiner Studienzeit schwinden, denn Kaiserin Elisabeth machte nun keine Anstalten mehr, auf die Erziehung ihres Sohnes einzuwirken, und so schlug das Pendel wieder zugunsten der konservativen Hofpartei aus. Der Wunsch, an der Universität zu studieren, wurde Rudolf verwehrt. Vielmehr gab es zur Volljährigkeit einen Dankgottesdienst, das Großkreuz des Sankt-Stephans-Ordens und – wahrlich keine besondere Freude – die bereits erwähnten strengen »Aphorismen« des knöchernen Erzherzogs Albrecht. Allerdings wurden dem neunzehnjährigen Thronfolger einige Bildungsreisen – nach Korfu, Schlesien, Großbritannien und in die Schweiz – genehmigt.[37]

Auf der Reise nach Großbritannien begann das, was Günter Kronenbitter als »die Opposition« des Erzherzogs bezeichnet hat.[38] Zusammen mit einem ehemaligen Lehrer, dem Ökonomen Carl Menger, verfasste der Thronfolger danach das Pamphlet *Der österreichische Adel und sein constitutioneller Beruf*, das 1878 anonym in München erschien. Es war ein Bekenntnis zum Verfassungsstaat. Mit beinahe schon verächtlicher Kritik an der Aristokratie und ausgiebigem Lob für das Bürgertum sorgte das Werk für einiges Aufsehen und Widerspruch in der konservativen Presse, aber Rudolfs Rolle blieb geheim. Der mit dieser ersten Intervention etablierten Methode sollte Rudolf treu bleiben: Über Mittelsmänner und Vertrauensleute aus dem regierungskritischen Lager – häufig Journalisten und Publizisten – lancierte der Thronfolger im Verlauf des folgenden Jahrzehnts immer wieder anonyme Texte. Darin kritisierte er die politische und soziale Lage des Habsburgerreiches, das Verschleppen konstitutionellen Fortschritts und vor allem die Politik des seit 1879 amtierenden konservativen und vom Kaiser gestützten Ministerpräsidenten Eduard Graf Taaffe. Doch Rudolf wagte es nicht, seine Überzeugung, dass nur ein liberal regierter starker Staat mit einem fortschrittlichen Monarchen an der Spitze das Überleben der Donaumonarchie sicherstellen könne, dem Vater gegenüber direkt anzusprechen.

Die zunehmend intensiveren oppositionellen Aktivitäten und die damit verbundenen persönlichen Kontakte Rudolfs ließen sich – trotz aller Vorsicht – auf Dauer allerdings nicht gänzlich geheim halten.[39] Es war kaum verwunderlich, dass man den Kronprinzen, dessen Hass auf die Wiener Hof- und Regierungseliten von diesen Kreisen mit kaum verhohlener Geringschätzung quittiert wurde, daraufhin von politischen Entscheidungen fernhielt. Sein Vater achtete aber weiterhin darauf, dass der Sohn sorgsam auf seine künftigen militärischen Aufgaben vorbereitet wurde. Nachdem er zunächst ein Infanterieregiment befehligt hatte, wurde der Thronfolger 1888 zum Generalinspekteur dieser Waffengattung ernannt. Die Einsicht in Staatspapiere blieb ihm jedoch weiterhin streng verwehrt. Rudolf schmerzte das, und er klagte: »Der letzte Hofrat hat einen größeren Wirkungskreis als ich, ich bin zum Nichtstuer verdammt.« An seinen alten Lehrer Latour schrieb er resigniert, es werde ihm »niemals die Berechtigung einer eigenen Ansicht eingeräumt«. Die politische Verzweiflung des Kronprinzen verstärkte sich noch, als 1887 bekannt wurde, dass der deutsche Thronfolger Friedrich Wilhelm, von dessen Herrschaft er sich liberale Impulse versprochen hatte, unheilbar an Krebs erkrankt war. In einer hektischen diplomatischen Kehrtwende suchte der Kronprinz sich nun mit Großbritannien und Russland gegen den deutschen Bündnispartner zu stellen. Damit verschärfte sich der politische Gegensatz zwischen dem Kaiser, der fest am Bündnis zum Deutschen Reich festhielt, und dem Thronfolger, der sich auf das dem Monarchen vorbehaltene Gebiet der Außenpolitik vorgewagt hatte.[40]

Vor diesem Hintergrund kam es im Januar 1889 zu einem heftigen Streit zwischen Vater und Sohn. Der unmittelbare Anlass war, so vermutet Jean-Paul Bled, ein Schreiben des Kronprinzen an Papst Leo XIII., in dem Rudolf um Auflösung seiner zerrütteten Ehe ersucht hatte. Weder der Gedanke einer Scheidung noch das Übergehen seiner Autorität als Familienoberhaupt waren für den katholischen Kaiser und strengen Dynasten hinnehmbar. Über den Verlauf dieser Konfrontation am 26. Januar 1889 sind keine Details bekannt, doch eine Kammerfrau, die den Kronprinzen unmittelbar danach in der Hofburg sah, beschrieb ihn als »fürchterlich verstört, geradezu verfallen«. Ein Kammerdiener, an den sie sich daraufhin wandte, wollte wissen, dass bei der Audienz »etwas Schreckliches« vorgefallen war. »Du bist nicht würdig, mein

Nachfolger zu werden«, soll Franz Josef dem Sohn entgegengeschleudert haben. Wenige Tage darauf machten sich Rudolf und Mary Vetsera auf den Weg nach Mayerling.[41]

Der Prinz, der mit dreißig Jahren den Freitod wählte, war nicht nur politisch ruiniert, sondern auch früh gealtert und körperlich bereits verfallen. Seine Frau beschrieb ihn Anfang 1889 als kranken Mann, »seine Haut war fahl und schlaff, sein Blick flackernd, seine Gesichtszüge völlig verändert«. Das über Monate konsumierte Morphium und seine Flucht in den Alkohol hatten den an Gonorrhoe laborierenden Kronprinzen noch weiter geschwächt. Er zahlte damit den Preis für seinen zügellos hedonistischen und letztlich selbstzerstörerischen Lebenswandel.[42] Schon in Wien und dann während seines Aufenthalts in Prag, wohin er 1878 übersiedelte, um als Oberst im Infanterieregiment Nr. 36 zu dienen, hatte Rudolf zahlreiche Liebschaften unterhalten – darunter mit der Baronin Helene Vetsera, Marys Mutter. Die Haltlosigkeit, die er später zeigte, muss allerdings auch vor dem Hintergrund seiner gescheiterten Ehe gesehen werden. Im März 1880 hatte der Kronprinz widerstandslos in eine von den Höfen arrangierte Verlobung mit der Tochter des belgischen Königspaares eingewilligt. Für den in Liebesdingen gründlich bewanderten Kronprinzen war die Verbindung mit der allgemein als reizlos geschilderten Prinzessin Stephanie lediglich ein Akt dynastischen Gehorsams, den er geschwind hinter sich brachte. Über seine künftige Gemahlin schrieb er noch am Verlobungstag – wenig leidenschaftlich, aber mit charakteristischem Bezug auf den Vater –, dass sie »eine treue Tochter und Unterthanin unseres Kaisers und eine gute Österreicherin« werden würde. Dass Stephanie auch eine Rolle als seine Frau spielen sollte, schien Rudolf, der zur Brautwerbung nach Brüssel in Begleitung einer feschen Mätresse gereist war, gar nicht in den Sinn zu kommen.[43]

Nach Stephanies Ankunft in Wien zerriss sich die Hofgesellschaft bald das Maul über die unattraktive Braut des Kronprinzen. »Die zahlreichen Damen, die ihn kannten und liebten, waren überglücklich«, lästerte die Gräfin Larisch, »denn bei der Braut stand nicht zu befürchten, dass jemals ein vorbildlicher Ehemann aus ihm werden würde.« Das wurde er tatsächlich nicht. Hatte er zunächst noch die Häuslichkeit gelobt, die ihm die Ehe mit Stephanie bot, und eine zärtliche Fürsorge für die 1883 geborene Tochter Elisabeth gezeigt, verlor Rudolf bald das Interesse an seiner Frau. In seiner Junggesellenwohnung in der Wiener Hofburg ging er wieder einem ausschweifenden Liebesleben nach, empfing Gespielinnen, darunter auch solche, die diesem Geschäft professionell nachgingen, und frequentierte Bordelle. Nachdem er sich dort wohl 1885 mit Gonorrhoe infiziert und danach auch seine Frau angesteckt hatte, hielt Rudolf eine weitere Schwangerschaft Stephanies und somit die Geburt eines männlichen Erben für ausgeschlossen. Damit war seine Ehe nur noch eine Formalität. Nach 1886 ging der Kronprinz mit der Wiener Edelprostituierten Mizzi Caspar sogar eine mehrjährige Beziehung ein und trieb sich mit ihr und seinem Leibkutscher Josef Bratfisch in Heurigenwirtschaften am Stadtrand herum.[44]

Rudolfs Eskapaden wurden von der internationalen Skandalpresse begierig aufgegriffen. Während das Publikum mit immer neuen Sensationen unterhalten wurde, verschlechterte sich Rudolfs seelischer Zustand katastrophal. Bereits im Sommer 1888 versuchte er, Mizzi zu einem gemeinsamen Selbstmord zu überreden. Der Suizid im Husarentempel in Mödling – ein weithin sichtbares Bauwerk, das die Widmung »Für Kaiser und Vaterland« trägt – war wohl als eine Art Fanal geplant. Die ebenso vernünftige wie resolute Mizzi lehnte das Ansinnen allerdings ab, und es gelang ihr sogar, Ministerpräsident Taaffe von den Plänen des Thronfolgers in Kenntnis zu setzen. Dieser unterließ es jedoch, Schritte zum Schutz seines scharfen politischen Gegners zu unternehmen, machte auch dem Kaiser keine Meldung und ließ den Dingen ihren Lauf.[45]

Rudolf und der Kaiser, dem der Kronprinz stets in einer Mischung aus Ehrfurcht und Angst begegnete, hatten sich im Laufe der 1880er Jahre gänzlich entfremdet. Persönliche Kontakte waren sporadisch und genügten lediglich der Form. Das zeigte sich nicht nur im unversöhnlichen Gegensatz ihrer politischen Auffassungen. Der Kaiser hatte keinerlei Kenntnis vom psychischen und physischen Verfall seines Sohnes, und er brachte auch nicht das geringste Verständnis für die beachtlichen wissenschaftlichen Aktivitäten seines Sohnes auf. Dieser fand neben seinen politischen Anstrengungen und erotischen Eskapaden

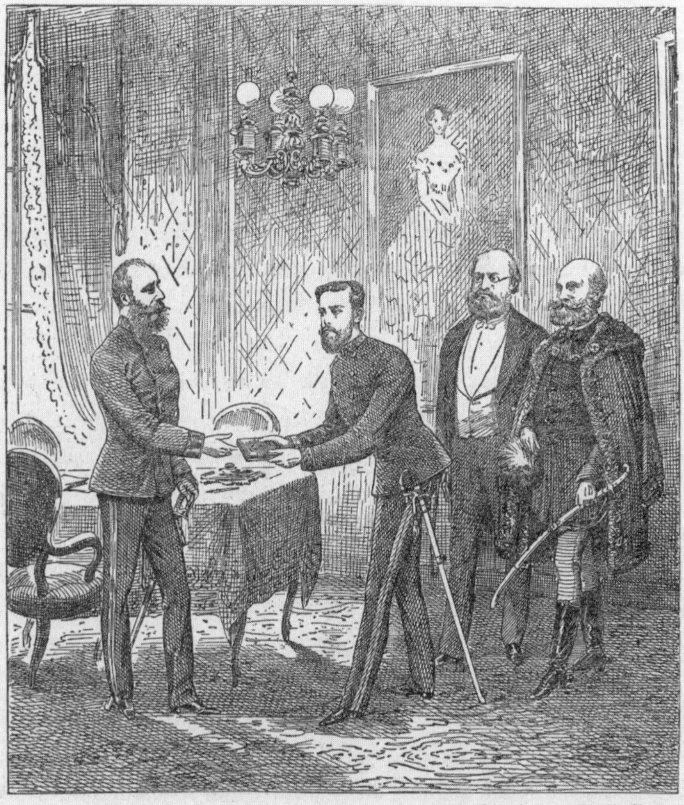

**Kronprinz Rudolph überreicht Sr. Majestät dem Kaiser das erste Heft von**
„Oesterreich-Ungarn in Wort und Bild.“

*In einer Mischung aus Autorenstolz und Unterwürfigkeit überreicht Kronprinz Rudolf 1885 seinem Vater den ersten Band des »Kronprinzenwerkes«, einer vielbändigen Enzyklopädie zur Donaumonarchie. Für dieses wissenschaftliche Engagement seines Sohnes sollte Kaiser Franz Joseph jedoch nie auch nur das geringste Verständnis entwickeln.*

nämlich noch Zeit für naturwissenschaftliche Themen, denen er sich mit großer Hingabe widmete. Seit 1884 war er Herausgeber und Mitautor einer vielbändigen ethnographischen und topographischen Enzyklopädie der gesamten Donaumonarchie. Anlässlich der ersten Teilveröffentlichung dieses Werkes überreichte Rudolf dem Vater im Dezember 1885 ein Exemplar des ersten Bandes, küsste ihm ehrerbietig die Hand und richtete – in der Uniform eines Feldmarschallleutnants – eine tief empfundene, von Autorenstolz glühende Rede an den Kaiser. Dieser ermahnte seinen Sohn daraufhin zur Ausdauer und fragte den anwesenden ungarischen Schriftsteller Mór Jókai: »Hat denn wirklich mein Sohn diesen einleitenden Artikel selbst geschrieben?«[46] Eine Szene, die zeigt, wie sehr das Vater-Sohn-Verhältnis zwischen Kaiser und Kronprinz gestört war.

Dass der Vater die Anliegen und die Wesensart seines Sohnes so gar nicht verstand, ihn so wenig kannte, lag nicht an mangelnder väterlicher Zuneigung vonseiten Franz Josephs. Die Biographen des Kaisers sind sich einig, dass er den Sohn ungeachtet der politischen Gegensätze und charakterlichen Verschiedenheiten, die sie trennten, zutiefst liebte. Doch der spröde und in seinen Lebensabläufen fast pathologisch rigide Mann war so sehr in die strenge Ordnung des Hofes und der kaiserlichen Familie eingebunden, dass er wenig Verständnis für die ganz anderen Bedürfnisse seines Sohnes aufbrachte und zuletzt auch keinerlei Kenntnis von dessen Zustand hatte. Nach Ansicht der Gräfin Marie Festetic, einer Hofdame der Kaiserin Elisabeth, erfuhren Rudolfs Eltern aufgrund ihrer hohen Stellung die Wahrheit »nur selten und nie ganz«. Die durch Hof und Dynastie begründete olympische Höhe des Monarchen nahm diesem die Sicht auf das, was ihm am nächsten stehen sollte, und sie ließ den Sohn dem Vater gegenüber in ängstlicher Ehrfurcht erstarren. Die Disziplin der höfischen Etikette, zu deren strenger Befolgung Erzherzog Albrecht den jungen Rudolf so eindringlich ermahnt hatte, vertiefte die Kluft zwischen Kaiser und Thronfolger und trug dazu bei, den Weg nach Mayerling zu ebnen.[47]

*

In drei der mächtigsten europäischen Monarchien des 19. Jahrhunderts erwies sich das Verhältnis zwischen den Monarchen und ihren erstgeborenen Söhnen und Nachfolgern also als zutiefst dysfunktional. Weder Wilhelm I. noch Viktoria oder Franz Joseph gelang es, ein persönliches Verhältnis zu ihren Nachfolgern zu gestalten, das von Nähe, Zuneigung und Vertrauen gekennzeichnet war. Darüber hinaus verwehrten alle drei ihren Söhnen die Möglichkeit, sich durch eigene Initiative und Zugang zu Informationen auf ihr künftiges Amt vorzubereiten. Entgegen Tolstois berühmter Feststellung weisen diese unglücklichen Eltern-Kind-Beziehungen große strukturelle Ähnlichkeiten auf. Das Fortdauern dynastischer Hierarchie-Ansprüche spielte in allen Fällen eine entscheidende Rolle. Wilhelm I., Viktoria und Franz Joseph hatten präzise Vorstellungen davon, wie sich ihre Söhne und Nachfolger zu verhalten hatten, um die Zukunft der Dynastie und der Krone zu sichern. Das Verhältnis zwischen Monarch und Thronfolger stand und fiel mit der Fähigkeit und Bereitschaft des Sohnes, sich diesen Vorstellungen in demonstrativem Gehorsam zu unterwerfen – für die Dauer einer bis zum Tod des Vorgängers verlängerten Kindheit. War diese Bereitschaft gering, drohte der Beziehung irreparabler Schaden. Diese Gefahr wuchs, je mehr solche Dissonanzen durch die Medien an die Öffentlichkeit gelangten. Die hier betrachteten Monarchen haben den jeweiligen Thronfolgern schließlich abgesprochen, dereinst ein würdiger und fähiger Träger der Krone zu sein.

Es mag zynisch erscheinen, aber das schlechte Verhältnis zwischen Monarch und Thronfolger, unter dem beide Seiten oft so sehr litten, konnte auch von Nutzen sein – zumindest für das monarchische System. Bei der Habsburgerdynastie ist das nicht zu erkennen, weil das Scheitern der Beziehung zwischen Vater und Sohn auch für die Zukunft der Monarchie schädlich war. Da der Kronprinz lange vor dem kaiserlichen Vater starb, fand nämlich kein Thronwechsel statt, der dem System den frischen Luftzug eines Neuanfangs unter anderen Vorzeichen gespendet und somit den Beweis seiner Wandlungsfähigkeit erbracht hätte. Der Tod Rudolfs, so sein Biograph Jean-Paul Bled, »nährte die Ungewissheiten über die Zukunft der Monarchie«.[48] Bei Kronprinz Friedrich Wilhelm und dem Prinzen von Wales liegt die

Sache anders. Beide litten unter ihren Vorgängern und durchliefen keine systematische Vorbereitung auf ihr Amt, aber gerade das bot die Chance auf einen prononcierten Stilwechsel, auf eine willkommene Veränderung nach dem Tod eines greisenhaften, über Jahrzehnte regierenden Monarchen. Da ihre Vorgänger sie isoliert und von der Macht ferngehalten hatten, wurden die neuen Herrscher nicht mit den alten identifiziert, und das konnte für das System von belebender Wirkung sein, politisch und in der breiten öffentlichen Wahrnehmung. Die große Kontinuität des monarchischen Erbgangs wurde durch die innerdynastischen Generationsunterschiede und -kontraste aufgelockert. Obwohl Kaiser Friedrich III., als er im Frühjahr 1888 den Thron bestieg, bereits sterbenskrank war, löste seine Regierung eine promonarchische Welle innerhalb des linksliberalen Lagers und große Begeisterung in der Bevölkerung aus.[49] Und der Amtsantritt Eduards VII., der als König einen überraschend sicheren politischen Instinkt an den Tag legte, übte eine geradezu belebende Wirkung auf die Monarchie aus. Das mag – so paradox es klingt – vor allem an seinem skandalträchtigen Ruf gelegen haben, denn als viriler Lebemann setzte er sich für manche Briten erfrischend vom verstaubt-tugendhaften Witwentum seiner scheinbar immerwährenden Mutter ab. Der britische Dichter Wilfrid Blunt lobte 1901 jedenfalls die Liebenswürdigkeit des neuen Königs und dessen Toleranz gegenüber den Sünden und der Vulgarität der anderen. Weil er sich damit die Zuneigung des gemeinen Mannes sicherte, so Blunt, würde er »einen exzellenten König für das England des 20. Jahrhunderts abgeben«.[50] Dass die königlichen Familien oft auf so ähnliche Art unglücklich waren, musste also für das Familienunternehmen nicht unbedingt von Nachteil sein.

## PRINZEN ALS EHEGATTEN

Der August 1880 war ein freudiger Monat für das württembergische Königshaus. Prinzessin Marie, die junge Gattin des Prinzen Wilhelm, des Thronfolgers, hatte mit dem Prinzen Ulrich einen gesunden Jungen zur Welt gebracht. Anderthalb Jahre nach der Geburt der älteren Tochter Pauline hatte das Land damit den lange erhofften protestantischen Stammhalter. Die zentrale, jahrhundertealte Aufgabe des erbmonarchischen Systems schien wieder einmal gemeistert. Das *Neue Tagblatt* aus Stuttgart zitierte daher fast reflexhaft die Schlusszeile einer bekannten Ballade, in der der schwäbische Barde Ludwig Uhland einen Sieg des württembergischen Grafen Eberhard besungen hatte. In der Schlacht bei Döffingen war 1388 zwar der Sohn des alten Grafen gefallen, doch am selben Tag hatte ihm die mit seinem Enkel verheiratete Antonia Visconti einen Urenkel geboren. »Ein Knäblein, hold und fein« sicherte nun die Zukunft des Hauses Württemberg, damals wie heute. Und so schlug die Geburt des kleinen Ulrich im August 1880 sofort eine Brücke vom Mittelalter in die Gegenwart. »Mit der hohen Familie freut sich das ganze Land«, erklärte das *Neue Tagblatt*, »und erneuert den Freudenruf Graf Eberhards des Greiners: ›Der Fink hat wieder Samen, dem Herrn sei Lob und Preis.‹«[51]

Für die Zukunft des monarchischen Systems war das Verhältnis zwischen Monarch und Thronfolger nicht die einzige wichtige Familienbeziehung, die im Zentrum des öffentlichen Interesses stand. Meist noch vor der Thronbesteigung hatte der künftige Monarch eine andere für das dynastische System zentrale Aufgabe zu erfüllen: die Fortführung des Stammbaums durch die Geburt eines legitimen Thronfolgers. Zuvor hatte folglich die Hochzeit mit einer fruchtbaren Frau oder – im seltenen Fall einer Thronfolgerin – mit einem zeugungsfähigen Mann zu erfolgen. Zu beachten war dabei, dass der künftige Ehepartner nicht nur den biologischen, sondern auch den rechtlichen Vorgaben genügte. Wie in den Hausgesetzen vorgesehen, erhielten fürstliche Ehen erst durch die Genehmigung des Familienoberhaupts Legitimität. Bei deren Erteilung spielte die Frage der Ebenbürtigkeit der Brautleute oftmals die entscheidende Rolle. Mitunter waren auch politische Überlegungen von Bedeutung, und gegen Ende des 19. Jahrhunderts gelangten einige hellsichtige Zeitgenossen zudem zu der Einsicht, dass es nicht ratsam sei, innerhalb des engsten Verwandtenkreises zu heiraten. Die Frage der Religion oder Konfession des Ehepartners war nur selten Teil des kodifizierten Staatsrechts wie in Großbritannien, wo der *Act of Settlement* von 1701 Katholiken und ihre Ehepartner explizit von der Thronfolge ausschloss. Gemischt-konfessionelle Ehen blieben nichtsdestoweniger seltene und unerwünschte Ausnahmen.

Künftige Monarchen waren im 19. Jahrhundert bei der Wahl ihrer Ehepartner also in einem engmaschigen Netz überkommener Regeln gefangen, das ihre Entscheidungsfreiheit erheblich einschränkte. Fürstenehen, zumal die der Thronfolger, blieben Herrschaftsakte, waren dynastische Verbindungen, die primär ein anderes Ziel verfolgten als das persönliche Lebensglück der Vermählten. Dem stand eine Entwicklung entgegen, die 1905 bei der Hochzeit des deutschen Kronprinzen Wilhelm mit Cecilie zu Mecklenburg-Schwerin in einer Frage gipfelte, die nach der Wochenzeitschrift *Der Deutsche* Hunderttausende deutsche Frauen bang im Herzen trugen: »Haben Sie sich auch wirklich lieb«? Die »schlichte, lautere Wahrheit«, so konnte das Blatt Deutschlands Damen beruhigen, lautete: »Ja, von Herzen!«[52] Das wachsende Interesse der Öffentlichkeit am privaten Gefühlsleben der Herrscherfamilien wurde von einer immer weiter ausufernden Medienlandschaft ebenso befriedigt wie befeuert. Und die königlichen Eheleute mussten, nachdem sie schon Hürden wie die der Ebenbürtigkeit, der Konfession und der politischen Akzeptabilität genommen hatten, auch noch ein Millionenpublikum davon überzeugen, dass sie sich in herzinnigster Liebe zugetan waren.

Gerade in der Außendarstellung wurden Fürstenehen seit der Romantik zu Beginn des frühen 19. Jahrhunderts in zunehmendem Maße am Ideal der Liebesehe gemessen. Bei der Ehe ging es demzufolge nicht mehr in erster Linie um pragmatische Zwecke, wie etwa die gegenseitige Unterstützung, sondern vielmehr um ihre »Begründung als Liebesbund«. Geprägt war diese moderne Auffassung, so Monika Wienfort, von freier Gattenwahl, erotischer Anziehung und der Einheit von Körper und Geist. Indem fürstliche Paare diesem Ideal entsprachen, gaben sie nicht nur ein Beispiel für die reine eheliche Liebe ab, sondern weit mehr: Bei den künftigen Herrschern ging es auch um die Versinnbildlichung und Spiegelung des gegenseitigen Liebes- und Treueverhältnisses, das Königshaus und Volk miteinander verband, und – außenpolitisch gesehen – um die Harmonie zwischen zwei Dynastien oder gar Nationen. Am Beispiel der preußischen Hohenzollern hat Daniel

Schönpflug gezeigt, wie die »Echtheit der Liebe zwischen Braut und Bräutigam« bei den Hochzeiten der Dynastie seit dem späten 18. Jahrhundert und dann noch stärker seit den 1850er Jahren öffentlich inszeniert wurde. So sah die konservative *Neue Preußische Zeitung* 1881 in der Verbindung des künftigen Kaisers Wilhelm II. mit Auguste Viktoria von Schleswig-Holstein ein »Zeichen, daß die Liebe frei darf wählen, / Wenn Gottes Arm das Band der Seelen webt«.[53]

Dass eine solche Form der Inszenierung vom Publikum goutiert und vom Königshaus zelebriert wurde, verweist auf den Aufgliederungsprozess, der sich unter dem Druck des öffentlichen Interesses innerhalb der Dynastien vollzogen hatte und der von besonderer Bedeutung für das fürstliche Eheleben war. Neben der Dynastie als »Staatsfamilie«, die auch weiterhin das Gemeinwesen repräsentierte, war nun eine – ebenfalls öffentlich wahrgenommene – »private« Familie getreten. Diese entsprach im Prinzip ihren nichtfürstlichen Gegenstücken: Sie bestand aus Individuen, die durch Gefühle und persönliche Verantwortung miteinander verbunden waren, und musste sich am romantischen Ideal messen lassen. In der öffentlichen Diskussion wurde hierbei gerne ein Kontrast zwischen der Vorbildhaftigkeit der vermeintlich bürgerlichen Ehe und dem dagegen abfallenden älteren Adelsmodell betont. Der 1888 verstorbene deutsche Kaiser Friedrich III. wurde beispielsweise posthum dafür gepriesen, dass sein »treu gefestete[s] und in lauterer Treue bis zum schmerzvollen Vergehen rein gebliebene[s] Eheleben« eben nicht durch »höfische Berechnungspolitik« befleckt gewesen sei. Als Gegenpol zu einer Einrichtung, die so treu und rein war, hatte die höfische Ehe also keine gute Presse. Wie sich zeigen sollte, waren Liebesehen für Staatsfamilien jedoch keine geringe Herausforderung.[54]

Die Thronfolger Friedrich Wilhelm, Edward und Rudolf gingen dynastische Ehen ein. Die Ehe zwischen dem Hohenzollernprinzen und Prinzessin Victoria war von den Eltern der Brautleute von langer Hand und mit politischem Kalkül eingefädelt worden. 1851 wurde die elfjährige Prinzessin dem neunzehnjährigen Prinzen zum ersten Mal vorgestellt, vier Jahre später hielt er erfolgreich um ihre Hand an. Im Januar 1858 stand die siebzehnjährige Braut vor dem Altar. Prinzessin

Alexandra von Dänemark wurde von Prinz Albert, Königin Viktoria und ihrer ältesten Tochter mit geradezu buchhalterischer Präzision aus dem Pool möglicher Kandidatinnen herausgesiebt und dem britischen Thronfolger Bertie als erzieherische Maßnahme anempfohlen. Dass der junge Mann nicht in Leidenschaft entflammte, als er die Prinzessin in Augenschein nahm, sollte am Verlauf der Sache nichts ändern. Und Kronprinz Rudolf betrieb die Brautwerbung um Prinzessin Stephanie als beiläufig-desinteressierte Pflichtübung, nachdem sie als seine künftige Gattin auserkoren worden war.

Selbstverständlich wurden alle drei Hochzeiten – Vicky und Friedrich Wilhelm 1858, Alexandra und Bertie 1863, Stephanie und Rudolf 1881 – dennoch im Einklang mit dem Ideal der Liebesheirat inszeniert. Das Hochzeitsmärchen des englischen Reimeschmieds Henry Robert Lumley gipfelte 1858 in dem Satz: »Das Gesetz, das die Erde beherrscht, heißt Liebe.« Durch die Ehe, so erklärte die *Illustrated London News* anlässlich der Trauung des Prinzen von Wales fünf Jahre später, »werden zwei Herzen in engste Fühlung gebracht, und immer dann, wenn die Liebe darüber steht, ergänzt das eine das andere«. Als die sechzehnjährige Stephanie 1881 in Wien eintraf, schallte ihr ein extra für sie komponierter Walzer aus der Feder von Johann Strauß entgegen: »Belgiens Königskind / Nordisches Röselein / Dich grüßt der Süd / Liebesdurchglüht!«[55] Mit solch schwärmerischen Worten war natürlich noch nichts über die Zukunft gesagt. Bei Rudolf und seiner Frau ging es keineswegs besonders liebesdurchglüht zu, und die Herzen von Bertie und Alexandra ergänzten sich vor allem insofern, als sie ihm seine ständige und flagrante Untreue mit staunenswerter Langmut und Würde nachsah. Doch nicht alle Paare wurden Opfer dynastischer Ehen: Friedrich Wilhelm und Victoria gelang ein die Jahrzehnte überdauerndes, glückliches Miteinander – trotz der vielfachen politischen und persönlichen Belastungen, unter denen ihre Ehe stand.[56]

Um Chancen und Risiken besser ermessen zu können, die für das monarchische System des 19. Jahrhunderts aus den Ehen der künftigen Herrscher erwuchsen, und auch was diese neuen Erwartungen für die betroffenen Paare bedeuteten, sollen drei weitere Thronfolger in den Blick genommen werden: der italienische Kronprinz Umberto, Prinz

Wilhelm von Württemberg und zuletzt Prinz Friedrich August von Sachsen, der in den wohl aufsehenerregendsten Eheskandal des Fin de Siècle verwickelt war.

## »Du weißt, wie stolz ich bin, zum Haus Savoyen zu gehören«
### *Kronprinz Umberto von Savoyen und Kronprinzessin Margherita*

1861 erlebte das Haus Savoyen seinen größten Triumph, und der war mit einer gewaltigen Herausforderung verbunden. Die herrschende Dynastie aus Piemont-Sardinien war an die Spitze des neu gegründeten Königreichs Italien getreten, und das war alles andere als ein geeintes Land. Nach Jahrzehnten der Agitation, Rebellion und Revolution, nach Kriegen, diplomatischen Winkelzügen, Propaganda und Plebisziten schien sich der Traum des *Risorgimento* erfüllt zu haben: Statt einer Vielzahl von Einzelstaaten existierte nun ein italienischer Nationalstaat, an dessen Spitze der bisherige König von Piemont-Sardinien stand. Viktor Emanuel II. war zum »Vater des Vaterlandes« geworden. Die patriotische Selbstbeweihräucherung und die beinahe kultische Verehrung der *Risorgimento*-Helden Giuseppe Garibaldi, Camillo di Cavour und Viktor Emanuel II. konnte allerdings nicht überdecken, dass die politische, sprachliche, kulturelle und geographische Fragmentierung der Halbinsel im krassen Widerspruch zur patriotischen Idee von der *unità* des Nationalstaats stand. Im Süden des Landes erwuchs aus der vor Ort als »Piemontisierung« verhassten Durchsetzung der neuen Ordnung sogar ein mit brutalen Mitteln geführter Bürgerkrieg. Es war also klar, dass auf die äußere Einigung des Landes, die durch den Krieg gegen Österreich im Jahr 1859, den Zug von Garibaldis tausend Kämpfern im darauffolgenden Jahr und die diplomatische Kaltblütigkeit des piemontesischen Premiers Cavour erreicht worden war, nun eine innere Einigung folgen musste. Cavours Amtsvorgänger, der Schriftsteller, Maler und Romantiker Massimo d'Azeglio, prägte hierfür eine berühmte Formulierung: »Italien ist geschaffen; nun ist es notwendig, Italiener zu schaffen.«[57]

Die Bewohner der italienischen Halbinsel sollten also nationalisiert werden, und dabei kam dem Königshaus große Bedeutung zu. Indem es die Herzen der Bevölkerung von Sizilien bis Turin, von Mailand bis zur südlichen Spitze von Apulien gewann, konnte die Monarchie dazu beitragen, die innere Zersplitterung des Landes zu überwinden. Die Einwohner, die sich zum Teil noch ihren alten Herrscherfamilien verbunden fühlten, sollten zu loyalen Untertanen der neuen, nationalen Dynastie werden. Das Königshaus, von dem man sich die nationale Einigung erhoffte, erhielt nun plötzlich Unterstützung von ganz unerwarteter Seite: Francesco Crispi, ein aus Sizilien stammender ehemaliger Revolutionär, erklärte 1864 im Parlament, dass »die Monarchie uns eint und eine Republik uns trennen würde«.[58] Der Traum vom Nationalstaat hatte ihn wie viele andere Italiener zum Monarchisten gemacht. Um diesen Traum Wirklichkeit werden zu lassen, musste das Haus Savoyen sich wandeln, musste nationaler, italienischer, vorbildlicher werden. Dabei konnte eine gute Ehe in der Königsfamilie von außerordentlichem Nutzen sein.

Für die Aufgabe, die Herzen der künftigen Italiener zu erobern, war die piemontesische Dynastie keineswegs gut gerüstet. Wie für die meisten Bewohner des Königreichs Italien war Italienisch im Turiner Königshaus nicht die Muttersprache. Erst von König Viktor Emanuel III., dem Enkel des ersten Königs von Italien, konnte man sagen, er spreche akzentfrei Italienisch. Das am äußersten nordwestlichen Rand Italiens gelegene Piemont hatte sich zudem jahrhundertelang kulturell und politisch an Frankreich orientiert. Die südlichen Gefilde der italienischen Halbinsel, vor allem das einstmals von den Bourbonen regierte Königreich beider Sizilien, erschienen den piemontesischen Eliten fremd und wenig einladend. Obwohl als »Vater des Vaterlandes« gerühmt, verkörperte Viktor Emanuel II. diese Reserviertheit, denn er behielt als König von Italien seine alte piemontesische Nummerierung bei – als Viktor Emanuel II. – und sprach bevorzugt Französisch oder Piemontesisch. Es war ihm äußerst unangenehm, öffentlich Italienisch sprechen zu müssen, und süditalienische Dialekte fand er geradezu unverständlich. Der König verbrachte seine Zeit weiterhin bevorzugt in Piemont und vermied nach Kräften, sich in Florenz, der ersten italienischen Hauptstadt, und nach 1870 in Rom aufzuhalten. Henry Elliott, der britische Botschafter, staunte über den »Hass zwischen den Piemontesern und den Ausländern, wie sie die übrigen Italiener nannten«, und fand dieses Gefühl im Umfeld des königlichen Hofes besonders stark ausgeprägt.[59]

Es gelang, die Defizite Viktor Emanuels II. auf dem Gebiet eines gesamtitalienischen Patriotismus weitgehend zu kaschieren, indem man ihn im Zuge des *Risorgimento*-Kults zum Kriegshelden, königlichen »Ehrenmann« *(Il Re Galantuomo)* und volkstümlichen Naturfreund stilisierte. Im Hinblick auf die weicher gezeichnete Vorbildfunktion der königlichen Familie als Hort eines tugendhaften Glücks, mit dem man das Bürgertum becircen konnte, taten sich deutlich mehr Schwierigkeiten auf. Der König war Witwer, und so fehlte die für die Präsentation einer glücklichen Familie und prunkvoller höfischer Festivitäten notwendige Frau an seiner Seite. Adelheid von Piemont-Sardinien, die Gemahlin Viktor Emanuels, war 1855 nur wenige Tage nach der Geburt ihres achten Kindes im Alter von nur zweiunddreißig Jahren im Wochenbett verstorben. Selbst wohlmeinende zeitgenössische Autoren wie der deutsche Unterstaatssekretär und Bankier Paul David Fischer wiesen darauf hin, dass die 1842 geschlossene Ehe des piemontesischen Prinzen mit der frommen Habsburgerin vor allem dem Zweck hatte dienen sollen, »das feurige Temperament und die unbezähmbare Lebenslust« des jungen Mannes zu zügeln. Das misslang jedoch, denn Viktor Emanuels »heißes Blut begehrte aufregendere Zerstreuungen« als die traute Gemeinsamkeit mit einer Gattin »von unvergleichlicher Herzensgüte«. Der künftige König Italiens betrog seine Frau ständig und so hemmungslos, dass er einen befreundeten Offizier, den Cavaliere Francesco Casale, mit der Aufgabe betrauen musste, sich diskret um die Versorgung der zahlreichen außerehelichen Kinder zu kümmern. Nach 1847 hatte Viktor Emanuel mit der üppig-derben Soldatentochter Rosa Vercellana neben wechselnden Liebschaften eine feste Geliebte, mit der er zeitweise in eheähnlichen Verhältnissen zusammenlebte.[60]

Nach Adelheids Tod im Jahr 1855 wurden die familiären Angelegenheiten des Königs noch verworrener. Obwohl er unter gewaltigem Druck stand, eine für sein Land und die Repräsentation seines Hauses günstige zweite Ehe einzugehen, weigerte er sich, erneut dynastisch zu heiraten. Seine Absicht, Rosa Vercellana zu ehelichen, scheiterte jedoch am vehementen Widerspruch Cavours, der eine Soldatentochter auf dem Thron Italiens für unmöglich hielt. Die Konfrontation zwischen den beiden Männern soll so heftig gewesen sein, dass der König sie später als eine jener Angelegenheiten beschrieb, »die man mit dem Messer regelt«. Viktor Emanuel gab zunächst nach. Doch 1869 heiratete er »La bella Rosina«, wenn auch nur kirchlich. Acht Jahre darauf, kurz vor seinem Tod, folgte die standesamtliche Trauung, die aus der Geliebten des Königs seine morganatische Ehefrau machte.[61]

Angesichts dieser unerquicklichen Familienverhältnisse wurde der Hochzeit des Thronfolgers, des vierundzwanzigjährigen Prinzen Umberto, im Jahr 1868 große Aufmerksamkeit zuteil. Die Monarchie bedurfte einer beeindruckenden und vorzeigbaren Prinzessin, die das ramponierte Ansehen der Dynastie wiederherstellte und mit dem Thronfolger eine zeitgenössischen Vorstellungen entsprechende glückliche Ehe führte. Wie ein »schneller Funken [...] auf einer metallischen Bahn«, kommentierte die Zeitung *L'Opione*, habe sich die Nachricht von der Verlobung des Thronfolgers über die gesamte Halbinsel verbreitet. Der künftige König Italiens sollte seine Cousine, die 1851 geborene Prinzessin Margherita von Savoyen, heiraten. Die junge Frau war nicht die erste Wahl. Ursprünglich hatte man an die Erzherzogin Mathilde von Österreich-Teschen gedacht, mit der Umberto eine politisch wie finanziell vorteilhafte dynastische Verbindung eingehen sollte. Der tragische Unfalltod der achtzehnjährigen Habsburgerin im Jahr 1867 zwang den Regierungschef Luigi Federico Menabrea jedoch, erneut Ausschau zu halten. Er schlug König Viktor Emanuel II. nun seine Nichte Margherita vor. »Aber sie ist noch ein Kind«, soll der Monarch verblüfft ausgerufen haben. Der Minister versicherte jedoch, dass Margherita keineswegs ein Mädchen sei, sondern eine graziöse und tugendhafte junge Frau von sechzehn Jahren. Nachdem einige weitere Sondierungen vorgenommen worden waren, galt die Angelegenheit als geregelt, und Prinz Umberto machte seiner Cousine am 28. Januar 1868 – ein halbes Jahr nach Mathildes Tod – einen Heiratsantrag.[62]

Das kurze Gespräch zwischen den beiden jungen Leuten war kennzeichnend für den Wesenskern ihrer künftigen Ehe. »Margherita, willst du meine Frau sein«, soll Umberto gefragt haben. Die Antwort der

*Mit dem Thronfolgerpaar Umberto und Margherita präsentierte die italienische Königsfamilie ihr charismatisches Herzstück, eine Verbindung, die die innere Einigung des Landes vorantreiben sollte. Die Nachricht von der Verlobung des Prinzen mit seiner Cousine, so ein Zeitungsbericht, sei »wie ein schneller Funken« durch die Nation gerast.*

Sechzehnjährigen war verblüffend: »Du weißt, wie stolz ich bin, zum Haus Savoyen zu gehören. Ich werde das noch mehr sein dadurch, dass ich Deine Frau werde.« Im Zentrum ihrer Verbindung sollte also die Dynastie stehen, der sie beide angehörten, sowie die Aufgabe, die sich daraus ergab. Aus der Not, keine gute internationale Partie gemacht zu haben, machte das Königshaus Savoyen schon bald eine patriotische Tugend. Margherita war ebenso wie ihr Mann ein Spross des Hauses Savoyen und zudem die Tochter des Prinzen Ferdinand, des Helden der Schlacht von Novara. Das intensivierte die national-italienische Botschaft der Monarchie. Im 19. Jahrhundert konnte kaum eine Königin so sehr wie Margherita von sich behaupten, das Schicksal ihres Volkes und gleichzeitig ihrer Dynastie zu verkörpern, stellte die Literatin und rumänische Hofdame Hélène Vacaresco Jahre später nach einem Treffen mit der Königin fest. »Sie ist die einzige königliche Gemahlin, die es nicht nötig hatte, einen Thron in einem anderen Land zu suchen als in ihrem eigenen; sie allein kann mit ihren Untertanen in der Sprache ihrer Kindheit reden und birgt in ihrem Herzen all die Schwächen und Stärken ihrer Rasse. Sie allein hat ihnen einen König von eingeborener Reinheit gegeben.«[63]

Die nationalpolitische Inszenierung des Paares begann mit den groß angelegten Hochzeitsfeierlichkeiten, die bereits im April 1868 stattfanden. Nachdem die standesamtliche Trauung vollzogen war, trat das Brautpaar – angeblich auf Anregung Margheritas – noch vor der kirchlichen Zeremonie auf den Balkon des königlichen Palastes in Turin, um sich der jubelnden Menge zu zeigen. Berichten zufolge waren mehr als 50 000 Menschen in die piemontesische Hauptstadt gereist, um Zeuge der Hochzeit zu werden. Den Feierlichkeiten schlossen sich sorgfältig geplante Flitterwochen an, in denen das frisch vermählte Paar das ganze Land bereiste und eifrig Volksnähe demonstrierte. Man kümmerte sich vor allem um Arme und Gebrechliche und besuchte wohltätige Einrichtungen. In Bologna begrüßte Prinzessin Margherita eine Gruppe von Waisenkindern, die sie herzte und küsste; in Genua trug sie die dort übliche wollene dunkle Tracht mit einem hellen Musselinschleier. Gegen Ende des folgenden Jahres zog das Paar nach Neapel, der südlichen Metropole, die noch kurz zuvor die Hauptstadt des von den Bourbonen regierten Königreichs beider Sizilien gewesen war. *L'Opinione* begrüßte diesen Schritt. Die Anwesenheit von Prinz Umberto und seiner »sehr attraktiven Braut« bedeute eine »sehr effektive Propaganda zugunsten der Prinzipien, für die sie stehen; Jugend und Grazie werden viel konkretere und substantiellere Eroberungen zustande bringen als das Vernunft und Diskurs könnten«.[64]

Kurz darauf brachte Margherita in Neapel einen Sohn zur Welt – den künftigen König Viktor Emanuel III. Drei Monate später fand sich auch der Großvater, König Viktor Emanuel II., in der Stadt ein, um den Enkel zu begutachten. Die Prinzessin begrüßte den Schwiegervater am Bahnhof und legte ihm das Kind in die Arme, das anschließend den Marktfrauen der Stadt stolz präsentiert wurde. Man tat so einiges, um die Königsfamilie aus dem Norden im Süden des Landes zu verankern. Während der Vater des Säuglings noch »Prinz von Piemont« war, wurde dem Neugeborenen der Titel »Prinz von Neapel« verliehen. Der künftige König wurde auf den Namen Viktor Emanuel Ferdinand Maria Gennaro getauft. Neben dem typisch savoyardischen Namen Viktor Emanuel und dem Namen der Gottesmutter als Hinweis auf die Bedeutung des katholischen Glaubens trug der Stammhalter also einen traditionellen Namen der bis 1861 im Süden Italiens herrschenden Bourbonen – Ferdinand – und den des Stadtheiligen von Neapel San Gennaro. Die mit der Geburt des Thronfolgers komplette kronprinzliche Familie, auf der die Zukunft der italienischen Monarchie ruhte, war also vollständig in ihre national-integrative Rolle eingepasst.[65]

Nach zwei Jahren in Neapel siedelten Umberto, Margherita und der Prinz von Neapel nach Rom über und bezogen den Quirinalspalast. Damit verkörperten sie die Übernahme der vor Kurzem noch vom Papst und französischen Truppen kontrollierten Hauptstadt Italiens durch die Königsfamilie. Im Juni 1871 sah man das Paar bei der *Festa dello Statuto*, der offiziellen Feier zu Ehren der von Piemont auf Italien übertragenen Verfassung des Königreichs. Bei diesem Anlass wurde ein römischer Kindergarten nach der Prinzessin benannt. Margherita beschränkte sich jedoch nicht auf die rein mütterlich-fürsorgliche Rolle. Sie legte auch beachtliche kulturelle Aktivitäten an den Tag – zum Beispiel durch ihre Salons – und hatte technisch-wissenschaftliche Interessen, die ihr später den Ruf einer »Monarchin der Moderne« einbringen sollten. Als der damalige deutsche Botschafter in Italien, Bernhard von Bülow, 1894 vom Kaiser aufgefordert wurde, Königin Margherita einzuschätzen, war sein Urteil eindeutig: Margherita sei eine zutiefst politisch motivierte Frau. »Die Königin hat kein anderes Interesse als den Ruhm und die Ehre ihres Landes und ihres Hauses. Sie verkörpert sozusagen die italienische Staatsräson, und das mit Geist und Grazie.«[66]

Umbertos und Margheritas Ehe wertete das öffentliche Bild der italienischen Monarchie während der Regierung Viktor Emanuels II. auf und stärkte die Krone auch nach dessen Tod im Jahr 1878. Dass das Königshaus mit der charismatischen Prinzessin, um deren Schönheit, Grazie, mütterliche Wärme, Kultiviertheit, Volkstümlichkeit und patriotische Hingabe sich bald ein regelrechter Kult entwickelte, eine weibliche Zentralfigur hatte, war dabei nur ein Aspekt. Eine wichtige Rolle spielte auch der Prinz von Neapel, der einzige Sohn des Kronprinzenpaares, der den künftigen Monarchen Gelegenheit bot, mütterliche und väterliche Tugenden unter Beweis zu stellen, an den Familiensinn der Italiener zu appellieren und so eine größere Nähe zwischen Volk und Dynastie herzustellen. Dazu passte, dass das private Leben von Umberto und Margherita als glücklich und familiär dargestellt wurde. Als Giuseppi Ugliengo seinen Mitbürgern das neue Königspaar kurz nach dem Tod Viktor Emanuels II. näherbringen wollte, betonte er, dass beide sich unermüdlich um ihre häuslichen Angelegenheiten kümmerten. Dieses Image, das sich noch zu Lebzeiten des als maskulin-martialisch konnotierten Königs herausbildete, hatte auch Folgen für die Ausgestaltung der Rolle des Kronprinzen.[67]

Obwohl er einen zweifellos spektakulären Schnurrbart trug, war es für Prinz Umberto nicht leicht, neben seiner strahlenden und zupackenden Gattin, die gelegentlich als »einziger Mann im Haus Savoyen« gepriesen wurde, ein eigenes Profil zu entwickeln. Es mangelte ihm an Einfallsreichtum und Format. Oftmals schien es so, als müsse Margherita »einen faulen und nicht immer verfügbaren Gemahl« zum Jagen tragen, um das gemeinsame Programm durchzusetzen. Allerdings verband sich auch mit ihm eine Entwicklung, die sich im Rahmen seiner

Ehe vollzog und der italienischen Monarchie von Nutzen sein sollte. Umberto ging zunächst – wie seinem Vater – ein eher militärisch-martialischer Ruf voraus, der auf seinen Leistungen als Kommandeur einer Division in der Schlacht beruhte, die sich italienische und österreichische Truppen 1866 bei Custozza lieferten. »Indem er seine Regimenter als Karrees aufstellte und selbst Position mit dem am meisten gefährdeten bezog, widerstand er mit großartiger Durchhaltekraft den wiederholten Attacken der österreichischen Kavallerie«, erinnerte die Londoner *Times* noch Jahrzehnte später in einem Nachruf auf den ermordeten König. Doch damit war die öffentliche Rolle des zweiten Königs von Italien, der zeitlebens ein starkes Interesse an militärischen Dingen zeigte, nur zum Teil beschrieben. Es gelang nämlich, das Bild vom patriotischen Soldatenkönig Umberto durch die *leggenda del re buono* – die »Legende vom guten König« – zu ergänzen.[68]

Das Bild von Umberto als einem mitfühlenden, die Leiden seines Volkes teilenden und Trost spendenden Landesvaters beruhte auf vielen kleinen gnädigen Gesten gegenüber den Armen und dem einfachen Volk, vor allem aber bildete es sich durch die spektakulären Auftritte des Königs nach Naturkatastrophen heraus. 1882 reiste Umberto in die Überschwemmungsgebiete im Nordosten Italien, wo schwere Fluten 200 000 Menschen obdachlos gemacht hatten und letztlich mehr als 60 000 Einwohner in die Emigration trieben. Im darauffolgenden Jahr besuchte der König die Insel Ischia. Hier hatte am 27. Juli 1883 ein gewaltiges Erdbeben die Ortschaften Casamicciola, Forio und Lacco verwüstet. Mehr als 2000 Todesopfer waren zu beklagen, und das Ausmaß der Zerstörung war so groß, dass internationale Hilfsmaßnahmen anliefen. Umberto traf bereits am 1. August 1883 auf Ischia ein, sprach den Menschen Trost zu und ermunterte sie, die Suche nach Verschütteten fortzusetzen. 1884 eilte er dann nach Neapel, um den Einwohnern der Stadt inmitten einer schweren Cholera-Epidemie beizustehen. Kurz zuvor wurde von offizieller Seite ein Telegramm veröffentlicht, das die Bitte enthielt, er möge das Pferderennen in Pordenone durch seine Anwesenheit ehren. Der König soll zurückgekabelt haben: »Die Menschen in Pordenone feiern, in Neapel sterben sie. Ich bin auf dem Weg nach Neapel. Umberto.« Er besuchte die Spitäler der Stadt und blieb – trotz der Ansteckungsgefahr –, bis sich die Lage entspannte. Die Wirkung dieser Gesten war so stark, dass sich sogar sozialistische und republikanische Stimmen lobend über die Monarchie äußerten. Umberto hatte kriegerische Lorbeeren vorzuweisen, aber er war vor allem als Gatte einer bezaubernden Frau und Vater eines vielversprechenden Stammhalters ein »guter König«.[69]

Auf diese Weise gelang es, die Italiener für die Monarchie des Hauses Savoyen zu erwärmen. Bei dieser Vermittlung, so der Historiker Axel Körner, spielten »Paternalismus, Maternalismus und Charisma eine wichtige Rolle«, denn sie machten es »breiteren Schichten der Gesellschaft möglich, sich bereitwilliger mit der königlichen Familie zu identifizieren als mit der politischen Klasse der Nation«. Körner weist zu Recht darauf hin, dass es sich hierbei um einen politischen Vorgang handelte und nicht etwa um ein quasi natürliches Ergebnis der Strahlkraft einer tatsächlich glücklichen Ehe zweier prominenter und vorbildhafter Individuen. Die dynastisch-nationale Partnerschaft zwischen Margherita und Umberto hatte nämlich keineswegs jenen puren romantischen Kern, den die Baronin Savio, eine der führenden Damen der Turiner Gesellschaft, bei der Hochzeit des Paares 1868 erkannt zu haben glaubte: »Die Prinzessin war graziös, lächelte und war beglückt«, hatte Savio damals notiert, »sie klammert sich an ihren Umberto, beide glücklich miteinander und eine Wohltat sowohl für die Seele wie für das Auge.«[70]

Aller offiziellen Inszenierung zum Trotz war die Ehe des Kronprinzenpaares, aus der nach der schwierigen ersten Geburt im Jahr 1869 keine weiteren Nachkommen hervorgingen, in Wahrheit eher kalt und distanziert.Dabei werden savoyardische Traditionen eine gewisse Rolle gespielt haben. Denn obwohl Umberto insgesamt kultivierter auftrat als sein Vater, auch finanziell verantwortungsvoller war und seine Libido nicht ganz so zügellos auslebte, waren einige Parallelen nicht zu übersehen. Der »gute König« hatte nämlich zwei Leidenschaften, berichtet der Journalist Giovanni Gigliozzi: die Pferde und die Frauen. Ein Gerücht besagte, dass er seiner Frau nach jeder außerehelichen Eskapade eine Perlenkette zum Geschenk machte, weswegen Margherita auch als die »perlendste« *(più imperlata)* Königin Italiens galt. Umberto hatte mehrere Favoritinnen und eine besonders lang andauernde Beziehung mit Eugenia, der Frau des Herzogs von Litta-Visconti-Arese. Praktischerweise nahm sie ganz in der Nähe des Palastes in Monza Quartier, in dem Umberto und Margherita den Großteil ihrer Zeit verbrachten. Umberto veranlasste, dass Eugenia als Hofdame Margheritas angestellt wurde, und er verbarg auch nicht, dass ihm das Kind, das er mit ihr hatte, sehr am Herzen lag.[71]

Vielleicht war es unter anderem seinem nicht gerade vorbildlichen Verhalten geschuldet, dass der König die Monarchie schließlich in eine Krise steuerte. Während einer schwierigen Phase Ende der 1890er Jahre, die von politischen Skandalen, einer schweren Bankenkrise, militärischen Misserfolgen und sozialem Unfrieden geprägt war, hatte sich Umberto I. unklug exponiert, ein hartes Vorgehen gegen Streikende befürwortet und seine verfassungsmäßige Position bei der Ernennung zweier Regierungschefs überreizt. Sein Ruf nahm schweren Schaden, was sich erst mit der Empörung änderte, die seine Ermordung durch den Anarchisten Gaetano Bresci im Juli 1900 auslöste. Die Bluttat machte aus dem ungeschickten wieder jenen »guten König«, den die Münchner Zeitung *Jugend* im August 1900 in erhabenen Versen besang:[72]

»Ein reiner Mensch, der jedes Herz gewann!
Ein Fürst voll Hoheit, edel, stark und schlicht,
Der nie auf And'res, denn auf seine Pflicht
Und seines Landes Glück und Ruhe sann!

Der half, wo guter Wille helfen kann
Und Sorgen brach, wo Liebe Sorgen bricht!
Den Selbstsucht nie geblendet hat und nicht
Berauscht die Macht hat – jeder Zoll ein Mann!«

Margherita, die über die Untreue ihres Mannes stets würdevoll hinwegsah und sich von der Tagespolitik fernhielt, blieb während dieser schwierigen Zeit und über den Tod ihres Mannes hinaus als Königin, Witwe und Königinmutter eine geachtete Persönlichkeit. Im Sinne ihrer Mission entfaltete sie weiterhin eine starke Wirkung. Bei ihrem

Tod im Jahr 1926 würdigte sie der Historiker Antonio Monti im Rückblick: »Margheritas von Savoyen besondere Aufgabe, erst als Frau des Thronfolgers und dann als Königin, bestand darin, für Zusammenhalt und Anpassung in einem Lande wie Italien zu sorgen, das aus historischen und ethnischen Gründen eher zur Teilung und Zersplitterung tendierte als sich unter dem starken aber sanften Druck des Nationalgefühls zu vereinen.« Monti pries die Ausstrahlung der Königin, der es gelungen war, die Herzen der Dichter, der Mitglieder aller Parteien und selbst der Gegner der Monarchie zu erobern. Sie habe »auf besondere Art und Weise eine große nationale Aufgabe zu erfüllen gewusst«. Die seltsam distanzierte und frühreife Antwort der sechzehnjährigen Prinzessin auf den Antrag des Prinzen Umberto – die Heirat mit ihm würde sie noch stolzer auf die Dynastie machen, der sie ohnehin schon angehörte – deutet an, dass sie bereits zu diesem Zeitpunkt etwas Entscheidendes verstanden hatte: Sie hatte keine glückliche, sondern eine erfolgreiche Ehe zu führen. Dazu hat sie ihren Beitrag geleistet.[73]

## »Und diese Comödie, die ich vor der Welt aufführen muss«

*Prinz Wilhelm von Württemberg und seine Ehen*

Wohl kaum ein Thronfolger hat sich im 19. Jahrhundert so explizit zum Zusammenhang von Liebe und Ehe für seine Zukunft geäußert wie Prinz Wilhelm von Württemberg. Obwohl er lediglich entfernt mit König Karl I. von Württemberg verwandt war – sein Vater war der Cousin des Königs –, stand schon früh fest, dass der 1848 geborene Wilhelm den kinderlosen Monarchen dereinst beerben würde. Die Folgen dieser Konstellation für seine persönliche Zukunft waren klar, aber dennoch hielt der junge Prinz mit beachtlicher Zähigkeit an einer Beziehung fest, die auf seine Studententage in Göttingen zurückging. Dort hatte er sich Ende der 1860er Jahre in die Professorentochter Marie Bartling verliebt und dann lange für eine Zukunft mit dieser Frau gekämpft. Im Dezember 1874 berichtete der sechsundzwanzigjährige Prinz seinem Freund Detlev von Plato von einem Gespräch mit seiner Mutter. Als diese ihn mit ernsten Worten auf die Aussichtslosigkeit einer solchen Beziehung hinwies, beharrte Wilhelm darauf, dass eine Heirat mit Marie in seinen »Augen die einzig mögliche Art sei, wie [er sich] eine solche Ehe denken könnte, die einer wahren treuen Liebe würdig sei«. Die beiden kamen schließlich überein, dass der Sohn nach Ablauf eines Jahres noch einmal vor die Mutter hintreten dürfe, um ihre Einwilligung zu erbitten. Der Thronfolger war nach dem Treffen optimistisch: Der Entschluss sei so gut wie gefallen, »daß ich übers Jahr sie als Braut in den Armen halten muß, soll überhaupt aus meinem elenden Dasein noch etwas werden«. Doch im darauffolgenden Herbst musste er Marie Bartling für immer aufgeben. »Jetzt ist der Kampf zu Ende«, schrieb Wilhelm im September 1875 resigniert an Plato, »ich bin unterlegen und mit der Welt fertig, denn ich habe nichts mehr zu erwarten, weder Glück noch Unglück – es ist alles eins.«[74]

Die Resignation ist verständlich, denn Wilhelm musste sich nicht nur die bürgerliche Frau seiner Wahl aus dem Kopf schlagen, sondern stand auch unter gewaltigem Druck, rasch eine passende Ehe einzugehen. In seinem Brief vom September 1875 erwähnte er bereits einige Kandidatinnen, die ihm aus diesem Grund – ganz zwanglos natürlich – vorgeführt worden waren. Er wurde überraschend schnell fündig und überrumpelte seine Familie im November 1876 mit der Bitte, Prinzessin Marie von Waldeck-Pyrmont heiraten zu dürfen. Der König, so berichtete der bayerische Gesandte, soll erst durch Wilhelms telegraphische Anfrage von der Entscheidung seines Nachfolgers erfahren haben.

Die Nachricht von der Heirat des Thronerben wurde in Württemberg mit großer Freude aufgenommen und entsprechend gefeiert. Beim festlichen Empfang der Brautleute in der Hauptstadt übermittelte der Stuttgarter Oberbürgermeister Theophil von Hack dem jungen Paar in kunstvoll gedrechselten Sentenzen die guten Wünsche der Bürgerschaft: »Verschönert durch die Bande der Liebe und veredelt durch die unverlierbaren Gaben des Geistes und des Herzens möge das Leben Euer Kön[iglichen] Hoheiten zur Freude des K[öniglichen] Hauses und zum Segen des Landes in ungetrübtem Glücke sich gestalten!« Die *Schwäbische Kronik* berichtete aus der »reichbeflaggten Stadt«, lobte die »anmuthvolle Natürlichkeit« der jungen Braut und bemerkte, dass in dem Augenblick, als die Prinzessin den Wagen verließ, »die Halle durch einen Sonnenblick mit rosigem Lichte übergossen« worden sei. Die Omen waren also günstig.[75]

Tatsächlich scheint Prinz Wilhelm den Verlust Marie Bartlings überraschend gut verwunden zu haben, denn schon bald genoss er ein glückliches Ehe- und Familienleben mit seiner jungen Frau. »Nach einem Leben im Sturme kommt einem dieser klare ruhige Frieden wie wonniger Sonnenschein vor«, schrieb er im Juli 1876 an Plato, »und in ihrer Liebe bin ich ein neuer Mensch geworden.« Zehn Monate nach der Hochzeit wurde Prinzessin Marie von einer gesunden Tochter, der Prinzessin Pauline, entbunden; im Juli 1880 folgte Prinz Ulrich, der lang ersehnte Thronerbe. Wieder war der Jubel im Land grenzenlos. »Man denke sich die herzinnigliche Freude der glücklichen Eltern«, freute sich die *Schwäbische Kronik*, »dieselbe wird hier allgemein getheilt. Schon ist ein großer Theil der Stadt beflaggt [...] Mehrfache Beglückwünschung-Demonstrationen bereiten sich vor.« Wie das *Neue Tagblatt* aus Stuttgart berichtete, bewies Prinz Wilhelm beim Empfang einer Gratulationsdeputation der Stadt Ludwigsburg durchaus Talent bei der volkstümlichen Vermittlung seines Ehe- und Familienglücks: »S[eine] k[önigliche] Hoheit unterhielt sich längere Zeit auf das Huldvollste und erfreute sie durch die Mittheilung, daß Mutter und Kind im besten Wohlsein sich befinden.«[76]

Das Familienidyll sollte jedoch ein tragisches Ende finden. Im Dezember desselben Jahres verstarb der kleine Ulrich nach kurzen Krankheit. Das Elternpaar war schwer getroffen, und das Land trauerte mit ihm. »Die Theilnahme der Bevölkerung von Stuttgart ist großartig«, kommentierte der preußische Gesandte in Württemberg. »Während der letzten zwei Tage ist die Einfahrt des prinzlichen Palais nicht leer geworden von Menschen aller Schichten, die an Ort und Stelle sich Gewissheit holen wollten über die trübe Nachricht, die mit Blitzeseile ganz Stuttgart durchflogen hatte.« Für den Prinzen Wilhelm sollte es noch schlimmer kommen. Anderthalb Jahre später verstarb seine junge Frau, nachdem sie ein totes Kind zur Welt gebracht hatte. »Der Tod hat ein schönstes eheliches Glück zerstört«, resümierte *Der Beobachter* aus Stuttgart im Mai 1882, »und neben dem schwergetroffenen Gatten, dem präsumtiven Thronfolger Württembergs, steht das ganze Land in aufrichtiger, ungeheuchelter Trauer an diesem frühen Grab.« Über das »schlichte, fast bürgerliche Familienleben« des Paares war einiges an die Öffentlichkeit gelangt und hatte, so das Blatt, die Prinzessin enger mit dem »Herzen des Volkes« verbunden.[77] Wilhelm war von diesem Verlust tatsächlich bis ins Mark getroffen; der Schock war so groß, dass Lähmungserscheinungen auftraten, die befürchten ließen, der Prinz habe einen Schlaganfall erlitten.

Die Ehe war mit dem Tod der Prinzessin faktisch zwar beendet, doch politisch war sie weiterhin von Bedeutung, denn es gelang, die Trauer um die verstorbene Prinzessin Marie zu einer Gefühlspolitik zu verdichten, die dem Ruf der Monarchie und vor allem des Thronfolgers nutzte. Das begann zu Weihnachten 1882. »Auf rührende Weise ist dieser Tage in den Nachbarorten [Ludwigsburgs] das Gedächtnis der königlichen unvergeßlichen Prinzessin Marie erneuert worden«, berichtete die *Schwäbische Kronik*. »Wie sie früher persönlich den ärmsten Witwen mit ihren Kindern reiche Christgeschenke gebracht hat, so ist auch heuer wieder die prinzliche Equipage angefahren, und aus den Händen der kleinen Prinzessin [Pauline] empfingen die Hochbeglückten die sinnreich ausgewählten Gaben.«[78]

Kurz vor Beginn der Karwoche des darauffolgenden Jahres erschien bei einem Ludwigsburger Verlag ein aufwendig gestaltetes Büchlein mit dem Titel *Dem Gedächtniß Ihrer Königlichen Hoheit der frühvollendeten Frau Prinzessin Wilhelm von Württemberg*. In der anonymen hagiographischen Lebensbeschreibung der verstorbenen Prinzessin Marie wurden ihre schlichte Mitmenschlichkeit und die zarte Reinheit ihres Familienglücks hervorgehoben. Der Text hinterließ nach Einschätzung des bayerischen Gesandten Tauffkirchen im »ganzen Lande tiefen Eindruck«. Die Schrift ist zudem von Interesse, weil sie, wenn von Prinz Wilhelm nicht »ganz verfaßt, doch veranlaßt und auf dessen Mittheilungen gegründet ist«, wusste Tauffkirchen zu berichten. Dazu passte, dass Maries trauernde Eltern in dem Buch dafür gelobt wurden, dass sie auch nach dem Verlust eines Kindes unvermindert und aufopferungsvoll für ihre anderen Kinder sorgten. Die Parallele zu Prinz Wilhelm, der ein besonders enges und liebevolles Verhältnis zu seinem Töchterchen Pauline hatte, war kaum zu übersehen.[79]

Auf Dauer konnte der nicht einmal vierzigjährige Thronfolger jedoch nicht in der sorgsam kultivierten Rolle als trauernder Witwer und liebevoller Vater verharren. Wilhelm geriet erneut unter den Druck, dem Land eine künftige Königin zu präsentieren. Nicht nur der König und die Regierung, auch die veröffentlichte Meinung drängten ihn zu einer Neuvermählung. Der unwillige Prinz spielte zunächst auf Zeit und betonte die Wichtigkeit einer echten Liebesheirat gerade für Herrscher. »Ich habe nie aus den Augen verloren, was ich meiner Stellung als Prinz und meinem Lande schuldig bin«, erklärte er, »aber ich bin mit meiner ersten Gemahlin zu glücklich gewesen, als daß ich mich durch eine Konvenienzheirat für den Rest meines Lebens unglücklich machen möchte, soviel kann selbst einem Prinzen nicht zugemutet werden. Ich will meinem Lande nicht das Beispiel einer kalten, liebeleeren Ehe geben! Ich denke zu hoch und heilig von diesem Stande, um ihn in solcher Weise entweihen und mich selbst dadurch erniedrigen zu wollen.«[80]

Angesichts solch deutlicher Worte hatten die Württemberger 1886 allen Grund anzunehmen, dass auch Wilhelms zweite Ehe – mit Prinzessin Charlotte zu Schaumburg-Lippe – ein echter Liebesbund war. Dies war umso erfreulicher, weil ja jedermann wusste, dass der Thronfolger unter dem Druck der Öffentlichkeit gehandelt hatte. Als die Verlobungsnachricht im Januar 1886 verbreitet wurde, erinnerte sich die *Schwäbische Kronik* bei der Hochzeit des Prinzenpaares drei Monate später, »da jubelten Aller Herzen und wußten Dank dem Prinzen für einen Entschluß, mit dem er einen dringenden Wunsch des ganzen Landes erfüllte«. Wie sich beim Empfang des Brautpaars in Stuttgart zeigen sollte, hatte Oberbürgermeister von Hack nichts von seiner Neigung zu schwülstigen Formulierungen verloren: »In den mannigfaltigen Kundgebungen, mit welchen die Hauptstadt Eure Königlichen Hoheiten begrüßen möchte«, so versicherte er, »herrscht und ringt nach Ausdruck der eine Wunsch, daß der Bund der Herzen, den Eure Königlichen Hoheiten geschlossen, sei und bleibe ein Born unwandelbaren Glückes, eine nie versiegende Quelle des reichsten Segens.«[81]

Wenn das Paar diesen Eindruck nach außen zu vermitteln vermochte, dann war zumindest ein wichtiges Ziel erreicht, denn die zweite Ehe des künftigen Königs von Württemberg war keineswegs ein

»Born unwandelbaren Glückes«, wie der Oberbürgermeister gewünscht hatte. »Für diese Nacht bin ich wieder einmal aus meinem Ehebett verbannt«, klagte der Prinz seinem Freund Plato wenige Monate nach der Trauung. »Mir ist es ja recht, dann schlafe ich einmal, aber es sind wunderbare Zustände! Und diese Comödie, die ich vor der Welt aufführen muss, immer coquette Scherze machen, es ist oft, um an den Wänden hinaufzukriechen. Jedenfalls sind die Gäste heute mit dem Eindruck eines zärtlich liebenden Ehepaars von dannen gegangen, und das ist die Hauptsache.« Wie ein Brief aus dem darauffolgenden Jahr zeigt, hatte sich nichts geändert: Das Paar war unglücklich, scheute aber keine Mühen, dem geneigten Publikum eine prinzliche Liebesheirat vorzuführen. »Äußerlich geht ja jetzt alles vortrefflich. Wir zeigen uns oft gemeinsam im Theater, fahren und gehen zusammen spazieren, wenn die Laune gerade danach steht. Aber, aber!!! – Wäre ich ihr doch nie im Leben begegnet: sie hätte ein glückliches Leben an der Seite eines anderen geführt, und ich wäre wenigstens ruhig und mit der Zeit sogar zufrieden weiter meinen Weg gewandert.«[82]

Allen Anstrengungen zum Trotz machten bald Gerüchte die Runde, dass es mit der Ehe zwischen Wilhelm und Charlotte nicht zum Besten stehe. Zudem blieb die Verbindung kinderlos, obwohl der Prinz erst Ende dreißig und seine Frau bei der Trauung noch nicht einmal zweiundzwanzig Jahre alt war. Wilhelm wurde sogar eine Affäre mit der Frau seines Freundes, des Hofmarschalls Detlev von Plato, nachgesagt. Als das Königspaar und der Thronfolger davon erfuhren, setzte sofort eine öffentliche Kampagne zur Schadensbegrenzung ein. Dass Wilhelm gerade eine Krankheit vorgeschützt hatte, um nicht an der Beerdigung des bayerischen Königs teilnehmen zu müssen, störte dabei nicht. »Ihre Königlichen Hoheiten kamen nach Stuttgart genau in den Tagen, wo sich der Prinz wegen Unwohlseins entschuldigt hatte, zu den Beisetzungsfeierlichkeiten in München nicht gehen zu können«, berichtete der preußische Gesandte Wesdehlen im Juni 1886 nach Berlin. »Sie zeigten sich öffentlich in der Stadt und machten gemeinschaftlich Einkäufe.« Zudem wurden kleinere Pressemeldungen lanciert, um die Gerüchte zu zerstreuen. Auch die Regierung unternahm Anstrengungen, das »böswillige Gerede« über den künftigen König abzustellen.[83]

Die Ehe zwischen Wilhelm und Charlotte blieb unglücklich, daran änderten die Jahrzehnte diszipliniert inszenierter Idylle nichts. Eingeweihten war das durchaus bekannt. Das Verhältnis zwischen König Karl und seinem Nachfolger sei kühl, konstatierte etwa der preußische Gesandte Eulenburg im Januar 1891 und fügte maliziös hinzu, »fast so kühl wie zwischen Prinz Wilhelm und seiner jetzigen Gemahlin«. Im Laufe der Zeit setzte sich dennoch das der Öffentlichkeit dargebotene Bild einer guten Ehe zwischen Wilhelm, der 1891 den württembergischen Thron bestiegen hatte, und seiner Gemahlin durch. Als im April 1911 die königliche Silberhochzeit stattfand, feierte das ganze Land mit seinem Königspaar. Ein Zeppelin flog hoch über Stuttgart und ließ einen Blumenregen auf das Schloss herabrieseln. Die Geldgeschenke für die Jubilare, die natürlich einem wohltätigen Zweck zuflossen, addierten sich auf über eine halbe Million Mark. Indem der populäre König Wilhelm mit einer nicht ganz aufrichtigen Inszenierung seiner »privaten Familie« vermied, dem Land das Beispiel einer »kalten, liebeleeren Ehe« zu geben, stärkte er die Stellung der »Staatsfamilie«. Dass er sich dabei mitunter so elend fühlte, dass er »die Wände hinaufkriechen« wollte, war der Preis dafür.[84]

### »Mein Gatte und ich waren vollkommene Gegensätze«
*Kronprinz Friedrich August, Kronprinzessin Luise und die sächsische »Ehe-Wirrung«*

Nichts hatte darauf hingedeutet, dass gerade die Ehe des Prinzen Friedrich August, des voraussichtlichen Erben der sächsischen Krone, einmal einen Skandal verursachen würde, der nach Ansicht mancher Beobachter die Grundfesten des monarchischen Prinzips erschüttern sollte. Der 1865 geborene Spross des Hauses Wettin hatte sich, wie es damals üblich war, im Anschluss an seine sorglose Jugend-, Universitäts- und Militärzeit auf Brautschau begeben und sich im Juni 1891 mit der damals einundzwanzigjährigen Luise von Österreich-Toskana verlobt. Für die streng katholischen Wettiner war nur eine katholische Prinzessin infrage gekommen, und das österreichische Kaiserhaus war Europas vornehmste katholische Dynastie. Alles sah nach einer wirklich guten Partie aus, zumal die begehrenswerte Luise vorher schon einige Freier hatte abblitzen lassen. Der Schritt ins Eheleben mit der attraktiven Erzherzogin wurde dem jungen Prinzen noch dadurch versüßt, dass man mit der Eheschließung seine aus Steuermitteln finanzierte Apanage von jährlich 40 000 Talern auf 200 000 Taler anhob. »Unser ganzes Volk nimmt gewiß mit Antheil und hält es für ein freudiges Ereigniß, daß Se[ine] Königl[iche] Hoheit sich die Gemahlin erkoren und heimholt«, erklärte der konservative Landtagsabgeordnete Richard von Oehlschlägel im November 1891, und da wollte sich die Kammer nicht knausrig zeigen.[85]

Allem Anschein nach handelte es sich um eine echte Liebesheirat. Aufgrund von indiskreten Äußerungen der Schwester des Prinzen glaubte der preußische Gesandte Graf Dönhoff schon im Juni 1891 sagen zu können, dass die Wahl des Prinzen »durch seine Herzensneigung entschieden worden« sei. Ein überschwänglicher Brief, den der Thronfolger im August seinem ehemaligen Militärerzieher Ernst von Oer schickte, bestätigt diese Einschätzung: »[N]och vor jetzt allerdings 2 Monaten hätte ich nicht für möglich gehalten, daß ich mich so vollständig ändern könnte, wie mir das passiert ist«, hieß es da. »Ich bin nämlich grenzenlos verliebt [...] Ich schwimme jetzt förmlich in einem Meere von Glückseligkeit.« Im Lichte späterer Entwicklungen erscheinen einige andere Passagen aus diesem Brief etwas bedenklich. So gab der Prinz an, jetzt nur noch an seine Braut, das Reiten und den Militärdienst zu denken, und er freute sich, dass seine Ehe »unter dem Schutz des Himmels« stehe. Zunächst war alles eitel Sonnenschein.[86]

Als das Brautpaar nach der Trauung in Wien im November 1891 in Sachsen eintraf, bereitete Dresden ihm den bei solchen Gelegenheiten üblichen enthusiastischen Empfang. Der Vorsitzende des Bürgerausschusses, der Landtagsabgeordnete Paul Mehnert, wartete mit einem Gedicht auf: »Am alten Stamm ein junges Reis, / Thaufrisch und maidenhold, / Der hehrsten Liebe höchster Preis! / So hat es Gott gewollt.« Die *Leipziger Zeitung* zeigte sich begeistert, und zwar nicht nur von der »Leutseligkeit und Gewandtheit [...] mit der die jugendliche Gattin des allverehrten Prinzen sich der schwierigen Aufgaben ihrer hohen Stellung entledigte«, sondern auch vom Verhalten Friedrich Augusts.

»Der glückstrahlende, junge, erlauchte Gemahl übte in allerliebster, ungezwungener Weise die Dienste eines ›cavaliere servente‹ bei seiner erlauchten Gemahlin aus. Man hatte so recht den Eindruck: ›Das ist ein wahrhaft glückliches Paar!‹« Wenig später stellte sich reicher Kindersegen ein: Prinz Georg wurde im Januar 1893 geboren, Prinz Friedrich Christian folgte im Dezember desselben Jahres. Später kamen noch Prinz Ernst Heinrich (1896), Prinzessin Margarete (1900) und Prinzessin Maria Alix (1901) hinzu. Als König Albert von Sachsen im Juni 1902 starb und von seinem jüngeren Bruder Georg beerbt wurde, avancierte dessen Sohn Friedrich August zum Kronprinzen, was eine Erhöhung seiner Apanage um weitere 100 000 Mark mit sich brachte. Und angesichts des hohen Alters und der angeschlagenen Gesundheit des neuen Königs war damit zu rechnen, dass ein weiterer Thronwechsel in nicht allzu ferner Zukunft lag.[87]

Was sich Mitte Dezember 1902 ereignete, musste Außenstehenden daher wie ein Blitz aus heiterem Himmel erscheinen. Unter dem Vorwand, ihren kranken Vater in Salzburg besuchen zu wollen, setzte sich die erneut schwangere Kronprinzessin in die Schweiz ab. Dort traf sie sich mit André Giron, dem Französischlehrer ihrer Kinder, mit dem sie schon seit Monaten ein Verhältnis hatte. Das Paar nahm Quartier im *Hôtel d'Angleterre*; man flanierte am Genfer See, und Luise erklärte der Presse in ausführlichen und freimütigen Interviews, was sie zur Flucht bewegt hatte: das grässliche Leben am sächsischen Hof und ihre trostlose Ehe an der Seite eines tumben und bigotten Philisters.

Binnen wenigen Tagen brach ein unerhörter Skandal über das Wettiner Königshaus herein. Nachdem der Dresdner Hof zunächst erfolglos versucht hatte, die seit dem 12. Dezember flüchtige Prinzessin mithilfe der Polizei nach Dresden zurückzubringen, sah man sich schließlich gezwungen, mit einer eigenen Version an die Öffentlichkeit zu gehen. Am 22. Dezember meldete das offizielle *Dresdner Journal*, dass Luise in einem »krankhaften Zustand seelischer Erregung Salzburg plötzlich verlassen und sich unter Abbruch aller Beziehungen zu Höchstihren hiesigen Angehörigen ins Ausland begeben hat«. An der Strategie, der Öffentlichkeit das Handeln der entflohenen Kronprinzessin zu erklären, indem man sie als krank, verwirrt oder verdorben darstellte, sollte das sächsische Königshaus festhalten. In einem dramatischen Aufruf, der jedoch gänzlich wirkungslos verpuffte, schlug König Georg drei Monate später noch einmal in diese Kerbe: »[G]laubet dem Worte eures Königs, den ihr nie als unwahr erkannt habt, daß dem unendlich Schmerzlichen, das über uns hereingebrochen ist, lediglich die ungebändigte Leidenschaft einer schon lange im Stillen tief gefallenen Frau zu Grunde liegt.«[88]

Doch weite Teile der Öffentlichkeit zogen es vor, dem Monarchen, dessen Unbeliebtheit schon in seinem Spitznamen »Georg der Greuliche« zum Ausdruck kam, nicht zu glauben. Stattdessen avancierte Luise zum Idol. Um die angeblich verkannte, vertriebene und liebenswerte Kronprinzessin, Frau und Mutter entwickelte sich bald ein Kult, den auch jene gern pflegten, die dem katholischen sächsischen Königshaus und der von ihm gestützten konservativen Regierung aus politischen Gründen Schwierigkeiten bereiten wollten. Dazu kam eine von den Massenmedien mobilisierte Öffentlichkeit, in der »Unsere Luise« durch Zeitungsartikel, Gedichte, Postkarten, Photographien und Lieder monatelang eine gewaltige Präsenz hatte. »Und vergieb uns unsere Schuld«, flehte ein anonymer Verseschmied im Februar 1903: »Sie ging dereinst von Hause, / Weiß niemand recht, warum? / Geschwätzig ist die Fama, / Doch bleibt die Wahrheit stumm. / Sie ging von Mann und Kindern, / Von Reichtum, Glanz und Pracht,/ Sie stürmte in die Freiheit, / Gepeitscht von Schicksals Macht.« Was Luise geblieben war, so schloss das strophenselige Gedicht, war »ihr liebend Mutterherz«. Noch im September 1904 zeigte ein Titelbild der radikalen *Dresdener Rundschau* »Unsere Louise als Engel« – mit Flügeln und im himmlischen Gewand. Das »Luisa-Lied« bezeichnete die flüchtige Habsburgerin als »Perle vom Sachsenland« und erklärte: »Wer dieses Kleinod wieder bringt zurück, / der zaubert dem Volke entschwundenes Glück.«[89]

Die Kehrseite dieser Verherrlichung der Kronprinzessin war die Abneigung, die dem Königshaus und insbesondere dem Kronprinzen entgegenschlug. Zwar konnte die sächsische Presse nicht ganz so ungehemmt vom Leder ziehen wie *Die Volkswacht* aus Mähren, derzufolge Friedrich August, ein »Süffling und geiler Schürzenjäger«, der »eigentlich Schuldtragende an dem tiefen Falle seiner unglücklichen Frau«

war. Aber auch die sächsischen Oppositionsblätter verbanden ihr Verständnis für Luise mit scharfer Kritik an den Zuständen am sächsischen Hof, dessen bigott-klerikale Atmosphäre und Engherzigkeit zu dem Skandal geführt hätten. Bald gestaltete sich die Situation im Land als offen feindselig. Bei Spaziergängen des Kronprinzen durch Dresden zeigte sich, so berichtete der preußische Gesandte im Februar 1903 nach Berlin, »dass sich die Aufregung der unteren Volksschichten über die traurigen Vorfälle am kronprinzlichen Hofe noch nicht gelegt hat. Im Gegensatz zu früheren Zeiten, als das kronprinzliche Ehepaar bei seinen gemeinsamen Spaziergängen in der Stadt überall herzlich und freudig begrüßt wurde, wird der Prinz jetzt selten gegrüßt, dagegen hetzt ihn beständig ein neugieriger Volkshaufe, der ihn anstarrt und aus dem manchmal missfällige Bemerkungen gegen ihn fallen.« Die *Dresdener Rundschau* resümierte, dass der »innige Zusammschluß, der seit so langer Zeit zwischen Landesvater und Volk bestanden, [...] einer Entfremdung Platz gemacht [habe], die mit elementarer Gewalt alle Schichten der Bevölkerung ergriff«.[90]

Dabei waren es nicht nur Gegner des Status quo von der linken Seite des politischen Spektrums, die in den Vorgängen am Dresdner Hof eine Systemkrise erkannten. Auch im promonarchischen Lager erhoben sich warnende Stimmen. »Wenn die fürstlichen Frauen also sich vergessen, so allem Hohn sprechen, was sonst auch im Unglück für anständig, vornehm und christlich galt«, so bemerkte die berühmte Tagebuchautorin Hildegard von Spitzemberg im Dezember 1902, »dann nehmen sie sich selbst das Recht des Bestehens.« Die katholische und daher eher Wettin-freundliche *Sächsische Volkszeitung* erklärte tadelnd, dass »die Sittlichkeit [...] umso empfindlicher verletzt [wird], je höher die Stelle ist, von der das Ärgerniß ausgeht«. Denn solche Verfehlungen brächten »eine erhöhte Gefahr der Nachahmung im gewöhnliche Volke mit sich«. Der konservative *Dresdner Anzeiger* wandte sich gegen zu viel Verständnis für das Handeln der Kronprinzessin, denn es ginge nicht an, »eine Tat zu beschönigen, die in jeder bürgerlichen Familie mit Entrüstung als eine Entgleisung des Sittengesetzes, der Grundlage der Familie, empfunden und rückhaltlos als solche bezeichnet werden würde«.[91]

Gerade darin lag auch die besondere Gefahr der sogenannten sächsischen Ehe-Wirrung für die Zukunftsfähigkeit des Modells der konstitutionellen Monarchie: Indem der Skandal ein gleißendes Licht auf das wohl nur scheinbar so tugendhafte Ehe- und Familienleben innerhalb der Königspaläste warf, machte er Dinge sichtbar, die das königliche »Recht des Bestehens« infrage stellen konnten. Für die sozialistischen Gegner von Monarchie und bürgerlicher Gesellschaft waren die Enthüllungen über die Fürstenehe am sächsischen Hof daher ein gefundenes Fressen. Die sozialdemokratische *Leipziger Volkszeitung* freute sich jedenfalls, »das widerliche Gewinsel über die angebliche Zerstörung der Ehe und Familie durch die Sozialdemokratie einmal von der Kehrseite beleuchtet zu sehen«. Das Blatt diagnostizierte »jene abstoßende Verwesung der Ehe und der Familie« gerade in den Kreisen der bürgerlichen Gesellschaft, die diese Institutionen gerne »in aller patriarchalischen Herrlichkeit« bewahren wollten.[92]

Wenn die gekrönte Familie an der Spitze der bürgerlichen Gesellschaft keine bürgerlichen Werte vorleben konnte, wenn sie sogar die moralische Qualität des Bürgertums selbst in Zweifel zog, dann war ihre Stellung in Gefahr. Genau darauf konzentrierte sich der Skandal in dem Maße, in dem sich die mitteilsame Luise freimütig über die Unmöglichkeit eines reinen, liebe- und vertrauensvollen Ehelebens unter den Bedingungen eines streng hierarchischen Hofes ausließ. Sowohl die *Sächsische Arbeiter-Zeitung* als auch die *Leipziger Volkszeitung* zitierten genüsslich aus den Äußerungen der Kronprinzessin: »Wie Sie wissen, werden wir Prinzessinnen verheiratet, fast ohne gefragt zu werden«, hatte Luise einem Journalisten erklärt. »Ich war 21 Jahre; man schilderte mir den Glanz einer Krone; meine Eltern redeten zu; so stimmte ich zu, sehr gegen meine Neigung.« Von echter Liebe oder der Einheit von Körper und Geist konnte kaum die Rede sein. »Mein Gatte und ich waren vollkommene Gegensätze«, bedauerte Luise, »er ist ein rauer Militär, dem Empfindung fremd ist.« Zwar habe er sie nie misshandelt, aber »seine Zärtlichkeit ist mir zu derb und war mir in ihrer absoluten Ungeniertheit qualvoll«. Zudem sei das Eheleben am Hof geist- und kulturlos gewesen. »Mein Mann liebt das Militär«, berichtete die Kronprinzessin, »und sonst ist er sehr fromm. Wissenschaft und Künste,

Musik, Theater, Literatur, das sind ihm gefahrvolle Gebiete. Als Priesterzögling hat er auf meine Vorliebe zu diesen Dingen immer wie auf eine gefährliche und sündhafte Neigung geblickt.« Selbst wenn der Kronprinz anders gewesen wäre, hätte dies – angesichts der Machtstrukturen am Hof – nichts genutzt, so Luise, denn »er war selbst schwach und selbst machtlos, und ihm selbst war der Gehorsam so tief eingeprägt, daß er nicht einmal gegen den Hofstaat etwas auszurichten vermochte«. All das las sich beinahe so, als wollte Luise Punkt für Punkt widerlegen, dass ihre Fürstenehe dem Ideal einer bürgerlichen Liebesehe entsprochen habe. »Eine Frau wie ich muß ihren Mann lieben«, so schloss sie, »das ist einer Natur wie der meinigen einfach Lebensbedingung. Sonst erscheint mir alles verlogen, haltlos und ohne Zweck. Wir aber, wir Prinzessinnen, wir werden ja zur Ehe kommandiert, wir sollen fühllos, leblos, willenlos sein.«[93]

Die Gefährlichkeit dieser Berichterstattung war offensichtlich. »Die Sozialdemokratie, die sich hier auf sittlichem Gebiete völlig mit dem Anarchismus identifiziert, will eben die Axt an die Wurzel der bestehenden Ordnung legen, indem sie mit teuflischer Berechnung die Heiligkeit des Familienlebens, diese Grundlage der menschlichen Gesellschaft, untergräbt und zerstört«, zürnten die *Dresdner Nachrichten*. Und tatsächlich schien die »bestehende Ordnung« zu wanken. Ende Januar 1903 berichtete *Die Zeit* aus Wien von Gerüchten, dass der blamierte Kronprinz der Thronfolge entsagen würde, denn »von aller Mitschuld läßt sich in einer solche Eheaffaire der Mann nicht reinwaschen«. Die *Leipziger Volkszeitung* griff diese Meldung begierig auf, berichtete von Sorgen an höchster Stelle, dass »doch immer ein Makel an der Person des Kronprinzen haften« bleiben werde, und kommentierte die angeblichen Pläne zum Thronverzicht. Auch dem Grafen Dönhoff, dem preußischen Gesandten in Sachsen, waren diese Gerüchte zu Ohren gekommen. Der Diplomat schenkte ihnen jedoch keinen Glauben. Ein solcher Akt wäre politisch unklug, berichtete er nach Berlin, »weil er als eine Bestätigung der von den Feinden der Monarchie ausgestreuten Gerüchte aufgefasst werden könnte, die dem Kronprinzen die Schuld an den traurigen Ereignissen in Seinem Eheleben beimessen«. Allerdings war auch Dönhoff keineswegs optimistisch, was die

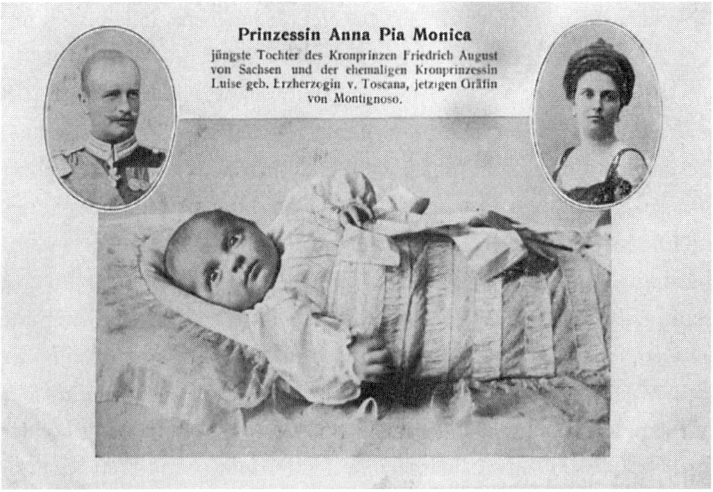


*Die Öffentlichkeit saugte jedes kleinste Detail der sächsischen »Ehe-Wirrung« begierig auf. Bilder der kleinen Prinzessin Anna Pia Monica, die erst nach der Flucht ihrer Mutter geboren wurde, fanden reichlich Abnehmer. Wem sah die Kleine ähnlich? Fragen zur Vaterschaft wurden am Hof geflissentlich überhört.*

Auswirkungen des Eheskandals betraf: »Für den Thronfolger, dessen schon bisher beschränkte Popularität hierdurch noch weiter empfindlich gelitten hat, wird es daher eines längeren Zeitraumes und einer besonderen, ihm leider nicht gegebenen Geschicklichkeit bedürfen, um sich die Gunst der Massen zu gewinnen.«[94]

Das sächsische Königshaus – in der an sich wenig imposanten Gestalt des Kronprinzen Friedrich August – sollte seine Zweifler jedoch überraschen. Der Thronfolger entsagte der Krone nicht, und es gelang ihm sogar, sich in der knappen Zeit, die ihm bis zum Tod seines Vaters im Oktober 1904 blieb, in den Augen der Öffentlichkeit weitgehend zu rehabilitieren. Er tat dies just auf dem Feld, wo der Eheskandal ihn und sein Haus am peinlichsten getroffen hatte: als Vertreter familiärer Tugenden. Als die Kronprinzessin im Dezember 1902 aus Dresden in die Schweiz floh, ließ sie nämlich neben ihrem Gatten und der Aussicht auf eine Krone auch die fünf bereits geborenen gemeinsamen Kinder zurück. Obwohl Luises Schmerz ob der Trennung von ihren Kindern in der Presse breiten Raum einnahm und sie einen Versuch wagte, ihren erkrankten Sohn Friedrich Christian zu besuchen, wurde bald klar, dass sie ihre Mutterrolle künftig nicht mehr wahrnehmen würde. Im Rahmen der für sie recht lukrativen zivilrechtlichen Scheidung willigte Luise sogar ein, ihre erst fünf Monate nach der Flucht aus Dresden geborene Tochter Anna Pia Monica an die sächsische Königsfamilie abzugeben. Die offensichtliche Frage, wer denn der Vater der kleinen Prinzessin war, wurde dabei diskret vermieden. Zudem ließ der Lebenswandel der einstigen Kronprinzessin – sie trennte sich bald von Giron und heiratete wenig später einen italienischen Musiker, von dem sie sich ebenfalls scheiden ließ – Zweifel aufkommen, ob sie als moralisches Vorbild geeignet war.

In diese Lücke stieß Kronprinz Friedrich August, indem er nun öffentlich und unverdrossen als hingebungsvoller und leutseliger alleinerziehender Vater auftrat. Man wanderte gemeinsam, machte Ausflüge, grüßte höflich und inszenierte sorgfältig eine gelungene Mischung aus Volkstümlichkeit und väterlicher Liebe. Die Kinder sollten sich später an einen zärtlichen, strengen und »allgegenwärtigen Vater« erinnern, der sich für jede Kleinigkeit interessierte. »Wir wuchsen auf unter einem unauffälligen, aber stets gegenwärtigen Zwang, nie aus dem Rahmen zu fallen«, schrieb Prinzessin Maria Alix Ende der 1950er Jahre. Wenn ausgefahren wurde, mussten die Prinzen und Prinzessinnen »stramm aufrecht sitzen und nur immer nach rechts und links winken und lächeln«.[95] Zwar versuchte die Wettiner Dynastie, dem Skandal auch mit der rechtlichen Verfolgung unliebsamer Journalisten und dem Verbot von Luisen-Devotionalien beizukommen, aber diese Bemühungen verpufften. Was fruchtete, war die Charmeoffensive des kronprinzlichen Familienvaters, der sich – als guter Katholik – nicht wieder verheiraten konnte, solange Luise noch am Leben war.

Wie schnell sich die Stimmung gedreht hatte, wurde im Herbst 1904 deutlich, als Friedrich August nach dem Tod seines Vaters Georg den Thron bestieg. Der politisch neutrale *Dresdner Anzeiger* lobte den jungen König für die »Fassung und den Mut«, die er nach den Ereignissen vom Dezember 1902 gezeigt habe. »Nur durch das Vertrauen auf Gottes Beistand und durch den Besitz seiner drei Söhne und seiner zwei lieblichen Töchter getröstet, denen die Mutter entrissen war und denen er sich nun als zärtlicher Vater mit doppelter Liebe in treuer Fürsorge widmete«, habe er das geschafft. Mit seinen Kindern »unternahm der Prinz kleinere und größere Reisen, so im vergangenen Sommer in die Karpathen. In Dresden wie in Wachwitz hatten die Bewohner schon seit Jahren Gelegenheit, Prinz Friedrich August auf seinen häufigen Spaziergängen mit seiner fröhlichen Kinderschar zu begrüßen.« Auch die liberalen *Dresdner Neuesten Nachrichten* lobten Friedrich Augusts Menschlichkeit und Großmut. Er habe den Schmerz, den Luise ihm zugefügt hatte, »mit Würde getragen. Er hat die Ungetreue nicht mit Haß und Abneigung verfolgt, sondern nach allgemeiner Überzeugung hängt er noch heute an der Frau, die ihn verlassen hat. Dieser schöne menschliche Zug und die große Liebe, mit der er für seine Kinder sorgt, hat ihm noch mehr als seine Leutseligkeit und sein freundliches Benehmen gegen jedermann die Herzen des sächsischen Volkes gewonnen.«[96]

Zwei kleine biographische Lobschriften, die kurz nach der Thronbesteigung Friedrich Augusts erschienen, legten ebenfalls Zeugnis von der Wandlung eines verlassenen Prinzen zu einem musterhaften Vater ab. »Der Erziehung seiner Kinder widmet der König die größte Aufmerksamkeit«, berichtete ein Heftchen des sächsischen Militär-Verein-Bundes, »gerne und oft weilt er in der Kinderstube.« Der Autor Richard Stecher bemerkte mit Blick auf das Verschwinden der Kronprinzessin: »Hatte er sich schon bis dahin seinen Kindern gewidmet, wann und wo er konnte, so ließ er ihnen jetzt erst recht seine Fürsorge angedeihen, und aus ihrem fröhlichen Geplauder, aus ihren leuchtenden Augen blickte ihn bald von neuem das Glück an.« Auch das umfangreichere *Lebensbild* des Königs, mit dem Wolf von Metzsch-Schilbach 1906 aufwartete, betonte, »wie gern Kronprinz Friedrich August die Stunden, welche des Dienstes ewig gleichgestellte Uhr ihm freiläßt, seinen Kindern widmete. Weder die Ausflüge zum zoologischen Garten noch der Besuch auf der Dresdener Vogelwiese sollten hierbei vergessen werden. Aber auch »ernste Fragen der Erziehung« wurden nicht vernachlässigt.[97]

Auf zahllosen Postkarten abgebildet und unermüdlich immer wieder vorgeführt sollte dieses neue Familienglück der Wettiner den Sachsen in den folgenden Jahren der Regierung Friedrich Augusts stets vor Augen stehen. Das trug dazu bei, dass der volkstümliche, bescheiden auftretende, bald von zahllosen schnurrigen Anekdoten umwucherte König, der sein Amt weitestgehend entpolitisiert und gefühlsbetont versah, eine beachtliche Popularität erwarb. Es war Friedrich August gelungen, aus den öffentlich begafften Trümmern seiner Ehe etwas aufzubauen, das sein Haus mit Werten wie Kinderliebe und väterlicher Fürsorge verband. Nach diesem beachtlichen Comeback stand sein Königtum dort, wo es nach Walter Bagehots Analyse der britischen Monarchie zu stehen hatte, nämlich »an der Spitze unserer Moralität«.[98]

***

Der Blick auf die Ehen der Thronfolger offenbart, wie schwierig es war, den sich oftmals widersprechenden Anforderungen zu genügen, die das Amt und die Zeitumstände mit sich brachten. Den künftigen Monarchen in Italien, Württemberg und Sachsen war gemein, dass ihre Ehen öffentlich als glücklich und im Einklang mit einem modernen Familienideal dargestellt wurden – zumindest am Anfang. Wenn Zweifel aufkamen oder – wie im Fall der Wettiner – die Ehe sogar skandalös zerbrach, entstand beträchtlicher Schaden am öffentlichen Bild der Monarchie. Dieser musste auf mitunter aufwendige Weise begrenzt werden. Umberto, Wilhelm und Friedrich August verband die Erfahrung, dass sie sich bei der Wahl ihrer Ehefrauen einer Vielzahl von externen Zwängen unterwerfen mussten. Anstelle von Rosa Vercellana, Eugenia Litta oder Marie Bartling wurden Frauen aus ebenbürtigen Familien, die politisch und dynastisch einiges in die Waagschale werfen konnten, zu Kronprinzessinnen. Dabei sollte nicht vergessen werden, dass die Möglichkeiten, ihr privates Glück frei zu wählen, für blutjung verheiratete Prinzessinnen noch viel geringer waren als für ihre Gatten. Angesichts dieser Umstände und des öffentlichen Drucks, der auf den prinzlichen Beziehungen lastete, ist es kaum verwunderlich, dass viele dynastische Ehen im 19. Jahrhundert dem Bild des reinen und ungetrübt tugendhaften Glücks nicht entsprachen, das in offiziellen und panegyrischen Darstellungen ausnahmslos gezeichnet wurde. Vielmehr ist erstaunlich, dass verzweifelte Befreiungsschläge wie die Flucht der Kronprinzessin Luise relativ seltene Ausnahmen blieben.[99] Dass dies so war und es den Königshäusern weitgehend gelang, der Öffentlichkeit ein vorbildliches Ehe- und Familienleben zu präsentieren, ist auf das Zusammenwirken verschiedener Faktoren zurückzuführen. Zum einen unterwarfen sich die hocharistokratischen Männer und Frauen, die sich auf diese Ehen einließen, im Allgemeinen der vor ihnen liegenden Lebensaufgabe. Sie taten dies auch dann, wenn deren publikumswirksame Bewältigung ihnen ein gehöriges Maß an Disziplin und Selbstverleugnung abverlangte. Aussteiger wie Kronprinzessin Luise oder ihr Bruder, der später als Leopold Wölfling haltlos durchs Leben irrende Erzherzog Leopold Ferdinand von Österreich-Toskana, stellten eher die Ausnahme dar, die eine weithin befolgte Regel adliger Contenance bestätigte. Prinzessin Margherita trug ihre Perlencolliers mit beneidenswertem Gleichmut; Prinz Wilhelm und seine Gattin Charlotte spazierten, freundlich lächelnd, durch Stuttgart; und Prinz Friedrich August machte mit seinen Kindern Ausflüge in ein Land, das sich nach der Rückkehr von »Unserer Luise« sehnte. Dabei profitierten die blaublütigen Darsteller dieser allerhöchsten Rührstücke aber durchaus auch von der Tatsache, dass die Presse der Öffentlichkeit – mehr oder minder stark von oben diszipliniert – die schöne Legende willfährig kolportierte. Bis auf wenige oppositionelle Blätter berichteten die zunehmend illustrierten Zeitungen und Zeitschriften bevorzugt von herzerwärmenden Szenen, von »maidenholden« Bräuten am Arm ihrer ritterlichen Angetrauten. Es gibt kaum Hinweise darauf, dass die lesende oder zuschauende Öffentlichkeit diese Bilder ablehnte. Überdies galt die fast durchgängig befolgte Regel, dass in den Kammern der Parlamente keine Kritik an den Königsfamilien geübt werden durfte, sondern tiefe Loyalität zu bekunden war.

Der Blick auf die innerfamiliären Spannungen zwischen Monarchen und ihren Nachfolgern sowie auf die schwierigen Ehen der Thronfolger zeigt also, dass das System Monarchie von den Diskrepanzen zwischen der dynastischen Realität und dem öffentlichen Bild nur in geringem Maße beschädigt wurde. Selbst ein so katastrophaler Skandal wie die sächsische »Ehe-Wirrung« konnte durch eine geschickt inszenierte Gefühlspolitik relativ schnell überwunden werden. Während der wiederholt auftretende scharfe Kontrast zwischen Monarch und Thronfolger sich für das System als durchaus nützlich erwies, gelang es den Königshäusern, auf dem Gebiet der idealisierten Ehe eine publikumswirksame Vorstellung zu geben. In beiden Szenarien wurde das Kernziel monarchischer Anpassung und Selbstbehauptung erreicht: die Fortführung der Gleichzeitigkeit des Ungleichzeitigen. Dass die involvierten Individuen dabei mitunter unglücklich waren, mochte man als den Preis dafür hinnehmen. Man könnte sagen, dass die betroffenen königlichen Familien alle auf die gleiche Art als Familien unglücklich und als Dynastien erfolgreich waren.

## KAPITEL 3
# »Gelernte Könige«?
## *Neue Wege in der Prinzenerziehung*

Nach einem dem italienischen König Umberto I. zugeschriebenen Zitat gehört nicht allzu viel dazu, um als Monarch erfolgreich zu sein. »Vergiss nicht«, soll er seinem Sohn eingeschärft haben, »alles, was du wissen musst, um ein König zu sein, ist, wie du deinen Namen schreibst, wie man eine Zeitung liest und wie man auf ein Pferd steigt.«[1] Vermutlich verbirgt sich hinter der hier hergestellten Verbindung von Amtshandlung, Medienbewusstsein und ritterlich-sportlichen Fähigkeiten mehr, als es zunächst den Anschein hat. Auf jeden Fall deutet diese spöttische Bemerkung jedoch an, dass ein Thronfolger sich auf seine Aufgaben als König nicht groß vorbereiten müsse.

Dass es mit der Erziehung und Ausbildung der künftigen Herrscher nicht weit her war, galt nicht nur für Italien. Nach der Veröffentlichung von Thomas Manns satirischem Roman *Königliche Hoheit* im Jahr 1909 entwickelte sich darüber auch in Deutschland ein Disput. In der Zeitschrift *Der Kunstwart* setzte sich ein nicht genannter deutscher Fürst kritisch mit Manns Roman auseinander und widersprach vor allem der Vorstellung, dass ein Prinz sich »den Luxus weltfremder Rokokoträume« leisten könne. Schließlich würden alle Prinzen »in Gymnasien oder Kadettencorps gesteckt«, wo sie sich, wie es unter Jungen üblich sei, allein dem Recht des Stärkeren beugen müssten. Nachdem der Prinz dort »geistig und körperlich seine Kräfte mit andern gemessen« habe, trete er in ein Regiment ein, wo es auch kein »übergroßes Federlesen« gebe. Ein Prinz, der sich hervortun wolle, so versicherte der anonyme Rezensent, sei »sich völlig bewußt, heutzutage etwas leisten zu müssen«. Von diesen Ausführungen zeigte sich Thomas Mann in seiner Replik nur wenig beeindruckt. »Schuljungen wären keine Höflinge?«, fragte er ironisch und fügte dann an: »Vielleicht muß man ein Prinz sein, um das zu glauben.« Auch im Universitätsstudium des von ihm porträtierten Prinzen Klaus Heinrich sah Mann nur ein »repräsentatives Scheinleben«.[2]

Etwas robuster hatte sich zu diesem Thema schon einige Jahre zuvor die radikale Wochenschrift *Dresdener Rundschau* geäußert: »Man hört und liest hier wiederholt genug in der gefälligen Presse, daß die Prinzen in Gymnasien oder Universitäten den gleichen Unterricht genössen wie die übrigen Schüler und Hörer. Hierbei wird aber in Ungerechtigkeiten und Wortdrehereien alles nur Mögliche geleistet. Wer zufällig mal Gelegenheit hatte, einen fürstlichen Kommilitonen zu haben, der wird genau wissen, daß die Universität für den Prinzen sich in ›Fechtsaal‹, Kneipe des feudalen Korps und nur bisweilen auch Kollegbesuch bemerkbar macht.«[3] Die öffentliche Diskussion um die Prinzenerziehung drehte sich also inzwischen mehr darum, wie königliche Gymnasiasten von ihren Klassenkameraden behandelt wurden. Es wurde debattiert, ob studierende Thronfolger fleißig genug büffelten und ihre Zeit nicht etwa an der Bierbank verschwendeten. Das sind Fragen, die sich auch jedes bürgerliche Elternpaar stellen konnte, was zeigt, wie sehr sich die Erwartungen an den Monarchen im Verlauf von mehr als einem Jahrhundert der Konstitutionalisierung verändert hatten. Zu Beginn des 20. Jahrhunderts galt jedenfalls, dass sich die Ausbildung des künftigen Monarchen an den Standards eines normalen Bildungswegs messen lassen musste. In einer »Scheinwelt« erzogen zu werden galt nicht mehr als akzeptabel.

Wie Prinzen angemessen und sinnvoll auf das ihnen vorbestimmte Herrscheramt vorbereitet werden müssten, beschäftigte große Denker schon seit Jahrhunderten. Dabei entstand ein beträchtlicher Kanon von Werken, die heranwachsenden Thronfolgern als Orientierung dienen sollten. Es begann mit der Schrift *Vom Königtum*, die Isokrates im vierten Jahrhundert vor Christus dem Sohn des Herrschers von Zypern widmete. In der Folgezeit trugen große Geister wie Xenophon, Aristoteles, Plutarch, Seneca und Mark Aurel zu diesem Genre bei. Ihre vielfach utilitaristischen Überlegungen, die sich vor allem mit der Frage nach der bestmöglichen Machterhaltung befassten, wurden im Mittelalter durch Schriften ergänzt, die sich um das Verhältnis des Herrschers zur Kirche drehten und darum, wie dieser vor Gott Rechenschaft abzulegen habe. Unter Bezug auf den *Gottesstaat* des heiligen Augustinus ging es in den zahlreichen mittelalterlichen Fürstenspiegeln vorwiegend um die fürstliche Nachahmung Christi beziehungsweise um die Verinnerlichung eines christlich-ritterlichen Ideals.[4]

Die frühneuzeitliche Epoche brachte eine besonders reiche Blüte von Schriften zur Herrschererziehung hervor, wobei – so der Pädagoge Georg Grunwald – vor allen das in der Renaissance postulierte Fürstenideal »mehr dem literarisch-schöngeistigen Interesse als ernsthafter pädagogischer Absicht entsprungen zu sein« scheint. Neben humanistisch-christlicher Bildung sollte der angehende Herrscher auch über jene Vorzüge verfügen, die in Baldassare Castigliones *Buch vom Hofmann* als Elemente höfischer Eleganz gepriesen wurden, nämlich Anmut, Schlagfertigkeit und Kühnheit. Vom 15. bis zum 18. Jahrhundert reihten sich dann mit Enea Silvio Piccolomini, Erasmus von Rotterdam, Jean Bodin, Niccolò Machiavelli, König Jakob VI./I. von Schottland und England bis zu Gottfried Leibniz, François Fénelon und Victor de Mirabeau berühmte Autoren wie die Perlen an einer Kette mit Schriften, in denen sie sich der Erziehung und Beratung von Prinzen widmeten. Ein besonders nachhaltiges Echo erreichte dabei Fénelons *Die Begebenheiten des Prinzen von Ithaca: oder der seinen Vater Ulysses suchende Telemach*, das der Erzbischof von Cambrai 1699 für seinen Schüler – den voraussichtlichen Thronerben Frankreichs – verfasste. Indem der Mentor im Buch seinem Eleven immer wieder nahelegte, Probleme durch friedlichen Ausgleich mit den Nachbarn, durch Reformen und die Förderung der Landwirtschaft zu lösen, gab Fénelons *Telemach* frühaufklärerische Impulse.[5]

So ehrwürdig und bedeutsam diese lange Tradition erzieherischer Werke für regierende und künftige Fürsten auch war und blieb, die revolutionären Ereignisse am Ende des 18. Jahrhunderts markierten doch eine Zäsur. An die Stelle des weisen Rats und der väterlichen Ermahnung aus dem Mund von Mentoren, Philosophen und Theologen trat nun die öffentlich vorgebrachte, auf der Nation und der Verfassung fußende Forderung nach Mitgestaltung. Bereits in der Frühphase der

Französischen Revolution, die Frankreich zunächst eine konstitutionelle Monarchie brachte, artikulierte sich nämlich ein machtvolles Interesse der Nation an der Erziehung des künftigen Herrschers. Schon im Februar 1790 hatte König Ludwig XVI. daher der Nationalversammlung versichern müssen, dass die Königin und er den Dauphin, den 1785 geborenen Prinzen Louis Charles, im Einklang mit der neuen Ordnung erziehen und sich dabei von der Verfassung leiten lassen würden. In der Debatte über die Ausbildung des Thronfolgers, die sich daraufhin in der Nationalversammlung entwickelte und die durch die Zusendung einer Reihe detaillierter Erziehungspläne an das Parlament noch befeuert wurde, dominierte bald ein ganz neues Verständnis. Der Staat war danach nicht länger als ein Abbild des Herrschers und seiner Tugenden zu verstehen, sondern umgekehrt: Die Werte des verfassten Staates sollten fortan den heranwachsenden Herrscher formen. Das Interesse der Nation an der Erziehung des künftigen Monarchen trat dabei zumindest neben – wenn nicht sogar vor – die Rechte der königlichen Eltern. So schlug der Graf von Mirabeau vor, der Dauphin solle gemäß einem von der *Académie Française* erstellten Plan erzogen werden, den die Krone und das Parlament gemeinsam zu genehmigen hatten. Die Lehrer dürfe der König auswählen – aber aus einer ihm vom Parlament vorgelegten Liste. Nach Beendigung der Grundschule solle der Kronprinz dann eine vom Parlament bestimmte öffentliche Oberschule besuchen. Dieser und andere Erziehungspläne waren jedoch gegenstandslos, nachdem Frankreich eine Republik geworden war und das Königspaar 1793 das Schafott bestiegen hatte. Zwei Jahre darauf verstarb auch der Dauphin. Das vernachlässigte zehnjährige Kind erlag im Pariser Temple-Gefängnis einer Tuberkulose-Erkrankung.[6]

Die in Frankreich im Jahr 1790 offen debattierte Frage, wie der künftige König einer konstitutionellen Monarchie zu erziehen sei und welche Rolle die Öffentlichkeit dabei zu spielen habe, hatte sich damit keineswegs erledigt, im Gegenteil. Die Thronfolger wuchsen von nun an ja in einer Welt auf, die weiterhin von Monarchien geprägt war, über der aber der Schatten von Revolution und Königsmord stand. Auch ein Jahrhundert später hatte man in dieser Frage den Königsweg noch nicht gefunden. Immerhin konnte der Kronprinz Vittorio Emanuele die Erfahrung machen, dass es keineswegs mit dem Unterschreiben, dem Zeitunglesen und dem Reiten getan war, wie das eingangs erwähnte Zitat seines Vaters nahezulegen schien. Der Sechzehnjährige erhielt nämlich ein sorgfältig durchgeplantes, rigoroses Erziehungsprogramm, mit dessen Ausarbeitung 1885 der ehemalige italienische Ministerpräsident Marco Minghetti betraut wurde. »Vielleicht gab es für Männer, die dazu geboren sind, dereinst auf dem Thron zu sitzen, niemals eine schwierigere Zeit«, warnte dieser die Mutter des Prinzen, »wir müssen eine eifersüchtige und missgünstige Demokratie loswerden, die Freunde des Mittelmaßes und des Vulgären, und wir müssen die dynastische Überlegenheit sichern.«[7]

Die europäischen Königshäuser gaben ihren Völkern und Öffentlichkeiten im 19. Jahrhundert also ein Versprechen auf die Zukunft, und dieses Versprechen musste die kommende Herrschergeneration einlösen, nachdem man sie entsprechend vorbereitet und ausgebildet hatte. Die Aussicht auf einen Monarchen, der als sorgfältig geschult, kompetent und im Einklang mit den politischen, moralischen und kulturellen Werten seiner Zeit galt, wurde damit zu einer systemstabilisierenden Ressource der Monarchien. Allerdings konnten sich bei der Einlösung dieses Versprechens beträchtliche Probleme ergeben. Nicht jeder Spross eines alten Stammbaums war mit dem intellektuellen und charakterlichen Rüstzeug ausgestattet, das nötig war, um eine anspruchsvolle Ausbildung erfolgreich zu durchlaufen. Darüber hinaus mussten fest etablierte Traditionen und Vorlieben überwunden oder zumindest eingebunden werden. So sollten neben der akademischen Erziehung die martialisch-repräsentativen Fertigkeiten – etwa die Fähigkeit, beim Besteigen eines Kavalleriepferdes eine gute Figur zu machen – nicht vernachlässigt werden.

Zunächst soll hier dargestellt werden, wie sich die Erwartungshaltung hinsichtlich der angemessenen Heranbildung des künftigen Herrschers in Europas konstitutionellen Monarchien entwickelte und welche Lösungskonzepte als Reaktion darauf entstanden. Was in Monarchien, die unter besonderem Rechtfertigungsdruck standen, konkret umgesetzt und vermittelt wurde, zeigt der Blick auf die Königshäuser in Bayern, Sachsen, Württemberg und Italien. Wie sich die Prinzenerziehung in monarchischen Großmächten über Generationen hinweg entwickelte, wird danach an zwei Beispielen verdeutlicht, die für ganz unterschiedliche Formen der konstitutionellen Entwicklung stehen: Großbritannien und Preußen-Deutschland. In beiden Ländern wurden keine Mühen gescheut, um die Prinzenerziehung innovativ zu gestalten.

## »Mit Eifer vorwärts strebend sich das nötige Wissen für ihren zukünftigen Lebensberuf erwerben«

*Idee und Praxis der Prinzenerziehung in konstitutionellen Monarchien*

Vor dem Hintergrund der sich schrittweise in ganz Europa durchsetzenden Konstitutionalisierung im Verlauf des 19. Jahrhunderts fand die zeitgemäße Erziehung der Thronfolger zunehmend allgemeine Beachtung. Bereits 1817 legte der Offizier Christian von Massenbach, ein Mitglied der württembergischen Ständeversammlung, ein Pamphlet über *Die Fürsten-Erziehung in repräsentativen Verfassungen* vor. In der Schrift, die dem König von Württemberg und dem Kronprinzen von Preußen gewidmet war, ging es um die Frage, wie der monarchische Verfassungsstaat vor Übergriffen vonseiten des Königs geschützt werden könne. »Die kräftigste Garantie aller repräsentativen Verfassungen liegt darin«, stellte Massenbach fest, »daß die Fürsten in dem Geiste gebildet werden, den die Verfassung ausspricht; daß die Fürsten gleichsam mit der Constitution aufwachsen.« Folgerichtig entwickelte er einen detaillierten Erziehungsplan, der gewährleisten sollte, »daß den zum Throne bestimmten königlichen Jünglingen, schon in ihrer ersten Jugend, Grundsätze der Liberalität und Humanität [...] eingeflößt werden«. Diese Erziehung sollte unter Aufsicht des Parlaments in einem weit vom Hof entfernten »Erziehungspalast« stattfinden, im »Kreise mehrerer – nicht fürstlicher – gutartiger, unbescholtener Jünglinge, von gleichem Alter, aber von verschiedenen Temperamenten und Fähigkeiten«.[8]

Im liberal-konstitutionellen Vorreiterstaat Großbritannien erregte 1843 ein Pamphlet Aufmerksamkeit, das den Titel *Wer soll den Prinzen von Wales erziehen?* trug und der Königin Viktoria gewidmet war.

Während die Erziehung eines privaten Bürgers die Angelegenheit seiner Familie sei, argumentierte der anonyme Autor der Schrift, sei »die des Monarchen die Sache seines Volkes«, denn alle hätten das Recht, »zu einem Thema, das sie so tief betrifft, wenigstens ihre Meinung zu äußern«. Neben Sekundärtugenden wie einer maßvollen Häuslichkeit wurde vom künftigen Herrscher erwartet, dass er ein *Patriot King* war, dass er zudem als *Gentleman* die britischen Nationaltugenden verkörperte und überdies durch seine Verinnerlichung der Nationalkultur als gelehrter Herrscher gelten konnte. Der Aufforderung zur öffentlichen Diskussion, mit der das Pamphlet schloss, wurde so zahlreich Folge geleistet, dass zum Beispiel das bekannte Magazin *Punch* gleich zweimal Reaktionen von Lesern abdruckte. Durch das öffentliche Interesse aufgeschreckt, konsultierte die Königsfamilie eilig eine Reihe von Experten, die für den 1841 geborenen Thronfolger ein Erziehungsprogramm ausarbeiten sollten, das zum Ziel hatte, den künftigen König mit der nötigen Popularität und Leistungsfähigkeit auszustatten.[9]

Auch in Spanien schlug das Thema Fürstenerziehung hohe Wellen. Hier hatte im August 1843 Juan Vicente Ventosa, ein kurz zuvor aus politischen Gründen entlassener Lehrer der damals zwölfjährigen Königin Isabella II., seine Kritik an der Ausbildung der noch unmündigen Monarchin öffentlich gemacht. Die Zeitungen *El Español Independiente* und *La Postdata* berichteten über Ventosas Ansicht, dass die Erziehung Isabellas rückständig, zu feminin sowie unzureichend akademisch sei und das Mädchen nicht effektiv auf seine künftigen Pflichten als konstitutionelle Monarchin vorbereitet werde. Das setzte am Hof jene unter Druck, die für Isabellas Ausbildung verantwortlich waren. In einem internen Rechtfertigungsschreiben verwahrten sich daraufhin die Governante *(Aya)* der Königin und ihr Oberlehrer *(Ayo Instructor)* nachdrücklich gegen Ventosas Vorwürfe und betonten interessanterweise, dass man sich bei der Auswahl der Lehrkräfte von der Zustimmung der Öffentlichkeit habe leiten lassen. Vor allem aber wiesen sie darauf hin, dass Isabella ein neues Verständnis der Monarchie vermittelt werde, wonach alles den nationalen Gesetzen unterlag, die es zu schützen galt, damit die Unabhängigkeit und Freiheit der Nation gewahrt blieb. Der für die Gesamtleitung der Erziehung Isabellas verantwortliche Vormund Agustín Argüelles verteidigte sich am Ende sogar im spanischen Parlament.[10]

Wie Richard Meyer Forsting zeigen kann, war dies ein wiederkehrendes Muster in der Entwicklung Spaniens als konstitutionelle Monarchie: Die spanische Öffentlichkeit diskutierte im Verlauf des Jahrhunderts immer wieder engagiert über die Ziele und Inhalte der Ausbildung ihrer künftigen Herrscher. Noch 1894, als der neunjährige Alfons XII., der Enkel Isabellas II., sich als unmündiger König auf die Herrschaft vorbereitete, machte man sich in der Madrider Zeitung *El Imparcial* Gedanken über »Die Erziehung der Könige in der konstitutionellen Monarchie«. Mit unmissverständlichem Bezug auf die Situation des jungen Monarchen zitierte das Blatt den Autor einer kurz zuvor erschienenen Abhandlung zur Prinzenerziehung, in der von einer Ausbildung hinter Palastmauern abgeraten wurde: »Wenn der Hauptberuf der ist, Mensch zu sein und als Mensch gesellig zu sein, gibt es nichts Grausameres als die Isolierung, die sich auf die Erhabenheit des Ranges und der majestätischen Ehren begründet«, so *El Imparcial*, »nichts ist so sympathisch wie die Spiele der Kindheit, wo man die Schönsten der Demokratien blühen sieht.«[11]

Die Konstitutionalisierung der Monarchie führte fast überall in Europa zu konsistenten Veränderungen, wenn man auch in keinem europäischen Königshaus so weit ging, den Thronfolger gezielt zum Demokraten zu erziehen. Grundsätzlich aber wurde die Ausbildung der Kronprinzen und Kronprinzessinnen von einer familiären zu einer öffentlichen politischen Angelegenheit. Generell galt, was Yvonne Wagner für die Entwicklung innerhalb der preußisch-deutschen Hohenzollerndynastie festgestellt hat: Die Frage, wie ein Herrscherhaus in der zweiten Hälfte des 19. Jahrhunderts »auf die wachsende Bedeutung von Qualifikationen in einer zunehmend nach Leistung anstatt nach Herkunft hierarchisierten Gesellschaft« reagierte, kann eindeutig beantwortet werden: durch die »Öffnung der Regentenerziehung gegenüber der bürgerlichen Erziehung«. Und die hatte erkennbar vor sich zu gehen.[12]

Die Hinwendung zur bürgerlichen Erziehung musste aber nicht nur vollzogen werden, sondern sollte die relevante bürgerliche Öffentlichkeit auch ansprechen. Daher wurde das Programm der Prinzenerziehung im 19. Jahrhundert ausgeweitet. Insbesondere an deutschen oder von deutschen Dynastien beeinflussten Höfen erhielt der Neuhumanismus, dem das Bürgertum huldigte, mehr Raum. Nach der Formulierung des Altphilologen Friedrich August Wolf sollte humanistische Erziehung beim Nachwuchs das wecken, »wodurch rein menschliche Bildung und Erhöhung aller Geistes- und Gemütskräfte zu einer schönen Harmonie des inneren und äußeren Menschen befördert« werde.[13] Die Rückbesinnung auf die kulturellen Errungenschaften der antiken Welt und die Beschäftigung mit Kunstgeschichte, Archäologie und den alten Sprachen führten beinahe zwangsläufig dazu, dass öffentliche Erziehungseinrichtungen – zuerst Universitäten, dann auch Gymnasien – bald eine wichtigere Rolle in der prinzlichen Erziehung spielten. Die Vielfalt der Menschen, mit denen Thronfolger im Verlauf ihrer Erziehung zusammenkamen, nahm zu, ebenso die Zahl der Gleichaltrigen, mit denen sie in Kontakt kamen. Darüber hinaus gewann der zivile Lehrer neben dem militärischen Erzieher an Bedeutung. Grundsätzlich bemühte man sich, den Eindruck zu erwecken, dass Prinzen den gleichen Standards und Regeln unterworfen waren wie ihre Altersgenossen. In der zweiten Hälfte des 19. Jahrhunderts folgte die Prinzenausbildung dann abermals einem zeitgenössischen Erziehungstrend, in dem sich die gewachsene Bedeutung von neusprachlichen, naturwissenschaftlichen und technischen Inhalten widerspiegelte.[14]

Die an bürgerlichen Präferenzen orientierte Veränderung der prinzlichen Ausbildung und ihre öffentliche Darstellung erfolgten im Verlauf des 19. Jahrhunderts im Zuge des Übergangs von der absoluten zur konstitutionellen Monarchie. Indem man die Anforderungen des künftigen Herrscheramts im konstitutionellen Staat anerkannte, wurde die gezielte Vorbereitung darauf durch den Erwerb entsprechender Kompetenz zum zentralen Anliegen der Prinzenerziehung. Dass der Monarch im konstitutionellen System »funktionalisiert« wurde, wie es Martin Kirsch genannt hat, hatte vor allem für den Thronfolger erhebliche Konsequenzen.[15] Wenn der künftige Regierungserfolg des Kronprinzen davon abhing, dass er bestimmte Aufgaben – etwa die Wahrung der Verfassung, die überparteiliche Staatsrepräsentation, eine gesellschaftliche Vorbildfunktion oder die Verkörperung nationaler Identität – fachkundig erfüllen konnte, dann war es seine Pflicht, die dafür erforderlichen Fähigkeiten zu erwerben und dies den Untertanen auch vor Augen zu führen.

Diese veränderte Haltung zur Prinzenerziehung, die sich allmählich in den europäischen Monarchien durchsetzte, führte zu einer seltsam widersprüchlichen Erwartung: Künftige Monarchen sollten im Prinzip so erzogen werden wie andere Sterbliche auch, aber gerade dieser grundsätzlich egalitäre und meritokratische Vorgang musste zugleich auch die Überlegenheit der Prinzen von Neuem belegen und signalisieren. Ein ausführlicher Artikel zum Thema Prinzenerziehung, der 1867 als Teil einer vielbändigen *Encyklopädie des gesammten Erziehungs- und Unterrichtswesens* erschien, macht die darin liegende Überforderung sehr deutlich: »Gottesfurcht, Menschenliebe und sittliche Reinheit, Gerechtigkeit und Billigkeit, Muth und Edelsinn, Kraft und Ausdauer, Gewöhnung an geordnetes Arbeiten, Klarheit und Schärfe des Urtheils, Kenntnis der Menschen und ihres Berufes – all dies sind Eigenschaften, die auch in der bürgerlichen Erziehung erstrebt werden und den Inhalt jeder allgemeinen Bildung ausmachen.« Diese Liste dürfte schon reichen, um jedem Zögling den Angstschweiß auf die Stirn zu treiben, aber für künftige Herrscher war es damit nicht getan: »Ein Fürst bedarf derselben Eigenschaften: aber er bedarf ihrer in einem höheren Grade.«[16]

In einer ausführlichen Denkschrift über die Erziehung Kaiser Wilhelms II. formulierte Georg Hinzpeter, der langjährige Erzieher des Hohenzollernprinzen, diese Erwartung Anfang der 1890er Jahre noch eindringlicher. Seines Erachtens würde das »Eintauchen des künftigen Souveräns in das gewöhnliche Schulleben keineswegs eine Erniedrigung der Monarchie bedeuten, sondern im Gegentheil die privilegierte Stellung noch stärker markieren, wenn der Prinz den Wettlauf beginnend von demselben Punkte alle Anderen zu überholen im Stande sich zeigte«.[17] In dieser Abhandlung – die bezeichnenderweise auf Bitten des japanischen Kaiserhauses verfasst wurde, das bei der Ausbildung der eigenen Prinzen von der Erfahrung der Hohenzollern profitieren wollte – brachte Hinzpeter beinahe überdeutlich zum Ausdruck, dass die prinzlichen Erziehungsprogramme und die Leistungen der ihnen unterworfenen Thronfolger als systembewahrend und daher hochpolitisch angesehen wurden. Ein Weg zur Erhaltung und Anpassung der Monarchie führte also durch die von der Öffentlichkeit einsehbaren Studierstuben der künftigen Herrscher.

Welche Bedeutung bei der Erziehung des Thronfolgers dem Bemühen zukam, Zuversicht unter den künftigen Untertanen zu verbreiten, offenbart der Blick auf jene Monarchien, deren Stellung besonders prekär war. Das waren bis auf eine Ausnahme alle Herrscher der 22 monarchischen Bundesstaaten, die bei der Gründung des Deutschen Reiches 1871 eine empfindliche Beschneidung ihrer souveränen Rechte erfuhren, vor allem auf den Gebieten Außen- und Sicherheitspolitik. Nach dem Verfassungspolitiker Hans Boldt gab es in Deutschland nach 1871 nämlich nur noch einen Monarchen im vollen Sinne des Wortes: den deutschen Kaiser.[18] Für die Untertanen der Könige von Bayern, Württemberg und Sachsen stellte sich damit die Frage, wozu man ein weitgehend entmachtetes monarchisches System unterhalb des Kaisers überhaupt benötigte, zumal diese subnationalen Monarchien weiterhin auf dem »Monarchischen Prinzip« beharrten: Nicht etwa das Parlament, sondern der König war Ausdruck und Inhaber aller staatlichen Macht. Wollten diese Fürstenhäuser den Status quo bewahren, bedurfte es ihrerseits einiger Anstrengungen auf dem Gebiet der Öffentlichkeitsarbeit. Bei diesem Bemühen kam der Erziehung der Thronfolger zu monarchischer Kompetenz erhebliche Bedeutung zu.[19]

Die Prinzen Ludwig von Bayern (1845–1921), Wilhelm von Württemberg (1848–1921) und Friedrich August von Sachsen (1865–1932) lagen altersmäßig nicht einmal ein Vierteljahrhundert auseinander, und dennoch lässt sich ein Trend bei ihrer Erziehung feststellen. Während Ludwig vor dem Besuch der Universität am Hof von Privatlehrern Einzelunterricht erhalten hatte, wurde der künftige König von Württemberg mit einer Gruppe gleichaltriger Jungen erzogen. Dabei wurde darauf geachtet, dass nicht alle Stuttgarter »Prinzenbuben« dem Adel entstammten, sondern auch Bürgersöhne darunter waren. Prinz Wilhelm verbrachte seine Schultage daher mit einem künftigen Arzt, einem Ingenieur, einem Richter und einem Forstbeamten. Der kleine Prinz sollte lernen, hieß es in einer hagiographischen Lebensbeschreibung des

Königs, die nur wenige Wochen nach seiner Thronbesteigung erschien, »mit Anderen umzugehen und sich wechselweise mit ihnen abzuschleifen«. So erwarb er »die Achtung vor jedem Stand und Berufe, vor jedem Menschen«.[20] Von einer förmlichen Examinierung Ludwigs oder Wilhelms ist dagegen nichts bekannt.

Ganz anders war es bei Prinz Friedrich August von Sachsen, der im März 1883 nach der üblichen Dauer von neun Unterrichtsjahren seine Reifeprüfung ablegte. Das offizielle *Dresdner Journal* veröffentlichte eine detaillierte Meldung, die geradezu überschwänglich betonte, wie korrekt das Abiturexamen des künftigen Königs abgelaufen war: »In Gegenwart Sr. Majestät des Königs, sowie der Durchlauchtigsten Aeltern legte Se. königl. Hoheit Prinz Friedrich August heute eine die Gymnasialstudien hochdesselben abschließende Prüfung ab, welcher Se. Excellenz der Hr. Minister des Cultus und öffentlichen Unterrichts, Dr. v. Gerber, sowie der Herr Geh. Schulrath Rector Dr. Ilberg beiwohnten. Es examinierten in der lateinischen und griechischen Sprache und Literatur Hr. Oberlehrer Dr. Jacob, in der Mathematik Hr. Major Fischer und in der Geschichte Hr. Dr. Fritzen. Se. königl. Hoheit Prinz Friedrich August beantwortete die aus allen diesen Prüfungsgebieten vorgelegten Fragen mit so umfassender Sachkenntnis und führte die gestellten Aufgaben mit solcher Sicherheit der Darstellung und Beherrschung der Form aus, daß die erworbene volle Reife zum akademischen Studium als Gesammtergebniß der Prüfung in keiner Weise zweifelhaft sein konnte.«[21]

Nach dem Ende ihrer Schulzeit besuchten alle drei Prinzen die Universität. Anders als sein Vater, der noch Privatvorlesungen von Professoren erhalten hatte, bemühte sich Prinz Ludwig von Bayern persönlich in die Hörsäle der Münchner Alma Mater und verfolgte sein breit angelegtes Studium mit großem Engagement. Er entwickelte ein sein Leben lang andauerndes Interesse vor allem an ökonomischen, technischen und landwirtschaftlichen Themen und galt in einigen Fragen als echter Experte. Noch während seiner Zeit als Thronfolger erhielt er die Ehrendoktorwürde zunächst der Universität München und dann auch der Technischen Hochschule der bayerischen Hauptstadt. Anlässlich seines fünfzigsten Geburtstags forderte die *Augsburger Postzeitung* alle auf, die es zu etwas bringen wollten, dem künftigen Herrscher nachzueifern, und führte dessen überragende Befähigung auf die exzellente Ausbildung zurück, die er genossen hatte: »Die hervorragendsten Männer leiteten den Unterricht und die Erziehung des Prinzen [...], und Prinz Ludwig war ob seiner vorzüglichen Anlagen und seines unermüdlichen Fleißes der Stolz seiner Lehrer und ein leuchtendes Vorbild für alle Jene, die mit Eifer vorwärts strebend sich das nötige Wissen für ihren zukünftigen Lebensberuf erwerben sollen.« Wie man es von einem künftigen Staatslenker erwartete, war der bayerische Thronfolger ein Fachmann. Der Prinz hatte sich intensiv mit »landwirtschaftlichen, nationalökonomischen und juristischen Studien« befasst, erinnerte das Blatt, und »besonders auf dem Gebiete der Landwirtschaft so umfassende und gediegene Kenntnisse erworben, daß er in allen einschlägigen Fragen als hervorragende Autorität gilt«.[22]

Als Gelehrte konnten es die beiden anderen Prinzen zwar nicht mit ihrem Wittelsbacher Kollegen aufnehmen, doch auch die künftigen Herrscher Württembergs und Sachsens verfügten über eine höhere Bildung. Prinz Wilhelm bezog im Oktober 1865 die Landesuniversität Tübingen und begann ein breit angelegtes Studium, das er allerdings im Sommer 1866 kriegsbedingt unterbrechen musste. Schon im Herbst desselben Jahres schrieb er sich jedoch für vier Semester in Göttingen ein, wo er dem Corps Bremensia beitrat. 1868/69 schloss er sein Studium mit einem Semester in Tübingen ab, wo er sich auf Fragen des württembergischen Rechts konzentrierte. Laut einer von Wilhelm selbst mitgestalteten Kurzbiographie hatte er sich damit »in umfassender Weise auf seinen künftigen Beruf als Regent und Staatsmann vorbereitet und nichts versäumt [...], was ihm für diesen förderlich sein könnte«. Dennoch kehrte der Prinz Anfang der 1880er noch einmal ins Studierzimmer zurück. Unter Anleitung seines ehemaligen Schulfreundes Friedrich von Schmidlin, der inzwischen zum Richter in Heilbronn avanciert war, widmete er sich sechs Monate lang gewissenhaft juristischen Themen und Fragen des Verwaltungswesens. Das Ziel dieser Studien sei es, so schrieb der kurz zuvor verwitwete Thronfolger dem württembergischen König, »mich eines Tages zu einem nützlichen Mitgliede der menschlichen Gesellschaft zu machen«.[23]

Friedrich August von Sachsens mitunter schrullige Art und sein ausgeprägter sächsischer Dialekt verleiteten manche Zeitgenossen, ihn für eher einfach strukturiert zu halten. »Mehr August als Friedrich« soll Kaiser Wilhelm II. über ihn gespottet haben, und der preußische Gesandte Graf Dönhoff erkannte bei ihm lediglich eine »nicht bedeutende geistige Begabung«. Das waren vermutlich leicht überzogene gehässige Einschätzungen, denn der künftige Sachsenkönig durchlief ein respektables Studienprogramm. 1884 schrieb er sich an der Reichsuniversität Straßburg ein und befasste sich dort mit Jura, Geschichte und Politik. In demonstrativer Befolgung eines Gesetzes, das es den Sachsen vorschrieb, ihr Studium an der Landesuniversität abzuschließen, wechselte der Prinz 1885 als erster Wettiner an die Universität Leipzig, wo er das Studium 1886 kurz vor seinem 21. Geburtstag beendete. Die interne Beurteilung des Prinzen ergab ein abgewogenes Urteil. Sein Begleiter, Generalleutnant Adolf von Tschirschky, attestierte Friedrich August eine schnelle Auffassungsgabe und ein gutes Gedächtnis, kritisierte jedoch eine »gewisse Unselbständigkeit«. Das Regierungsblatt *Dresdner Journal* präsentierte der Öffentlichkeit jedoch ein Bild ohne Schatten. Es ist der Eintritt ins Erwachsenenalter, bemerkte das Blatt, der »mit jeder Jahreswelle reifere Erkenntnisse, ernstere Pflichten, strengere Arbeit an jeden Sterblichen heranträgt, gleichviel, ob er bürgerlichen Standes oder fürstlichen Herrschergeschlechts«. Für diese Aufgaben befand das Blatt Friedrich August hervorragend gewappnet, denn »die ganze Erziehung dessen, der jetzt als Jüngling-Mann im Vollbesitze der Kraft seiner Ahnen vor uns steht«, sei eine Brücke gewesen, die ihn von der unbekümmerten Jugendzeit hinübergeführt habe »zur freiwilligen entsagenden Werktüchtigkeit in der großen Schule des wirklichen Lebens«. Dazu passte es, dass der künftige Monarch sich nach Ende seines Studiums bei der Kreishauptmannschaft Dresden und der Amtshauptmannschaft Dresden-Altstadt Einblicke in die Staatsverwaltung verschaffte.[24]

Die öffentlich inszenierte Erziehung der Thronfolger war mit der Universitäts- und Ausbildungszeit also noch lange nicht abgeschlossen. Immer wieder wurde darauf hingewiesen, dass die künftigen Herrscher im Rahmen ihrer wertvollen parlamentarischen Arbeit wichtige Einsichten in die Staatsgeschäfte gewinnen würde. Dazu gehörte die bereits erwähnte langjährige Mitgliedschaft in den ersten Kammern der jeweiligen Parlamente. Selbst Friedrich Augusts eher sporadische Beiträge als Mitglied der sächsischen Ersten Kammer reichten aus, um ihm 1904 das Lob der *Leipziger Zeitung* einzubringen: »In den letzten Jahren wandte er seine Teilnahme aber auch der Staats-Verwaltung und dem Parlament zu«, konnte man über den neuen König lesen, »in welchem der Kronprinz nach der Thronbesteigung seines erlauchten Vaters dessen Stelle als Vorsitzender des Finanzausschusses der Ersten Kammer übernahm.«[25]

Daneben durchliefen alle drei Thronfolger – selbstverständlich, möchte man sagen – atemberaubend erfolgreiche militärische Karrieren. Bereits zu seinem vierzigsten Geburtstag wurde Prinz Wilhelm von Württemberg zum General der Kavallerie befördert; Prinz Ludwig von Bayern avancierte 1884, im Alter von 39 Jahren, zum General der Infanterie, und Prinz Friedrich August war sogar erst 37 Jahre alt, als er 1902 als General der Infanterie das Kommando des XII. (1. Königlich Sächsischen) Armeekorps übernahm. Von den drei Prinzen hatte allenfalls Friedrich August ein echtes Interesse an militärischen Dingen. Wilhelm bemühte sich dagegen erfolglos, um das Kommando der württembergischen Kavalleriebrigade herumzukommen, und gab es bei der ersten sich bietenden Gelegenheit ab. Ludwig tauschte den Hörsaal nur höchst widerwillig gegen den Kasernenhof ein. Nach der Verwundung, die er im Krieg von 1866 erlitt, weigerte sich der Wittelsbacher, in irgendeiner Form noch einmal als Soldat aktiv zu werden. Dass die Thronfolger dennoch in den Generalsrang aufstiegen, verweist einmal mehr auf die politische Bedeutung der Prinzenerziehung im Licht der Öffentlichkeit. Zu einer Zeit, in der die Wehrpflicht zur Norm geworden war und als patriotischer Dienst galt, demonstrierten die Thronfolger mit ihrem militärischen Engagement die Hingabe der Dynastie an die Nation. Zudem bestätigte der vorgebliche Erfolg der Prinzen vor dem Hintergrund des gestiegenen professionellen Prestiges des militärischen Berufs die allgemeine Botschaft von der ehrlich erworbenen Kompetenz des künftigen Herrschers. Neben Schulbildung, Universitätsbesuch und parlamentarischer Erfahrung konsolidierten mithin auch Uniform und Orden den Anspruch auf das höchste Amt im Staat.[26]

Zumindest im Hinblick auf die öffentliche Darstellung war die Ausbildung der künftigen Monarchen von Bayern, Sachsen und Württemberg als Erfolg zu verbuchen. Als die drei Männer 1891, 1904 und 1912 an die Spitze ihrer Länder traten, galten sie nach der veröffentlichten Meinung nicht nur als rechtmäßige, sondern vor allem auch als wohl vorbereitete und kompetente Thronerben. Die *Augsburger Postzeitung* hatte Ludwig, der seinem Vater Luitpold erst 1912 im Alter von 67 Jahren auf den Thron folgten sollte, bereits 1895 gepriesen, weil er »ausgerüstet ist für seinen hohen Beruf, wie kaum ein zweiter Fürst in Europa«, und sich durch »Erziehung, Charakter und Gesinnung, theoretisches Wissen und praktische Erfahrung auf allen Gebieten des Staatswesens« auszeichne. »Se. Majestät der König übernimmt die Regierung und die Leitung der Staatsgeschäfte wohl vorbereitet«, bemerkte der *Schwäbische Merkur* 1891 anlässlich der Thronbesteigung König Wilhelms von Württemberg. Er sei mit den Staatsgeschäften vertraut und habe sich in diese mit »angestrengter Sorgfalt und Sachkenntniß« eingearbeitet. Auch König Friedrich August III. von Sachsen, so versicherten im Oktober 1904 die *Dresdner Neuesten Nachrichten*, habe sich »auf sein hohes Amt ernsthaft vorbereitet, und es gibt niemanden, der nicht davon überzeugt wäre, daß er von dem besten Willen beseelt ist und seinem Vater an Pflichttreue und Eifer nicht nachsteht«.[27]

Die Entwicklung der an bürgerlichen Normen orientierten Prinzenerziehung in den kleineren deutschen Königreichen setzte sich in der nächsten Generation noch weiter fort. Anders als sein Vater besuchte Ludwigs Sohn Rupprecht ein öffentliches Gymnasium. »In richtiger Würdigung der Gefahren einer isolierten Erziehung für einen künftigen Herrscher«, berichtete eine bereits 1905 veröffentlichte Biographie des Prinzen Ludwig, hatten er und seine Gemahlin beschlossen, »daß ihr Erstgeborener so früh als möglich dem Volksleben nahe trete und im Volke für das Volk erzogen werde. Und so bezog denn Prinz Rupprecht im Jahre 1882 als Schüler der 6. Klasse das Maximiliansgymnasium, nachdem er zuvor einer ordnungsgemäßen Prüfung aus allen Lehrgegenständen, vom damaligen Rektor Linsmayer vorgenommen und geleitet, sich mit Erfolg unterzogen hatte. Hier wurde der hohe Gymnasiast auf den ausdrücklichen Wunsch der erlauchten Eltern ganz so wie seine Mitschüler behandelt.« In Sachsen war es ähnlich. Auf Wunsch Friedrich Augusts wurde 1904 im Dresdner Taschenbergpalais eine Prinzenschule eingerichtet. Hier wurden die Söhne des letzten Königs von Sachsen zusammen mit Bürgerkindern aus der Stadt nach den staatlichen Lehrplänen für Gymnasien ausgebildet.[28] Bei der Aufgabe, dem Volk die beruhigende Botschaft von der gründlichen und normalen Erziehung der künftigen Monarchen vorzuleben, suchten die Königshäuser sich in jeder Generation von Neuem dem Trend der Zeit anzupassen.

Während die erfolgreiche nationale Einigung in Deutschland den Wittelsbachern, Wettinern und Württembergern beinahe das Wasser abgegraben hätte und diese zwang, ihre Rolle durch geschickte Öffentlichkeitsarbeit und Anpassungsstrategien zu festigen, führte die Gründung des Königreichs Italien das Haus Savoyen zu nie gekannten Höhen. Der Aufstieg zur nationalen Dynastie war allerdings nicht nur mit Prestigegewinn und Chancen verbunden, sondern auch mit großen Herausforderungen. Es war kein Kinderspiel, in einem Land, das zersplittert und von fremden oder gar feindseligen Untertanen bevölkert war und das zudem auf eine revolutionäre Tradition zurückblicken konnte, zur herrschenden Dynastie aufzusteigen und die auseinanderstrebende Nation zusammenzuhalten.

Die Kinder, die in Zukunft die Geschicke des Landes leiten sollten – etwa der 1869 geborene Thronfolger Viktor Emanuel –, spielten dabei eine wichtige Rolle. Zunächst waren sie Teil der Bemühungen, die Dynastie als sympathische königliche Familie zu präsentieren und emotional stärker mit der Bevölkerung zu verbinden. Darüber hinaus ließ sich über den heranwachsenden Kronprinzen und seine Erziehung eine zuversichtliche Botschaft an das italienische Volk senden. Bei Viktor Emanuel III., der seinem Vater Umberto im Jahr 1900 auf den Thron folgte, scheint dies gelungen zu sein. Selbst im fernen Amerika galt er als ungewöhnlich gut ausgebildet: »Von der Erziehung des neuen Königs wird gesagt, dass sie strenger war als die jedes anderen Fürsten in Europa«, erklärte die *New York Times*. »Bis zu seiner Großjährigkeit lebte er wie ein Spartaner, und seine Studien waren unglaublich breit; sie reichten von der Militärwissenschaft bis zur Literatur seines eigenen

Landes. Er beherrscht mehrere Sprachen perfekt und wird, alles in allem, vermutlich der vollendetste Monarch seiner Zeit sein.«[29]

Eine solche Lobeshymne – noch dazu von einem Presseorgan aus dem republikanischen Amerika – war kein Zufallsprodukt, sondern stand am Ende einer jahrzehntelangen Anstrengung. Es war die tatkräftige Königin Margherita, die sich mit Nachdruck für das Haus Savoyen und seine Rolle im italienischen Nationalstaat engagierte. Vermutlich hatte es auch ihrer Intervention bedurft, um eine Innovation der Prinzenerziehung in diesem Haus überhaupt in Gang zu setzen. Denn weder der Großvater Viktor Emanuels III., Viktor Emanuel II., noch sein Vater Umberto I. hatten eine systematische Erziehung genossen. Von Viktor Emanuel II. hieß es, dass er entschieden lieber auf die Jagd gegangen sei als zu lernen, und seinem Sohn Umberto war es zeitlebens unangenehm, wenn er seine Unterschrift vor den Augen anderer leisten musste.[30] Als treu sorgende Mutter, glühende Patriotin und bildungsorientierte Frau kümmerte sich daher die Königin um die sorgfältige Erziehung ihres einzigen Sohnes. »Königin Margherita, die selbst eine der kultiviertesten Damen Italiens ist, hat von Beginn an die Leitung seiner Erziehung übernommen«, berichtete ein amerikanischer Autor 1903, als Viktor Emanuel den Thron bereits bestiegen hatte.[31]

Die Erziehung des ersten wirklich italienischen Thronfolgers sollte sich ganz anders entfalten als die seines Vaters und Großvaters. Als König Umberto I. im Jahr 1882 einer Prüfung seines Sohnes beiwohnte, verblüffte ihn die Breite des abgefragten Stoffes, und er wunderte sich über den offensichtlichen Respekt, den der Kronprinz den Lehrern gegenüber zum Ausdruck brachte. Dabei lagen die politischen Gründe für diese Haltung auf der Hand: Als künftiger Herrscher eines Landes, dessen Bewohner zum Großteil selber erst lernen mussten, Italiener zu werden und Loyalität gegenüber der konstitutionellen Herrschaft des Hauses Savoyen zu entwickeln, sollte der künftige König eine lernende Dynastie verkörpern. Der junge Viktor Emanuel hatte also ein doppeltes Pensum zu bewältigen: Er musste national und kompetent werden.[32]

Die Nationalisierung des Thronfolgers hatte schon mit seiner sorgfältig inszenierten Geburt in Neapel, mit der symbolträchtigen Namensgebung und der Titulierung »Prinz von Neapel« begonnen. Die zahlreichen Reisen quer über die Halbinsel, bei denen das Kind von den Eltern immer wieder der Öffentlichkeit präsentiert wurde, trugen dazu bei, den künftigen Herrscher den Untertanen vertraut zu machen. Mit Beginn des intensiven Erziehungsprogramms nach dem elften Geburtstag des Prinzen kam jedoch ein weiteres Element hinzu: die gezielte Schulung des Thronfolgers in der Hochsprache und Kultur des Landes. Damit entsprach man einem Herzenswunsch der *Risorgimento*-Bewegung. 1881 engagierte der Hof Luigi Morandi, der den Prinzen von Neapel in den folgenden fünf Jahren unterweisen sollte. Der prominente Philologe, Pädagoge und Dichter bemühte sich im täglich stattfindenden Unterricht gezielt darum, dem Spross des Hauses Piemont eine perfekte Beherrschung der italienischen Hochsprache – des Florentinischen – zu vermitteln. Dabei legte er großen Wert auf Grammatik, Rechtschreibung und Aussprache. Zudem machte er den Prinzen mit den literarischen Klassikern des Landes vertraut – von Petrarca, Dante und Boccaccio bis zu zeitgenössischen Autoren wie Manzoni und Collodi. Als Resultat dieser Anstrengungen und anderer erzieherischer Kniffe – etwa die wohlbedachte Anstellung des aus Florenz stammenden prinzlichen Kammerdieners Casimiro Casaglia – wurde Viktor Emanuel der erste Herrscher aus dem Haus Savoyen, der das Italienische wie ein Muttersprachler verwenden konnte. In seinem weit verbreiteten Memoirenwerk *Wie Viktor Emanuel erzogen wurde*, das er 1901 veröffentlichte, betonte Morandi gerade diese linguistisch-kulturelle Dimension der Ausbildung des Königs.[33]

Noch prägender als Morandi war der Oberst Egidio Osio, der 1881 für acht Jahre die Leitung der kronprinzlichen Erziehung übernahm. Neben einer beachtlichen militärischen Karriere konnte Osio auch Meriten als Forschungsreisender und Diplomat in die Waagschale werfen. Er führte ein strenges Regiment, das seinem Zögling ein Höchstmaß an Disziplin und Ausdauer abverlangte und sich eng an militärische Formen anlehnte. Die Lehrpläne orientierten sich an denen verschiedener italienischer Militärakademien sowie der Diplomatenschule des Außenministeriums, waren aber keineswegs eng zugeschnitten. Viktor Emanuel befasste sich mit Strategie, Logistik, Astronomie, Ökonomie, angewandter Mathematik, Verfassungs-, Straf- und Zivilrecht, Geschichte, Latein und modernen Fremdsprachen. Die Lehrinhalte wurden alljährlich in einer mündlichen Prüfung in Anwesenheit des Königs, der Königin und Vertretern der Regierung und des Militärs abgefragt. Aber auch außerhalb des Studierzimmers, in dem der Prinz allein erzogen wurde, war Viktor Emanuels Ausbildungsprogramm umfassend. Er widmete sich militärischen Übungen, lernte Reiten, Fechten und Schwimmen, ging auf die Jagd, malte und musizierte. Osio organisierte außerdem zahlreiche Bildungsreisen. Zwischen 1885 und 1889 besuchte der Prinz die Schweiz, Deutschland, Malta, Zypern, Ägypten, Palästina, Griechenland, Spanien, die Türkei, Russland und Rumänien.[34]

Die betont anspruchsvolle akademisch-schulische Ausbildung, die der italienische Thronfolger durchlief, hatte nicht nur das Ziel, eine nationale Integrationsfigur und zugleich einen kompetenten Inhaber des höchsten Staatsamts zu formen. Es ging auch darum, einen Umstand zu kompensieren, den selbst die intensivsten Leibesertüchtigungen nicht beheben konnten: Viktor Emanuels Physiognomie entsprach leider nicht dem Bild eines medienwirksamen, kraftvollen Herrschers. Die Massen scheinen immer zu denken, so bemerkte 1903 der britische Autor Sidney Brooks in einem Kurzporträt des Königs, »dass ein Prinz, der wirklich fähig ist, auch im Äußeren ein Recke sein muss, eine beeindruckende martialische Gestalt«. Ein kleinwüchsiger, zerbrechlich wirkender Prinz könne nie wirklich populär sein. Es nutzte wenig, dass der Thronfolger gesund und ausdauernd war, sein äußeres Erscheinungsbild stellte ein Problem dar, denn der Prinz gelangte – vermutlich als Folge der engen Verwandtschaft zwischen seinen Eltern – nicht über eine Körpergröße von 153 Zentimetern hinaus. Die verschiedenen belastenden orthopädischen Apparate, mit denen man versuchte, die Gliedmaßen des Knaben zu stärken, erwiesen sich als nutzlos. Seine kurzen, »glas-artigen Beine«, wie er selbst sagte, bekümmerten den jugendlichen Prinzen sehr, denn das Publikum mag es, wenn ein Prinz auch wie ein Prinz aussieht, so Brooks, und zieht, wenn das nicht der Fall ist, leicht den Schluss, dass er nicht wie ein Prinz handeln kann. Durch die anspruchsvolle Schule, die der künftige König von Italien durchlaufen musste, konnte solchen vorschnellen Schlüssen erfolgreich entgegengewirkt werden.[35]

1889 beendete der Kronprinz seine formelle Erziehung und verbrachte anschließend einige Jahre in Neapel, wo er ein Regiment befehligte. Zudem erwarb er auf mehreren Auslandsreisen weitere Erfahrung in der internationalen Politik. Nach seiner Hochzeit mit Prinzessin Elena von Montenegro im Jahr 1896 führte Viktor Emanuel dann ein bewusst privates und bescheidenes Eheleben, das ihm später den Ruf eines »Bürgerkönigs« eintrug. Vor allem aber signalisierte er durch seine demonstrativ neutrale Haltung in politischen Fragen, dass er – im Gegensatz zu seinem zuletzt zunehmend interventionistischen Vater – ein streng verfassungsgemäßes Regime führen wolle. Auch hier war eine entscheidende Veränderung eingetreten: Während seinem Großvater noch beigebracht worden war, dass die höchste Gewalt allein von Gott abzuleiten sei, hatte Viktor Emanuel verfassungsrechtliche Lektionen erhalten, die darauf basierten, dass er dereinst als König – wie es das *Statuto Albertino* vorsah – »von Gottes Gnaden und nach dem Willen der Nation« regieren würde.[36]

Der gründlich vorbereitete Thronfolger sollte sich – nach Meinung zahlreicher Zeitgenossen – als Retter der Monarchie erweisen, als sein Vater im Juni 1900 einem Attentat zum Opfer fiel. Durch seine penible Beachtung der Pflicht zu politischer Neutralität und Betonung seines glücklichen Privat- und Familienlebens hatte sich Viktor Emanuel geschickt von den Misserfolgen, Fehlentscheidungen und Skandalen ferngehalten, in die Italiens Eliten und sein Vater während der vorangegangenen Jahre verstrickt gewesen waren. Der Habitus des sorgfältig ausgebildeten, verfassungskonformen und bescheiden auftretenden Staatschefs, der Interesse an modernen Themen wie Wissenschaft und Technik hatte, entsprach den politischen Bedürfnissen der Zeit. Ricciotti Garibaldi, der Sohn des berühmten *Risorgimento*-Helden, schrieb damals jedenfalls, der neue König könne der italienischen Monarchie nun ein langes Leben geben. Er müsse nur die »Willensstärke, von der man sagt, dass er sie besitze«, nutzen, um die Krone zu einem wahren Vermittler zwischen den Parteien zu machen. Der »sorgfältig erzogene und nüchterne Thronerbe«, so meint die Historikerin Valentina Villa, »wurde der Retter der Monarchie, die weitere fünfzig Jahre Bestand haben sollte«.[37]

## »Berühmt zu sein ohne begeisternde Leistungen«

*Die Erziehung der britischen Thronfolger von Viktoria bis Eduard VIII.*

Als Umberto I. im Jahr 1900 dem Attentat von Monza zum Opfer fiel, konnte in Großbritannien von einer Krise der Monarchie keine Rede sein. Seit 63 Jahren saß die scheinbar ewige Königin Viktoria auf dem Thron. 1897 war ihr diamantenes Thronjubiläum mit all dem Pomp zelebriert worden, den eine wahrhaft imperiale Monarchie aufbringen konnte. Längst vergessen war die Krise in den 1860er Jahren, als die Unsichtbarkeit der zurückgezogen lebenden königlichen Witwe kurzfristig Wasser auf die Mühlen der republikanischen Agitation gelenkt hatte. In einer noch viel weiter entfernten nebligen Vorzeit lag die Epoche der verlotterten Monarchie unter Viktorias »verdorbenen Onkeln«, jenen fragwürdigen Söhnen ihres Großvaters Georg III. Inzwischen hatte die Krone dank Viktorias jahrzehntelanger Erfahrung auf dem Parkett des konstitutionellen Regierens durch eine perfektionierte Darstellung des öffentlichen Rituals und die Verkörperung nationaler Tugenden ein Erfolgsrezept entwickelt, von dem das britische Königshaus bis zum heutigen Tag zehrt.·

Zur erfolgreichen Anpassung an die sich wandelnden Notwendigkeiten und Präferenzen der Zeit gehörte selbstverständlich auch die umfassende Vorbereitung der Thronfolger auf ihre künftige Aufgabe. Wie diese in Großbritannien aussah, soll der Blick auf die Erziehung von drei britischen Herrschergenerationen zeigen: Viktorias erstgeborener Sohn, Edward Albert (1841–1910), dessen Söhne Albert Victor (1864–1892) und George (1865–1936) und zuletzt Georges Sohn Edward (1894–1972).

Wie erwähnt, erzeugte das Pamphlet *Wer soll den Prinzen von Wales erziehen?* 1843 eine lebhafte öffentliche Resonanz. Die »Familie auf dem Thron« musste diese Frage also von Beginn des viktorianischen Zeitalters an mit Sorgfalt bedenken und deren politische Dimension beachten. Allerdings waren sich Viktoria und Albert der Bedeutung einer systematischen Erziehung schon aus eigener Erfahrung nur zu bewusst.

Als König Wilhelm IV. von England am 20. Juni 1837 in Windsor Castle verstarb, war seine Nichte und Nachfolgerin, Königin Viktoria,

*Ein weithin bekanntes Geschichtsbild des viktorianischen Zeitalters: Im Licht des anbrechenden Tages erhält die achtzehnjährige Viktoria 1837 die Nachricht vom Tod ihres Vorgängers und nimmt ihre erste Huldigung entgegen.*

erst seit knapp einem Monat volljährig. Die vielfach auf Gemälden dargestellte Szene, die sich abspielte, als die neue Monarchin am frühen Morgen die Nachricht vom Ableben ihres Onkels erhielt, gehört zu den prägenden Geschichtsbildern des viktorianische Zeitalters: Im Zentrum des Bildes steht eine junge Frau, noch im Nachtgewand, vor ihr auf den Knien der Erzbischof von Canterbury, den Handkuss entbietend, und der *Lord Chamberlain*, der oberste Kammerherr. Alle Darstellungen dieses historischen Moments akzentuierten die Jugend der kaum dem Mädchenalter entwachsenen Königin. Die dadurch suggerierte Unerfahrenheit und Naivität war allerdings nicht nur Viktorias Alter geschuldet, sondern auch dem geschlossenen System, in dem sie bis dahin gelebt und gelernt hatte.[38]

Nach dem Tod ihres Mannes, des Herzogs von Kent, im Januar 1820 hatte sich Viktorias Mutter, Victoire von Sachsen-Coburg-Saalfeld, alleinverantwortlich um die Erziehung ihrer Tochter gekümmert. Inmitten einer als politisch feindselig wahrgenommenen Umgebung und ständig von Geldnöten geplagt, zog sie sich mit ihrer Tochter in eine entschlossen verteidigte Privatsphäre zurück und suchte auf diese Weise, die kostbare Thronerbin, das Faustpfand ihrer Zukunft, zu beschützen und zu kontrollieren. Das von Victoire und ihrem Kammerherrn Sir John Conroy eingerichtete »Kensington System« schottete Viktoria fast gänzlich von der Außenwelt ab, hielt sie vom königlichen Hof fern und schränkte den Umgang mit anderen Kindern auf ihre Halbschwester Feodora und die Kinder Conroys ein. Im abgeschirmten Treibhaus des Palastes von Kensington wurde die Prinzessin nach dem Willen ihrer Mutter anspruchsvoll erzogen. Sie erhielt dreißig Unterrichtsstunden pro Woche, lernte Französisch, Italienisch, Latein, Geschichte, Erdkunde, aber auch Tanzen, Malen und das Klavierspiel. Im Haus wurde Deutsch gesprochen, aber streng darauf geachtet, dass die künftige Königin perfekt Englisch lernte. Als Viktoria zwölf Jahre alt war, ließ ihre Mutter sie von zwei Bischöfen examinieren, die dem Mädchen einen guten Wissensstand attestierten. 1830 begannen Victoire und Conroy, jährliche Kutschfahrten durch England und Wales zu organisieren. Dies diente der landeskundlichen Schulung der kleinen Prinzessin, vor allem aber sollten sie diese Touren bekannt und populär machen. Die öffentliche Akklamation der Thronfolgerin hatte zum Ziel, ihren künftigen Herrschaftsanspruch zu untermauern, was von ihrem königlichen Onkel verständlicherweise mit Missfallen quittiert wurde. Nach fünf strapaziösen Fahrten wurde dieses Programm, bei dem Viktoria allenfalls einen oberflächlichen Eindruck von Land und Leuten hatte gewinnen können, eingestellt. Das engmaschige »Kensington System« endete jedoch erst in jener Nacht, als der Erzbischof und der Oberste Kammerherr vor der Achtzehnjährigen auf die Knie sanken. Unmittelbar darauf befreite sich die junge Monarchin resolut aus der Fesselung durch ihre Mutter und Conroy.[39]

Prinz Albert von Sachsen-Coburg und Gotha, Viktorias Cousin und künftiger Ehemann, hatte eine nicht minder sorgfältig geplante Erziehung genossen. Als jüngerer Sohn des Coburger Herzogs Ernst I. und Mitglied eines überaus ambitionierten, weit vernetzten Clans wurde er von klein auf für eine Rolle auf dem internationalen Heiratsmarkt vorbereitet. Federführend dabei war sein Onkel Leopold, der 1816 die einzige Tochter des englischen Königs Georg IV. geheiratet hatte. Leopolds Zukunft als Gemahl der Königin von England zerschlug sich jedoch, als Prinzessin Charlotte 1817 nach einer Totgeburt im Kindbett verstarb. Dem 1830 zum König der Belgier aufgestiegenen Leopold sollte es aber im zweiten Anlauf gelingen, die britische Monarchie mit einer Coburger Dimension zu versehen: Er bahnte nämlich die Ehe zwischen der nächsten Thronerbin – seiner 1819 geborenen Nichte Viktoria – und seinem Neffen Albert an. Zu diesem Zweck wurde der junge Mann sorgfältig ausgebildet: zunächst durch Hauslehrer und Gymnasialprofessoren in Coburg, dann während eines mehrmonatigen Studienaufenthalts am Hof Leopolds in Brüssel, schließlich als Student an der Universität Bonn und im Verlauf mehrerer Bildungsreisen. Der überaus wissensdurstige, kulturbeflissene und musikalische junge Mann wurde so zum perfekten Partner für seine gleichaltrige königliche Cousine geformt, die sich erfreulicherweise termingerecht in Albert verliebte.[40]

Das junge Paar widmete sich unmittelbar nach der Hochzeit im Februar 1840 der Aufgabe, den Ruf der britischen Monarchie wieder zu festigen. Dieser hatte nämlich durch die vermeintliche Geisteskrankheit Georgs III., die Skandale des Prinzregenten und späteren Königs Georg IV. und den wenig erbaulichen Lebenswandel seiner zahlreichen Brüder erheblichen Schaden genommen. Nun sollten ein tadelloses Ehe- und Familienleben, ein bescheiden-würdevolles Auftreten und eine parteipolitisch neutrale Haltung Abhilfe schaffen. Dass dem Paar schon 1841 mit Prinz Albert Edward der ersehnte männliche Thronerbe geboren wurde, fügte sich perfekt in dieses Vorhaben, brachte aber die Frage mit sich, wie der künftige Monarch auf seine Aufgabe vorzubereiten sei. Dem bildungsbeflissenen und detailbesessenen Prinzen Albert und seinem Kreis tiefschürfender und verschwurbelter Berater war diese Herausforderung geradezu auf den Leib geschneidert. Diejenigen, die dafür Verantwortung trugen, sahen in der Erziehung des Thronfolgers den Dreh- und Angelpunkt für die Zukunftsfähigkeit der britischen Monarchie. Und entsprechend überfrachtet war dieses Vorhaben – der Versuch, wie Philip Magnus es nannte, »aus ihm, abgesondert von seinen Zeitgenossen, ein moralisches und intellektuelles Vorbild zu formen« – dann auch.[41]

Eine Denkschrift über Erziehung, die Baron Christian von Stockmar, ein langjähriger Mentor und Vertrauter Prinz Alberts, schon wenige Monate nach der Geburt des Prinzen verfasste, führte den Eltern die existenzielle Bedeutung ihrer Aufgabe klar vor Augen. Die unzureichende Erziehung der Söhne König Georgs III. hätte »mehr als jeder andere Umstand dazu beigetragen, den Respekt und Einfluss des Königshauses in diesem Land zu schwächen«. Diese Scharte musste nun mithilfe des kleinen Bertie ausgewetzt werden. Die Aufgabe war jedoch gewaltig, denn, so Stockmar, »königliche Kinder sollten nicht nur zu moralischen Charakteren erzogen werden, sondern zusätzlich befähigt sein, die mühsamen Pflichten erfolgreich zu erfüllen, die ihnen als künftige Souveräne schließlich auferlegt werden«. Dabei sollte niemals vergessen werden, dass es um mehr ging als die bloße Verbesserung des Rufs der Monarchie. Da die junge Viktoria und ihr Gemahl in der Krone ohnehin keine rein dekorative Einrichtung sahen, hätte es dieser Ermahnung gar nicht bedurft. Ihr Ziel war es, so hat es der Historiker David Cannadine gezeigt, der Monarchie eine gestaltende, machtvolle Rolle zu sichern, die – zum Besten des Landes – in ihrer Bedeutung auch noch wachsen sollte. Nur ein optimal ausgebildeter Monarch würde die Prinz Albert vorschwebende Funktion eines königlichen Vorstandsvorsitzenden erfolgreich ausfüllen können.[42]

Zudem sollte die systematische Übung des Gehirns, die Stockmars Plan vorsah, als Therapie gegen die von dem Phrenologen Andrew Combe diagnostizierten kognitiven Defizite des Kindes wirken. Bertie wurde allein erzogen und jeder Schultag des kleinen Jungen – von 8 bis 18 Uhr – in dreißigminütige Einheiten unterteilt, in denen verschiedene Fächer unterrichtet wurden. Dieser Drill brachte jedoch keine Erfolge. Als der Prinz sieben Jahre alt war, wurde Henry Birch, ein Lehrer an der berühmten Eton-Schule, angestellt. Er sollte den inzwischen sehr aufmüpfigen Prinzen nach einem Lehrplan unterrichten, den Prinz Albert selbst entwickelt hatte. Gelernt wurde an sechs Tagen die Woche, damit stand Bertie unter größerem Druck und hatte zudem weniger Ferien als jeder andere Schüler im Land. Die Leistungen und das Benehmen des noch immer völlig allein beschulten Kindes blieben jedoch weit hinter den Erwartungen der Eltern zurück, und auch der Versuch, eine Verbesserung durch die Anwendung der Prügelstrafe zu erzielen, fruchtete nicht.[43]

Als die Erziehung des Prinzen von Wales 1852 noch immer nicht das von Prinz Albert erhoffte Niveau erreicht hatte, wurde Birch entlassen und durch den Juristen Frederick Gibbs ersetzt. Birchs abschließende Bewertung fiel sehr durchwachsen aus. Er bescheinigte seinem Zögling Anzeichen eines freundlichen Wesens, eines guten Gedächtnisses und einer scharfen Beobachtungsgabe, doch würden dessen Stimmungsumschwünge und Disziplinlosigkeiten einen systematischen und regelmäßigen Unterricht unmöglich machen. Der scheidende Lehrer führte das unter anderem auf »den Mangel an Gesellschaft mit Jungen seines Alters und die ständige Gesellschaft mit älteren Personen« zurück. Auch dass der Prinz immer im Mittelpunkt stehe, erschwere eine gesunde Entwicklung. Dennoch verfolgte Berties Vater den eingeschlagenen Weg beharrlich weiter und verschärfte das Tempo sogar noch. Entsprechend seiner Anweisung erhöhte Gibbs das Pensum auf sechs volle Stunden an sechs Wochentagen und ordnete zusätzlich Turn- und Reitstunden an. Trotz der Warnungen von Berties Französisch- und

Deutschlehrern, dass der Junge aufgrund der ständigen Überforderung völlig erschöpft sei, zog Gibbs das Programm unnachgiebig durch. Nur hinsichtlich der Isolierung des künftigen Königs konnte der neue Tutor etwas bewegen, denn es wurden nach 1852 gelegentlich ausgewählte Spielkameraden für den Prinzen nach Schloss Windsor oder Buckingham Palace eingeladen. Prinz Albert überwachte all diese Bemühungen minutiös. Die Lehrer mussten täglich Berichte vorlegen. Der Vater las die schriftlichen Arbeiten des Thronfolgers, organisierte Besichtigungstouren nach London oder zur Flottenparade nach Spithead. Er lud Wissenschaftler zu Privatvorträgen ein und sorgte für die Errichtung eines Miniaturbauernhofs im Park von Osborne House, dem Sitz der königlichen Familie auf der Isle of Wight vor der englischen Südküste.[44]

Da all diese Anstrengungen und die weitere phrenologische Betreuung nicht die von den Eltern gewünschten Fortschritte erzeugten, kam Prinz Albert im Sommer 1857 auf den Gedanken, seinen Sohn mit vier Altersgenossen auf eine längere Bildungsreise nach Deutschland, Frankreich und in die Schweiz zu schicken. Obwohl Gibbs weiterhin täglich Bulletins für die Eltern verfassen musste, scheint die dreimonatige Fahrt recht vergnüglich verlaufen zu sein, zumal es dem Prinzen gelang, seinen dort errungenen ersten Kuss vor den Eltern geheim zu halten. Als Belohnung erhielt Bertie daher zu seinem sechzehnten Geburtstag im November 1857 die Erlaubnis, seine Kleidung selbst auszuwählen, allerdings nur solange seine Garderobe nicht »extravagant oder lässig« war. Der Wunsch, in die Armee einzutreten, wurde abschlägig beschieden, aber immerhin durfte er die Aufnahmeprüfung absolvieren. Ein halbes Jahr später wurde Bertie konfirmiert und erhielt kurz darauf eine eigene Wohnung: White Lodge im Park von Richmond. Hier sollte er, so wünschte es Prinz Albert, in Abgeschiedenheit »von der Welt« weiter von Gibbs und dem Lateinlehrer Charles Tarver unterrichtet werden. Für die jungen Kammerherrn, die dem Prinzen dabei Gesellschaft leisteten, hatte Prinz Albert – wie nicht anders zu erwarten – ein akribisches Memorandum verfasst. Darin wurde ihnen aufgetragen, darauf zu achten, dass der Thronfolger nicht etwa die Hände in den Hosentaschen vergrub, sich eitel kleidete, irgendwelche Streiche unternahm oder sich nutzlosen Vergnügungen – wie dem Billardspiel – hingab. Nachdem auch die Monate in White Lodge erfolglos verlaufen waren, reichte Gibbs im November 1858 seinen Abschied ein. Er wurde durch einen Militärgouverneur, Oberst Robert Bruce, ersetzt.[45]

Im Rückblick erscheinen die sich nun anschließenden Jahre bis zum Tod des Prinzgemahls Albert im Dezember 1861 wie von einer hektischen Torschlusspanik in Sachen Prinzenerziehung gekennzeichnet. Nach Abschluss einer Deutschlandfahrt gegen Ende 1858, bei der Bertie seine ältere Schwester Victoria – »Vicky« – in Berlin traf, begab sich der Thronfolger im Januar 1859 auf eine längere Bildungsreise in den Süden. In Begleitung von Oberst Bruce, dessen Frau, einem Kammerherrn, einem Arzt und einem Kaplan besuchte er Rom, Gibraltar, Spanien und Portugal. Für den nötigen Ernst war gesorgt: Bertie musste ein Tagebuch führen, seine Briefe nach Hause wurden korrigiert zurückgeschickt, und auch an historischen und kunstgeschichtlichen Unterweisungen fehlte es nicht.

Als der Prinz im Juni 1859 nach England zurückkehrte, stand zunächst seine prunkvolle Investitur als Ritter des Hosenbandordens an. Selbst die prächtige Zeremonie konnte den kritischen Vater jedoch nicht darüber hinwegtrösten, dass sein Sohn im Verlauf der Reise intellektuell nicht merklich gereift war. Berties Reisetagebuch erschien Albert belanglos und bar jeder historischen Reflexion. Und so wurde der Sohn umgehend nach Edinburgh geschickt, wo er drei Monate lang Vorlesungen über Römische Geschichte, Neuere Geschichte, Jura und Chemie erhielt. Zum Abschluss fand sich Prinz Albert in der schottischen Hauptstadt ein, um mit den Lehrern seines Sohnes eine »Erziehungskonferenz« abzuhalten. Das Trainingslager sollte nämlich der Vorbereitung auf den unmittelbar bevorstehenden Universitätsbesuch dienen.[46]

Die verbissenen Bemühungen, dem künftigen Herrscher Wissen einzutrichtern, blieben der Öffentlichkeit nicht verborgen. Im September 1859 wartete das berühmte Satiremagazin *Punch* mit dem Gedicht »Ein Prinz unter Hochdruck« auf. Hier wurde das erzieherische Martyrium des Prinzen von Wales in besorgt-spöttischen Versen vorgeführt: In Edinburgh, wo ihm »die Birne ganz perplex wurde«, habe er zwischen allerlei Wissenschaft und Studien »Spießruten laufen« müssen und sei dann umgehend in den Süden verfrachtet worden. Dort wolle man ihn in eine »graue Oxforder Mixtur tauchen, bevor sein Gehirn in Cambridge mit Mathematik und Statistik« überfrachtet werden würde. All das, so *Punch*, mache aus der Erzählung vom »armen kleinen Wales« sicherlich »die traurigste aller Geschichten«. Auch sechzehn Jahre nach dem Pamphlet *Wer soll den Prinzen von Wales erziehen?* war das Thema also immer noch ein Politikum. Das ist kaum verwunderlich, denn mit ihrer Entscheidung, Bertie erst nach Oxford und dann nach Cambridge zu schicken, hatten Königin Viktoria und Prinz Albert Neuland betreten. Vor Bertie hatte noch kein britischer Monarch eine Universität besucht.[47] Das mag eine Erklärung dafür sein, dass der Schritt ein wenig halbherzig vollzogen wurde. Denn anders als in Oxford und Cambridge üblich, wohnte der Prinz von Wales nicht mit seinen Kommilitonen in einem der Colleges, sondern – mit einem Stab von Begleitern unter der Leitung von Oberst Bruce – von diesen getrennt in extra für ihn eingerichteten Unterkünften, zunächst Frewin Hall in Oxford und später Maddingly Hall in der Nähe von Cambridge. Ein attraktives Bild von Frewin Hall – mit einem Porträt des Prinzen mit Talar und Doktorhut – zierte dann auch gleich die Titelseite der *Ilustrated London News* vom 5. November 1859, die darauf hinwies, dass »die Anwesenheit des Erben des britischen Throns in Oxford großes Interesse hervorgerufen« habe. In seiner Unterkunft kamen Bertie und sechs eigens ausgewählte Studenten in den Genuss von Privatvorlesungen von führenden Oxforder Professoren. Gelehrt wurden vor allem geisteswissenschaftliche Fächer. Der Thronfolger besuchte auch einige öffentliche Vorlesungen, Diskussionsveranstaltungen und Gottesdienste. Es war üblich, dass sich die Anwesenden erhoben, wenn der achtzehnjährige Student den Raum betrat.[48]

Das Presse-Echo, das der mit dem achtzehnten Geburtstag des Prinzen zusammenfallende Studienbeginn auslöste, war durchaus wohlwollend. Der *Manchester Guardian* bemerkte, der Prinz habe sich offenbar entschlossen, »allen Regeln seines Colleges zu entsprechen und sich in fast jeder Hinsicht wie dessen gewöhnliche Mitglieder zu verhalten«. Er nehme regelmäßig an Vorlesungen teil und gehe allmorgendlich pünktlich zur Andacht. Anlässlich Berties Geburtstag lobte das Blatt zwei

Wochen später die Arbeitshaltung des gesamten Königshauses und fügte an, dass der Monarchie und dem Land viel erspart geblieben wäre, »wenn frühere Prinzen von Wales ein solches Training und solch ein Zuhause gehabt hätten wie der Gegenwärtige«.[49]

Obwohl sich Berties Aufenthalt in Oxford also vielversprechend anließ, kam Vater Albert nicht zur Ruhe. Er habe »schreckliche Angst«, schrieb er an Bruce, dass durch Geselligkeit und Erholung kostbare Zeit vergeudet werden könne, denn »der einzige Zweck Oxfords ist der eines Ortes für Studien«. Die Bedeutung der nur für den Prinzen konzipierten Examina, die jeweils am Ende der vier Trimester zu absolvieren waren, könne man, so beteuerte Prinz Albert, gar nicht hoch genug einschätzen. Für seine Verhältnisse schlug sich Bertie in diesen Prüfungen durchaus wacker, und auch die Reise nach Kanada und in die USA, die er im Namen der Königin gegen Ende seiner Oxforder Zeit unternahm, erwiesen sich als großer Erfolg. Das Selbstbewusstsein des Prinzen wuchs. Als er im Januar 1861, wenige Wochen nach seiner Rückkehr aus Amerika, das Studium am Trinity College in Cambridge aufnahm, beklagte er sich bei dessen Rektor darüber, dass Prinz Albert ihn wieder nicht im College wohnen lassen wolle. Stattdessen residierte er in Maddingly Hall, einem etwa acht Kilometer außerhalb von Cambridge gelegenen Landsitz, von dem er jedoch ein lebendigeres Sozialleben organisieren konnte, als ihm das in Oxford gelungen war. Zu Charles Kingsley, einem Geschichtsprofessor, entwickelte der Prinz ein freundschaftliches Verhältnis. Neben dessen Veranstaltungen besuchte Edward Vorlesungen von Chemikern, Juristen und Ingenieurwissenschaftlern.[50]

Wie nicht anders zu erwarten, stattete Prinz Albert Maddingly Hall regelmäßig Besuche ab, um ein Auge auf die Arbeit seines Sohnes zu werfen. Eine weitere Erziehungsmaßnahme war bereits in Planung: eine zehnwöchige Ausbildung bei einer in Irland stationierten Infanterie-Einheit. Dies entsprach einem seit Langem gehegten Wunsch des Thronfolgers, der bis dahin keinerlei militärische Erfahrung gesammelt und den Rang eines Obersten bloß der Form halber verliehen bekommen hatte. Wie üblich wurde eine ausführliche Denkschrift verfasst, die der Oberbefehlshaber der britischen Armee, der kommandierende

General der Truppen in Irland und der Prinz von Wales unterzeichneten. Das Dokument sah vor, dass Bertie als Fähnrich beginnen und sich durch fleißiges Lernen alle zwei Wochen eine Beförderung verdienen sollte. Innerhalb von zehn Wochen könne er dann eine Brigade im Feld kommandieren. Mit der ihm eigenen Präzision legte Prinz Albert auch fest, an wie vielen Abenden pro Woche Bertie allein, als Gast, als Gastgeber und in der Offiziersmesse dinieren und wo – innerhalb des Kasernengeländes – sich seine Unterkunft befinden solle.[51]

Bei seiner Ankunft in Dublin wurde der Prinz von Wales von einer großen Menschenmenge bejubelt. Doch dann folgte wieder eine Enttäuschung, denn wie zu erwarten scheiterte der gänzlich überambitionierte Plan, der den jungen Zivilisten binnen wenigen Wochen in den Rang eines Brigadekommandeurs katapultieren sollte. Dass er eine Kompanie führt, komme nicht infrage, blaffte ihn sein Vorgesetzter, ein Oberst Percy, im August an. Dafür sei er nicht qualifiziert. Selbst im September brauchte der Prinz noch die Unterstützung anderer, um seinen Kommandoaufgaben halbwegs gerecht zu werden. Immerhin machte Bertie zu jener Zeit mithilfe der reizenden Nellie Clifden auf anderen Gebieten Fortschritte. Im Herbst 1861 kehrte er nach Cambridge zurück, wo er am 12. Dezember 1861 – zwei Tage vor dem Tod seines Vaters – seine letzte Prüfung ablegte.[52]

Der lange Arm des Albert'schen Erziehungsprogramms reichte jedoch noch über das Grab hinaus. Als Abschluss der Ausbildung seines nunmehr zwanzigjährigen Sohnes hatte der Prinzgemahl für 1862 eine längere Reise in den Orient vorgesehen, und obwohl Bertie nach dem Tod des Vaters keine Neigung verspürte, das Land zu verlassen, bestand seine traumatisierte Mutter darauf, die Pläne ihres verstorbenen Gemahls auszuführen. Im Februar 1862 nahm die Reisegesellschaft, die sich auf Befehl der Mutter in Trauerkleidung auf den Weg machte, ihren Abschied. Ohne die aktive Aufsicht des Vaters geriet die Reise über Venedig nach Ägypten und ins Heilige Land in ein vergleichsweise seichtes Fahrwasser. Die Besichtigung antiker Stätten und die Vorträge des mitreisenden Professors Arthur Stanley wurden hintangestellt; stattdessen erlegte Bertie vom Dampfer aus mehrere arglose Nilkrokodile, las den Skandalroman *East Lynne*, rauchte, trank Kaffee und ließ sich in Jerusalem tätowieren. Zur selben Zeit verwirklichte seine Mutter im fernen England den letzten Schritt des von Albert vorgesehenen Ausbildungsgangs für ihren Sohn: die Verlobung mit Prinzessin Alexandra von Dänemark. Als der Thronfolger im Juni 1862 zurückkehrte, war alles geregelt, und er fügte sich. Am 9. September hielt er in Brüssel um Alexandras Hand an; am 10. März 1863 fand in Windsor Castle die Trauung statt. Am Tag vor der Zeremonie führte Viktoria das Brautpaar in das Mausoleum, in dem die sterbliche Hülle ihres Gemahls zur letzten Ruhe gebettet worden war. »*Er* gibt euch seinen Segen«, verkündete die Königin an Alberts Grab. Der Prinz von Wales war nun großjährig und ein Ehemann. Das Erziehungsexperiment seines Vaters war beendet.[53] Gemessen an den exorbitanten Zielsetzungen war es gescheitert.

Trotz jahrelanger Torturen für alle Beteiligten war aus dem Prinzen von Wales kein moralisches und intellektuelles Vorbild geworden, und das persönliche Verhältnis zwischen Eltern und Sohn lag in Trümmern. Dass er den bis ins Mark enttäuschten Vater angeblich früh ins Grab gebracht hatte, konnte die schon immer abweisende Mutter dem Sohn nie verzeihen. Im Gegenzug behandelte er sie, so die treffende Formulierung seiner Biographin, »wie eine feindliche Macht«. Unter dem Gesichtspunkt der öffentlichen Wirkung war dem verkrampften Versuch, den perfekten Thronfolger zu formen, jedoch Erfolg beschieden. Der bereits erwähnte Artikel im *Punch* brachte Mitleid und Ironie zum Ausdruck, wies aber auch darauf hin, wie hart der Prinz arbeiten müsse. Und der Leitartikel, mit dem die *Times* den achtzehnten Geburtstag des Prinzen von Wales bedachte, war sogar einigermaßen zuversichtlich. Fast beschwichtigend wies das Blatt darauf hin, dass es das Glück des englischen Monarchen sei, »keine außergewöhnlichen Talente zu benötigen, um groß zu sein«. Es gelinge ihm auch »ohne begeisternde Leistungen berühmt zu sein«. Wenn der Thronfolger sich damit begnüge, seinen Eltern nachzueifern und sich um die Zuneigung des Volkes zu bemühen, werde schon alles gut werden. Andere Blätter urteilten noch gnädiger. Als der Prinz von Wales im Februar 1863 seinen Sitz im Oberhaus einnahm, lobte etwa die *Illustrated London News*, dass er »einen solchen Schatz an Informationen erworben habe, wie man ihn selten bei einem doppelt so alten Mann findet«. Er habe ein Studienprogramm hinter sich gebracht, das ihn intellektuell so weit über das Maß seiner Landsleute emporhebe, wie es der Stellung des Thronfolgers und künftigen Königs entspreche. Ein solches Ergebnis kam den Ansprüchen des ehrgeizigen Albert schon näher als die lasche Absage an besondere Leistungen, mit der sich die *Times* abfinden konnte. Aber der emotionale Preis, den seine Ambitionen gekostet hatten, war sehr hoch gewesen.[54]

Wie reagierte nun der Prinz von Wales bei der Erziehung seiner Söhne auf die eigenen Erfahrungen und die Erwartungen der Umwelt? Berties und Alexandras erstes Kind, das auf Drängen der Königin auf den Namen Albert Victor Christian Edward getauft wurde, kam am 8. Januar 1864 zur Welt. Obwohl Unklarheit über die relevanten Daten herrschte, ist – angesichts seines Gewichts von nur 1700 Gramm – davon auszugehen, dass Eddy, wie er in der Familie genannt wurde, etwa zwei Monate zu früh geboren wurde. Bereits ein gutes Jahr später, am 3. Juni 1865, kam sein Bruder George zur Welt, mit dem Eddy zeitlebens eng verbunden sein sollte.

Im Haus des Prinzen von Wales gestaltete sich das Verhältnis zwischen Eltern und Kindern ganz anders, als Bertie das selbst erlebt hatte. Im Gegensatz zu Königin Viktoria, die ihre Abscheu vor kleinen Kindern nie ganz verbergen konnte, war Prinzessin Alexandra in ihre Kinder geradezu vernarrt und überschüttete sie bis ins Erwachsenenalter mit einer puppenmutterartig anmutenden, überbordenden Zärtlichkeit. Und Bertie hatte die besten Vorsätze, die Fehler seiner eigenen Erziehung nicht zu wiederholen. Zu viel Strenge, so schrieb er seiner Mutter, führe dazu, dass Kinder »diejenigen fürchten, die sie lieben sollten«. Letztlich gelang es ihm aber nicht, ein enges und vertrauensvolles Verhältnis zu seinen Kindern aufzubauen. Der häufig abwesende oder abgelenkte Vater überließ das Bemuttern der Kinder seiner Frau und den Unterricht – wie in der britischen Oberschicht üblich – dafür angeheuerten Lehrern.[55]

Unter der milden Obhut ihrer selbst noch mädchenhaft verspielten Mutter erlebten Eddy, George und ihre Schwestern vergleichsweise unbeschwerte, aber auch unproduktive Jugendjahre in Sandringham, dem Landsitz des Prinzen von Wales. Wie nicht anders zu erwarten, fand die Königin die Kinder so »unerzogen und ungehörig«, dass sie die Kleinen

»überhaupt nicht liebgewinnen« konnte. Aber auch Benjamin Disraeli wusste nicht recht, was er davon halten sollte, als ihn bei einem Dinner in Sandringham die unter dem Tisch herumkrabbelnden Kinder in die Waden zwickten. Als Eddy sieben Jahre alt war, wurde ein Hauslehrer eingestellt. Der zweiunddreißigjährige Hochwürden John Dalton, ein Kaplan von der Isle of Wight, war von Königin Viktoria empfohlen worden, die Gefallen an seiner wohlklingenden Predigtstimme gefunden hatte. Aufgrund dieser eher zufälligen Fügung begann eine Beziehung, die über Jahre den Werdegang der Prinzen Eddy und George maßgeblich prägen sollte. Daltons Bemühungen blieben zunächst ohne durchschlagenden Erfolg. Als die Knaben zwei Jahre später einmal vertretungsweise von einem anderen Lehrer, Canon Duckworth, betreut wurden, bemerkte dieser, dass keiner von beiden Französisch sprechen oder verstehen konnte, »was für einen Prinzen ein schwerwiegender Nachteil ist«. Dalton blieb jedoch zunächst noch zuversichtlich. Eddy und George seien glücklich und gesund, berichtete er Königin Viktoria im Januar 1874, »das Schreiben, das Lesen und das Rechnen kommen gut voran […] und der Fortschritt in englischer Geschichte und Geographie ist sehr deutlich«.[56]

Erst als der Prinz von Wales einige Jahre später mit dem Gedanken spielte, seinen älteren Sohn auf eine öffentliche Internatsschule zu schicken – er dachte dabei an Wellington College in der Grafschaft Berkshire –, kam Dalton auf ein Thema zu sprechen, dass schon seit Längerem als Gerücht die Runde machte: die angebliche intellektuelle Beschränktheit des Thronfolgers. Eddy galt als schwer von Begriff und geistig träge. Der Grad der behaupteten Lernbehinderung des Prinzen ist schwer abzuschätzen. Der wichtigste – wenn auch beileibe nicht der einzige – Gewährsmann für diesen Befund war nämlich Dalton, der eindeutig davon profitierte, den Prinzen als schwer erziehbar darzustellen und sich selbst als einzige Rettung. Die Quellen, die das nun folgende Erziehungsprogramm dokumentieren, vermitteln jedenfalls den Eindruck, dass sich das prinzliche Elternpaar in erstaunlichem Maße von einem Mann hat beeinflussen lassen, der es geschickt verstand, aus einer ihm sich bietenden Gelegenheit auch noch den letzten Vorteil herauszuquetschen. Auf den Vorschlag, Eddy auf das Wellington College zu schicken, reagierte Dalton am 11. Februar 1877 mit einer ausführlichen *Denkschrift zur Erziehung von Prinz Albert Victor und Prinz Georg.* Gemeinsames Lernen mit Gleichaltrigen würde Eddys Rückständigkeit – ein Resultat der ungünstigen Lernbedingungen der höfischen Umgebung – unweigerlich ans Licht bringen. Zudem müsste man die Jungen dann trennen, was katastrophale Auswirkungen haben würde, denn »Prinz Albert Victor bedarf des Ansporns durch Prinz Georges Gesellschaft, um ihn überhaupt zur Arbeit zu bewegen. Wenn Prinz George Prinz Albert Victor verließe, dann würde die Erziehung des Letzteren, die schon jetzt extrem schwierig ist, noch weiter erschwert.«[57]

Der umtriebige Hochwürden brachte statt dessen einen Vorschlag ins Spiel, der erstaunlich weitreichende Folgen hatte: Prinz George sollte, wie vorgesehen, eine Ausbildung bei der Marine durchlaufen und dazu auf das Schulschiff *HMS Britannia* in Dartmouth übersiedeln. Wenn Eddy – und natürlich auch Dalton – ihn dorthin begleiten würden, »wäre dies das Allerbeste für die moralische, mentale und körperliche Entwicklung Seiner königlichen Hoheit«. Die Marineausbildung würde in jeder Hinsicht vorteilhaft für Eddy sein – als Training für seine Konzentrationsfähigkeit, seine Präzision, sein Verantwortungsgefühl und seine körperliche Straffheit –, und außerdem, so Dalton, sei es »in der ganzen Nation äußerst beliebt«, die Prinzen der Marine anzuvertrauen. Es gelang dem stimmgewaltigen Geistlichen nicht nur, die Eltern von diesem Plan zu überzeugen, sondern auch die Bedenken der Königin aus dem Weg zu räumen, und so traten die beiden Prinzen im Oktober 1878 ihren Dienst als Kadetten auf der *HMS Britannia* an. Diese permanent in der Mündung des Flusses Dart in der Grafschaft Devon verankerte Hulk diente der britischen Marine damals als Wohn- und Ausbildungsstätte für angehende Marineoffiziere.[58]

Während George bald gute Fortschritte machte und sich als kompetenter Kadett erwies, versagte Eddy auf der ganzen Linie. Im Dezember 1878 schrieb Lord Ramsay, der Kommandeur der *Britannia,* an den Prinzen von Wales und nahm dabei kein Blatt vor den Mund: Eddy sei nun mehr als ein Jahr an Bord, und es würde von Tag zu Tag deutlicher, wie völlig unmöglich es sei, dass er hier irgendwelche Meriten erringen oder wenigstens Schande vermeiden könne. »Es schmerzt mich, verpflichtet zu sein, Eurer königlichen Hoheit mitzuteilen, dass Prinz Edward nichts oder fast nichts lernt […] Es sieht nicht so aus, als ob er nicht lernen will, sondern als ob er es nicht kann.« Seine Ausbilder seien allesamt an ihm verzweifelt. Am nächsten Tag griff auch Dalton zur Feder, um die königlichen Eltern über die Entwicklung der Prinzen zu informieren. Das Bild war das gleiche: Während George gut vorankomme, könne man sich den Kontrast zu Eddy gar nicht scharf genug vorstellen. Alle seine Leistungen seien katastrophal, und der Junge sei nach Meinung aller »ziemlich abnormal […] Sein Gehirn ist zurzeit sehr schwach«, schloss der Lehrer, »und er verfügt offenbar über sehr wenige Möglichkeiten, dessen Arbeitsweise, soweit sie existiert, bewusst zu steuern.« Als die Eltern – verständlicherweise – in höchstem Maße besorgt auf diese Nachrichten reagierten, beeilte sich Dalton zu versichern, dass durchaus auch einige Lichtstrahlen das Dunkel erhellten, das Eddy umgebe. Man solle ihn daher nicht von der *Britannia* abziehen, denn der Einfluss der Marineoffiziere sei dem von Lehrern vorzuziehen, und die Kadetten seien bessere Gesellschaft als gewöhnliche Schuljungen. Zudem würde »irreparabler Schaden« entstehen, wenn man Eddy die Gesellschaft von Prinz George entziehe.[59]

So blieben beide Prinzen auf der *Britannia*, bis sich im April 1879 unweigerlich die nächste Krise einstellte: Eddy konnte den Kurs unmöglich erfolgreich absolvieren. Er versagte nicht nur in einem oder zwei Fächern, so Dalton, sondern in allen. Was sollte nun geschehen? In einem weiteren langen Memorandum entwickelte der Erzieher eine fantastische Idee: Eddy sollte seinen Bruder begleiten, der als Kadett nunmehr zur See gehen würde. Alternativen gebe es nicht. Auf einer Schule würden die Defizite des Thronfolgers – Dalton sprach vom »abnormal untätigen Zustand seiner mentalen Kräfte« – nur noch offensichtlicher werden als an Bord der *Britannia*, wo man sie halbwegs kaschieren könne. Mit gleichaltrigen Schuljungen könne Eddy nicht mithalten, und ihn gemeinsam mit jüngeren zu erziehen sei nicht wünschenswert. Den Prinzen alleine zu erziehen sei auch nicht denkbar, denn er bedürfe der Gesellschaft seines Bruders. Auf beinahe dreißig handgeschriebenen Seiten unterbreitete Dalton seinen Plan und erläuterte zugleich, warum es zu diesem keine Alternative gebe: Die beiden

Prinzen sollten gemeinsam in Begleitung ihres Erziehers als Kadetten eine Weltreise auf einem britischen Kriegsschiff unternehmen. Trotz zahlreicher Einwände gegen dieses – gelinde gesagt – exzentrische Vorhaben vonseiten der Königin und des britischen Kabinetts setzte Dalton sich am Ende durch. Am 17. September 1879 stachen der fünfzehnjährige Eddy und sein vierzehnjähriger Bruder George an Bord der Korvette *HMS Bacchante* in See.[60]

Die Regeln für dieses ungewöhnliche Erziehungsexperiment waren, wie man sich denken kann, genauestens festgelegt. Eine eigens verfasste Denkschrift bestimmte unter anderem, dass die frisch zu Fähnrichen zur See beförderten Hoheiten an Bord wie alle anderen Männer ihres Dienstgrads zu behandeln seien, dass Dalton die Prinzen zusätzlich zu der für Fähnriche üblichen Schulung unterrichten solle, dass der Geistliche die Prinzen bei Landgängen zu begleiten habe und dass Eddy und George ein Diener zur Verfügung stehen werde. Später kamen dann noch spezielle Unterrichtseinheiten in Mathematik und Französisch hinzu. Auf dieser Grundlage verbrachten der künftige König von England und sein jüngerer Bruder nun geschlagene drei Jahre an Bord der 85 Meter langen *Bacchante*. Insgesamt drei Fahrten führten sie ins Mittelmeer, in die Karibik, nach Irland, Lateinamerika, Australien, Hongkong, Singapur und Sri Lanka. Über ihre Fahrten und Landgänge wurde in der Presse ausführlich berichtet, besonders wenn es dramatisch wurde, etwa als das Schiff kurz am ersten Burenkrieg beteiligt war oder als es im Indischen Ozean in einen schweren Sturm geriet und sein Ruder verlor.

Die Notwendigkeit einer angemessenen Prinzenerziehung geriet während dieser Zeit nicht aus dem Blick. Der Prinz von Wales legte Wert darauf, dass Eddy an Bord in Französisch und Geschichte unterrichtet wurde, und bei jedem Landgang organisierte Dalton ein intensives Besichtigungsprogramm. Aber auch die gute Seeluft sollte Eddy nicht verändern. »Wie Ihre königliche Hoheit weiß«, erklärte Dalton in einem seiner regelmäßigen Berichte an die Eltern, »haben alle Lehrer, die er bisher gehabt hat, gefunden, dass es ein entmutigendes Unterfangen ist, [den Prinzen] zu unterrichten. Er strengt sich einfach nicht genug an […] Er zieht nach wie vor die animalische der geistigen

*Prinzenerziehung auf hoher See: Auf Anregung ihres umtriebigen Privatlehrers umsegelten Eddy und George als Kadetten auf dem britischen Kriegsschiff »HMS Bacchante« jahrelang die Welt. Eine regelmäßige Berichterstattung in der Presse und später ein prachtvoller Erinnerungsband informierten die geneigte Leserschaft über die Erlebnisse der jungen Herren.*

Befriedigung vor: lieber essen, faulenzen und spielen als Arbeit und Pflicht.« Die beigefügten Berichte der Mathematik- und Französischlehrer zeichneten ein ähnlich düsteres Bild. Daher schlug der offenbar grenzenlos reisefreudige Dalton vor, nach Beendigung der Weltreise mit beiden Prinzen eine längere Reise ins französischsprachige Ausland zu unternehmen.[61]

Die dreijährige Kreuzfahrt der Prinzen auf der *Bacchante*, die bereits ein beachtliches Echo in der Presse hervorgerufen hatte, sollte 1886 einen gewichtigeren publizistischen Nachhall finden. In diesem Jahr erschien das der Königin gewidmete Werk *Die Fahrt Ihrer Majestät Schiff Bacchante, 1879–1882*, zwei Bände, knapp 1500 Seiten Umfang und fast eine dreiviertel Million Wörter. Darin wurden die Kenntnisse hervorgehoben, die Eddy und George angeblich an Bord der Korvette erworben hatten. Auf dem Titelblatt waren als Verfasser des ausschweifenden Textes die beiden Prinzen genannt. Das Werk trug aber alle Anzeichen der Autorenschaft des Herausgebers John Dalton. Selbst die an schwülstige Texte gewöhnten Zeitgenossen fanden die üppige, mit klassischen Zitaten und Bergen von Details überfrachtete Prosa ziemlich unverdaulich und werden schwerlich geglaubt haben, dass dies die Arbeit von zwei Jugendlichen war. So schlug sich zum Beispiel der Besuch auf einer Straußenfarm in Südafrika im März 1881 in vier Seiten Text nieder, der keine Fragen offen ließ. Abgehandelt wurden die Kosten des künstlichen Ausbrütens von Straußeneiern, die Profitabilität der Zucht des vergangenen Jahres, die Preise für Straußenfedern, die Fütterung der Tiere und ihre natürliche Aggressivität. Der Vergleich mit dem Tagebuch, das Prinz George damals tatsächlich führte, ist erhellend: »Wir kamen bei einer Straußenfarm vorbei«, hatte der Sechzehnjährige geschrieben, »und sahen eine Menge Strauße.«[62]

Während der Niederschrift des umfangreichen Werkes kümmerte sich Dalton weiterhin um die Erziehung der Prinzen. Im Herbst 1882, wenige Monate nach der Heimkehr der *Bacchante* von ihrer Weltumsegelung, begleitete er die beiden jungen Herren dann für ein halbes Jahr nach Lausanne, wo sie an ihrem Französisch arbeiten sollten. Leider, das beklagte auch der Prinz von Wales, ging es nur sehr langsam voran, weil zu viel Englisch gesprochen wurde. Als Eddy und George im Sommer 1883 nach Großbritannien zurückkehrten, trennten sich ihre Wege dann zum ersten Mal. George wurde als Marineoffizier auf die Korvette *HMS Canada* nach Amerika beordert, während sich der Thronfolger auf den inzwischen als obligatorisch erachteten Universitätsbesuch vorbereiten musste. Zusammen mit einer Gruppe ausgewählter junger Gesellschafter, einigen Lehrern und dem unvermeidlichen Dalton wurde Eddy ins Bachelor's Cottage geschickt, einem Haus im Park von Sandringham, wo er den Sommer über intensiven Nachhilfeunterricht erhielt. Dem Bericht seines Hauptlehrers, des Historikers James Kenneth Stephen, zufolge war diese Unterweisung ein hartes Brot. Man las zwei Monate lang jeden Tag vier Stunden lang Bücher über englische Geschichte. Fast immer habe man laut vorlesen müssen; die Versuche des Prinzen, selbstständig zu lesen oder Fragen schriftlich zu beantworten, brachten keine wirklichen Ergebnisse hervor, und das Auswendiglernen habe auch nicht funktioniert. »Die Hauptschwierigkeit Prinz Edwards besteht darin, sich zu konzentrieren«, resümierte Stephen, »er kennt die Bedeutung des Wortes lesen kaum.«[63]

Ungeachtet solcher Berichte ging die Prinzenerziehung in die nächste Runde: den Besuch der Universität. Anders als sein Vater war Eddy, wie in der *Illustrated London News* zu lesen war, »kein Externer, sondern wird innerhalb des Trinity College leben. Wie andere Studenten auch wird er sich dort für einige Zeit der Disziplin des College-Lebens unterwerfen müssen«. Am 3. November veröffentlichte das Blatt sogar eine ganze Seite mit mehreren Zeichnungen, die den Studienalltag des Prinzen illustrierten: Eddy in der Kapelle, zu Tisch, mit Doktorhut und im Talar. Ganz allein war der Prinz in Cambridge jedoch nicht: Seine Zimmer lagen gleich neben denen von Hochwürden Dalton, der sich weiterhin unentbehrlich machte und regelmäßig Berichte an die Eltern schickte. Allerdings schlug er inzwischen einen weniger kritischen Ton an. Der Prinz fühle sich wohl in Cambridge, widme sich jeden Vormittag vier Stunden seinen Studien und interessiere sich ansonsten für den Tennissport, die Jagd und das Kadettenkorps. Ein Tagesplan, den Dalton Ende Oktober 1883 an den Prinzen von Wales schickte, beginnt mit Tennis um 6.30 Uhr und dem Frühstück um 8.15 Uhr; danach folgen drei Stunden »Lesen im Zimmer«, eine halbstündige Pause und eine weitere Stunde »Lesen alleine« bis 12.30 Uhr. Der Rest des Tages war Mahlzeiten, Sport, Freizeit und Geselligkeit gewidmet. Im Februar 1884 berichtete Dalton vom Lob der Geschichts- und Deutschprofessoren des Prinzen, die mit seiner Lernbereitschaft zufrieden seien. Zudem, so konnten die Eltern im März lesen, unternahm er militärische Übungen mit dem Freiwilligenkorps und konzentrierte sich, wie vom Vater gewünscht, auf die Lektüre deutscher Texte. Im Sommer 1884 verbrachte der Prinz mehrere Wochen in Heidelberg, um unter der Anleitung von Professor Ihne weiter an seinem Deutsch zu arbeiten. In der Stadt am Neckar habe er einen so guten Eindruck gemacht, berichtete die Zeitung *Pall Mall Gazette*, dass ihn der Heidelberger Gesangsverein zum Abschied mit einem Ständchen ehrte. Der hocherfreute Prinz habe sich zum Abschluss »Die Wacht am Rhein« gewünscht, und dem hatten die patriotischen Heidelberger Sänger mit Begeisterung entsprochen.[64]

Ein weiteres Studienjahr in Cambridge verlief ohne Zwischenfälle. Anders als sein Vater musste der Prinz keine Prüfungen ablegen und wurde zum Abschluss mit dem Doktorgrad ehrenhalber ausgezeichnet. Eddys einundzwanzigster Geburtstag fiel in dieses zweite Cambridge-Jahr. Er brachte die Trennung von Dalton, der nun Kanoniker in Windsor wurde. Jetzt schien der Augenblick gekommen, die öffentliche Wirksamkeit der langjährigen Erziehungsbemühungen zu überprüfen. Die hierzu veröffentlichte Festprosa klang ganz anders als die internen Beurteilungen. An erster Stelle ist ein in vielen Zeitungen veröffentlichter Brief des britischen Premierministers Gladstone zu nennen. »In der Geschichte der Welt hat es keine Epoche gegeben«, erklärte der alte Staatsmann in seinem Glückwunschschreiben, »in der die Thronfolger effektiver zur Stabilisierung eines großen historischen Systems […] beitragen können« als heute, und zwar »durch Hingabe an ihre Pflichten und durch ihr helles Vorbild für das ganze Land«. Die *Pall Mall Gazette* widmete »Prinz Edwards Karriere« einen bebilderten Artikel. Der geneigte Leser konnte erfahren, dass der Prinz und sein Bruder bei Eintritt in die Marineakademie »in derselben Weise wie andere Seekadetten« geprüft worden seien und gute Ergebnisse erzielt hatten. Darauf folgte die Reise auf der *Bacchante*, über die demnächst eine detaillierte Veröffentlichung der Prinzen selbst zu erwarten sei. Auch das Studium in Cambridge, die Sprachreise nach Heidelberg und Eddys jüngstes Engagement für das militärische Freiwilligenkorps fanden löbliche Erwähnung.[65]

Mit diesem Artikel war die Überleitung zu Eddys letztem Erziehungsabschnitt gegeben: seine Militärzeit. Als Eddy nach Abschluss seiner Universitätsausbildung 1885 dem 10. Husarenregiment beitrat, erwies er sich als geübter Reiter, schockierte seine Ausbilder aber mit seinen eklatanten Wissenslücken und seiner anscheinend vollkommenen Unfähigkeit, irgendetwas aus Büchern zu lernen. Mündlich vermitteltes Wissen nahm er dagegen deutlich besser auf. Trotz seiner ausgeprägten Abneigung gegen Anstrengungen aller Art und militärische Disziplin blieb der Prinz bei dem Regiment. Im März 1887 bestand er sogar die Abschlussprüfung als Offizier und wurde zum Hauptmann befördert. 1891 schied er schließlich im Rang eines Majors aus. Da hatte der Ruf des als wenig effektiv und vergnügungssüchtig geltenden Prinzen schon einigen Schaden genommen. Als zum Beispiel im Herbst 1888 bekannt wurde, dass ihm ein längerer Urlaub genehmigt worden war, damit er den Feierlichkeiten zum fünfundzwanzigsten Thronjubiläum des Königs von Dänemark beiwohnen konnte, reagierte die radikale *Reynolds Newspaper* mit einem beißenden Spottgedicht: »Prinz Albert Victor geht – verlassen ist der Staat. / Oh, Feinde Englands! Der Himmel möge verhindern, dass ihr bemerkt! / Dass wir jetzt unsere größte Stärke und Schild verlieren, / Den militärischen Spross unseres königlichen Hauses, / Den Löwen auf dem Schlachtfeld.«[66]

Bevor der letzte Schritt in der Vorbereitung des Thronfolgers auf seine künftige Rolle getan werden konnte – die von der Familie verordnete Vermählung mit einer geeigneten Braut –, nahmen die Dinge jedoch eine unerwartete und dramatische Wendung. Nachdem die Gesundheit des Thronfolgers schon seit einiger Zeit wohl als Folge von Alkoholmissbrauch und Geschlechtskrankheiten gelitten hatte, warf ihn Anfang 1892 eine Grippe nieder, die sich zu einer Lungenentzündung ausweitete. Am 12. Januar 1892 verstarb Edward in Sandringham im Alter von gerade achtundzwanzig Jahren. Durch diesen frühen Tod erwies sich die sorgfältig geplante, über mehr als ein Jahrzehnt inszenierte und trotz offensichtlich fehlender Eignung der Person durchgehaltene Prinzenerziehung als vergeblich.

An Eddys Stelle trat nun sein jüngerer Bruder George, der seit der Rückkehr der *Bacchante* zehn Jahre zuvor eine Karriere als Marineoffizier verfolgt hatte. Wieder stand eine freundliche Presse bereit, den Bruch zu glätten. In einem ausführlichen Artikel über »Den neuen voraussichtlichen Thronerben« attestierte die *Pall Mall Gazette* Prinz George, eine »moderne und praktische Erziehung« genossen zu haben. In Latein und in Griechisch habe er nicht brillieren können, habe aber Naturwissenschaften, Geschichte und Navigation studiert, das gesunde und entbehrungsreiche Leben eines Seekadetten geführt und als »angehender Nelson« auf der *Bacchante* die Welt kennengelernt. Auch das anspruchsvolle Leutnantspatent habe er sich unter ganz gewöhnlichen Bedingungen erworben und sodann eine Offizierslaufbahn zur See angestrebt. Dennoch waren nun schleunigst einige Maßnahmen zu ergreifen, um den bisherigen »Matrosenprinzen« auf die Rolle als Thronfolger vorzubereiten. Ein letzter Versuch wurde unternommen, Georges Fremdsprachenkenntnisse zu verbessern, aber der damit verbundene längere Aufenthalt in Heidelberg führte nicht zu den erhofften Ergebnissen. Im Mai 1892 verlobte sich George mit Prinzessin Mary von Teck, der Braut seines verstorbenen Bruders. Im Monat darauf nahm der von der Königin kurz zuvor zum Herzog von York ernannte Thronfolger seinen Sitz im Oberhaus des Parlaments ein.

George war von Eddys Tod tief getroffen, und er empfand seine neuen Pflichten als Bürde. Seine Aufgaben als Thronfolger, Ehemann und Vater ging er dennoch mit Ernsthaftigkeit an. Bis 1894 unterrichtete ihn John Robson Tanner, ein Historiker aus Cambridge, weiterhin in Geschichte und Verfassungsrecht. Der künftige König fertigte damals sogar ein Exzerpt von Walter Bagehots berühmter Studie zur englischen Verfassung an. Die Ausbildung zum Marineoffizier sollte Prinz George jedoch ein Leben lang prägen, und das machte sich bemerkbar, als es um die Erziehung seines ältesten Sohnes, des künftigen Königs Eduard VIII., ging.[67]

Am 23. Juni 1894, nur ein knappes Jahr nach der Hochzeit mit Prinz George, brachte Prinzessin Mary das erste Kind zur Welt. Anders als sein Vater war der kleine Prinz Edward Albert Christian George Andrew Patrick David, der in der Familie David genannt wurde, von Geburt an der voraussichtliche Thronfolger. Nicht zuletzt aufgrund der Lebenserinnerungen des späteren Königs Eduard VIII. herrscht der Eindruck vor, dass seine Eltern zu Hause ein strenges Regiment geführt haben. Vor allem der in äußeren Dingen überaus penible, streng auf Disziplin achtende und zur Schroffheit neigende Vater steht im Ruf, wenig zur glücklichen Entwicklung seiner Kinder beigetragen zu haben. »An der Schwelle meiner ersten Erinnerungen erscheinen meine Eltern als olympische Figuren, die das Kinderzimmer nur kurz betraten, um sich mit ernsthaft-hoffnungsvollem Interesse nach den Fortschritten ihres Erstgeborenen zu erkundigen.« Wie üblich lag die Pflege der Kleinkinder – auf Edward folgten bis 1905 noch vier Brüder und eine Schwester – in den Händen von Zofen und Gouvernanten. Systematischen Unterricht erhielt Prinz Edward in frühen Jahren kaum. Lesen und Schreiben und ein wenig Geschichte wurden unterrichtet, auch Deutsch und Französisch standen gelegentlich auf dem Stundenplan, nicht aber Mathematik, Naturwissenschaften oder Latein. Für die religiöse Unterweisung wurde – wohl in einer Mischung aus Nostalgie und Fantasielosigkeit – Hochwürden Dalton reaktiviert, aber insgesamt blieb die schulische Erziehung Stückwerk oder, wie Edward später selber schrieb, »sporadisch«.[68]

Das sollte sich im Frühjahr 1902 ändern, als Prinz George mit schweren Schritten die Stufen zum Kinderzimmer in York House hinaufstieg, die Tür öffnete und seinen Sprösslingen mitteilte: »Das ist Mr Hansell, euer neuer Lehrer.« Daraufhin ließ er die Kinder mit dem »großgewachsenen, dürren, gravitätischen« Fremden allein. Es folgte eine für alle Beteiligten peinliche Stille. Ähnlich wie John Dalton bei Eddy und George sollte Henry Hansell die Erziehung von Edward nachhaltig prägen. Und ähnlich wie bei Dalton ist auch bei dem neununddreißigjährigen Hansell nicht ganz klar, wie es dazu kam, dass ein letztlich ungeeigneter Pädagoge für diese wichtige Aufgabe ausgewählt und dann über Jahre im Amt gehalten wurde.

Hansell, der Sohn eines Landbesitzers aus der Grafschaft Norfolk, hatte in Oxford Geschichte studiert und sich als guter Fußballer erwiesen. Vor seiner Anstellung als Edwards Tutor hatte er den Sohn von Edwards Großonkel unterrichtet. Im Rückblick bedachte der prinzliche Zögling seinen Lehrer mit sanftem Spott. Hansell habe noch aus einer Zeit gestammt, als englische Schulmeister lediglich die Klassiker und das protestantische Dogma kennen und sportlich sein mussten, schrieb er in seinen Memoiren. Sein Lehrer verband »eine milde Gelehrsamkeit mit muskulösem Christentum, betont durch Tweed und eine niemals fehlende Tabakspfeife«. Der gewissenhafte und ehrliche Hansell bemühte sich immerhin nach Kräften und klammerte sich zum Ende von Edwards Universitätszeit geradezu an den Prinzen, aber das Ergebnis seiner Bemühungen war enttäuschend. Unter der Ägide dieses einfallslosen und selbstgefälligen Erziehers entwickelte der Schüler kaum Arbeitsdisziplin und noch weniger intellektuelle Neugier. Im Gespräch mit dem Historiker Harold Nicolson beschrieb Edward seinen Lehrer in den 1950er Jahren als »melancholisch und ineffektiv«. Er habe ihm und seinen Brüdern gar nichts beigebracht: »Ich bin ein kompletter Autodidakt.«[69]

Das war zweifellos eine Übertreibung, denn Hansell bot einen methodischen und sorgfältig durchgeplanten Unterricht. Die akribisch geführten Kalender des Lehrers weisen für 1904 zwischen drei und viereinhalb Unterrichtsstunden pro Tag aus. Auf dem Programm standen Rechnen, Geschichte, Deutsch, Französisch, Gedichte und Diktate, aber auch Reitstunden und Wanderausflüge. Da der Vater der Prinzen den von Hansell vorgeschlagenen Besuch einer Schule abgelehnt hatte, bemühte sich der Lehrer nach Kräften, die Atmosphäre einer englischen Schule für die zwei ältesten Prinzen – Edward und seinen achtzehn Monate jüngeren Bruder Albert Frederick – nachzustellen. Im York Cottage wurden zwei Schulbänke, eine Tafel und Wandkarten installiert und nach Stundenplan unterrichtet. Leider zahlten sich diese Bemühungen kaum aus, wie Prinz George herausfand, als seine Söhne 1906 an der Aufgabe scheiterten, das Durchschnittsgewicht der von ihm im Vorjahr geschossenen Hirsche zu berechnen. Die Sorge des Vaters angesichts solcher Schwächen, die er übrigens nicht dem Lehrer vorwarf, sondern mit der Dummheit seiner Sprösslinge erklärte, war umso größer, als 1907 die Aufnahmeprüfung für die Marineakademie anstand. Prinz George hatte nämlich entschieden, dass sein Sohn in seine Fußstapfen treten sollte: »Die Marine wird David alles beibringen, was er wissen muss.«[70]

Dieser Entschluss ging in der Hauptsache auf die Vorlieben des eingefleischten Marineoffiziers zurück, war aber keinesfalls exzentrisch, denn der Prinz erhielt hier die Möglichkeit, mit Alterskameraden innerhalb eines anerkannten und standardisierten Bildungssystems zu lernen. Edward, so hoffte man, würde sich bei der Marine Tugenden wie Pünktlichkeit, Disziplin und Selbstständigkeit aneignen. Darüber hinaus galt die Marine in Großbritannien zu diesem Zeitpunkt als geradezu charismatische Institution, als stolze Verkörperung nationaler und imperialer Größe. Wenn Dalton schon 1877 auf die vorteilhafte öffentliche Wirkung einer Prinzenausbildung bei der Marine hinweisen konnte, so galt dies dreißig Jahre später erst recht.[71]

Die Aufnahmeprüfung des Prinzen wurde daher mit größter Sorgfalt vorbereitet. Zwischen Dezember 1906 und April 1907 herrschte ein reger Briefwechsel zwischen Hansell und Vincent Baddeley, dem Privatsekretär des Oberkommandierenden der Marine. Es ging darin neben den Prüfungsfächern, der medizinischen Untersuchung und der Zusammensetzung der Prüfungskommission auch immer wieder um den Umgang mit der Presse. Mitte April 1907 war der Vorgang endlich abgeschlossen. Zusammen mit Dutzenden anderen Jungen schwitzte der Prinz drei Tage lang in einem großen Saal über seinen Prüfungsaufgaben. Am Ende war die Erleichterung über Edwards gutes Abschneiden groß: »Wir schlagen vor, das Resultat am Freitagmorgen in den Zeitungen zu veröffentlichen«, schrieb Baddeley am 10. April. Tatsächlich waren die erreichten Prüfungsergebnisse eher durchwachsen – vor allem in Arithmetik und Geometrie zeigte der Prinz deutliche Schwächen –, aber das tat der Begeisterung keinen Abbruch. Sein Bestehen »hat uns eine immense Freude bereitet«, schrieb Edwards Mutter.[72]

Die Ausbildungszeit für einen britischen Seekadetten betrug damals vier Jahre, wovon die ersten beiden im sogenannten Royal Naval College in Osborne auf der Isle of Wight, die beiden abschließenden Jahre in Dartmouth in der Grafschaft Devon verbracht wurden. Edward trat seine Ausbildung im Mai 1907 an und schlug sich insgesamt ganz passabel. Seine Leistungen litten zwar unter einer ausgeprägten Schwäche in mathematischen Fächern und Lampenfieber bei Prüfungen, aber zur Freude seines Vaters gelang es ihm, sich mit einiger Beharrlichkeit zu einem mittelmäßigen Kadetten zu entwickeln. Kurz vor seiner Ankunft in Dartmouth wurde das dortige Curriculum um einen Kurs in *Civics* ergänzt, in dem angehenden Marineoffizieren und künftigen Monarchen die Grundlagen des britischen Verfassungsrechts, des politischen Systems im Mutterland und in den Kolonien sowie eine Vorstellung von sozialen und wirtschaftlichen Fragen vermittelt werden sollten. Wie üblich beendete der inzwischen zum Fähnrich zur See beförderte Kadett Edward seine Ausbildung im Spätsommer 1911 mit einer mehrmonatigen Tour. Er diente auf dem Kriegsschiff *HMS Hindustan* während einer Routinefahrt in britischen Gewässern. Als er das Schiff verließ, sang ihm die Besatzung zum Abschied »Auld Lang Syne«. Der journalistische Chor war kaum weniger freundlich. Der *Manchester Guardian* widmete Edward zum Abschluss seiner Marineausbildung einen überaus wohlwollenden Artikel. In einem Interview mit dem Kapitän der *Hindustan* wurde der Thronfolger als »harter Arbeiter« gelobt, der »alles, was er lernen musste, intelligent angepackt hat«, und es wurde ausdrücklich darauf hingewiesen, dass der Prinz ohne Sonderbehandlung und genau wie jeder andere Fähnrich gedient habe.[73]

Zwar hegte Edwards Vater, der nach dem Tod Eduards VII. im Mai 1910 als Georg V. den Thron bestiegen hatte, den Wunsch, den Sohn »noch weiter in der meiner Meinung nach besten Einrichtung der Welt dienen« zu lassen, aber das war für einen Thronfolger nicht möglich. Damit er den Anforderungen seines künftigen Amtes gerecht werden konnte, musste der Thronfolger eine breiter angelegte Ausbildung durchlaufen. Prinz Edward werde daher, so teilte ihm sein Vater persönlich mit, erstens die Marine aufgeben, zweitens Sprach- und Bildungsreisen nach Frankreich und Deutschland unternehmen und drittens in Oxford studieren.[74]

Den Entschluss des Vaters, ihn an die Universität zu schicken, bezeichnete Edward noch in seinen Memoiren als überraschend, da der Seebär angeblich wenig von Professoren und ihrem weltfremden Leben hielt. Der Rat von Lord Derby, einem Freund des Königs, der seinen eigenen Sohn auch nach Oxford aufs Magdalen College schicken wollte, hatte wohl den Ausschlag gegeben. Hansell, der nach Kräften dafür warb, dass der Prinz in seiner Begleitung zum Studium an sein altes College geschickt wurde, spielte sicher auch eine Rolle. Aus einer ganzen Flut von Briefen, die der Erzieher im Winter 1911/12 an Herbert Warren, den Rektor des Magdalen College, schickte, geht hervor, wie beharrlich und geradezu besessen Hansell daran arbeitete, dem König eine Entscheidung zugunsten von Oxford abzuringen. Und es fällt auf, wie sehr die Beteiligten auf die Presseberichterstattung über die Studienpläne des Thronfolgers schielten. »Ich glaube, die Darstellungen in den Zeitungen sind ganz gut gewesen«, schrieb Hansell am 17. Februar 1912 an Warren und fügte hinzu: »Den heutigen Leitartikel in der ›Times‹ mag ich nicht so sehr.« Das bezog sich auf den Hinweis der Zeitung, dass Edward Gibbon seinen Aufenthalt am Magdalen College im Jahr 1752 als die »faulste und nutzloseste Zeit seines Lebens« beschrieben hatte. Obwohl die *Times* einräumte, dass Oxford inzwischen vor »intellektueller Kraft überflösse«, war das für den empfindlichen Hansell wohl schon zu viel der Nestbeschmutzung.[75]

Nachdem der Thronfolger einige Monate in Frankreich verbracht hatte, bezog er im Oktober 1912 die Universität Oxford. Hansell, Warren und der Privatsekretär des Königs hatten mittlerweile alles bis ins kleinste Detail geregelt. Die Zimmer im College waren vorbereitet, ein Kammerherr für den Prinzen war ernannt worden, und es waren erste Entscheidungen zu Edwards Lehrplan getroffen worden. »Es gibt nur eine Sache, die ich fürchte«, schrieb Hansell Anfang Oktober an Warren, »das ist die Presse. Wird sie uns eine Chance geben?« Der Rektor hatte mit diesen Vertretern der Öffentlichkeit jedenfalls alle Hände voll zu tun. »Ich werde von Reportern, Interviewern und Photographen bombardiert«, seufzte er am 8. Oktober 1912. Soweit man sehen kann, gab es jedoch wenig Grund, sich über die Haltung der britischen Presse zu beklagen. Über den Studienbeginn wurde ausführlich und freundlich berichtet. Die *Illustrated London News* brachte ein großformatiges Porträtfoto des Prinzen im schwarzen Anzug und mit einigen Büchern sowie eine Szene, die den jungen Thronfolger mit Talar und Doktorhut im malerischen Innenhof des Magdalen College zeigte. Obwohl er mit

Diener, Kammerherrn, eigenem Badezimmer und ohne Prüfungsdruck lebte, wies man wie üblich darauf hin, dass der Prinz ein ganz gewöhnlicher Student sei. Diese unzutreffende Behauptung wurde von der Presse, so schrieb Edward selbstkritisch in seinen Erinnerungen, »als frischer Beweis für die Demokratie gefeiert, die dem monarchischen System Großbritanniens innewohnt«. Darüber hinaus berichtete die Zeitung über seine Studienfächer und die Ausstattung seiner Räume im College. Die fast wortgleiche Meldung im *Manchester Guardian* zum selben Thema deutet darauf hin, dass die Presse vom Königshaus ein Communiqué erhalten hatte und dieses nun verlässlich unters Volk brachte. Als Ergebnis der ausführlichen Berichterstattung wimmelte es in Oxford bald von Touristen, die kamen, um den prinzlichen Studenten zu begaffen.[76]

Das Interesse der Presse sollte in den zwei Jahren, die Edward als Student in Oxford verbrachte, nicht nachlassen. In den umfangreichen Notizbüchern, die Rektor Warren führte, finden sich zahlreiche liebevoll eingeklebte Zeitungsberichte über das Studium des Thronfolgers. Schon im Februar 1912 hatte *Country Life* von der »allgemeinen Zufriedenheit« berichtet, mit der die Meldung von Edwards Studienplänen aufgenommen worden war, und erklärt, dass das Magdalen College an der Spitze von ganz Oxford stehen würde. Bei der Ankunft in Oxford war Edward nach einem Bericht der *Times* vom 12. Oktober 1912 ein herzliches Willkommen bereitet worden. Schon auf dem Bahnsteig hatten ihm »privilegierte Personen« zugejubelt, und bei der Fahrt durch die Stadt sei er von einer begeisterten Menge gefeiert worden. »Dieser Empfang«, so das Blatt, »war spontan und gänzlich unerwartet.« Im College sei er von Rektor Warren begrüßt und zu seinen Räumen geleitet worden – die bereits in der Dienstagsausgabe ausführlich beschrieben worden waren.[77]

Spätere Artikel im Nachlass des Rektors zeigen den Prinzen bei der Jagd mit der Hundemeute von Magdalen College und New College, beim begeisterten Anfeuern des Ruderboots seines Colleges oder hinter dem Steuer eines Automobils. Auch die Presseberichte über die längere Deutschlandreise, die Edward im Sommer 1913 unternahm, wurden von Warren sorgfältig archiviert. Nachdem der Prinz 1914 seine Studien beendet hatte, erhielt der Rektor die Möglichkeit, in einem ausführlichen Artikel in der *Times* abschließend über die Oxforder Erfahrungen des Thronfolgers zu reflektieren. Warren zeichnete das Bild eines vielseitig engagierten, gelehrigen, sportlichen und bescheidenen jungen Mannes, der seine intellektuellen Fähigkeiten entwickelt hatte, ohne dabei zum Bücherwurm zu werden. Als er Oxford verließ, war er das, was England von ihm erwartete, schrieb Warren im November 1914, »eine Kraft und ein Faktor im Leben der Nation«, umfassend vorbereitet auf die wirklichen Aufgaben eines Prinzen in einem konstitutionellen System, nämlich »zu führen und nicht zu dominieren, zu überreden und nicht zu erzwingen, zu beeinflussen durch die Attraktivität der Persönlichkeit und des Charakters und durch das Vorbild zeitgemäßer Ritterlichkeit und standhafter Pflichterfüllung«.[78]

Hinter diesem bombastischen Lobgesang verbarg sich eine nur durchschnittliche Leistung des Studenten Edward. Zwar gab er sich während der knapp zwei Jahre seiner vor allem historischen, neusprachlichen sowie politik- und wirtschaftswissenschaftlichen Studien in Oxford keine offensichtlichen Blößen und erhielt insgesamt wohlwollende Zeugnisse. Aber die Beschäftigung mit dem dargebotenen Stoff war doch eher oberflächlich und infolge seiner Unwilligkeit, gründlich und selbstständig zu lesen, sowie die Ablenkung durch sportliche, gesellschaftliche und automobilistische Aktivitäten gering. Im zweitem Studienjahr verschlangen sein Vergnügen an der Hetzjagd zu Pferde und sein Engagement im Kadettenkorps der Universität zudem viel Zeit. Edwards Lehrer beklagten eine gewisse charakterliche wie intellektuelle Unreife, die durch das jugendliche Aussehen des Thronfolgers noch unterstrichen wurde. »Der Prinz von Wales ist noch jung«, schrieb Warren im März 1913 verständnisvoll über seinen knapp neunzehnjährigen Zögling, »und man kann von ihm nicht erwarten, dass er die reife Arbeit eines geübten Studenten von zwanzig oder einundzwanzig Jahren erbringt.« Obwohl hervorragende Lehrer aufgeboten wurden und ein sorgfältig auf die bestehenden Defizite und künftigen Aufgaben des Thronfolgers abgestimmter Lehrplan vorlag, sollte der akademische Funke nicht überspringen. »Oxford ist es nicht gelungen, mich gelehrsam zu machen«, resümierte Edward in seinen Erinnerungen.[79]

Im Frühjahr 1914 neigte sich das zweite Studienjahr dem Ende zu, und Edward hoffte darauf, das als eng und langweilig empfundene Oxford bald hinter sich lassen zu können. Als Warren anfragte, ob der Prinz nicht noch ein weiteres Trimester bleiben und einen akademischen Grad erlangen wolle, ließ der junge Mann seinen Gefühlen in seinem Tagebuch freien Lauf: »Die Antwort auf die 1. ist NEIN und das zweite interessiert mich überhaupt nicht!!« Das vom Vater vorgesehene Programm, vom Sommer an einige Reisen zu unternehmen und 1915 den Dienst bei einem Garderegiment anzutreten, sagte dem Prinzen mehr zu. Doch es sollte anders kommen. Ende Juni 1914 nahm Edward an einer einwöchigen Manöverübung des Kadettenkorps teil. »Wenn ich im Camp bin, habe ich es mir zur Regel gemacht, *niemals* in eine Zeitung zu schauen«, schrieb er von dort an einen Freund, »daher habe ich keine Ahnung von dem, was draußen in der Welt vor sich geht, außer dass der österreichische Erzherzog und seine Frau einem Attentat zum Opfer gefallen sind. Ich vermute, dass das in Deutschland für Unruhe gesorgt hat.«[80]

Wenig später befand sich Großbritannien im Krieg mit dem Land, an dessen Fürstenhöfen Edward noch im Sommer zuvor so unbeschwerte Tage verbracht hatte. Die Parameter dessen, was man von einem Kronprinzen und seiner Erziehung erwartete, sollten sich schnell verschieben. Dass Rektor Warren in der Würdigung des prinzlichen Studenten im November 1914 nur kurz andeutete, Edward werde wohl niemals ein Buchgelehrter werden, und dann sein Pflichtbewusstsein, seine Ritterlichkeit und seine Fähigkeit, wie jeder andere Soldat zu marschieren, überschwänglich lobte, wen konnte das wundern?

Die Erziehung von vier Generationen britischer Thronfolger hat sich während des 19. Jahrhunderts unter dem Einfluss verschiedener Kräfte immer wieder den Zeitumständen angepasst. Die 1819 geborene Viktoria war noch in geradezu klösterlicher Abgeschiedenheit und ausschließlich in England ausgebildet worden. In Kontakt mit der Öffentlichkeit kam sie nur während einiger weniger, sorgfältig choreographierter Rundfahrten. Ihr Sohn Prinz Albert Edward wurde einem coburgisch-britischen Erziehungsexperiment unterworfen, das neben einem hochambitionierten Lehrplan mehrere Auslandsreisen, den

Besuch zweier öffentlicher Universitäten und die Grundzüge einer militärischen Ausbildung beinhaltete. Die Prinzen der darauffolgenden Generation – Victor Albert und George – wurden mit Gleichaltrigen in einer anerkannten öffentlichen Institution, nämlich der königlichen Marineakademie, außerhalb des Hofes ausgebildet. Für den Thronfolger schlossen sich daran der Besuch der Universität Cambridge und ein Kavallerietraining an. Prinz Edward, der letzte britische Thronfolger vor dem Ersten Weltkrieg, durchlief eine Ausbildung an der zur nationalen Ikone aufgestiegenen Marine und absolvierte anschließend das inzwischen obligatorische Universitätsstudium.

Diese Entwicklung war von einigen Kontinuitäten charakterisiert: Spätestens seit den 1840er Jahren gab es ein lebhaftes Interesse der durch die Medien vertretenen Öffentlichkeit an der Ausbildung des künftigen Herrschers. Das Königshaus und seine Bediensteten reagierten darauf, denn sie waren sich der Bedeutung der medialen Berichterstattung vollkommen bewusst. So ist es kaum verwunderlich, dass sich die Formung der künftigen Herrscher zunehmend nach den Vorlieben der staatstragenden Mittelschichten in der britischen Monarchie richtete: Es enwickelte sich hin zu anerkannten Prüfungen, hin zur Marine, hin zu den altehrwürdigen Universitäten – wobei die Prinzen zunächst in räumlicher Distanz, dann inmitten der Studentenschaft lebten. Eine zweite, eher verblüffende Kontinuität lag in der Rolle, die eher zufällig ausgewählte, zur weiteren Familie des Hofes gehörende und nicht besonders kompetente Hauslehrer spielten. Den Birch, Gibbs, Dalton und Hansell gelang es, ein Vertrauensverhältnis zu den königlichen Eltern aufzubauen und die Erziehung der heranwachsenden Thronfolger über Jahre zu prägen. Diese Männer, die als Prinzenerzieher allesamt versagten, entstammten durchweg öffentlich hochgeschätzten Institutionen – Eton, Cambridge, der anglikanischen Kirche und Oxford – und verkörperten einen allseits geachteten Stil, nämlich die Verbindung von »milder Gelehrsamkeit und muskulösem Christentum«. Und so trugen selbst diese höfischen Mediokritäten dazu bei, die britische Öffentlichkeit im Hinblick auf die Ausbildung des künftigen Herrschers zuversichtlich zu stimmen.

## »Damit er das klare und lebendige Bewußtsein seiner Zeit gewinne«

### *Die Erziehung der preußischen Thronfolger im 19. Jahrhundert*

Als er im Rückblick auf seine Oxforder Studienzeit über die Demokratie schrieb, die der Monarchie angeblich innewohnte, hat Ex-König Eduard VIII. selbst im Hinblick auf Großbritannien einen merklich ironischen Ton angeschlagen. Bei der Hohenzollerndynastie, die mit dem britischen Königshaus seit der Hochzeit der Prinzessin Victoria mit dem preußischen Thronfolger Friedrich Wilhelm familiär eng verbunden war, ist im Allgemeinen noch viel weniger von Demokratie die Rede. Und mit einer progressiven Haltung oder einer bereitwilligen Anpassung an bürgerliche Werte und Gepflogenheiten wird die traditionsbewusste preußische Königsfamilie ebenfalls eher selten in Verbindung gebracht. Das Thema Prinzenerziehung zeigt jedoch, dass solche Pauschalurteile – zumindest in Teilbereichen – der Revision bedürfen. An den drei im 19. Jahrhundert geborenen preußischen Thronfolgern – Kaiser Friedrich III. (1831–1888), Kaiser Wilhelm II. (1859–1941) und Kronprinz Wilhelm (1882–1951) – lässt sich besonders gut zeigen, wie sehr sogar innerhalb stark traditioneller Dynastien das Bedürfnis ausgeprägt war, für diese Aufgabe innovative Lösungen zu finden.

Bereits bei der Erziehung des 1831 geborenen Prinzen Friedrich Wilhelm, des künftigen Kaisers Friedrich III., lässt sich ein deutlicher Bruch mit der Tradition beobachten. Die Ausbildung von seinem Vater Wilhelm, dem späteren Kaiser Wilhelm I. (1797–1888), und dessen älterem Bruder, dem 1795 geborenen König Friedrich Wilhelm IV., hatte noch vollkommen in den Händen von Hauslehrern wie Johann Friedrich Delbrück, Jean Pierre Ancillon und Carl August Zeller gelegen. Delbrück hatte die Vermittlung eines breit gefächerten Lehrplans mit viel Sorgfalt und einer progressiven pädagogischen Methode verfolgt. Dass einer der Brüder später eine Schule oder eine Universität besuchte, war nicht vorgesehen. Die Tradition des Hauses, nach der die Prinzen schon mit zehn oder elf Jahren militärischen Erziehern übergeben wurden, und die Wirren der napoleonischen Kriege dürften dabei eine Rolle gespielt haben. Besonders bei Wilhelm, dem Nachgeborenen, rückte nach seinem dreizehnten Lebensjahr die Behandlung literarischer und historischer Themen in den Hintergrund, weil militärtechnische und kriegswissenschaftliche Inhalte zunehmend an Bedeutung gewannen.[81]

Der erzieherische Anspruch präsentierte sich bei Wilhelms Sohn Friedrich Wilhelm ganz anders, und das lag vor allem am Einfluss von Friedrich Wilhelms Mutter, der Prinzessin Augusta. Sie stammte aus dem schon seit 1816 konstitutionellen Herzogtum Sachsen-Weimar-Eisenach und war eine intellektuell ambitionierte Frau. Gerade weil sie in der Hohenzollernresidenz an der Seite ihres etwas hölzern-militärischen Gemahls das kulturelle und intellektuelle Flair von Goethes Weimar, wo sie aufgewachsen war, schmerzlich vermisste, war sie entschlossen, am nüchternen preußischen Hof etwas zu verändern. Das Vehikel dieser Veränderung sollte ihr 1831 geborener Sohn, der präsumtive preußische Thronfolger, werden, über dessen Erziehung sie aufmerksam wachte. »Daß der stark an Geist und Körper aufwachse, um den ungeheuren Aufgaben der Zeit entgegentreten zu können, das ist der Gegenstand ihrer Gedanken unablässig«, urteilte der spätere Prinzenerzieher Ernst Curtius. Mit dem von ihr gewünschten und mithilfe von Curtius ausformulierten neuhumanistischen Bildungsideal opponierte Augusta bewusst gegen das von ihrem Mann und der Potsdamer Umgebung favorisierte Konzept einer vorrangig militärischen Erziehung. Den Briefen der Prinzessin lässt sich entnehmen, wie sehr sie dabei von den politischen Entwicklungen der Zeit beeinflusst war. Ihr Sohn gehöre »der Gegenwart und der Zukunft«, schrieb sie im Oktober des Revolutionsjahres 1848 an den Offizier Albrecht von Roon, »er muß die neuen Ideen in sich aufnehmen und daselbst verarbeiten, damit er das klare und lebendige Bewußtsein seiner Zeit gewinne und nicht außerhalb derselben, sondern in und mit ihr lebe.« Der »Feuerkopf«, wie Wilhelm seine Frau nannte, zeigte in der Verfolgung dieses Ziels eine beachtliche Durchsetzungskraft. Gegen zähe Widerstände erreichte sie, dass neben die unvermeidlich starke militärische Komponente der Ausbildung ihres Sohnes eine zivile Erziehung von neuer Qualität und Intensivität trat. Nach Andreas Bernhard war der spätere Kaiser Friedrich III. »der erste Thronfolger, der unter bildungsbürgerlichen Gesichtspunkten erzogen wurde«.[82]

Frédéric Louis Godet, ein junger Theologe aus Neuchâtel, wurde 1838 der erste Zivilerzieher des Prinzen. Zugleich erhielt der Thronfolger mit Rudolf von Zastrow einen Schul- und Spielkameraden in seinem Alter, der fast ein Jahrzehnt lang gleichberechtigt an der Seite des künftigen Monarchen erzogen wurde und sich zu einer Art Ersatzbruder entwickelte. Den Unterricht, der ein breites Fächerspektrum umfasste und gelegentlich im Beisein der wachsamen Mutter stattfand, erteilten Godet und eine Reihe ziviler Lehrkräfte. Nach einer Aufstellung des Generals Karl Georg von Unruh, Militärgouverneur des Prinzen, waren für die »Beschäftigung« der Jungen im fünften Schuljahr insgesamt 49 Wochenstunden angesetzt. Diese verteilten sich auf 17 Stunden »häusliche Arbeit« und 32 Unterrichtsstunden, von denen zehn Stunden auf Sprachen, acht auf Wissenschaften, sieben auf Künste, fünf auf Leibesübungen und zwei auf Religion entfielen. 1844 wurde Godet durch den gefeierten Altertumswissenschaftler Ernst Curtius ersetzt. Als Koryphäe der Geschichte und Kultur des klassischen Altertums und Vertreter einer konstitutionellen Entwicklung des Staates entsprach der einer bekannten Lübecker Bürgerfamilie entstammende Gelehrte den bildungsbürgerlichen und politischen Vorlieben Augustas. Curtius übernahm die Leitung der Erziehung des damals dreizehnjährigen Prinzen und sollte ihn bis zum Beginn der Universitätszeit sechs Jahre später begleiten.[83]

Curtius erkannte bald, dass sein nur durchschnittlich begabter Zögling zuvor überfordert und zu streng beurteilt worden war. Er lockerte das erzieherische Programm durch Museumsbesuche auf und sorgte dafür, dass der Prinz mehr Gelegenheit zum Umgang mit Gleichaltrigen erhielt, indem er Kadetten und Berliner Gymnasiasten in den Unterricht einbezog. Dabei wurde darauf geachtet, dass die Mehrheit dieser Spielgefährten bürgerlicher Herkunft war, bevorzugt Söhne von Beamten und Professoren. Handschriftliche Notizen Augustas lassen erkennen, wie wichtig es ihr war, dass ihr Sohn Einsichten in die nichthöfische Welt erhielt. Allerdings bestand die Prinzessin – anders als Curtius, aber in Übereinstimmung mit von Unruh – auf einem ambitionierten Pensum der Wissensvermittlung, das Friedrich Wilhelm wohl überforderte. 1844 erhielt der dreizehnjährige Prinz 35 Wochenstunden Unterricht in 14 verschiedenen Fächern, zu denen Latein und moderne Fremdsprachen, Mathematik, Geographie und Geschichte, aber auch Reiten, Turnen und Tanzen gehörten. Zum Teil wurden hierzu namhafte Fachleute und Pädagogen – etwa der Mathematiker Karl Schellbach – hinzugezogen. Daneben unternahm Curtius mit seinem Zögling Reisen in den Harz, nach Schlesien oder in Curtius' Heimat nach Holstein und Lübeck, wo der Prinz 1845 die Familie seines Lehrers kennenlernte. Auch dies geschah nicht ohne politische Hintergedanken und den Blick auf die öffentliche Wirkung. Curtius freute sich, dass Friedrich Wilhelm »Liebe zum Lübecker Bürgerthum und Achtung vor dem holsteinischen Bauernstande« gewann. Besonders viel versprach sich der Erzieher von dem »zwei- bis dreitägige[n] Zusammenleben mit unserer Familie, in der dem ›jungen Fürstensohne‹, wie sich die Allgemeine Preußische Zeitung ausdrückt, das Bild einer anständigen Bürgerfamilie zum ersten Mal entgegentrat«.[84]

Der Königin gelang es mithilfe der progressiven, antimilitärischen Kräfte am Hof, die intensive Phase der militärischen Ausbildung des Thronfolgers, die im preußischen Königshaus üblicherweise mit dem vierzehnten Lebensjahr begann, bis zum Ende der schulischen Erziehung hinauszuzögern. »Ich habe diese Bestimmungen bis zum 16. Jahr meines Sohnes hinausgeschoben«, erklärte Prinz Wilhelm 1847 mit unverhohlenem Widerwillen, »weil ich mir nicht den Vorwurf machen wollte, ihm, der voraussichtlich zu anderem Beruf als dem rein militairischen ausersehen ist, eine vielseitige Vorliebe für das Militair inokulirt zu haben; und mein ganzes Benehmen in dieser Beziehung auf seine Instruktion und seine Erziehung giebt Zeugniß von dieser Ansicht, die durchzuführen mir oft sehr schwer geworden ist.« Nach Ablauf dieser zwei Jahre drängte er aber darauf, dass sein Sohn sich endlich dem für die Hohenzollern so zentralen Feld der Armee widmete und durchkreuzte damit den von Augusta und Curtius entworfenen Plan, Friedrich Wilhelm schon im Winter 1848 an die Bonner Universität zu schicken. In den Augen Augustas war eine Universitätsausbildung für den Thronfolger aber unerlässlich. »Unwissend darf niemand heutzutage seyn«, schrieb sie im selben Jahr, nachdem ihr Sohn eine überraschend gute Prüfung abgelegt hatte, »und nur wenn man eine gewisse Höhe der Bildung erreicht hat, kommt man im Streben nach Vorurteilsfreiheit und überhaupt nach geistigem Leben, ohne welches ich mir keinen tüchtigen Mann denken kann.«[85]

Wilhelm ließ sich diesmal nicht erweichen, und so trat der gemeinsame Sohn im Mai 1849 den Dienst beim 1. Garderegiment zu Fuß an. Allerdings trug das progressive Erziehungsprogramm der Mutter zu diesem Zeitpunkt bereits Früchte, denn noch im selben Monat widersprach der Prinz bei einem Diner den verfassungsfeindlichen Kommentaren des Generals Leopold von Gerlach mit dem Hinweis, dass eine Volksvertretung notwendig sei. Wenige Monate später, im Oktober 1849, pries die liberale *Deutsche Zeitung* Friedrich Wilhelm anlässlich seines achtzehnten Geburtstags als milde, mitfühlend und darauf bedacht, Gutes zu tun. Vor allem aber, berichtete das Blatt, entfalteten sich seine Neigungen »eher im Einklang mit denen der Mutter als denen des Vaters«. Und weil dies so war, beurlaubte man den künftigen König bereits im Herbst 1849 von der Armee, damit er sich an der Universität Bonn, fernab des Berliner Hofes, als Student einschreiben konnte.[86]

In Begleitung seines Erziehers Curtius und seines neuen Militärgouverneurs, des Obersten Friedrich Leopold Fischer, übersiedelte der Prinz an den Rhein, wo er vier vergnügliche und ertragreiche Semester verbrachte. Im Verlauf seines juristischen, philosophischen und staatswissenschaftlichen Studiums wurde er von namhaften Gelehrten wie dem Philosophen Christian August Brandis und dem Juristen Clemens Theodor Perthes, aber auch von liberalnationalen Koryphäen wie den Historikern Ernst Moritz Arndt und Friedrich Christoph Dahlmann unterrichtet. Durch sie und seine Kommilitonen sollten dem Thronfolger, so hoffte seine Mutter, »belehrende Gespräche mit tüchtigen Männern aller Stände« geboten werden und er zu einem gebildeten und eigenständigen Urteil gelangen. Dass sich diese Gespräche zum guten Teil um die Entwicklung der konstitutionellen Monarchie in Preußen drehten, das im Dezember 1848 durch ein königliches Dekret zum Verfassungsstaat geworden war, dürfte Prinzessin Augusta höchst willkommen gewesen sein. Soweit es seine Stellung erlaubte, nahm Prinz Friedrich Wilhelm zudem vergleichsweise ungezwungen am gesellschaftlichen Leben der rheinischen Universitätsstadt teil und zog im Frühjahr 1852 ein durchweg positives Resümee hinsichtlich seiner nunmehr abgeschlossenen Erziehung.[87]

Augusta war weniger zufrieden: Die intellektuelle Entwicklung Friedrich Wilhelms blieb stets hinter den unrealistisch hohen Erwartungen der ungeduldigen Mutter zurück. Was ihr auch nicht gefallen konnte, war die Tatsache, dass der Kronprinz im Verlauf seiner sich nun anschließenden steilen militärischen Karriere die in Preußen übliche Begeisterung für die Armee zeigte. Schon 1851, kurz vor Ende seines Studiums, war er zum Hauptmann befördert worden. Vier Jahre darauf hatte er mehrere Kommandostellen – unter anderem beim 1. Garderegiment und bei den Dragonern – hinter sich gebracht, hatte die Berliner Kriegsakademie besucht und war zum Oberst avanciert. 1858 erfolgte die Ernennung zum Brigadegeneral. Das stellte die Bemühungen um eine effektive und publikumswirksame Erziehung des künftigen Monarchen keineswegs infrage, die mit wichtigen Innovationen verbunden war: eine langjährige Ausbildung des Thronfolgers gemäß einem bürgerlich-neuhumanistischen Ideal, die Erziehung in Gesellschaft gleichaltriger Nichtadliger und schließlich ein Studium an einer öffentlichen Universität. Dieser Bildungsweg war in der Öffentlichkeit mit Interesse verfolgt worden, der auch die damit verbundenen politischen Prägungen des Kronprinzen bekannt wurden. Bald nahm man diesen als bildungsbürgerlichen Hoffnungsträger wahr. 1879 etwa wurde berichtet, dass der Kronprinz zum Geburtstag seiner Gemahlin eine alte Ausgabe von Livius' römischer Geschichte geschenkt bekommen hatte. »Als guter Deutscher«, hieß es prompt in einem zeitgenössischen Büchlein, finde er natürlich »an diesen gelehrten Dingen Gefallen«.[88]

Neben der humanistischen Bildung wurde im 19. Jahrhundert – und gewiss nicht nur in Preußen – auch in bürgerlichen Kreisen die Ausbildung des künftigen Herrschers zu einem fähigen Offizier als Teil einer monarchischen Gesamtkompetenz wahrgenommen. Dass »Unser Fritz« nach den Kriegen von 1866 und 1870/71 nicht nur als sorgfältig gebildet und verfassungstreu galt, sondern ein siegreicher und kampferprobter Feldherr war, machte das Zukunftsangebot der Hohenzollern an ihre Untertanen nur noch attraktiver.

Die Modernisierung der preußischen Prinzenerziehung kam mit dem jungen Kronprinzen Friedrich Wilhelm keineswegs zum Abschluss. Schon die Ausbildung seines ältesten Sohnes, des 1859 geborenen Prinzen Wilhelm, erfuhr eine weitere Innovation, und wieder spielte eine modern eingestellte Mutter die entscheidende Rolle.

Die Geburt des künftigen Kaisers Wilhelm II. im Januar 1859 war für Mutter und Kind höchst gefährlich verlaufen. Zwar gelang es dem spät herbeigerufenen Gynäkologen Eduard Martin, die achtzehnjährige Gebärende von dem in Steißlage befindlichen Säugling zu entbinden, aber das Kind hatte dabei gesundheitlich Schaden genommen. Der linke Arm wurde irreparabel geschädigt und blieb zeitlebens deutlich verkürzt und weitgehend gelähmt. Zudem kam es während der Geburt vermutlich zu einer Sauerstoffunterversorgung des Kindes, was Auswirkungen auf die körperliche Entwicklung und das Verhalten des späteren Monarchen hatte. Diese gesundheitlichen Probleme sollten insbesondere die Kindheit des Kaisers und das Verhältnis zwischen Mutter und Sohn schwer belasten. Ähnlich wie ihre Mutter war Prinzessin Victoria, die den preußischen Thronfolger im Januar 1858 geheiratet hatte, von dem Gedanken besessen, durch die Erziehung ihres Sohnes ein Ebenbild ihres Vaters, des beinahe vergötterten Prinzgemahls Albert, zu erschaffen. Dieses Unterfangen sollte bei dem Prinzen Wilhelm ebenso spektakulär scheitern wie bei seinem Onkel, dem späteren König Eduard VII. Der Hohenzollernprinz hatte zudem damit zu kämpfen, dass der ständige Vergleich mit dem unerreichbar perfekten Vorbild des 1861 verstorbenen coburgisch-britischen Großvaters das Bewusstsein der Mutter für die Schwächen des Kindes schärfte. Zur Korrektur der körperlichen Gebrechen des Jungen – das gelähmte Ärmchen, die Schiefstellung des Kopfes, Gleichgewichtsstörungen – wurde daher ein langwieriges und mitunter bizarr anmutendes Programm belastender Quacksalberei verfolgt. Streckmaschinen, Elektroschocktherapie und das Einreiben mit angeblich belebenden Tinkturen kamen ebenso zum Einsatz wie chirurgische Eingriffe, Turnübungen und »animalische Bäder«, bei denen der Arm des Kindes in frisch geschlachtete Hasen eingebunden wurde. Dass diese Maßnahmen weder fruchteten noch die Neigung des dergestalt traktierten

Kindes zu ruhigem Verhalten förderten, verdross die junge Mutter noch mehr.[89]

Umso wichtiger war es, dass die geistige Erziehung des künftigen Monarchen den höchsten Ansprüchen genügte. Hier hatte das Kronprinzenpaar klare Vorstellungen, die es zäh gegen Widerstände am Hof durchsetzte. In gewisser Weise wiederholte sich die Konstellation, die schon die Erziehung des Kronprinzen selbst gestaltet hatte: Eine fortschrittlich fühlende Mutter – diesmal die energische britisch-preußische Kronprinzessin Vicky – musste dem inzwischen zum Monarchen aufgestiegenen Wilhelm I. Zugeständnisse abringen. Allerdings wurde sie dabei beständig und umsichtig von ihrem Mann unterstützt, der die Ansichten seiner Frau in der Regel teilte.

Bei der Erziehung des künftigen Kaisers wurde Dr. Georg Hinzpeter, ein strenger und willensstarker Mann, zur zentralen Figur. Der calvinistische Altphilologe und Pädagoge trat seinen Dienst als Zivilerzieher des Prinzen im Herbst 1866 an. Er war nach einem überaus sorgfältigen Auswahlprozess auf Vorschlag eines mit dem Kronprinzenpaar befreundeten britischen Diplomaten für diesen Posten bestimmt worden und genoss das vollkommene Vertrauen der Eltern. Der siebenjährige Prinz Wilhelm war bis dahin von Kindermädchen und Gouvernanten wie dem resoluten Fräulein von Dobeneck betreut worden. Ein Seminarlehrer aus Potsdam hatte ihm die Grundzüge des Lesens und Schreibens beigebracht, und seit 1864 hatte er auch erste Unterweisungen in Französisch erhalten. In seinen rückblickenden Aufzeichnungen hat Hinzpeter 1888 dargelegt, dass seinen Bemühungen durchaus politische Relevanz zukam: »Den Anforderungen der Eltern gemäß war der Erziehung die Aufgabe gestellt, im Gegensatz zur Tradition dem Interesse für das bürgerliche Leben den Vorrang vor dem militärischen in dem heranwachsenden Prinzen zu verschaffen.« Welchem Zweck dies diente, hatte er bereits 1876 in einer Denkschrift formuliert: »Stellung und Aufgabe der Fürsten sind in moderner Zeit wesentlich andere als in früheren Jahrhunderten […] Denn giebt auch jetzt die Individualität der Fürsten nicht mehr dem Leben des Volkes ein eigenes mit der Person wechselndes Gepräge, so ist die vollste Entwicklung seiner Kräfte darum nicht minder bedeutsam für das Gedeihn des Ganzen. Der Fürst war wohl nie so auf seine eignen Kräfte angewiesen, wie er es in dem bevorstehenden Kampfe der großen feindlichen Parteien des Volkes sein wird; ihn allein wird seine Stellung zur Unparteilichkeit befähigen.«[90]

Der Kronprinz und die Kronprinzessin glaubten, mit Hinzpeter den geeigneten Mann gefunden zu haben, ihren Erstgeborenen für diese Herkulesaufgabe zu wappnen. Die verschiedenen Historiker, die der Jugendzeit des letzten deutschen Kaisers große Aufmerksamkeit gewidmet haben, sind sich – mit einigen Nuancierungen – dagegen einig, dass der knöcherne, glaubensstrenge und ständig fordernde Hinzpeter sich durchaus nicht dazu eignete, den unsteten, zwischen Unsicherheit und Selbstüberschätzung schwankenden, vermutlich traumatisierten Jungen liebevoll aufzumuntern und ihm eine verlässliche Stütze zu bieten. Unabhängig davon, ob man Hinzpeters Regime als geradezu sadistisch einstuft, wie John Röhl es tut, oder das Handeln des Pädagogen milder beurteilt wie Yvonne Wagner, bleibt festzustellen, dass die Erziehung Prinz Wilhelms sich aufgrund der liberalen Einstellung seiner Eltern erheblich von der seiner Vorgänger unterschied.

Zunächst gelang es den Eltern und Hinzpeter, den einstmals beherrschenden Einfluss des in Preußen üblichen Militärgouverneurs auf Dauer zugunsten des zivilen Erziehers zurückzudrängen. In einem 1866 verfassten und von beiden Eltern des Prinzen unterzeichneten Dokument wurde als erster Punkt festgelegt, dass Hinzpeter »nicht allein für den *Unterricht*, sondern auch für die ganze Erziehung und allen darauf bezüglichen Angelegenheiten Uns den Eltern selbständig verantwortlich, und also in jenen Beziehungen dem Hauptmann von Schrötter nicht *untergeordnet*« war. Der solchermaßen zurückgesetzte Militärgouverneur Gustav von Schrötter bat daraufhin um seinen Abschied. Nachdem die Kronprinzessin alle vom kaiserlichen Militärkabinett vorgeschlagenen einflussreichen und durchsetzungsfähigen Kandidaten als »unerhörte Octroyierung« verworfen hatte, wurde auf Wunsch des Kronprinzen der gänzlich unbekannte Leutnant August O'Danne auf den Posten berufen. Der junge Offizier konnte sich gegenüber Hinzpeter ebenso wenig durchsetzen wie sein Nachfolger Walter von Gottberg, den vom ersten Tag an Sorgen über die »Alleinherrschaft« Hinzpeters plagten.[91]

Mit der Beschneidung der Befugnisse des Militärgouverneurs ging die deutliche Verzögerung der militärischen Ausbildung des Prinzen einher. Diese begann – von einigen dekorativen Elementen abgesehen – eigentlich erst, nachdem der künftige Kaiser im Januar 1877, wenige Tage vor seinem achtzehnten Geburtstag, seine Schulausbildung beendet hatte, und auch dann handelte es sich um kaum mehr als eine Stippvisite. Anfang Februar trat Wilhelm seinen Dienst als Leutnant bei der 6. Kompanie des 1. Garderegiments zu Fuß an und besuchte daneben auch die Potsdamer Kriegsschule. Schon im Juli desselben Jahres bestand er sein Offiziersexamen – wobei er selbstverständlich »vorzügliche Kenntnisse« bewies. Bereits drei Monate später wurde er jedoch beurlaubt, damit er sein Studium an der Universität Bonn aufnehmen konnte. Der Primat der zivilen Erziehung bestand also weiter, und dies blieb nicht ohne Folgen. Aus Sicht Christopher Clarks gelang es Wilhelm nie, die Bereitschaft zur Selbstdisziplin und Anerkennung der Gehorsamspflicht zu verinnerlichen, deren Vermittlung den Kern der preußischen Militärausbildung ausmachte. Bei aller späteren Begeisterung für schimmernde Wehr und markige Worte blieb Kaiser Wilhelm II. – anders als sein kriegserfahrener Vater und Großvater – ein uniformierter Zivilist.[92]

Eine weitere moderne Facette der Erziehung des Prinzen Wilhelm bestand in Hinzpeters Absicht, dem Zögling Gelegenheit zur »Uebung in persönlicher Theilnahme« zu geben, also ihm Kenntnisse von den Lebensbedingungen der untersten Klasse zu vermitteln und so dafür zu sorgen, dass der künftige Herrscher Sensibilität und Mitgefühl entwickelte und die »soziale Frage erfassen lerne«. Bei einem Besuch in Thüringen konfrontierte Hinzpeter den Prinzen mit einem »schwarzen lumpendekorirten Maurer, der klagenden Frau und dem unehelichen Enkel«. Es wurden Bergwerke, Stahlwerke, Gießereien, Arbeiterunterkünfte und eine Glasbläserei besucht. Wie bei seinem Vater, aber mit noch deutlicherer Überwindung der Standesunterschiede nach unten wurde bei der Erziehung Wilhelms II. darauf geachtet, dass er auch nichtadlige Lebenswelten kennenlernte. So könne er sich mit größerer Berechtigung als »Personifikation seines Volkes« präsentieren, meinte Hinzpeter.[93]

Die erstaunlichste Neuerung in der Erziehung des letzten deutschen Kaisers war jedoch der Besuch einer öffentlichen Schule. Hinzpeter nannte es ein »Experiment ohne Vorgang«. Er verfolgte diesen Plan seit 1870, aber es bedurfte jahrelanger und mitunter geradezu durchtriebener Vorbereitungen, um die Einwilligung des Kaisers zu erwirken. Bevor Wilhelm im Herbst 1874 schließlich in das humanistische Friedrichsgymnasium in Kassel eintrat, hatte Hinzpeter bereits Versuche unternommen, ihn unter Beachtung der offiziellen Regeln an den Unterricht in einer Klassengemeinschaft zu gewöhnen. Bereits in den späten 1860er Jahren wurden Wilhelm und sein jüngerer Bruder Heinrich mit einigen Dorfkindern in der Schule von Bornstedt bei Potsdam unterrichtet, wo die kronprinzliche Familie ein Landgut bewohnte. Im April 1873 absolvierte der Thronfolger vor Hinzpeter und Lehrern des Joachimsthalschen Gymnasiums in den Fächern Latein, Griechisch und Mathematik die gymnasiale Aufnahmeprüfung, wobei ihm attestiert wurde, dass er die Reife für den Eintritt in die Obertertia besitze. Dennoch stand die Übersiedlung nach Kassel – zum Schulbesuch fernab des Hofes – bis zuletzt auf der Kippe, da Kaiser Wilhelm I. weiterhin starke Bedenken hegte.[94]

Trotz Hinzpeters eifrigen Bemühungen seit 1866 bedurfte Prinz Wilhelm noch einer wochenlangen, intensiven Nachhilfe durch die Lehrer des Kasseler Gymnasiums, bevor er schließlich im Oktober 1874 in die Obersekunda eintreten konnte. »Ich werde von rechts nach links vom frühen Morgen bis zur Nacht ausgequetscht wie ein Schwamm von den Lehrern für Latein, Griechisch und Mathematik, so daß ich kaum noch Zeit zum Atmen habe«, klagte der Fünfzehnjährige während dieses Trainingslagers in einem Brief an seine Mutter. Hinzpeter wusste, dass Wilhelm als einer der jüngsten und am wenigsten gut vorbereiteten Schüler zu der Klasse stoßen würde, aber er erhoffte sich viel von der pädagogischen Wirkung der dann entstehenden Konkurrenz: »Intellektuell soll die Schule mit ihrem Wetteifer den Prinzen treiben, seine Kräfte wirklich in Bewegung zu setzen.« Tatsächlich gelang es dem Thronfolger in den verbleibenden zweieinhalb Jahren bis zum Abitur, sich auf einen mittleren Platz in der siebzehnköpfigen Klasse vorzuarbeiten, aber dieser Erfolg war hart erkämpft. Noch vor dem –

*Im Jahr 1874 bezog Prinz Wilhelm, der spätere Kaiser Wilhelm II., das Friedrichsgymnasium in Kassel, wo er drei Jahre darauf die Abiturprüfung ablegte. Vor ihm hatte noch kein Hohenzollernprinz eine öffentliche Schule besucht. Freude hat ihm der Schulbesuch nicht bereitet: Der Monarch sollte seine Gymnasialzeit als »verknöchert« und »geisttötend« in Erinnerung behalten.*

bereits um 7 Uhr beginnenden – Schulunterricht absolvierte Wilhelm bereits eine Arbeitsstunde mit Hinzpeter, und an vielen Tagen erhielt er auch abends noch Nachhilfeunterricht von einzelnen Lehrern. Nicht selten arbeitete der Gymnasiast von halb 6 Uhr morgens bis 10 Uhr abends ohne große Unterbrechungen. Von Sonntagen und Essenszeiten abgesehen waren wöchentlich nur elf Stunden für Freizeit vorgesehen, in denen der Junge dann das Vergnügen hatte, mit Hinzpeter spazieren zu gehen oder auszureiten. In Wilhelms Stundenplan kam den alten Sprachen mit neunzehn Wochenstunden – die Nachhilfestunden nicht mitgerechnet – ein gewaltiges Übergewicht zu. Für Naturwissenschaften und moderne Fremdsprachen war nur wenig Zeit vorgesehen, so dass Wilhelm Kenntnisse vor allem in Letzteren durch zusätzlichen Privatunterricht erwerben musste.[95]

Der Prinz lebte sich recht gut in die Klassengemeinschaft ein, wo ihm – nach Hinzpeters strenger Vorschrift – keinerlei Sonderbehandlung zuteilwerden durfte. Die kleinlich-kritischen Kommentare und die strenge Benotung, die man in einem vor wenigen Jahren edierten Aufsatzheft Wilhelms aus dem Jahr 1875 nachlesen kann, lassen darauf schließen, dass dies tatsächlich der Fall war. Dennoch legte er das Abiturexamen schließlich als Zehntbester von siebzehn Absolventen ab. Wilhelm schloss zudem Freundschaft mit einigen Mitschülern, die ihm zum Teil über Jahrzehnte verbunden bleiben sollten, und auch die öffentliche Wirkung des »Experiments« war erfreulich. Seine Klassenkameraden äußerten sich insgesamt freundlich über ihren prominenten Mitschüler, und in der Presse wurde lobend über ihn berichtet. Die Londoner *Times* wies 1874 ausdrücklich darauf hin, dass das Kronprinzenpaar seinen Sprössling dem Schuldirektor vorgeführt habe und die hohen Herrschaften den Sohn »wie gewöhnliche Bürger vor ihren Augen hätten examinieren lassen«. Zudem sei die Schule ermahnt worden, den Prinzen »in jeder Hinsicht wie alle anderen Jungen zu behandeln«. Das berühmte britische Blatt verlor die Sache nicht aus den Augen und berichtete im Januar 1877, Prinz Wilhelm habe seine »abschließende Prüfung in Kassel mit Erfolg abgelegt«. Noch Jahre später wurden prachtvoll gestaltete Postkarten vertrieben, die den Kaiser als Gymnasiasten in Kassel abbildeten. Dennoch hinterließ die Schulzeit unter der Fuchtel des allgegenwärtigen und chronisch unzufriedenen Erziehers bei Wilhelm eine tiefe Verbitterung. Immer wieder brach bei dem erwachsenen Kaiser der Groll über das besessene philologische Sezieren endloser antiker Texte, die veralteten und weltfremden Inhalte und die freudlos-trockene Atmosphäre bar jeder jugendlichen Frische hervor. Dieses »verknöcherte und geisttötendste aller Systeme«, so viel war klar, würde er seinen Söhnen nicht zumuten.[96]

Mit dem Abitur war die Ausbildung des nun volljährigen Thronfolgers noch längst nicht beendet. Nach der kurzen und ungewöhnlich erfolgreichen Episode beim 1. Garderegiment in Potsdam schrieb er sich im Herbst 1877 an der Universität Bonn ein. Wie sein Vater vor ihm sollte der künftige Kaiser die vier durch mehrere Reisen unterbrochenen Semester am Rhein als eine idyllische Zeit in Erinnerung behalten. Lediglich begleitet von zwei Offizieren, bezog Wilhelm eine Villa an der Koblenzer Straße. Befreit von der strengen Aufsicht Hinzpeters, der sich zur Ruhe gesetzt hatte, ging der Prinz sein Studium eher gelassen an und genoss die Angebote des Rheinlands und die Entfernung vom Elternhaus. Ohne sich groß zu bemühen, schaute er sich erst einmal in verschiedenen Fachbereichen um: Geschichte, Jura, Philosophie, Experimentalphysik, Germanistik, Literaturgeschichte, Nationalökonomie, Kunstgeschichte, Finanzwissenschaft und Archäologie. Hin und wieder besuchte er öffentliche Vorlesungen, doch die meisten seiner Lehrveranstaltungen fanden als Privatunterricht statt. Sein sozialer Umgang wurde von dem exklusiven und vom ostelbischen Adel dominierten studentischen Corps Borussia beherrscht, mit dem bereits sein Vater in Verbindung gestanden hatte. Hier wurde jener forsche, militärisch-männliche Umgangston gepflegt, der dem Thronfolger schon während seiner Potsdamer Soldatenzeit so zugesagt hatte und der zu einer Persönlichkeitsentwicklung führte, die ihn zusehends von seinen mehr bürgerlich orientierten Eltern entfremdete.[97] Unter diesen Vorzeichen war es kaum verwunderlich, dass der Prinz keinen Widerstand leistete, als sein Großvater ihn aufforderte, das Studium zu beenden und seine militärische Karriere fortzusetzen. Im Oktober 1879 nahm der zwanzigjährige Prinz wieder den Dienst in Potsdam auf – sehr zum Bedauern der Kronprinzessin, die seine jüngste Entwicklung scharf kritisierte.

»Willy ist chauvinistisch und ultra-preußisch in einem Maße und mit einer Gewalt, die schmerzhaft für mich ist«, schrieb sie wenig später an ihre Mutter.

Die Begeisterung, mit der er in das soldatische Umfeld eintauchte, entband den Prinzen jedoch nicht von sämtlichen zivilen Unterweisungen. Die in Bonn mit finanzwissenschaftlichen und verwaltungsrechtlichen Studien begonnene Heranführung des künftigen Herrschers an die Arbeit des Staatsapparats wurde in den 1880er Jahren weitergeführt. Hier zeigten sich das Kronprinzenpaar und der Kaiser sogar einmal einig. Per allerhöchster Kabinettsorder vom 2. Oktober 1882 wurde eine sechsmonatige Unterweisung des Prinzen in Steuer- und Wirtschaftsfragen durch Heinrich von Achenbach, den Oberpräsidenten der Provinz Brandenburg, verfügt. Zudem nahm Wilhelm an Sitzungen des Kreistags in Teltow und des Provinziallandtags in Potsdam teil. 1886 erhielt der künftige Herrscher auch Schulungen und Akteneinsicht in dem von Otto von Bismarcks Sohn Herbert geleiteten Auswärtigen Amt. Die letztere Initiative erfolgte allerdings schon im Zuge des bitteren Konflikts zwischen dem liberaleren Kronprinzenpaar und der reaktionären Gegenpartei, auf deren Seite sich Prinz Wilhelm mit Nachdruck geschlagen hatte.[98]

Der Versuch der Eltern, Prinz Wilhelm durch ein fortschrittliches, sorgsam durchgeplantes und mit Konsequenz angewandtes Erziehungskonzept in eine betont bürgerliche, verfassungsfreundliche und aufgeschlossene Richtung zu lenken, war gänzlich gescheitert. Sein Vater hatte – nicht zuletzt aufgrund der Erziehung und des Einflusses seiner Mutter – ein für preußische Verhältnisse vergleichsweise liberales Weltbild entwickelt. Wilhelm schlug in die entgegengesetzte Richtung, wohl auch aus Trotz gegen die fordernde und niemals zufriedene Mutter, von deren Liberalismus er sich demonstrativ absetzen wollte. Die Entwicklung des künftigen Kaisers zu einem oberflächlich-unsteten Mann, der autokratisch dachte und in dem selbst Befürworter des monarchischen Systems bald eine problematische Fehlbesetzung sahen, stand im krassen Gegensatz zu seiner liberalen Erziehung.

Dem Thronfolger, der durch den frühen Tod des Vaters im Jahr 1888 viel eher zur Regierung kam, als man hatte erwarten können, war eine durchaus moderne und – zumindest von außen betrachtet – überaus gründliche Vorbereitung auf das Herrscheramt zuteil geworden: Gymnasialbesuch, Abitur, Offiziersexamen, Universitätsstudien sowie verwaltungstechnische Schulungen. Dass Wilhelm sich dennoch nassforsch und selbstgefällig präsentierte und den großspurig militärischen Auftritt liebte, erklärt sich zum Teil aus persönlichen Gründen und der schwierigen Familienkonstellation im Haus des Kronprinzen. Aber auch strukturelle Faktoren wie die traditionelle Macht des Militärestablishments in Preußen und der Umstand, dass die Militarisierung des öffentlichen Lebens zu seiner Zeit in ganz Europa populär war, haben dabei eine Rolle gespielt. Trotz aller Rückwärtsgewandtheit in seinem politischen Denken hat Kaiser Wilhelm II. bei der Erziehung seiner eigenen Söhne dennoch nicht einfach reaktionär entschieden, sondern einen bemerkenswerten Versuch unternommen, aus seiner eigenen Erfahrung zu lernen.

Prinzessin Auguste Viktoria, die Gemahlin des Prinzen Wilhelm, brachte am 6. Mai 1882 den ersten Sohn zur Welt, der nach dem regierenden Urgroßvater Wilhelm genannt wurde. Wie üblich wurde die Geburt mit 101 Salutschüssen gefeiert. Wenig später entstand das berühmte Vier-Kaiser-Bild, das den Neugeborenen auf dem Schoß Kaiser Wilhelms I. zeigt, flankiert von Kronprinz Friedrich Wilhelm, dem künftigen Kaiser Friedrich III., und Prinz Wilhelm, der von 1888 an als Kaiser Wilhelm II. regieren sollte. Mit dem frühen Tod seines Großvaters wurde der kleine Wilhelm schon mit sechs Jahren Kronprinz. Anders als sein Vater und Großvater musste der jung auf den Thron gekommene Wilhelm II. bei der Erziehung seiner zahlreichen Kinder – zwischen 1882 und 1893 wurde er Vater von sechs Söhnen und einer Tochter – nicht um die Einwilligung des Familienoberhaupts ersuchen, sondern konnte nach eigenem Gutdünken schalten und walten.

Zunächst entfaltete sich die Erziehung des kleinen Kronprinzen ganz konventionell, nicht zuletzt weil der wenig häusliche und häufig abwesende junge Vater das Kinderzimmer selten betrat. »Für alle Erziehungsfragen bin nicht ich, sondern ist die Kaiserin zuständig«, soll er dem ersten Erzieher seiner Söhne bei der Einstellung gesagt haben. Nachdem Prinz Wilhelm schon von seinem Kindermädchen, einem

Fräulein Atkinson, Englisch gelernt hatte, begann seine eigentliche schulische Ausbildung im Alter von sechs Jahren. Als sein Erzieher wurde der junge Theologe Johannes Kessler eingestellt. Daneben erteilten auch der erfahrene Berliner Lehrer Heinrich Fechner, der Sprachenlehrer Charles Girardin und später der Historiker und Philologe Dr. Paul Esternaux Unterricht. Erst 1887 wurde für den Kronprinzen mit Eugen von Falkenhayn ein militärischer Obergouverneur bestellt, der zugleich für den Reitunterricht zuständig war. Zu seinem zehnten Geburtstag trat der junge Prinz nach preußischer Tradition als »Offizier« in die Leibkompagnie des 1. Garderegiments ein und erhielt den Stern zum Schwarzen Adlerorden. Bei dieser Gelegenheit ergriff der Kaiser in typischer Weise das Wort: »Ist der Kronprinz auch nicht in dem Alter, den militärischen Dienst tun zu können, so ist es doch von allergrößter Bedeutung, daß aus dem Regiment jene Gesetze der Disziplin und des Gehorsams ihm bekannt werden, die von jeher das Fundament gewesen sind.«[99]

Dass der Kaiser öffentlich auf Disziplin pochte, stand im krassen Widerspruch zum rastlosen Herumreisen und den höfischen Zerstreuungen der kaiserlichen Familie, die ein diszipliniertes Lernen der beiden älteren Söhne Wilhelm und Eitel Friedrich schwer machten. Nicht zuletzt aufgrund dieser Abwechslung und Unterhaltung erwiesen sich die Fortschritte der beiden Prinzen als unzureichend. Der Unterricht litt zudem darunter, so erinnerte sich der Kronprinz später in seinen Memoiren, dass es keine Klassenkameraden gab und der »aneifernde Mitbewerb« fehlte. Die offensichtlichen Defizite fielen dem 1894 neu ernannten Militärgouverneur Johann Georg von Deines sogleich auf, und er bestand daher auf einer radikalen Veränderung der Prinzenerziehung. Der studierte Generalstabsoffizier hatte anspruchsvolle Ziele und formulierte diese klar: »Ein Kronprinz ist von Natur kein höheres Menschenkind, nur höher gestellt ist er in dieser Welt«, erklärte er in einer Denkschrift zur Prinzenerziehung. »Um einen tüchtigen Mann aus ihm zu bilden, wird im Allgemeinen der gleiche Weg wie bei anderen Söhnen gebildeter Stände einzuschlagen sein.« Danach listete der Fünfzigjährige ein Dutzend Tugenden auf, die den »ganzen tüchtigen, männlichen Mann« ausmachten und die es zu vermitteln galt. Das Spektrum reichte von Gottesfurcht, Wahrhaftigkeit und Selbstbewusstsein bis zu einem guten Gedächtnis und »Liebe zum Volk«. Auch ein »gesunder, abgehärteter Körper« wurde gefordert.[100]

Deines war sich mit dem Hauptlehrer der Prinzen, Dr. Paul Esternaux, einig, dass der Unterricht in größerer Ruhe und fernab der zahlreichen Ablenkungen des Hoflebens erfolgen müsse. Nur dort war das zu verwirklichen, was ihm vorschwebte. Deines war vermutlich durch die Lektüre der gerade erschienenen Memoiren des legendären preußischen Kriegsministers und Feldmarschalls Albrecht von Roon auf diesen Gedanken gekommen. Darin wurde nämlich geschildert, dass Roon im Herbst 1848 angetragen worden war, Erzieher des künftigen Kaisers Friedrich III. zu werden. Als Prinzessin Augusta jedoch Roons Bedingung ablehnte, den damaligen Prinzen Friedrich Wilhelm nur »entfernt vom Hofe und allen seinen Einflüssen« erziehen zu wollen, verzichtete der Offizier auf das Angebot. Deines gelang, was Roon nicht erreichen konnte: Gegen den erbitterten Widerstand der Kaiserin, die sich nicht von ihren Söhnen trennen wollte, stimmte Kaiser Wilhelm II. dem Plan zu, in Plön eine sogenannte Prinzenschule zu errichten.[101]

Das rund dreihundert Kilometer von Berlin entfernte Plön im Holsteinischen wurde nicht nur wegen der dort beheimateten renommierten Kadettenanstalt ausgewählt. Die Entscheidung war auch als Geste des Trostes für die Kaiserin, eine holsteinische Prinzessin, gedacht, und sie sollte nicht zuletzt bei der Bevölkerung dieser erst 1867 von Preußen annektierten Provinz eine größere Anhänglichkeit an die neue Herrscherdynastie hervorrufen. Bei dem Projekt Prinzenschule handelte es sich um eine kleine Internatsschule, in der die Söhne des Kaisers mit jeweils drei Altersgenossen wohnen und lernen sollten. Der Umbau des sogenannten Lusthauses im Park des Plöner Schlosses ging zügig voran, sodass der Schulbetrieb bald beginnen konnte. Kronprinz Wilhelm und sein ein Jahr jüngerer Bruder Eitel Friedrich trafen im April 1896 in Begleitung der betrübten Kaiserin in Plön ein. Zwei Jahre später folgte Adalbert, der dritte Sohn des Kaisers. Söhne vier, fünf und sechs – August Wilhelm, Oskar und Joachim – und ihre Klassenkameraden übersiedelten 1901 beziehungsweise 1904 nach Plön. Der Unterricht an der Prinzenschule, die unter der Leitung des Obergouverneurs von Deines stand, wurde von einem kleinen Kollegium ziviler Lehrer erteilt, die entweder in der Schule oder im nahe gelegenen Städtchen Plön wohnten.

Die Prinzenschule war weder Teil der Plöner Kadettenanstalt noch war sie mit dem Plöner Gymnasium verbunden. Tatsächlich wurde angeordnet, die Kontakte mit den Zöglingen dieser beiden Anstalten gering zu halten. Gelegentliche Fußballspiele, Ruderregatten und Schneeballschlachten waren nur möglich, wenn man sich über »diese Absperrung« hinwegsetze, wie der Kronprinz in seinen Memoiren mitteilte. Umso wichtiger waren die drei Klassenkameraden, die man für jeden Prinzen auswählte. Der Thronfolger wurde zusammen mit Hans Graf von Hochberg, Konstantin von Sommerfeld und Gustav Steinbömer, der einer Lübecker Bürgerfamilie entstammte, unterrichtet. Mit Letzterem sollte ihn eine lebenslange Freundschaft verbinden. Der Lehrplan an der Prinzenschule entsprach den Vorschriften für preußische Realgymnasien, die den alten Sprachen weniger Bedeutung einräumten und stärker auf neusprachlichen Unterricht und Naturwissenschaften setzten. Diese Akzentverschiebung war dem Kaiser – nicht zuletzt aufgrund seiner eigenen Erfahrungen – sehr wichtig gewesen. Er sorgte zudem für die Einrichtung eines Chemielabors im Keller des Schulgebäudes und ordnete eine höhere Stundenzahl für den Englisch- und Französischunterricht an.[102]

Über den engeren Lehrplan hinaus bot Plön den Kaisersöhnen und ihren Klassenkameraden reichlich Anregungen, die zumindest teilweise die Ideen der damals aufkommenden Reformpädagogik widerspiegelten. Ernst von Dryander, der für den Religionsunterricht der Prinzen verantwortlich war, erinnerte sich an ein wahres Idyll: »Es war alles vorhanden, was das Herz eines frischen, gesunden Jungen beglücken konnte. Es wurde kunstgerecht geturnt, in großen Marinebooten, später in kleinen, schmalen Sportbooten gerudert, geschwommen, exerziert, geritten – alles in jugendlicher Freude, gelegentlich das Obst geerntet oder die Kartoffeln gebuddelt.« Die Jungen hatten einen eigenen Garten und ein kleines Bauernhaus. Der Kronprinz absolvierte sogar ein paar Lehrstunden bei einem örtlichen Drechslermeister. Aber hinter all dem Spaß verbarg sich eine große Erwartungshaltung, wie Dryander bemerkte: »Ein preußischer Prinz soll und muß mehr lernen als andere. Nicht nur, dass die unseren ihr regelrechtes Examen der Realschule 1. Ordnung abzulegen hatten: sie mußten fließend englisch und französisch sprechen, wie Kavalleristen ihr Pferd regieren und mit der Karte in der Hand durch das Land reiten können.«[103]

In dieser Darstellung der prinzlichen Leistungen dürfte eine kräftige Portion monarchischer Reklame enthalten sein, doch es kann kaum bezweifelt werden, dass die Ausbildung in Plön eine Herausforderung für die Kaisersöhne war. Wie schon bei ihrem Vater stellten sich Defizite beim Vergleich mit den Klassenkameraden heraus. Kronprinz Wilhelm und sein Bruder Eitel Friedrich erhielten monatelang Nachhilfestunden, um das Niveau ihrer Mitschüler zu erreichen, und schafften es dennoch nie, mehr als mittelmäßige Leistungen zu erzielen. Dabei hat sicher auch eine Rolle gespielt, dass sie sich niemals gänzlich vom Hof entfernten. Zeremonielle Anlässe in Potsdam, im Kieler Marinehafen oder auf Schloss Wilhelmshöhe in Kassel unterbrachen den Unterricht immer wieder, oder es erschien hoher Besuch, der die Prinzen vom Lernen abhielt. Der Kaiser war nur selten zu Gast und blieb zumeist nicht lang. Manchmal, wenn Seine Majestät auf dem Weg zur Regatta in Kiel war, reichte es nur zu einer kurzen Begrüßung der Söhne und der Lehrer auf dem Perron des neu gebauten »Prinzenbahnhofs« in Plön. Seine wenigen längeren Aufenthalte hinterließen bei den Mitschülern allerdings bleibenden Eindruck. Kronprinz Wilhelms Klassenkamerad Steinbömer erinnerte sich noch Jahrzehnte später an einen gut aufgelegten Kaiser, der mit den Jungen scherzte und vergeblich versuchte, sie mit humorvollen Fangfragen auszutricksen. Dafür beeindruckte er das jugendliche Publikum mit improvisierten Kurzvorträgen zu obskuren Themen wie etwa dem elektromagnetischen Hall-Effekt. Während Kaiserin Viktoria, die Großmutter der Prinzen, nur einmal zu Besuch kam, war Kaiserin Auguste Viktoria regelmäßig zu Gast. Sie saß still hinten im Klassenzimmer, beschäftigte sich mit Handarbeiten und lud die Schüler nachmittags zu Kuchen und heißer Schokolade ein.[104]

Der Schulunterricht selber war für den Kronprinzen kein wirklicher Quell der Freude. Er verfügte zwar über eine schnelle Auffassungsgabe, aber es fehlte ihm an Konzentration und echtem Interesse. Seine leicht pomadige Oberflächlichkeit und Sprunghaftigkeit schlug sich auch in seinen Zeugnissen nieder. »Prinz Wilhelm muss sich weiter ernstliche Mühe geben, um der Unstetigkeit, die ihm anhaftet, je länger je mehr Herr zu werden und lobenswerten Fleiß auch den Fächern zuwenden, die ihn weniger interessieren«, hieß es beispielsweise in der Beurteilung für 1896/97, die ihm lediglich das »Gesamtresultat: befriedigend bis genügend« einbrachte. In den folgenden Jahren sollten sich Wilhelms Leistungen – durch ständige Nachhilfestunden gestützt – dann doch so weit verbessern, dass er dem Abiturexamen ruhig entgegensehen konnte.[105]

Die Prüfung nahm der Geheime Oberregierungsrat Dr. Reinhold Köpke ab, der die Schule als Vertreter des preußischen Kultusministeriums schon zuvor inspiziert und deren Leiter von Deines seit mehreren Jahren beraten hatte. Im Februar 1900 erschien er in Plön, um die vier Primaner der Kronprinzenklasse zu examinieren. Anders als die seines herausragenden Kameraden Steinbömer fielen Wilhelms Noten nur durchschnittlich aus. Dennoch war der Kaiser begeistert, wohl auch weil sich hier wieder eine Gelegenheit bot, die Tüchtigkeit des Hauses zu demonstrieren. Der Hofphotograph Ottomar Anschütz wurde eigens nach Plön entsandt, um die Prüfung im Bild festzuhalten. Die sorgfältig in Szene gesetzte Zeremonie, in deren Zentrum der Kronprinz aufmerksam hinter einem Tisch sitzt, wurde danach im Berliner Hohenzollernmuseum an prominenter Stelle ausgestellt. Der verdiente Dr. Köpke wurde mit dem »Königlichen Hausorden 2. Klasse« ausgezeichnet, während die wichtigsten Lehrer des Kronprinzen – Esternaux, Sachse und Girardin – jeweils mit einem Geldgeschenk von tausend Mark bedacht wurden. Vor allem Obergouverneur von Deines fühlte sich der Kaiser zu Dank verpflichtet. »Ich möchte Ihnen auch gratulieren, daß Sie den Ältesten soweit gefördert haben«, telegraphierte Seine Majestät, als ihn die Nachricht von der bestandenen Prüfung erreichte. »Im Rückblick auf die sich für ihn nun schließende Ploener Zeit spreche ich Ihnen meinen Dank aus für alle Opfer, die Sie ihm gebracht haben. Möge er sich weiterhin so gut entwickeln.«[106]

Diese Hoffnung sollte sich nicht erfüllen, denn den sich nun anschließenden Erziehungsabschnitten mangelte es an der disziplinierenden Wirkung der Plöner Abgeschiedenheit und Strenge. »Von nun an hat er nicht mehr tüchtige, gewissenhafte, verantwortungsbewußte Pädagogen zur Seite«, bedauerte ein Biograph des Kronprinzen, vielmehr war er nun »ohne jede Leistung von Schmeichlern und Jasagern umgeben. Alle blicken zu ihm, dem künftigen Herrscher, ehrfurchtsvoll auf.«[107] Das verstärkte zweifellos Wilhelms Neigung zur Oberflächlichkeit, Blasiertheit und Leichtfertigkeit, aber er durchlief weiterhin – zumindest von außen betrachtet – ein beachtliches Erziehungsprogramm. Die eigentlich auf neun Monate angelegte Ausbildung zum Offizier absolvierte der Kronprinz in neun Wochen, nachdem er das Fähnrichsexamen bereits 1898 in Plön abgelegt hatte. Auf die Beendigung seiner »Front-Leutnants-Dienstzeit« im Frühjahr 1901, so erinnerte sich der Kronprinz später, folgten zwei »schöne und reiche Jahre« an der Universität Bonn, »ausgefüllt mit ernstem Studium und fröhlichem Studententum, umkränzt von dem ganzen Zauber rheinischer Herrlichkeit und Lebenslust«. Der Staatsrechtsprofessor Philipp Zorn, Wilhelms wichtigster Bonner Lehrer, beschrieb die vier durch einige Reisen unterbrochenen Semester des Kronprinzen ganz ähnlich. Dieser habe die Vorlesungen konzentriert, aber ohne besonderes Engagement verfolgt und sich ansonsten in Bonn wohlgefühlt. Er spielte Geige, tanzte »mit schönen, jungen Mädchen, auch wenn sie bürgerlicher Herkunft waren«, und trieb Sport. »Gewiß hätte der Kronprinz im Studium eifriger sein können«, räumte Zorn ein, »aber an der Allgemeinheit unserer Studenten gemessen war der Kronprinz fleißig.« Einen entscheidenden Einfluss auf die Entwicklung des künftigen Herrschers hat die Universität jedoch nicht ausgeübt, fügte er hinzu, »die Berührung mit der Wissenschaft blieb doch nur Berührung«. Daran änderten auch die naturwissenschaftlichen Vorlesungen nichts, die der Kronprinz später an der Technischen Hochschule Charlottenburg hin und wieder besuchte.[108]

An die Universitätszeit schloss sich im Februar 1903 eine mehrjährige, von zahlreichen Reisen unterbrochene Militärzeit an, in deren Verlauf der Kronprinz mühelos Karriere machte. Noch im September desselben Jahres wurde er zum Hauptmann befördert. 1905, im Jahr seiner Hochzeit mit Cecilie von Mecklenburg-Schwerin, avancierte er zum Rittmeister, zwei Jahre darauf zum Major. Nach seinen Erinnerungen empfand der junge Vater nun ein lebhaftes Bedürfnis, »an der Weiterbildung meiner noch recht lückenhaften Kenntnisse auf staatsmännischem und volkswirtschaftlichem Gebiete zu arbeiten«. Dem entsprach der Kaiser im Oktober 1907 mit einer Weisung, die es dem Thronfolger ermöglichte, beim Oberpräsidium in Potsdam, beim Ministerium des Innern, beim Finanzministerium, beim Landwirtschaftsministerium und beim Reichsmarineamt zu hospitieren. Der elegant uniformierte Praktikant erschien fortan jeden Morgen zur Unterweisung in den Ministerien, hinterließ dort aber einen durchwachsenen Eindruck. Der Dezernent im preußischen Innenministerium, der den Kronprinzen 1908/09 im Verwaltungsrecht zu unterweisen hatte, soll ihn als liebenswürdigen und aufrichtigen jungen Mann geschildert haben, »aber zum eigentlichen Arbeiten [sei] er nicht zu bringen gewesen«. Gänzlich überraschte das den Beamten jedoch nicht, weil »seinerzeit das Gleiche bei seinem Vater der Fall« gewesen sei.[109]

Dass Friedrich III., Wilhelm II. und Kronprinz Wilhelm nur über relativ kurze Konzentrationsspannen verfügten und trotz sorgfältig geplanter Erziehungs- und Schulmaßnahmen allenfalls durchschnittliche Leistungen erzielten, mag dem Zufall, den Genen oder dem »krummen Holze« geschuldet sein, »als woraus der Mensch gemacht ist«. Der beharrlich starke Einfluss des Militärischen und der mit militärischen Traditionen und Strukturen verbundenen Eliten und Institutionen trug zwar ein unverkennbar preußisches Gepräge, entsprach aber der europäischen Normalität im 19. Jahrhundert. In der soldatischen Ausbildung der künftigen Herrscher verbanden sich damals überall überkommene Elemente wie das Zeremoniell und das adlig-ritterliche Kriegerbild mit modernen Aspekten wie der kriegswissenschaftlichen Schulung, dem Absolvieren von Qualifikationsprüfungen und dem öffentlichen Spektakel militärischer Aufführungen. Unverkennbar stark ist daneben jedoch der Einfluss des bürgerlich-meritokratischen Bildungsideals, der für jede der drei betrachteten Generationen zu einem Erziehungsprogramm führte, bei dem die zivile akademische Erziehung gegenüber der streng militärischen Ausbildung hervortrat. Während Friedrich III. noch privat und weitgehend alleine, aber schon neuhumanistischen Zielsetzungen folgend unterrichtet wurde, besuchte Wilhelm II. ein öffent-

*Wie sein Großvater und Vater vor ihm studierte Kronprinz Wilhelm an der Universität Bonn. Wie seine beiden Vorgänger war auch er mit dem aristokratisch geprägten studentischen Corps Borussia assoziiert, dessen Farben der junge Prinz hier trägt.*

liches humanistisches Gymnasium. So wie sein Sohn nach ihm legte er die staatliche Abiturprüfung nicht mehr am Hof ab. Bei Kronprinz Wilhelm wurde schon das Pensum des moderneren Realgymnasiums gewählt, während seine reformpädagogisch beeinflusste Schulzeit der Form nach gemeinschaftlich und halböffentlich verlief. Alle drei Prinzen besuchten eine öffentliche Universität. Wilhelm II. und sein Sohn durchliefen zudem Schulungen im preußischen Regierungsapparat.

Die durchdachten und mit Nachdruck verfolgten Erziehungsprogramme waren nicht immer mit Erfolg gesegnet. Keiner der drei Thronfolger verinnerlichte eine bürgerliche Identität oder rechtfertigte den monarchischen Führungsanspruch durch überragende Leistungen im fairen Wettbewerb. Wenn auch immer wieder betont wurde, dass den königlichen Zöglingen keine besondere Behandlung zuteilwerden sollte, so standen ihre gewaltigen Privilegien doch außer Frage. Nichtsdestoweniger erscheint die Einbettung der sich wandelnden Prinzenerziehung in Preußen in die breite Veränderung der Monarchie im Europa des 19. Jahrhunderts gelungen: Ohne den Zauber königlicher Besonderheit zu verlieren, fügten sich die künftigen Herrscher in genau jene Strukturen ein, von denen sich die bürgerliche Öffentlichkeit das gedeihliche Heranwachsen des eigenen Nachwuchses erhoffte. Wenn der königliche Student in Bonn mit bürgerlichen Mädchen tanzte, deren Eltern bei ihrem letzten Berlinbesuch im Hohenzollernmuseum das Photo seiner Abiturprüfung bestaunt haben konnten, dann war das für die Monarchie eine begrüßenswerte Entwicklung.

***

Im Verlauf des 19. Jahrhunderts lieferte die Erziehung der künftigen Herrscher überall in Europa werbewirksame Bilder und Geschichten. Zahllose Photographien zirkulierten, die Thronfolger als gelehrige Schüler, strebsame Gymnasiasten, eifrige Studenten oder tüchtige Soldaten zeigten. Stolz wurden Prüfungsergebnisse veröffentlicht, Universitätsstädte putzten sich heraus, wenn sie die königlichen Scholaren willkommen hießen. Die Presse berichtete von den guten Noten, die der spanische Prinz Alfonso am »Theresianum« in Wien und Prinz Wilhelm in Kassel erzielten, ebenso von den seemännischen Kenntnissen des Prinzen Edward oder dem Sprachentalent des Kronprinzen Vittorio Emanuele. Zunehmend wurden diese Berichte mit Bildern versehen, die sich den Untertanen einprägten. Mit ihren so verbreiteten Inszenierungen illustrierten und bekräftigten die Königshäuser zum einen immer wieder die Botschaft von ihrer Zugehörigkeit zur bürgerlichen Gesellschaft, die sich im Verlauf des Jahrhunderts zunehmend als Bildungs- und Leistungsgesellschaft verstand, zum anderen dokumentierten sie den Wandel im Bild des Monarchenamtes. Früher hätte die göttliche Gnade wohl genügt, schrieb Großherzog Ernst Ludwig von Hessen im Juli 1907 in seinen *Grundideen eines konstitutionellen Fürsten*, »[j]etzt aber muß der Fürst den Beweis liefern, ein Land regieren zu können«. Die Aufforderung an einen regierenden Monarchen müsse daher sein, »beweise durch deine Arbeit, daß du durch sie die Berechtigung deiner Stelle hast, so gut wie jeder andere Mensch an seinem Ort!« Über das Argument der Tüchtigkeit verknüpfte der Großherzog hier also das gute Recht eines jeden arbeitenden Mitglieds der Gesellschaft auf seinen Status mit dem des Fürsten auf die Regierung. Fand dieses Junktim Akzeptanz, dann würde die Monarchie so lange auf starken Fundamenten ruhen, wie der Fürst seine anspruchsvolle Arbeit kompetent erledigte.[110]

Wie jedes ehrbare Handwerk wollte auch das fürstliche Regieren gründlich erlernt sein. Die konstitutionellen Königshäuser Europas bemühten sich daher, ihren Völkern den Eindruck zu vermitteln, dass genau das geschah. Inwieweit sie darin erfolgreich waren, wird schwerlich mit letzter Präzision zu ermitteln sein und hing häufig vom Standpunkt des Betrachters ab. Das Spektrum der Haltungen reichte von Skepsis, wie sie Thomas Mann oder die *Dresdner Rundschau* zum Ausdruck brachten, bis zur Zustimmung jener alten Frau, die nach einer weit verbreiteten Anekdote im Herbst 1920 unweit Bebenhausen im Gespräch mit dem unerkannten Ex-König Wilhelm von Württemberg über das Elend der Nachkriegszeit klagte und seufzte: »Wir sollten halt wieder einen gelernten König haben.«[111]

KAPITEL 4

# Auf dem Weg zur »sanften Macht«?

## *Thronfolger in Politik, Medien und der Öffentlichkeit*

Wohl kaum ein Thronfolger im 19. Jahrhundert hat so lange und so mitleiderregend über seine angebliche politische Nichtigkeit geklagt wie der preußische Kronprinz Friedrich Wilhelm – der Mann, der im Juni 1888 nach nur neunundneunzig Tagen auf dem deutschen Kaiserthron dahinscheiden sollte. Aber schon lange vor seiner tödlichen Krebserkrankung haderte der Sohn Kaiser Wilhelms I. mit seinem Schicksal. »Fünfzig Jahre, also das Leben hinter mir«, schrieb er düster in sein Tagebuch, als er im Oktober 1881 das halbe Jahrhundert erreicht hatte, »müßiger Zuschauer in täglicher Entsagung. Selbstüberwindung über ein Menschenalter gewöhnt, verurtheilt die letzten Jahre unthätig zuzubringen.« Gegenüber seinen wenigen Vertrauten gab sich der Kronprinz keine Mühe mehr, die Verzweiflung über seine Isolierung und Einflusslosigkeit zu verbergen. Den ehemaligen Marineminister Albrecht von Stosch erinnerten die endlosen Klagen des Thronfolgers an die katholische Karfreitagslamentation. »Genau dasselbe Gefühl hatte ich hier«, schrieb er 1886 nach einem Treffen mit Friedrich Wilhelm, »einen unendlichen Jammer einer Seele.«[1]

Für die depressive Stimmung des preußischen Kronprinzen gab es durchaus Ursachen, die nicht auf sein Leben als Thronfolger zurückzuführen waren, nämlich die Trauer um seine zwei verstorbenen Söhne und eine besonders ausgeprägte Midlife-Crisis. Aber im Wesentlichen hing sein schlechter Gemütszustand eben gerade mit dieser Rolle zusammen. Der Mangel an Teilhabe an den politischen Machtmitteln der Krone, die er dereinst tragen würde, und seine Rolle als »müßiger Zuschauer« verbitterten ihn. Das verweist auf ein charakteristisches Phänomen: Innerhalb des Systems der konstitutionellen Monarchie lässt sich eine scharfe Diskrepanz ausmachen zwischen der großen Bedeutung des Thronfolgers für die Zukunft des dynastischen Regimes und der zumeist geringen direkten politischen Rolle, die er vor dem Ableben des regierenden Monarchen spielte. Für viele Thronfolger jener Zeit bestand eine besondere Tragik darin, dass der schmerzhafte Kontrast zwischen Prominenz und Isolation im 19. Jahrhundert besonders deutlich war. Das kam nicht von ungefähr, schließlich lag die öffentliche, in den schönsten Farben gezeichnete Darstellung des künftigen Herrschers ebenso in der Logik der konstitutionellen Monarchie wie das Bemühen des regierenden Monarchen, die Rechte und Machtmittel der Krone eifersüchtig zu hüten. Dazu gehörten die prononcierte Wahrnehmung familienrechtlicher Privilegien und die strikte Anwendung von rigiden Hausgesetzen im Kreis der engsten Familie.[2]

Dass die Rolle des künftigen Souveräns in Staat und Gesellschaft – zumal in ihrer politischen Dimension – unklar definiert war, ist schon den Verfassungstexten und -praktiken zu entnehmen, auf denen die konstitutionellen Monarchien Europas im 19. Jahrhundert fußten. Denn abgesehen von vereinzelten Passagen zur Regelung der Thronfolge, zur Mitgliedschaft königlicher Prinzen in den Ersten Kammern der Parlamente und gelegentlich zu den ihnen zustehenden Apanagen schwiegen sich die Staatsgrundgesetze über deren politische Rechte und Pflichten weitestgehend aus. Wie ein Kronprinz in die künftigen Aufgaben als Herrscher hineinwuchs und wie er sich zu den politischen Fragen seiner Zeit und seines Landes positionieren konnte, hing letztlich von den Entscheidungen des regierenden Monarchen ab, von den Zeitumständen und von der Persönlichkeit des Thronfolgers. Der schwierige Prozess, in dem die politische Rolle des künftigen Herrschers ausgehandelt wurde, war darüber hinaus nicht selten von bitteren innerfamiliären Generationskonflikten belastet. Mitunter war das Verhältnis zwischen dem Monarchen und ihren Nachfolgern aufgrund persönlicher oder politischer Differenzen sogar gänzlich zerrüttet. Unter solchen Voraussetzungen erwies sich die ohnehin nicht leichte Ausgestaltung der politischen Funktion des Thronfolgers als höchst kompliziert, da zunehmend wichtige Faktoren zum Tragen kamen, die außerhalb der monarchischen Befehlsgewalt lagen und vom Träger der Krone durchaus als Bedrohung empfunden werden konnten: politische Parteien, Medien und die von beiden mitgestaltete öffentliche Meinung.

Dieses dichte Geflecht von Macht, Regeln und Einflüssen erlebten die Thronfolger als beständiges Wechselbad der Gefühle. So wurde der verzweifelte deutsche Kronprinz, der sich an seinem fünfzigsten Geburtstag so bitter darüber beklagte, wie sein Vater ihn infantilisierte, just an diesem Tag in der Presse mit den glühendsten Worten gefeiert. »Unser Kronprinz, der seit dem Ruhmestage von Wörth soweit die deutsche Zunge klingt, zu ›unserem Fritz‹ geworden«, hieß es im *Berliner Tageblatt* am 18. Oktober 1881, »erscheint der gesammten Nation als der würdige einstige Nachfolger seines hohen kaiserlichen Vaters, und die Gewißheit, gerade ihn zu besitzen, verleiht unseren Zuständen jene beruhigende Stetigkeit, um welche so viele minder Begünstigte uns beneiden.« Die *Norddeutsche Allgemeine Zeitung* äußerte sich ebenso euphorisch: »Im Kronprinzen Friedrich Wilhelm liebt und verehrt Deutschland den Hort eines mustergültigen Familienlebens, das Ideal eines pietätvollen Sohnes, das glänzende Beispiel unermüdlicher, selbstverleugnender Pflichterfüllung, dem im Kampfe des Lebens, unter dem Donner der Kanonen gestählten Charakter.«[3]

Die hier im Widerspruch stehende Infantilisierung durch den Vater und das Lob vonseiten der Medien sind die Pole, zwischen denen der Thronfolger sich aufrieb. Auf der einen Seite bemühte sich der Kronprinz, ein politisch eigenständiges, gar von der Linie des Monarchen abweichendes Profil zu entwickeln. Das war nicht unproblematisch und führte in der Regel zu Konflikten, in denen er der Unterlegene und damit der Leidtragende war. Aber auch wenn der künftige Herrscher sich gegen den regierenden Monarchen behaupten konnte, war das Ergebnis nicht unbedenklich, denn dann konnte die auf loyalem Gehorsam aufbauende Vorherrschaft der Krone Schaden nehmen und das monarchische System ins Wanken geraten. Folglich steuerten viele Thronfolger einen Kurs loyaler Konformität oder hielten sich politisch zurück.

Auf der anderen Seite bot sich den Thronfolgern – auch denen, die im dynastischen Machtkampf unterlagen und vom Oberhaupt der Dynastie diszipliniert wurden – im 19. Jahrhundert ein zunehmend bedeutsamer werdendes Machtmittel: die Bühne der Öffentlichkeit. Hier konnten und mussten sich die künftigen Herrscher als lobens- und liebenswerte Figuren mit verehrungswürdigen Eigenschaften präsentieren und etablieren. Im heraufziehenden Medienzeitalter konnten sie so zu Zelebritäten werden. Dieser Vorgang war beileibe nicht unpolitisch und beeinflusste die Rolle der Thronfolger wie das monarchische System im Ganzen. Denn hier verfügten die künftigen Herrscher über eine Machtbasis, die von Genehmigungen und Zuweisungen durch den Monarchen weitgehend unabhängig war. Auf dieser Ebene hing die Zukunft der Monarchie in gewisser Weise geradezu von den Talenten des Thronfolgers ab. Denn indem er die Zuneigung der Öffentlichkeit kultivierte und konsolidierte, erhöhte er nicht nur ihre eigene Popularität, sondern auch die der Monarchie überhaupt, deren Zukunft er verkörperte.

Bei den öffentlichen Bemühungen der von der Ausübung direkter politischer Macht ausgeschlossenen Thronfolger um die Zuneigung ihrer künftigen Untertanen ging es letztlich um die Erlangung einer Macht, die für die konstitutionellen Monarchien Europas im 19. Jahrhundert von entscheidender Bedeutung wurde – und es seitdem auch geblieben ist: die »sanfte Macht«. Bei diesem in den 1990er Jahren von dem amerikanischen Politikwissenschaftler Joseph S. Nye als *soft power* eingeführten Konzept der Macht geht es um die Fähigkeit, andere dazu zu bringen, dieselben Ergebnisse zu wünschen wie man selbst. Allerdings geschieht dies gerade nicht durch die Anwendung von »harter Macht« wie Zwang, Gewalt oder Bezahlung, sondern indem man die Vorzüge und Vorlieben anderer durch Einbindung, Überredung, Charme, Verführung oder vorbildliches Verhalten in eine gewünschte Richtung lenkt. »Wenn ich dazu überredet werde, deine Ziele zu unterstützen, ohne dass es eine explizite Drohung oder einen Tauschhandel gegeben hat – kurz, wenn mein Verhalten von einer beobachtbaren, aber immateriellen Anziehungskraft bestimmt ist«, erklärt Nye, »dann wirkt hier ›sanfte Macht‹.«[4]

Für die Monarchen war der Prozess der Konstitutionalisierung mit dem fortschreitenden Verlust »harter« Machtmittel verbunden. Gesetzgebung, Regierungshandeln, die Ausübung des Gewaltmonopols im

Staat oder Besteuerung, all das lag nicht mehr allein in den Händen der Monarchen, sondern war an die Mitwirkung verfassungsmäßig garantierter Institutionen gebunden. Selbst auf dem von gekrönten Häuptern zumeist besonders geschätzten militärischen Gebiet konnten sie nicht mehr nach eigenem Gutdünken schalten und walten. Je weniger »harte Macht« ihnen zur Verfügung stand, desto wichtiger wurde der Erwerb von »sanfter Macht«, weshalb sich die Fürsten Europas im Verlauf des 19. Jahrhunderts allenthalben eifrig um die vielbeschworene »Untertanenliebe« bemühten.[5]

Diese Liebe zu wecken und zu pflegen war Aufgabe der ganzen Familie und erschöpfte sich nicht in der öffentlichen Demonstration ehelicher Tugenden und eines familiären Idylls. Die Monarchen selbst begnügten sich nun nicht mehr mit der Verteidigung und Ausübung der ihnen verbliebenen »harten« Machtmittel, sondern traten mehr als zuvor als gütige Landesväter auf. Ihre Gemahlinnen übernahmen dabei die Rolle der fürsorglichen Landesmutter. Besondere Bedeutung kam bei der Liebeswerbung aber den Thronfolgern und ihren Familien zu. Jung, unterbeschäftigt und nicht selten ungeduldig, wie sie waren, standen sie unter dem Druck, ihre Privilegien und ihre künftige Herrschaft im Zentrum des wachsenden Medieninteresses zu rechtfertigen. Anlässlich der Thronbesteigung des sächsischen Königs Friedrich August III. im Oktober 1904 brachte die *Dresdner Rundschau* den Sachverhalt auf den Punkt: »Man hat es oft gesagt, daß die Treue des sächsischen Volkes zu seinem angestammten Herrscherhause so unerschütterlich sei, daß sie nicht einmal August der Starke habe zerstören können. Es ist eine tiefe Wahrheit in dieser Behauptung; das Volk ist treu, aber wir leben in einer anderen Zeit als zur Regierung August des Starken«, gab das Blatt dem neuen Monarchen zu bedenken, »die Liebe des Volkes kann nicht mehr ererbt werden; sie will erworben sein!«[6]

Um ihre eigene Zukunft und die des monarchischen Systems zu sichern, bemühten sich die Thronfolger Tag für Tag aufs Neue, diese Liebe zu erwerben. Indem sie unter den Vorzeichen der aufziehenden Mediengesellschaft danach trachteten, »sanfte« Machtmittel in die Hand zu bekommen und über diese die Zustimmung, Zuneigung oder gar Liebe ihrer künftigen Untertanen zu gewinnen, gestalteten sie nicht nur ihre eigene Rolle neu. Sie veränderten den Gesamtcharakter und die weitere Entwicklung der konstitutionellen Monarchie. Deren Machtmittel und Selbstdarstellung wurden nun zunehmend »sanfter«. In seinem Glückwunschschreiben an den britischen Thronfolger Albert Edward bezeichnete der liberale Premierminister William Gladstone die Monarchie 1885 als ein »großes historisches System«, das »von Liebe mehr noch als von Macht abhängt«. Diese Liebe für die Zukunft zu sichern, war die politische Kernaufgabe der künftigen Herrscher.[7]

Dieser Aufgabe näherten sich die Thronfolger in Europas konstitutionellen Monarchien auf unterschiedliche Weise. Hier sollen zunächst die Erfahrungen von Thronfolgern betrachtet werden, die sich im engeren Sinn politisch engagierten oder mit politischen Initiativen in Zusammenhang gebracht wurden, die nicht im Einklang mit dem Kurs des regierenden Monarchen standen. Dann geht es um die veränderten Rahmenbedingungen des »politischen Massenmarktes«, auf dem sich die Monarchien im 19. Jahrhundert politisch und medial behaupten mussten, und schließlich um das Verhältnis der Thronfolger zu den Medien und den Öffentlichkeiten des 19. Jahrhunderts. Hier stehen deren Versuche, »sanfte« Machtmittel in die Hand zu bekommen und zu nutzen, im Mittelpunkt.

## »Etwas liberaler als sein Vorgänger ist jeder Fürst«

*Thronfolger als oppositionelle Akteure*

In dynastischen Systemen stellt die Macht des Nachfolgers grundsätzlich ein Problem dar. Oft wird sie als antagonistisch wahrgenommen. In Shakespeares *König Lear*, jener klassischen Erzählung vom Macht- und Würdeverlust eines alternden Monarchen, bringt der Erzintrigant Edmund das Spiel der Generationen um die Macht auf den Punkt: »Die Jungen steigen, wenn die Alten fallen.« Dass es um die Macht eines in die Jahre gekommenen Herrschers nicht zum Besten steht, wenn »alles der Zukunft entgegenlächelt«, wie es 1884 der deutsche Diplomat Friedrich von Holstein mit Blick auf den Sohn des damals sechsundachtzigjährigen Kaisers Wilhelm formulierte, liegt auf der Hand. Insofern ist es kaum verwunderlich, dass Versuche von Thronfolgern, sich für eine Politik stark zu machen, die den Ansichten des regierenden Monarchen zuwiderläuft und dessen Vorrangstellung zu unterminieren droht, zumeist heftige Gegenreaktionen zur Folge haben.[8]

Die voranschreitende Konstitutionalisierung der europäischen Monarchie hat diese potenziell explosive Konstellation nicht grundsätzlich entschärft. Im konstitutionellen Vorreiterland Großbritannien waren politische Frontstellungen zwischen königlichen Vätern und ihren ältesten Söhnen im 18. Jahrhundert fast schon die Regel: Zwischen König Georg I. und seinem Sohn kam es zum Konflikt, ebenso zwischen König Georg II. und seinem Sohn Prinz Friedrich Ludwig und auch zwischen König Georg III. und dem künftigen König Georg IV. Nach Andrew Hanham war es unter den britischen Hannoveranern geradezu üblich, »dass der Prinz von Wales und sein Haushalt den Mittelpunkt der Opposition gegen den König und seine Minister bildeten«. Häufig spiegelten diese Auseinandersetzungen zugleich die Konflikte zwischen den jeweiligen Parlamentsfraktionen wider, mit denen die Kontrahenten vernetzt waren. Die Tradition der Spannung zwischen dem Hof des Königs und dem seines Nachfolgers war so stark, dass sie sogar noch in die Zeit der unmündigen Prinzessin Viktoria hineinreichte. Sehr zum Widerwillen König Wilhelms IV. (1765–1837) hielten Viktorias Mutter, die Herzogin von Kent, und ihr Vertrauter Sir John Conroy die junge Thronerbin bewusst von ihrem Onkel fern und bemühten sich, im Land eine eigene Position für die künftige Königin aufzubauen.[9]

Die politischen Konfrontationen zwischen dem Monarchen und dem Thronfolger gehörten zu jenen fragwürdigen Traditionen des Hauses Hannover, die im viktorianischen England gezielt beendet wurden. Weder Prinz Albert noch Königin Viktoria waren geneigt, ihrem gering geschätzten Sohn Bertie irgendeine politische Rolle zuzugestehen. Gelegentliche Versuche vonseiten Dritter, dem über Jahrzehnte weitestgehend unbeschäftigten Thronerben ein Amt oder wenigstens eine Aufgabe zukommen zu lassen, scheiterten entweder an der unnachgiebigen Haltung der Monarchin oder an Berties ausgeprägtem Hang zur Bequemlichkeit. Diese Erfahrung machte vor allem Premierminister

Gladstone, der im Sommer 1872 einen vierunddreißigseitigen Brief verfasste, in dem er die Königin drängte, den Prinzen von Wales als Vertreter der Krone nach Irland zu schicken. Weder dieses Schreiben, auf das Viktoria lediglich antwortete: »Die Königin hat so viel zu schreiben und zu tun«, noch Gladstones spätere Bemühungen in dieser Angelegenheit waren von Erfolg gekrönt. »Alle Vorbereitungen dieser Art sind *gänzlich nutzlos*«, ließ Viktoria ihren Privatsekretär wissen, der daraufhin in einem Schreiben an den Premierminister die politische Verwendung des Thronfolgers im Namen der Königin rundweg ablehnte. Zwar blieb das Verhältnis zwischen Bertie und seiner Mutter immer gespannt, aber das hatte keine politischen Gründe. Nach dem Tod Viktorias sollte es zwischen dem neuen König Eduard VII. und seinem Sohn George ebenfalls keine politischen Differenzen geben.[10]

Die allgemein verbreitete Praxis der Abstinenz von politischer Opposition seitens der Thronfolger, die man auch bei den italienischen Kronprinzen Umberto und Viktor Emanuel, bei den sächsischen Wettinern, bei den württembergischen Thronfolgern und im Königreich Belgien beobachten konnte, wurde im Verlauf des 19. Jahrhunderts jedoch hin und wieder durchbrochen, etwa in den Niederlanden, in Frankreich, in Schweden und in Dänemark. Besonderes Aufsehen erregte jedoch die politische Opposition, die Kronprinz Friedrich Wilhelm von Preußen, Prinz Ludwig von Bayern und der österreichische Erzherzog Franz Ferdinand über Jahre ausübten. Unabhängig davon, ob deren Anstrengungen erfolgreich waren oder nicht, ist bei der Bewertung von politisch aktiven Thronfolgern immer zu bedenken, dass es für die Dynastie als Ganzes durchaus von Vorteil sein konnte, wenn der künftige Träger der Krone einen Wandel ankündigte, der in eine von großen Teilen der Bevölkerung befürwortete Richtung wies – auch wenn diese dem Kurs des regierenden Monarchen zuwiderlief. Dadurch demonstrierte das System nämlich Erneuerungsfähigkeit.

*

Ähnlich wie bei Viktoria und Bertie waren die Beziehungen zwischen dem niederländischen König Wilhelm I. (1772–1843) und seinem Sohn Prinz Wilhelm von Oranien (1792–1849) aufgrund der zahlreichen Amouren des Thronfolgers belastet. Im holländischen Fall war das nicht nur peinlich, weil es die Reputation der 1814 wieder eingesetzten Königsfamilie in moralischer Hinsicht beschädigte, sondern auch kostspielig. Immer wieder sah sich der Vater genötigt, Erpresser durch beträchtliche Zahlungen zum Schweigen zu bringen. Aber bei Wilhelm I. und seinem Sohn kam noch eine bedeutende politische Dimension hinzu. Der von seinem nüchternen und autoritären Vater bevormundete Thronfolger entwickelte nämlich etwas, was Jeroen Koch als »dynastische Klaustrophobie« bezeichnet hat. Wilhelm litt unter seiner Rolle als Thronfolger, machte seinen Vater für jeden Rückschlag verantwortlich und stürzte sich in tollkühne Unternehmungen, darunter Komplotte gegen Monarchen fremder Staaten. Als einige seiner Verwicklungen ruchbar wurden, kam es zu einer scharfen Auseinandersetzung und dramatischen Szenen zwischen den beiden Oraniern, die so unterschiedlich waren wie »Wasser und Feuer«, wie der liberalkonservative Staatsmann Gijsbert van Hogendorp es ausdrückte.

Der rationale und strenge Vater hatte es mit einem Sohn zu tun, der sich bei der Erziehung der eigenen Kinder an den freiheitlichen Ideen Rousseaus orientierte und während seiner Zeit in Brüssel im Kontakt mit liberalen Juristen wie Alexandre Gendebien stand. Diese brachten ihm das liberale Gedankengut französischer Politiker wie François Guizot und Pierre Royer-Collard nahe, was dazu führte, dass der Kronprinz romantisch-radikale Pläne entwickelte, die darauf abzielten, Fürstenherrschaft und Volksfreiheit miteinander zu verbinden.[11]

Erst nach mehreren Jahren, gegen Ende 1821, versöhnten sich die beiden Oranier. Der Prinz, inzwischen verheiratet und Vater mehrerer Kinder, geriet in ein ruhigeres Fahrwasser, kümmerte sich um seine Familie und kulturelle Anliegen. Er ging zudem auf Reisen und entwickelte schließlich dermaßen konservative politische Ansichten, dass sein Vater ihn Ende der 1820er Jahre sogar in den Ministerrat berief.

Im Revolutionsjahr 1830, als sich die südlichen Provinzen vom Königreich der Vereinigten Niederlande abspalteten, um ein unabhängiges Belgien zu gründen, versuchte der Prinz von Oranien zweimal, als Emissär seines Vaters die Teilung des Reiches zu verhindern, allerdings erfolglos. Daraufhin kam es wieder zu Meinungsverschiedenheiten zwischen König Wilhelm I. und seinem Nachfolger. Diesmal stritten sie über die richtige Strategie hinsichtlich der in London stattfindenden Verhandlungen zur belgischen Unabhängigkeit und über das gescheiterte Unterfangen, die südlichen Provinzen 1831 mit Waffengewalt zurückzugewinnen. Das Verhältnis blieb gespannt. 1839, unmittelbar vor der Abdankung des Königs, setzte der Kronprinz seinen widerspenstigen Vater, der seinen Spitznamen *Guillaume-le-Têtu* (Wilhelm der Dickkopf) als Ehrentitel begriff, heftig zu, der vom Parlament geforderten Verfassungsänderung zuzustimmen. Dass die gewählte Kammer die Regierung zur Rechenschaft ziehen durfte und die Minister der Volksvertretung gegenüber verantwortlich waren, mochte der Kronprinz für richtig halten, der Vater lehnte es hartnäckig ab. Am 4. September 1840 unterzeichnete König Wilhelm I. das entsprechende Dekret dennoch, entsagte aber schon einen Monat später dem Thron – zugunsten seines Sohnes und aus »Widerwillen dagegen, nach den in der Verfassung angebrachten Änderungen noch länger mit der Regierung belastet zu sein«.[12]

Zwischen dem französischen König Ludwig Philipp (1773–1850) und seinem ältesten Sohn Ferdinand Philippe, dem Herzog von Orléans (1810–1842), kam es zu ähnlichen Auseinandersetzungen. Dem Prinzen sagte der konservative und außenpolitisch vorsichtige Kurs der 1830 begründeten Julimonarchie nicht zu. Vor allem drängte der tatendurstige Thronfolger mit Nachdruck darauf, die angeblich antifranzösischen Grenzziehungen, die auf dem Wiener Kongress 1814/15 vereinbart worden waren, zugunsten Frankreichs zu revidieren. Auch darüber hinaus erregte der politisch heißblütige und den Ideen der links orientierten Bewegungspartei *(Parti du Mouvement)* nahestehende Kronprinz einiges Aufsehen. König Ludwig Philipp schien sein 1830 durch die Revolution geschaffener Thron jedoch so gefährdet, dass der Sohn es sich nicht herausnehmen durfte, die Rolle eines oppositionellen

Prinzen von Wales zu spielen. 1837 wies er den Thronfolger scharf zurecht: »Du wirst angeklagt, oder zumindest verdächtigt, eine kriegerische Haltung zu haben, die weniger als die meine geneigt ist, der Klugheit und den Bedürfnissen des Friedens Vorrang vor der Glorie auf dem Schlachtfeld und dem gefährlichen Glanz des Sieges einzuräumen. Das ist es, was unsere Feinde zu unterstellen versuchen; das ist die Angriffsrichtung, und so versuchen sie zu beweisen, dass der Frieden und die Umsicht dereinst mit mir begraben werden.« Der so kritisierte Prinz, den Premierminister Casimir Périer schon 1831 von den Sitzungen des Ministerrats ausgeschlossen hatte, lenkte ein und hielt sich fortan und bis zu seinem frühen Tod im Jahr 1842 in politischen Dingen zurück.[13]

Auch Kronprinz Oskar (1799–1859), der 1844 den schwedischen Thron besteigen sollte, vertrat weniger konservative Überzeugungen als sein Vater, König Karl XIV. Johann (1763–1844). Die Opposition bezeichnete den an Frankreich und England orientierten Thronfolger gelegentlich als »Schwedens Zukunft«, denn Oskar setzte sich für liberale Reformen im Innern in Bereichen wie dem Schulwesen und der Kommunalverwaltung ein. König Karl XIV. Johann waren die liberalen Anflüge des Kronprinzen und ebenso dessen zahlreiche Affären bekannt und wenig angenehm. Er bemühte sich daher, Oskars politische Einflussmöglichkeiten zu begrenzen. Trotz der daraus resultierenden Spannungen kam es nicht zum Bruch zwischen Vater und Sohn, die auch weiterhin ein enges Verhältnis zueinander unterhielten. Dies war vor allem der Loyalität des Thronfolgers zu verdanken, der sich niemals öffentlich hinter die Forderungen der radikalen Liberalen stellte.[14]

Etwas weiter südlich und eine Generation später rieb sich der Kronprinz Frederik von Dänemark, der spätere König Friedrich VIII. (1843–1912), an der rigide konservativen Politik seines Vaters. Der Sohn des langlebigen Königs Christian IX. (1818–1906) war geschlagene dreiundvierzig Jahre Kronprinz, betrieb in dieser Zeit jedoch aus eigener liberaler Überzeugung eine zunehmend unverhohlene Oppositionspolitik. Der Thronfolger zeigte Sympathien für die linksliberale *Venstre*-Partei und beteiligte sich – wenn auch anonym – an Zeitungsdebatten.

Zeitgenossen führten König Christians Entscheidung, 1901 ein parlamentarisches System einzuführen, in dem die Regierung der Unterstützung der Parlamentsmehrheit bedurfte, auf den Einfluss des Kronprinzen zurück.[15]

*

Einen ähnlich starken Einfluss auf das Handeln des Vaters und die politische Entwicklung des Landes wie Prinz Wilhelm von Oranien oder der dänische Kronprinz Frederik sollte der künftige deutsche Kaiser Friedrich III. niemals ausüben. Das mag überraschen, stand er doch über Jahre in dem Ruf, liberale Überzeugungen zu hegen und von organisierten politischen Kräften unterstützt zu werden. Nicht zuletzt aufgrund des Einflusses seiner Mutter, der Prinzessin Augusta von Sachsen-Weimar, galt Kronprinz Friedrich Wilhelm von Preußen schon als junger Mann als vergleichsweise liberal und verfassungsfreundlich. Diese Haltung – und der Grad ihrer öffentlichen Wahrnehmung – wurden durch seine Verlobung mit der britischen Prinzessin Victoria im Jahr 1855 und der drei Jahre später folgenden Hochzeit noch verstärkt, schließlich war Großbritannien damals für viele der Leitstern in puncto liberaler politischer und sozialer Verfassungskultur. In diesem Sinn versuchten auch die junge Gattin des preußischen Thronfolgers und sein Schwiegervater, der britisch-coburgische Prinzgemahl Albert, Friedrich Wilhelm zu formen – und mit ihm die Zukunft der Hohenzollernmonarchie. Dass dies gelingen könnte, war in konservativen Kreisen schon bei Bekanntwerden der Eheverbindung befürchtet worden. So prophezeite etwa Bismarck, als er 1856 von der Verlobung Vickys mit dem preußischen Thronfolger hörte, dass diese Ehe nur dann ein Segen für das Land werden könne, wenn es der Prinzessin gelinge, »die Engländerin zu Hause zu lassen und Preußin zu werden«. Andernfalls sei die Einheirat einer Ausländerin problematisch, weil das stets der Brautfamilie zu Einfluss verhelfe. Da die resolute Gattin des preußischen Prinzen gar nicht daran dachte, »die Engländerin zu Hause zu lassen«, und Prinz Albert selbstgefällig urteilte, dass der Schwiegersohn sich unter seiner Obhut politisch optimal entwickle, lief alles auf einen Konflikt mit den konservativen Kräften in Preußen hinaus.[16]

Im Sommer 1863, mitten in den Auseinandersetzungen der Krone und Bismarcks mit der liberalen Landtagsmehrheit, brach dieser Konflikt offen aus. Der sogenannte Verfassungskonflikt drehte sich um die Frage, ob der König das Recht habe, einen Beschluss auch dann durchzusetzen, wenn das Parlament die Finanzierung des königlichen Vorhabens über sein Budgetrecht verweigerte. Letztlich ging es in diesem Streit um die Frage, bei wem die entscheidende Macht im Staat lag. Als Bismarck mit fragwürdigen Methoden gegen die Freiheit der oppositionellen Presse vorging, nutzte der um die Verfassung besorgte Kronprinz im Juni 1863 in Danzig die Gelegenheit, sich in einer Rede vom Kurs der Regierung zu distanzieren. Zwar beeinflusste der eher kleinlaute Protest des Thronfolgers den Ausgang des Konflikts nicht, aber das politische Vertrauensverhältnis zwischen Vater und Sohn war danach für immer zerrüttet. Und obwohl sich der vom König scharf gemaßregelte Kronprinz künftig mit politischen Stellungnahmen sehr zurückhielt, galt er – bei liberalen wie bei konservativen Kräften – fortan als Vertreter der liberalen Richtung. Dafür sprachen nicht nur Friedrich Wilhelms enges Verhältnis zu seiner dezidiert liberalen Frau Vicky und gelegentliche Treffen mit liberalen Politikern wie dem Berliner Oberbürgermeister Maximilian Forckenbeck, sondern auch sein rückhaltloses Eintreten für die nationale Einigung während der Reichsgründung. Hin und wieder sandte er zwar noch diskrete Signale, etwa mit einem Synagogenbesuch vor dem Hintergrund antisemitischer Agitationen oder einem Lob für die sich in liberalen Händen befindende Berliner Stadtverwaltung. Zu einer deutlicheren Stellungnahme konnte und wollte sich der allenfalls gemäßigt liberale Thronfolger jedoch nicht mehr aufraffen, denn er wagte es nicht, mit seinem Vater oder mit dem mächtigen Reichskanzler erneut einen Konflikt auszutragen.[17]

Solange der Großteil der nationalliberalen Kräfte im neuen Deutschen Reich an der Zusammenarbeit mit Bismarck – dem »Reichsgründer« – festhielt, konnte die politische Ausrichtung des Kronprinzen ohnehin nur wenig bewirken. Brisant wurde die Situation erst gegen

Ende der 1870er Jahre, als die dominierende Nationalliberale Partei auseinanderbrach und der Reichskanzler sich von ihr abwandte. Denn nun schickten sich linksliberale, Bismarck-feindliche Gruppierungen an, aus ihrer angeblichen Nähe zum Kronprinzen politisches Kapital zu schlagen. So sah sich der Kanzler Anfang der 1880er Jahre mit einer feindlichen Reichstagsmehrheit konfrontiert und nur noch von einem hochbetagten Monarchen gestützt. Da niemand ahnen konnte, dass Kaiser Wilhelm I. erst 1888 mit beinahe einundneunzig Jahren sterben würde, galt Bismarcks Herrschaft von nun an als prekär. Die Zeit schien gegen ihn zu arbeiten, und es war, als ob alles – so die Beobachtung von Holsteins – »der Zukunft entgegenlächelte«, die bald einen neuen Herrscher auf den Thron bringen würde. Auch die Sozialdemokraten sahen in dem nunmehr forcierten Hofieren des Thronfolgers eine sorgfältig kalkulierte »liberale Zukunftspolitik«. Diese beruhe, so *Der Sozialdemokrat* im Juli 1883, »auf der Hypothese, dass der im 87. Jahr stehende Kaiser Wilhelm in Kürze […] der Natur ihren Tribut werde zahlen müssen, und auf der Mythe vom ›liberalen Kronprinzen‹«.[18]

Der Kronprinz rückte zunehmend in den Fokus, und es machten Gerüchte über eine linksliberale »Kronprinzenpartei« die Runde, deren Mitglieder Bismarck nach dem Thronwechsel verabschieden und das Reich in ihrem Sinne verändern wollten. Der Reichskanzler wetterte gegen diese »Zukunftsminister« und bezichtigte sie, ein Kabinett nach dem Vorbild des ihm verhassten – von der Kronprinzessin aber verehrten – britischen Premierministers Gladstone bilden zu wollen. Bismarck sprach mit Geringschätzung von der Kronprinzenpartei, die man zunächst mit der im Jahr 1880 gegründeten Liberalen Vereinigung unter Führung von Ludwig Bamberger, Heinrich Rickert und Maximilian Forckenbeck assoziierte. Als sich die Liberale Vereinigung im Frühjahr 1884 mit der Fortschrittspartei zusammentat, vergrößerte sich die angebliche Kronprinzenpartei sogar noch und trat nun als Deutsch-Freisinnige Partei auf. Diese Bedrohung seiner Machtposition konnte der Reichskanzler nicht ignorieren. Noch verhielt sich der von seinem Vater weiterhin nach Kräften marginalisierte Kronprinz äußerst zögerlich, doch mit dem Tod des greisen Kaisers konnte die Lage sich vollkommen verändern. Bismarck setzte daher alle Hebel in Bewegung, um das Potenzial für einen politischen Umschwung unter dem künftigen Kaiser einzuschränken: Seine Kolonial-, Außen- und Rüstungspolitik schwächte die Linksliberalen bei den Wahlen von 1884 und 1887; seine personalpolitischen Intrigen entfernten vermeintlich gefährliche Ratgeber aus dem Umfeld des Kronprinzen; und sein Umgarnen des Thronfolgers führte schon bald dazu, dass sich der Reichskanzler seiner Stellung auch unter Kaiser Friedrich III. sicher sein konnte. Die wenigen Zugeständnisse, die Bismarck hatte anbieten müssen – etwa das Versprechen, moderate Liberale wie Rudolf von Bennigsen oder Johannes Miquel in die Regierung einzubinden –, waren ein geringer Preis gewesen. Die tödliche Krebserkrankung, die den neuen Kaiser im Juni 1888 gut drei Monate nach seinem Vater dahinraffen sollte, ersparte dem Reichskanzler selbst diese geringfügige politische Investition. »Alles gehe leicht und angenehm mit dem hohen Herrn«, feixte Bismarck kurz nach der Thronbesteigung des todgeweihten neuen Kaisers, »wie ein jeu de roulette«.[19]

Angesichts der relativen Tatenlosigkeit des Kronprinzen, der sich die Agonie seines öffentlichen Sterbens und dann die Trauer über den frühen Tod des im Land sehr beliebten Kaisers anschlossen, blieb der auf einen Wechsel hoffenden liberalen Gruppierung nur noch, die Öffentlichkeit zu mobilisieren. Über ihre Presse-Organe bemühten sich die Freisinnigen, Friedrich als Bannerträger für einen liberalen Wandel aufzubauen und in seinem Namen – oder dann im Namen seines Andenkens – zumindest Teile ihres Programms durchzusetzen. Trotz aller Sympathie, die der Kronprinz und spätere Kaiser Friedrich bei der Bevölkerung genoss, fruchtete dieser Versuch einer parteipolitischen Indienstnahme nicht. *Der Sozialdemokrat* war in dieser Hinsicht schon 1883 pessimistisch gewesen. Der schwache Kronprinz habe nicht den geringsten Einfluss auf die Regierungsgeschäfte, und auch seine angebliche liberale Antipathie gegen den Kanzler sei »im Grund höchst harmloser Natur, sonst wäre sie innerhalb der 20 Jahre in irgend einer That zum Ausdruck und Ausbruch gekommen. An Gelegenheit habe es wahrhaftig nicht gefehlt. Kurz, die Zukunftspolitik der Liberalen, indem sie sich auf den ›liberalen Kronprinzen‹ stützt, ruht auf sehr, sehr wackliger Grundlage.« Trotz aller Popularität und Prominenz des Kronprinzen, der als leutseliger Volksfreund und glorreicher Heerführer gefeiert wurde, gelang es nicht, unter Berufung auf ihn einen politischen Wandel herbeizuführen. Die Schwäche seiner Persönlichkeit, die Stärke der dynastisch-konservativen Gegenkräfte und zuletzt sein früher Tod haben dies verhindert.[20]

*

Ein Blick nach Bayern zeigt, dass es auch anders hätte kommen können. Im Gegensatz zum preußisch-deutschen Thronfolger, dessen politische Wirkung mehr auf öffentlicher Zuschreibung und Wahrnehmung als auf eigener Aktivität beruhte, griff Prinz Ludwig von Bayern (1845–1921) beherzt in das politische Geschehen ein und drückte ihm vielfach seinen Stempel auf. Dabei hatte sich dem nachmaligen König Ludwig III. erst spät eine realistische Aussicht auf den Thron eröffnet. Am 13. Juni 1886 ertrank sein fast gleichaltriger Cousin, der als geisteskrank deklarierte König Ludwig II. (1845–1886), kurz nach seiner Entmündigung im Starnberger See. Die Krone ging zunächst auf Prinz Otto (1848–1916) über, den jüngeren Bruder des Königs. Dieser war jedoch regierungsunfähig und wurde zeitlebens als Patient auf Schloss Fürstenried festgehalten. So übernahm Prinz Luitpold (1821–1912), der Onkel der königlichen Brüder, 1886 als Regent die Regierung in Bayern. Für Luitpolds Sohn Ludwig änderte sich damit alles. »So viel aber steht fest«, freute sich das *Münchener Tageblatt* nur wenige Tage nach dem Tod Ludwigs II., »daß über kurz oder lang der älteste Sohn des Prinzen Luitpold – Prinz Ludwig – als König Ludwig III. den Thron von Bayern besteigen wird, und wir glauben wohl jetzt schon behaupten zu dürfen, daß dann wieder eine Aera des Segens für unser armes geprüftes bayerisches Vaterland anbrechen wird.«[21]

Der von nun an in Öffentlichkeit und Politik als künftiger König hofierte Prinz Ludwig zögerte nicht, ein eigenes Profil zu entwickeln und seine Ziele mit Nachdruck zu verfolgen. Trotz seiner vollmundigen Beteuerung, dass in einem monarchischen Staat »immer nur einer Herr« sei und zu entscheiden habe, hob er sich deutlich vom Kurs seines Vaters ab. Während der Prinz eine starke Führungsfunktion für die Krone anstrebte, zog der bejahrte Prinzregent es vor, sich aus dem politischen Tagesgeschäft herauszuhalten und als würdig-volkstümlicher Landesvater aufzutreten. Luitpold, der sein Amt der Entmündigung seines Neffen König Ludwig II. verdankte, auf die wenig später dessen mysteriöser Tod gefolgt war, bemühte sich, durch ein betont bescheidenes Auftreten den Vorwurf zu entkräften, er habe das Zepter aus Herrschsucht oder Machtgier an sich gerissen. Strikt lehnte er alle Bestrebungen ab, die Regentschaft für beendet zu erklären und sich oder seinen Sohn anstelle des geistig umnachteten Otto als König ausrufen zu lassen. Gerade dafür trat jedoch Prinz Ludwig ein, der den Niedergang der königlichen Macht während der Regentschaft bedauerte und auch finanziell von deren Beendigung profitiert hätte. In der Tat wurde die Situation gespenstischer, je länger sie andauerte. 1907 geißelte Ludwig Thoma das würdelose Schauspiel: »Ach ja, richtig! In Fürstenried vegetiert ein armer Mensch, dessen Lallen nicht einmal bei den Wärtern Beachtung findet«, schrieb er anlässlich des alljährlich feierlich begangenen Namenstags des kranken Königs. »Das Unternehmen, einen Irrsinnigen als Repräsentanten der obersten Gewalt gelten zu lassen«, so Thoma, »führt zu Lächerlichkeiten, die unvereinbar sind mit dem wuchtigen Ernste staatlicher Handlungen.« Dass Ludwig sich gegen den Willen des Vaters an mehreren Versuchen beteiligte, diesen Zustand zu beenden, war Kennern der politischen Szene – wie etwa dem preußischen Gesandten in München – durchaus bekannt. Zu Lebzeiten Luitpolds, dem die politischen Umtriebe seines Sohnes auch in anderer Hinsicht missfielen, konnte der sich mit diesem Ansinnen jedoch nicht durchsetzen. Nach dem Tod des greisen Regenten im Jahr 1912 dauerte es dann gerade ein Jahr, bis Ludwig die Königswürde erlangte.[22]

Der bayerische Thronfolger sorgte sich nicht nur um den Status der Krone in Bayern, sondern auch um die Selbstständigkeit des Königreichs innerhalb des 1871 gegründeten Deutschen Reiches. Schon König Ludwig II. hatte so sehr am Verlust der bayerischen Souveränität und der Zurücksetzung seiner königlichen Rechte gelitten, die mit der Eingliederung Bayerns in das von Preußen geführte Reich verbunden war, dass dies wohl seine Flucht in eine romantisch verklärte

Wahnwelt mitverursacht hatte. Während Luitpold gelassen mit der Rolle Bayerns im Reich umging und der weitgehend reichsfreundlichen Politik der bayerischen Minister keine Hindernisse in den Weg stellte, litt sein Sohn unter dem Reich. »Es lebt in Prinz Ludwig der ganze Stolz und Trotz des Hauses Wittelsbach«, bemerkte der preußische Gesandte Graf Monts 1896, »sein Verstand sagt ihm aber gleichzeitig, dass in absehbarer Zeit Deutschland für sein Haus keine andere als eine zweite Stelle bieten kann.« Der Thronfolger befand sich also in einem Dilemma: Sein dynastischer Stolz und sein Wunsch nach einem starken bayerischen Königtum rangen mit seiner realistischen Einschätzung, dass es für Bayern keine Alternative zur Mitgliedschaft im Reich gab.[23]

In dieser Zwickmühle blieb Ludwig nur, als unerschrockener Fahnenträger eines bayerischen Partikularismus hin und wieder lautstark und ein wenig grantig am reichsdeutschen Käfig zu rütteln. Da er im bayerischen Parlament und landauf, landab bei Veranstaltungen öffentlich Reden hielt, hatte er dazu reichlich Gelegenheit. Regelrechte Skandale löste er aus, als er 1896 in Moskau und 1900 in Straubing sprach. Auf einer Feier der deutschen Bundesfürsten, die sich anlässlich der Krönung des Zaren Nikolaus II. in Moskau versammelt hatten, platzte dem bayerischen Thronfolger regelrecht der Kragen. Ein ungeschickter Festredner hatte Prinz Heinrich, den Bruder und Vertreter des deutschen Kaisers, begrüßt sowie die deutschen Fürsten, die in seinem »Gefolge« nach Russland gekommen waren. Wir sind keine »Vasallen« der Hohenzollern, schnarrte der Wittelsbacher daraufhin, sondern deren »Verbündete«. Die übrigen deutschen Fürsten hätten genauso an der Errichtung des Reiches mitgewirkt, und die Deutschen täten gut daran, die Loyalität zu ihren angestammten Herrscherhäusern nicht zu vernachlässigen. Daraufhin herrschte betretenes Schweigen, Prinz Heinrich verließ die Veranstaltung demonstrativ, und in der nationalen und internationalen Presse brach wenig später ein Sturm los. Katholische und partikularistische Kreise feierten die markigen Worte des Prinzen, während die politische Gegenseite – allen voran der Kaiser – über das als reichsfeindlich aufgefasste Verhalten des Thronfolgers entsetzt war. Mithilfe der peinlich berührten bayerischen

Regierung gelang es bei einer Zusammenkunft von Ludwig und dem Kaiser in Kiel, die Wogen zu glätten. Aber der bayerische Thronfolger hatte sein Pulver noch nicht verschossen. »Seine Königliche Hoheit Prinz Ludwig schienen augenscheinlich an dem einen Canossagang nach Kiel noch nicht genug zu haben«, seufzte der bayrische Regierungschef Friedrich Krafft von Crailsheim im Mai 1900. Denn kurz zuvor hatte Ludwig in Straubing erklärt, dass es keine »Gnade« für Bayern sei, zum Reich zu gehören, das ja »ebenso mit bayerischem Blute wie mit dem der anderen Stämme zusammengeschweißt« worden sei. Daher sollten die Bayern im Reich »nicht als mindere, sondern als volle Brüder angesehen werden«. Wieder gab es ein erregtes Für und Wider in der Öffentlichkeit, und die vom Prinzregenten gestützte bayerische Regierung bemühte sich erneut, die erhitzten Gemüter in Berlin zu besänftigen.[24]

Indem er sich als starker Mann der bayerischen Autonomie im Reich etablierte, gewann Prinz Ludwig die Unterstützung der katholisch-klerikalen Zentrumspartei. Mit dieser Gruppierung pflegte er enge Beziehungen, obwohl sie der erklärte Gegner der nationalliberal geprägten Regierungen war, die von Prinzregent Luitpold gestützt wurden. Eine weitere politische Initiative brachte dem Prinzen sogar das Wohlwollen weiter links stehender Kräfte ein. Ludwig exponierte sich nämlich bei der Reform des bayerischen Wahlrechts. Nachdem alle Versuche, die verzerrende Gesetzesordnung zu modernisieren, gescheitert waren, befürwortete der Prinz Anfang 1906 nachdrücklich den von der bayerischen Zentrumspartei eingebrachten Reformvorschlag. Er trug damit entscheidend dazu bei, dass in Bayern ein gleiches, geheimes und direktes Wahlrecht eingeführt wurde, das dem fortschrittlichen deutschen Reichstagswahlrecht weitgehend entsprach. Ludwig hatte zuvor im Parlament auf andere Staaten verwiesen, »in denen verkünstelte Wahlsysteme bestünden, die dem Gerechtigkeitsgefühl der großen Masse der Bevölkerung widersprächen«. Damit war ihm der Applaus derjenigen sicher, die für die Abschaffung des Dreiklassenwahlrechts in Sachsen und Preußen kämpften. Am 21. Januar 1906 lobte ihn beispielsweise der Führer der Sozialdemokraten, August Bebel: »Wenn wir eine Reichsverfassung hätten, nach der

der Kaiser vom Volk gewählt würde, und in der die Vorschrift enthalten wäre, der Kaiser muß aus einem der regierenden Fürstenhäuser gewählt werden – ich gebe Ihnen mein Wort, Prinz Ludwig hätte die größte Aussicht, deutscher Kaiser zu werden.« Seine Parteigenossen, behauptete Bebel, würden allesamt für den Wittelsbacher stimmen.[25]

Da sich das neue bayerische Wahlrecht zugunsten der Zentrumspartei auswirkte, erhielt der Thronfolger auch von dieser Seite viel Zustimmung. Der Prinz warb nun so erfolgreich für die Ernennung des Zentrumspolitikers Georg von Hertling zum Ministerpräsidenten, dass Luitpold diesen im Februar 1912, wenige Monate vor seinem Tod im Dezember im Alter von einundneunzig Jahren, mit dem Amt betraute. Damit war ein Vertreter der Partei, die bei den Wahlen im Januar die Mehrheit errungen hatte, an die Spitze der Regierung getreten. Obwohl es offensichtlich war, dass Ludwig hier vor allem die von ihm favorisierten politischen Kräfte gefördert hatte, werteten viele Zeitgenossen die Ernennung Hertlings als entscheidenden Schritt auf dem Weg zum parlamentarischen System. »Daran kann nicht wohl gezweifelt werden, daß bei der Lösung der letzten bayerischen Ministerkrise die Wünsche und Ansichten des Prinzen Ludwig den Ausschlag gegeben haben«, kommentierte etwa das *Berliner Tageblatt*. »Tatsache bleibt, daß das erste nach den Direktiven des Thronfolgers gebildete Ministerium den parlamentarischen Verhältnissen Rechnung trägt. Man kann nur wünschen, der zweitgrößte Bundesstaat möchte in diesem Punkt vorbildlich werden für ein Reich, dessen Fürsten sonst eher eine Lebensaufgabe darin erblicken, auf die gegebenen Verhältnisse einen künstlichen Druck auszuüben, statt realpolitisch mit ihnen zu rechnen.«[26]

Im Laufe seiner jahrzehntelangen Bemühung war es dem künftigen bayerischen König gelungen, ein klares politisches Profil zu entwickeln: Er galt als partikularistisch-dynastisch, betonte die Gestaltungsrolle der Krone und war einer vorsichtigen Modernisierung der Verfassungsorgane nicht abgeneigt. Dabei setzte der als kenntnisreich und kompetent geltende Ludwig auf seine öffentliche Rolle als Mitglied der Ersten Kammer des bayerischen Parlaments und viel beschäftigter Redner. Zudem verfügte er über Fürsprecher in der Presse und in den politischen Parteien, vor allem in den Reihen der ihm nahestehenden Zentrums-

*Als »goldene, echt bayerische Worte« feierte die »Volkszeitung« aus München am 12. Juni 1896 die Rede des Prinzen Ludwig, der sich nicht als Gefolgsmann eines preußischen Prinzen bezeichnen lassen wollte. Wenige Tage später porträtierte das Blatt den bayerischen Thronfolger gar als siegreichen Ritter im Kampf gegen den preußischen Drachen der Bevormundung.*

partei. So vermochte er eine beträchtliche politische Wirkung zu entfalten, obwohl sein Vater und die bayerischen Regierungseliten sich bemühten, ihn politisch zu neutralisieren.

*

Noch viel schärfer als im Königreich Bayern offenbarte sich die Zweiteilung monarchischer Macht in eine Monarchenfraktion und eine dem Thronfolger folgende Gruppe in der späten Donaumonarchie. Der führende Sozialdemokrat Karl Renner wies 1910 in einer Rede vor dem österreichischen Reichsrat darauf hin, dass man bei den Habsburgern gar nicht mehr von einer *Mon*archie sprechen könne. Es handle sich vielmehr um eine *Dy*archie, also um die Herrschaft von zwei Machthabern. Er verwies dabei auf die scharfe Auseinandersetzung innerhalb des Staats- und Regierungsapparats der Donaumonarchie zwischen den Schlössern Schönbrunn und Belvedere – den Wiener Residenzen des Kaisers Franz Joseph und seines designierten Nachfolgers, des Erzherzogs Franz Ferdinand (1863–1914). Der alternde Kaiser, der 1910 sein neuntes Lebensjahrzehnt begann, sträubte sich dagegen, dem von seiner Linie abweichenden Thronfolger zu weite Zugeständnisse zu machen. Im Gegensatz zu dem deutschen Kronprinzen Friedrich Wilhelm war Franz Ferdinand jedoch nicht bereit, sich mit tatenlosem Warten zu begnügen, sondern nutzte seine Macht recht rücksichtslos, um seine Vorstellungen durchzusetzen.[27]

Wie Kronprinz Rudolf, der 1889 verstorbene Sohn des Kaisers, hielt er die von Franz Joseph verfolgte Politik für verhängnisvoll und opponierte dagegen ebenso beharrlich wie sein Vorgänger. Allerdings waren die angestrebten Lösungen wie die verwendeten Mittel der beiden Thronfolger völlig verschieden. Rudolf blieb in einem Geflecht einander widersprechender Gefühle gefangen: Einerseits hatte er das Bedürfnis, die als verfehlt und rückständig betrachtete Politik des Kaisers zu kritisieren und zugunsten liberaler Lösungen zu korrigieren, andererseits kapitulierte er mit der mutlosen Unterwerfung unter den Vater. So blieb es bei der Lancierung von mehr oder minder anonymen

Zeitungsartikeln und Pamphleten sowie Kontakten zu oppositionellen Journalisten. Zuletzt wurde der Ton des Kronprinzen dabei geradezu schrill: »Aber geben Sie Acht, Majestät!«, stand in einem Pamphlet vom Frühjahr 1888: »Nicht ungewarnt ziehen Sie die Wege, die Sie jetzt eingeschlagen haben.« Rudolf warnte den Vater vor »einer Politik, welche in der Gegenwart lächerlich, für die Zukunft vernichtend ist«. Wahrscheinlich bekamen weder der Kaiser noch die Mitglieder der österreichischen Regierung diese anonym in Paris veröffentlichte Schrift jemals zu Gesicht. Das Pamphlet, so Brigitte Hamann, »fand weder Hörer noch Feinde«. Nach Erscheinen dieser Broschüre fasste der Thronfolger erstmals Selbstmordpläne. Acht Monate später schied er in Mayerling aus dem Leben.[28]

Rudolfs Nachfolger als Thronerbe, Erzherzog Franz Ferdinand von Österreich-Este, war aus ganz anderem Holz geschnitzt. Der Neffe des Kaisers war zunächst weit von der Thronfolge entfernt gewesen und rückte erst ins Zentrum, als Kronprinz Rudolf verstarb, ohne einen Sohn zu hinterlassen. Franz Ferdinands Vater, Erzherzog Karl Ludwig (1833–1896), ein jüngerer Bruder des Kaisers, hatte keine Ambitionen auf den Thron. So stand sein Sohn zumindest informell als Thronfolger fest, als sich der einzige Sohn des Kaisers im Januar 1889 das Leben nahm. Der weithin unbekannte Erzherzog hatte zuvor eine ausschließlich militärische Ausbildung durchlaufen und war auf seine neue Rolle kaum vorbereitet. Anstatt sich unverzüglich nach Wien zu begeben, blieb er zunächst bei seinen Einheiten in Prag und dann im ungarischen Sopron. Anschließend begab er sich auf eine zehnmonatige Weltreise, von der er erst im Herbst 1893 zurückkehrte. Sein politischer Einfluss blieb zunächst gering, was auch seiner labilen Gesundheit zuzuschreiben war. Bereits 1885 war dem Erzherzog ein Erholungsaufenthalt im Süden genehmigt worden. Doch die Beschwerden verschwanden nicht. 1894 wurde eine Lungentuberkulose diagnostiziert. Während der zwei Jahre, die Franz Ferdinands Genesung in Anspruch nahm, wurde er in Wien gelegentlich schon als todgeweiht abgeschrieben. Doch es gelang ihm, die Krankheit zu besiegen.[29]

Eine ähnliche Zähigkeit legte der Erzherzog an den Tag, als es um die Frau seines Lebens ging. Eine Verbindung mit der Gräfin Sophie

Chotek, in die er sich wohl gegen Ende der 1890er Jahre verliebt hatte, war nach dem strengen habsburgischen Familienstatut so gut wie ausgeschlossen, denn die Choteks galten nicht als ebenbürtig, obwohl sie aus böhmischem Uradel stammten. Franz Ferdinands Entschluss, weder Sophie noch den Thron aufzugeben, löste einen öffentlichen Skandal und eine schwere Krise im Verhältnis zu Franz Joseph aus. Der Monarch und mit ihm zahlreiche Vertreter des Hof- und Regierungsestablishments sahen nämlich durch eine solche Mesalliance die Grundfesten des Kaiserhauses gefährdet. Nach zähem Ringen, in dessen Verlauf der Thronfolger angeblich sogar mit einem »zweiten Mayerling« drohte, gab der Kaiser schließlich nach und genehmigte eine morganatische Eheschließung. Im Gegenzug musste Franz Ferdinand eine Verzichtserklärung abgeben und hinnehmen, dass weder seine Frau noch die künftigen Kinder erbberechtigte Mitglieder des Kaiserhauses sein würden. Die Gräfin wurde am Wiener Hof geschnitten und durfte dort nicht an der Seite ihres Mannes erscheinen. Dies trug gewiss dazu bei, dass sich der Thronfolger vom Hof des Kaisers weitgehend fernhielt und Schönbrunn mit feindseliger Distanz betrachtete. Die Hochzeit wurde am 1. Juli 1900 auf Schloss Reichstadt in Böhmen gefeiert – fernab von Wien und als rein private Angelegenheit. Für den Thronfolger waren die Ehe und später seine Familie der »Inbegriff des Glückes«. Wie er dem deutschen Botschafter schrieb, durfte er dies nun endlich genießen – nach »jahrelangem Ringen, nach schweren Kämpfen, nach Erduldung manch bitterer Stunde«. Seine Frau sei ein Schatz, ließ Franz Ferdinand seine Mutter wissen: »Sie sorgt für mich, mir geht es famos, ich bin gesund und viel weniger nervös. Ich fühle mich wie neugeboren.«[30]

Erst 1898, zwei Jahre nach dem Tod seines Vaters und nachdem der Erzherzog als völlig geheilt galt, war Franz Ferdinand zur »Disposition des Allerhöchsten Oberbefehls« gestellt worden. Hierdurch erfolgte seine eigentliche Ernennung zum Thronfolger. Damit waren ihm die Verantwortung für die Inspektion größerer Heeresverbände, die Zuständigkeit für die Truppenausbildung und die Kommandofunktionen im Krieg übertragen. Diese Stellung sollte Franz Ferdinand nutzen, um im Laufe der folgenden Jahre einen beachtlichen Stab von verlässlichen

Mitarbeitern aufzubauen. Die Militärkanzlei des Thronfolgers, die im Schloss Belvedere, seiner offiziellen Wiener Residenz, ansässig war, wurde beinahe zu einer zweiten Regierungszentrale und damit zu einem mächtigen Instrument, das der frisch vermählte und wiedererstarkte Erzherzog anzuwenden wusste. Seinen Einfluss innerhalb des militärischen Apparats nutzte er, um in seinem Sinne Personalpolitik zu betreiben: Anhänger wurden gefördert und die Karrieren von vermeintlich gegnerischen Offizieren, Diplomaten und Beamten zerstört. Dass Franz Ferdinand bei der Verfolgung seiner Pläne viel weiter kam als zuvor Rudolf, hatte verschiedene Gründe: Der Erzherzog war entschieden rücksichtsloser und durchsetzungsstärker als Rudolf. Darüber hinaus half es ihm, dass der alte Kaiser hinfällig wurde und der Regierungsapparat sich auf die anscheinend unvermeidliche Machtübernahme durch den Thronfolger einrichtete. Rudolfs Bemühungen um Einfluss waren nicht zuletzt an Erzherzog Albrecht gescheitert, der als geachteter Feldmarschall und Generalinspekteur den militärischen Bereich dominierte. Nach dem Tod des alten Kriegshelden im Jahr 1895 hatte der neue Thronfolger hier freie Bahn. Dennoch ist es beachtlich, welchen Einfluss Franz Ferdinands Militärkanzlei in den Jahren vor dem Ersten Weltkrieg erlangte: Der Erzherzog erreichte die Absetzung des österreichischen Ministerpräsidenten Vladimir Beck; er brachte zwei Kriegsminister und einen Generalstabschef zu Fall und beförderte den Außenminister Leopold Graf Berchtold anstelle seines Vorgängers Alois Lexa von Aehrenthal ins Amt. Zahlreiche Offiziere, Beamte und Diplomaten wurden auf Betreiben des Belvedere unterstützt oder entfernt.[31]

Der Einfluss der Thronfolgergruppierung beschränkte sich jedoch keineswegs auf den internen Machtapparat von Militär und Verwaltung. Franz Ferdinand wurde von Journalisten und Publizisten aus dem katholisch-konservativen Lager begünstigt und konnte sich zudem auf Vertreter der klerikal-antisemitischen Christlichsozialen Partei stützen. Auch wenn er sich wenig darum bemühte, in der Öffentlichkeit ein liebenswertes Bild abzugeben, war man sich in der Militärkanzlei über den politischen Einfluss der Presse im Klaren und wusste diesen zu nutzen. Artikel – zum Teil sogar aus der Feder Franz Ferdinands – wurden gezielt lanciert. Besonders die *Reichspost*, deren Chefredakteur Friedrich

Funder den Leiter der Militärkanzlei mehrmals die Woche zu Gesprächen aufsuchte, entwickelte sich zu einem wichtigen Organ des Belvedere. Das christlichsoziale Blatt nahm dabei einen beachtlichen Aufschwung: Hatte es bei seiner Gründung 1895 nur etwa 5000 Exemplare gedruckt, so erreichte es 1914 eine Auflage von rund 36 000 Exemplaren und wurde so zu einer der einflussreichsten Stimmen im deutschsprachigen Teil der Monarchie. Dass auch andere Presseorgane – etwa die *Österreichische Rundschau*, *Danzer's Armee-Zeitung* oder das *Vaterland* – für das Belvedere gewonnen werden konnten, zeigte sich 1913, als einige Zeitungen zum fünfzigsten Geburtstag des Thronfolgers besonders freundliche Artikel veröffentlichten. Franz Ferdinand stehe, so *Danzer's Armee-Zeitung*, für ein »neues Österreich«, und er sei, erklärte die *Reichspost*, ein Mann, der als »Berater des greisen Monarchen schon heute in wichtigen Dingen an den Geschicken des Reiches mitwirkt«.[32]

Was – außer einer antagonistisch geprägten Persönlichkeitsstruktur – trieb den Thronfolger zu einer dermaßen prononcierten Oppositionspolitik? Der Widerspruch zur Politik des Kaisers war bei Franz Ferdinand nicht so eindeutig konturiert, wie es bei Kronprinz Rudolf der Fall gewesen war. Der Erzherzog konfrontierte den konservativen Monarchen keineswegs mit dem üblichen »Kronprinzenliberalismus«. Vielmehr stimmten Franz Joseph und sein Neffe – obwohl ihr persönliches Verhältnis alles andere als freundschaftlich war und der Kaiser sich bemühte, den politischen Einfluss des Erzherzogs zu begrenzen – in ihren Ansichten vielfach überein: Beide wollten eine starke Rolle für die Krone sowie den Erhalt der Macht und des Prestiges der Monarchie; beide setzten dazu auf konservativ-katholische Kräfte und befürworteten in der Außenpolitik das Bündnis mit dem Deutschen Reich. Liberalismus und Sozialismus lehnten sie ab. Allerdings unterschieden sich Kaiser und Thronfolger in ihren Methoden und Prioritäten: Franz Joseph befürwortete Kompromisse und wahrte nach Möglichkeit bestehende Strukturen, was vor allem für den deutsch-ungarischen Dualismus galt, der mit dem sogenannten Ausgleich des Jahres 1867 eingeführt worden war. Franz Ferdinand hingegen bevorzugte ein entschlosseneres Vorgehen, was sich auch in seinem oft recht rabiaten politischen Vokabular ausdrückte. Er sprach, so Alma Hannig, »vom

Niederwerfen, Säubern und Schießen« und ließ mitunter eine hasserfüllte Aversion gegen Gruppen erkennen, die er als Feinde der Monarchie verstand: Sozialisten, Liberale, Protestanten, Juden, Journalisten und – vor allem – die ungarischen Eliten. Seinem Onkel warf er ein Übermaß an Langmut bei der Behandlung der angeblich unbotmäßigen Magyaren vor und forderte hier tiefgreifende Reformen. Es ging ihm darum, die bindenden Kräfte des Reiches zu stärken, die Macht zu zentralisieren und für die Krone zu sichern. Der sudetendeutsche Publizist Emil Franzel will in Franz Ferdinand gar einen »konservativen Revolutionär« erkannt haben. Dies mag die Sachlage überzeichnen, aber es ist richtig, dass die Grundziele des Thronfolgers innerhalb eines weit gefächerten konservativen Spektrums auf Zustimmung stießen. Manche sahen in dem Erzherzog den Führer einer neuen Politik, die, so Robert A. Kann, »im Grunde an den konservativen Zielen der habsburgischen Tradition festhielt«.[33]

Wie sehr die von Franz Ferdinand aufgebaute Machtbasis von der institutionellen Position des Thronfolgers abhing, zeigte sich im Moment seines Todes. Die Nachricht von seiner Ermordung in Sarajevo im Juni 1914 wurde in einigen Kreisen der Wiener Regierung – und sicher auch in Budapest – mit kaum verhohlener Erleichterung aufgenommen. Seine Militärkanzlei im Schloss Belvedere wurde unverzüglich geschlossen. Franz Ferdinands »ungemein große Unbeliebtheit in allen Schichten des öffentlichen Lebens« machte es diesen Kreisen leicht, die Spuren seines Handelns zu verwischen. Zwar reagierte die Presse zunächst schockiert auf den Tod des Thronfolgers, aber schon bald wandte man sich dem ungleich beliebteren jungen Erzherzog Karl zu, der die Krone nun erben würde. Bald setzte sich eine Erinnerung an den Erzherzog durch, die ihren bekanntesten Ausdruck in Stefan Zweigs Memoirenwerk *Die Welt von Gestern* fand: »Franz Ferdinand dagegen fehlte gerade das, was in Österreich für eine rechte Popularität unermesslich wichtig war: persönliche Liebenswürdigkeit, menschlicher Charme und Umgänglichkeit der Formen. […] Nie sah man ihn lächeln, keine Photographie zeigte ihn in aufgelockerter Haltung. Er hatte keinen Sinn für Musik, keinen Sinn für Humor, und ebenso unfreundlich blickte seine Frau. Um diese beiden stand eine eisige Luft;

man wusste, dass sie keine Freunde hatten, wusste, dass der alte Kaiser ihn von Herzen hasste, weil er seine Thronfolger-Ungeduld, zur Herrschaft zu kommen, nicht taktvoll zu verbergen verstand. [...] Die Nachricht von seiner Ermordung erregte deshalb keine tiefe Anteilnahme.«[34]

*

Unter den hier betrachteten oppositionellen Thronfolgern war Erzherzog Franz Ferdinand in mehrfacher Hinsicht eine Ausnahme, und zwar nicht nur, weil seine Ermordung ebenjenen Krieg auslöste, der Europas monarchisches Jahrhundert blutig beendete. Er war der Einzige unter ihnen, dem es gelang, sich eine ungewöhnlich starke, institutionell abgesicherte Machtbasis zu schaffen, auf deren Grundlage er gegen den Willen des herrschenden Monarchen eine Art Gegenregierung aufbauen konnte. Mit Blick auf diese Konstellation, die das Regieren in der institutionell ohnehin schon hochkomplexen österreichisch-ungarischen Doppelmonarchie zusätzlich erschwerte, hat Ministerpräsident Ernest von Koerber lapidar bemerkt, das Land besitze nicht nur zwei Parlamente, sondern auch zwei Kaiser. Zudem unterschied sich der Erzherzog vom üblichen Muster kronprinzlicher Opposition, weil er der konservativen Haltung des regierenden Monarchen eben nicht mit einer als liberal und fortschrittlich verstandenen Kritik begegnete. Er setzte sich damit brüsk von der »Mythe vom liberalen Kronprinzen« ab, der selbst die skeptischen Journalisten des Wochenblattes *Der Sozialdemokrat* ein wenig Glauben schenken wollten. Dieser Gedanke sei nicht nur »politische Komödie und Berechnung«, erklärte das Blatt 1883, »nein, etwas liberaler als sein Vorgänger ist jeder Fürst – und hier steckt ein Körnchen Wahrheit im Mythus vom liberalen Kronprinzen«. Mit seinen dezidiert konservativen Ansichten scherte Franz Ferdinand bewusst aus dieser »uralte[n] Mythe« aus, »die seit Jahrhunderten die geduldigen Völker in Ruhe hält«.[35]

Vor allem aber unterschied sich der österreichisch-ungarische Thronfolger von der für seine Standesgenossen üblichen Norm des politischen Verhaltens, weil es ihm gleichgültig war, ob er in der Öffentlichkeit als populär galt oder nicht. Sich um Beliebtheit zu bemühen, war ihm eher zuwider. »Was heißt schon Popularität? Darum kümmere ich mich nicht. Ich bin der Ansicht, daß es Pflicht des Herrschers ist, in jedem Fall das zu tun, was er für gut hält, ohne daran zu denken, ob das gefällt oder nicht«, erklärte er 1906 dem ungarischen Staatsmann Gyula Andrássy. Franz Ferdinands Verhalten entsprach dieser Auffassung, und so erzeugte er ein zutiefst unattraktives Bild von sich in der Öffentlichkeit. Das Ergebnis waren Einschätzungen wie die bereits zitierte Passage von Stefan Zweig. Anders als fast alle übrigen monarchischen Figuren, die emsig versuchten, sich öffentlich als leutselig, charmant und liebenswert zu präsentieren, machte Franz Ferdinand keinerlei Anstalten, politisch etwa davon zu profitieren, dass er ein glücklich verheirateter Mann und liebevoller Vater war. Die privaten Photographien, die ihn in Zivil, lachend und ungezwungen zeigen, gelangten gerade nicht an die Öffentlichkeit. Stattdessen schuf er ein Image, das der Wiener Schriftsteller Karl Kraus beim Tod des Erzherzogs so kommentierte: »Er war kein Grüßer. Nichts hatte er von jener ›gewinnenden Art‹, die ein Volk von Zuschauern über die Verluste beruhigt. Auf jene unerforschte Gegend, die der Wiener sein Herz nennt, hatte er es nicht abgesehen.«[36]

Franz Ferdinands Weigerung, auf »gewinnende« Art zu grüßen, wurde schon von Zeitgenossen als befremdlich empfunden. Die Regel, die diese prominente Ausnahme bestätigte, war also allgemein bekannt. Auch Herrscher, die es auf »harte Macht« abgesehen hatten, taten künftig gut daran, für sich und ihre Kronen »sanfte Macht« zu generieren.

## »Da hilft das älteste Erbrecht nichts«
### *Monarchie, Medienpolitik und der politische Massenmarkt*

1907 befasste sich der Schriftsteller und Journalist Ludwig Thoma in einem spöttischen Essay mit der Untertanenliebe der bayerischen Bevölkerung. Er fragte sich, ob beim Volk »der angestaute Respekt nicht etwa flöten geht«, wenn – wie im Falle König Ottos – der Monarch aufgrund einer Geisteskrankheit hinter den Mauern einer geschlossenen Anstalt versteckt werden muss. Immerhin, so Thoma, werde deswegen »manches versäumt, was anderswo als wichtiges Erziehungsmittel gilt. Zum Beispiel der Anschauungsunterricht durch photographische Wiedergabe der fürstlichen Soldatenschönheit und des fürstlichen Familienglücks.« In »gesegneten Ländern« komme nämlich »neben Odol, Rayseife und Henkell Trocken nichts so oft vor die Augen wie die Intimität des Herrscherhauses«. Thomas sarkastische Gleichsetzung von Szenen aus dem königlichen Leben mit alltäglichen Gebrauchs- und Konsumartikeln wie Mundwasser, Seife und Schaumwein schlug in dieselbe Kerbe wie Karl Kraus' Charakterisierung des monarchischen Publikums als ein »Volk von Zuschauern«. Folgt man diesen Schilderungen aus dem frühen 20. Jahrhundert, so hatte sich das Verhältnis von Herrschern und Beherrschten tiefgreifend verändert: Aus Untertanen waren die Betrachter geworden, ohne die ein Spektakel keinen Sinn ergibt; ehemalige Befehlsempfänger traten nun als umworbene Konsumenten eines royalen Produkts auf. Weil Betrachter stets die Möglichkeit haben, sich abzuwenden, und Konsumenten auch ein anderes Produkt auswählen können, sahen sich die monarchischen Darsteller und Produzenten mit anspruchsvollen Werbeaufgaben konfrontiert.[37] Was das politische Handeln im Europa des 19. Jahrhunderts immer mehr bestimmte, war die Entfaltung dessen, was der Historiker Hans Rosenberg bereits in den 1940er Jahren als »politischen Massenmarkt« bezeichnet hat. Nicht überall gleichzeitig und nicht völlig flächendeckend verdrängte dieser nach und nach jene Honoratiorenpolitik, die bis dahin von und innerhalb einer kleinen Elite betrieben worden war. An ihre Stelle traten nun Politikformen, die auf den Großteil der Bevölkerung gerichtet waren. Das Ergebnis war ein Massenmarkt, auf dem unterschiedliche politische Akteure – Regierungen, Kandidaten, Parteien, Interessenverbände, aber eben auch monarchische Figuren – miteinander in einen regen Wettstreit um die Aufmerksamkeit, Gunst und Unterstützung einer immer größeren Öffentlichkeit traten. Dieser Markt war das Ergebnis von Verfassungsentwicklungen, politischen Veränderungen und dem heraufziehenden Medienzeitalter. Es gab eine Vielzahl ursächlicher Faktoren: die verfassungsmäßige Garantie politischer Bürger- und Freiheitsrechte mit dem schrittweisen Abbau von Zensurmaßnahmen, die Einführung von gewählten Parlamenten, die Ausweitung des Wahlrechts auf größere Bevölkerungsgruppen, die Gründung von Parteien und Interessenvertretungen, die zunehmende Alphabetisierung, die steigende Wahlbeteiligung und die gewaltige Verbreitung von Druckmedien, die – zunehmend erschwinglich und attraktiv bebildert – bald eine millionenstarke Leserschaft erreichten.

Vor allem die Entwicklung der Medienlandschaft verlief rasant – nicht zuletzt aufgrund revolutionärer technischer Fortschritte wie der Einführung der Schnellpresse und des Rotationsdrucks. In der ersten Hälfte des 19. Jahrhunderts erreichte die wichtigste deutsche Zeitung, die *Augsburger Allgemeine*, eine Auflage von kaum 10 000 Exemplaren. Trotz deutlich schärferer Konkurrenz kam der 1883 gegründete *Berliner Lokal-Anzeiger* schnell auf eine Auflage von 100 000 Exemplaren. An die Stelle der kleinen, ein begrenztes Publikum ansprechenden Blättchen vom Anfang des Jahrhunderts waren an dessen Ende umfangreiche Tageszeitungen getreten, die – auf verschiedene politische und gesellschaftliche Großgruppen zielend – mit zahlreichen Beilagen aufwarteten. Zudem gab es Zeitschriften, Familienrevuen, Almanache, Kalender und einen riesigen Buchmarkt. Über den bloßen Buchstaben hinaus befriedigten Photographien, lithographische Drucke, Postkarten, öffentlich ausgestellte Panoramagemälde, Ausstellungen, Museen und schließlich auch bewegte Bilder die gewaltig anwachsende Nachfrage von Lesern und Betrachtern. Nachdem schon die beiden ersten Drittel des Jahrhunderts von einer erstaunlichen Ausweitung der medialen Öffentlichkeit gekennzeichnet waren, beschleunigte sich diese Entwicklung mit den 1880er Jahren nochmals. Man spricht für diese Periode vom Beginn einer »massenmedialen Sattelzeit«, in der sich das Verhältnis von Medialem, Politischem und Sozialem erneut veränderte. Dabei spielten neue Formen der Übertragung (Telegraphie, Telephonie), der Vervielfältigung (illustrierter Druck) und der Reproduktion (Photographie, Phonographie) eine wichtige Rolle.[38]

Darüber hinaus beeinflusste die Entwicklung zu einer modernen Konsum- und Wirtschaftsgesellschaft mit ihren technischen Errungenschaften und Werbepraktiken den politischen Wettstreit in zunehmendem Maße. »Es ist damit wie mit dem Annoncieren, Reklamemachen und Herumreisen im Geschäft«, versuchte Friedrich Engels im Frühjahr 1883 den sächsischen SPD-Politiker August Bebel anzuspornen, dem die Mühen des Reichstagswahlkampfs etwas lästig geworden waren, »der Erfolg tritt nur langsam und für manchen gar nicht ein. Aber es geht nun mal nicht anders.« Auch an höchster Stelle suchte man werbetechnisch auf dem Laufenden zu bleiben. So erregte im September 1910 ein Bericht des in London stationierten deutschen Diplomaten Richard von Kühlmann das Interesse des Kaisers. Kühlmann führte darin aus, dass Vertreter der Konservativen Partei in Großbritannien während des zurückliegenden Wahlkampfs mit Umzugslastern durch das Land getourt seien. Die mit Lautsprecheranlagen sowie Lichtbildprojektoren ausgerüsteten und mit Wahlplakaten beklebten Fahrzeuge seien dann bei 10 000 Versammlungen als mobile Wahlkampfbühnen eingesetzt worden. Kaiser Wilhelm war von dieser Innovation sichtlich beeindruckt und schrieb an den Rand des Berichts »vielleicht auch für unseren Wahlkampf zu gebrauchen«. Eine Abschrift der Meldung aus London ging daher an den Staatssekretär des Innern.[39]

Der Historiker James Retallack spricht von »einem gnadenlosen Konkurrenzkampf unter den Händlern der politischen Waren«. Angesichts der »faktischen Deregulierung der Wahlarena verlor die Regierung allmählich die Kontrolle über den politischen Marktplatz und die dort angebotenen Waren«. Wie alle anderen Akteure mussten sich auch die Monarchen auf dem politischen Massenmarkt behaupten und sich den marktüblichen Regeln unterwerfen im Kampf um die begehrte Ware: politischer Einfluss. Es galt, in eigener Sache Reklame zu machen, sichtbar und präsent zu sein, dem »Käufer« zu gefallen und ihm einen plausiblen Grund für die politische Transaktion zu bieten, denn, so argumentierte Friedrich Naumann 1912, Monarchen leben schließlich davon, »daß sie für nötig gehalten werden. Ist dieser Glaube zu Ende, da hilft das älteste Erbrecht nichts.« Unter den Bedingungen des aufkommenden politischen Massenmarkts standen Europas regierende und künftige Monarchen also vor der Aufgabe, den Glauben an ihre Unentbehrlichkeit zu festigen und nach Möglichkeit noch zu mehren. Da ihre Macht schwand, mussten sie unbedingt dafür sorgen, so Frank Bösch, dass

»ihre öffentliche Präsenz im Alltagsleben« anstieg. Dies brachte besondere Chancen, aber auch neue Herausforderungen mit sich.[40]

Im heraufziehenden Medienzeitalter eröffneten sich den Kronen bis dahin nicht gekannte Möglichkeiten, effektiv und wirksam vorzuführen, welche besonderen Aufgaben Monarchien und ihre Dynastien erfüllten und welche charakteristischen Vorzüge sie angeblich auszeichneten. Dazu gehörten die Fähigkeit und die Bereitschaft, die Aufgaben eines konstitutionellen Herrschers würdig und angemessen zu erfüllen, eine vorbildliche Ehe sowie eine glückliche Familie zu präsentieren, sowie die Verfolgung bürgerlich-meritokratischer Erziehungsideale als Unterpfand für künftige Kompetenz. Zudem konnte es nützlich oder gar notwendig sein, den Eindruck militärischer Tüchtigkeit zu vermitteln.

Der faustische Pakt mit den Medien hatte aber auch eine dunkle Seite: Über Zeitungsartikel und photographische Alben hielten die Mitglieder der königlichen Dynastien Einzug ins Alltags- und Privatleben von Millionen Untertanen und gaben dadurch viel von sich selbst preis. In manchen Spalten der deregulierten – und nicht selten kritischen – Presse wurden selbst gekrönte Häupter und künftige Monarchen nicht geschont. Der Blick der Medien reichte – wie Bertie, Prinz von Wales, oder Kronprinz Friedrich August erfahren mussten – bis in die Schlafzimmer. Ins helle Licht der Öffentlichkeit rückte nicht nur die sorgfältig inszenierte Geste, die königliche »Soldatenschönheit« oder das »fürstliche Familienglück«, sondern auch das Allzumenschliche, das Unzulängliche und das Abstoßende. So kannte Europas politischer Massenmarkt im 19. Jahrhundert nicht nur den viel umjubelten monarchischen Star, sondern auch den royalen Skandal. Ein Tagebucheintrag des bayerischen Königs Maximilian II. um die Jahrhundertmitte offenbart, wie anstrengend dieses Leben vor aller Augen war und welche Verletzbarkeit es mit sich brachte: »Da schlug es 2 Uhr, in einem Glaswagen sitzend allein, von allem Feierpomp des Königsthums umgeben, verlasse ich die Residenz. Der Glaswagen, allen Blicken durchsichtig, ist das Bild des modernen Thrones, keine Purpurdecken verhüllen ihn mehr der argwöhnisch forschenden Menge; mögen die ihn inne haben, dieß nie vergessen, so handeln, daß sie diesen Blick nicht zu scheuen brauchen.«[41]

Auch wenn es nicht ungefährlich war, sich auf den medialen Massenmarkt einzulassen, kamen die Dynastien bis auf wenige Ausnahmen nicht umhin, an dieser Entwicklung teilzunehmen. Auch bei ihnen ging es nun mal nicht anders. Dabei mag ihnen geholfen haben, dass die monarchische Öffentlichkeitsarbeit keineswegs eine Erfindung der konstitutionellen Monarchien nach 1815 war.

Die geschickte Anwendung der zur Verfügung stehenden Medien zur Erhöhung des fürstlichen Prestiges lässt sich schon bei den Herrschern der Antike und im Mittelalter beobachten, und während des Absolutismus erlebte sie sogar eine Blüte. Die sorgfältig inszenierte multimediale Prachtentfaltung des französischen »Sonnenkönigs« Ludwig XIV. (1638–1715) diente ja einzig und allein dem Ziel, alle Aufmerksamkeit auf ihn als den strahlenden Mittelpunkt seines Staates zu lenken. Wie Jürgen Luh kürzlich gezeigt hat, war der preußische König Friedrich II. (1712–1786) – »der Große« – nicht weniger darauf bedacht, in den Augen der Zeitgenossen und der Nachwelt ruhmvoll und glorreich zu erscheinen. Sein Stil war weniger üppig als der des Sonnenkönigs, aber Friedrich legte ein außerordentliches Geschick im Umgang mit den Medien des 18. Jahrhunderts an den Tag. Im 19. Jahrhundert trat allerdings ein entscheidener Wandel ein: Im Verhältnis zwischen Monarch, Medien und Öffentlichkeit lag die Macht nun nicht mehr eindeutig bei der Krone. Die »Medienmonarchen« des postrevolutionären Zeitalters mussten an die Öffentlichkeitsarbeit daher mit viel mehr Bedacht herangehen.[42]

Im Fall von Königin Viktoria, der in einer einflussreichen Studie der Titel der »ersten Medien-Monarchin« verliehen worden ist, wurde die Schwierigkeit des korrekten königlichen Umgangs mit den Medien schon von den Zeitgenossen wahrgenommen. Ein humoristischer Artikel aus dem Jahr 1845 lässt die Herrscherin darüber nachsinnen, ob man sich dereinst so an sie erinnern wird wie an die legendäre »Queen Bess« – die Tudor-Königin Elisabeth I. (1533–1603). »Eins ist schon einmal sicher«, stellt Viktoria fest, »dass die Nachwelt viel mehr über uns weiß als über Bess; denn alle unsere Bewegungen werden in den Zeitungen dokumentiert – unsere Bälle, unsere Diners, unsere Besuche in der Oper, die französischen Theaterstücke oder die ernsthaften – alles ist im Druck, um so lange zu überdauern wie England selbst.« Dass die satirische Pressestimme überhaupt darüber reflektiert, was die Königin über den Zugriff der Presse auf ihr Privatleben denken könnte, zeigt, wie vielschichtig das Verhältnis von Medien und Monarchie bereits in der ersten Jahrhunderthälfte war. Viktoria, so urteilt John Plunkett, war schon nicht mehr in der Lage, die politischen und kommerziellen Kräfte zu kontrollieren, die den »öffentlichen Charakter« der Monarchie formten. Zwei Generationen später – bei Viktorias Enkel Wilhelm II. – war die Situation noch viel komplexer: Der als »Medienkaiser« bezeichnete Hohenzollernmonarch kümmerte sich um photographische Manipulationen seines Konterfeis, ließ sich möglichst nur bei »Kaiserwetter« filmen und befasste sich mit der Frage, wem eigentlich die Rechte an den Photos gehörten, die bei öffentlichen Auftritten von ihm gemacht wurden.

Trotz aller Veränderungen hielt der Kaiser sich noch immer an die medienpolitischen Grundregeln, die seine Großmutter und ihr Gemahl, Prinz Albert, nach 1840 eingeführt hatten und die danach von fast allen europäischen Königshäusern übernommen wurden. Karina Urbach spricht in diesem Zusammenhang von einem geradezu »Franchise«-artigen Vorgang.[43] Nach John Plunketts Analyse der Medienpolitik Königin Viktorias beruhte deren Umgang mit den Medien auf drei Kerntechniken, die sich als stilprägend erweisen sollten: Mobilität, Sichtbarkeit und moralische Führung.

Zunächst zur Mobilität: Die Monarchen des 19. Jahrhunderts waren auffallend häufig unterwegs. Das im Mittelalter und in der Frühen Neuzeit übliche Herumreisen der Herrscher im eigenen Machtbereich war im 18. Jahrhundert angesichts großartiger Hofhaltungen seltener geworden. Im 19. Jahrhundert wurde diese Praxis wiederbelebt, allerdings diente sie nun anderen Zwecken. »In dieser Zeit der Umbrüche«, so Gaby Huch, wurde das Umherreisen für Monarchen »essentiell, um monarchische Herrschaft in der öffentlichen Wahrnehmung wieder fester zu verankern« und »die Verbindung des Monarchen zu seinen Untertanen persönlicher, emotionaler und somit enger zu gestalten«. Solche Unternehmungen wurden sorgfältig in Szene gesetzt und machten die Vertreter der Monarchie – gerade in der Provinz – nahbar und sichtbar. Man wandte sich gezielt an Bevölkerungskreise fernab vom Hof und den hauptstädtischen Eliten, die eventuell im Begriff standen, sich aus traditionellen Loyalitätsbindungen zur Krone zu lösen. Viktoria und Albert, so Plunkett, »unternahmen eine nie dagewesene Anzahl von Touren in verschiedenen Regionen des Landes, gingen auf Auslandsreisen und nahmen zahllose gesellschaftliche Termine wahr«.[44]

Johannes Paulmann hat angesichts der monarchischen Reisefreudigkeit von Formen »peripatetischer Herrschaft« gesprochen, die seit Mitte des 19. Jahrhunderts wieder intensiv ausgeübt wurde. Die Reisen gekrönter Häupter erlangten eine ganz andere Qualität, seit die hohen Herrschaften mit Eisenbahn und Dampfschiff unterwegs waren oder später auch mit dem Automobil. Denn nun erlangten die Monarchien dank der schnellen Fortbewegungsmittel quasi Omnipräsenz und konnten sich mit dem Signum der modernen Zeit – Beweglichkeit, Geschwindigkeit, technischer Fortschritt – schmücken. Am weitesten wagte sich hier vermutlich Prinz Ludwig von Bayern vor, der im Herbst 1910 zusammen mit dem Grafen Zeppelin das lenkbare Luftschiff *Parseval VI* bestieg und einen Rundflug über München unternahm. Unter der Überschrift »Ein im besten Sinne moderner Fürst« erklärte die *Allgemeine Rundschau* diese Tat zu einem Beleg des »fortschrittlichen Geistes«, der den bayerischen Thronfolger beseele.

Doch auch wenn die royalen Besucher auf dem Boden blieben, boten die unter Hurrarufen und auf roten Teppichen ritualisiert ablaufenden Veranstaltungen reiches Material für eine vorteilhafte Presseberichterstattung. Auslandsreisen und Monarchenbegegnungen eigneten sich besonders dazu, dem heimatlichen Lesepublikum über die Medien nahezubringen, wie die mobilen Monarchen als »personifizierte Repräsentanten des nationalen Prestiges« auftraten. In solchen Momenten wurde die für die zweite Hälfte des 19. Jahrhunderts charakteristische Symbiose von Monarchie und Nationalismus besonders augenfällig. Denn mit der Suche nach einer »umfassenden Integrationsideologie«, die dazu dienen konnte, »die nach Partizipation strebenden Massen langfristig an die monarchischen Eliten zu binden«, so beobachtet Frank-Lothar Kroll, durchliefen die Dynastien Europas einen Prozess der »Nationalisierung der Monarchie«. Die schrittweise Identifizierung der Monarchie mit der Nation baute auf der Konstitutionalisierung monarchischer Herrschaft auf und vollzog sich ebenso wie diese im öffentlichen Raum.[45]

Die über eine eifrige Reisetätigkeit und öffentliche Auftritte hergestellte unmittelbare Sichtbarkeit der Monarchen – die zweite Komponente in Viktorias medienpolitischem Arsenal – wurde durch eine noch viel weiter reichende mittelbare Sichtbarkeit ergänzt. Diese ergab sich aus der medialen Vermittlung, vor allem durch die Berichterstattung in Zeitungen und Zeitschriften. Eine bewusste Hinwendung zu visuellen Medien wie Photographien und anderen bildlichen Darstellungen erhöhte diese Sichtbarkeit nochmals deutlich. Auch hier war die viktorianische Monarchie eine Vorreiterin. Bereits 1857 wurde eine Photographie von Prinzgemahl Albert bei einer Ausstellung öffentlich gezeigt; im Jahr darauf konnte man bei der *London Photographic Society* ein Gruppenporträt mit der Königin sehen. Im August 1860 veröffentlichte der Photograph John Edwin Mayall schließlich sein *Royal Album*: vierzehn *carte-de-visite*-Photographien, die Viktoria, Albert und ihre Kinder abbildeten. Das Album wurde ein überwältigender kommerzieller Erfolg. Innerhalb weniger Tage gingen mehr als 60 000 Bestellungen ein. In Großbritannien begann nun ein regelrechter Boom: Im Laufe der 1860er Jahre wurden schätzungsweise 400 Millionen *cartes-de-visite* berühmter Persönlichkeiten verkauft. Monarchen und ihre Familien gehörten zu den am meisten gefragten Motiven. Bilder von den Mitgliedern der königlichen Familien waren bald allgegenwärtig und wurden zu geschätzten Besitztümern. In einer häufig kolportierten Anekdote über Kaiser Wilhelm I. trifft der alte Monarch beim Spaziergang in Bad Ems auf einige Jungen, die sich vor einem Schaufenster darüber streiten, welche Photographie sie mit ihrem wenigen Geld kaufen sollen. Endlich wurde beschlossen: »Ja, ja, den Kaiser wollen wir uns kaufen!«, woraufhin Wilhelm I. es sich nicht nehmen ließ, jedem der Knaben »einen Kaiser« zu spendieren. Anlässlich besonderer Ereignisse wurden bald auch Dinge des täglichen Konsums mit dem königlichen Konterfei geschmückt, etwa beim fünfzigsten Regierungsjubiläum der Königin Viktoria im Jahr 1887. Dies kam beiden Seiten zugute: Die Hersteller übertrugen das Charisma der Monarchin auf ihre Produkte, und die Krone profitierte von einer weitreichenden Werbekampagne.[46]

Die viktorianische Monarchie nutzte ihre durch Mobilität und Medien erreichte Sichtbarkeit, um sich – drittens – »an der Spitze unserer Moralität« im Licht des öffentlichen Interesses zu sonnen, und stand damit genau dort, wo sie nach Walter Bagehots berühmter Analyse stehen musste. »Wir haben uns daran gewöhnt«, so schrieb der britische Publizist in den 1860er Jahren, »dass es natürlich ist, einen tugendhaften Souverän zu haben.« Im Fall Großbritanniens, wo die öffentliche Meinung sich über Wahlen und parlamentarische Mehrheiten immer stärker auf die Regierung auswirkte, musste sich die Art und Weise, wie die Krone Einfluss ausübte, zwangsläufig verändern. Wenn es der Monarchie gelang, sich als moralische Kraft zu etablieren, dann – so der Verfassungshistoriker Vernon Bogdanor – konnte sie in »dem Prozess der Umwandlung von Macht zu Einfluss« an Autorität gewinnen und an die Spitze von Staat und Nation treten.[47]

Mit diesem Ziel vor Augen widmete sich die britische Monarchie unter Viktoria und Albert der Aufgabe, als moralischer Leuchtturm der Nation wahrgenommen und verehrt zu werden. John Plunkett hat die Methode, dorthin zu gelangen, als »staatsbürgerliche Öffentlichmachung« *(civic publicness)* beschrieben; der Historiker Frank Prochaska spricht von der weithin sichtbaren Konstruktion einer »Wohlfahrtsmonarchie«. Gemäß diesem Konzept sah Prinz Albert es als die Aufgabe des Königtums an, als »Oberhaupt der Philanthropie« zu agieren. Folgerichtig setzte sich die Krone öffentlich für eine Vielzahl von wohltätigen, lobenswerten, ehrbaren Anliegen ein. Mit königlicher Güte und christlichem Ernst wandte sie sich gewissenhaft und unübersehbar der Fürsorge für Arme und sozial Benachteiligte zu: Man interessierte sich für Hygiene, wirtschaftlichen Fortschritt und Forschung, besuchte Krankenhäuser, Universitäten und Museen. Dieses Bemühen trug im Laufe der Zeit Früchte. »Jeder Geistliche, Philanthrop und Sozialreformer hat, über die zurückliegenden dreiundsechzig Jahre, auf dem Thron dieses Landes eine Verbündete und Unterstützerin gehabt«, predigte der Domherr Herbert Henson am 27. Januar 1901 in der Westminster Abbey anlässlich des Todes der Königin: »Wir danken dem

Allmächtigen für das Geschenk dieses gnädigen und dienstbaren Lebens; wir fügen zu den Schätzen der Nation das kostbare Juwel einer reinen und erhabenen Tradition, welche die altehrwürdige und berühmte englische Krone umfasst; und künftig verbinden wir unsere staatsbürgerliche Pflicht mit einem teuren und verehrten Namen.«[48]

Nun ist eine Totenpredigt kein Beleg für die Wahrnehmung der Institution Monarchie im ganzen Land, und es sollte auch nicht übersehen werden, dass die Idee eines sozialen Königtums auch anderswo in Europa verbreitet war – etwa in Preußen oder in Frankreich. Aber das viktorianische Königshaus ist ein hervorragendes Beispiel dafür, wie man eine Monarchie, die sich ihrer direkten Machtmittel zunehmend beraubt sieht, über eine sorgfältig konzipierte Öffentlichkeitsarbeit mit einem beachtlichen Maß an »sanfter Macht« ausstatten konnte. Denn, so resümiert Plunkett, es gelang der britischen Königin trotz der schwindenden politischen Macht der Krone mit ihrer strategisch geschickten und unermüdlichen Öffentlichkeitsarbeit für die ganze Nation eine »überwölbende und dennoch intime Figur« zu bleiben.[49]

*

In der Hoffnung auf ähnliche Erfolge klammerten sich die Vertreter zahlreicher europäischer Kronen an die medienpolitischen Rockzipfel der britischen Königin und schickten sich an, ihre eigene Stellung mit den Mitteln der »sanften Macht« zu sichern. Dies galt auch für Monarchien, deren Verfassungen der Krone noch weiterreichende »harte« Machtmittel zugestanden, als dies in Großbritannien der Fall war. Selbst im autokratischen russischen Kaiserreich, das erst 1905 mit einer zögerlichen Konstitutionalisierung begann, bemühten sich einzelne Zaren im 19. Jahrhundert um die öffentliche Inszenierung eines »liebevollen Bandes, das auf Wohltätigkeit und Dankbarkeit aufgebaut war« und den Herrscher mit dem Volk verknüpfte. Denn das Fortbestehen der monarchischen Systeme konnte nicht allein dadurch gesichert werden, dass man verbliebene Besitzstände gegen die Zeichen der Zeit verteidigte. Friedrich von Holstein warnte 1895, dass »royalistisches

Kapital«, wenn man es achtlos vergeudete, der Dynastie dereinst empfindlich fehlen werde. Aufgabe der Monarchie musste es daher in Zukunft sein, dieses Kapital aufzustocken, um damit neue politische Ressourcen aufzubauen, zu popularisieren und anzuwenden.[50]

In diesem Zusammenhang kam der Fähigkeit der Dynastien, die vorherrschenden kulturellen und moralischen Trends in ihren Gesellschaften aufzugreifen, entscheidende Bedeutung zu. Wenn das gelang, konnten die Königshäuser bei wichtigen Themen den Ton angeben, ihr persönliches und institutionelles Charisma zur Geltung bringen und mit dieser Führungsrolle an Autorität gewinnen. Das versetzte sie wiederum in die Lage, andere dazu zu bewegen, das Gleiche zu wollen wie sie selbst. Sie übten damit »sanfte Macht« aus.

## »Der Königssohn gewinnt ihr Vertrauen und ihre Zuneigung«

*Thronerben und die Mittel der »sanften Macht«*

Beim monarchischen Streben nach »sanfter Macht« waren die Thronfolger besonders wichtige Figuren. Denn »sanfte Macht«, so Joseph Nye, »hängt mehr noch als harte Macht von der Existenz williger Übersetzer ab«. Der monarchische Nachwuchs erwies sich als geradezu prädestiniert für die Aufgabe, jene »packende Geschichte« zu verkörpern, welche die Kronen von sich zu erzählen wussten. Denn sie lenkten aufgrund ihrer Rolle das Auge des Betrachters stets auf die Zukunft. Da sie im Allgemeinen nicht in die direkte Ausübung monarchischer Macht eingebunden waren, konnten die – zumeist jungen – Hoffnungsträger die medialen Werkzeuge des politischen Massenmarktes dazu nutzen, die monarchische Herrschaft zu popularisieren, neue Relevanz für die alte Institution aufzuzeigen und die Machtmittel des Herrschers zu ergänzen. Angesichts der Theatralisierung der Politik im 19. Jahrhundert konnte diese Rolle mitunter romantisch verklärt werden. Das tat zumindest die Kopenhagener Zeitung *Illustreret Tidende*, als sie ihren Lesern 1885 die Aufgaben eines Kronprinzen erklärte: »Der Königssohn geht noch immer verkleidet in unserer Mitte umher; er besiegt die Drachen des Neids und der Engstirnigkeit; er teilt das

Schicksal und die Lebensumstände der Menschen und gewinnt ihr Vertrauen und ihre Zuneigung.«[51]

Was so zuckrig-märchenhaft klingt, ist letztlich doch ein recht realistischer Hinweis darauf, wie anspruchsvoll und vielseitig die öffentliche Rolle war, in der die künftigen Herrscher in den konstitutionellen Monarchien Europas im 19. Jahrhundert zu glänzen hatten. Jene drei zentralen Elemente monarchischer Öffentlichkeitsarbeit – Sichtbarkeit, Mobilität und moralische Führung – waren auch für sie von entscheidender Bedeutung bei ihrem Streben nach »sanfter Macht« und Sicherung der dynastischen Zukunft.

*

Dass es wichtig war, Thronfolger sichtbar zu machen – und zwar so früh wie möglich –, war für die Monarchen nichts Neues. Im Jahr 1194 soll die damals bereits vierzigjährige Prinzessin Konstanze von Hauteville sich nicht gescheut haben, den künftigen Kaiser Friedrich II. von Hohenstaufen (1194–1250) öffentlich in einem Zelt auf dem Marktplatz der mittelitalienischen Stadt Jesi zur Welt zu bringen, um etwaige Zweifel an ihrer Mutterschaft und der Legitimität ihres Sohnes auszuräumen. Einen derartig tiefen Einblick in ihre Privatsphäre hatte Prinzessin Margherita von Savoyen im Herbst des Jahres 1869 der Öffentlichkeit nicht gewähren müssen, aber es gab Parallelen. Die Entscheidung der italienischen Kronprinzessin, ihren neugeborenen Sohn stolz den Marktfrauen von Neapel zu präsentieren, belegt jedenfalls, dass die Sichtbarkeit des künftigen Thronfolgers noch immer von politischer Relevanz war. Im Fall des späteren Königs von Italien ging es allerdings weniger darum, Zweifel an seiner Legitimität auszuräumen. Vielmehr sollte über die Zuneigung, die einem neugeborenen Kind und seiner Mutter üblicherweise entgegengebracht wird, eine emotionale Bindung zu der in Süditalien noch fremden Savoiadynastie aufgebaut werden.

Kronprinz Umberto und seine Frau Margherita waren keineswegs die einzigen Thronfolger, die ihren Erstgeborenen dem Volk so unmittelbar präsentierten. Im Frühjahr 1859 sollen einige Gardegrenadiere auf dem Weg von Potsdam zum Dorf Eiche dem preußischen Kronprinzen Friedrich Wilhelm und seiner Gemahlin Victoria begegnet sein, die mit ihrem vier Monate alten Sohn Wilhelm spazieren gingen. Als der Kronprinz die Soldaten bemerkte, soll er ihnen befohlen haben, anzuhalten. Dann nahm er den Säugling aus dem Korb und stellte ihn den Grenadieren vor, wobei er jeden von ihnen aufforderte, dem Kleinen das Händchen zu schütteln. Danach wünschte Friedrich Wilhelm den erfreuten Soldaten einen guten Morgen und schickte sie ihres Weges.[52]

In beiden Fällen werden die künftigen Thronerben – Viktor Emanuel und Wilhelm – dem einfachen Volk schon als Säuglinge gezeigt, und die aktuellen Thronerben – Umberto und Margherita, Friedrich Wilhelm und Victoria – präsentieren sich als stolze, liebevolle und leutselige Eltern, die ihr privates Glück mit den einfachen Leuten teilen. Dies schuf auf zwei Ebenen jene emotionalen Anknüpfungspunkte, die von medienorientierten Monarchien noch heute genutzt werden. Wenn die Sichtbarkeit des Thronfolgers als Kleinkind nicht durch den unmittelbaren Kontakt – wie etwa das Schütteln des allerhöchsten Händchens – hergestellt werden konnte, dann wurde der hier erzielte Effekt mit Bildern angestrebt. Aus diesem Grund war die Kindheit von Thronfolgern im 19. Jahrhundert reich und öffentlich zugänglich bebildert, und zwar schon vor Erfindung der Photographie.

Nur in wenigen Fällen erfolgte die Sichtbarmachung des Nachwuchses mit so offensichtlich parteipolitischer Absicht wie bei Isabella II. (1830–1904), die nach dem Tod ihres Vaters Ferdinand VII. (1784–1855) schon als dreijähriges Kind Königin von Spanien wurde. Doch das Recht der noch unmündigen Monarchin auf die Thronfolge wurde von ihrem ultrakonservativen Onkel Carlos de Borbón (1788–1853) und seinen Parteigängern bestritten – zuletzt sogar mit militärischen Mitteln. Die liberalen Gegner der Carlisten stilisierten Isabella daraufhin zu einer konstitutionellen Ikone. Zahlreiche sorgfältig komponierte Gemälde und Drucke stellten das Kind als das »Mädchen der Freiheit« *(niña de la libertad)* dar und wurden als Propagandabilder im ganzen Land verbreitet. Die kleine Isabella erschien darauf als engelsgleiche, friedensbringende Stifterin der 1837 erlassenen Verfassung, die einerseits die Freiheit der Nation bewahrte, andererseits an den Instinkt

*Im Zentrum des Gemäldes von José Ribelles y Helip von 1833 steht die kindliche Königin Isabella II. von Spanien, jenes feengleiche »Mädchen der Freiheit«, das dem Land Verfassung und Fortschritt verhieß.*

der Betrachter appellierte, dieses zarte Geschöpf und die dynastische Zukunft, für die es stand, vor der Unbill der Carlisten zu beschützen.[53]

Vor Isabella war bereits eine andere künftige konstitutionelle Monarchin auffallend häufig als Kind abgebildet worden, und auch hier war der Hintergrund nicht unpolitisch. Nach dem frühen Tod der englischen Thronfolgerin Charlotte (1796–1817) hatten sich die nicht mehr ganz taufrischen Söhne König Georgs III. (1738–1820) zu dem Versuch aufgerafft, doch noch die Zeugung eines legitimen Thronerben zu bewerkstelligen. Aus dieser dynastisch-biologischen Torschlusspanik ging der in der Königsfamilie wenig geschätzte Herzog Edward von Kent (1767–1820) als Sieger hervor. 1819 gebar ihm seine frisch angetraute Gemahlin Victoire ein gesundes Töchterchen, die kleine Prinzessin Viktoria. Das Verhältnis der Kents zum Königshof blieb jedoch angespannt und verschlechterte sich nach 1820 noch, als der Herzog starb und sein ältester Bruder Georg nach dem Tod König Georgs III. den Thron bestieg. Zwischen dem neuen König Georg IV. (1762–1830) und der verwitweten Herzogin, die eifersüchtig über ihre Tochter wachte, herrschte bald unverhohlene Feindseligkeit. Auch unter König Wilhelm IV. (1765–1837), der seinem Bruder 1830 auf den Thron folgte, verbesserte sich die Lage kaum. Die Herzogin und ihr Berater Sir John Conroy hielten Viktoria von dem schlecht beleumundeten Hof fern, bemühten sich jedoch, die künftige Monarchin in der Öffentlichkeit bekannt zu machen. Dabei halfen die zahlreichen Porträts der Prinzessin – etwa von Johann Georg Paul Fischer (1819), Sir William Beechey (1821), Stephen Poyntz Denning (1823), Henry Bone (1824), Thomas Williamson (ca. 1825–1832), William James Ward (1825) Alexandre-Jean Dubois Drahonet (1833) und Sir George Hayter (1833). »Victorias Kindergesicht und -figur«, so urteilt die Historikerin Lynne Vallone, »waren für ihre künftigen Untertanen kein Geheimnis.« Aus den Tagebüchern der Prinzessin geht hervor, wie viel Zeit sie damit verbrachte, Modell zu sitzen. Die dabei entstandenen Porträts wurden häufig als Stiche vervielfältigt und befriedigten die Neugier des Publikums. Auch den Zielen der Herzogin von Kent war damit gedient, denn das in vielen Variationen abgebildete unschuldige junge Mädchen hob sich wohltuend von seinen abgelebten und skandal-

*Über eine geschickte Imagepolitik gelang es der Herzogin von Kent, das Bild ihrer Tochter Viktoria im ganzen Land bekannt zu machen. Auf diese Weise sollte sie zur Zukunftshoffnung werden und sich damit wohltuend von der Herrschaft ihrer abgelebten Onkel abheben. Aus den Tagebüchern der Prinzessin geht hervor, wie viel Zeit sie damit verbrachte, Modell zu sitzen.*

umwitterten Onkeln auf dem Thron ab und verhieß Hoffnung auf eine bessere Zukunft.[54]

Der älteste Sohn des französischen Königs Ludwig Philipp, Prinz Ferdinand Philippe, war bereits 1842 an den Folgen eines Unfalls verstorben – im Alter von nur zweiunddreißig Jahren. Er verstarb also schon vor Beginn des photographischen Zeitalters. Sein Konterfei wurde noch durch prächtige Farbporträts verbreitet und verewigt, die Maler wie Louis-Joseph Noyal, Louis Hersent, Jean-Auguste-Dominique Ingres oder Horace Vernet von ihm anfertigten. Sie zeigten ihn als Kind an der Hand der Mutter, hoch zu Ross als schneidigen jungen Offizier oder in Gesellschaft seines Vaters und seines Bruders. Die Photographie sollte diese älteren visuellen Medien nicht gänzlich verdrängen, vielmehr erlebte das 19. Jahrhundert eine üppige Spätblüte monarchischer Porträtmalerei. Die gefragtesten Maler der Epoche griffen für die Thronfolger auch weiterhin zu ihren Paletten. Franz Xaver Winterhalter etwa porträtierte Edward Albert, den Prinzen von Wales, 1846 als herzigen Vierjährigen im Matrosenanzug, drei Jahre später zusammen mit seinem Bruder Alfred im Schottenrock, 1859 in der Uniform eines Oberstleutnants der Garde und 1864 als Oberst des 10. Husarenregiments. Ähnlich wie der französische und der britische Thronfolger gab auch der spätere deutsche Kaiser Friedrich III. auf Porträts ein eher traditionell-militärisches Bild ab: Das Gemälde Heinrich von Angelis aus dem Jahr 1874 zeigt den Hohenzollernprinzen im schimmernden Brustpanzer der Pasewalker Kürassiere. Im ebenfalls 1874 entstandenen Werk Franz von Lenbachs trägt der Thronfolger dieselbe Uniform, dazu jedoch den Marschallstab, den er auch auf Gottlieb Biermanns Porträt aus dem Jahr 1888 in Händen hält. In Anton von Werners bekanntem Gemälde »Kaiser Friedrich als Kronprinz auf dem Hofball 1878« umringen Größen aus Kunst, Wissenschaft und Politik den künftigen Herrscher, der in der Ausgehuniform seines Kürassierregiments dargestellt ist, wobei die linke Hand auf dem Knauf seines Prunkdegens ruht.[55]

Die porträtartigen Darstellungen der Thronfolger zeigen also nicht durchweg die Tendenz, die Simon Schama bei königlichen Familiengemälden beobachtet hat. Am Beispiel royaler Gruppenporträts aus dem 17. bis 19. Jahrhundert macht Schama deutlich, wie die Mitglieder des regierenden Hauses von »einer Sippe von Göttern in eine häusliche Wohnzimmer-Gruppe« verwandelt wurden. Schama spricht in diesem Zusammenhang von der »Domestizierung der Majestät«, die sich aus der Annäherung an bürgerliche Familienvorstellungen ergeben habe.[56] Sofern es sich um Erwachsene handelte, zeigten die Bilder künftiger Herrscher jedoch weiterhin monarchische Figuren in steifen, feudalen Posen und prachtvollen Uniformen. Allerdings eröffnete der technische Fortschritt ihnen mit der Photographie nun ganz ungeahnte neue Möglichkeiten. Für die mediale Sichtbarkeit der Thronfolger bedeutete diese Erfindung geradezu einen Quantensprung. Photographien transportierten die neapolitanischen Marktplätze und märkischen Feldwege, auf denen die neugeborenen künftigen Herrscher dem einfachen Publikum unmittelbar präsentiert werden konnten, in Millionen von Wohnzimmer, Bilderrahmen und Photoalben. Eine »majestätische Bilderflut« ergoss sich im 19. Jahrhundert über Europas Untertanen und machte die Kindheit der künftigen Monarchen für jeden und an jedem Ort sichtbar.

Eine gewisse Eile war geboten, wenn mit der Geburt eines Thronfolgers jene beliebten »Vier-Generationen-Bilder« möglich wurden. Dann blickte ein steinaltes gekröntes Haupt wohlgefällig auf drei direkte Nachfolgergenerationen herab. So entstand schon einen Tag nach seiner Geburt, am 7. Mai 1882, das erste Photo des künftigen Kronprinzen Wilhelm von Preußen und Deutschland (1882–1951). Mit den Worten »welch Gnade, ich alter Mann«, soll der fünfundachtzigjährige Kaiser Wilhelm I. im Schlosspark Babelsberg seinen Urenkel auf den Schoß genommen haben, während sich sein Sohn, der Kronprinz Friedrich Wilhelm, zu seiner Rechten und dessen Sohn, Prinz Wilhelm, zu seiner Linken postierten. Die hochherrschaftlichen Herren tragen selbstverständlich Uniform. Der künftige König Eduard VIII. (1894–1973) von Großbritannien war immerhin schon drei Wochen alt, als er am 16. Juli 1894 in der White Lodge in Richmond – zusammen mit seiner Urgroßmutter Königin Viktoria, seinem Großvater Prinz Edward von Wales und seinem Vater Prinz George – abgelichtet wurde. In Bayern war das Vertrauen in die anscheinend unverwüstliche Gesundheit des Prinzregenten Luitpold so groß, dass man sich mit der Aufnahme »Vier

Generationen im bayrischen Herrscherhause« bis 1905 Zeit ließ, als Erbprinz Luitpold, der Urenkel des damals vierundachtzigjährigen Prinzregenten, bereits vier Jahre alt war. Der weiß gekleidete Junge in den kurzen Hosen steht darauf vor seinem uniformierten Vater Prinz Rupprecht sowie seinem Großvater Prinz Ludwig und hat seine Hände auf das Knie des sitzenden Urgroßvaters Luitpold gelegt.[57]

Diese Mehrgenerationenbilder waren in besonderer Weise geeignet, Sympathie für die dargestellte Dynastie zu erwecken, denn sie bezeugten ja nicht nur die Fruchtbarkeit und Beständigkeit des Herrscherhauses, sondern präsentierten die verschiedenen Generationen zugleich in den Rollen, die sie zu spielen hatten: als herzige Kinder, als stolze Väter, Groß- und Urgroßväter oder -mütter sowie als treue Söhne und Enkel. Die sorgfältig inszenierte öffentliche Sichtbarkeit der Thronfolger in allen Lebensphasen durch das Medium der Photographie wurde zu einem Merkmal der Epoche, die Photographie selber zu einer »königlichen Leidenschaft«. Mitglieder der monarchischen Familien Europas waren begehrte Motive, allen voran die Thronfolger. Sie wurden in allen möglichen Rollen, Kostümen und Situationen abgelichtet: als Kinder, Schüler, Studenten, Brautleute, Väter, Soldaten, Redner und Sportler; auf dem Steckenpferd, hoch zu Ross oder am Steuer eines Automobils; mal in staatstragender Pose, mal leger und familiär. Otto Mays Untersuchung des Mediums Postkarte im Wilhelminischen Deutschland kann sich auf über 640 verschiedene Darstellungen des Kaisers stützen, und eine von Anja Schöbel analysierte Sammlung umfasst mehr als 2400 Postkarten von der kaiserlichen Familie, 762 von der bayerischen und knapp 500 von der sächsischen Monarchie. Selbst das überschaubare Herzogtum Sachsen-Coburg und Gotha kam auf 187 verschiedene Motive. Für Großbritannien hat John Plunkett die Zahlen zu den Photographien ermittelt, für die ein persönliches Copyright des Abgebildeten angemeldet wurde: Für den Zeitraum 1862 bis 1901 führen der Thronerbe Bertie und seine Gemahlin Alexandra das Feld mit jeweils über 600 verschiedenen Aufnahmen an. Mit etwas mehr als 400 Photographien kam Königin Viktoria nur auf den vierten Platz – hinter der Schauspielerin Ellen Terry. Die Söhne des Thronfolgers – Prinz Albert Victor und Prinz George –

*»Vier Generationen im bayrischen Herrscherhause«: Wie viele andere Bilder dieser Art sollte die Postkarte von 1905 die Beständigkeit der Wittelsbacherdynastie unterstreichen. Der greise Prinzregent Luitpold blickt wohlgefällig auf seinen gleichnamigen Urenkel hinab, der achtzig Jahre nach ihm geboren wurde.*

erreichten gemeinsam über 400 Aufnahmen. Unter den zwanzig Spitzenplätzen fielen acht an Mitglieder der Königsfamilie. Noch heute bieten Internetportale Abertausende von zeitgenössischen Bildpostkarten zum Verkauf an, was von der unglaublichen Verbreitung dieses Bildmediums zeugt.[58]

Wohin man auch blickte, überall fanden sich Photographien, Lithographien oder Stiche der künftigen Herrscher, die mit Bedacht komponiert waren und Wohlwollen für die Dynastie erzeugen sollten. Als der neu gewählte, noch nicht in sein monarchisches Amt eingeführte König Haakon VII. von Norwegen (1872–1957) im November 1905 an Bord des Kriegsschiffes *Heimdal* in seinem neuen Reich eintraf, wurde er am Kai von Staatsminister Christian Michelsen begrüßt. Der junge König trug bei dieser Gelegenheit seinen zweijährigen Sohn, den künftigen König Olav V. (1903–1991), auf dem Arm – gut sichtbar in eine weiße Decke gehüllt. »Das war ein ergreifender Augenblick«, berichtete die Presse. »Der König stand mit dem kleinen hellen Kronprinz im Arm, er glich einem kleinen norwegischen Jungen.«

Der preußische Thronfolger Friedrich Wilhelm ließ sich nicht nur ganz ähnlich ablichten – als zärtlicher Vater, umgeben von seiner vielköpfigen Kinderschar –, sondern auch als wackrer alpiner Wandersmann mit Lederhose, Trachtenjoppe und Gamsbart vor einem gemalten Gebirgspanorama. Der künftige König Viktor Emanuel III. von Italien wurde in frühen Jahren oftmals in religiös anmutenden Mutter-Sohn-Photographien mit Königin Margherita gezeigt, später dann meistens in den Uniformen seiner verschiedenen militärischen Dienstränge. Den fünfjährigen Kronprinzen Rudolf lichtete Hofphotograph Ludwig Angerer 1863 auf einem Stuhl sitzend zusammen mit seinem Kater Tomi ab; dabei trug der Prinz die Kappe seines 19. Infanterieregiments. Zwei Jahre darauf machte Angerer eine Aufnahme des Kronprinzen vor dem Hintergrund des Dachsteins auf einem Jagdausflug mit seinem Vater, Kaiser Franz Joseph. Im März 1880 brachte das Brüsseler Atelier der Gebrüder Géruzet das Verlobungsphoto des Kronprinzen im *carte-de-cabinet*-Format auf den Markt: Es zeigt den jungen Prinzen in Uniform neben seiner ganz in Weiß gekleideten Braut, der Prinzessin Stephanie von Belgien. Auch das Eheversprechen des

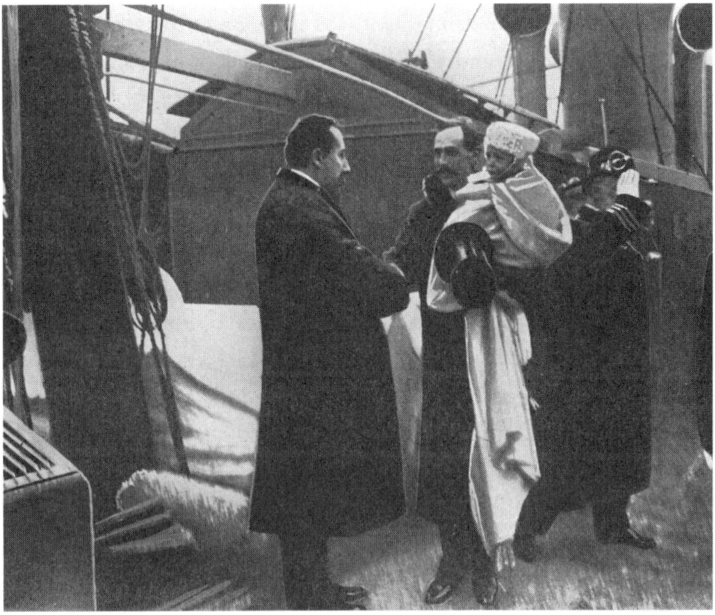

*Als der neu gewählte König Haakon 1905 auf norwegischem Boden von den Ministern empfangen wurde, trug er – für die Umstehenden gut sichtbar – seinen Sohn auf dem Arm. »Das war ein ergreifender Augenblick«, berichtete die Presse, der »Kronprinz (…) glich einem kleinen norwegischen Jungen.«*

dänischen Kronprinzen Frederik an Prinzessin Louise von Schweden im Jahr 1868 war durch ein Verlobungsphoto belegt.[59]

Als besonders geschickt im Umgang mit den visuellen Medien erwies sich das britische Königshaus und insbesondere das Thronfolgerpaar Bertie und Alexandra (1844–1925). Vor allem die Prinzessin von Wales tat sich durch Stilsicherheit und Modebewusstsein hervor. Das zeigte sich schon auf den zahlreichen Photographien von der Verlobung des Paars im September 1862, die der renommierte belgische Photograph Louis Ghémar anfertigte, und setzte sich auf den Hochzeitsbildern des britischen Photographen John Mayall fort. Prinzessin Alexandra sollte sich überhaupt als echter Medienprofi erweisen. Sie setzte so manchen modischen Trend und glich zudem durch ihr tadelloses Auftreten und ihre liebevolle Mütterlichkeit die Neigung ihres Mannes zu skandalträchtigen Fauxpas aus. In der von John Plunkett aufgestellten Liste rangiert die Frau des Thronfolgers – noch vor ihrem Gemahl – an erster Stelle. Von ihrer erfolgreichsten *carte*-Photographie, einem scheinbar informellen Bild, auf dem sie eines ihrer Kinder auf dem Rücken trägt, verkauften sich mehr als 300 000 Abzüge.[60]

*

Die scheinbare Authentizität und Unmittelbarkeit der photographischen Abbildung sollte ein Gefühl von Nahbarkeit und Leutseligkeit hervorrufen. Das gelang nicht zuletzt, weil die Kamera die Beweglichkeit der dynastischen Figuren illustrierte und dokumentierte, wodurch das Publikum diese quasi aus nächster Nähe verfolgen konnte. So präsentierte eine Ausstellung in der Londoner Bond Street im Juli 1862 dem geneigten Publikum mehr als 170 Aufnahmen, die der Photograph Francis Bedford wenige Monate zuvor während einer Reise des Prinzen von Wales in den Mittleren Osten gemacht hatte. Darunter befanden sich einige sorgfältig inszenierte Bilder des Thronfolgers: Edward vor den Pyramiden auf einem Kamel sitzend, mit Reisebegleitern vor einer Tempelruine in Karnak stehend oder mit einem Fez auf dem Haupt am Ufer des Sees Genezareth unter einem Feigenbaum ruhend. Die Bilder

*Das heraufziehende Medienzeitalter machte aus Thronfolgern Stars: Die Photographie der künftigen britischen Königin Alexandra mit einem ihrer Kinder auf dem Rücken verkaufte sich mehr als 300 000-mal.*

wurden einzeln und – für besonders passionierte Untertanen – als 172-teiliges Set zum Kauf angeboten. Auch von Albert Edwards Indienreise im Jahr 1875/76 konnte man Photographien erwerben, darunter das Motiv »Der erste Tiger des Prinzen« – komplett mit Jagdgesellschaft, Flinte und mausetoter Raubkatze.[61]

Weite und von den Medien intensiv begleitete Reisen gehörten in der zweiten Hälfte des 19. Jahrhunderts zum Standardprogramm der europäischen Thronfolger, und zwar nicht nur für jene, die – wie der künftige König Großbritanniens und Kaiser von Indien – einmal über ein gewaltiges Kolonialreich herrschen würden. Die Praxis adligen Reisens schloss an die Tradition der Kavaliers- und Bildungsreisen des *Ancien Régime* an, auf denen junge Adlige in verschiedenen Ländern Erfahrungen, Wissen und Eindrücke sammelten und sich auf ihre Karrieren als Militärs, Beamte oder Diplomaten vorbereiteten. Zwar wurde immer wieder der bildende Charakter solcher Reisen betont, doch die Gewichte hatten sich inzwischen verschoben: Die Thronfolger hatten sich zu touristischen Werbeträgern von einigem Belang entwickelt und die Reisen zu »Staatsakten«, wie der Kultursoziologe Justin Stagl beobachtete. Das faszinierende Bildmaterial und die packende Berichterstattung in der Presse sollten nicht nur die Weltläufigkeit, körperliche Fitness und internationale Reputation der Thronfolger belegen, sondern auch das wachsende Fernweh des Lesepublikums und sein Bedürfnis nach unterhaltsamen Abenteuergeschichten befriedigen. Darin glichen die Thronfolger ihren meist jüngeren Brüdern und Vettern, die als »Matrosenprinzen« weltweit für ihre Dynastien erfolgreich im Einsatz waren. Kaum eines der europäischen Herrscherhäuser verzichtete im 19. Jahrhundert darauf, mit einem sorgfältig in Szene gesetzten prinzlichen Marineoffizier aufzuwarten, dessen fachliche Tüchtigkeit, patriotische Unerschrockenheit und den Globus umfassende Mobilität die jeweilige Monarchie in ein überaus günstiges Licht setzten.[62]

Mit Ausnahme der Prinzen Eddy und George, die zwischen 1879 und 1882 eine von ungewöhnlich regem öffentlichen Interesse begleitete Weltreise an Bord der Korvette *HMS Bacchante* unternahmen, fuhren Kronprinzen nicht als Kadetten zur See, denn sie galten als zu unabdinglich, als dass man sie monatelang auf den Ozeanen hätte herumkreuzen lassen können. Dennoch waren weite Reisen von Thronfolgern im 19. Jahrhundert ein probates Werkzeug im Arsenal monarchischer Öffentlichkeitsarbeit. Der französische Thronfolger Ferdinand Philippe nahm bereits in den 1830er Jahren als Offizier an langwierigen Feldzügen in Nordafrika teil. Der künftige belgische König Leopold II. (1835–1909) reiste als Kronprinz zwischen 1854 und 1865 nach Indien, China, Ägypten und in den Nahen Osten, um danach in zahlreichen Reden vor dem belgischen Senat über die handels- und kolonialpolitischen Möglichkeiten zu berichten, die er vor Ort erkannt zu haben glaubte. Die erste größere Amtshandlung in Vertretung seiner Mutter führte den britischen Thronfolger Bertie im Sommer 1860 nach Amerika, wo er unter gewaltiger Anteilnahme der Bevölkerung Kanada und die Vereinigten Staaten besuchte. Später reiste er in den Mittleren Osten und bis nach Indien. Auf dem Subkontinent, wo der Prinz von Wales sich 1875/76 in Begleitung des renommierten Journalisten W. H. Russell von der Londoner *Times* aufhielt, setzte Bertie Maßstäbe: Vor orientalischer Kulisse inszenierte er das »Königtum als Theater« und machte den Besuch so zu einem prachtvollen historischen Ereignis. 1905/06 und 1921/22 sollten sein Sohn George und dann sein Enkel Edward in die Fußstapfen ihrer Väter treten und als Thronfolger ebenso prachtvolle Reisen nach Indien unternehmen.[63]

Der preußische Kronprinz Friedrich Wilhelm vertrat seinen Vater 1869 bei der prunkvollen Eröffnung des Suezkanals und verband dies mit einer aufwendigen Reise durch Italien, Griechenland, die Levante und das Heilige Land bis nach Ägypten. Als einer der Höhepunkte der Fahrt dürfte sein feierlicher Einzug in Jerusalem gelten: Auf einem prächtigen Schimmel und im Glanz seiner wichtigsten Orden ritt der Hohenzollernprinz durch das Damaskustor zur Grabeskirche. Der Moment beeindruckte ihn so nachhaltig, dass er in den 1870er Jahren bei dem Maler Wilhelm Gentz ein Monumentalgemälde von dieser Szene in Auftrag gab, das im Dezember 1876 in der Berliner Nationalgalerie ausgestellt und weithin gelobt wurde. Auch spätere Reisen des deutschen Kronprinzen brachten denkwürdige Momente. Als er 1878 das neue italienische Königspaar Umberto und Margherita besuchte, kam es zu einer Szene, die in der deutschen Wochenzeitung *Volksblatt* ausführlich geschildert wurde: »Der König erschien unter vieltausendstimmigem Jauchzen der Anwesenden mit seiner Gemahlin auf dem Balkon. Beide ziehen sich nach einer Weile wieder zurück. Aufs Neue gibt sich das Verlangen kund, sie möchten sich nochmals zeigen. Sie willfahren demselben. Nun tritt auch der deutsche Kronprinz heraus, nimmt den kleinen Königssohn auf die Arme, drückt ihn an sein Herz, küßt ihn und zeigt ihn dem Volke. Wer vermag den Jubel zu schildern, in den die Römer nun ausbrachen? Es war ein so hinreißender Auftritt, daß noch lange nachher davon gesprochen, in Zeitungen darüber berichtet wurde. Der Erbe des deutschen Kaiserthrons, der sich im Kreise seiner eigenen blühenden Kinderschaar so wohl fühlt, herzt Italiens Kronprinzen und zeigt ihn dem Volke! In der That ein Bild zum Malen schön.«[64]

Zehn Jahre später war aus dem kleinen Prinzen auf dem Balkon ein junger Mann geworden, der selbst in jedem Sommer weite Fahrten unternahm. So bereiste der künftige König Viktor Emanuel III. Russland, Syrien, Ägypten, das Osmanische Reich und Palästina. Als ähnlich reiselustig erwies sich der sächsische Thronfolger, der von 1904 an als König Friedrich August III. regierte. Nachdem er die Donaumonarchie, Deutschland und Großbritannien besucht hatte, brach der Wettinerprinz im Oktober 1889 zu einer mehrmonatigen Reise über Venedig, Palermo, Barcelona, Cádiz, Madrid, Tanger, Malta, Kairo, Jerusalem, Damaskus, Smyrna und Athen bis nach Istanbul und Bukarest auf. Noch 1906 schwärmte ein mehr als wohlwollender Biograph des Königs davon, wie die Früchte dieser Reise »dereinst dem Sachsenvolke zum Heil und Segen gereichen werden«.[65]

Selbst der knorrigste unter den europäischen Thronfolgern – Erzherzog Franz Ferdinand von Österreich – begab sich auf Reisen und ließ die Öffentlichkeit daran teilhaben. Im Verlauf seiner 1892/93 absolvierten Weltreise legte er 33 000 Kilometer zurück und besuchte Indien, Java, Australien, Japan, Kanada und die Vereinigten Staaten. Da das Unternehmen offiziell als wissenschaftliche Expedition deklariert war, wurde Franz Ferdinand nicht nur von Mitgliedern seines Hofstaats, mehreren Köchen und dem Photographen Eduard Hodek

*Von der ausgedehnten Weltreise, die Erzherzog Franz Ferdinand 1893 unternahm, wurde in der Presse ausführlich berichtet. Unter anderem präsentierte sie den Thronfolger als treffsicheren Großwildjäger, in dessen Gefolge eigens ein Tierpräparator mitreiste. Bei der Schilderung seiner Reiseerlebnisse achtete der Erzherzog darauf, immer wieder gebührend an seine Heimatliebe zu erinnern.*

begleitet, sondern auch von einigen Naturforschern. Auf der Reise widmete sich der Thronfolger mit der für ihn typischen Treffsicherheit dem Abschuss großer Mengen fremdländischer Fauna. Allein in Indien brachte er sieben Tiger, fünf Panther, drei Elefanten und über 1300 andere Tiere zur Strecke. Der aus gutem Grund mitgereiste Tierpräparator dürfte alle Hände voll zu tun gehabt haben.

Das breite Publikum wurde während der zehnmonatigen Reise unter anderem in der *Neuen Freien Presse* aus Wien über die Erlebnisse des Thronfolgers informiert. Noch ausführlicher war das zweibändige, reich bebilderte Reisetagebuch, das auf den persönlichen Aufzeichnungen des Erzherzogs beruhte und 1895/96 veröffentlicht wurde. Darin fanden sich nicht nur landeskundliche Informationen und endlose Schilderungen der weidmännischen Großtaten des Erzherzogs, sondern auch zahlreiche rührende Hinweise auf sein Heimweh und seine Verbundenheit mit der schönen heimatlichen Landschaft.[66]

Die Überseereisen der europäischen Thronfolger belegten nicht nur die Mobilität der Monarchien in spektakulärer Weise, sondern erzeugten zudem eine Fülle von publikumswirksamen Bildern und Geschichten aus fernen Ländern. Auf Reisen konnten die künftigen Herrscher darüber hinaus im Sinne einer *public diplomacy* tätig werden. Damit unterstützten sie jene diplomatischen Bemühungen, mit denen nicht nur auf die Regierung, sondern auch auf die Öffentlichkeit des Gastlandes mit dem Ziel eingewirkt werden sollte, das Image des eigenen Landes zu verbessern. Erik Goldstein hat die Besuche der »royalen Botschafter« als eine »klassische Übung in sanfter Macht« bezeichnet. Es ging darum, »die Beziehungen zum Teil durch die Aufmerksamkeit und Publizität zu verbessern, die durch ihre Besuche erregt wurden«. Noch mehr diplomatische Aufgaben fielen den Thronerben zu, wenn sie betagte Monarchen vertraten, denen man die mühsame Reise nicht mehr zumuten konnte. So reiste etwa Kronprinz Friedrich Wilhelm 1887 anstelle von Kaiser Wilhelm I. zum goldenen Thronjubiläum der Königin Viktoria nach London; beim diamantenen Thronjubiläum der Monarchin zehn Jahre später repräsentierten Prinz Friedrich August das Königreich Sachsen und Erzherzog Franz Ferdinand das österreichische Kaiserhaus, weil sich weder König Albert noch Kaiser Franz Joseph auf den weiten Weg nach London machen wollten. Bei der Krönung von Zar Nikolaus II. im Jahr 1896 in Moskau vertraten die Thronfolger Großbritanniens, Italiens und Bayerns ihre jeweiligen Souveräne.[67]

Insofern trug die mobile jüngere Generation nicht unwesentlich dazu bei, die theatralische diplomatische Kultur im Europa des 19. Jahrhunderts zu inszenieren, die der Historiker Johannes Paulmann im Spiegel der vielen Monarchentreffen analysiert hat. Für den Zeitraum von 1814 bis 1914 hat er mehr als 220 dieser zunehmend pompösen Begegnungen gekrönter Häupter ermittelt und gezeigt, dass die Beteiligung eines breiteren Publikums nicht nur von offizieller Seite gewollt war, sondern auch den Erwartungen des Bürgertums entsprach. Ein Tagebucheintrag des amerikanischen Journalisten R. D. Blumenfeld, der sich zur Jubiläumsfeier 1887 in London aufhielt, illustriert, dass man auf dieser Bühne auch auffallen konnte, wenn man noch gar nicht Monarch war: »Ich hielt den deutschen Kronprinzen (Kaiser Friedrich) mit seinem silbernen Helm und dem schimmernden Kürass für die auffälligste Figur in der Prozession.«[68]

Weltreisen, Thronjubiläen und Krönungen waren außerordentliche Großereignisse monarchischer Mobilität und Sichtbarkeit. Sie fanden vor dem Hintergrund einer gewöhnlicheren Beweglichkeit statt, die es den Thronfolgern ermöglichte, für die Bevölkerung im Inland präsent und nahbar zu erscheinen. Bei diesen alltäglicheren Anlässen konnten sie ihre Volkstümlichkeit und Leutseligkeit vorführen. Umgeben von der monarchischen Aura gelang es dabei, jene zauberhafte »sanfte Macht« zu entfalten, die dem »Königssohn« das Vertrauen und die Zuneigung der Menschen sichern sollte. Auch dafür ist die junge Prinzessin Viktoria ein Beispiel. In dem Bemühen, das kleine Mädchen zur »Hoffnung der Nation« zu stilisieren, beschränkte sich ihre Mutter nämlich nicht auf die Verbreitung von Bildern, sondern bediente sich gezielt der Mobilität, indem sie die Prinzessin systematisch ihr künftiges Reich bereisen ließ. Zwischen 1830 und 1835 unternahm die junge Prinzessin alljährlich sorgfältig geplante Fahrten durch England und Wales. Überall wurde das Mädchen begeistert empfangen, erhielt Ehrungen und zuvor in Auftrag gegebene Loyalitätsadressen. Der politische Kern der Unternehmung war König Wilhelm IV. völlig klar, der sich bemüht hatte, diese Touren zu unterbinden. Lady Elizabeth Belgrave, eine Freundin von Viktorias Mutter, brachte unmissverständlich auf den Punkt, welche Absicht damit verbunden war, nämlich »die Prinzessin unter dem Schein einer ruhigen Reise bekannt zu machen und für spätere Zeiten Freunde zu sichern«. Da solche Freunde aus allen Schichten der Gesellschaft kommen sollten, wurden nicht nur aristokratische Landsitze besucht, sondern auch Fabriken (wie etwa die Baumwollspinnerei im mittelenglischen Belper), Schieferminen, Gefängnisse und Folklorefestivals. So durchquerte die Prinzessin im Verlauf einiger Jahre das ganze Land: Man streute Blumen für sie, lokale Verseschmiede produzierten Jubellyrik – *»Victoria comes – our Britain's hope, / To view the ancient Towers«*, hatte es in Oxford geheißen –, und die Menge säumte die Straßen. Alle sollten auf ihre Kosten kommen. Als zum Beispiel offenbar wurde, dass die Menschen in Leamington die kleine Prinzessin am Hotelfenster nicht gut sehen konnten, stellte die Mutter sie kurzerhand auf einen Schemel, und der Kammerherr Conroy leuchtete die Szene mit zwei Kerzen aus.[69]

Auch in Italien nutzte man den Charme prinzlicher Kinder, um landauf, landab Werbung für die Monarchie zu machen. Im Herbst 1861 begaben sich der siebzehnjährige Kronprinz Umberto und seine jüngeren Brüder Amedeo und Oddone, die Söhne König Viktor Emanuels II., auf eine Reise durch die nördlichen Provinzen Italiens. Diese Landstriche waren erst kurz zuvor von Piemont-Sardinien annektiert und in das vereinigte Königreich Italien eingefügt worden. Man verfolgte dabei zwei Ziele: Die Prinzen sollten das ihnen noch fremde Land kennenlernen, über das ihr Haus seit Kurzem herrschte; und die Bewohner sollten zu loyalen Untertanen der Savoiadynastie gemacht werden. Per Eisenbahn absolvierte die königliche Reisegesellschaft im Jahr 1861 innerhalb eines Monats Besuche in vierzig Städten, darunter Pisa, Florenz, Rimini, Brescia, La Spezia und Pavia. Man traf lokale Größen, lauschte den Klängen der örtlichen Musikkapellen, winkte der begeisterten Menge zu und nahm Paraden ab. Zudem wurden unter fachkundiger Führung historische Gebäude besichtigt. Im Frühjahr 1862 war der Süden des Landes dran. Mit einem Dampfschiff ging es nach Sardinien und Sizilien sowie in die Gegend von Neapel. Das im

Vorjahr erprobte Programm wurde noch dadurch erweitert, dass die Prinzen Geldpreise und Almosen verteilten. Nach den Berichten der zeitgenössischen Presse war auch diese zweite Reise ein großer Erfolg: Überall schallten den Prinzen aus den festlich geschmückten Straßen laute *Evviva*-Rufe entgegen. Sieben Jahre später sollte Prinz Umberto die Mobilität seines Hauses erneut unter Beweis stellen, als er als frisch verheirateter Ehemann mit seiner Gemahlin Margherita nach Neapel zurückkehrte. Der künftige Herrscher des vereinten Italiens nahm in der ehemaligen Hauptstadt des bourbonischen Königreichs beider Sizilien seinen Wohnsitz. 1869 wurde dort der Sohn des Paares geboren, der künftige König Viktor Emanuel III.[70]

Auch die schwedisch-norwegischen Bernadottes versuchten, potenziell reservierte Bevölkerungsteile durch die Entsendung mobiler Thronfolger für sich zu gewinnen. Im Jahr 1814 war zwischen den Königreichen Schweden und Norwegen eine Union eingerichtet worden. Sie bestand jedoch aus kaum mehr als der seit 1810 in Schweden etablierten gemeinsamen Herrscherfamilie des ehemaligen französischen Marschalls Jean Baptiste Bernadotte, der nach 1818 als König Karl XIV. Johann von Schweden und Karl III. Johann von Norwegen regierte. Obwohl sich die landfremde Dynastie vor allem auf ihr schwedisches Königreich konzentrierte, hatte man in Stockholm verstanden, dass man dringend auch eine norwegische Identität entwickeln musste. Nach 1818 sollten sich daher die königlichen Nachkommen in Norwegen mit Land und Leuten, mit Sprache und Kultur vertraut machen, zunächst Kronprinz Oskar (1799–1859), danach dessen Söhne Karl (1826–1872) und Oskar (1829–1907), der Enkel Gustaf (1858–1950) und schließlich der Urenkel Gustaf Adolf (1882–1973). Es galt das zu entwickeln, was der Historiker Trond Norén Isaksen als die »Macht der Präsenz« bezeichnet hat. Sie entfaltete so viel Wirkung, dass die äußerst fragile Verbindung der beiden Länder bis 1905 hielt.[71]

Kronprinz Oskar, der unmittelbar nach dem Machtantritt seines Vaters Norwegisch gelernt hatte, residierte erstmals 1824 und sieben Jahre später erneut für mehrere Monate als Vizekönig in Kristiania/Oslo. Darüber hinaus unternahm er Reisen nach Bergen und entlang der Westküste Norwegens. Sein ältester Sohn, Prinz Karl, amtierte Mitte der

1850er Jahre für dreizehn Monate als Vizekönig, brachte seine Familie mit in die norwegische Hauptstadt und bereiste den Süden des Landes. Karl, der König Oskar I. im Jahr 1859 als Karl XV. nachfolgte, blieb nach dem Tod seines Sohnes kinderlos. Daher übernahm sein jüngerer Bruder, Prinz Oskar, die Aufgabe, für die Dynastie in Norwegen Präsenz zu zeigen und »sanfte Macht« zu erlangen. Prinz Oskar bereiste selbst abgelegene Gebiete in Westnorwegen wie Romsdalen und Sogn, diente auf norwegischen Schiffen, hielt Reden auf Norwegisch und achtete darauf, dass sein Sohn Gustaf eine norwegische Erziehung genoss. Als er seinem Bruder 1872 als Oskar II. auf den Thron folgte, so schrieb er selbst in seinen Memoiren, schien er in Norwegen beliebter zu sein als in Schweden. Um seine Stellung dort weiter zu festigen, reiste er noch vor seiner Krönung in Trondheim im Sommer 1873 bis ans Nordkap. Durch diese Fahrten, so urteilte die Zeitung *Aftenposten* im Juli 1873, habe der König die Herzen seiner Untertanen gewonnen.

Im Rückblick erscheint dieser Moment allerdings wie der Schwanengesang auf die schwedisch-norwegischen Union. Obwohl Oskars ältester Sohn, Kronprinz Gustaf, und nach ihm sein Enkel Gustaf Adolf in der norwegischen Hauptstadt studierten, nahmen die Querelen zwischen beiden Ländern beständig zu. Zuletzt sollte der oftmals beklagte Widerwillen der Nachfahren Oskars, in Norwegen Präsenz zu zeigen, der Auslöser dafür sein, dass das dynastische Band, das die beiden Reiche mehr als neunzig Jahre lang verbunden hatte, zerschnitten wurde. Das Vertrauen in die monarchische Staatsform hatten die Norweger jedoch nicht verloren. Zwar beschritt Norwegen 1905 den Weg in die Unabhängigkeit, doch tat es dies unter seinem eigenen, durch eine Volksabstimmung und eine Parlamentswahl legitimierten König Haakon VII., einem dänischen Prinzen. Es wird kaum überraschen, dass sich auch dieser neue Monarch sofort anschickte, Mobilität, Sichtbarkeit und Präsenz zu zeigen. Zur Krönung reiste das Königspaar per Eisenbahn, Kutsche und Schiff nach Trondheim und legte auf dem Weg dorthin zahlreiche Zwischenstopps ein, um mit der Bevölkerung zusammenzutreffen. Im folgenden Jahr setzten König Haakon und Königin Maud ihre Krönungsreise fort und tourten durch die nördlichen Regionen ihres Reiches.[72]

Strategisch geplante Reisen innerhalb des eigenen Machtbereichs – wie die Kutschfahrten der jungen Viktoria, die Eisenbahn- und Bootstouren der Savoiaprinzen oder die Norwegenaufenthalte der Bernadotte-Erben – waren wichtige Schritte auf dem Weg zur »sanften Macht«. Unterhalb dieser Ebene gab es eine Vielzahl alltäglicher Formen der Vermittlung von monarchischer Mobilität und Sichtbarkeit, die den Anschein von Selbstverständlichkeit erwecken sollten. Als Schüler, Studenten, Soldaten, Parlamentarier oder Schirmherren, aber auch bei – scheinbar – privaten Anlässen zeigten sich Thronfolger im 19. Jahrhundert ihren künftigen Untertanen wie selbstverständlich im öffentlichen Raum. Indem sie sich immer wieder unter ihre Untertanen mischten, demonstrierten die künftigen Monarchen vertrauenerweckende Leutseligkeit.

Angefangen mit Prinz Ferdinand Philippe von Orléans, der bereits von 1819 an das Gymnasium *Collège Henri-IV* in Paris besuchte, bis hin zu Kronprinz Rupprecht von Bayern, der nach 1882 Schüler des Münchner Maximiliansgymnasiums war, verließen immer mehr Thronfolger die abgeschirmte Sphäre des Hofes zur Ausbildung an öffentlichen Schulen, Universitäten und militärischen Akademien. Den späteren König Ludwig III. von Bayern konnte man nicht nur als jugendliche Schildwache auf dem Münchner Marienplatz bestaunen, sondern auch als Studenten auf dem Weg zur Ludwig-Maximilians-Universität, und zwar zu Fuß. Prinz Edward von Wales wurde während seiner Oxforder Studentenzeit von Paparazzi beim Anfeuern der Rudermannschaft seines Colleges photographiert. Kronprinz Friedrich Wilhelm von Preußen besuchte mit seiner Frau den Berliner Weihnachtsmarkt, um dort Geschenke für die Kinder zu kaufen, und Prinz Wilhelm von Württemberg bummelte mit seiner zweiten Gemahlin demonstrativ durch die Stuttgarter Geschäfte, um Gerüchte über eine Ehekrise zu zerstreuen. Kronprinz Friedrich August von Sachsen wanderte mit seinen Kindern durch das Dresdner Umland und kehrte häufig in Ausflugslokale ein. Der künftige König Viktor Emanuel III. von Italien begleitete seinen Vater Umberto bei Truppenbesuchen und Manövern im ganzen Land. Kronprinz Konstantin von Griechenland (1868–1923) hielt es während der Olympischen Spiele von Athen 1896 nicht auf seinem Platz, als der griechische Hirte Spyridon Louis sich beim Marathonlauf als Erster dem Ziel näherte; mit seinem Bruder Prinz Georgios stürmte der Thronfolger auf die Zielgerade, lief die letzten Meter mit dem erschöpften Athleten und hob ihn dann auf seine Schultern.

Indem sie schier überall präsent waren und der Öffentlichkeit vorführten, wie sie im Dienste ihres Landes auf der ganzen Welt eine gute Figur machten und sich huldvoll und leutselig gegenüber den eigenen Untertanen erwiesen, lieferten die Thronfolger Stoff für spannende Presseberichte, farbige Bilder und zahllose, immer wieder neu erzählte Anekdoten. Sie taten damit genau das, was Walter Bagehot als zentrale Funktion einer königlichen Familie an der Spitze eines monarchischen Systems definiert hat: Sie »brachten den Stolz der Souveränität hinunter auf die Ebene des gemeinen Lebens«. So erwarben sie »sanfte Macht« und trugen zu der für jene Zeit typischen peripatetischen Herrschaft bei.[73]

*

Wohl kein Thronfolger konnte seinem Land ein leuchtenderes moralisches Vorbild geben als der preußisch-deutsche Kronprinz Friedrich Wilhelm. Dieser Ansicht schien jedenfalls das *Berliner Tageblatt* zu sein, das zu dessen fünfzigstem Geburtstags im Oktober 1881 eine Lobeshymne anstimmte: »Immer voran, wo es gilt, dem Wahren, Guten und Schönen für die Wohlfahrt des Gemeinwesens eine Heimstätte bei uns zu bereiten, ist der Kronprinz für uns Alle ein Symbol jenes bescheidenen und doch so emsigen Wirkens, welches die eigene Person stets hintenan stellt.« Die Tatsache, dass das *Berliner Tageblatt* – und viele andere Zeitungen ebenfalls – den runden Geburtstag des künftigen Kaisers zum Anlass nahmen, ausführlich über seine große Tugend zu berichten, ist ein Hinweis darauf, dass der Thronfolger das Licht seines emsigen Wirkens – bei aller Bescheidenheit – nicht unter den Scheffel stellte. Durch eine geschickte Pressearbeit und gekonnte öffentliche Auftritte hatte der Monarch ein Image erworben, das ihn in den Augen der Öffentlichkeit an die »Spitze unserer Moralität« stellte. Indem sie die Aufgabe, Nation und Gesellschaft ein leuchtendes Beispiel tugendhaften Handelns vorzuleben, annahmen und in die Zukunft projizierten, leisteten Thronfolger einen weiteren wichtigen Beitrag zur monarchischen Öffentlichkeitsarbeit. »Vor allem den Prinzen, der dem Throne am nächsten steht«, so bemerkte die *Allgemeine Zeitung* im Januar 1905 mit Blick auf den bayerischen Thronfolger, sah man in der Verantwortung, »als Erster unter den Untertanen den Mitbürgern voranzuleuchten in der Erfüllung aller der besonderen Pflichten, die den Staatsbürger ausmachen, und in den Besten des Landes, die mit des Landes Regenten sorgend über den Tag hinaus eine späte Zukunft denken, also die Freude zu patriotischer Hingabe zu mehren«.[74]

Es waren fünf Bereiche, in denen Thronfolger sich zu beweisen hatten: nationale Identitätsstiftung, Kultur und Wissenschaft, Philanthropie, militärische Tüchtigkeit und familiäre Tugenden. Um als wahre Landesväter und Landesmütter zu überzeugen, mussten sie und ihre Nachkommen als Familie beispielgebend sein: Gefragt waren treusorgende Gatten, hingebungsvolle Gemahlinnen und natürlich liebende Eltern wohlerzogener Kinder. Dass eine solche Botschaft – häufig auch entgegen den Tatsachen – vielerorts erfolgreich an die Öffentlichkeit gebracht werden konnte, war das Ergebnis geschickter Öffentlichkeitsarbeit und Selbstdarstellung. König Haakon VII. von Norwegen und der deutsche Kronprinz Friedrich Wilhelm, Prinzessin Margherita von Italien und Prinz Wilhelm von Württemberg, Prinzessin Alexandra von Wales und selbst der von seiner Frau verlassene Kronprinz Friedrich August von Sachsen, sie und viele andere verstanden es, familiäre Tugenden öffentlich zu präsentieren und auf diese Weise die herausgehobene Stellung der ersten Familien ihrer Monarchien zu rechtfertigen. Ein Prinz, der den Untertanen ein Vorbild war, breitete Glanz über das ganze Land. Prinz Ludwig, so lobte der *Bayern-Kurier* im Januar 1895, habe ein Familienleben begründet, »auf dem der Segen des Himmels seit mehr als 25 Jahren ruht, das verklärt erscheint von dem eigenartigen Zauber echter deutscher Häuslichkeit und das weithin als strahlendes Muster gepriesen wird für jedes deutsche Haus, für jeden deutschen Herd«.[75]

Der spätere König Ludwig III., der es am Ende auf fast einundfünfzig Ehejahre und zwölf überlebende Kinder brachte, bemühte sich darüber hinaus, dem bayerischen Volk das Bild eines perfekten Patrioten zu bieten, indem er sich als wahrer Vertreter einer seit Jahrhunderten in Land und Leuten verwurzelten Herrscherfamilie präsentierte. Er stellte sich als Verkörperung der Werte und Traditionen seines Volkes dar und agierte so als geschickter Vertreter der monarchischen Nationalisierungsstrategie. »Ich und Mein Volk fühlen Uns eins«, zitierte der Thronfolger 1897 auf einer Versammlung bayerischer Landwirte den verstorbenen König Ludwig II., um zu erläutern, warum es in Bayern gar nicht notwendig sei, das enge Band zwischen Volk und Fürsten besonders zu feiern. Denn »wenn ein Volk und sein Fürstenhaus 700 Jahre ununterbrochen zusammengestanden und sein Fürstenhaus selbst aus dem Volk hervorgegangen ist, und wenn das Volk so und so oft sein Blut dafür vergossen hat und die Dynastie auch eingestanden ist, wo es gegolten hat, für das Volk einzutreten, so, sage ich, braucht man keine solchen Feste«. Land und Herrscher waren unzertrennbar, und so musste es sein. Bereits 1891 hatte Prinz Ludwig am Ende einer Rede in Nürnberg einen Toast ausgesprochen »auf das Land, mit dem ich mit jeder Faser meines ganzen Lebens verwoben bin, auf unser vielgeliebtes Bayern!«. In der geneigten Presse fand diese Art der Selbstdarstellung ein freundliches Echo. »Da dieses edle, fest im bayerischen Lande und Volke wurzelnde Königsgeschlecht so innig und unzertrennlich mit seinen Unterthanen verwachsen ist«, erklärte der *Bayern-Kurier* zum fünfzigsten Geburtstag des Prinzen, würde »die altbewährte Bayernliebe zum Hause Wittelsbach« bei diesem Fest »neue Blüthen treiben«.[76]

Mit seiner Rolle an der Spitze der patriotisch-loyalen Sache stand Prinz Ludwig unter seinen Standesgenossen nicht allein. Als Bannerträger des »Orangismus« sollte Prinz Wilhelm von Oranien (1792–1849), der spätere niederländische König Wilhelm II., die Traditionen und Interessen seines Hauses sowie den Gedanken eines gesamtniederländischen Patriotismus befördern. Vor allem ging es darum, den Zusammenhalt des 1814 begründeten Vereinigten Königreichs der Niederlande zu wahren. Dem Thronfolger, der sich militärische Lorbeeren erwarb, dem Katholizismus gegenüber aufgeschlossen auftrat, überhaupt eine liberale Haltung an den Tag legte und über Charisma verfügte, gelang es, die Sympathien seiner Untertanen in den angestammten nördlichen Provinzen des Königreiches wie in den südlichen belgischen Landesteilen zu erwerben. Den Anspruch, für die Werte und Wünsche der ganzen Nation zu sprechen, erhob auch Prinz Alfonso (1857–1885), der bourbonische Erbe der spanischen Krone, der von 1875 an als König Alfons XII. regieren sollte. Im Dezember 1874 wandte er sich aus dem englischen Exil mit dem *Sandhurst Manifest* über die Presse an seine Landsleute, um seine Rückkehr und die Wiedereinsetzung seines Hauses vorzubereiten. Alfons erklärte sich darin bereit, »die schwierige Aufgabe« auf sich zu nehmen, »in unserer edlen Nation [...] wieder rechtmäßige Ordnung und politische Freiheit einzuführen«, und bezeichnete sich als den »einzigen Vertreter des monarchischen Rechts in Spanien«. Er schloss mit dem Versprechen, dass er niemals aufhören werde, »ein guter Spanier oder – wie all meine Vorfahren – ein guter Katholik zu sein, oder – wie ein Mann meiner Zeit – ein wahrhafter Liberaler«.[77]

Prinz Ludwig von Bayern, Prinz Wilhelm von Oranien und Prinz Alfons von Bourbon erwarben als Patrioten Profil, indem sie an die angeblich alten Traditionen ihrer Dynastien erinnerten, die Volk und Herrscherhaus aneinander banden. Kronprinz Konstantin von Griechenland musste erheblich tiefer in die Trickkiste monarchischer Öffentlichkeitsarbeit greifen. Schließlich war die dänisch-deutsche Dynastie Schleswig-Holstein-Sonderburg-Glücksburg erst 1863 auf den griechischen Thron gelangt. Während Konstantins Vater, der von der griechischen Nationalversammlung gewählte und von den europäischen Großmächten protegierte König Georg I. der Hellenen (1845–1913), sich vorrangig mit außenpolitischen Themen befasste, fiel es seinem Sohn zu, das landfremde Herrscherhaus innerhalb Griechenlands populär zu machen. Auf diese Aufgabe wurde er seit frühester Kindheit vorbereitet: Er wurde im griechisch-orthodoxen Glauben unterwiesen, hatte griechische Lehrer und beherrschte die Landessprache. So gerüstet suchte der Kronprinz sich mit einer Mischung aus Kulturpolitik und öffentlicher Diplomatie an die Spitze des öffentlichen Diskurses über die nationale Identität des hellenischen Königreichs zu stellen. Dabei baute er gezielt auf das identitätsstiftende Fundament des klassischen Altertums. Er engagierte sich dafür, dass die Olympischen Spiele 1896 in Athen ausgetragen wurden, und hatte großen Anteil an deren erfolgreichem Verlauf. 1905 versammelte sich auf seine Initiative ein internationaler archäologischer Kongress in der griechischen Hauptstadt, der am 25. März, dem griechischen Unabhängigkeitstag, eröffnet wurde. Bei der Begrüßungsrede zu Füßen des restaurierten Parthenon betonte Konstantin, dass es Griechenland gelungen sei, »die Monumente seiner nationalen Vergangenheit zu bewahren und zu retten, zu entdecken und auszugraben«. Damit war der Welt »ein gemeinsamer Schatz aller zivilisierten Völker« zugänglich gemacht worden. Im Jahr darauf vermochte der Kronprinz außerordentliche Olympische Spiele zum zehnten Jubiläum der Spiele der Neuzeit nach Athen zu holen, und auch diese Feier wurde ein voller Erfolg – gerade für ihren Organisator. Die griechische Tageszeitung *Asty* feierte Konstantin 1906 für sein auf der »lebendigen Säule des Altertums« aufbauendes Engagement als Griechenlands »sportlichen Hermes«. Der Prinz sei nicht nur ein nationaler Gelehrter, sondern geradezu die »Summe und Inkarnation der edelsten Ideale seiner Rasse«.[78]

Elemente des Patriotismus mit Bemühungen um die Kultur und Wissenschaft der Nation zu verknüpfen, war weit verbreitet. Die Stilisierung als kultivierter Homme de lettres gehörte im Grunde zum Standardrepertoire fürstlicher Selbstdarstellung im 19. Jahrhundert. Im Zuge des wachsenden Stellenwerts von Gelehrsamkeit und Wissenschaft hatte sich auch die Kultur zu einem Bereich entwickelt, in dem Mitglieder des Königshauses durch vorbildliches, normgerechtes Verhalten die Gunst des Publikums gewinnen konnten. Das war bereits in der modernen Prinzenerziehung zum Ausdruck gekommen und gewann im Leben der erwachsenen Thronfolger immer mehr an Bedeutung. Zwar erwarb sich kaum einer auf diesem Gebiet einen Ruf wie der spätere König Johann von Sachsen (1801–1873), dessen Arbeiten als Philologe, Förderer altertumswissenschaftlicher Studien und Dante-Übersetzer selbst in Fachkreisen große Anerkennung fanden, aber ein öffentlich bekannt gemachtes Interesse an Kultur und Wissenschaft konnten viele vorweisen. Ferdinand Philippe von Orléans galt als kulturell interessiert, als wichtiger Sammler und Förderer von Kunst und

Bildung. Er unterhielt engen Kontakt zu führenden Vertretern des intellektuellen und künstlerischen Lebens in Frankreich. Alexandre Dumas reiste 1842 eigens von Florenz nach Paris, um dem Begräbnis des Prinzen beizuwohnen, Victor Hugo kondolierte dem König im Namen des Institut de France, und der romantische Dichter Alfred de Musset verfasste zum Tod des Prinzen das einunddreißig Strophen umfassende Gedicht »*Le Treize Juillet*«.[79]

Auch zwei andere früh verstorbene Thronfolger engagierten sich prominent im kulturell-wissenschaftlichen Bereich. Der deutsche Kronprinz Friedrich Wilhelm war für sein vielfältiges Interesse an Bildungs- und Erziehungsfragen bekannt. Er unterstützte die Dorfschule seines Gutes in Bornstedt und inspizierte sie persönlich, er war ein Förderer des Berliner Pestalozzi-Fröbel-Hauses und Schirmherr der Kronprinz-Friedrich-Wilhelm-Stiftung, die Stipendien an mittellose Kunsthandwerker und Industriezeichner vergab. Von Mitte der 1880er Jahre an betätigte er sich zudem als Prüfer an der Berliner Fortbildungsschule. Noch mehr Aufsehen erregte jedoch die Übernahme des Protektorats der preußischen königlichen Museen, ein Posten, auf den ihn sein Vater 1871 berief. Während der Amtszeit des Kronprinzen wuchs das Budget der Einrichtung auf das Fünffache an. Überdies erreichte der königliche Protektor 1878 eine Reform der Organisationsstruktur. Seine Leistungen wurden nicht nur von den verschiedenen Museumsdirektoren gewürdigt, sondern auch öffentlich gelobt. »Von der Natur mit einem feinen Geschmack und Kunstsinn begabt«, resümierte die *Vossische Zeitung* im Januar 1883, »hat der Kronprinz [...] Veranlassung gegeben zu den vielfachen Bereicherungen, welche unsere Kunstsammlungen und damit die vaterländische Kunst überhaupt [...] in der letzten Zeit erfahren hat«.[80]

Noch mehr als bei dem Hohenzollernprinzen war das wissenschaftliche Engagement bei dem österreichisch-ungarischen Thronfolger Rudolf ausgeprägt. Dieser war seit seiner Kindheit ein begeisterter Naturkundler. Vor allem der Ornithologie galt sein Interesse. Der Prinz unterhielt enge Beziehungen zu führenden Zoologen seiner Zeit, etwa zu Alfred Brehm, und unternahm zahlreiche Forschungsreisen, unter anderem nach Ungarn, Spanien und Marokko. Er veröffentlichte wissenschaftliche Aufsätze in ornithologischen Fachzeitschriften, die schließlich drei Bände füllten. 1878 erschien sein Buch *Fünfzehn Tage auf der Donau*, das einen detaillierten Einblick in die Natur und die Tierwelt der ungarischen Donau-Auen gab. In der Presse wurde das Werk des Prinzen als literarische und wissenschaftliche Meisterleistung gelobt; die Akademie der Wissenschaften in Wien nahm den jungen Erzherzog als Ehrenmitglied auf, und die Universität Budapest verlieh ihm den Doktorgrad *honoris causa*. 1881 folgte Rudolfs zweibändiges Werk *Eine Orientreise*, in dem er über seine Eindrücke in Ägypten und im Heiligen Land berichtete. Wie seine weithin beachtete Eröffnungsrede zur Elektrischen Ausstellung in Wien im Sommer 1883 zeigte, interessierte sich der Kronprinz auch für technische Forschung. Darüber hinaus engagierte er sich für die Verbesserung der allgemeinen hygienischen Zustände und der medizinischen Versorgung von Soldaten. Von Mitte der 1880er Jahre an widmete sich Rudolf der Vorbereitung der monumentalen landeskundlichen Enzyklopädie *Die österreichisch-ungarische Monarchie in Wort und Bild*, deren ersten Band er 1886 ehrerbietig dem Vater überreichte. Bei seinem Tod drei Jahre später waren bereits fünf Bände erschienen, aber bis zur Fertigstellung des vierundzwanzigsten und letzten Bandes sollten noch weitere dreizehn Jahre verstreichen.[81]

Die Reihe der kulturell und wissenschaftlich engagierten Thronfolger ließe sich fortsetzen. Man denke nur an den mehrfachen Ehrendoktor Prinz Ludwig von Bayern, der einer der Gründungsväter des Deutschen Museums in München war, oder an Prinz Viktor Emanuel von Italien, der zu einem anerkannten Fachmann auf dem Gebiet der italienischen Münzkunde wurde und nach 1910 persönlich die zwanzig Bände des *Corpus Nummorum Italicorum* herausgab.

Neben Bildung und Kultur, so hell diese Sterne auch am »bürgerlichen Wertehimmel« leuchteten, gab es noch einen weiteren Stern, der dem Engagement der Thronfolger Glanz verlieh. *Pierer's Universal-Lexikon* von 1857 nennt das die »Theilnahme an der Förderung des öffentlichen Wohls«. Gerade hier konnten sich die Monarchien hervortun, war doch die Philanthropie, so erklärt die Historikerin Jean Quataert mit Blick auf dynastisches Handeln, »die Bühne, auf der weiterreichende staatliche Identitäten im Zusammenhang mit gemeinschaftlichen Verpflichtungen und Verantwortungen vorgeführt wurden«. Philanthropische Handlungen – Schirmherrschaften, Besuche, Spenden – waren besonders wirkungsvolle Mittel im dynastischen Repertoire.[82]

Der unmittelbaren Nähe von Personen königlichen Geblüts wurde in alter Zeit wundersame Heilkraft zugeschrieben. Bis auf wenige Ausnahmen – etwa die 121 verzweifelten Skrofulosekranken, die 1825 zur Kathedrale von Reims kamen, um sich dort durch die Berührung des neu gekrönten Königs Karl X. (1757–1836) kurieren zu lassen – ging dieser Glaube im 19. Jahrhundert verloren. Dennoch blieb der Besuch Kranker und Leidender eine wirkungsvolle Praxis monarchischer Öffentlichkeitsarbeit. So eilten zum Beispiel König Umberto I. von Italien und Kaiser Franz Joseph von Österreich zu den Opfern von Naturkatastrophen wie Überflutungen, Erdbeben und Epidemien. Königin Viktoria sprach 1855 im Brompton Hospital den Soldaten Mut zu, die im Krimkrieg verwundet worden waren. Die Thronfolger waren in diese Rituale eingebunden: 1832 erregte Ferdinand Philippe von Orléans großes Aufsehen, weil er während einer Cholera-Epidemie ungeachtet der Gefahr der Ansteckung Pariser Spitäler besuchte. Ein Gemälde von Alfred Johannot, das diese Szene einfing, zeigt den Prinzen in Uniform, der christusgleich durch eine Gruppe Elender schreitet und Trost spendet. Der Prinz von Wales begleitete seine Mutter bei einem Krankenbesuch im Jahr 1855, und in Kriegszeiten ließen Thronfolger sich üblicherweise in Lazaretten blicken – Kronprinz Friedrich Wilhelm von Preußen und Prinz Wilhelm von Württemberg im Krieg von 1870/71 und der britische Thronfolger Prinz Edward im Ersten Weltkrieg.[83]

Die Etablierung der Monarchie an der Spitze der Philanthropie gelang über solche gelegentlichen Besuche hinaus vor allem durch die Übernahme von Schirmherrschaften. Der deutsche Kronprinz übernahm diese beispielsweise 1883 für die Spendenaktion zugunsten der Erdbebenopfer auf der italienischen Insel Ischia. Gefragt war ein ernsthaftes, methodisches und kontinuierliches Einstehen für die soziale Frage. So konnte glaubhaft der Versuch unternommen werden, die Staatsform Monarchie über das legitimatorische Modell des »sozialen Königtums« zu rechtfertigen. Mit dem Phänomen massenhafter Verarmung großer Bevölkerungsgruppen im Zuge der Industrialisierung tat sich hier ein weites Feld auf, das zu bearbeiten den Monarchen zufiel, ebenjenen »Landesmüttern und Landesvätern«, so Frank-Lothar Kroll, »denen doch das Wohl der ihnen anvertrauten Untertanen als Hauptanliegen ihres Regierungshandelns gelten musste«. Ohne dass sich ein festes Konzept oder gar verfassungsmäßige Regelungen ausbildeten, entwickelte sich ein allgemeines »System fürstlicher Wohltätigkeit«, in dem sich die europäischen Herrscherhäuser des 19. Jahrhunderts kontinuierlich »auf dem weiten Feld sozial verantworteter christlicher Liebestätigkeit« engagierten. Königliche Spenden, Schirmherrschaften und Namenspatronate verbanden sich mit Schulen, Krankenhäusern, Lehreinrichtungen aller Art, Bedürftigenanstalten und Waisenhäusern.[84]

Das war löblich und vor allem publikumswirksam. Kaum verwunderlich, dass sich nicht nur bekanntermaßen pflichtbewusste Thronfolger wie Prinz Ludwig von Bayern auf diesem Gebiet exponierten. Dieser widmete sich seit 1892 dem »Simonshof« im unterfränkischen Bastheim, wo heimatlose Wanderarbeiter beherbergt wurden, und setzte sich später für den gesetzlichen Schutz von Heimarbeitern ein. Ferdinand Philippe von Orléans hatte sich bereits in den 1830er Jahren mit der Frage sozialer Ungleichheit beschäftigt, und bei Kronprinz Friedrich Wilhelm von Preußen sah sich der »Central-Verein für das Wohl der arbeitenden Klassen« 1888 veranlasst, in einer Broschüre dessen »Verdienste für das Volkswohl« zu würdigen. Von Verbesserungen im Gesundheitswesen über die Genossenschaftsbewegung bis hin zur Beseitigung der Landstreicherei blieb darin nichts unerwähnt, was der künftige deutsche Kaiser jemals im Bereich der Philanthropie unternommen hatte.[85]

Selbst für den ansonsten eher hedonistisch veranlagten britischen Thronfolger Albert Edward wurde eine philanthropische Rolle konstruiert. Schon vor seinem zehnten Geburtstag bedachte seine Mutter in seinem Namen fünfzehn wohltätige Organisationen mit Geldspenden. Zum Zeitpunkt seiner Hochzeit im Jahr 1863 war Bertie bereits mit 130 solchen Einrichtungen assoziiert, sodass er in den 1860er Jahren jährlich zwischen fünfundzwanzig und dreißig Tage auf philanthropische Aktivitäten verwandte. Nachdem er Anfang der 1870er Jahre von einer schweren Typhuserkrankung genesen war, intensivierte der

Prinz von Wales seine Aktivitäten noch und widmete sich vor allem der Kranken- und Armenfürsorge nicht nur in Großbritannien, sondern auch in anderen Teilen des Britischen Empire. 1884 wurde der Thronfolger Mitglied einer von Premierminister Gladstone einberufenen Kommission, die sich mit der Unterbringung von Armen befasste. Nachdem er inkognito die Londoner Slums besichtigt und entsetzt den Zustand der dort lebenden Bevölkerung zur Kenntnis genommen hatte, hielt der Prinz im Februar 1884 seine einzige bedeutende Rede im britischen Oberhaus, in der er auf gesetzliche Maßnahmen zur Verbesserung der Lage in den Slums drängte. Obwohl der farblose Kommissionsbericht am Ende folgenlos blieb, bot die Unternehmung, so Frank Prochaska, »exzellente Publicity für den Prinzen«. Daher erklärte sich Bertie 1892 auch ohne Zögern bereit, Mitglied einer weiteren Kommission zu werden, die sich mit Altersarmut befasste. Auch diese Initiative blieb ohne konkrete Ergebnisse, nicht zuletzt weil der Prinz sich den Forderungen der Kommissionsminderheit nicht anschließen mochte, staatliche Altersrenten zu fordern. Im letzten Jahrzehnt vor seiner Thronbesteigung nahm der Prinz von Wales im Durchschnitt jährlich fünfundvierzig wohltätige Termine wahr und stiftete Zehntausende von Pfund an insgesamt beinahe tausend verschiedene Einrichtungen – darunter fünfundsiebzig Krankenhäuser im ganzen Land. Übertroffen wurde Bertie darin noch von seiner Gemahlin Prinzessin Alexandra, die Hunderte von philanthropischen Besuchen unternahm und beinahe verantwortungslos spendete. Bei einer Gelegenheit soll sie zweitausend Pfund in bar unter einem Sofakissen hervorgezogen und dem Leiter eines Londoner Krankenhauses übergeben haben.[86]

***

Die Menschen im Viktorianischen Zeitalter, so urteilt der beste Kenner der Wohltätigkeitspolitik der britischen Monarchie, haben nie bezweifelt, dass ihre »liebe und verehrte Königin« eine Rolle jenseits der Rituale der Politik ausübte, die zugleich praktisch und symbolisch war.[87] An dieser Gewissheit ließ sich der Erfolg der Bemühungen der Krone um den Erwerb von »sanfter Macht« ablesen. Die Monarchie hatte es geschafft, auf ihre Untertanen attraktiv zu wirken, und diese dazu gebracht, genau die Werte und die Ordnung zu wünschen, die das Herrscherhaus ihnen vorlebte. Durch die sorgsame Einbindung der folgenden Herrschergenerationen – des Prinzen von Wales und dann auch seiner Söhne Albert Victor (Eddy) und George – sollte erreicht werden, dass das auch in Zukunft galt.

Gerade hier ist die politische Bedeutung der Thronfolger im 19. Jahrhundert zu verorten: in der Zukunftssicherung des Systems durch schrittweise Veränderungen und die Erweiterung der vorhandenen Herrschaftsressourcen. Wo sie im engeren Sinne politisch aktiv waren oder gar gegen die regierenden Monarchen opponierten, standen sie für politischen Wandel und Veränderung beim unausweichlichen Generationenwechsel an der Spitze. Ganz unabhängig vom Grad ihres direkten politischen Engagements trugen fast alle dazu bei, dass sich die europäischen Dynastien erfolgreich auf dem politischen Massenmarkt etablierten. Angesichts von medialen, legalen und politischen Rahmenbedingungen, die wenig Raum für die Anwendung jener »harten« Machtmittel boten, die den Kronen geblieben waren, erwiesen sich gerade die Thronfolger als besonders geeignet, »sanfte Macht« zu erlangen und anzuwenden. Zur Bewältigung dieser Aufgabe war es im 19. Jahrhundert notwendig, in Luftschiffe zu steigen, gewinnend zu grüßen, in vielfacher Hinsicht vorbildlich zu erscheinen und möglichst photogen zu wirken.

Weil kaum ein regierender Hans all dies noch lernen konnte, war es für die Entwicklung und das Überleben des monarchischen Systems notwenig, dass es über eine oder mehrere Generationen von lernfähigen Hänschen verfügte, die die Veränderung der Monarchie mitvollzogen und mitgestalteten. Sichtbar, mobil, präsent, leutselig und vorbildlich, wie die Thronfolger waren – oder dargestellt wurden –, erwiesen sie sich als lebender Beweis für die Behauptung, die von den europäischen Monarchien immer wieder bekräftigt wurde: dass sie noch gebraucht wurden – jetzt und in Zukunft.

KAPITEL 5

# Vom »Tschingdada« zum Weltkrieg

## *Thronfolger und die Militarisierung der Monarchie*

Den Sommer 1913 verbrachte Prinz Edward, der künftige König Eduard VIII. von England, bei seiner weitverzweigten königlichen Verwandtschaft in Deutschland. Am Steuer seines Automobils tourte er von Palast zu Palast: von Stuttgart bis ins mecklenburgische Neustrelitz, von Reinhardsbrunn bei Gotha zum Berliner Stadtschloss. Dort fand die Reise ihren offiziellen Höhepunkt: das Zusammentreffen mit dem Kaiser, der ein Cousin seines Vaters war. Als der junge Prinz in das Arbeitszimmer Wilhelms II. geführt wurde, saß dieser in Uniform hinter seinem Schreibtisch in einem Sattel, der auf einen Holzblock montiert war, wie Edward verblüfft in seinen Memoiren berichtete. Er sei so daran gewöhnt, hoch zu Ross zu sitzen, erklärte der Kaiser dem verdutzten Besucher mit einem Lächeln, dass er im Sattel besser arbeiten könne als in einem Bürosessel. Beim Abendessen trug der Kaiser eine noch farbenfrohere Uniform als in seinem Arbeitszimmer, und nach dem Dessert entschuldigte sich Wilhelm für einen Augenblick, weil er vor dem anschließenden Opernbesuch mit dem englischen Thronfolger noch »die glänzendste aller Uniformen«[1] anlegen wollte.

Diese beinahe groteske Überbetonung des Militärischen mag dem Moment und dem Mann geschuldet gewesen sein. Kurz vor Ausbruch des Ersten Weltkriegs befand sich ganz Europa in der Hochphase eines explosiven und demonstrativen Militarismus, in einem giftigen Gemisch aus nationalistischer Selbstüberhebung, Rüstungswettläufen, imperialer Konkurrenz, Großmachtrivalitäten, gegenseitigem Misstrauen und sozialdarwinistischer Pseudowissenschaft, mit dem über einem Feuer aus aggressiven Medien und säbelrasselnder Großsprecherei hantiert wurde. Der Hohenzoller hatte sich allerdings schon in frühen Jahren angewöhnt, seine körperliche Behinderung und emotionale Unsicherheit mit einem nassforschen, übertrieben martialischen Habitus zu kompensieren, sodass die gockelhafte Machopose, die Prinz Edward in Berlin beobachtete, bei ihm nichts Besonderes war. Doch auch *enfants terribles* sind letztlich Kinder ihrer Zeit, und das war beim letzten deutschen Kaiser nicht anders. Der übermilitarisierte, sich von einer Uniform in die nächste werfende Monarch, der selbst Schreibtischarbeit wie eine Kavallerie-Attacke anging, war das Produkt eines jahrzehntelangen gesamteuropäischen Prozesses, an dessen Ende sich die Monarchien des 19. Jahrhunderts insgesamt militärisch gebärdeten. Dass diese Entwicklung zunächst auf einen bunt uniformierten Kaiser auf einem Holzpferd hinauslief und schließlich in einen Weltkrieg mündete, der Europas monarchisches Jahrhundert blutig beendete, ist nur eine besonders bittere Pointe der Geschichte.

Die Verbindung von Monarchie und Militär war im 19. Jahrhundert durchaus nichts Ungewöhnliches. »Schutz der Schwachen, Abwehr der Feinde, Sieg in der Schlacht: Das sind seit alters vorrangige Aufgaben des Herrschers«, erinnert uns der Historiker Volker Sellin. Wie Alexander der Große, Konstantin der Große, der englische König Heinrich V. oder – in jüngerer Zeit – Friedrich der Große haben Fürsten zu allen Zeiten ihre Herrschaft immer wieder durch militärische Tüchtigkeit begründet und bestätigt. »Die Vernachlässigung der Kriegskunst ist der erste Schritt zum Verlust der Herrschaft«, hatte bereits Niccolò Machiavelli eindringlich gewarnt, »und das beste Mittel, sie zu erwerben, ist die Meisterschaft in dieser Kunst.« Um bei ihren Untertanen Gehorsam und Loyalität zu erzeugen, mussten Monarchen erfolgreiche Heerführer sein oder zumindest als solche wahrgenommen werden. Dies wurde im 17. Jahrhundert erst recht wichtig, als sich in den europäischen Monarchien die Einrichtung stehender Heere durchsetzte. Ein solches Machtinstrument galt es zu beherrschen. Die »Inszenierung der heroischen Monarchie« war also eine Aufgabe, die Fürsten schon immer zu meistern hatten, weshalb sie sich auf Gemälden gerne in martialischer Pose verewigen ließen. Bereits in der Frühen Neuzeit, so Martin Wrede, handelte es sich bei derartig in Szene gesetzten königlichen Feldherren oft um »gekrönte Schlachtenbummler«

*Im Jahr 1890 ließ sich Kaiser Wilhelm II. von dem Maler Max Koner in großer Pose porträtieren. »Das ist kein Porträt«, soll ein französischer Zeitgenosse angemerkt haben, »das ist eine Kriegserklärung.«*

oder einen »Militärschauspieler, dessen Heldentaten sorgsam inszeniert wurden«.

In dieser militärischen Tradition ist im 19. Jahrhundert ein spezifischer Wandel zu verzeichnen.[2] Längst führten Monarchen ihre Truppen kaum noch selbst auf das Schlachtfeld. Die Einheit von König und Feldherr erreichte Mitte des 18. Jahrhunderts mit Friedrich dem Großen einen späten Höhe- und Schlusspunkt. Schon im Ancien Régime wurden die Siege, aufgrund derer sich die Monarchen mit Lorbeer bekränzten, zumeist von militärischen Fachleuten errungen – von Generälen und Admirälen wie dem Prinzen Eugen, dem Herzog von Marlborough, Lord Hawke, dem Prince de Condé oder dem Visconte de Turenne. Durch die Erfahrung Europas mit dem Usurpator Napoleon, dessen Kaisertum auf dem Schlachtfeld errichtet wurde und dort auch wieder unterging, verstärkte sich dieser Trend sogar noch. Für den Staatstheoretiker Benjamin Constant war es geradezu ein Charakteristikum wahrer Monarchen, dass sie nicht selbst ins Feld zogen. »Ein König hat es nicht nötig, seine Armeen zu führen. Andere können für ihn kämpfen, während er sich durch seine Friedfertigkeit die Liebe und Achtung seines Volkes erwirbt«, schrieb er im Jahr 1814. »Der Usurpator dagegen muss stets an der Spitze seiner Prätorianer stehen.«[3] In den Konflikten des darauffolgenden Jahrhunderts sollte kein Monarch mehr tatsächlich den Oberbefehl über seine Truppen ausüben. Die wenigen Gelegenheiten, bei denen dies – weitestgehend symbolisch – dennoch geschah, standen unter keinem guten Stern: Kaiser Franz Joseph I. musste 1859 und Kaiser Napoleon III. elf Jahre später eine bittere Niederlage hinnehmen. Bei den siegreichen Feldzügen von 1866 und 1870/71 überließ selbst der militärisch versierte preußische König Wilhelm I. das eigentliche Kommando seinem Generalstabschef Helmuth von Moltke.

Constant unterschied also zwischen der ererbten Legitimität des traditionellen Monarchen und der auf dem launischen Schlachtenglück ruhenden Herrschaft des Abenteurers. Der Prozess, den Heinz Dollinger als die »Militarisierung der Monarchie« bezeichnet hat, war mit dem Sieg über Napoleon und der Trennung von Herrscher und Schlachtenlenker aber keineswegs zu einem Ende gekommen. Vielmehr ergaben sich unter dem Druck des postrevolutionären Zeitalters und vor dem Hintergrund der Konstitutionalisierung monarchischer Herrschaft neue Impulse für eine Fortführung und Weiterentwicklung der Verbindung von Krone und Militär. Zwar schränkte die Verfassungsentwicklung den Zugriff des Monarchen auf wichtige Elemente staatlicher Macht ein, aber der überall bewahrte und mitunter sogar von parlamentarischer Mitbestimmung unabhängige Oberbefehl über die Truppen bildete eine wichtige Ausnahme. Treue gelobten die Soldaten stets dem Souverän und nicht der Verfassung. Staatsrechtlich und auch nach dem Selbstverständnis der meisten, die sie trugen, blieb die Uniform »des Königs Rock«. Damit waren die Fürsten eng mit einer innen- wie außenpolitisch machtvollen Institution verbunden, deren Leitung sie entschlossen gegen Forderungen nach parlamentarischer Mitbestimmung verteidigten. Diese Haltung wurde von den militärischen Eliten begrüßt, die ihren »Staat im Staate« so vor äußeren Einflüssen abschotten konnten. Angesichts des schrittweisen Übergangs zu Massenheeren und Wehrpflicht, der sich im Verlauf des 19. Jahrhunderts fast überall in Europa vollzog, bot ihr spezielles Verhältnis zum Militär der Monarchie zudem die Möglichkeit, sich als »Volkskönigtum« darzustellen. Im Deutschen Reich etwa waren zuletzt über 2,8 Millionen Männer Mitglieder im »Kyffhäuserbund der Deutschen Landeskriegerverbände« und machten diese Vereinigung ehemaliger Soldaten damit zur größten Massenorganisation im Land. Laut Satzung vermittelte der Bund »Liebe und Treue für Kaiser und Reich, Landesfürst und Vaterland«.[4]

Der monarchische Versuch, sich über eine militärische Führungsrolle beliebt zu machen, glückte weitgehend, weil er in einen breit gefächerten Prozess eingebettet war. Je länger das 19. Jahrhundert währte und je mehr das Blutvergießen der Napoleonischen Kriege nostalgisch verklärt wurde, umso bereitwilliger setzten Staaten zum Schutz ihrer Territorien und zur Durchsetzung ihrer Interessen auf militärische Rüstung. Siegreiche Schlachten wurden gefeiert und avancierten zum zentralen Bestandteil der öffentlich inszenierten nationalen Erinnerung an eine glorreiche Vergangenheit wie auch der Hoffnung auf künftigen Glanz. Vielerorts griffen die staatlich geleitete Rüstungspolitik und ein vielstimmiger, zum Teil verbandsmäßig organisierter »Militarismus

›von unten‹« ineinander und erzeugten eine promilitärische Dynamik. Zugleich erhöhte sich der Status des Soldaten und vor allem der des Offiziers. Der Mann in Uniform war nicht nur ein patriotischer Held, sondern wurde als Fachmann geschätzt, je mehr sich das nunmehr methodisch gelernte »Kriegshandwerk« zu einem angesehenen Zweig moderner Technik und Wissenschaft entwickelte.[5]

Den Königshäusern bot diese Entwicklung die Chance, eine weitere Strategie zur Rechtfertigung und Festigung ihrer Herrschaft zu verfolgen: Sie vermittelten den Eindruck, dass die militärische Ausbildung ihrer Söhne – und besonders die des künftigen Herrschers – gewissenhaft war und zeitgenössischen Qualitätsstandards entsprach. Noch vorteilhafter war es, wenn die Thronfolger tatsächlich militärische Meriten errangen. Wenn dies auch noch auf dem Schlachtfeld geschah, konnte die militärische Führung durch die Krone im großen Stil zelebriert werden. Diesem Anspruch überzeugend und dauerhaft gerecht zu werden, wurde jedoch schwieriger, je komplexer das Kriegshandwerk sich entwickelte und je breiter die übrigen Anforderungen gefächert waren, mit denen sich die Thronfolger konfrontiert sahen.

Für die meisten Monarchen und ihre Söhne war eine ernst zu nehmende militärische Rolle daher gar nicht denkbar. Das führte in manchen Fällen dazu, dass sich die gekrönten Häupter privat mit hölzernen Pferdeattrappen behelfen mussten, während das monarchische Kommando über die Streitkräfte öffentlich zu »einer ideell-repräsentativen Rolle ausgedünnt« wurde, wie Dollinger es formulierte.[6] Es kam sozusagen zu einem Rückzug ins Rampenlicht: Je weniger die Fürsten ihre hochkomplexen Armeen tatsächlich kommandieren konnten, umso mehr musste die öffentliche Darstellung hermachen, umso bunter mussten die Uniformen sein. Dem breiten Publikum wurde diese auf dem schönen Schein beruhende Militarisierung der Monarchie bei Paraden und Ordensverleihungen, bei Schiffstaufen, Denkmalsenthüllungen, monarchischen Dienstjubiläen und Kranzniederlegungen vorgeführt. Die martialische Pose, die prachtvolle Uniform und die patriotische Rede traten an die Stelle des wirklichen Kommandos und des Schlachtgetümmels. Es ging bei diesen Gelegenheiten darum, den Gegnern jenseits der Grenzen und dem Volk daheim die militärische

Schlagkraft der Nation und ihres regierenden Hauses glanzvoll vor Augen zu führen. Auf besonders extravagante Weise wurde dieses militärische Spektakel im zweiten französischen Kaiserreich inszeniert. Napoleon III., der über keinerlei militärische Erfahrung verfügte, war dabei die Hauptfigur: »Wenn er Paraden abnahm, in einer Uniform, die er nicht verdient, und mit einem Schwert, das er nie benutzt hatte«, bemerkt Matthew Truesdell, »dann übernahm er eine Rolle, die er von seinem Onkel geerbt hatte, die des militärischen Anführers. Aber was in der Natur des ersten Kaisers gelegen hatte, war für seinen Erben nichts als Mummenschanz.«[7]

Dass den europäischen Monarchien diese farbenfrohe Inszenierung über weite Strecken des 19. Jahrhunderts glückte, lag vor allem daran, dass dem Kontinent nach 1815 ein vergleichsweise friedliches Zeitalter beschieden war. Die wenigen kriegerischen Konflikte waren entweder peripher – wie der Krimkrieg (1854–1856) – oder kurz, lokal begrenzt und einseitig – wie die Feldzüge in Norditalien (1859), Schleswig (1864), Böhmen (1866) und Frankreich (1870/71). Beflügelt von einem wachsenden Nationalismus, konnte sich so in weiten Teilen des Kontinents etwas etablieren, für das der Historiker Jakob Vogel den Begriff »Folkloremilitarismus« geprägt hat. Damit ist die gut gelaunte und unbekümmerte öffentliche Präsentation eines bunten militärischen Spektakels gemeint, an der große Teile der Bevölkerung mit zum Teil unverfälschter Freude teilnahmen – als Wehrpflichtige, Veteranen, Zuschauer, Ausflügler, Freunde der Marschmusik, Zeitungsleser oder sogar als Monarch. In diesen Zusammenhang gehören auch Rituale wie das regelmäßige, glockenspielartige Erscheinen Kaiser Wilhelms I. am »historischen Eckfenster« seines Palais gegenüber der Neuen Wache in Berlin. Während er von dort die mittägliche Wachablösung beobachtete, ließ sich der kaiserliche Greis vom Volk bestaunen und wurde zur Touristenattraktion.[8]

Europas Monarchien gelang es im Verlauf des 19. Jahrhunderts, einen Kurs zu steuern, der die tatsächlich weiterbestehenden engen und privilegierten Verbindungen der Kronen zu den Streitkräften mit einer folkloristisch-ideellen Repräsentation der militärischen Kultur in der Öffentlichkeit verknüpfte. In beiden Bereichen war die Rolle der Königshäuser politisch folgenschwer. Denn die Impulse zur Militarisierung des Kontinents wurden von der militarisierten Monarchie auf vielfache Weise verstärkt, weshalb sie für die Havarie des europäischen Staatensystems im Sommer 1914 ein beträchtliches Maß an Mitverantwortung trägt. Der in diesem Jahr entfesselte Krieg stellte die europäischen Königshäuser auf eine Existenzprobe, die sich in einigen Fällen schnell zur Existenzkrise entwickelte. Das zeigte sich insbesondere beim bis dahin so farbenfroh, markig und mit klingendem Spiel daherkommenden militärischen Führungsanspruch der Monarchen. Nun hieß es, von den Holz- oder Paradepferden abzusteigen und unter schwierigsten Bedingungen militärische Verantwortung zu übernehmen. Auf diese Zwangslage mussten die Monarchen wie die Thronfolger reagieren, mussten den reklamierten angeborenen Anspruch auf die Herrschaft durch militärische Taten rechtfertigen, die zu vollbringen nun für Millionen ihrer künftigen Untertanen zur vaterländischen Pflicht geworden war. An die Thronfolger wurden dabei Erwartungen herangetragen, die eine seit Jahrzehnten sorglos gepflegte Praxis monarchischer Lobrede in ganz unrealistische Höhen geschraubt hatte. Diesen Erwartungen unter den Bedingungen eines bald totalen Krieges und im grellen Licht der Propaganda gerecht zu werden, erwies sich für die zumeist unzureichend vorbereiteten Thronerben als eine schier unlösbare Aufgabe.

Im Folgenden geht es um die Bedeutung der europäischen Thronfolger bei der Militarisierung der Monarchie im 19. Jahrhundert. Als Erstes wird jenes vergleichsweise friedliche Jahrhundert betrachtet, das mit dem Sieg über Napoleon begann und im Sommer 1914 endete und in dessen Verlauf auch die künftigen Herrscher zur Militarisierung der Monarchie beitrugen. Dabei wird der Blick zunächst auf die Rolle der Kronprinzen bei der Inszenierung eines populären Militarismus gerichtet, danach speziell auf jene, die zwischen 1815 und 1914 aufgrund ihrer tatsächlichen Kriegserfahrung mehr oder minder berechtigt als soldatische Helden gefeiert wurden. Abschließend begleiten wir die Thronfolger in die Katastrophe des Ersten Weltkriegs, der Europas monarchisches Jahrhundert in furchtbarer Weise beschloss.

## »Zum Himmel stieg Militärmusik! Militärmusik!«
### *Thronfolger als Militärschauspieler im 19. Jahrhundert*

»*Where have all the Soldiers gone?*« [»Sag, wo die Soldaten sind?«] – Unter diesem Titel erschien 2008 das Buch des amerikanischen Historikers James Sheehan über »Europas langen Weg zum Frieden«, jene nach 1945 zu beobachtende schrittweise Abkehr von der früher allgemein verbreiteten Bereitschaft, den Krieg als probates und legitimes Mittel der Politik anzusehen. Die Soldaten, die in Europa am Vorabend des Ersten Weltkriegs, dem Beginn von Sheehans Untersuchung, noch so zahlreich, allgegenwärtig und sichtbar waren, scheinen ein Jahrhundert später verschwunden zu sein. Vor 1914 war das Militär dagegen ein selbstverständlicher und geschätzter Bestandteil des öffentlichen Raums. Auf den Plätzen und Bahnhöfen, in Parks und vor den Kasernen, in den Metropolen und in kleinen Garnisonsstädten, überall konnte man Soldaten sehen. »Preußens Hauptstadt war ohne Soldaten und Militärmusik nicht zu denken«, schrieb etwa Kaiser Wilhelm II. in seinen Kindheitserinnerungen. Für ihn wie für die meisten Monarchen, die den Kontinent regierten, war die Uniform sozusagen Berufskleidung. Das Militär – der festlich-fröhliche Manöverball wie der mühsame Kasernendienst – gehörte zur Routine des täglichen Lebens. Über die fast überall geltende Wehrpflicht stellte es eine millionenfach erfahrene staatsbürgerliche Aufgabe dar, die das Leben der Familien beeinflusste und mitunter sogar prägte.[9]

Sheehans Nachdenken über das Verschwinden des Militärischen aus dem Denken und der Lebenswelt der Europäer erfolgt im Wissen um die Schrecken des 20. Jahrhunderts. Sein Auftakt ist daher jene elegische, von Marlene Dietrich bekannt gemachte Klage über die verlorenen Blumen, Mädchen, Männer und Soldaten. Im 19. Jahrhundert sangen viele Zeitgenossen ein ganz anderes Lied. Man könnte sich kaum einen schärferen Kontrast dazu denken als die ironisch-schmissige Lautmalerei, mit der Detlev von Liliencron 1883 den berauschenden Vorbeimarsch einer Militärkapelle schilderte:[10]

Klingkling, bumbum und tschingdada,
zieht im Triumph der Perserschah?
Und um die Ecke brausend bricht's
wie Tubaton des Weltgerichts,
voran der Schellenträger.

Brumbrum, das große Bombardon,
der Beckenschlag, das Helikon,
die Pikkolo, der Zinkenist,
die Türkentrommel, der Flötist,
und dann der Herre Hauptmann.

Der Hauptmann naht mit stolzem Sinn,
die Schuppenketten unterm Kinn,
die Schärpe schnürt den schlanken Leib,
beim Zeus! das ist kein Zeitvertreib,
und dann die Herren Leutnants.

Zwei Leutnants, rosenrot und braun,
die Fahne schützen sie als Zaun,
die Fahne kommt, den Hut nimm ab,
der sind wir treu bis an das Grab!
und dann die Grenadiere.

Der Grenadier im strammen Tritt,
in Schritt und Tritt und Tritt und Schritt,
das stampft und dröhnt und klappt und flirrt,
Laternenglas und Fenster klirrt,
und dann die kleinen Mädchen.

Die Mädchen alle, Kopf an Kopf,
das Auge blau und blond der Zopf,
aus Tür und Tor und Hof und Haus
schaut Mine, Trine, Stine aus,
vorbei ist die Musike.

Klingkling, tschingtsching und Paukenkrach,
noch aus der Ferne tönt es schwach,
ganz leise bumbumbumbum tsching;
zog da ein bunter Schmetterling,
    tschingtsching, bum, um die Ecke?

Bei allem unüberhörbaren Spott über den Pomp der Vorführung, die Selbstgefälligkeit des Hauptmanns und die übertriebene Ehrfurcht vor der Fahne drückt sich hier doch eine zeitgenössische Reaktion auf das Militärische aus, die der monarchischen Öffentlichkeitsarbeit zahlreiche Anknüpfungspunkte bot: die mitreißende Musik, das Gemeinschaftserlebnis der im Gleichschritt marschierenden Männer, die schmucken Uniformen, die farbenfrohe Unterbrechung des Alltags, die auch die Kinder anlockt, und die scheinbare Harmlosigkeit des »bunten Schmetterlings«, der hier vorüberzieht. Was Jakob Vogel später mit dem Begriff des »Folkloremilitarismus« umschrieben hat, offenbart Liliencron in dieser Vignette: den ungewöhnlich hohen Stellenwert, den Militär und militärische Repräsentation in der populären Kultur des 19. Jahrhunderts einnahmen. Militärische Feiern und Gedenktage mobilisierten Männer, Frauen und Kinder in ganz Europa, Kriegsspielzeug und Uniformen prägten das Weltbild der Heranwachsenden, und immer wieder war – wie in Joseph Roths Roman *Radetzkymarsch* – die Militärmusik der Refrain öffentlicher Geselligkeit. Noch in Kurt Tucholskys durch die Erfahrung des Ersten Weltkriegs ernüchtertem Rückblick auf seine Schuljungenzeit leuchtet die berauschende Wirkung dieser Inszenierungen auf: »Und wenn dann die Trommeln und die Pfeifen / übergingen zum Preußenmarsch, / fiel ich vor Freude fast auf den Boden – / die Augen glänzten – zum Himmel stieg / Militärmusik! Militärmusik!« Selbst kritisch eingestellte Zeitgenossen, so beobachtete die *Frankfurter Zeitung* im Mai 1913, konnten sich des Zaubers der Militärparaden nicht entziehen: »Aber jetzt unter den Linden, im Sonnenschein, bestaunten sie freudigen Auges diese Garde, kennen jedes Regiment und seine Geschichte, sind stolz, haben das Gefühl des Mitbesitzes und schreien Hurrah!, so oft ein Ueberstroemender oder ein Spaßvogel damit anfängt.«[11]

Man ist geneigt, solche Momente als charakteristisch preußisch oder deutsch zu beschreiben, dabei fanden sich ähnliche Stimmungen und Inszenierungen in ganz Europa – und nicht nur in den Monarchien. Vogels Analyse in *Nationen im Gleichschritt* zeigt, dass auch im Frankreich der Dritten Republik volkstümliche Begeisterung für das Militärische herrschte. Im Königreich Italien bot alljährlich der Nationalfeiertag – offiziell der Verfassung gewidmet, aber vor allem ein Erinnern an die Einigungskämpfe, das Heer und dessen monarchischen Anführer – Gelegenheit, Folkloremilitarismus zu zelebrieren. Bei der großen Militärparade anlässlich der *Festa dello Statuto Albertino* trafen Soldaten und Schüler zusammen, schienen Nation und Staat eins zu werden. Eine besonders packende Passage in Edmondo De Amicis' weit verbreitetem Jugendbuch *Cuore* von 1886 beschreibt, wie ein Vater und sein Sohn während der Parade von der patriotischen Stimmung mitgerissen werden. Der Vater erklärt dem Sprössling die einzelnen Truppenteile, erzählt von Heldentaten und lobt den Glanz der Einheiten. Am Ende ruft der Sohn beglückt aus: »Wie schön das ist!«[12]

Im österreichisch-ungarischen Kaiserstaat spielte die Armee eine besonders prominente Rolle bei der öffentlichen Repräsentation des Staates. Am 18. August – dem Geburtstag des Kaisers Franz Joseph – spielten im ganzen Lande Militärkapellen auf. In den Metropolen wie in den Kleinstädten und Dörfern erklangen patriotische Weisen – mitunter zur Erbauung kaisertreuer Frühaufsteher schon um 4.30 Uhr morgens. In einer autobiographisch angehauchten Erzählung schildert der ungarische Literat Desző Kostolányi eine Szene aus Budapest, die sich nahtlos in die Präsentation des Militärs während der Belle Époque einfügt: »In den Kasernen wurde Reveille geblasen. Auf einem der Höfe stand der Trupp zum Ausrücken bereit. Zuvorderst der Hauptmann, auf tänzelndem Pferd mit gezogenem Säbel«, so erinnert sich der Romanheld Kornél Esti, »hübsche, nach Eau de Cologne duftende Leutnäntchen erteilten Befehle. Auf ihren Säbeln und schwarz-gelben Troddeln glänzte der Morgen.« Auch Großbritannien verstand es, Armee-Aufmärsche in großem Stil zu inszenieren – man denke nur an die schier endlosen Paraden beim Begräbnis des Herzogs von Wellington im Jahr 1852 oder bei den Thronjubiläen der Königin Viktoria 1887 und 1897.

Aber für den Inselstaat war eine andere Form militärischer Folklore typischer: das »Marine-Theater«. Das waren gewaltige Demonstrationen maritimer Macht. So dampften etwa am Samstag, dem 17. Juli 1909, mehr als 150 Kriegsschiffe, beinahe die gesamte »Home Fleet«, die Themse hoch und lagen für eine Woche in der britischen Hauptstadt vor Anker, wo sie von geschätzt vier Millionen Londonern bestaunt und besucht wurden. Um die Schaulustigen zu unterhalten, gab es Feuerwerk, Schaukämpfe, Lichtspiele mit den Suchscheinwerfern und Paraden der Truppen. »Sensation folgte auf Sensation«, erinnerte sich ein begeisterter Besucher.[13]

Die öffentlich zelebrierte militärische Präsentation war schon lange vor dem Ersten Weltkrieg üblich. Die Bevölkerung zeigte reges Interesse an diesen Auftritten der Soldaten. Mit der Zeit wurden militärische Symbole von Schützenvereinen und Musikkapellen übernommen und die Zyklen des Wehrdienstes in ein populäres Brauchtum eingekleidet. Auf Franz Krügers berühmtem Gemälde *Parade auf dem Opernplatz* von 1829 stehen nicht die Kavalleristen des 6. Brandenburgischen Kürassierregiments im Vordergrund, sondern die Berliner Bevölkerung – Männer und Frauen, Schusterjungen und Hunde –, die sich das militärische Spektakel nicht entgehen lassen wollen und sich zahlreich und gut aufgelegt eingefunden haben. Diese öffentliche Präsentation der Armee verdichtete sich in der zweiten Hälfte des 19. Jahrhunderts merklich und spiegelte damit die wachsende Bedeutung des Militärischen wider. Genretypische Schriften, Gemälde und Drucke fanden nun massenhafte Verbreitung, überall wurden Soldaten- und Veteranenvereine gegründet. Öffentliche Militärfeiern zogen immer größere Zuschauermengen an und entwickelten sich zu geselligen Volksfesten, bei denen ausgelassen gegessen und getrunken wurde. Als die Berliner Polizei die Kaiserparaden weiträumiger absperren wollte, beschwerten sich die Wirte der Hauptstadt über den zu erwartenden Verdienstausfall, »denn die von der Parade zurückkommenden Schaulustigen pflegten stets in unseren Lokalen einzukehren«. Die Atmosphäre im Pariser Bois de Boulogne unweit des großen Paradefeldes war ähnlich. »Gruppen um ein ›Tischtuch‹, das aus einer ausgefalteten Zeitung besteht, stopfen sich den Bauch mit Fleischpasteten voll, öffnen Dosen mit

Ölsardinen, verspeisen preisgünstige Sandwiches mit Leberpastete. Der Weißwein fließt in Strömen und läßt ein wenig grobe Fröhlichkeit in die Gehirne eindringen«, so beschrieb der *Petit Parisien* im Juli 1906 die Szene. »Von Zeit zu Zeit zieht ein Regiment in einer Wolke von klingendem Blech vorbei, kräftig unterstützt durch schnarrende Trommler, und gibt diesem Bild der ›Freßlust‹ eine heroische Note.«[14]

Natürlich ist mit dem Hinweis auf das Unterhaltungsbedürfnis der entstehenden Konsumgesellschaft und dem zum Teil spontanen Freizeitverhalten bürgerlicher und unterbürgerlicher Gruppen nicht ausreichend umrissen, was das öffentliche Zelebrieren des Militärischen bedeutete. Auch das unbekümmerte Verzehren von Leberwurstbroten ist nicht unpolitisch, wenn es zum Umfeld einer staatlich organisierten oder zumindest geförderten Militärfolklore gehört. Denn diese trug bei großen Bevölkerungsteilen zur Befürwortung des herrschenden Systems – und vor allem seiner monarchischen Spitze – bei. Dies wurde schon von zeitgenössischen Kritikern erkannt und gegeißelt. Für den radikalen SPD-Abgeordneten Karl Liebknecht trat der Militarismus mit seiner ständigen Präsenz im staatlichen Raum wie in den Medien eben gerade als »System der Durchtränkung unseres ganzen öffentlichen und privaten Volkslebens mit militaristischem Geiste« in Erscheinung. Das Militär, so resümiert auch die Historikerin Ute Frevert mit Blick auf das deutsche Kaiserreich, erwies sich »als ein wichtiger Motor innerer Nationsbildung unter konservativ-obrigkeitsstaatlichem Vorzeichen«. Dass Europas monarchische Systeme mit ihrem traditionell engen Verhältnis zum Militär sich der Leistungsstärke dieses Motors bewusst waren und ihn zur Stabilisierung der eigenen Macht nutzten, ist kaum verwunderlich.[15]

Bald agierten die gekrönten und uniformierten Staatsschauspieler in ganz Europa mit großem Geschick auf den Bühnen der allgemeinen Militärbegeisterung. Könige und Kaiser nahmen Paraden ab, inspizierten Truppen und Flotten, ernannten sich gegenseitig zum Ehrenoberst ihrer traditionsreichsten Regimenter und führten die nationale Erinnerung an heroische Taten an. So zog der italienische König Viktor Emanuel II. am 2. Juli 1871 im Triumph in die neue Hauptstadt Rom ein. Am darauffolgenden Tag war er bei der Eröffnung des Schießplatzes eines Schützenvereins zugegen und nahm wenig später noch eine Militärparade an der Piazza del Popolo ab. Drei Tage darauf wohnte er der Einberufung von hundert Wehrpflichtigen des Jahrgangs 1850 bei, die auf dem Kapitol stattfand: Alle Namen wurden einzeln verlesen und einige der neuen Rekruten dem König persönlich vorgestellt. Trotz ihres offiziell militärischen Zwecks waren diese öffentlichen Handlungen nach Einschätzung des bayerischen Gesandten vor allem eine »Feier des Königthums«. Schon als Viktor Emanuel auf dem Bahnhof Termini eingetroffen war, hatte er sich mehreren Büsten seiner selbst gegenübergesehen, und auch der Rest der Feierlichkeiten war ganz auf den Monarchen im Zentrum ausgerichtet. So wurde der Versuch unternommen, einen Teil des Glanzes des Einheitskampfes auf das Königshaus zu übertragen. Nach Ansicht der Historikerin Lucy Riall gelang es dem *Risorgimento*-Helden Giuseppe Garibaldi und seinen Kämpfern, das alte Bild eines weiblich-verweichlichten Italiens durch die Vorstellung einer »re-maskulinisierten« wehrhaften Nation zu ersetzen. An dieser männlichen Heldenerzählung wollte die Monarchie natürlich unbedingt Anteil haben. So strebte der für seine kriegerischen Leistungen gefeierte Monarch über die demonstrative Rolle an der Spitze seiner Truppen die »militärische Legitimierung« seiner Herrschaft im neuen Königreich und die Stiftung eines nationalen Konsenses an.[16]

Als Königin Viktoria im Sommer 1897 ihr sechzigstes Thronjubiläum feierte, bedurfte sie keiner solchen Legitimierung. Dennoch ließ man die Gelegenheit nicht ungenutzt verstreichen. Aus allen Winkeln des Empire kamen Truppen, um der Monarchin zu huldigen und der Öffentlichkeit die Macht des Inselstaates zu demonstrieren. Die *Illustrated London News* präsentierte ihren Lesern auf einer Doppelseite Porträtzeichnungen all dieser exotisch anmutenden Kämpfer: die Feldartillerie aus Trinidad, die Haussas von der afrikanischen Goldküste, die »Victoria Mounted Rifles« aus Kanada, die Ulanen aus dem australischen New-South Wales, die Polizeitruppen aus Britisch-Neuguinea, die Dyaks aus Borneo und viele andere mehr. Nicht einmal der Trommeljunge der »Royal Niger Constabulary« wurde vergessen. Ähnlich feierlich – wenn auch weniger international – ging es 1913 in Deutschland zu, als die deutschen Bundesfürsten an den Sieg über Napoleon hundert Jahre zuvor erinnerten. Bei zwei großen Treffen – im August in der Befreiungshalle in Kelheim, deren Grundstein der bayerische König Ludwig I. bereits 1842 gelegt hatte, und im Oktober bei der Einweihung des Leipziger Völkerschlachtdenkmals – verbanden sie sich und ihre Häuser mit den Siegen, die von der Völkerschlacht bis nach Paris geführt hatten. »Wo könnten wir das Wesen und die fortdauernde Wirkung der Befreiungskriege tiefer erfassen als hier«, rief Kaiser Wilhelm II. in Kelheim aus, »wo der deutschen Fürsten einer in Erz und Marmor das Gedächtnis der Heldentaten unserer Väter aufgerichtet hat.« Auch bei der eigentlich dem deutschen Volk gewidmeten Leipziger Feier drängten sie sich in den Vordergrund. »Indem ich Sie, die deutschen Fürsten und Vertreter Freier Städte, an Ihrer Spitze den deutschen Kaiser, Sie, die Vertreter außerdeutscher Souveräne, deren Vorfahren an der großen Völkerschlacht vor hundert Jahren teilgenommen haben, begrüße«, erklärte König Friedrich August III. von Sachsen, »gedenke ich der ruhmreichen Taten, die vor hundert Jahren von deutschen, österreichischen, ungarischen, russischen und schwedischen Truppen auf diesem Schlachtfelde vollbracht worden sind.«[17]

Gerade bei der Militarisierung von Monarchie und Gesellschaft boten sich für die nachfolgende Herrschergeneration zahlreiche Möglichkeiten, das monarchische System und seine Zukunft vielversprechend in Szene zu setzen. Das Soldatische wollte von der Pieke auf gelernt sein, und das war eine Aufgabe, die für jugendliche Thronfolger geradezu maßgeschneidert war. Bei der Repräsentation der monarchischen Dimension des Militärischen kam den künftigen Herrschern nämlich entgegen, dass der Militarismus des 19. Jahrhunderts häufig mit einem nationalen Erziehungsauftrag verbunden wurde. Die Armee – und besonders die Wehrpflichtarmee – hatte die Aufgabe, als Schule der Nation zu fungieren. Sie sollte nicht nur den Körper stählen, sondern patriotische Tugenden und eine wehrhafte Männlichkeit vermitteln. Diese militärische Sozialisierung begann schon in der Volksschule, wo – so erklärte der preußische General und Militärtheoretiker Colmar von der Goltz 1877 – »Zucht, Ordnung, Gehorsam, Gemeinsinn« gefördert und »Raum für eine militärische Jugenderziehung« geschaffen werden sollte. Dies würde Deutschland keineswegs

»in einen einzigen großen Exerzierschuppen umwandeln, sondern nur die sittliche Qualität der Massen, ihre Zucht und ihren Gehorsam fördern«. Ähnliche Ziele wurden auch außerhalb der Schule angestrebt: mit Zinnsoldaten, Spielzeuguniformen, Matrosenanzügen und Holzgewehren, im Turnverein oder bei den Pfadfindern.[18]

Wie die zahlreichen Photographien und Postkarten belegen, die Europas künftige Herrscher als kindliche Soldaten zeigen, waren die Sprösslinge der Fürstenhäuser beliebte Vorzeigeobjekte dieses Lern- und Darstellungsprozesses. Auf das Militärische reagierten sie mindestens ebenso überwältigt wie der kleine Tucholsky. In zahlreichen zeitgenössischen Schilderungen ist vom Stolz des preußischen Prinzen Wilhelm – des späteren Kaisers Wilhelm I. – die Rede, als ihm sein siebenjähriger Sohn Friedrich Wilhelm 1839 in der Uniform des Stettiner Gardelandwehrregiments und in korrekter militärischer Haltung einen Lagebericht über die Schlosswache erstattete. Die Freude an militärischen Dingen sollte Vater und Sohn dauerhaft verbinden. Als der künftige Kaiser Friedrich III. im Juni 1860 zum Obersten des 1. Preußischen Infanterieregiments ernannt wurde, empfand er einen solchen »Dusel vor Freude«, dass er »eigentlich etwas rappelig war«, wie er seiner Frau aufgeregt schrieb. Sein Regiment sei das älteste in der Armee, fügte der Achtundzwanzigjährige mit jungenhaftem Stolz hinzu, und außerdem dürfe er die Uniform des ersten Garderegiments auch noch behalten. Friedrichs Enkel, Kronprinz Wilhelm (1882–1951), hatte ganz ähnliche Gefühle: »Jetzt habe ich endlich etwas Anständiges anzuziehen!«, rief der Zehnjährige am Morgen des 6. Mai 1892 aus, als ihm die Uniform eines Leutnants des 1. Garderegiments zu Fuß überreicht wurde.[19]

Den Untertanen der Habsburger wurde Erzherzog Franz Joseph, der künftige österreichische Kaiser, auf einem Porträt von Ferdinand Georg Waldmüller schon als Dreijähriger mit Grenadiermütze und Holzsoldaten präsentiert; zwei Jahre darauf brachte das Christkind dem Thronfolger eine Kürassieruniform. Dies alles wurde am 18. August 1843 von einem noch viel großartigeren Geschenk übertrumpft: »Dieß ist mein 13ter Geburtstag. Eine Überraschung war mir vorbereitet«, trug Franz Joseph in sein Tagebuch ein, »als aber die Thüre zum Zimmer, in welchem meine Geschenke lagen, geöffnet wurde und Mama und Papa mich hineinführten und ich die Dragoneruniform auf dem Tische liegen sah, war mein erster Gedanke, die Uniform sey nur ein Spielzeug, doch gleich errieth ich mit der größten Freude, daß es Wirklichkeit sey. [...] Stolz war ich, in die Zahl der Offiziere der Österreichischen Armee gekommen zu seyn. Ich freute mich schon, in Uniform und zu Pferde bey den Paraden erscheinen zu können. Ich nahm mir den Tag über vor, in meinem vierzehnten Jahre und als Offizier nie mehr Furcht zu zeigen und nie mehr eine Unwahrheit zu sagen.« Nun konnte freilich nicht jede Familie dem Sohn zum Geburtstag ein Dragonerregiment verleihen, aber die Reaktion des jungen Prinzen – der Stolz, die sofortige Bereitschaft, bei Paraden mitzuwirken, und der Entschluss, sich fortan charakterlich auf seine neue Würde einzustellen – entsprach genau dem, was die militärische »Schule der Männlichkeit« beim breiten Volk zu erreichen suchte.[20]

Darum ging es im Grunde: um die öffentliche Demonstration von Thronfolgern, die sich bei der militärischen Schulung bewährten und zudem der Nation, die sie dereinst führen und verkörpern sollten, ihre kriegerisch-männlichen Tugenden vorführten. Bei aller Intensivierung der schulischen Erziehung der Thronfolger wurde die militärische Ausbildung niemals vernachlässigt. In vielen Königshäusern setzte sie ein mit der symbolischen Praxis, die Prinzen bereits in sehr jungen Jahren offiziell in die Armee eintreten zu lassen und mit Uniformen auszurüsten. In Preußen geschah dies traditionell bei Erreichung des zehnten Lebensjahres. Der spätere König Oskar II. von Schweden war elf Jahre alt, als er 1840 in die Marine eintrat, und damit genauso alt wie der spätere König der Belgier Leopold II., als er 1846 zum Leutnant ernannt wurde. Der letzte König von Sachsen, Friedrich August III., wurde mit zwölf Jahren Sekondeleutnant im 1. Grenadierregiment, und der künftige Kaiser Franz Joseph von Österreich erreichte den Rang eines Obersten mit dreizehn Jahren. So lange brauchte sich sein Sohn Rudolf nicht zu gedulden: Ihm wurde dieser Dienstgrad schon am Tag seiner Geburt verliehen. Solche symbolischen Ernennungen markierten nur den Beginn des Dienstes, den die Thronfolger zur Erhöhung des militärischen Prestiges ihrer Häuser leisteten. Es folgte eine Mischung aus soldatischer Ausbildung, rasanter Karriere und öffentlicher Präsen-

*Die Militarisierung der künftigen Herrscher begann schon in der Kinderstube. Ferdinand Georg Waldmüllers Gemälde zeigt den dreijährigen Franz Joseph, den späteren österreichischen Kaiser, mit Fahne und Holzsoldaten.*

tation der eigenen militärischen Tüchtigkeit wie der der gesamten Dynastie.

Für alle männlichen Thronfolger im 19. Jahrhundert war der Dienst bei den verschiedenen Waffengattungen des Heeres oder – wie im Fall Großbritanniens und Schwedens – bei der Marine eine unvermeidliche Etappe auf dem Weg zum Thron. Wer sich, wie Europas Königshäuser, an die Spitze von Nationen stellen wollte, die sich zunehmend als wehrhaft betrachteten und den Dienst an der Waffe als patriotische Bürgerpflicht verstanden, der musste auch hier unter Beweis stellen, lernfähig und leistungsstark zu sein. Selbst unmilitärisch veranlagte Thronerben wie die künftigen Könige Wilhelm II. von Württemberg oder Ludwig III. von Bayern konnten sich einem Minimum an Wehrdienst und letztlich der Beförderung in den Generalsrang nicht entziehen. Es war wichtig, den militärisch-männlichen Habitus zu demonstrieren, und so taten sie es, indem sie Uniform trugen, Kommandos übernahmen, Dienstjubiläen begingen und bei Manövern anwesend waren.

Besonders deutlich ausgeprägt war der Trend zur demonstrativen Militarisierung der Dynastie bei den sächsischen Wettinern. Hier standen König Albert I. und sein Bruder und Nachfolger Georg im Ruf, als Prinzen in den Kriegen von 1866 und 1870/71 Beachtliches geleistet zu haben. So war Albert 1870 an den deutschen Siegen von Gravelotte, Beaumont und Sedan beteiligt gewesen, während Georg eine sächsische Division bei St. Privat kommandiert hatte. Beide wurden dafür später zu Feldmarschällen ernannt. Der militärische Ruhm des Hauses wurde Gegenstand einer sorgfältig inszenierten Festkultur. Diese gipfelte 1893 in der großen Feier zum fünfzigsten Dienstjubiläum des Königs, das Albert als seine »goldene Hochzeit mit der Armee« bezeichnete. Der junge Kaiser Wilhelm II. begab sich eigens nach Dresden, um den greisen König Albert durch die Übergabe eines kostbaren Feldmarschallstabes zu ehren, und zwar in Anwesenheit zahlreicher anderer Fürsten, die während der Kriegseinsätze des Jubilars 1849, 1866 und 1870/71 in »näherer Beziehung« zu ihm gestanden hatten. Neben diesen hohen Herren und Mitgliedern der Armeeführung huldigten Albert Tausende Vertreter von Soldaten- und Bürgervereinen.[21]

Zu dieser Intensivierung der militärischen Selbstdarstellung trug der nächste sächsische Thronfolger, Prinz Friedrich August, nach Kräften bei. Obwohl der 1865 Geborene nicht über eigene Kriegserfahrung verfügte, wurde er aktiv in die kriegerische Erinnerungskultur eingebunden und jede Anstrengung unternommen, seine Liebe für den Soldatenstand unter Beweis zu stellen. Als die aus Frankreich zurückkehrenden siegreichen sächsischen Truppen im Juli 1871 feierlich in Dresden empfangen wurden, hieß der sechsjährige Prinz seinen Vater und die Soldaten auf dem Dresdner Neumarkt willkommen. Im Juni 1878 marschierte er als dreizehnjähriger Leutnant in der Parade zu Ehren der Silberhochzeit des Königs und der Königin. Vier Jahre später nahm er an den von Wilhelm I. geleiteten Kaisermanövern teil und wurde dafür mit der höchsten preußischen Auszeichnung, dem Schwarzen Adlerorden, ausgezeichnet. Im Juli des Jahres 1883 leistete der Prinz als erstes Mitglied seines Hauses öffentlich den Fahneneid und legte anschließend eine Blitzkarriere hin: 1883 wurde er Oberleutnant, 1887 Hauptmann, 1888 Major, vier Jahre später Oberstleutnant, 1892 Oberst und Regimentskommandeur, und schon 1898 erreichte er – im Alter von nur 33 Jahren – den Generalsrang. Den Berichten zufolge zeigte der Prinz sich bei diesem rasanten Aufstieg stets leutselig und umgänglich, was ihn bei der Truppe populär gemacht haben soll. »Man mußte abends im Biwak die ›langen Kerle‹ über ihren Prinzen reden hören, um zu erkennen, wie gern sie ihn alle hatten«, hieß es in einer Broschüre. Die öffentliche Erklärung, die Sachsens neuer König im Oktober 1904 an seine Soldaten richtete, war also über Jahrzehnte sorgfältig vorbereitet worden: »Von Meiner frühesten Jugend an war die Armee meine ganze Liebe.«[22]

In Monarchien wie Sachsen und Bayern, wo die militärischen Meriten der Wittelsbacher ebenfalls öffentlich zelebriert wurden, erschien es im 19. Jahrhundert also offensichtlich vorteilhaft, auf die soldatischen Traditionen des königlichen Hauses und insbesondere auf die Tüchtigkeit des künftigen Herrschers hinzuweisen. Wo die Monarchie in ihrer Existenz gefährdet war, kam der Aussicht auf einen militärisch starken männlichen Herrscher eine noch weitaus größere Bedeutung zu. Dies gilt zum Beispiel, wie Richard Meyer Forsting zeigt, für Spanien, wo die Herrschaft der Bourbonendynastie im Verlauf des 19. Jahrhunderts mehrfach durch Bürgerkriege, Revolutionen, republikanische Intermezzi und erzwungenes Exil unterbrochen wurde.

Nach der sogenannten Glorreichen Revolution von 1868 etwa musste die spanische Königin Isabella II. mit ihrem damals elfjährigen Sohn Alfonso das Land verlassen und schließlich dem Thron entsagen. Es wurde ein neuer König gewählt und später sogar die Republik ausgerufen. Doch nicht lange nach der Vertreibung der Bourbonen zirkulierten in Spanien Bilder, die Alfonso als Schüler des Theresianums zeigten, der Wiener Eliteschule, in der er erzogen wurde. Der Hoffnungsträger all jener, die das alte Königshaus zurückholen wollten, war in einer österreichischen Kadettenuniform und mit Säbel abgebildet. Auf Photographien, die 1873 und 1874 verbreitet wurden, trägt er bereits eine spanische Uniform und den dazu passenden Schnurrbart. Nachdem er als Kadett an der englischen Militärakademie in Sandhurst studiert hatte und dies in Spanien durch sein »Sandhurst-Manifest« bekannt gemacht hatte, kehrte Alfonso 1875 als König in sein Heimatland zurück und griff unverzüglich in erfolgreiche Kämpfe gegen Aufständische in Nordspanien ein. Dies brachte ihm den Ehrentitel *El Pacificador* ein und war mit der Verbreitung zahlreicher weiterer Bilder verbunden, die den jungen, inzwischen vollbärtigen Monarchen meist hoch zu Ross und in Uniform darstellten. Das stark militarisierte Image sollte Alfons XII. bis zu seinem plötzlichen Tod zehn Jahre später beibehalten. Auch bei seinem posthum geborenen Sohn König Alfons XIII. wurde die martialische Dimension stark betont. Je näher der unmündige König seinem sechzehnten Geburtstag im Jahr 1901 kam, an dem er die Regierung selbst übernehmen konnte, umso häufiger wurde er in Uniform und in Gesellschaft von Soldaten abgebildet. In den beiden Jahren vor Beginn seiner Herrschaft präsentierten die illustrierten Zeitschriften ihn mit Offizieren beim Besuch von Waffenfabriken, Kriegsschiffen und bei Manövern. Die Bildunterschriften lobten den Fünfzehnjährigen für seine Reitkünste, seine militärischen Kenntnisse und seine Fähigkeiten im Feld.[23]

Bei der Erziehung des Prinzen von Neapel, des künftigen Königs Viktor Emanuel III. von Italien, wurde ebenfalls großer Wert auf das Militärische gelegt. Der zierliche Prinz wurde zwar allein, aber stets

*Gerade weil der nach dem Tod seines Vaters geborene Alfons XIII. von Spanien bis zu seinem sechzehnten Geburtstag im Jahr 1902 ein unmündiger König war, kam der Darstellung des jungen Mannes als wehrhafter Soldat große Bedeutung zu.*

gemäß den Regularien verschiedener Militärakademien erzogen. Die meisten überlieferten Photographien zeigen den jungen Thronfolger in Uniform. Dies sollte vermutlich seine wenig beeindruckende Statur überspielen, denn, so bemerkte der Adjutant König Umbertos, »es ist bedauerlich, dass seine kurzen Beine den kriegerischen Eindruck vermindern, der bei einem Kronprinzen so wünschenswert ist«. Dass es ihm an Körpergröße fehlte, hielt den Thronfolger nicht davon ab, militärisch aktiv zu werden und dies auch publik zu machen. Als Teenager begleitete er den König zu großen Manövern – etwa im August 1888 nach Forlì in der Emilia-Romagna. Bei einem Staatsbesuch in Deutschland zwei Jahre später inspizierte Viktor Emanuel eine Brigade der Garde-Ulanen und beobachtete Infanterie-Übungen. Noch im selben Jahr – bei seinem einundzwanzigsten Geburtstag – ernannte sein Vater ihn zum Kommandeur eines Regiments in Neapel, wo Viktor Emanuel anschließend mehrere Jahre Dienst tun sollte. Im März 1895, ein Jahr nachdem er zum Generalleutnant befördert worden war, begleitete der Kronprinz ein italienisches Marinegeschwader zu einem Flottenbesuch ins englische Portsmouth.[24]

Bei der Ankunft in Portsmouth, dem Heimathafen der Royal Navy, hatte Viktor Emanuel jene Bühne erreicht, auf der das britische Königshaus in der zweiten Hälfte des 19. Jahrhunderts die militärische Tüchtigkeit der künftigen Herrschergenerationen zur Schau stellte. Königin Viktoria zeigte ein ungewöhnlich lebhaftes Interesse an militärischen Dingen und nahm ihre offizielle Rolle als Oberbefehlshaberin ausgiebig wahr, denn ihre Möglichkeiten, die kriegerische Rolle der Monarchie selbst darzustellen, war ja auf Truppeninspektionen und martialische Äußerungen begrenzt. Zu ihrem Kummer zeigte ihr ältester Sohn Bertie, der spätere König Eduard VII., nach anfänglichem Interesse am Dienst in der Armee nur wenig Talent als Militär. Im Gespräch mit ihrem jüngerem Sohn Arthur äußerte die Königin einmal ihr Bedauern, dass nicht er – der erfolgreiche Oberkommandierende der britischen Armee in Irland – ihr Ältester sei. Bertie, dessen Leibesumfang und Lebenswandel schon einen Mangel an soldatischer Disziplin erkennen ließen, bestand später bei seinen Söhnen Albert Victor (»Eddy«) und George auf einer viel stärker militärisch ausgerichteten Erziehung, als sein Vater bei ihm selbst für nötig erachtet hatte. Möglicherweise veranlasste die Tatsache, dass sein Bruder Alfred als »Matrosenprinz« und aktiver Marineoffizier zu einem Liebling der britischen Öffentlichkeit geworden war, den Prinzen von Wales, auf den Vorschlag von John Dalton einzugehen und seine beiden ältesten Söhne auf der Marine-Akademie und an Bord der Korvette *Bacchante* über Jahre hinweg im Licht der Öffentlichkeit zu Seeoffizieren ausbilden zu lassen. Für Eddy, den voraussichtlichen Thronfolger, schloss sich später noch ein mehrjähriger Dienst bei einem Husarenregiment an. Der nächste Thronfolger, Prinz Edward, führte die Marinetradition fort und absolvierte regelgerecht die vierjährige Ausbildung zum Offiziersanwärter.[25]

Das Königshaus war sich der Wirkung seiner »Matrosenprinzen« auf das Publikum durchaus bewusst und wucherte nach Kräften mit diesem Pfund. Im Juni 1885, kurz nach Beendigung seines Studiums in Cambridge, verteilte Prinz Albert Victor Preise an die Jungen, die an Bord des Trainingsschiffes *Warspite* auf den Seedienst vorbereitet wurden. Bei seiner in der Zeitung *The Standard* wiedergegebenen Rede erinnerte sich der Thronfolger an seine eigene Zeit als Marinekadett und an seine Reisen über die Ozeane. Er lobte die Disziplin und Energie der jungen Seeleute auf der *Warspite* und forderte sie auf, sich überall auf der Welt dem »englischen Namen und der englischen Rasse würdig zu erweisen«. Auch als sein Neffe Prinz Edward im Sommer 1911 seine Ausbildung an Bord des Kriegsschiffes *HMS Hindustan* beendete, erwies sich die Presse als willfährig. Die *Illustrated London News* warteten mit einem großformatigen Photo des Prinzen in Marine-Uniform auf und berichteten, dass der junge Mann »Freude an der Arbeit habe und bei seinen Kameraden auf dem Geschützdeck sehr beliebt sei«.[26]

## »Als strahlender Held, wettergebräunt heimkehrend von der Heerfahrt aus fremden Landen«

*Die Inszenierung kronprinzlicher Kriegshelden*

Als sein älterer Bruder 1892 überraschend starb, wurde Prinz George, der eine Karriere als Marineoffizier begonnen hatte, unerwartet zum Thronfolger. Schon einen Tag nach Albert Victors Tod hieß die *Pall Mall Gazette* George als künftigen Herrscher willkommen und befasste sich mit der Frage, ob er sich denn nun auch weiterhin den Gefahren der Seefahrt aussetzen könne. Die Öffentlichkeit würde sicher bedauern, wenn er zur Landratte würde, bemerkte das Blatt und fügte an: »Seine Vettern aus dem kaiserlichen Haus Hohenzollern sind nie vor gefahrvoller Pflicht zurückgeschreckt, nur weil sie dem Thron nahestanden. In der Tat, als er noch Kronprinz war, kämpfte der inzwischen verstorbene Kaiser Friedrich III. wie ein Held und erwies sich auf so manchem blutigen Schlachtfeld als ein Mann.«[27] Damit war der Blick neidvoll auf eine Tatsache gerichtet, die den hohen militärischen Anspruch der meisten Thronfolger in gewisser Weise unterminierte: Sie verfügten zumeist nicht über eigene Kriegserfahrung, sondern waren lediglich hochdekorierte militärische Trockenschwimmer. Wenn die künftigen Herrscher aber tatsächlich Kriegslorbeeren errungen hatten, was recht selten der Fall war, wurde mit diesem Pfund nach Kräften gewuchert.

Im Vereinigten Königreich der Niederlande, das 1814/15 auf dem Wiener Kongress geschaffen wurde, gab es nicht nur eine traditionsreiche Dynastie – das Haus Oranien – und eine neue Verfassung, sondern auch einen strahlenden Kriegshelden: Prinz Wilhelm von Oranien, der künftige König Wilhelm II. Sein Ruhm als siegreicher Kämpfer und Retter der Nation war nicht nur beeindruckend, sondern auch nützlich, denn er konnte bei der Bewältigung einer zentralen Herausforderung des neuen Königreichs eingesetzt werden: dem Abbau der Spannungen zwischen den niederländischen Provinzen im Norden und dem belgischen Landesteil im Süden. Das Ziel war die Schaffung eines gesamtstaatlichen Patriotismus. Der Prinz wurde 1792 in Den Haag geboren, hatte aber nach der französischen Besetzung der Niederlande den Großteil seiner Jugend im Exil verbracht. In Preußen besuchte er die Berliner Militärakademie und ging dann nach England zum Studium an der Universität Oxford. Danach begleitete er auf Anordnung seines Vaters den englischen General Arthur Wellesley, den späteren Herzog von Wellington, nach Spanien, wo er sich im Kampf gegen Napoleons Truppen auszeichnete. In den Schlachten von El Bodón (1811), Bajadoz und Salamanca (1812) erwarb Prinz Wilhelm sich bei seinen Truppen und seinen Vorgesetzten einen guten Ruf. Zurück in England wurde er von seinem Vater zum Generalinspekteur der noch zu schaffenden niederländischen Truppen ernannt. Nachdem Napoleon aus den Niederlanden vertrieben worden war, kehrten die Oranier 1813 zurück. Prinz Wilhelm übernahm als englischer General den Befehl über die Truppen in den südlichen Niederlanden und residierte fortan in Brüssel. Seine Reputation als erfolgreicher Offizier und seine Kriegserfahrung sollten sich für das Haus Oranien noch als äußerst nützlich erweisen.[28]

Das zeigte sich im Juni 1815. Napoleon war aus Elba zurückgekehrt und hatte die Herrschaft in Frankreich erneut an sich gerissen. Der Krieg war daraufhin wieder aufgeflammt. Prinz Wilhelm führte die niederländischen Truppen und war – wie sein jüngerer Bruder Friedrich – direkt an den Siegen der antifranzösischen Koalition beteiligt, die erst bei Quatre-Bras und wenige Tage später bei Waterloo errungen wurden. Der bei Waterloo angeschossene Kronprinz wurde zum nationalen Helden, zum Retter der Krone seines Vaters, zum Bezwinger Napoleons. Für die Niederländer, so erklärt der Historiker Jeroen Koch, war – und ist! – nicht Wellington der Sieger von Waterloo, nicht Marschall Blücher oder August Neidhardt von Gneisenau, sondern einzig der Prinz von Oranien. Diese Ansicht gründet weniger auf der Leistung des Prinzen bei Quatre-Bras und Waterloo, die von Fachleuten wohl zu Recht scharf kritisiert worden ist, sondern auf der folgenden intensiven Mythenbildung.

Prinz Wilhelm selbst bereitete dafür eifrig den Boden. »Das war heute eine großartige Angelegenheit gegen Napoleon«, schrieb er seinen Eltern nach der Schlacht, »es war in der Hauptsache mein Korps, das die Schlacht bestritt und dem wir den Sieg verdanken.« Dieser Version schloss sich die Familie bereitwillig an. »Die von meinem Enkel gespielte heldenhafte Rolle hat das Königshaus wirklich etabliert und ihm festen Boden verliehen«, resümierte Wilhelmine, die Mutter König Wilhelms I., bereits wenige Wochen nach der Schlacht. Das Haus Oranien wurde danach nicht müde, Prinz Wilhelms Rolle propagandistisch auszunutzen. Zwischen 1823 und 1826 ließ der König auf dem Schlachtfeld von Waterloo einen vierzig Meter hohen Hügel aufschütten und darauf eine 28 Tonnen schwere Löwenstatue errichten – und zwar just an der Stelle, wo der Prinz verwundet worden war. Riesige Ausmaße hat auch das von der Krone erworbene Gemälde *Die Schlacht von Waterloo* des Malers Jan Willem Pienemann, in dessen Vordergrund der verletzte Prinz zu sehen ist. Mit knapp 47 Quadratmetern Fläche ist es nach wie vor das größte Bild im Amsterdamer Rijksmuseum. Quatre-Bras und Waterloo seien die Pfeiler, auf denen der neue niederländische Staat ruhen werde, erklärte der König im August 1815 im Parlament und rief dann aus: »Glücklich der Vater, dessen Söhne die Ehre hatten, diese Pfeiler aufzurichten und mit ihrem Blut zu benetzen.« Die Öffentlichkeit nahm diesen Kult begierig auf: Bänkelsänger und Geschichtenerzähler kündeten von Prinz Wilhelms Heldentaten; im Theater erhoben sich die Zuschauer von den Sitzen, um ihm ihre Reverenz zu erweisen; und das Parlament entschied, dem Thronfolger gleich drei Paläste zuzuweisen.[29]

Noch 1831 feierte der Dichter Willem Hendrik Warnsinck den »Helden von Waterloo, / Den Kronprinz, die Hoffnung der Niederländer, / Er rächt uns; er rettet unsere Ehre / Und gibt uns im Herzen Frieden.« Trotz der so sorgfältig in Szene gesetzten Prominenz des Kronprinzen, der sich noch dazu in den südlichen Provinzen besonderer Beliebtheit erfreute, gelang es nicht, die auseinanderstrebenden Kräfte innerhalb des Vereinigten Königreichs zu bändigen. Die Brüsseler Revolution von 1830 führte zur Abspaltung der südlichen Landesteile, die als Königreich Belgien unter der Führung des Coburger Prinzen Leopold ihre Unabhängigkeit behaupteten. Als niederländischer König – eine Würde, die der »Held von Waterloo« nach der Abdankung seines Vaters im Jahr 1840 übernahm – herrschte Wilhelm daher nicht über den unweit von Brüssel gelegenen und einstmals ihm zu Ehren aufgerichteten »Löwenhügel«.

Weitaus tragischer ist die Geschichte eines anderen künftigen Herrschers, der wegen seiner militärischen Erfolge als Hoffnungsträger seines Hauses galt. Die 1830 aus einer Revolution hervorgegangene französische Julimonarchie konnte ebenfalls mit einem vielversprechenden Thronfolger aufwarten. Die Porträts von Prinz Ferdinand Philippe d'Orléans, dem Herzog von Chartres, die Ary Scheffer und Horace Vernet in den frühen 1830er Jahren schufen, zeigen den strahlenden jugendlichen Offizier in Heldenpose: in Husarenuniform, hoch zu Ross. Der älteste Sohn des Königs Ludwig Philipp war in vielfacher Hinsicht der perfekte Thronfolger: Er hatte sechs Jahre eine öffentliche Schule – das berühmte Collège Henri IV in Paris – besucht und pflegte seitdem zahlreiche bürgerliche Freundschaften, war politisch liberal eingestellt und für seine künstlerischen und kulturellen Interessen bekannt. Seine Mitmenschlichkeit hatte er öffentlich durch Besuche in Seuchenspitälern unter Beweis gestellt. Nach der Hochzeit mit Helene von Mecklenburg-Schwerin erwies er sich bald als fürsorglicher Vater zweier Söhne. Aber letztlich leuchtete der Stern des Thronfolgers wohl deshalb so ungewöhnlich hell, weil er eine beachtliche militärische Karriere vorweisen konnte.[30]

Nachdem er bereits seit 1828 das Kommando über das 1. Husarenregiment geführt hatte, nahm der Thronfolger 1831/32 am Feldzug in Belgien teil. Hier rückten französische Truppen gegen niederländische Einheiten vor, die von Norden her nach Belgien eingedrungen waren, um die im Vorjahr errungene Unabhängigkeit des Landes wieder rückgängig zu machen. Da es zu keinen Gefechten kam, konnte der Prinz – der inzwischen zum Brigadegeneral befördert und mit dem Kreuz der Ehrenlegion ausgezeichnet worden war – lediglich bei der Belagerung der Festung Antwerpen im November und Dezember des Jahres 1833 seinen Mut und seine Tüchtigkeit unter Beweis zu stellen. Er forderte dort – sehr zum Kummer seiner Tante Adélaïde, die ihn lieber weit weg von der Front gesehen hätte –, die gefährlichsten Belagerungsaufgaben selber übernehmen zu dürfen. Damit bewies er, so eine zeitgenössische Darstellung, dass »das Blut starker Rassen niemals degeneriert und er ein würdiger Nachfahre Heinrichs IV.« sei. Auch der Oberkommandierende Marschall Gérard war voll des Lobes: »Sein Beispiel hat unsere jungen Soldaten elektrisiert«, berichtete er am 30. November 1832. Die Heldentaten Prinz Ferdinands vor Antwerpen wurden später Gegenstand großer historischer Gemälde, wie beispielsweise das Schlachtenpanorama von Horace Vernet aus dem Jahr 1840.[31]

1835 zog der Prinz dann nach Algerien, um mit der Armee von Marschall Clauzel an den Kolonialkriegen gegen den Emir Abd el-Kader teilzunehmen. Er kämpfte bei l'Habrah und Tlemcen, wo er verwundet wurde, und war an der Einnahme von Mascara beteiligt. 1836 kehrte er im Triumph nach Paris zurück. 1840 war er erneut in Nordafrika, wo er im Mai bei den Kämpfen vom Col de Mouzaia eine entscheidende Rolle gespielt haben soll. Angesichts der sorgfältig befestigen Position des Gegners erbat der vorsichtige Marschall Valée den Rat des Prinzen. »Immer angreifen!«, soll der ausgerufen haben: »Mit französischen Soldaten kann man alles wagen.« Diesem Elan wollte niemand widersprechen, und so wurde umgehend zur Attacke geblasen. Der Vormarsch der drei Kolonnen soll so gut koordiniert gewesen sein, dass sie gleichzeitig mit dem Schlachtruf »Es lebe Frankreich! Es lebe der Herzog von Orléans!« den Gipfel erreichten. Der zeitgenössische Berichterstatter malte nun eine geradezu religiöse Szene: »Die Signalhörner klangen, die Tamboure rührten die Trommeln, die Fahnen wurden beim Vorbeimarsch des Herzogs gesenkt, und aus allen Kehlen erklang derselbe frenetische Schrei der Bewunderung: ›Es lebe der Kronprinz!‹«[32]

Wäre der Prinz doch nur bei diesem Sieg gefallen, inmitten seiner Soldaten, wünschte der Autor der posthumen Lobschrift, dann hätte Frankreich den Schmerz um ihn besser ertragen. Denn nur zwei Jahre nach dem Triumph vom Col de Mouzaia kam Kronprinz Ferdinand bei einem Unfall nahe Neuilly ums Leben. Als die Pferde seines Wagens durchgingen, sprang er aus der Kutsche und schlug mit dem Kopf auf das Pflaster. Wenige Stunden später verstarb er. Der Tod dieses zur Lichtgestalt verklärten Hoffnungsträgers stürzte Frankreich in tiefe Trauer. Die königliche Familie, die politischen und gesellschaftlichen Eliten und die breite Bevölkerung reagierten tief bestürzt auf dieses Ereignis, in dem manche Historiker bereits den Anfang des Endes der Julimonarchie sechs Jahre später zu erkennen glauben. Wie der Nachruf

*Jeder Zoll ein künftiger Herrscher: Horace Vernets Gemälde von 1832 zeigt Prinz Ferdinand Philippe, den ältesten Sohn des französischen Königs Louis-Philippe, als strahlenden Militärhelden.*

auf den Prinzen in der Londoner *Times* offenbart, war Ferdinand zum Zeitpunkt seines Todes eindeutig als Kriegsheld etabliert: »Er unterhielt immer eine ausgeprägte Neigung zum Militärdienst und eine starke Liebe für den militärischen Ruhm«, berichtete das Blatt, »und war bekannt dafür, von den Soldaten unter seinem Kommando geliebt zu werden, von denen viele – hartgesottene Veteranen der napoleonischen Kriege – Tränen vergossen, als sein lebloser Körper von der Unglücksstelle getragen wurde.«[33]

Der Dahingeschiedene sollte auch nach seinem Tod über das Land wachen. Am 26. Juli 1845 wurde eine bronzene Reiterstatue des Prinzen vor dem Louvre aufgestellt. Auf dem Weg von der Gießerei dorthin gaben Tausende dem Standbild das Geleit und streuten ihm Blumen. Wenige Monate später wurde eine Kopie des Pariser Reiterstandbilds auf der Place Royale in Algier enthüllt: der Prinz in Uniform, den Degen in der Rechten. Zwei in das Postament eingelassene Reliefs erinnerten an die Schlachten von Antwerpen und Col de Mouzaia. Auch das dritte Denkmal, das zu Ehren des verstorbenen Thronfolgers errichtet wurde, war eindeutig militärisch konnotiert. Die Einwohner der nordfranzösischen Stadt Saint-Omer hatten Ferdinand während der Wintermanöver 1840/41 lieb gewonnen und sammelten unmittelbar nach seinem Tod für ein Denkmal. Die benötigte Summe kam relativ schnell zusammen. Man entschied sich für einen Entwurf, der den Prinzen stehend in Uniform und Cape zeigt, den Degen an der Seite, eine Schriftrolle in der Rechten, die Linke gebietend erhoben. Nach einigen Verzögerungen wurde das Denkmal 1847 enthüllt, musste jedoch schon wenige Monate später, im Frühjahr 1848, wieder entfernt werden. Die Julimonarchie war nämlich inzwischen gestürzt und von einer kurzlebigen Republik ersetzt worden. Als bronzener Held hatte Ferdinand das nicht verhindern können.[34]

Auch wenn die militärischen Leistungen eines Thronfolgers überschaubar oder von eher zweifelhaftem Erfolg waren, wurden sie dennoch gerne betont. Das galt etwa für den Prinzen Umberto von Piemont, der seinem Vater 1878 als König von Italien nachfolgte. Er hatte in der Schlacht von Custozza im Jahr 1866 die 16. Division kommandiert. Obwohl die italienische Armee in dieser Konfrontation unterlag, galten die Leistung und der Mut, die der Prinz beim Kommando seines von österreichischer Kavallerie attackierten *quadrato* (Karrees) bewiesen hatte, als so vorbildlich, dass sich darauf ohne Weiteres seine Reputation als echter Soldat aufbauen ließ. Noch in Edmondo De Amicis' phänomenal erfolgreichem Jugendbuch *Cuore* werden der »*quadrato di principe Umberto*« und sein Kommando der »16.« mehrfach erwähnt. Auch der Historiker Giuseppe Guerzoni, ein Zeitgenosse, berichtete voller Leidenschaft vom Mut des Thronfolgers während der Schlacht: Wenn der Thronfolger das »edle Blut, das in seinen Adern rann«, vergessen oder Furcht gezeigt hätte, dann wäre alles verloren gewesen. Aber so kam es nicht: »Umberto von Savoyen erwies sich plötzlich als Soldat und wandte sein Gesicht dem Feind entgegen. Sein Vorbild reichte aus, dass alle ihm nacheiferten und der Feind so in eine Wand mutiger Brüste donnerte, die bereit waren, im Sohn Viktor Emanuels das ganze Italien zu verteidigen.«[35]

Während Umberto zeit seines Lebens eine echte Leidenschaft für militärische Dinge an den Tag legte und sein martialisches Image pflegte, war der letzte König von Bayern ein zutiefst ziviler Mann. Er beendete seine aktive Militärzeit zum frühestmöglichen Zeitpunkt und befasste sich danach – trotz der unvermeidlichen regelmäßigen Beförderungen – kaum mit soldatischen Dingen. Bebrillt, korpulent und notorisch nachlässig in Fragen der Kleidung, entsprach der 1845 geborene Wittelsbacherprinz kaum dem Ideal fürstlicher Wehrhaftigkeit. 1909 zeigte die berühmte Karikatur »Kaisermanöver« in der Münchner Satirezeitschrift *Simplicissimus* den Kontrast zwischen der hyperaktiven Zackigkeit des deutschen Kaisers Wilhelm II. und der etwas linkischen Behäbigkeit des Wittelsbachers in seiner schlecht sitzenden Uniform. Der bayerische Thronfolger konnte sich diese zivile Haltung leisten, weil andere Mitglieder seiner Familie – vor allem sein greiser Vater Luitpold, aber auch seine Brüder Leopold und Arnulf – als ausgewiesene Militärfachleute galten, die auf beeindruckende Offizierskarrieren zurückblicken konnten und somit für die Wehrhaftigkeit der Dynastie einstanden. Vor allem aber hatte der wenig soldatische Ludwig ein für die monarchische Öffentlichkeitsarbeit kostbares Ass im Ärmel – oder genauer gesagt: ein Stück Blei im Oberschenkel. Anders als der sich so

*Das Satiremagazin »Simplicissimus« nahm 1911 die Extreme militärischer Selbstdarstellung auf die Schippe: den im Übermaß zackigen Kaiser Wilhelm II. und den bebrillten, in zerknitterter Behäbigkeit daherkommenden bayerischen Thronfolger Ludwig.*

kriegerisch gebende Kaiser Wilhelm II. hatte Ludwig nämlich Kriegserfahrung. 1866 war er als junger Leutnant gegen Preußen ins Feld gezogen und am 25. Juli bei dem militärisch unbedeutenden Gefecht von Helmstadt in Unterfranken verwundet worden. Kameraden hatten den unbekannten Offizier zu einer Krankenstation gebracht, wo man ihn schließlich erkannte. Es gelang dort, die Blutung zu stillen, aber die Kugel konnte nicht entfernt werden, und so zog Prinz Ludwig fortan das linke Bein etwas nach.[36]

Obwohl der Prinz nach Helmstadt seine militärische Laufbahn sofort und für immer beendete, begann seine Karriere als Kriegsheld nun erst richtig. Nachdem Ludwig 1886 als künftiger Herrscher feststand, bemühte sich die patriotische Presse Bayerns beharrlich darum, das Gedächtnis an die Heldentat des künftigen Königs wach zu halten. Fünfundzwanzig Jahre nach dem Krieg veröffentlichte die *Neue Freie Volkszeitung* eine Chronik des fränkischen Feldzugs, der eine anrührende Zeichnung mit dem Titel »Verwundung Sr. K. Hoh. des Prinzen Ludwig im Gefechte bei Helmstadt, 25. Juli« beigefügt war. Anlässlich des fünfzigsten Geburtstags des Prinzen im Jahr 1895 veröffentlichte der *Bayerische Kurier* ein Bild von »Prinz Ludwig als Krieger und Held (Verwundung bei Helmstadt 1866)«. Zehn Jahre darauf erinnerte dieselbe Zeitung ihre Leser: »Mit den Söhnen des Volkes ist Prinz Ludwig auch im Kampfgewühl der Schlacht gestanden.« Der Höhepunkt der Bewunderung war 1909 erreicht: Mehr als vierzig Jahre nach dem Gefecht errichteten die Bewohner des Dorfes Helmstadt ein Denkmal, um an die Verwundung des künftigen Königs von Bayern zu erinnern. Der Geehrte reiste persönlich – in Zivil – an, um der Enthüllung beizuwohnen, die ein weites Presse-Echo hervorrief. Das Helmstadter Denkmal erinnert auch an die Worte, die Prinz Luitpold – Ludwigs Vater und damaliger Kommandant – gesprochen haben soll, als er am Bett des verwundeten Sohnes stand: »Meine Vaterpflichten treten in dieser Stunde zurück gegenüber höheren Pflichten, die ich gegen das Vaterland zu erfüllen habe.« Auf diese Weise diente die militärische Ehrung des unmilitärischen Ludwig zugleich einem volkspädagogischen Zweck.[37]

Auch bei Prinz Wilhelm von Preußen, dem künftigen König und Kaiser Wilhelm I., setzte die öffentliche Würdigung seiner militärischen

Erfolge erst recht spät ein. Als jüngerer Bruder des Kronprinzen und späteren preußischen Königs Friedrich Wilhelm IV. (1795–1861) war der Prinz zunächst nicht als Thronfolger vorgesehen. Daher konzentrierte er sich auf eine militärische Karriere. Doch für den 1797 geborenen Hohenzollernprinzen gab es nach Beendigung der Kriege gegen Napoleon, in denen er als Jüngling mitgekämpft hatte, kaum noch Gelegenheit, Lorbeeren zu erringen. Als Wilhelm sich kurz vor seinem sechzigsten Geburtstag mit der öffentlichen Erinnerung an sein Leben befasste, fand sich als militärischer Aktivposten am Ende nur das Kommando über die preußischen Truppen, die 1849 zunächst in der Rheinpfalz und dann in Baden die letzten Flammen der Revolution ausgetreten hatten. In einer von ihm selbst in Auftrag gegebenen biographischen Skizze, die 1856 in der Zeitschrift *Der Soldatenfreund* erschien, wurde zur Würdigung seiner militärischen Verdienste daher der badische Feldzug betont. Der Prinz, so konnte man dort lesen, bezog sein Hauptquartier »bei Rastatt, wo er sich stets in der Nähe der belagernden Truppen befand, täglich die Stellungen besichtigte, die Bivouacqs besuchte und alle Befehle erließ, welche dem Widerstande endlich in ganz Baden ein Ende machten.« Der Erfolg sei vollständig gewesen: »In wenigen Wochen hatte der Prinz von Preußen, fast genau so, wie es in dem ersten Operations-Plan festgesetzt worden war, die Pfalz und Baden von der Gewaltherrschaft befreit, hatte mit seinen Soldaten alle Gefahren getheilt und ihre Verehrung und Anhänglichkeit auf den höchsten Grad gesteigert.«[38]

Wilhelm war ein militärischer Held, und man sah es ihm auch an. Genüsslich zitierte Louis Schneider, der Autor der Biographie, aus einer Beschreibung des Prinzen während des Feldzugs: Er sei »eine schöne hochgewachsene Gestalt, hat einen freundlichen, heitern, außerordentlich gewinnenden Gesichtsausdruck, lebhafte Augen und spricht mit tiefer klangvoller Stimme. Der Prinz trägt einen großen blonden Schnurrbart, die Spitze etwas aufwärts gedreht, und einen ebensolchen Kinn- und Backenbart, wie er in der Preußischen Armee jetzt eingeführt ist. Gekleidet war er in die einfache Generals-Uniform, an derselben der Orden *Pour le Mérite* und im Knopfloch das in den Befreiungskriegen wohlerworbene eiserne Kreuz.« Mit diesem Werbetext präsentierte sich der nicht mehr ganz taufrische Thronfolger als männlich-zupackender und im Felde geprüfter Offizier, der sich von seinem älteren Bruder, dem unmilitärischen, korpulenten und bartlosen König Friedrich Wilhelm IV., wohltuend abhob. Damit war eine andere monarchische Rolle präfiguriert. Prinz Wilhelm konnte Mitte der 1850er Jahre allerdings nicht ahnen, dass ihm in den Jahren und Jahrzehnten nach seinem sechzigsten Geburtstag noch Gelegenheit gegeben sein würde, in der Nachfolge seines Bruders als »Heldengreis« militärische Glorie zu erringen. Die sogenannten deutschen Einigungskriege – die Feldzüge gegen Dänemark (1864), Österreich (1866) und Frankreich (1870/71) – erhoben jedoch nicht nur den greisen preußischen König in die Walhalla bewunderten Kriegsruhms, sondern vor allem auch seinen Sohn.[39]

Wie erwähnt, wies die Londoner *Pall Mall Gazette* den britischen Thronfolger 1892 mit unüberhörbar vorwurfsvollem Unterton darauf hin, dass Kronprinzen anderswo nicht vor Gefahren zurückschreckten, und nannte dabei den preußischen Kronprinzen Friedrich Wilhelm. Damit hatte das Blatt die Latte sehr hoch gelegt, denn »Unser Fritz«, wie der preußische Thronerbe liebevoll genannt wurde, kann als der militärische Star unter den Thronfolgern des 19. Jahrhunderts gelten. In den Augen der deutschen Öffentlichkeit war er – der Sieger der Schlachten von Königgrätz (1866), von Weißenberg und Wörth (1870) – ein charismatischer und tapferer Heerführer, dessen Beitrag zu den Triumphen über die Österreicher und Franzosen heldenhaft und entscheidend war. Dies verlieh ihm nicht nur enormes Prestige und Popularität, sondern galt auch als Beleg für jenes außergewöhnliche Maß an Leistungsfähigkeit, welches ihn für sein künftiges Regentenamt prädestinierte und das monarchische System überhaupt legitimierte. Für die spätere Beliebtheit des Kronprinzen als Thronfolger und Kaiser war sein Kriegsruhm von entscheidender Bedeutung: »Nimmer hätten wir die gleichgültige Figur des Kronprinzen Friedrich Wilhelm von Preußen in die allbekannte, imposante und sympathische Gestalt ›Unser Fritz‹ sich verwandeln sehen, den Abgott des ersten deutschen Heeres«, schrieb Georg Hinzpeter bereits 1883, »hätten nicht äußere Verhältnisse ihm eine Gelegenheit aufgedrängt, wo seine hohe Begabung, sein fester Wille und sein reiches Herz sich zeigen mussten.«[40]

Nun war der preußische Thronfolger wohl ein kompetenter Offizier, aber gewiss kein militärisches Genie. Die Erfolge der von ihm 1866 und 1870/71 kommandierten Armeen waren eher auf seinen Stabschef, den späteren Feldmarschall Leonhard von Blumenthal, zurückzuführen, aber das fiel bei der öffentlichen Bewertung nicht ins Gewicht. Entscheidend war, dass der Thronfolger es verstand, leutselig mit den Soldaten umzugehen, persönlichen Mut und körperliche Fitness zu beweisen sowie eine Mischung aus Ruhe und Entschiedenheit auszustrahlen. Ein siegreicher Königssohn, der mit seinen Soldaten rauchte und schwimmen ging, vierzehn Stunden am Stück im Sattel saß und auch beim Gegner in dem Ruf stand, ritterlich zu sein, war natürlich ein attraktives Aushängeschild für die militarisierte Monarchie. Und es wurde geschickt genutzt: Nach dem Sieg von Königgrätz trafen sich König Wilhelm I. und sein Sohn auf dem Schlachtfeld, der Kronprinz küsste dem Vater die Hand, beide umarmten sich unter Tränen, und dann hängte der König dem Sohn seinen eigenen Orden *Pour le Mérite* um den Hals. Die Szene durfte in patriotischen Darstellungen ebenso wenig fehlen wie der Hinweis, dass Friedrich Wilhelm als erster preußischer Thronfolger zum Feldmarschall ernannt worden war.

Bald war durch das Zusammenwirken verschiedener Medien ein sorgfältig komponiertes Bild militärischer Perfektion entstanden. Einfach gereimte Soldatenlieder erzählten von unserem »Kronprinz, der heißt Fritze / Und der fährt gleich einem Blitze / Unter die Franzosenbrut«. Von der linksliberalen *Vossischen Zeitung* bis zur konservativen *Neuen Preußischen Zeitung* wurde auf Friedrich Wilhelms hervorragende Leistungen bei der kriegerischen Gründung des Deutschen Reiches hingewiesen und der »ewige Ruhm« erwähnt, den er sich auf den Schlachtfeldern erworben hatte. Bereitwillig wurden Parallelen zwischen dem »Alten Fritz« – Preußens großem König und monarchischem Zentralmythos – und dem »Jungen Fritz« gezogen, und auch die angeblich betörende männliche Schönheit des Thronfolgers wurde immer wieder thematisiert: sein hoher Wuchs, sein blaues Auge. »Wie ein Nordlandrecke aus längst vergangenen Zeiten strahlt seine Erscheinung hervor aus der Gruppe von Paladinen, welche die ehrwürdige Gestalt Kaiser Wilhelms, des Weißbarts, umgibt«, schwärmte das *Berliner Tageblatt* 1881 anlässlich des fünfzigsten Geburtstags des Thronfolgers. Die *Freisinnige Zeitung* erinnerte an die Rückkehr des Kronprinzen aus Frankreich, an jenes »Urbild männlicher Kraft und Schönheit als strahlender Held, wettergebräunt heimkehrend von der Heerfahrt aus fremden Landen«.

Nicht nur lag der Schatten einer solchen Heldenerzählung auf Friedrichs Sohn, dem späteren Kaiser Wilhelm II., der im Gegensatz zu seinem Vater und Großvater keine Kriegserfahrung aufweisen konnte und sich mit markigen Reden und exzentrischem Büromobiliar behelfen musste. Vielmehr stand er wie das gesamte System der militarisierten Monarchie, das im Verlauf des 19. Jahrhunderts so farbenfroh zu den Klängen von Militärmusik paradiert und seine angeblich heldenhaften Thronfolger so überschwänglich gefeiert hatte, in dem Moment unter gewaltigem Druck, als aus dem »Tschingdada« des Folkloremilitarismus im Sommer 1914 blutiger Ernst wurde. Als Offiziere, Hoffnungsträger, Männer und Patrioten mussten sich die Thronfolger durch den Krieg in besonderer Weise herausgefordert sehen.

## »Dies war mein 1. wirklicher Blick auf den Krieg, & er hat mich enorm bewegt und beeindruckt«

*Thronfolger als Soldaten im Ersten Weltkrieg*

Am 29. September 1915 berichtete Edward, Prinz von Wales und britischer Thronfolger, in seinem Tagebuch von den »4 wahrscheinlich interessantesten Stunden meines Lebens«. Beim Dorf Vermelles in der Nähe der nordfranzösischen Stadt Loos hatte der junge Gardeoffizier zusammen mit Lord Cavan, dem Kommandeur der Gardedivision, nach einem britischen Angriff die Front besichtigt. »Natürlich liegen die Toten unbestattet im Freien & und in der Position wie & und an der Stelle, wo sie gefallen sind, & man bekam einen Eindruck vom Schrecken und der Furchtbarkeit des Ganzen! […] Die toten Körper boten einen sehr elenden & grässlichen Anblick; zu grausam, wenige Yards von deinem Ziel entfernt getötet zu werden nach einem Todes-Sprint von 300 Yards. Dies war mein 1. wirklicher Blick auf den Krieg, & er hat mich enorm bewegt und beeindruckt. […] Heute habe ich viel gesehen und über den Krieg gelernt.« Edwards Schilderung entstand unter dem Eindruck eines persönlichen Schocks: Der beim Auto wartende Fahrer des Prinzen war nämlich während der Frontbesichtigung durch einen Granateneinschlag getötet worden. Dieser Tagebucheintrag illustriert eine Dimension der Weltkriegserfahrung der Thronfolger: Soweit sie der Realität des Krieges nahe genug kamen und mit eigenen Augen sahen, welch enormen Blutzoll er forderte, mussten sie mit diesen entsetzlichen Bildern ebenso umgehen wie Hunderttausende andere Männer und Frauen, die als Soldaten, Krankenschwestern oder Zivilisten Zeugen des Schreckens wurden.[41]

Diese menschlich-individuelle Ebene allein reicht jedoch nicht aus, um die Rolle von Thronfolgern im Ersten Weltkrieg zu erfassen. Hinzu kommt eine weitere Dimension, die der Eintrag des Prinzen von Wales am 29. September 1915 offenbart: Der junge Hauptmann kam mit seinem eigenen Fahrer und in Begleitung des Divisionskommandanten. Und nachdem die Ereignisse des 29. September bekannt geworden waren, schrieb König Georgs Privatsekretär im Auftrag Seiner Majestät unverzüglich an Lord Cavan und forderten diesen auf, sorgfältig zu bedenken, wann und wo man den jungen Mann mit an die Front nehme. Kurz: Im Krieg wie im normalen Leben genoss der Thronfolger Privilegien, sodass sich sein Leben weiterhin fundamental vom Schicksal seiner Kameraden unterschied. Weil das Leben des Thronfolgers »für das Land so kostbar« war, wie der Privatsekretär des Königs, Lord Stamfordham, schrieb, musste es – anders als das Leben zahlloser Soldaten – besonders geschützt werden. Diese Notwendigkeit machte es für die künftigen Monarchen jedoch schwierig, den Krieg als Gelegenheit zu nutzen, ihren Herrschaftsanspruch und ihre Privilegien durch militärische Tüchtigkeit, Entbehrungen und persönlichen Mut zu untermauern. Das aber wurde gerade angesichts der Appelle der Herrscher und Regierungen an die Opferbereitschaft ihrer Völker dringend notwendig. Wo Millionen von Männern aufgerufen wurden, »*for King and Country*« zu kämpfen, mussten sich die monarchischen Systeme und ihre prominentesten Vertreter der von den Untertanen eingeforderten Hingabe als würdig erweisen. Die zeitgenössische Propaganda wollte dies durchaus auch glauben machen. »Wie in alter Zeit sind die deutschen Fürsten selbst mit in den Streit gezogen, als Soldaten, die jeder an der Stelle, die ihm Alter und Rang anweisen, dem Tod ins Auge sehen wie der letzte Musketier«, behauptete eine Schrift aus dem Jahr 1915. »Das hat die Geschichte noch keines Staates gesehen, ein solches Aufgebot von Prinzen, die zu den Fahnen eilten, ganz selbstverständlich die allgemeine Wehrpflicht auf sich nehmend.«[42]

In Wahrheit war die militärische Leistung der Königshäuser im Ersten Weltkrieg weit weniger heroisch, als die Jubelprosa suggerieren wollte. Lothar Machtan, der den militärischen Beitrag der deutschen Fürsten zum Krieg kritisch untersucht hat, stellt den gekrönten Häuptern des Reiches und ihren Söhnen insgesamt die Schulnote »Ungenügend« aus. Die brutale Realität des Krieges entlarvte die meisten deutschen Monarchen, so Machtan, als »lebende Zinnsoldaten« und Schlachtenbummler, die sich auf den Blick durchs Scherenfernrohr, unnötige Besprechungen fernab der Front und gelegentliche Lazarettbesuche beschränkten. Allerdings gab es auch zu dieser Regel einige erwähnenswerte Ausnahmen. Die regierenden Fürsten Ernst II. von Sachsen-Altenburg und Fürst Adolf zu Schaumburg-Lippe etwa erwarben sich als kommandierende Frontoffiziere einen guten Ruf, und einige Thronfolger – Kronprinz Wilhelm von Preußen, Kronprinz Rupprecht von Bayern und Herzog Albrecht von Württemberg – bekleideten mit ganz unterschiedlichem Erfolg hohe Kommandoposten.[43] Einen aktiven Beitrag zum Kriegsgeschehen leisteten ferner Kronprinz und Regent Alexander als Oberbefehlshaber der serbischen Truppen; der zum Feldmarschallleutnant beförderte österreichische Erzherzog und spätere Kaiser Karl kommandierte zuletzt Einheiten auf dem italienischen und rumänischen Kriegsschauplatz; Prinz Leopold, der damals noch dreizehnjährige Sohn des Königs der Belgier, diente 1915 sechs Monate lang als Gefreiter und kam dabei sogar unter Beschuss; und der britische Thronfolger Edward nahm verschiedene Aufgaben in Frankreich, Italien und im Mittleren Osten wahr.[44]

Das – mehr oder weniger effektive – aktive militärische Engagement der Thronfolger war Teil einer breiteren Aufgabe, der sich die Königshäuser im Ersten Weltkrieg stellen mussten. Was Heather Jones für den britischen Fall betont, galt nämlich nicht nur auf der Insel:

»Die königliche Familie war von zentraler Bedeutung sowohl für die praktische Mobilisierung der Kriegsanstrengung, als auch für das kulturelle Glaubenssystem, das zeitgenössische britische Mentalitäten untermauerte.« Indem sich der Monarch und Mitglieder seiner Familie an die Spitze ihrer kriegführenden Nationen stellten, verteidigten sie nicht nur das Vaterland, sondern auch ihre eigene Stellung in dessen politischer, kultureller und emotionaler Ordnung. Dabei reichte das Spektrum monarchischer Aktivitäten von der tatsächlichen Führung der Streitkräfte und der Politik – etwa bei König Albert I. von Belgien – bis zu mannigfachen zeremoniellen und wohltätigen Tätigkeiten wie Ordensverleihungen, Spendenaufrufen sowie Truppen- und Lazarettbesuchen.[45]

Das Wirken der Monarchen war damit allseits sichtbar mit den Geschicken ihrer Völker und dem Erfolg ihrer Streitkräfte verwoben, deren Führung sie seit einem Jahrhundert selbst unter den Vorzeichen des Verfassungsstaats gefordert und zelebriert hatten. Und dies geschah in einer Zeit schwerster Krisen und blutiger Opfer. Es ist daher wenig verwunderlich, dass ein Scheitern in dieser beinahe totalen Kriegsanstrengung – die Niederlage – das Ende für die dafür letztlich verantwortlich gemachte Führungsstruktur bedeutete. Das ist jedoch nicht der einzige Grund für den Schlusspunkt, den der Erste Weltkrieg dem monarchischen Jahrhundert setzte. Indem er den Prozess der Nationalisierung der Dynastien, also die Identifikation des Herrscherhauses mit dem von ihm regierten Nationalstaat, auf den Höhepunkt trieb, beendete er die Vernetzung der miteinander verwandten fürstlichen Familien. Die für die davorliegenden Jahrhunderte charakteristische familiäre Solidarität der Königshäuser über die Staatsgrenzen hinweg büßte den letzten Funken politischer Bedeutung ein, als die Heere der kaiserlichen Vettern aus London, Berlin und Sankt Petersburg 1914 gegeneinander ins Feld zogen.[46]

Das wurde wohl keinem Thronfolger deutlicher vor Augen geführt als dem Prinzen von Wales, der im Sommer 1913 noch fröhlich mit dem Automobil von einem deutschen Königshof zum anderen getingelt war und zwei Jahre später nur knapp dem Schicksal entging, mit seinem Fahrzeug und seinem Chauffeur von einer deutschen Granate zerfetzt zu werden. Zwei andere Kronprinzen – der älteste Sohn des deutschen

Kaisers und Kronprinz Rupprecht aus dem Haus Wittelsbach –, die hohe Kommandopositionen im deutschen Heer bekleideten, sollten auf dem Schlachtfeld Zeugen des Niedergangs ihrer angestammten Dynastien werden. Hier soll gefragt werden, inwieweit die Art und die Ergebnisse ihres Kriegsdienstes mit der Militarisierung der Monarchie im 19. Jahrhundert verknüpft waren und ob die Thronfolger zu den unterschiedlichen Geschicken ihrer Throne nach 1918 beigetragen haben.

*

Am 29. Mai 1919 erhielt der britische Thronfolger Edward die Ehrenbürgerwürde der »City of London«. In der prächtigen Guildhall bedankte er sich ausführlich für die Auszeichnung und ehrte die Londoner Einheiten im Ersten Weltkrieg, indem er ihre Leistungen in Erinnerung rief: »In seinen sehr freundlichen Bemerkungen über mich sprach Mr Chamberlain über die Zeit, die ich an der Front verbracht habe«, bemerkte Edward gegen Ende seiner Rede. »Der Part, den ich gespielt habe, war, fürchte ich, ein sehr unbedeutender, aber von meiner Warte aus betrachtet werde ich meine Dienstzeit im Ausland niemals bedauern. Diese vier Jahre habe ich mit Männern verbracht. In diesen vier Jahren habe ich meine Männlichkeit gefunden. Wenn ich an die Zukunft denke und an die schwere Verantwortung, die mir zufallen könnte, dann fühle ich, dass mir die Erfahrung, die ich seit 1914 gemacht habe, gute Dienste leisten wird.«[47] In dieser Szene findet sich viel, was für den Kriegsdienst des britischen Thronfolgers und dessen Wahrnehmung durch die Öffentlichkeit von Bedeutung war: seine Scheu, sich angesichts seiner Leistungen als wirklicher Frontkämpfer feiern zu lassen; das Heranreifen des jugendlichen Thronfolgers zu einer Form von Männlichkeit im Kreise seiner Kriegskameraden; und zuletzt das allgemeine Wissen um seine Militärzeit, die die Wahrnehmung des Prinzen weit über das Ende der Kampfhandlungen hinaus bestimmte.

Als der Krieg ausbrach, schrieb Georg besorgt in sein Tagebuch, er bitte Gott, das Leben seines Sohnes Bertie zu schützen. Der König erwähnte nur den 1895 geborenen Prinzen Albert (Bertie), der damals als

Marineoffizier auf dem Schlachtschiff *HMS Collingwood* Dienst tat, was nicht hieß, dass ihm das Schicksal seines Erstgeborenen gleichgültig war. Aber es kam ihm wohl gar nicht in den Sinn, dass der Thronfolger irgendwelchen ernst zu nehmenden Gefahren ausgesetzt sein würde. Für den betroffenen Prinzen von Wales war diese Schonung seiner Person dagegen alles andere als ein Grund zur Freude: »Mein Herz zerbricht bei dem Gedanken, dass es überhaupt keine Verwendung für mich gibt und ich keine noch so geringe Chance habe, meinem Land zu dienen«, schrieb er am 5. August an seinen Bruder, »ich muss zu Hause bleiben mit den Frauen und Kindern, ein Passagier der schlimmsten Art. Hier bin ich nun, in diesem verdammt großen Palast, tue absolut nichts, außer an Mahlzeiten teilzunehmen. […] Ein Mann von 20 sollte gewiss auf mehr hoffen können. Aber ich anscheinend nicht!«[48]

Aus dieser düsteren Stimmung wurde Edward jedoch bald erlöst. Schon wenige Tage später erhielt der junge Mann, der bis dahin lediglich einen kurzen Trainingskurs bei der Leibgarde absolviert hatte, auf seine Bitten hin ein Offizierspatent bei der Grenadiergarde. Er stürzte sich mit Feuereifer in das Leben eines »gewöhnlichen Offiziers«, trainierte mit Leidenschaft und identifizierte sich sofort mit seinem Regiment. Dass er im September 1914 nicht mit dem 1. Bataillon nach Frankreich gehen durfte, sondern stattdessen zum 3. Bataillon versetzt wurde, das in London verblieb, verletzte ihn tief. Er bemühte sich nach Kräften, bald ins Kampfgebiet verlegt zu werden, und sprach sogar persönlich bei Kriegsminister Lord Kitchener vor. Nach wochenlangem Warten erhielt er im November endlich die Erlaubnis, in den Stab des britischen Oberkommandierenden in Frankreich, Feldmarschall Sir John French, zu wechseln.[49]

Doch auch im britischen Hauptquartier auf dem Kontinent sollte die Frustration des Thronfolgers andauern. »Ich werde versuchen, ihn gut zu beschäftigen und so weit wie möglich von den Granaten fernzuhalten«, hatte General William Lambton, der Militärsekretär des Feldmarschalls, dem König versprochen. Aber diese Zusage konnte nur zum Teil eingehalten werden. Der künftige König war kaum ernsthaften Gefahren ausgesetzt, aber gut beschäftigen konnte man ihn nicht, denn für den gleichermaßen unerfahrenen wie hochgeborenen Leutnant gab es kaum etwas Sinnvolles zu tun. Einfache Adjutantenarbeiten waren dem Prinzen nicht zuzumuten, und für anspruchsvollere Generalstabsarbeiten fehlten ihm die Kenntnisse. Darunter litt Edward sehr. Vor allem machte ihm zu schaffen, dass so viele Männer – und besonders die Offiziere seines Garderegiments – fielen, verwundet wurden und sich täglich den größten Gefahren aussetzten, während ihm all das verwehrt und erspart blieb. Immer wieder bedrängte er seine Vorgesetzten und seinen Vater, ihm eine Möglichkeit zum echten Kriegseinsatz zu geben, aber auch nach seiner Versetzung in die neu formierte Gardedivision wurde weiterhin darauf geachtet, den Thronfolger von Gefahren fernzuhalten. Es blieb bei vereinzelten Inspektionen der Front, Lazarettbesuchen und Gelegenheitstätigkeiten wie etwa dem Verhör deutscher Kriegsgefangener.[50]

Im Frühjahr 1916 wurde der inzwischen zum Hauptmann beförderte Thronfolger in den Mittleren Osten abkommandiert, wo er die britischen, australischen und neuseeländischen Truppen in Ägypten aufmuntern sollte. Auch hier war seine Tätigkeit weniger auf Kampf, sondern mehr auf Tourismus und Öffentlichkeitsarbeit ausgelegt: Er reiste zu dem sagenumwobenen Ort Khartum im Sudan, wo der britische General Charles George Gordon im Januar 1885 nach zehnmonatiger Belagerung durch Aufständische getötet und daraufhin in Großbritannien prompt zum Märtyrer und Volkshelden stilisiert worden war. Auch ein Besuch Kairos, eine Fahrt auf dem Nil und die Besichtigung ägyptischer Altertümer standen auf dem Programm. Vor allem aber sollte Edward die Stimmung der Truppen heben, und dies gelang dem durchtrainierten, jugendlich wirkenden Prinzen in herausragender Weise. Obwohl ihm – wie seine Briefe und Tagebucheinträge erkennen lassen – öffentliche Aufmerksamkeit und Zeremonien zuwider waren, entwickelte er die Fähigkeit, auf seine Umgebung anziehend und charismatisch zu wirken, und er erreichte, dass ihm die Herzen der Soldaten zuflogen. Die Laune der Männer am Suezkanal, so war nach Abreise des Prinzen im Mai 1916 in einem Bericht zu lesen, habe sich durch den Besuch des Thronfolgers entschieden gebessert.[51]

Über Italien, wo er König Viktor Emanuel III. traf, aber wiederum keine Möglichkeit hatte, aktiv ins Kampfgeschehen einzugreifen, kehrte

Edward nach Frankreich zurück. Dort wiederholte sich das bereits bekannte Muster: Er erfüllte ohne zu zögern unbedeutende und mitunter wenig würdevolle Aufgaben, zumeist in der sicheren Etappe weit hinter der Front. Einmal stand er beispielsweise stundenlang im Regen, um den Verkehr an der westlichen Einfahrt in eine französische Stadt zu regeln. Diszipliniert unterwarf er sich einem strengen sportlichen Regime, um körperlich fit zu bleiben, und hörte nicht auf, um sinnvollere, risikoreichere Tätigkeiten zu bitten. Gelegentlich wagte er sich auf eigene Faust in gefährlichere Frontabschnitte vor, wurde jedoch jedes Mal streng zurückgepfiffen. Im Herbst 1917 versetzte man ihn nach Italien, wo er mehrere Monate blieb und im Mai 1918 in Rom an den offiziellen Feierlichkeiten zum dritten Jahrestag des italienischen Kriegseintritts teilnahm. Hier kamen dem Thronfolger wieder einmal zeremonielle Aufgaben zu, die er gekonnt absolvierte. Die letzten Wochen des Krieges verbrachte Edward in Frankreich, wo er sich vor allem der Betreuung der Truppen aus den britischen Dominions Kanada und Australien und den Verbündeten aus den USA widmete.[52]

Als der Krieg im November 1918 endete, hatte Prinz Edward insgesamt vier Jahre lang in verschiedenen Funktionen gedient und einen realistischen Eindruck vom Leid der Soldaten und den kriegsbedingten Verwüstungen gewonnen. Dass er kaum Gelegenheit hatte, selbst Entscheidungen zu treffen oder sich direkt an den Kampfhandlungen zu beteiligen, mag den Eindruck erwecken, dass die Kriegserfahrung für den nicht über den Hauptmannsrang hinausgekommenen Prinzen vergleichsweise unerheblich war. Das war ein Irrtum, denn Edward hatte sich in diesen Jahren verändert: Er war, wie er später erklärte, unter Männern zum Mann geworden. Dass der junge Thronfolger ein Männlichkeitskonzept verinnerlicht hatte, das eng mit der Fähigkeit zu kämpfen verbunden war, war schon zu Beginn des Krieges deutlich geworden, als er seinem Bruder geklagt hatte, als Nichtkombattant mit »Frauen und Kindern« zu Hause bleiben zu müssen. Noch in der Universität war er wegen seines Aussehens, seiner Schüchternheit und des ständigen Umgangs mit seinem Hauslehrer Hansell von seinen Kommilitonen aufgezogen worden. Prinz und Tutor wurden »Hänsel und Gretel« genannt und Edward gelegentlich als *Little Pretty* (hübsches

*Für Edward, den jugendlichen Prinzen von Wales, war der Erste Weltkrieg eine prägende Erfahrung: »Diese vier Jahre habe ich mit Männern verbracht«, erklärte er rückblickend, »in diesen vier Jahren habe ich meine Männlichkeit gefunden.«*

Kleines) bezeichnet.[53] Es ist daher durchaus zu verstehen, dass es für den zierlich gebauten, erstaunlich jugendlich aussehenden Thronfolger wichtig war, seinen Status als erwachsener Mann dadurch zu bestätigen, dass er sich im Krieg bewährte. Gerade dies blieb ihm jedoch aufgrund seiner Stellung letztlich verwehrt und ließ ihn seine Dienstzeit als große Enttäuschung empfinden.

Wenn schon nicht durch Kampf und Heldenmut, dann musste er seine Männlichkeit im Krieg auf andere Weise erleben und bestätigen. Das erfolgte vorwiegend über das Körperliche: eine hart erkämpfte sportliche Fitness, die er sich bei langen Fahrradtouren, Läufen und Märschen erwarb, und ein hedonistisches Ausleben einer erst im Krieg entdeckten Sexualität, was mit Bordellbesuchen in Paris und zahlreichen Amouren mit einfachen Frauen verbunden war. Diese vor der Öffentlichkeit verborgene Passion begann wohl in der Armen der französischen Prostituierten Paulette, die ihm 1916 von seinen militärischen Begleitern vermittelt worden war. Gegenüber Frauen wie auch generell gewöhnte sich der Prinz in dieser Zeit eine übertrieben aggressive, mitunter obszöne und häufig raue Ausdrucksweise an, in der er – wohl im Bemühen, sich an den männlich-harten Duktus des Schützengrabens anzupassen – über den Feind, ungeliebte Vorgesetzte, unfähige Politiker oder angeblich unzivilisierte Italiener herzog.[54]

Diese innere und äußere Abhärtung erlaubte es Edward, kameradschaftlich mit den Soldaten zu verkehren, deren Wohlergehen ihm offensichtlich am Herzen lag. So entstand das Bild eines Prinzen, der mit den anderen Kämpfern litt und sich für sie einsetzte. Dies war von großem Nutzen für die Monarchie. Bald kursierten Anekdoten, dass der Prinz unerkannt müde Soldaten in ihre Unterkunft chauffiere, auf dem Fußboden schlafe, um anderen das Feldbett zu überlassen, inkognito mit dem Fahrrad Botendienste übernehme oder sich schlammverkrustet an Fußballspielen beteilige. Diese Darstellungen gipfelten in einem allgemein bekannten, wenn auch nicht vollständig belegbaren Vorfall während eines Lazarettbesuchs. Edward soll dabei einen hinter einem Vorhang verborgenen Patienten bemerkt haben. Auf seine Nachfrage wurde ihm gesagt, dieser Soldat sei durch eine Verwundung so grässlich entstellt, dass man den anderen seinen Anblick nicht zumuten könne. Der Prinz sei daraufhin an das Bett des Verwundeten getreten und habe ihn geküsst. Der Lazarettgeistliche rühmte noch Jahre später die Szene und bemerkte: »Es sind schon Männer für weniger in den Himmel gekommen. Wir können diese Tat nie vergessen.«[55]

So frustrierend der Krieg für Prinz Edward auch gewesen sein mag, Geschichten dieser Art illustrieren, dass die britische Monarchie durch diesen Vertreter einen effektiven Beitrag zur Kriegführung des Landes leistete. Auch der Umkehrschluss galt: Der Krieg war für die Monarchie und ihre Zukunft von Nutzen. Daher investierten nicht nur König Georg, der es in vier Jahren auf rund tausend Besuche bei Truppen, in Lazaretten, Fabriken und Werften brachte, und Königin Mary mit ihren unermüdlichen Wohltätigkeitsinitiativen viel Zeit und Energie in die royale Öffentlichkeitsarbeit. Auch vom Kriegsdienst des Thronfolgers, der durch eine geneigte Presse ins rechte Licht gerückt wurde, profitierte die Dynastie.[56]

»Die Nation weiß das Opfer des Königs zutiefst zu schätzen«, erklärte der *Evening Standard* bereits im November 1914, »dass er dem dringenden Verlangen seines Sohnes nachgegeben hat, seinen Teil zu diesem Krieg beizutragen. Zwischen dem Souverän und den Untertanen kann keine stärkere Verbindung geschmiedet werden als die der Kameradschaft im Kampf.« Die *Pall Mall Gazette* sah schon dem Tag entgegen, an dem britische Männer sagen würden: »Mein König und ich haben zusammen für die Freiheit und das Recht gekämpft.« Die Presse lobte Edward dafür, keine Sonderbehandlung zu wünschen und sich oft unerkannt zwischen den einfachen Soldaten zu bewegen. Auch von anderer Stelle kamen günstige Rückmeldungen. Nachdem der Prinz kanadische Truppen besucht hatte, schrieb ein Oberst an das Königshaus, Edward sei »die beste Kraft für ein echtes Aufbauen des Empire, die Großbritannien haben könne, weil er die Herzen aller gewinne, die ihn treffen«. Die Truppe habe gefunden, dass er »jeder Zoll ein Gentleman und Sportler sei, so einfach, so charmant und so echt«. Im Buckingham-Palast reagierte man prompt darauf. Während der Prinz 1914 noch hatte betteln müssen, nach Frankreich geschickt zu werden, war der König im Frühjahr 1918 geradezu ungehalten, als er bemerkte, dass sein Sohn sich noch in London aufhielt, während eine deutsche Offensive begonnen hatte. »Guter Gott! Du bist noch hier? Warum bist du nicht zurück bei deiner Einheit?«, soll er den Prinzen angefahren haben. Es gehe nicht an, dass Edward in London bleibe, während die britischen Linien durchbrochen werden und die Armee mit dem Rücken zur Wand steht. »Ich brach unverzüglich auf«, fügte der Prinz in seinen Memoiren an.[57]

Für den Thronfolger und das Königshaus, dessen Zukunft er verkörperte, ließ sich nach dem Ende des Krieges das Fazit ziehen, dass er gut verlaufen war. Die »kleine hübsche Gretel«, über die im Oxforder Magdalen College gespottet worden war, hatte sich in den Augen der Öffentlichkeit in einen im Kampf erprobten Mann verwandelt, der Entsagungen ertragen und Mut bewiesen hatte. Damit untermauerte er die Popularität der Dynastie, die an der Spitze einer siegreichen Nation stand. Die Rolle des königlichen Vertreters in der Generation der Frontkämpfer sollte der künftige König noch viele Jahre spielen. 1923 etwa wohnte er der Enthüllung des Kriegerdenkmals bei, das die gefallenen Londoner Polizisten ehrte. Der Redner wandte sich direkt an den Thronfolger: »Ein Großteil dieser Männer waren Reservisten in der Garde Seiner Majestät, mit deren Division Sie, Sir, so viele Monate lang gedient haben. Sie können daher den Mut derjenigen erahnen, die gefallen sind, und es ist gut möglich, dass Sie tatsächlich zugegen waren, als diese Verluste passierten, denn wir, die wir hier versammelt sind, können uns alle lebhaft daran erinnern, dass Sie fast während des gesamten Krieges mit den Streitkräften der Krone gedient haben.«[58]

*

Dass ein mehrjähriger Kriegsdienst allein aus einem Thronfolger noch keine vielversprechende Ressource für die Dynastie machte, zeigt ein Blick auf den preußisch-deutschen Kronprinzen Wilhelm. Im Gegensatz zu seinem britischen Vetter musste der sich nicht mit einem niedrigen Dienstrang begnügen, der ihm zwar eine kameradschaftliche Nähe zu den Truppen ermöglichte, aber einen gehörigen Abstand zu strategischen Entscheidungen herstellte. Kronprinz Wilhelm bemühte sich vielmehr mit Erfolg darum, dem traditionellen Anspruch eines Hohenzollernprinzen zumindest der Form nach zu genügen und das Feldherrenamt auszuüben. Damit beschädigte er nicht nur sein eigenes Ansehen, sondern auch das der Krone.

Als die Welt von der Ermordung des österreichischen Thronfolgers Franz Ferdinand und seiner Frau Sophie in Sarajevo erfuhr, befand sich Kronprinz Wilhelm, der älteste Sohn Kaiser Wilhelms II., im Ostseebad Zoppot unweit von Danzig. Wilhelms Reaktion auf die schockierende Nachricht war charakteristisch: Er beeilte sich, mit einigen jungen Damen noch schnell mehrere Runden Tennis zu spielen, bevor er auf dieses Vergnügen wegen der zu erwartenden Hoftrauer eine Zeit lang verzichten musste. Die Öffentlichkeit war an solche Kapriolen des als Dandy und Hallodri verschrienen Thronfolgers längst gewöhnt. In der Presse wurde immer wieder über den laxen, von vielen sportlichen und automobilistischen Vorlieben unterbrochenen Dienst des Kronprinzen bei seinem in Danzig stationierten Husarenregiment gespottet, und auch die strategische Schulung, die der Prinz im Frühjahr 1914 beim Großen Generalstab in Berlin absolviert hatte, war kaum mehr als ein Schauspiel gewesen. Wilhelms Vorgesetzter, der allseits verehrte Kavalleriegeneral August von Mackensen, hatte Ende 1913 in einer dienstlichen Beurteilung des Kronprinzen kein Blatt vor den Mund genommen: Dieser könne »in jeder Beziehung stärker gegen sich selbst sein. Forderungen der Pflicht werden persönlichen Wünschen und Neigungen nicht immer mit unbedingter Selbstverständlichkeit vorangestellt: konzentrierter anspannender Gedankenarbeit wird gern aus dem Weg gegangen. Auch die Entwicklung seiner K. u. K. Hoheit zum höheren Führer erfährt dadurch Hemmungen.«[59]

Bei Ausbruch des Krieges im August 1914 zeigte der zweiunddreißigjährige Oberst sich aber ungewöhnlich ambitioniert, und dabei spielten, wenn man Wilhelms Memoiren Glauben schenken will, dynastische Tradition und Legende eine wichtige Rolle. »In meiner letzten Mobilmachungsbestimmung war ich zum Führer der 1. Garde-I[nfanterie] D[ivision] ausersehen, und ich freute mich darauf, im Kriegsfalle [...] an die Spitze so erprobter Elitetruppen zu treten. Aber in mir lebte auch der begreifliche Wunsch, nach dem Vorbilde meiner Ahnen noch an höherer Stelle meinen Mann zu stehen.« Dem prinzlichen Geltungsbedürfnis wurde entsprochen, und Wilhelm erhielt – auf Vorschlag des Generalstabschefs Helmuth von Moltke – bei Kriegsausbruch den Oberbefehl über die 5. Armee. »Dabei wurde dem geschichtlichen Vorgange Rechnung getragen«, erklärte der Kronprinz in seinen Memoiren, »daß auch in den Kriegen von 1866 und 1870/71 Kronprinz Friedrich Wilhelm von Preußen in verhältnismäßig jungen Jahren eine Armee vor den Feind geführt hatte.« Allerdings scheint den Entscheidungsträgern durchaus bekannt gewesen zu sein, dass Wilhelm noch weniger als sein Großvater Friedrich III. das Zeug dazu hatte, eine solche Verantwortung zu übernehmen. Der Kaiser, der schon vorher mit Kritik an seinem Sohn nicht hinter dem Berg gehalten hatte, wurde bei dessen Ernennung in Gegenwart des Reichskanzlers, des Generalstabschefs, des Kriegsministers und des Staatssekretärs des Reichsmarineamts sehr deutlich: »Ich habe Dir das Oberkommando der 5. Armee anvertraut. Du bekommst Generalleutnant Schmidt v. Knobelsdorf als Chef des Generalstabs. Was er Dir rät, mußt Du tun.«[60]

Nach Einschätzung des Generals Josef Graf Stürgkh, des österreichisch-ungarischen Delegierten im Großen Generalstab, war diese erstaunliche Beförderung eines wenig qualifizierten Mannes das Ergebnis eines dynastisch-politischen Kalküls: »Die allerdings älteren und einen hohen Generalsrang bekleidenden Thronerben von Bayern und Württemberg waren Armeekommandanten; da durfte der Erbe der deutschen Kaiserkrone nicht hinter ihnen zurückstehen. Auch konnte der Kronprinz schwerlich ein besseres Mittel finden, seine eigene Popularität zu erhöhen und die Fundamente des Hohenzollernthrones zu festigen, als wenn er als Führer einer Armee seine künftigen Landeskinder zum Siege führte und die Gefahren des Krieges mit ihnen teilte.« Das strahlende Bild von »Unserem Fritz«, des glorreich aus Frankreich heimkehrenden Helden, mag hier verführerisch gewirkt haben. Allerdings nannte Stürgkh zwei entscheidende Voraussetzungen für diesen Popularitäts- und Konsolidierungserfolg: den Sieg und die geteilte Gefahr. Wenn diese Bedingungen nicht erfüllt wurden, konnte der erhoffte Effekt genauso kräftig ins Gegenteil ausschlagen. Indem sie dem leichtfertigen Thronfolger, dem schon Mackensen eine »nicht unterdrückte Neigung zum Anderswissen« attestiert hatte, eine so wichtige Kommandostelle antrug, spielte die preußische Monarchie mit sehr hohem Einsatz.[61]

Zunächst schien sich das Wagnis auszuzahlen. Die Soldaten der 5. Armee errangen Ende August 1914 bei Longwy nahe der französisch-belgischen Grenze einen Sieg. »Die Haltung der Truppen war mustergültig, auch die Reservekorps haben sich vorzüglich geschlagen«, meldete der Kronprinz seinem Vater. Der Kaiser war begeistert und zeichnete seinen Sohn sofort aus: »Gratuliere zum ersten Sieg, den Du mit Gottes Hilfe so schön gewonnen. Verleihe Dir Eisernes Kreuz II. und I. Klasse. Grüße Deine braven Truppen mit Meinen und des Vaterlands Dank. Brav gemacht, bin stolz auf Dich. Dein treuer Vater Wilhelm.« Der Kaiser schien das Lob wirklich ernst zu meinen. Als er bei einer Besprechung Ende August 1914 die militärischen Maßnahmen seines Sohnes nachdrücklich lobte, wagte der Chef des Militärkabinetts, Moritz von Lyncker, mit den Worten »Knobelsdorf, Euer Majestät« auf den wahren Verantwortlichen hinzuweisen. Doch davon, so berichtet ein Zeuge, wollte der stolze Vater nichts hören: »Da fuhr aber der Kaiser auf und erklärte diese zweitägigen Kämpfe für eine famose Leistung des Hohen Herrn und so weiter …« Das war durchaus verständlich, denn der frühe Erfolg, der dem Kronprinzen zugesprochen wurde, war ein Geschenk für die monarchische Propaganda: Mehr als eine Million Postkarten wurden gedruckt, um den Triumph von Longwy zu feiern, und viele andere Photographien des Thronfolgers überfluteten den vaterländischen Markt.[62]

Zumeist wurde der Kronprinz mit dem wenig subtilen Motto »Immer feste druff!« verbunden, das auf eine Äußerung Wilhelms aus dem Jahr 1913 zurückging. Dieser Wahlspruch diente 1914 auch als Titel von David Kunhardts »humoristisch-vaterländischem Kriegslied«. Der vielstrophige Text aus der Feder dieses ehemaligen Kriegsfreiwilligen der »großen Zeit 1870/71« war zwar »mit Begeisterung vorzutragen«, kann heutzutage aber nur noch als peinlich empfunden werden. So lautete der stets wiederkehrende Refrain: »Kronprinz Wilhelm, feste druff! Gib dem Franzmann Tritt und Puff, schlage der Bagage, ratsch in die Visage!« Doch damit nicht genug: Am 1. Oktober 1914 wurde im Theater am

Nollendorfplatz in Berlin ein »vaterländisches« Singspiel in vier Bildern von Herman Haller und Willi Wolf mit Musik von Walter Kollo uraufgeführt. Unter dem Titel »Immer feste druff!« profitierte auch dieses kulturelle Juwel von dem nunmehr weit verbreiteten Slogan des Kronprinzen. Das Stück erreichte allein in Berlin über 800 Aufführungen und entpuppte sich als echter Erfolg.[63]

Im Rückblick erscheint es als Ironie des Schicksals, dass man zu Beginn des Krieges gerade auf den Kronprinzen setzte, um für die Monarchie Popularität zu erheischen, denn der Thronfolger war am Ende des Konflikts einer der meistgehassten Männer in der deutschen Führung. Vier Jahre nach dem Sieg von Longwy diente der ihm zugeordnete Schlachtruf »Immer feste druff!« als Titel eines in Paris gedruckten antideutschen Flugblatts. Neben einer Karikatur, die den Thronfolger auf einem Hügel aus Totenschädeln zeigte, war dort zu lesen: »Letzthin fragte ich eine Mutter: ›Deutsche Mutter, was sagt dein Sohn über den Feste-druff-Prinzen?‹ – ›Mein Sohn hat beide Beine bei Verdun verloren, aber den Kronprinzen hat er nie im Feuer gesehen: denn der Kronprinz war immer hinter der Front, außer Schußlinie.« Am Ende schlug dem Thronfolger eine noch schärfere Ablehnung entgegen als seinem Vater, und selbst die wenigen Stimmen, die sich im Herbst 1918 für eine Weiterführung der Monarchie in Deutschland aussprachen, wollten den Thronfolger nicht. »Die Firma aber kann und muß erhalten werden«, erklärte beispielsweise Friedrich Ebert, der Führer der Sozialdemokraten, Ende Oktober 1918, »aber nicht durch den Kronprinzen: der ist wirklich und mit Recht unpopulär.«[64]

Die Erinnerungen, mit denen sich der ehemalige deutsche Kronprinz 1922 aus dem holländischen Exil an die Deutschen wandte, spiegeln wider, dass ihm die Hauptelemente seiner Unbeliebtheit durchaus bekannt waren. In Zusammenarbeit mit dem Schriftsteller und ehemaligen Kriegsberichterstatter Karl Rosner griff Wilhelm in dieser Schrift nacheinander die gegen ihn gerichteten Anklagepunkte auf und suchte sie zu entkräften: den Vorwurf, er habe zu lange am Siegeswillen festgehalten; seine Identifizierung mit dem gewaltigen und vergeblichen Blutvergießen von Verdun; und seine unangemessen heitere Art, die in einem geradezu unanständigen Verhältnis zum Leiden der Soldaten und dem Ernst der Lage zu stehen schien.[65] Der ehemalige Kronprinz wies darauf hin, dass er schon 1915 in Denkschriften für einen Verständigungsfrieden plädiert und stets versucht habe, an den höchsten Stellen gegen »irrige allzu optimistische Auffassungen« zu argumentieren. So einfach konnte der »Feste-druff-Prinz« seinen Ruf als Kriegsbefürworter und -verlängerer jedoch nicht loswerden, und das schien er auch zu wissen: »›Aber‹ – so werden viele hier einwenden – ›vor der Öffentlichkeit und namentlich vor der Truppe hat der Kronprinz doch mehr als einmal in Wort und Schrift Siegeswillen und Siegeszuversicht bekundet und gefordert‹«, schrieb er weiter. »Jawohl, das habe ich getan!«, bekannte er und fügte dann trotzig hinzu, »und tat damit meine Pflicht als Heerführer und Soldat.« Dass er als »politisch denkender Mann« intern andere Ansichten vertreten haben mochte, fiel bei der öffentlichen Bewertung seines Verhaltens kaum ins Gewicht, und darauf hatte er keinen Einfluss. Hier zählte vor allem, dass er mit der als »Blutmühle« verrufenen Schlacht von Verdun in Verbindung gebracht wurde. Wilhelm war sich der toxischen Wirkung der Behauptung, er »sei an den schweren Verlusten und an dem schließlichen Mißerfolge vor Verdun schuld«, vollkommen im Klaren und bemühte sich nach Kräften, diese »Lügenlegende« zu zerstören.[66]

Dass der Kronprinz solch schwerwiegende Entscheidungen gar nicht allein hatte treffen können, war offensichtlich. Dennoch war es für ihn so gut wie unmöglich, sich von der Schlacht von Verdun zu distanzieren. Die »Operation Gericht« vom Februar 1916, der Großangriff bei Verdun, war nämlich zum Teil von der Absicht geleitet gewesen, dem deutschen Thronfolger Gelegenheit zu geben, als Feldherr Lorbeeren zu erringen. In Militärkreisen sah man in dem Angriff auf die Festung, die im Frontabschnitt der von Kronprinz Wilhelm befehligten 5. Armee lag, eine Aktion *»ad maiorem Kronprinz gloriam«* (zum größeren Ruhm des Kronprinzen). Symbolträchtige Details wie die ausgegebene Angriffsparole »Hurra Kronprinz!« und der von Wilhelm unterzeichnete Angriffsbefehl taten ein Übriges, um den Ruf des Thronfolgers an den Ausgang dieser Schlacht zu ketten. Dazu kam das schwierige Verhältnis Wilhelms zu seinem Stabschef Konstantin Schmidt von Knobelsdorf, in dessen Händen die operative Leitung der

Schlacht lag, der den Kronprinzen aber gern als Schutzschild und Sündenbock missbrauchte. Und nicht zuletzt war es Wilhelms wenig eindeutige Haltung zu der Schlacht, die am Ende über 300 000 deutsche und französische Soldaten das Leben kosten sollte. In seinen 1923 erschienenen ausführlichen Kriegserinnerungen erzählte er von seiner »Sehnsucht, mit meinen prachtvollen Truppen wieder in Bewegung zu kommen«, das hätte ihn »innerlich froh gemacht«. Obwohl ihm schon früh Zweifel am Sinn der Offensive kamen, klammerte er sich noch bis zum Juli 1916 an Siegeshoffnungen. Selbst in seinen Memoiren von 1922, in denen er sich bemühte, seine Verantwortung am Verlauf der Schlacht zu minimieren, konnte er der Versuchung nicht widerstehen, auf die »überwältigenden Erfolge der ersten drei Tage« hinzuweisen, als auf dem »Sturmwege Wunder der Tapferkeit« vollbracht worden seien. Erst später hätten Ermüdung und ein Mangel an Reserven »uns um den Siegespreis gebracht«. Da habe er erkannt, »daß es nicht möglich sein würde, die zähe Verteidigung zu durchbrechen«, und »alles daran gesetzt, den Angriff einzustellen«. Er hielt sich die Beendigung der Attacke zugute und erklärte dann im selben Atemzug – nicht ohne Stolz –, dass »fünfundsiebzig französische Divisionen [...] im Höllenkessel von Verdun zerschlagen worden« waren.[67]

Angesichts dieser Haltung, die selbst im Rückblick widersprüchlich war, blieb Verdun für die Gegner des Kronprinzen und der Monarchie ein starkes Argument. Das Flugblatt »Immer feste druff« wandte sich also nicht von ungefähr an die »Kämpfer der Kronprinzenschlachten, die ihr alle das große Morden mitgemacht habt«, und forderte die Soldaten zum Kampf gegen den »kaiserlichen Idioten« und die »gekrönten Bluttyrannen« auf. Und es erhielt zusätzliche Schärfe durch wiederholte Hinweise auf die Weigerung des Kronprinzen, die Gefahren der Soldaten zu teilen, auf seine Abwesenheit vom Schlachtfeld, seine unverdienten Orden und seine übertrieben elegante Uniform. Damit war ein wunder Punkt angesprochen, der auch der politischen und militärischen Führung des Reiches Sorgen bereitete: der Eindruck von Leichtfertigkeit in einer überaus ernsten Lage, der durch den Lebenswandel des Kronprinzen während des Krieges entstand – und zwar nicht nur bei Außenstehenden. »Der Kronprinz zum Frühstück«, notierte etwa der Chef des Marinekabinetts am 7. April 1918 befremdet in seinem Tagebuch. »Ein Witz jagt den anderen. Von der schweren Lage an der Front keine Spur zu merken.«[68]

Zwischen dem Sieg von Longwy im August 1914 und dem Beginn des Angriffs auf Verdun im Februar 1916 war der Kronprinz weitgehend aus dem Blickfeld der Öffentlichkeit verschwunden. Wie sein Vater, der sich im November 1914 beklagte, dass ihm der Generalstab gar nichts mehr sage und er sich aufs Teetrinken, Holzsägen und Spazierengehen beschränken müsse, führte der Kronprinz eine Existenz im Schatten der Ereignisse. Wilhelm war in der Nähe von Stenay im Château des Tilleuls, das über einen Park, einen Tennisplatz und einen Luftschutzbunker verfügte, sehr komfortabel untergebracht und hatte wenig zu tun. Morgens wurde ihm kurz Bericht erstattet, und danach blieb viel Freizeit. Gelegentlich empfing er seinen Vater, der sich wegen des bekannt guten Kochs im Château gern zum Mittagessen einfand. Da ihm der Frontbesuch untersagt war, düste der Thronfolger mit seinem knallroten Automobil, an dem er ein Hufeisen als Glücksbringer befestigt hatte, kreuz und quer durch die Etappe. Dabei zeigte er sich stets bester Laune, sodass sein ständiges Lachen schließlich zu einem zunehmend als unpassend empfundenen Markenzeichen wurde. Nach dem Titel eines Romans von Victor Hugo nannte die französische Zivilbevölkerung Wilhelm *l'homme qui rit* – der Mann, der lacht. Vieles fügte sich zu einem ungünstigen Gesamtbild, etwa wenn der sportlich gekleidete Prinz mit einer schmalen Reitgerte in der Hand und von seinen Windhunden umgeben die von der Front zurückkehrenden Soldaten mit einem Lächeln begrüßte und ihnen gelegentlich Zigaretten zuwarf.[69]

Lazarettbesuche und andere Betreuungsaufgaben für die Truppen empfand der Thronfolger zusehends als unerträglich, und so widmete er sich lieber dem Sport – Tennis und Reiten – und mehr oder weniger diskreten Liebschaften mit Französinnen. Wilhelms Schulfreund Steinbömer schilderte das Verhalten des Kronprinzen mit süffisanter Offenheit: »Die jüngere weibliche Bevölkerung zeigte ihm alsbald auf mannigfache Weise ihr Interesse, kam an die Fenster, trat vor die Türen, nickte und winkte. Dann ließ er den Wagen halten, begann ein Geplauder mit irgendeinem netten Mädchen oder einer anmutigen jungen Frau. Beim nächsten Mal wurde der Aufenthalt schon länger. Er wusste, wo ihm ein hübsches Kind gefallen hatte. Er stieg aus, setzte sich nieder.« Eine junge Floristin aus Stenay tat sich bei der zärtlichen Betreuung des Thronfolgers so hervor, dass sie bald den Spitznamen »Kronprinzessin« trug. In Militärkreisen sorgte dieses Verhalten des Kommandeurs der 5. Armee für Entrüstung, und bald machten – befeuert von der alliierten Propaganda – auch in Deutschland wilde Gerüchte die Runde. Im Winter 1916 hieß es, der verheiratete Kronprinz habe sich heimlich von der Truppe entfernt, um zwei Wochen lang in den Armen einer Geliebten zu schwelgen.[70]

Wenn diese Geschichte auch der Grundlage entbehrte – Wilhelm hatte in einem Lazarett eine leichte Typhuserkrankung auskuriert –, so war die Sorge um den Ruf des Thronfolgers doch so groß, dass sich die Oberste Heeresleitung mit diesem Thema befasste. Anfang April 1917 richtete Feldmarschall Paul von Hindenburg ein Rundschreiben an ranghohe Befehlshaber, in dem er es als »ungehörig« bezeichnete, »dem zukünftigen Träger der Kaiserkrone« die Schuld am misslungenen Angriff von Verdun und an den Rückschlägen östlich der Maas zuzuschieben. Auch »törichten Gerüchten über das Privatleben Seiner Kaiserlichen Hoheit des Kronprinzen« trat Hindenburg entgegen. Solchen Behauptungen sollten die angesprochenen Offiziere widersprechen, um die Reputation des seit November 1916 zum Oberbefehlshaber der »Heeresgruppe Deutscher Kronprinz« avancierten Thronfolgers zu schützen. Eine weitere Maßnahme zur Schadensbegrenzung war die Publikation des aufwendigen Bildbandes *Unser Kronprinz im Felde* im Großverlag August Scherl, der zahlreiche Gemälde und Skizzen des Kriegsmalers Wilhelm Pape enthielt und mit einer Einleitung des damals schon hilfreichen Kriegsberichterstatters Karl Rosner versehen war. In der auf »März 1918« datierten Einleitung feierte Rosner den Geist des Kronprinzen, der sich seit Jahren Tag für Tag in »seiner überreichen Arbeit als Führer des gewaltigen Heeresverbandes, der ihm untersteht, und in seinem Wirken als Mensch, der mit warmem Herzen Wohl und Wehe jedes einzelnen Mannes mitempfindet«, ausdrücke. Der »Mann im Graben« merke es täglich von Neuem, so der Autor, »daß der Kronprinz Sinn und Herz für jedes kleinste Anliegen hat, daß er um die

*Sportlich, immer gut gekleidet und immer lächelnd: »Unser Kronprinz im Felde« war vor allem der »Immer-feste-druff«-Prinz. Dieses Image wurde im Laufe des Krieges für das deutsche Kaiserhaus zu einem großen Problem.*

Sorge über das Ganze den einzelnen nie vergißt«. Gleichsam um diese Worte zu belegen, schlossen sich zahlreiche großformatige Drucke an, die geeignete Szenen aus dem Kriegsleben des künftigen Volkskaisers abbildeten: der Kronprinz, wie er einen Schwerverletzten im eigenen Automobil ins Lazarett bringt; der Kronprinz, wie er Geschenke an die Truppen verteilt; der Kronprinz am Krankenbett im Lazarett; der Kronprinz im Schützengraben; und der Kronprinz im Gespräch mit Generalfeldmarschall von Hindenburg.[71]

Die Propagandabemühungen Rosners und Papes blieben ohne messbare Wirkung, und auch die Appelle Hindenburgs fruchteten nicht. Nach einem im Großen Hauptquartier eingehenden Bericht vom 1. Februar 1918 hatte sich die Stimmung im Volk und im Heer unwiderruflich gegen Wilhelm gewendet, und dies sei unter anderem den »vielen Unvorsichtigkeiten« des Kronprinzen geschuldet, die zu Gerüchten über seinen »sehr lebhaften Verkehr mit Französinnen« geführt hätten. Stimmen aus dem Umfeld des Thronfolgers zufolge seien diese Gerüchte nicht grundlos. Kürzlich habe es einen Eklat gegeben, nachdem Wilhelm eine schöne Französin, mit der er ein Verhältnis hatte, in Öl habe malen lassen. Die Dame habe daraufhin auch dem Maler ihre Gunst erwiesen und den Kronprinzen damit in höchstem Maße erzürnt. »Solche Erzählungen gehen wie ein Lauffeuer durch die Schützengräben«, resümierte der Bericht und schloss mit der trockenen Bemerkung, dass sie »dort keineswegs im staatserhaltenden Sinne« wirkten. Man müsse dem Kronprinzen klarmachen, »welche Pflichten der Erbe der Deutschen Kaiserkrone und der Krone Preußens hat«.[72]

Die Ereignisse im Herbst des Jahres 1918 sollten jedoch zeigen, dass diese Monarchie im Deutschen Reich keine Zukunft mehr hatte. Der zunehmend verhasste Kaiser, der von einer kriegsmüden und verbitterten Bevölkerung für den fatalen Verlauf des Krieges und die Verzögerung des Friedensschlusses verantwortlich gemacht wurde, war der erste Totengräber für den monarchischen Staat, und sein ältester Sohn wurde nicht als Teil der Lösung betrachtet, sondern als Teil des Problems. »Den Kronprinz würde nicht nur [der amerikanische Präsident] Wilson, sondern das deutsche Volk entschieden ablehnen«, berichtete der

Reeder Albert Ballin im Oktober 1918 dem Chef des Marinekabinetts. Am 9. November 1918, dem Tag, an dem Reichskanzler Max von Baden in Berlin eigenmächtig die Abdankung des Kaisers verkündete, bewies der Kronprinz erneut seine Unzulänglichkeit. Zu der entscheidenden Besprechung im Hauptquartier zu Spa erschien er verspätet und fuhr schon vor Beendigung des Treffens wieder ab zu jener Frau, die bereits seine Ankunft am Morgen verzögert hatte. Das blieb nicht ohne Folgen. Unmittelbar nachdem der Kaiser am 10. November 1918 die Grenze nach Holland überschritten und ins Exil gegangen war, erhielt der Kronprinz vom Kriegsministerium in Berlin die Mitteilung, dass er seiner militärischen Stellung enthoben sei.

Innerhalb des Offizierskorps traf die Entlassung auf wenig Widerspruch. Nachdem er die Situation mit anderen hochrangigen Offizieren besprochen hatte, schrieb Albrecht von Thaer, ein Oberst im Generalstab, in sein Tagebuch, Wilhelm habe »infolge Eigensinns und im einzelnen oft mangelnden Pflichtgefühls sich selber seine Position in Lande und Volke zu sehr verdorben […], um selber noch in solcher Lage für die monarchische Nachfolge in Frage zu kommen«. Sogar eine private Rückkehr nach Deutschland, zum Beispiel auf das unweit von Breslau gelegene Schloss Oels, das der Kronprinz 1888 geerbt hatte, schien nicht ohne Risiken. Der Diplomat Ernst zu Rantzau jedenfalls glaubte, die Bauern dort würden den Kronprinzen erschlagen.[73]

Kronprinz Wilhelm folgte seinem Vater am 12. November 1918 ins holländische Exil – nicht zuletzt, um nicht wieder mit seiner Ehefrau zusammenleben zu müssen. Dort begann er unverzüglich damit, sein Handeln in ein günstigeres Licht zu rücken. In seinem Abschiedsschreiben an Generalfeldmarschall von Hindenburg verwahrte er sich gegen die »vielen ungerechten Stimmen, die Mich von jeher als Kriegshetzer und Reaktionär hinzustellen sich bemüht haben«, und bezeichnete sich als den Letzten, »der sich einem freiheitlichen Ausbau unseres Staatswesens verschlossen« habe. Auch Wilhelms letzter Armeebefehl trug deutlich politische Züge: »Mit Waffen ist die Heeresgruppe nicht besiegt!«, erklärte er und behauptete, er habe »vier lange Jahre […] mit ganzem, vollen Herzen meinen treuen Truppen« gehört. Den Blick fest auf eine mögliche Wiedererrichtung der Hohenzollernmonarchie gerichtet, stellte der Kronprinz auch nach seinem Thronverzicht am 1. Dezember 1918 die Bemühungen um seine Rehabilitierung nicht ein.[74]

In seinen Erinnerungen ging Wilhelm direkt auf den schädlichsten Vorwurf ein und fragte, ob er wirklich »der lachende Mörder von Verdun« gewesen sei. Hier trat der ehemalige Kronprinz die Flucht nach vorn an. »Ja, und nochmals ja: Ich habe gern gelacht in meinen jungen Jahren und bin nie ein Trübsalbläser und ein matter Stubenhocker gewesen«, erklärte er trotzig. »Ich habe auch im Krieg, trotz alles bitter Schweren, mein Lachen nicht völlig verlernt. [...] Daß mir das auch in jener Zeit schon in der Heimat, vielleicht auch in der Etappe, hier und da üble Zensuren eintrug, weiß ich: Der Kronprinz sieht immer vergnügt aus – er nimmt die Dinge wohl nicht allzuschwer.« Selbst mit einigen Jahren Abstand konnte er sich nicht zu aufrichtiger Selbstkritik durchringen. Seine Reaktion fiel eher herablassend aus. »Ihr lieben, braven Ausdeuter und Klugschwätzer, was habt ihr denn gewußt?!« Für ihn habe es im Krieg nur eine Sorge gegeben, nämlich »die mir anvertrauten Männer, die im Kampfe standen«. Um diese in schwerer Zeit aufzumuntern, habe er gelacht und gute Laune verbreitet. »So also war es mit dem Lachen«, beschloss der exilierte Ex-Kronprinz das Thema und gab sogleich einen weiteren Beweis für seine Unbelehrbarkeit: »Ja – und da ich schon dabei bin, soll noch ein Bekenntnis her: Ich kann's auch heute noch!«[75]

Diese Mischung aus mangelnder Selbsterkenntnis und fehlender Ernsthaftigkeit brachte Wilhelms Pläne für eine Zukunft auf dem Hohenzollernthron zum Scheitern. Zwar konnte er 1923 nach Deutschland zurückkehren, aber dort gehörte er, so der Historiker Stephan Malinowksi, »weder zur politischen Elite seines Landes noch zur geistigen Elite seines Standes«. Seine ultranationalen und faschistischen Sympathien sollten Wilhelm schließlich in die Nähe der NSDAP und zu einem – allerdings ergebnislosen – Übereinkommen mit Hitler führen. Insgesamt blieb der ehemalige Kronprinz in der Zwischenkriegszeit eine weitgehend unbedeutende Randfigur, die zu keinem Zeitpunkt eine ernsthafte Chance auf eine monarchische Restauration in Preußen eröffnete. In informierten Kreisen hatte es schon vor dem Ersten Weltkrieg schwere Zweifel an der Befähigung des Thronfolgers gegeben, der bereits damals dem reaktionären Rand des politischen Spektrums zugeordnet wurde. »Nehmen Sie sich nur in acht, daß Sie den Kaiser nicht totschießen«, soll der 1912 verstorbene Außenstaatssekretär Alfred von Kiderlen-Waechter einmal gegenüber einem Freund gescherzt haben, der zu einer kaiserlichen Jagd eingeladen worden war, »der, der dann kommt, ist noch schlimmer.« Der Krieg und die Leistung des Thronfolgers, dessen öffentliches Bild vom martialischen »Feste-druff«-Prinzen zum schürzenjagenden *l'homme qui rit* verkam, sollten dieses Urteil bestätigen. Das Bedürfnis des Kronprinzen, es seinen Ahnen gleichzutun und an herausgehobener Position ins Feld zu ziehen, trug entscheidend dazu bei, das Zeitalter der militarisierten Monarchie in Preußen-Deutschland zu beenden.[76]

*

Es ist bemerkenswert, in welchem Maß die Führung der deutschen Truppen im Feld während des Ersten Weltkriegs zumindest nominell in den Händen von künftigen Königen lag. Seit dem Spätsommer 1916 waren die deutschen Streitkräfte an der Westfront in drei Heeresgruppen unterteilt, die allesamt von Thronfolgern kommandiert wurden. Neben der zentralen »Heeresgruppe Deutscher Kronprinz« und der südlich davon positionierten »Heeresgruppe Herzog Albrecht« unter dem Kommando des württembergischen Thronfolgers agierte am nördlichen Frontabschnitt die »Heeresgruppe Kronprinz Rupprecht«, die vom bayerischen Thronfolger befehligt wurde. Angesichts des gemeinsamen Schicksals all dieser Truppen – der Niederlage im Herbst 1918 – und ihrer Kommandeure – dem Verschwinden der Kronen von Preußen, Württemberg und Bayern in der Novemberrevolution – könnte man leicht von einem Automatismus ausgehen: Der Ruf und die Zukunftsaussichten eines Thronfolgers, der an exponierter Stelle militärische Verantwortung getragen hatte, erlitten durch die Kriegsniederlage irreparablen Schaden. Der Blick auf den bayerischen Kronprinzen Rupprecht lehrt jedoch vor allem vor dem Hintergrund der

Leistung des Kronprinzen Wilhelm von Preußen, dass es trotz des ähnlichen Gesamtergebnisses interessante Nuancen gab.

Als Anfang August 1914 das Armeeoberkommando in München zusammentrat, wurde der Generalinspektor der bayerischen Truppen, Generaloberst Kronprinz Rupprecht von Bayern, zum Oberbefehlshaber der das bayerische Armeekorps umfassenden 6. Armee bestimmt. Damit hatte der fünfundvierzigjährige Sohn des bayerischen Königs Ludwig III. den Höhepunkt einer langen und mit Ehrgeiz verfolgten Militärkarriere erreicht. 1886 war der damals siebzehnjährige Prinz von seinem Großvater, dem Prinzregenten Luitpold, zum Sekondeleutnant im Infanterieleibregiment ernannt worden. Nach Beendigung der militärischen Grundausbildung und zweijährigem Dienst in dieser Elite-Einheit wurde er 1888 zum 3. Feldartillerieregiment versetzt, wo er ein weiteres Jahr diente, bevor er seine Universitätsstudien in München und Berlin begann. Seit dem Sommersemester 1891 ergänzte er das Studium mit Vorlesungen an der bayerischen Kriegsakademie. Im Herbst 1891 wurde er als Premiereleutnant zum 1. Schweren Reiterregiment versetzt, dem er vier Jahre angehörte. 1893/94 nahm der Prinz an Kursen des Generalstabslehrgangs teil. Nachdem er wieder zur Infanterie zurückgekehrt war, erlangte Rupprecht 1899 den Rang eines Obersten und übernahm das Kommando des 2. Infanterieregiments. Danach ging es mit der Karriere des Thronfolgers weiter steil bergauf: 1900 kommandierte er in Bamberg als Generalmajor eine Brigade, und schon sechs Jahre später trat Rupprecht als General der Infanterie an die Spitze des bayerischen Armeekorps. Im Frühjahr 1913 avancierte er schließlich zum Generalinspekteur der IV. Armeeinspektion, womit die Designation als Oberbefehlshaber im Fall der Mobilmachung einherging. Diese letzte Beförderung hatte Rupprecht unter anderem durch die Drohung forciert, andernfalls von seinen Ämtern zurückzutreten.[77]

Wie bei königlichen Soldaten üblich, hatte auch Rupprecht einen schwindelerregenden Aufstieg erlebt. Für die Übernahme des Oberbefehls erst über eine Armee und später über eine Heeresgruppe war er aber fachlich eindeutig besser qualifiziert und wohl auch charakterlich geeigneter als sein preußisches Gegenstück. Für Kronprinz Rupprecht, der wie der Prinz von Wales und Kronprinz Wilhelm während des gesamten Krieges aktiv am militärischen Geschehen beteiligt war, bot sich hier eine Gelegenheit, der Sache der Monarchie überhaupt und den besonderen Anliegen des Königreichs Bayern einen Dienst zu erweisen. Im Verlauf des Krieges hat er sich mehrfach ausgezeichnet: durch Erfolge der von ihm befehligten Truppen, durch seinen sachkundigen und methodischen Führungsstil, durch seine realistische Einschätzung der Lage und durch seine konsequente Betonung der Interessen seiner bayerischen Heimat. Dennoch ist der Thronfolger, dessen dynastische Zukunftsträume im November 1918 ebenso zerstoben wie die der anderen deutschen Fürsten, keineswegs von den Verfehlungen der deutschen Führungsriege im Ersten Weltkrieg freizusprechen. Vor allem Rupprechts zeitweises Eintreten für Annexionen, die durch den deutschen Sieg erkämpft werden und gerade auch Bayern zugutekommen sollten, fügte sich in die unrühmliche Kriegszieldebatte, die von einigen deutschen Bundesfürsten betrieben wurde. Trotz dieser Fehlleistung verbucht selbst der kritisch urteilende Historiker Lothar Machtan den Kriegsdienst des bayerischen Kronprinzen »auf der Habenseite des militärischen Engagements der regierenden Fürstenhäuser«.[78]

Assistiert von einem bayerischen Stabschef, dem Generalmajor Konrad Krafft von Dellmensingen, übernahm Rupprecht den Oberbefehl der 6. Armee, die sich vollständig aus bayerischen Truppenteilen zusammensetzte und zu Beginn des Krieges in Lothringen und den Vogesen eingesetzt wurde. Nachdem er dort zunächst defensiv agiert hatte, befahl Rupprecht am 19. August aus eigener Initiative den Angriff auf die französischen Linien, was ihm am folgenden Tag den Sieg in der Schlacht von Lothringen einbrachte. Wie Kronprinz Wilhelm nach Longwy wurde auch Rupprecht nun als strahlender Held gefeiert.

Kaiser Wilhelm übersandte wie üblich das Eiserne Kreuz I. und II. Klasse. »Ich danke Gott mit Dir für den herrlichen Sieg«, ließ er den Wittelsbacher wissen. In Bayern wurde nach der Schlacht von Lothringen eine Postkarte mit dem Titel »Des Königs Dank« verbreitet. Unter den mit Lorbeer und Eichenlaub umrankten Porträts König Ludwigs III. und Kronprinz Rupprechts war zu lesen: »Ich bin stolz, daß Mein Sohn an der Spitze seiner tapferen Truppen so schöne Erfolge errungen hat.« Vor allem in der bayerischen Presse wurde ausführlich über Rupprechts Triumph berichtet. Biographische Artikel informierten über das Leben des neuen bayerischen Nationalhelden, der es über Nacht zu reichsweiter Berühmtheit gebracht hatte. Im königlichen Kabinett in München trafen zahllose Huldigungskarten von Soldaten ein, die ihre Treue zum Herrscherhaus bekunden wollten. Die geschäftstüchtige »Kunstanstalt C. Andelfinger & Cie« aus München hatte eigens zu diesem Zweck in Windeseile Postkarten auf den Markt gebracht. Aber auch außerhalb Bayerns wurde Rupprecht gefeiert. In Berlin und Dresden fanden patriotische Kundgebungen statt. 1915 wurde eine Gedenkmedaille geprägt, die an die Schlacht erinnerte und Rupprechts Konterfei trug. Noch 1930, als das aufwendig produzierte *Bayernbuch vom Weltkriege* erschien, ein »Volksbuch«, das in zwei Bänden den Beitrag bayerischer Soldaten zum Weltkrieg feierte, wurde die Schlacht von Lothringen, »der erste große deutsche Sieg«, besonders hervorgehoben. Der Autor, Rupprechts ehemaliger Stabschef Krafft von Dellmensingen, erklärte dazu: »In strategischer Hinsicht konnte der Kronprinz Rupprecht das wertvolle Ergebnis buchen, daß er die deutsche Heeresleitung von der Sorge um die Südflanke des Heeres befreit und ihr die Freiheit gegeben hatte, den größten Teil der in Lothringen eingesetzten Kräfte anderwärts zur Herbeiführung des großen Sieges über das französisch-englische Heer zu verwerten.«[79]

In die Hochstimmung nach der Schlacht platzte jedoch eine tragische Nachricht, die dem seit 1912 verwitweten bayerischen Thronfolger weitere Sympathien zufliegen ließ: Am 27. August 1914 verstarb gänzlich unerwartet der dreizehnjährige älteste Sohn des Kronprinzen, Erbprinz Luitpold, an Kinderlähmung. Das ganze Land schloss sich der Trauer des Königshauses um den beliebten Jungen an, dessen Beisetzungsfeier ohne den an der Front unabkömmlichen Rupprecht stattfinden musste. Was ihm am meisten über die Trauer hinweghelfe, so schrieb der Kronprinz Anfang September an seinen Vater, sei die »unablässige Arbeit«. Dennoch traf der Verlust seines Sohnes den leidgeprüften Prinzen, der vor dem Krieg schon seine Frau Marie Gabriele, seine Tochter Irmingard und seinen jüngeren Sohn Rudolf verloren hatte, sehr schwer. Generalmajor Karl von Wenniger, der Rupprecht in diesen Tagen traf, fand, dass der »arme Mann« schrecklich aussah.[80]

Wenig später wurde die 6. Armee nach Nordfrankreich verlegt. Hier ergab sich aus dem Scheitern der ursprünglichen deutschen Strategie ein zäher, bald schon gänzlich festgefahrener Stellungskrieg. Ohne dass entscheidende Durchbrüche erreicht wurden, waren hier über Monate und Jahre gewaltige Verluste an Menschen und Material zu beklagen, die für keine Seite zu wirklichen Erfolgen führten. Unter diesen Vorzeichen wurden an der Front weiterhin Bemühungen unternommen, die dynastische Loyalität zu befördern. So wurde etwa im Januar 1915 an der Westfront des siebzigsten Geburtstags des bayerischen Königs Ludwig III. gedacht. Für die Leser in der Heimat berichtete die *Augsburger Postzeitung* von einer großen Parade beim Hauptquartier des Kronprinzen in Lille: »Kronprinz Rupprecht hielt eine kurze Ansprache, auf die seine Truppen ein brausendes Hoch auf den König ausbrachten«. In einem veröffentlichten Schreiben an seinen Vater lobte Rupprecht dessen »ersprießliche und unermüdliche Regierungstätigkeit« und freute sich über den Jubel eines »dankbaren und anhänglichen« Volkes. Auch wenn der Kronprinz Lorbeeren erwarb, wurde das von der deutschen Kriegspropaganda jedes Mal weidlich ausgenutzt. So schmückte man Rupprecht, nachdem er im Herbst 1915 erfolgreiche Abwehrmaßnahmen gegen britische Attacken im Artois geleitet hatte, mit dem Ehrentitel eines »Siegers von Arras und La Bassée«. Im darauffolgenden Sommer beförderte König Ludwig III. seinen Sohn zum bayerischen Generalfeldmarschall. Hierbei wurde wiederum auf den dynastischen Bezug geachtet: Der Tag der Ernennung, der 23. Juli 1916, war der fünfzigste Jahrestag der Verwundung des Königs im unterfränkischen Helmstadt.[81]

Der Kronprinz wusste, dass solche Gelegenheiten wie auch die zahlreichen Besuche des bayerischen Königs an der Front geeignet waren, nicht nur die Stimmung der Soldaten generell zu heben, sondern auch ihre Loyalität zu stärken. Er sei überzeugt, ließ er den Generaladjutanten seines Vaters wissen, »dass die Allerhöchsten Besuche seiner Majestät, die von den bayerischen Truppen stets freudigst begrüßt werden, in hervorragender Weise dazu beitragen, das bayerische Nationalgefühl und die Anhänglichkeit an das bayerische Königshaus zu erhalten und zu befestigen«. Er selbst leistete dazu ebenfalls einen Beitrag:

Noch im Mai 1917 ließ er sich bei einer Parade all jene Offiziere besonders vorstellen, die bei Arras mitgekämpft hatten. »Auf diese Weise bin ich auch einmal zu einem königlichen Handschlag gekommen«, schrieb der Kriegsfreiwillige Kurt Kreiter aus Germersheim erfreut an seine Verlobte.[82]

Ende August 1916 übernahm Rupprecht das Kommando über die neu formierte »Heeresgruppe Kronprinz Rupprecht«. Obwohl er den »Führern und Truppen« seiner 6. Armee zum Abschied lobende und aufmunternde Worte übermitteln ließ und die Ablösung des ihm verhassten Chefs der Obersten Heeresleitung, Erich von Falkenhayn, durch Paul von Hindenburg und Erich Ludendorff lebhaft begrüßte, war Rupprecht keineswegs freudig gestimmt. Leopold Krafft von Dellmensingen, Legationsrat im Hauptquartier des Kronprinzen, berichtete damals an den bayerischen Ministerpräsidenten, dass sich der Thronfolger »unter dem Eindruck der gewaltigen Kämpfe und naturgemäß schweren Verluste in sehr ernster Stimmung« befinde. Dies passte zu der zunehmend skeptischen Haltung, die Rupprecht hinsichtlich der Chancen auf einen deutschen Sieg einnahm. Spätestens 1915 war er zu der Einsicht gelangt, dass ein militärischer Erfolg kaum noch zu erreichen war. Seitdem drängte er intern darauf, einen Verständigungsfrieden anzustreben. Dass dafür auf Annexionen verzichtet werden musste, akzeptierte er. Das Reich könne allenfalls darauf hoffen, so seine nüchterne Einschätzung, den Besitzstand von 1914 zu wahren. Angesichts der dramatisch schlechten Ernährungslage im Deutschen Reich und in Österreich-Ungarn bezeichnete Rupprecht es im Januar 1917 als das Beste, »baldmöglichst Frieden zu schließen, so hart auch die Bedingungen der Gegner sein mögen, denn sie werden sich nicht günstiger gestalten, wenn wir dem Verhungern nahe«. Er rechnete sogar damit, dass Elsass-Lothringen nicht vollständig bei Deutschland bleiben würde. Es sei für das Reich nun unmöglich, schrieb der Kronprinz noch vor Beginn der großen deutschen Frühjahrsoffensive im Februar 1918 an seinen Vater, den Krieg noch siegreich zu beenden. Diese realistische Einstellung, mit der er sich jedoch nicht durchsetzen konnte, trug Rupprecht verschiedentlich den Vorwurf ein, zu pessimistisch zu sein. Unbequeme Ansichten – wie auch seine mitunter scharfen

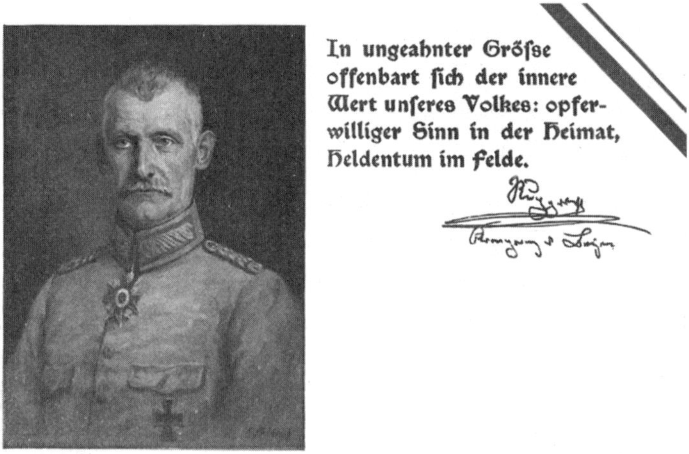


*Der ernst und professionell auftretende bayerische Kronprinz Rupprecht stellte als Befehlshaber den Gegenentwurf zum preußischen Thronfolger Wilhelm dar. Er ging aus dem Ersten Weltkrieg als allseits respektierte Persönlichkeit hervor.*

Konflikte mit der Obersten Heeresleitung – konnte er sich aufgrund seiner dynastischen Stellung immerhin eher leisten als andere hohe Offiziere, denn »Fürsten-Generale«, so urteilt Dieter Storz, »waren praktisch unabsetzbar«.[83]

Rupprechts späterer Realismus stand in auffälligem Kontrast zu den ehrgeizigen Kriegszielen, die er bis Mitte des Jahres 1915 verfolgt hatte. Im Dezember 1914 dachte er in einem Brief an seinen Vater, dessen expansionistische Ziele er damals noch teilte, über eine Gebietserweiterung Bayerns nach dem Kriegsende nach. Zur Rettung des deutschen Föderalismus hielt er eine Vergrößerung des zweitgrößten Bundesstaates für absolut notwendig. Konkret zielte er dabei auf »das untere Elsass mit Strassburg nebst einem an die Pfalz grenzenden Teile Lothringens«. Einen Teil des Saarbeckens zu besitzen, sei wegen des dortigen Kohlereichtums erstrebenswert. Es ging Rupprecht aber nicht allein um die innerdeutsche Umverteilung des Reichslandes Elsass-Lothringen. Im Frühjahr 1915 richtete sich sein Blick auch auf Erwerbungen jenseits der deutschen Grenzen. Im April äußerte er sich in einer ausführlichen Denkschrift zur Zukunft Belgiens und befürwortete eine Aufteilung des Landes. Der Kronprinz plädierte für eine Westverschiebung der deutschen Grenze nach der Annexion Belgiens, Luxemburgs, der Niederlande und von Teilen Nordfrankreichs. Die Kanalküste und die wichtigsten nordfranzösischen Festungen sollten so in deutsche Hände gelangen. Nach der Vorstellung des Kronprinzen sollten die neu geformten Gebiete als Bundesstaaten in das Reich eintreten, das dann einen lockeren, stärker staatenbündischen Charakter annehmen würde. Die sich daraus ergebende relative Verminderung der preußischen Dominanz würde sich günstig auf die Autonomie Bayerns auswirken und das Land sowie seine Dynastie stärken.[84]

Wenn man wie Dieter Storz die »Behauptung der Stellung Bayerns« als Rupprechts »eigentliches Kriegsziel« bezeichnen will, muss doch hinzugefügt werden, dass sein Kampf für die bayerischen Interessen nicht nur der Selbsterhaltung der Wittelsbacher galt, sondern auch einer generellen Beschädigung der Monarchie entgegenwirken sollte. Wenn »die Bundesfürsten infolge der Verminderung ihres Einflusses auch an Achtung bei ihren Untertanen verlören«, so argumentierte

Rupprecht gegenüber seinem Vater im Juli 1915, komme es unweigerlich zu einer »Schwächung des monarchischen Gedankens überhaupt, die in ihren Folgen dem Kaiser sehr unerwünscht sein müßte«. Allerdings änderte der Kronprinz schon wenige Wochen später – wohl nach einer Unterredung mit dem wenig zuversichtlichen Reichskanzler Theobald von Bethmann Hollweg am 13. Oktober 1915 – seine Meinung zu den Kriegszielen vollständig. »Aus dem überzeugten Anhänger des Diktatfriedens«, so resümiert der Historiker Karl-Heinz Janßen, »wurde ein ebenso überzeugter Verfechter des Verständigungsfriedens.«[85]

Neben seinen – insgesamt erfolglosen – Bemühungen, in diesem Sinn auf die militärische und politische Führung des Reiches Einfluss zu nehmen, widmete sich Kronprinz Rupprecht nach dem Oktober 1915 mit düsterer Entschlossenheit und Gewissenhaftigkeit seinen Aufgaben als Oberbefehlshaber. Dabei zeichnete ihn ein hohes Maß an Professionalität und Pflichtbewusstsein aus. Seinem ausführlichen und hochdetaillierten Kriegstagebuch – die 1929 veröffentlichte Version umfasst drei Bände mit insgesamt mehr als 1300 Seiten! – ist zu entnehmen, dass er sich keineswegs auf allgemeine Fragestellungen oder Repräsentationsaufgaben beschränkte. Rupprecht – das bestätigte auch der preußische Generalleutnant Hermann von Kuhl, der Krafft von Dellmensingen im November 1915 als Rupprechts Stabschef ablöste – verfügte über »sichere Kenntnis und Beherrschung der Verhältnisse der Armee im großen wie im kleinen« sowie »eine auffallend gute Auffassung und großes Verständnis für operative Lagen«. Auch die ruhige Arbeitsatmosphäre in Rupprechts Hauptquartier und dessen Fleiß wurden gelobt. Der Kronprinz inspizierte die an der Front kämpfenden Soldaten persönlich und begab sich auf dem Schlachtfeld immer wieder in Lebensgefahr. Selbst kritisch urteilende Beobachter wie der bayerische Generalleutnant Nikolaus Ritter von Endres mussten zugeben, dass der Kronprinz bei seinen Soldaten beliebt war.[86]

Rupprecht versah seinen Dienst vor dem Hintergrund einer politischen Großwetterlage, die er als immer bedrohlicher wahrnahm. Dies betraf nicht nur den von ihm angestrebten Waffenstillstand, sondern auch die innenpolitischen Verwerfungen. Nach seiner Analyse bargen die gewaltigen Belastungen, die der zunehmend aussichtslose Krieg der

Bevölkerung auferlegte, in Verbindung mit der Aufhebung des deutschen Föderalismus durch militärisch-staatliche Zentralisierungsmaßnahmen große Gefahren. »Gerade für Bayern, wo noch der Mittelstand ziemlich zahlreich ist, wird die Sache katastrophal«, schrieb er im Juli 1917 an den bayerischen Ministerpräsidenten. »Die Angehörigen dieses Standes, die früher in ihrer überwiegenden Mehrheit gut monarchisch gesinnt waren, sind jetzt zum Teil antimonarchischer wie die Socialdemokraten, da sie der Regierung die Schuld an ihrem Unglück beimessen. [...] Man wirft der Regierung vor, dass sie sich von Berlin alles gefallen liess, und die Meinung gewinnt immer mehr Anhänger, dass, nachdem doch alles von Berlin aus geleitet werde, unsere Regierung weiter nichts sei als ein überflüssiger Ballast. In den übrigen Bundesstaaten ist übrigens die antimonarchische Stimmung noch schlimmer.« Der Wittelsbacher, der vor allem den deutschen Kaiser für Missgriffe und Untätigkeit kritisierte und Zweifel am Überleben der Hohenzollernherrschaft hegte, musste schon 1917 konstatieren, dass es selbst in Bayern revolutionär antimonarchische Bestrebungen gab.[87]

Rupprechts Warnungen bewirkten bekanntlich nichts, und so war der Kronprinz im November 1918 dazu verurteilt, von der kollabierenden Westfront aus hilflos zuzusehen, wie ausgerechnet die Monarchie der Wittelsbacher das erste Opfer der revolutionären Umsturzbewegung wurde. Diese hatte nach der Weigerung des Kaisers, durch seine Abdankung den Weg für Friedensverhandlungen frei zu machen, in ganz Deutschland eine scharf antimonarchische Zielrichtung gewonnen. In München flohen der greise König Ludwig III. und seine Familie bereits am späten Abend des 7. November 1918 aus der Residenz. Wenig später rief der Sozialdemokrat Kurt Eisner den Freistaat Bayern aus. Am Morgen des 8. November erfuhr Rupprecht in Brüssel von den Ereignissen. Zwei Tage darauf legte er in einer öffentlichen Erklärung Verwahrung gegen die »politische Umwälzung [ein], die ohne Mitwirkung der gesetzgebenden Gewalten und der Gesamtheit der bayerischen Staatsbürger in Heer und Heimat von einer Minderheit ins Werk gesetzt« worden sei. Nach der Unterzeichnung der Waffenstillstandsvereinbarung am 11. November machte sich der ehemalige Kronprinz inkognito und mit falschem Pass über die neutralen Niederlande auf den Weg nach Bayern, wo er nach einer abenteuerlichen Reise erst gegen Ende des Monats eintraf. Die neue bayerische Regierung gewährte ihm zwar freien Aufenthalt, aber er konnte keine politische Wirkung entfalten. Er hatte Stellung, Einkommen, sogar seine Wohnung verloren und musste vor der Räterepublik kurzfristig nach Österreich fliehen. Erst gegen Ende des Jahres fand er in Berchtesgaden eine feste Bleibe. »Aus der rastlosen Tätigkeit des Oberbefehlshabers einer Heeresgruppe«, so resümiert Rupprechts Biograph Dieter J. Weiß, »war er ohne Aufgabenstellung zunächst in ein schwarzes Loch gestürzt.«[88]

Aus den Briefen, die Rupprecht in diesen Tagen an seine Familie schrieb, wird deutlich, dass er eine schonungslose Analyse der Ursachen des Umsturzes mit einer stoischen Akzeptanz des Geschehenen verband. »Welche Ereignisse seit meinem letzten Briefe!«, schrieb er Anfang Dezember an seinen Vater, »mich überrascht nur der Moment ihres Ausbruchs, dass sie kommen würden, besorgte ich schon seit langem. In meinen Briefen hatte ich mir wiederholt erlaubt, zum Ausdruck zu bringen, dass der Bogen überspannt würde – nun ist er gebrochen.« Gegenüber seiner Tante Therese wurde er noch deutlicher: »Wie oft habe ich nicht [...] Papa gewarnt und angefleht, in Berlin energische Vorstellungen zu erheben, denn dass es so nicht weitergehen könne, war klar, allein ich galt als Schwarzseher! Ich gestehe, die Monate vom März–November waren mir in Voraussicht des kommenden Niederbruchs ärger als der Niederbruch selbst! Besser ein Ende mit Schrecken als ein Schrecken ohne Ende. Jetzt heißt es schauen, wie die entstehende Not sich lindern lässt.«[89]

Weil er diese Haltung zeigte und nicht zuletzt aufgrund der Bilanz seines Kriegsdienstes genoss Rupprecht in der Nachkriegszeit einen viel besseren Ruf als der ehemalige preußische Kronprinz. Gerade dies sollte allerdings das zuvor schon angespannte Verhältnis Rupprechts zu seinem Vater weiterhin belasten. Ex-König Ludwig III. befürchtete nämlich, dass ihn sein populärer Sohn aus den Thronrechten verdrängen könnte, und pochte daher strikt auf seine Stellung als Chef des Hauses. Angesichts der Unbeliebtheit des ehemaligen Königs konnten konkretere Überlegungen für eine Wiedererrichtung der Wittelsbachermonarchie daher erst nach dem Tod Ludwigs im Oktober 1921 angestellt werden. Rupprecht war solchen Gedanken durchaus zugänglich, lehnte allerdings jede Art von Putsch strikt ab. Er bestand darauf, dass das Königtum nur auf verfassungsmäßigem Wege, auf Wunsch der Regierung und der Bevölkerung, wiedererrichtet werden dürfe. Obwohl sich an der Person des ehemaligen Kronprinzen später eine monarchische Bewegung entzünden sollte, ist dieser Ruf nie erfolgt.[90]

***

Im Ersten Weltkrieg gelangte die Militarisierung der konstitutionellen Monarchie, die sich im Europa des langen 19. Jahrhunderts entwickelt hatte, auf den Höhepunkt. Nachdem sich die gekrönten Häupter Europas und ihre Familien über Generationen in der Pose und im Gewand des militärischen Anführers präsentiert und gefallen hatten, mussten sie nun versuchen, den daraus erwachsenen Erwartungen unter den denkbar schwierigsten Bedingungen zu entsprechen. Der Beginn eines bald schon totalen Krieges und der Zusammenbruch der transnationalen Solidarität miteinander verwandter Dynastien verursachten umwälzende Veränderungen, und dennoch existierten hinsichtlich der militarisierten Monarchie starke Momente der Kontinuität. Mit unterschiedlichem Erfolg bemühten sich die beteiligten Monarchen, als oberste Befehlshaber und Landesväter ihren Dienst für die Nation zu versehen – ganz im Sinne der Rolle, in der sie sich seit Jahrzehnten inszeniert hatten.

Kaum einem gelang das wie dem belgischen König Albert I., der als einziger konstitutioneller Monarch sein Land tatsächlich militärisch und politisch anführte. »Die tragische Prüfung des Krieges«, so stellte der flämische Politiker Frans Van Cauwelaert 1934 nach dem Tod Alberts fest, hat »der Krone der Ehrlichkeit, Rechtschaffenheit und Güte, die ihn schmückte, das rote Kronjuwel des Heldentums ohne Fehl und Tadel hinzugefügt«. Auch das rastlose Engagement des britischen Königspaars für die Truppen, für Kriegsversehrte und ihre Familien führte dazu, so die Historikerin Heather Jones, dass »die Monarchie nahbar und menschlich erschien in einer Zeit, in der eine industrialisierte Kriegführung die Schlachten unpersönlich, mechanisch und anonym gemacht hatte«. Das Handeln des Königs bot geradezu ein »Gegenmittel zu den modernen Schrecken der Anonymität des Weltkriegs«. Auch die Entscheidung des italienischen Königs Viktor Emanuel III., sich an die Front zu begeben, wo er zwar keinen Einfluss auf die Kriegführung nahm, aber über drei Jahre hinweg die Soldaten besuchte und ihnen Zuversicht gab, fand Zustimmung. Der Entschluss, so urteilte der britische Botschafter, habe die Position des Königs »enorm gestärkt, und er ist jetzt der populärste Mann in Italien«. Obwohl in Regierungs- und Militärkreisen bald unüberhörbar über die Führungsschwäche des Monarchen geklagt wurde, gelang es der patriotischen Propaganda, das Bild des *Re soldato*, des »Infanteristen der Infanteristen« *(Il Fante dei Fanti)* und des *Primo Soldato d'Italia* aufrechtzuerhalten. Nach dem – angesichts der militärischen Leistung des Landes – unerwartet glücklichen Ausgang des Krieges wurde der Monarch sogar als siegreicher Vollender der nationalen Mission gefeiert. »Es sollte an ihm liegen, dem dritten Emanuel, Viktor dem Siegreichen [Vittorio il Vittorioso], die höchste Erfüllung zu erfahren und Italien endlich von jenen Grenzen umfangen zu sehen, die Dante und Mazzini vorhergesagt und beschworen hatten«, schwelgte der italienische Autor Annibale Grasselli Barni noch 1922.[91]

Andernorts waren die Monarchen weniger erfolgreich. Der hochbetagte, in seinen rigiden Tagesablauf geradezu hineinzementierte österreichische Kaiser Franz Joseph verfügte schlechterdings nicht mehr über die Kraft, sich an die neuen Umstände anzupassen. Er sollte Wien während des Krieges bis zu seinem Tod im November 1916 nicht mehr verlassen. Über den tagtäglichen Berichten, Audienzen und Vorträgen verlor er – abgeschirmt von einem Kreis in die Jahre gekommener Berater – den Kontakt zur Außenwelt. »Bis in den November 1916«, so Manfried Rauchensteiner, »verbrachte Franz Joseph Tausende Stunden innerhalb seines geriatrischen Zirkels.« Die fehlende Präsenz der monarchischen Spitze wurde auch durch den Thronfolger, den jungen Erzherzog Karl, nicht abgefedert. Trotz seiner verschiedenen militärischen und politischen Einsätze tauchte er während des Krieges »eher episodenhaft« auf und vermittelte »das Bild eines nicht besonders intelligenten und strebsamen, eher seichten und unreifen Geistes«.[92]

Dem deutschen Kaiser Wilhelm gelang es noch weniger, den Anforderungen der Stunde zu genügen. Der gänzlich überforderte »oberste Kriegsherr« wurde von seinen Generälen bald in den Schatten gedrängt. Da er wenig zu tun hatte, hätte sich der Kaiser – ähnlich wie sein Vetter Georg V. – intensiv fürsorglich landesväterlichen Tätigkeiten widmen können, doch dazu fehlte ihm die Neigung. Sorgfältig inszenierte Frontbesuche fanden aus Sicherheitsgründen in der Etappe statt. Mit Musikbegleitung und in Paradeformation hatten diese den Soldaten oft lästigen Veranstaltungen allerdings wenig mit dem Kriegsalltag zu tun. Daneben lebte der Kaiser sein Bedürfnis nach Unterhaltung in einem selbst für seine Umgebung inakzeptablen Maß aus. Als Wilhelm II. das Hauptquartier verließ, um eine Kunstausstellung in Frankfurt zu besuchen, verlor der Chef des Militärkabinetts die Fassung: »Da habe ich ihm in aller Form über seine Pflichten gegenüber dem hungernden und leidenden Volk mal Bescheid gesagt. Es gab einen Mordskrach zwischen uns, der damit endete, daß er laut schimpfend im Zorn herausrannte und die Thür mit Gewalt und Krach zuschmiß«, schrieb Moritz von Lyncker im Mai 1917 an seine Frau. Angesichts einer solchen Haltung halfen selbst opulente Propaganda-Erzeugnisse wie das 1916 erschienene 450-seitige Werk *Der Kaiser im Felde* wenig. Den Frontsoldaten, an die sich der Band vor allem richtete, wird diese fade Aneinanderreihung kaiserlicher Termine und formelhafter Ansprachen kaum eine erbauliche Lektüre geboten haben. So war es nicht verwunderlich, dass der als verantwortlich geltende Kaiser schnell zur verhassten Unperson wurde, als das Blatt sich schließlich gegen das Deutsche Reich wendete.[93]

Der Weltkrieg stellte allerdings nicht nur die Monarchen vor außergewöhnliche Herausforderungen, sondern in besonderem Maße auch ihre Söhne im wehrfähigen Alter. Da sie zumeist märchenhafte militärische Karrieren vorzuweisen hatten und den weithin akzeptierten Konnex von Männlichkeit und Wehrhaftigkeit teilten, war es unausweichlich, dass die Thronfolger wie Hunderttausende andere Männer im Feldgrau ihre Pflicht für das Vaterland verrichteten. Wie die Kriegserfahrungen von Prinz Edward, Kronprinz Wilhelm und Kronprinz Rupprecht deutlich zeigten, teilten sie selbst diese Erwartungen. Edward sah seine männliche Identität geradezu infrage gestellt, als er die Gefahren und Entbehrungen der Soldaten nicht teilen durfte; Kronprinz Wilhelm stand im Bann der dynastischen Legende, die vom Aufstieg seines Großvaters vom Kronprinzen zum Kriegshelden erzählte, und Kronprinz Rupprecht erkannte im Kriegsdienst die Möglichkeit, sich einer preußischen Bevormundung Bayerns entgegenzustellen – so wie es sein Vater fünfzig Jahre zuvor bei Helmstadt getan hatte. Im Weltkrieg setzte sich die altbewährte Praxis der politischen Instrumentalisierung des Militärischen verstärkt fort und richtete sich besonders auf die Thronfolger. In der Presse und in der Propaganda, in Bildbänden, auf Gedenkmedaillen oder bei Truppenbesuchen – überall fanden sich die Namen und Bilder der künftigen Herrscher, was den Kampfeswillen und die Königstreue der Untertanen stärken sollte.

Die Thronfolger konnten die in sie gesetzten Erwartungen kaum erfüllen, weder auf eng begrenztem militärischen Gebiet noch hinsichtlich ihrer propagandistischen Wirkung. Wie sie wahrgenommen wurden, hing mehr denn je von ihrem Charakter und persönlichen Geschick ab. Prinz Edward verstand es immerhin, spartanisch zu leben und den einfachen Soldaten ein Gefühl kameradschaftlicher Verbundenheit zu vermitteln; es gelang ihm auch, den Bedürfnissen seines kräftigen Sexualtriebs diskreter zu entsprechen als Kronprinz Wilhelm. Beim Hohenzollernprinzen richteten die Neigung zu schicken Uniformen und einem mondänen Lebensstil sowie seine blasierte Flapsigkeit erheblichen Schaden an, weil diese persönlichen Schwächen durch Mechanismen verstärkt wurden, die im jeweiligen monarchischen System verankert waren. Auf deutscher Seite traf man wichtige Personalentscheidungen aufgrund dynastischer Überlegungen. Dynastischer Stolz sorgte dafür, dass Kronprinz Wilhelm der »begreifliche Wunsch«, es seinem Großvater gleichzutun und eine Armee zu befehligen, tatsächlich erfüllt wurde. Die Hohenzollern mochten hinter den Armeebefehlshabern aus den Königreichen Württemberg und Bayern eben nicht zurückstehen. So geriet Kronprinz Wilhelm willentlich in die fatale Situation, dass seine unbestreitbare Unfähigkeit, den Anforderungen seiner militärischen Stellung gerecht zu werden, sich mit der Verantwortung für all das verband, was unter seinem formalen Befehl geschah. Sein selbst verschuldetes Schicksal nahm unter dem Kampfruf »Hurra Kronprinz« seinen Lauf.

Der Fall des deutschen Thronfolgers lag damit ganz anders als der des Prinzen von Wales, dessen Aufgaben in einem Krieg, den er als Leutnant begann und als Hauptmann beendete, viel weniger ambitioniert waren, und unterschied sich auch von dem des fähigeren Kronprinzen Rupprecht. Kronprinz Wilhelm verletzte eine zentrale Bedingung, die sich für Thronfolger innerhalb konstitutionell monarchischer Systeme herausgeschält hatte: Durch seine Rolle im Weltkrieg machte er es seinen künftigen Untertanen beinahe unmöglich zu glauben, dass er dereinst militärisch, politisch und charakterlich in der Lage sein würde, in angemessener Weise die Aufgaben eines Monarchen zu erfüllen. Und er verletzte sie an der Spitze eines Heeres inmitten eines Krieges, also in einer Angelegenheit von existenzieller Bedeutung und bei maximaler Sichtbarkeit. Als der verlorene Krieg das kaiserliche Regime schließlich ins Wanken brachte, trug Kronprinz Wilhelm entscheidend dazu bei, dass die Frage nach seiner Zukunftsfähigkeit – und damit auch die der Monarchien in den einzelnen Bundesstaaten – verneint wurde.

Auch für die siegreichen Monarchien, die gestärkt aus dem Weltkrieg hervorgingen, markierten die Ereignisse zwischen 1914 und 1918 eine Zäsur. Die Erinnerung an das massenhafte Sterben an der Somme, am Isonzo oder bei Passchendaele machte die Inszenierung eines fröhlichen militärischen »Tschingdada« mit der Monarchie an der Spitze unmöglich. Die neue Zeit bedurfte einer neuen Symbolik, die geeignet war, die bisher gepflegte Tradition monarchisch-militärischer Selbstdarstellung zu ergänzen. So nahm der belgische König Albert I. in den Nachkriegsjahren persönlich an Ehrungen von militärischen und zivilen Opfern des Krieges im ganzen Land teil. Er tat dies stets in Uniform und bemühte sich so, das Andenken an das Leid und den Heroismus der Belgier lebendig zu halten. In Großbritannien begann schon am 11. November 1919 die alljährliche und bis heute andauernde Tradition des »Armistice Day«, an dem auf Anregung König Georgs V. durch ein landesweites zweiminütiges Schweigen um 11 Uhr – also genau im Moment der Waffenruhe – der Opfer des Krieges gedacht wird. Im Jahr darauf enthüllte Georg in Whitehall den »Cenotaph«, ein nüchternes,

*Vor dem nüchternen Cenotaph im Herzen Londons zelebrierte das britische Königshaus eine ganz andere Form militärischer Führung: die Monarchie als erster Repräsentant einer trauernden und dankbaren Nation.*

formenstrenges Denkmal zu Ehren der Gefallenen. Auf dessen Stufen führte der König fortan die trauernde Nation in ihrer Erinnerung an die Toten in einer alljährlichen Zeremonie an. Wie bereits gesehen, konnte der Thronfolger und Weltkriegsveteran Prinz Edward seinen Vater bei dieser symbolträchtigen Aufgabe effektiv und authentisch unterstützen.[94]

Die Fähigkeit zu einer solch sensiblen wie geschickten Umgestaltung, die zu einer neuen Funktion von Monarchie führte, war nicht jedem gegeben. Bei anderen Monarchen blieb – selbst im Exil – vieles beim Alten. Unter den zahlreichen Möbelstücken, die sich Wilhelm II. aus Berlin nach Haus Doorn, seinem Wohnsitz in Holland, schicken ließ, durfte ein besonderes Kleinod nicht fehlen: der Schreibtischhocker mit Sattel.

# Schlussbetrachtung

Gegen Ende des Ersten Weltkriegs machten sich unter Deutschlands gekrönten Häuptern düstere Vorahnungen breit. Der unglückliche Verlauf des Krieges und vor allem die Art und Weise, in der Kaiser Wilhelm II. und seine Dynastie das Land in diesen schweren Zeiten geführt hatten, verhießen nichts Gutes. Das Ende der Monarchien lag in der Luft. Großherzog Friedrich August, der seit 1900 Herrscher über eine halbe Million Oldenburger war, trat im Oktober 1918 im Namen seiner Standesgenossen mit einer grimmigen Prophezeiung hervor: »Wir sind uns vollkommen klar darüber, dass der Kaiser das Reich ruiniert, dass er fortgejagt werden wird und dass wir sein Schicksal teilen. Wilhelm wird uns zugrunde richten, damit haben wir uns abgefunden.« Der Großherzog Ernst Ludwig von Hessen sah die Schuld für das, was sich im November 1918 ereignen sollte, dagegen nicht allein beim Kaiser, sondern auch bei einem Großteil der deutschen Monarchen: »Sie wurden weggefegt, ohne irgendetwas zurückzulassen, weil sie doch zu große Nullen waren«, schrieb er später in seinen Erinnerungen, »sie begriffen so gar nicht die Frage, wie man mit der Zeit gehen muss, wenn man zuletzt nicht von ihr übergangen werden will.«[1]

Die Ereignisse am Ende des Ersten Weltkriegs scheinen beide zu bestätigen. Kriegsleid und die Erfahrung der Niederlage führten nun doch zu jenem massenhaften Niedergang der Kronen, der im Verlauf des davorliegenden langen Jahrhunderts erstaunlicherweise ausgeblieben war. Mit dem Drama des Krieges kam das monarchische Säkulum zu seinem Ende. Nun brach ein neues Zeitalter an, das von republikanischen und diktatorischen Staatsformen geprägt sein sollte. Aber das Ende der Monarchien war nicht auf den deutschen Sprachraum begrenzt. In Russland hatte Zar Nikolaus II. dem Thron schon im Februar 1917 entsagen müssen, und im darauffolgenden Jahr ermordeten Revolutionäre die gesamte Zarenfamilie. Zwischen Dezember 1919 und Oktober 1922 wurde auch das türkische Sultanat schrittweise abgeschafft.

Mit dem Sturz der Monarchien in den vier großen Reichen Europas war der Prozess der Entmonarchisierung Europas jedoch noch keineswegs beendet. 1923 löste der Diktator Miguel Primo de Rivera den spanischen König Alfons XIII. ab. Acht Jahre später wurde in Spanien die kurzlebige zweite Republik ausgerufen. In Jugoslawien ging die junge konstitutionelle Monarchie 1929 in eine Königsdiktatur über. Nach dem deutschen Einmarsch flüchtete König Peter II. 1941 ins Exil und verzichtete vier Jahre später auf den Thron. Im Juni 1946 fiel die italienische Monarchie, nachdem sich die Mehrheit des Volkes in einem Referendum für die Republik ausgesprochen hatte. 1946 und 1947 ersetzten »Volksrepubliken« die monarchischen Systeme in Bulgarien und Rumänien. Nach jahrzehntelangen schweren Krisen wurde 1973 auch in Griechenland die Monarchie abgeschafft. Als das »kurze 20. Jahrhundert«, das die Jahrzehnte vom Ausbruch des Ersten Weltkriegs bis zur Auflösung der Sowjetunion umfasste, zu Ende ging, war die einst allgegenwärtige Staatsform Monarchie zu einer vorrangig am nordwestlichen Rand des Kontinents angesiedelten Ausnahmeerscheinung zusammengeschrumpft.[2]

Der Niedergang der Monarchien zog sich über Jahre hin, doch der entscheidende Schub erfolgte erst durch die Ereignisse im Herbst des Jahres 1918. Damals verschwanden nicht nur die kaiserlich-königlichen Monarchien in Österreich-Ungarn und Preußen-Deutschland. Auch die fürstlichen Herrscher in einundzwanzig weiteren deutschen Ländern dankten ab – vom Großherzogtum Mecklenburg-Strelitz bis zum Königreich Bayern, vom Fürstentum Waldeck bis zum Herzogtum Sachsen-Meiningen. Dieser Zusammenbruch der monarchischen Systeme vollzog sich mit unglaublicher Geschwindigkeit. Den Anfang machte König Ludwig III. von Bayern, der in der Nacht auf den 8. November 1918 in Begleitung seiner Familie und ausgerüstet mit einem Kästchen Zigarren aus der Münchner Residenz floh – erst in den Chiemgau und dann nach Österreich. Die Abdankung des deutschen Kaisers Wilhelm II. wurde am 9. November bekannt gegeben, und schon am 10. November passierte der Hohenzoller die Grenze zu den

Niederlanden, wo er für den Rest seines langen Lebens im Exil lebte. Tags darauf verzichtete der österreichische Kaiser Karl schriftlich »auf jeden Anteil an den Staatsgeschäften«. Danach fielen die deutschen Monarchen wie Dominosteine, und als Fürst Günther von Schwarzburg-Sondershausen am 25. November 1918 als letzter seines Standes abdankte, war in etwas mehr als zwei Wochen eine jahrhundertealte monarchische Landschaft für immer vom Globus getilgt worden.[3]

Dieser Untergang erfolgte nicht nur atemberaubend schnell, sondern auch überraschend lautlos, ja beinahe beiläufig und glücklicherweise weitgehend unblutig. Auf die Demonstrationszüge und die Forderungen der frisch konstituierten Arbeiter- und Soldatenräte reagierten die Herrscher, deren Familien zum Teil seit vielen Hunderten von Jahren in ihren Ländern ansässig waren, indem sie achselzuckend die Fahnen strichen. Nichts illustriert die pomadig-ennuyierte Attitüde der Abdankenden besser als der dem sächsischen König Friedrich August III. zugeschriebene nölige Abschiedsgruß vom 13. November 1918: »Nun, dann macht doch euern Dreck alleine!« Diejenigen, von denen man hätte erwarten sollen, dass sie sich rettend vor die Kronen stellen, verharrten tatenlos. »Nicht ein einziger Gardeleutnant hat sich für den König von Preußen in Stücke hauen lassen«, beobachtete Karl-Heinz Janßen trocken. Kein Kammerherr versuchte, die Entwicklung aufzuhalten; kein Hofprediger riskierte Leib und Leben, um die Dynastien zu schützen. Aber auch auf der Gegenseite war der Elan eher gering. Bis auf den verhassten Kaiser, dessen verlassenes Schloss zu Belin von Arbeiter- und Soldatenräten besetzt und – wenn auch eher zögerlich – geplündert wurde, erregte kaum ein Monarch leidenschaftliche Abscheu. Einigen Herrschern – etwa Großherzog Ernst Ludwig von Hessen oder König Wilhelm II. von Württemberg – wurde noch bei der Absetzung eine zart-bittere Zuneigung zuteil. Und die meisten Monarchen konnten sich nach der Abdankung frei und ungehindert in ihren einstigen Herrschaftsgebieten bewegen. Die Sympathie, die dem fidelen Ex-König Friedrich August III. in Sachsen weiterhin entgegengebracht wurde, hat Stoff für zahlreiche Anekdoten geliefert. Angesichts einer begeisterten Menge soll der König einmal bemerkt haben: »Ihr seid mir ja schöne Republikaner!«[4]

Für manche Historiker deuten die Geschwindigkeit und die Beiläufigkeit, mit denen Dutzende von konstitutionellen Monarchien nach dem Ersten Weltkrieg untergingen, darauf hin, dass dieses Staatsmodell schon lange zuvor hinfällig und dysfunktional geworden war. Am Ende des zähen und vielschichtigen Prozesses der Erosion monarchischer Legitimität habe ein Regime starrsinniger »Nullen« gestanden, das man schon lange hätte abschaffen müssen. Nirgendwo sei es gelungen, so resümiert etwa Lothar Machtan, einen »neuen Monarchietypus« zu entwickeln, »einen prototypischen gar, der auf eine entwicklungsfähige Alternative zum hauptsächlich um sich selbst kreisenden autokratischen Medienkaiser hinausgelaufen wäre«. Gefangen in ihrer »bizarren politischen Lebensform« seien die Monarchen zu keiner »freiwillige[n] Anpassung an die unaufhaltsame Modernisierung von Staat und Gesellschaft« fähig gewesen. Sie konnten »die einzige sie noch rettende Zukunftsaufgabe nicht begreifen, Demokratie und (Volks-)Königtum politisch zueinander zu bringen«.[5]

Dieses trübe Bild der konstitutionellen Monarchie deutscher Prägung scheint durch jene Monarchien bestätigt zu werden, die den Ersten Weltkrieg und die Jahre danach unbeschadet und zum Teil gestärkt überstanden. Nach Karl Loewenstein waren sie alle – die Kronen von Großbritannien, Belgien, den Niederlanden, Luxemburg, Dänemark, Norwegen und Schweden – »parlamentarische Monarchien«. Dort konnten Volkssouveränität und monarchisches Prinzip nebeneinander bestehen, »weil die Anerkennung des letzteren nur eine Höflichkeitsfloskel ist und der Herrscher in Wirklichkeit keine politischen Entscheidungen mehr zu treffen hat«. Die politische Macht habe dort längst beim Parlament gelegen und »im Zweifel gegen die königliche Prärogative« gewirkt. Nach dieser Lesart markierte das Ende des Ersten Weltkriegs in doppelter Hinsicht den Schlusspunkt des monarchischen Zeitalters: Die angeblich reformunfähigen konstitutionellen Monarchien Mitteleuropas, deren Wesenskern – laut Loewenstein – »das Nebeneinander-Bestehen und Zusammenspiel von zwei Staatsorganen, Krone und Volksvertretung«, war, wurden hinweggefegt, und es überdauerten nur jene, in denen sich der Respekt gegenüber der Krone auf ein höfliches Lippenbekenntnis beschränkte.[6]

Mit Blick auf die Rolle, die Europas Thronfolger im Verlauf des 19. Jahrhunderts bei der Umgestaltung und Erhaltung monarchischer Systeme gespielt haben, scheint diese Interpretation nicht ganz unproblematisch zu sein. Denn zum einen werden die Unterschiede zwischen den untergegangenen und den überlebenden Monarchien überbetont und gesamteuropäische Ähnlichkeiten und konvergente Entwicklungen vernachlässigt. Zum anderen wird – abgesehen von dem Hinweis auf Verkrustungen und Stasis – dem fast überall zu beobachtenden Phänomen eines stetigen Wandels und lautloser Anpassung der Monarchien an die jeweiligen Zeitumstände zu wenig Beachtung geschenkt.

Zunächst ist festzustellen, dass die sich ständig ändernden Zukunftsangebote, die Europas konstitutionelle Monarchien ihren Öffentlichkeiten im Verlauf des 19. Jahrhunderts hinsichtlich Erziehung, Aufgaben und Darstellung ihrer Thronfolger unterbreiteten, sich im Allgemeinen überall erstaunlich ähnelten. Es gab eine gemeinsame Entwicklung in eine klar erkennbare Richtung. Hierbei spielte die Bereitschaft, sich eine zunehmend eng ausgelegte Interpretation des verfassungsgemäßen Herrscheramtes zu eigen zu machen, eine wichtige Rolle, und zwar nicht nur in Loewensteins »parlamentarischen« Monarchien. Reaktionär auftretende Thronfolger wie Erzherzog Franz Ferdinand oder der deutsche Kronprinz Wilhelm können in diesem Zusammenhang als Ausnahmen gelten. Ihre Unbeliebtheit und Umstrittenheit bestätigten eine allgemeine Regel, die im Verlauf des 19. Jahrhunderts auch östlich des Rheins Gültigkeit erlangte.

Die unaufgeregte Lautlosigkeit, mit der die deutschen Monarchen im Herbst 1918 aus ihren Positionen entfernt wurden, kann daher auch in einem anderen Licht betrachtet werden. Denn trotz allen Beharrens auf dem monarchischen Prinzip war selbst in vielen deutschsprachigen Monarchien der Respekt vor dem Fürsten längst kaum mehr als die Wahrung traditioneller Formen der Höflichkeit. Die Abschaffung der Monarchien war daher allenfalls eine Unhöflichkeit, aber keine fundamentale Umwälzung der Staatsordnung, zumal in den meisten Monarchien bereits kurz zuvor das parlamentarische System hastig eingeführt worden war. Die »Entkrönung« konnte also vergleichsweise still erfolgen. Schon zuvor schien an manchen Orten eine Verwischung der

Grenzen von monarchischen und republikanisch-präsidenziellen Systemen durchaus denkbar, worauf der Sozialdemokrat Wilhelm Keil in seinem bekannten Artikel anlässlich des fünfundzwanzigsten Regierungsjubiläums König Wilhelms II. von Württemberg angespielt hatte: »Wenn morgen in Württemberg an die Stelle der Monarchie die Republik treten würde«, hatte Keil im Oktober 1916 erklärt, »kein zweiter Anwärter würde, wenn alle Bürger und Bürgerinnen des Staates zu entscheiden hätten, mehr Aussicht haben, an die Spitze des Staates gestellt zu werden, als der jetzige König.« Denn dieser Monarch habe die »Ausgestaltung der Verfassung« nicht behindert, sondern unterstützt. Wie Volker Sellin beschrieben hat, bewegten sich das monarchische und das demokratische Prinzip im 19. Jahrhundert aufeinander zu und kamen dabei so weit, dass sich selbst Sozialdemokraten einen König als Präsidenten vorstellen konnten.[7]

Keil war weder der einzige noch der erste deutsche SPD-Funktionär, der sich eine einvernehmliche Zukunft von Sozialdemokratie und konstitutioneller Monarchie ausmalen konnte. In den Jahren vor dem Ersten Weltkrieg beschäftigten sich mehrere sozialdemokratische Autoren mit der Entwicklung der Monarchie zum Volkskönigtum. »So schlecht, wie ihr die Monarchie macht, ist sie nicht«, hatte Keil August Bebels Rede auf dem Sozialistenkongress in Amsterdam zitiert und hinzugefügt, die Sozialdemokratie begeistere sich keineswegs für die »bürgerliche Republik«. Dass es Alternativen gab, zeigte der Blick über die Grenzen. In einem Aufsatz, den er 1906 in den *Sozialistischen Monatsheften* veröffentlichte, bezeichnete der norwegische Sozialist Olav Kringen die Monarchie in seinem Heimatland als »eine modernere Institution als die konservative Republik«. Obwohl er zehn Jahre lang US-Bürger gewesen sei, schrieb er, würde er die norwegische Monarchie ohne zu zögern der amerikanischen Republik vorziehen. Zwar sei, prinzipiell betrachtet, die Republik wohl die bessere Lösung, doch Kringen sah »keine Notwendigkeit, republikanische Theorien aufzustellen, und noch weniger, eine republikanische Propaganda in ein Land zu bringen, in dem die Monarchie mit der Demokratisierung der Institutionen Schritt halten muss«. Für Männer wie Keil war die entscheidende Frage daher nicht »Monarchie oder Republik«. Ihm ging es eher um die Umgestaltung der sozialen Grundlagen des Volkslebens. Schließlich nannten sich, wie der Reichstagsabgeordnete Ludwig Quessel 1909 ausführte, die Mitglieder der SPD ja »nicht *Sozialrepublikaner*, sondern *Sozialdemokraten*«, und so könnten sie die »Entwicklung zur demokratischen Monarchie« durchaus begrüßen, die auch in Deutschland im Gange sei. »Das demokratische Interesse«, erklärte derselbe Autor drei Jahre später, »weist uns gebieterisch den Weg des Parlamentarismus, der auch ins Kaiserschloß führt.«[8]

Diese Wahrnehmungen von Zeitgenossen, die nicht im Verdacht verblendeter Untertanenliebe standen, legen nahe, die zweifellos weiterbestehenden Unterschiede zwischen den »parlamentarischen« Monarchien und ihren »konstitutionellen« Pendants nicht zu überzeichnen. Denn offensichtlich herrschte vielfach die nicht unbegründete Erwartung, dass sich über kurz oder lang überall Spielarten dessen durchsetzen würden, was Quessel als »demokratische Monarchie« bezeichnet hat – und zwar nicht nur im parlamentarisch-monarchischen Westen und Norden des Kontinents, sondern selbst an so wenig vielversprechenden Orten wie dem Schloss des deutschen Kaisers.

Diese breite gesamteuropäische Konvergenz stand am Ende eines langen, wechselhaften und je nach Land unterschiedlich schnell verlaufenden Wandlungsprozesses. In Preußen, Bayern, Sachsen oder Piemont konnte zu Beginn des 19. Jahrhunderts von »demokratischer Monarchie« natürlich noch keine Rede sein. Allerdings befanden sich auch in Großbritannien, in den Niederlanden oder in Belgien die monarchischen Systeme nach Einführung der Verfassungen erst am Anfang der Entwicklung, die sich über das gesamte Jahrhundert hinzog. Noch 1834 entließ der britische König Wilhelm IV. das liberale Kabinett unter der Führung Lord Melbournes, obwohl es über eine parlamentarische Mehrheit verfügte. Seine Nachfolgerin, Königin Viktoria, war überzeugt, dass ihr die Rechte der Krone kraft »göttlichen Geschenks« zustanden, und so strebte sie in der frühen Phase ihrer Herrschaft mit ihrem Gemahl Albert eine Konstellation an, die der Krone eine aktive Beteiligung an der Regierung des Landes zugestand. Leopold I., der nach der Revolution von 1830 König der Belgier wurde, handelte ähnlich: Er leitete die Staatsgeschäfte persönlich und gestand seinen Ministern nur insoweit Autorität zu, wie sie »Minister des Königs« waren. Und König Wilhelm I. der Niederlande dankte 1840 lieber ab, als sich der parlamentarischen Kontrolle seiner Regierung zu beugen.[9]

Dem mit der Französischen Revolution einsetzenden Wandel mussten sich ausnahmslos alle europäischen Monarchien stellen. Dass ihnen das über Jahrzehnte weitgehend erfolgreich gelang, gehört zu einem vollständigen Porträt des Zeitalters. Zunächst galt es, den Übergang von der absoluten zur verfassungsmäßigen Herrschaft zu meistern. Kaum war die Verfassung eingeführt, mussten die nunmehr konstitutionellen Monarchien sich zunehmend in eine demokratische Richtung orientieren. Für beinahe ganz Europa wies Großbritannien den Weg, auf dem es voranzuschreiten galt. Viele der traditionellen Funktionen, die monarchische Herrscher während der Antike, des Mittelalters oder in der Frühen Neuzeit ausgeübt hatten, wurden im 19. Jahrhundert von anderen Individuen und Institutionen übernommen. Es wurde zunehmend deutlich, so David Cannadine, dass »es bei der modernen Monarchie vor allem darum geht, neue Dinge zu tun, neue Funktionen zu finden und neue Begründungen für ihre Existenz in Gesellschaften anzubieten, die nicht mehr ländlich, religiös und hierarchisch sind […], sondern stattdessen urban, säkular und demokratisch«.[10]

Indem die Monarchien diese Herausforderung annahmen und sich verstärkt der Wahrnehmung spezieller monarchischer Funktionen zuwandten, konnten sie sich über Generationen behaupten. Das Spektrum ihrer Möglichkeiten reichte von überparteiischer Moderation bis zur kollektiven Identitätsstiftung, von Traditionsbewahrung bis zur nationalen Führungsrolle. Das bedeutete zugleich steten Wandel unter Wahrung charakteristischer Teilidentitäten und beinhaltete das latente Versprechen einer immerwährenden Anpassung an die sich verändernden politischen, sozialen und kulturellen Bedürfnisse der Zeitgenossen. Dieses Angebot förderte in großen Teilen der europäischen Gesellschaften die Bereitschaft, monarchische Herrschaftsformen nicht nur zu ertragen, sondern sogar zu befürworten. Daneben war auch ein psychologischer Aspekt von Bedeutung, den Lothar Machtan für den deutschen Fall skizziert hat, der aber auf große Teile Europas ebenfalls zutraf: »Viele Deutsche waren gerne Monarchisten, weil sie in den

Kronenträgern eine Macht bewunderten, die wenigstens ab und an der Banalität des allzu menschlichen Daseins entgegenwirkte, indem sie das profane Leben mit Glamour und Poesie, ja auch mit Pomp übergoss.«[11]

Die Wandlungs- und Leistungsfähigkeit der Monarchien sowie ihre Aufgabe, einer breiten Öffentlichkeit Trost und Unterhaltung zu liefern, war das eine. Ein Übermaß an Initiative und aktivem Gestaltungswillen sollte ihnen dabei allerdings nicht zugestanden werden. Für die Monarchen des 19. Jahrhunderts galt je später desto mehr – und zwar nicht nur in Großbritannien –, dass sie eher »auf Ereignisse reagierten, als sie in die Wege zu leiten, einer Epoche vorsaßen, sie aber nicht dominierten«.[12] Daneben – und das ist ein wichtiger Teil des Gesamtbildes – spielte das Beharrende der monarchischen Herrschaft eine nicht zu unterschätzende Rolle: die Tradition hocharistokratischer Lebensformen, das abgehobene dynastische Selbstverständnis, die symbiotische Zusammenarbeit der Kronen mit oftmals reaktionären Eliten oder das häufige Bemühen, eine parlamentarisch-demokratische Umgestaltung des Staatswesens zu verzögern.

Die Thronfolge, also der Übergang der Macht auf ein anderes Mitglied der Dynastie, und besonders die einzelnen Thronfolger trugen zur monarchischen Selbstbehauptung durch Beharren und Wandel entscheidend bei. Sie taten dies zunächst auf dem eng definierten politischen Gebiet, auf dem das monarchische System vom Generationenwechsel geradezu profitierte. *Grosso modo* waren die meisten Kronprinzen nämlich zumindest etwas liberaler als ihre Vorgänger und konnten sich – auch dank ihrer Erziehung – den Anforderungen der Zeit leichter anpassen. Dies betraf vor allem die Bereitschaft, die geschriebenen und ungeschriebenen verfassungsrechtlichen Beschränkungen des konstitutionellen Herrscheramtes zu akzeptieren. Die häufig zu beobachtende politische Diskrepanz zwischen Monarch und Nachfolger versöhnte die auf Veränderung hoffenden Zeitgenossen mit dem Status quo und verschob den ersehnten Wandel auf die Zukunft, die mit dem unvermeidlichen Thronwechsel beginnen würde. So gesehen waren politische Spannungen zwischen den Herrschergenerationen – so belastend sie für die Beteiligten auch sein mochten –

für das monarchische System nicht unbedingt von Nachteil. Der loyale Thronerbe wie der opponierende Kronprinz stützten beide auf ihre Weise das System.

Auch jenseits des eng gefassten politischen Bereichs entfalteten Thronfolger eine besondere Wirksamkeit im Dienste der monarchischen Selbstbehauptung. Durch Auftritte, die in der Öffentlichkeit dank einer immer raffinierteren Medienhandhabung Aufmerksamkeit und Interesse erregten, akkumulierten sie auf vielfältige Weise jene »sanfte Macht«, die große Teile der Bevölkerung an die Monarchien band. Das begann mit dem Bemühen, eine emotionale Verbindung der Untertanen zu dem prinzlichen Kind herzustellen, und setzte sich fort im vorbildhaften Verhalten des Thronfolgers zunächst gegenüber den Eltern, später zum Ehepartner und zu den Kindern. Dokumentiert wurde darüber hinaus die gründliche Ausbildung des zukünftigen Herrschers in Schulen, Universitäten und staatlichen Behörden, und keine Gelegenheit blieb ungenutzt, seine menschenfreundliche Wohltätigkeit und Kulturbeflissenheit sowie seine militärische Tüchtigkeit in Szene zu setzen. Dabei konnten – unabhängig von ihren eigentlichen politischen Ansichten – selbst wenig fortschrittliche Thronfolger ein modernes, nahbares Image erwerben. So wurde etwa der schulische Bildungsweg von Kronprinz Wilhelm mit Sorgfalt auf die Vorstellungen der Zeitgenossen abgestimmt, die Inszenierung seiner angeblichen Liebesheirat im Jahr 1905 trug ebenfalls zum Imagegewinn bei und auch seine lebhafte Unterstützung des noch jungen Fußballsports.

Im Grunde ähnelten sich die persönlichen, familiären und öffentlichen Rahmenbedingungen, die das Leben der künftigen Herrscher Europas bestimmten, in auffälliger Weise, und auch die zentralen Anforderungen an sie orientierten sich an einem europäischen Standard. Voraussetzung für den Erfolg des Thronfolgers war ein für alle sichtbarer, möglichst tadelloser privater Lebenswandel. Darüber hinaus musste er willens und fähig zu sein, sich adäquat ausbilden zu lassen und eine niemals ermüdende Leutseligkeit an den Tag zu legen. Ob in Großbritannien oder in Preußen, ob in Italien oder den Niederlanden: Überall sahen sich Thronfolger dabei im Verhältnis zu ihren regierenden Vorgängern, in ihren Ehen, während ihrer schulischen und militärischen Ausbildung und ganz generell in der Öffentlichkeit mit dem Grundproblem der Ungleichzeitigkeit des Gleichzeitigen konfrontiert. Weil der dynastische Anspruch vor allem auf Unveränderlichkeit, Zeitlosigkeit und Besonderheit beruhte, hatten sich Thronfolger öffentlich sichtbar in ehrfurchtgebietende monarchische Traditionen zu fügen – und zwar in die wirklich alten wie in die vor nicht allzu langer Zeit erfundenen.[13] Zugleich mussten sie das Publikum jedoch durch zeitgemäßes Verhalten beeindrucken. Dieses hatte mustergültig zu sein, und zwar gemessen an modernen, häufig als bürgerlich deklarierten Tüchtigkeits- und Tugendhaftigkeitskriterien. Am Ende ergab sich durch die Darstellung, das Handeln und die impliziten Versprechen der Thronfolger der Effekt, dass die Modernisierung der monarchischen Systeme nicht nur insinuiert, sondern diese Ankündigung auch eingelöst wurde – allerdings nur schrittweise und unter Beibehaltung von Teilen des monarchischen Prinzips.

Die Thronfolge bot den Monarchien also eine willkommene und regelmäßig wiederkehrende Gelegenheit zur Neuerfindung, Anpassung und Justierung. In Gestalt des Thronfolgers formten sie ihre politische Marke nach den Vorlieben und Bedürfnissen des jeweiligen Marktes, in dem sie operieren mussten, und erhielten der Monarchie damit ihre Stellung. Ähnlich wie bei den Krustentieren die regelmäßige Häutung war bei den Monarchien die Thronfolge ein transformativer Prozess. Dieser hielt einen eindeutig wiedererkennbaren politischen Organismus in Schwung, der sich allerdings durch stete Veränderung immer neuen Anforderungen gewachsen zeigte.

Für die europäischen Monarchien des 19. Jahrhunderts war der mit der Thronfolge verbundene Wechsel daher nicht nur unvermeidlich, sondern ebenso notwendig und nützlich. Doch er war immer auch ein Moment der Verwundbarkeit und Unsicherheit. Denn ob die mit ihm verbundenen ehrgeizigen Ziele erreicht wurden, hing nicht nur von den vorhandenen Strukturen und Tendenzen ab, sondern vor allem von den Individuen, die der Zufall der Geburt in diese wichtige Position gebracht hatte. Persönliche Stärken und Schwächen, Charakterzüge und Vorlieben der Erben sowie gelegentliche Schicksalsschläge spielten in erbmonarchischen Systemen daher eine disproportional große Rolle.

Hinzu kam mitunter noch ein blaublütig-genetisches Sonderproblem, für das Georg Hinzpeter, der Erzieher des letzten deutschen Kaisers, 1891 erstaunlich freimütige Worte fand: die »physiologische Thatsache [...], daß die Mitglieder aller regierenden Häuser an einer gewissen physischen wie geistigen Depression der Lebensenergie zu leiden pflegen«.[14] Geistig besonders unbewegliche Thronfolger wie der früh verstorbene britische Prinz Eddy, vergnügungssüchtige Dandys wie Kronprinz Wilhelm oder unverbesserlich schroffe Persönlichkeiten wie Erzherzog Franz Ferdinand konnten das System gefährden. Gelegentlich brachten auch Unglücksfälle oder Tragödien eine Monarchie ins Wanken – man denke nur an den Unfalltod Ferdinands von Orléans im Jahr 1842 oder das schockierende Ende des Kronprinzen Rudolf im Januar 1889.

Diese tragischen Einzelfälle stellten jedoch nicht das größte Risiko dar. Vielmehr wurde die Existenz der monarchischen Systeme durch schwere politische Belastungssituationen gefährdet. In eine solche Lage gerieten die Monarchien am Ende des langen 19. Jahrhunderts, als die gekrönten Häupter einander den Krieg erklärten und die Thronfolger, die personifizierte Zukunft der monarchischen Nationen, ihre Völker auf die Schlachtfelder des Ersten Weltkriegs führten. Ein sozialdarwinistisch und militaristisch geprägtes Zeitalter sah im Waffengang »Gottes Test durch den Krieg«, und wer jener ultimativen Prüfung nicht standhielt, dessen Herrschaftsanspruch war dahin.[15] Im Moment der Niederlage wurde daher die Stellung des Fürsten an der Spitze der bewaffneten Nation – jene sichtbarste, am höchsten geschätzte und am tiefsten in der Idee der Königsherrschaft verwurzelte Form monarchischer Selbstdarstellung im 19. Jahrhundert – zur tödlichen Gefahr.

Mit dem massenhaften Untergang der Monarchien Europas nach dem Ersten Weltkrieg, zu dessen Ausbruch diese Staatsform einen bedenklichen Beitrag geleistet hatte, gelangte die lange und insgesamt erfolgreiche monarchische Spätblüte an ihr dramatisches Ende. Ungeachtet tiefgreifender Veränderungen war der Monarchie im 19. Jahrhundert die Selbstbehauptung gelungen. Sie hatte die Modernisierung des Kontinents nicht nur überlebt, sondern mitgestaltet. Das Jahrhundert, das sich an den Wiener Kongress anschloss, verlief in Europa vergleichsweise friedlich. Diese letzte monarchische Epoche endete, als beinahe alle europäischen Gesellschaften die traumatische Erfahrung der Niederlage im bis dahin schrecklichsten Krieg der Menschheitsgeschichte erlitten. Die offenbare Unfähigkeit der nationalen monarchischen Herrscher, ihre ureigenste Aufgabe zu erfüllen, hatte in den betroffenen Ländern eine tiefgreifende Delegitimierung dieser Staatsform und der sie tragenden Eliten zur Folge. In Frankreich hatte dieser Mechanismus das monarchische Zeitalter bereits 1870 abgeschlossen. Gerade angesichts der zentralen Bedeutung des militärischen Spektakels bei der Herrschaftsinszenierung Napoleons III., so erklärt Matthew Truesdell, musste ein verlorener Krieg katastrophale Folgen haben: »Diese Art von Führung, dieses ›Soldaten-Spielen‹, war notwendigerweise am effektivsten, wenn sie mit militärischen Erfolgen einherging, und ließ sich überhaupt nicht mit militärischen Niederlagen wie der von Sedan vereinbaren.« Für das monarchische Europa als Ganzes wurde der Erste Weltkrieg zur Schlacht von Sedan.[16]

In diesem Schluss liegt eine doppelte Ironie: Die monarchische Propaganda hatte gerade den Krieg als die besondere Domäne der Fürsten gefeiert. *Ultima ratio regis* – »das äußerste Mittel des Königs« – lautete die Inschrift, die stolz und drohend auf den Rohren spanischer, französischer und preußischer Kanonen prangte. Nun war es der Krieg, der die Kronen hinwegfegte. Und ausgerechnet Erzherzog Franz Ferdinand, die vielleicht prominenteste Ausnahme des Anpassungsvorgangs, dem die Thronfolger sich zu unterwerfen hatten, fiel mit seiner Gemahlin am 28. Juni 1914 in Sarajevo den Schüssen eines serbischen Terroristen zum Opfer. Ebendiesen Thronfolger mit seinen neo-absolutistischen Neigungen und seiner trotzigen Weigerung, sich auf charmante Weise um »sanfte Macht« zu bemühen, diesen anachronistischen Problemfall hatte es in Sarajevo getroffen. Viele österreichische Zeigenossen, so hielt der Jurist Josef Redlich damals in seinem Tagebuch fest, haben im Sommer 1914 »im Ende des Erzherzogs und seiner Frau eine glückliche Fügung für Österreich erblickt«. Mit Erzherzog Karl, dem jugendlich-sympathischen und konzilianten neuen Thronfolger, schien sich endlich auch der Donaumonarchie eine Möglichkeit zum monarchischen Wandel zu bieten. Doch dazu ist es nicht mehr gekommen, weil die Schüsse von Sarajevo ebenjenen Krieg auslösten, der das monarchische Jahrhundert blutig beendete.[17]

Damit war die Geschichte der Thronfolger als Zukunft der europäischen Monarchien im langen 19. Jahrhundert zu Ende. Sie hatte im Januar 1793 in Paris mit der Hinrichtung eines französischen Königs auf dem Schafott begonnen und endete ähnlich blutig mit der Ermordung eines Thronfolgers im Juni 1914 in Sarajevo.

# ANHANG

# Dank

Wenn man die Geduld von Familienmitgliedern und Freunden über Jahre mit Geschichten über Thronfolger strapaziert hat; wenn man Kollegen, Archivare, Bibliothekare und Forschungseinrichtungen mit Fragen und Hilfeersuchen geplagt hat; wenn diese Aktivitäten auch noch von großzügigen Unterstützern historischer Forschung gefördert wurden, dann gebietet es der Anstand, dass man am Ende seine Dankbarkeit ausdrückt. Dieser angenehmen Aufgabe möchte ich mich nun zuwenden.

Das vorliegende Buch ist aus einem mehrjährigen Forschungsprojekt hervorgegangen, das der britische *Arts and Humanities Research Council* finanziert hat und das von 2012 bis 2017 an der Universität St Andrews beheimatet war. Die Unterstützung durch diese beiden Institutionen war unentbehrlich. Ohne sie hätte die kleine Forschergruppe des Projekts *Heirs to the Throne in the Constitutional Monarchies of 19th-Century Europe* (http://heirstothethrone-project.net/) nicht ins Leben treten können. Ich danke meinen Mitstreitern – Amelia Carruthers, Jennifer Henderson Crane, Dr. Charles Jones, Dr. Carmina López Sanchez, Dr. Maria-Christina Marchi, Dr. Richard Meyer-Forsting, Lynneth Miller, Mariko Okawa, Dr. Miriam Schneider und vor allem Dr. Heidi Mehrkens – herzlich für die gemeinsame Zeit, für die vielen fröhlichen und lehrreichen Gespräche. Der wichtige Beitrag, den meine Mitarbeiter zu diesem Buch geleistet haben, ist offensichtlich, und ich bin ihnen besonders für ihre Unterstützung und Auskünfte während der Niederschrift sehr verbunden.

Auch andere Fachkollegen, die ich im Zusammenhang mit meinem Projekt kennenlernen durfte, haben großzügig auf meine Anfragen reagiert und ihr Wissen mit mir geteilt. Ich bedanke mich dafür herzlich bei Alma Hannig, Trond Norén Isaksen, Prof. Axel Körner,

Prof. Jes Fabricius Møller, Prof. Jane Ridley, Christoph de Spiegeleer, Dr. Andrew Thompson und Dr. Valentina Villa.

Die für dieses Buch unternommenen Archivstudien wären nicht möglich gewesen ohne die fachkundige und freundliche Hilfe von Archivaren in Altshausen, Amberg, Berlin, Dresden, München, Stuttgart, Oxford und Windsor. Besonders danken möchte ich Dr. Robin Darwall-Smith (Oxford), Dr. Albrecht Ernst (Hauptstaatsarchiv Stuttgart), Dr. Eberhard Fritz (Archiv Altshausen), Dr. Gerhard Immler (Hauptstaatsarchiv München) und Dr. Gerhard Keiper (Politisches Archiv des Auswärtigen Amtes). Zudem bin ich Ihrer Majestät, Königin Elisabeth II., für die Genehmigung verbunden, Bestände aus den *Royal Archives* einsehen und zitieren zu dürfen. Ein warmer Dank geht auch an die Bibliothekare der Universitätsbibliothek St Andrews und der Staatsbibliothek Berlin. Der Großteil dieses Buches ist 2016 bis 2017 im prächtigen neuen Lesesaal des Hauses Unter den Linden der Berliner Staatsbibliothek geschrieben worden, wo ich – dank der Hilfe von Heike Fritz – perfekte Arbeitsbedingungen genießen konnte.

Mein Forschungs- und Schreibjahr in Berlin war in vielerlei Hinsicht ein großes Vergnügen für meine Familie und für mich. Dafür gilt mein herzlicher Dank den alten Berliner Freunden, deren Gesellschaft unsere Zeit an der Spree so angenehm gemacht hat, und besonders auch an die neuen: an Prof. Birgit Aschmann und Britt Schlünz ebenso wie an die liebenswerten und musikalischen Männer, Frauen und Jungbläser von der »Blechmontage«. Dank auch an die Mitarbeiter des IBZ, wo wir gerne gewohnt haben.

Meine Eltern, Hedi und Erhard Müller, haben meine Familie und mich in Berlin nicht nur liebevoll umsorgt, sondern das Manuskript des ganzen Buches sorgfältig gelesen und kommentiert. Auch meine Freunde und Kollegen Dr. Bernhard Struck und – wie immer! – Prof. Dominik Geppert haben sich viel Mühe mit dem Text gemacht und ihn entscheidend verbessert. Ich danke ihnen – und ebenso Dr. Saskia Limbach, die das Literaturverzeichnis erstellt hat – herzlich für ihre Sorgfalt, Sachkenntnis und Ermutigung.

Die Zusammenarbeit mit dem Siedler Verlag war ein echtes Vergnügen. Ich danke Jens Dehning für seine Förderung dieses Buches und für sein ermutigendes Feedback. Ditta Ahmadi bin ich für ihr umsichtiges, kenntnisreiches und stilsicheres Lektorat verbunden.

Ein abschließender Dank geht an meine Familie: an meine Söhne Hugo und Nicholas, denen ich ein glücklicheres Leben wünsche, als es vielen der Königskinder beschieden war, über die ich in den letzten Jahren nachgedacht habe. Ohne die Fröhlichkeit und Zuneigung dieser beiden Prachtkerle wäre mir die Arbeit viel weniger leicht von der Hand gegangen. Besonders danken möchte ich meiner wundervollen Frau Celia für ihre nunmehr fünfundzwanzigjährige liebevolle Einzelbetreuung des Autors. Als eine kleine Geste meiner Dankbarkeit für diese Form nachhaltiger Wissenschaftsförderung ist ihr dieses Buch in Liebe gewidmet.

St Andrews, Dezember 2018
*Frank Lorenz Müller*

# Anmerkungen

## Einleitung

1 John Hardman, *Louis XVI,* New Haven/London 1993, S. 231–233; J. M. Thompson (Hg.), *English Witnesses of the French Revolution*, Oxford 1938, S. 227–231; Henri Sanson, *Tagebücher der Henker von Paris*, Bd. 1 – http://gutenberg.spiegel.de/buch/tagebucher-der-henker-von-paris-erster-band-445/12 (Zugriff 12.7.2017).

2 Susan Dunn, *The Deaths of Louis XVI: Regicide and the French Political Imagination*, Princeton 1994, S. 140; Susan Dunn, »Camus and Louis XVI: An Elegy for the Martyred King«, in: *The French Review* 62 (1989), S. 1032.

3 Henning Holsten und Daniel Schönpflug, »Widersprüche eines dynastischen Gipfeltreffens im Jahr 1913«, in: Ute Daniel und Christian K. Frey (Hg.), *Die preußisch-welfische Hochzeit 1913: Das dynastische Europa in seinem letzten Friedensjahr*, Braunschweig 2016, S. 50–68; Jörg Kirschstein, »Kaisertochter und Welfenprinz. Die glanzvolle Hochzeit von Victoria Luise und Ernst August im Jahr 1913«, in: Stiftung Residenzschloss Braunschweig (Hg.), *Europas letztes Rendezvous. Die Hochzeit von Victoria Luise und Ernst August*, Braunschweig 2013, S. 14–55.

4 Wulf Otte, »Zwischen Welfenstolz und Preußenmacht. Die braunschweigische Thronfolgefrage 1866–1918«, in: Meike Buck, Maik Ohnezeit und Heike Pöppelmann (Hg.), *1919 – Herrliche moderne Zeiten?*, Braunschweig 2013, S. 52; Herzogin Viktoria Luise, *Ein Leben als Tochter des Kaisers,* Göttingen 1965, S. 118–119.

5 Eric Hobsbawm, *The Age of Revolution: Europe 1789–1848*, London 1962; Eric Hobsbawm, *The Age of Capital: 1848–1875*, London 1975; Eric Hobsbawm, *The Age of Empire: 1875–1914*, London 1987; Eberhard Weis, *Der Durchbruch des Bürgertums: 1776–1847*, Berlin 1990; Theodor Schieder, *Staatensystem als Vormacht der Welt, 1848–1918*, Berlin 1986; Jürgen Osterhammel, *Die Verwandlung der Welt: eine Geschichte des 19. Jahrhunderts*, München 2009.

6 Dieter Langewiesche, *Die Monarchie im Jahrhundert Europas: Selbstbehauptung durch Wandel im 19. Jahrhundert*, Heidelberg 2013, S. 6.

7 Robert. R. Palmer, *Das Zeitalter der demokratischen Revolution*, Frankfurt am Main 1970.

8 Der Vollständigkeit halber muss noch erwähnt werden, dass es – in seltenen Fällen wie dem Vatikan, dem Heiligen Römischen Reich bis 1806 oder in Polen-Litauen bis 1795 – auch monarchische Systeme gab, in denen das Staatsoberhaupt nicht durch Erbgang, sondern durch die Entscheidung eines exklusiven Wahlkollegiums bestimmt wurde; siehe: Tobias Friske, *Staatsform Monarchie. Was unterscheidet eine Monarchie heute noch von einer Republik?*, Freiburg 2007, S. 40–44 – https://freidok.uni-freiburg.de/data/3325 (Zugriff 10.8.2017); Langewiesche, 2013.

9 David Cannadine, »The Last Hanoverian Sovereign? The Victorian Monarchy in Historical Perspective, 1688–1888«, in: A. L. Beier, David Cannadine und James M. Rosenheim (Hg.), *The First Modern Society: Essays in English History in Honour of Lawrence Stone*, Cambridge 1989, S. 129–130; eine knappe Übersicht über die Forschungsliteratur zur europäischen Monarchiegeschichte im 19. Jahrhundert bieten Frank Lorenz Müller, »Stabilizing a ›Great Historical System‹ in the Nineteenth Century? Royal Heirs and Succession in an Age of Monarchy«, in: Frank Lorenz Müller und Heidi Mehrkens (Hg.), *Sons and Heirs. Succession and Political Culture in Nineteenth-Century Europe,* Basingstoke 2015, S. 1–16, Martin Kohlrausch, »Die höfische Gesellschaft und ihre Feinde: Monarchie und Öffentlichkeit in Großbritannien und Deutschland um 1900«, in: *Neue Politische Literatur* 47 (2002), S. 450–466, und Torsten Riotte, »Nach ›Pomp und Politik‹: Neue Ansätze in der Historiographie zum regierenden Hochadel im 19. Jahrhundert«, in: *Neue Politische Literatur* 59 (2014), S. 209–228; zur (Selbst-)Darstellung der deutschen Monarchen in der zweiten Hälfte des 19. Jahrhunderts siehe jetzt auch: Anja Schöbel, *Monarchie und Öffentlichkeit. Die Inszenierung der deutschen Bundesfürsten 1848–1918,* Köln/Weimar/Wien 2017. Ein europäisches Panorama zur Rolle der Monarchien im 19. Jahrhundert bietet jetzt auch: Benjamin Hasselhorn und Marc von Knorring (Hg.), *Vom Olymp zum Boulevard: Die europäischen Monarchien von 1815 bis heute – Verlierer der Geschichte?*, Berlin 2018.

10 Werner Telesko, *Geschichtsraum Österreich. Die Habsburger und ihre Geschichte in der bildenden Kunst des 19. Jahrhunderts*, Wien 2006, S. 282–286.

11 Martin Kirsch, *Monarch und Parlament im 19. Jahrhundert: der monarchische Konstitutionalismus als europäischer Verfassungstyp. Frankreich im Vergleich*, Göttingen 1999.

12 Für eine interaktive Datenbank mit biographischen Angaben zu den Thronfolgern in den wichtigsten europäischen Dynastien siehe https://www.st-andrews.ac.uk/history/research/monarchies/Heirslist_Project/_heirslist.htm.

**Kapitel 1**

1 »Opening of Parliament at Rome«, in: *Democrat Herald* vom 14.7.1891 – https://www.coloradohistoricnewspapers.org/cgi-bin/colorado?a=d&d=THD18910714.2.24# (Zugriff 18.11.2016).

2 Giuseppe Tomasi di Lampedusa, *Der Gattopardo*, München 2004, S. 35.

3 *Norddeutsche Allgemeine Zeitung* vom 18.10.1881.

4 Gaby Huch, *Zwischen Ehrenpforte und Inkognito: Preußische Könige auf Reisen. Quellen zur Repräsentation der Monarchie zwischen 1797 und 1871*, Bd. 1, Berlin 2016, S. 3.

5 Coen A. Tamse, »Die niederländische Monarchie«, in: Horst Lademacher und Walter Mühlhausen (Hg.), *Freiheitsstreben. Demokratie. Emanzipation. Aufsätze zur politischen Kultur in Deutschland und den Niederlanden*, Münster/Hamburg 1993, S. 125.

6 Otto Brunner, »Vom Gottesgnadentum zum monarchischen Prinzip. Der Weg der europäischen Monarchie seit dem hohen Mittelalter«, in: *Das Königtum. Seine geistigen und rechtlichen Grundlagen*, Lindau/Konstanz 1956, S. 293–303; Katharina Weigand, »Die konstitutionelle Monarchie im 19. Jahrhundert im Spannungsfeld von Krone und Staat, Macht und Amt«, in: Wolfgang Wiese und Katrin Rössler (Hg.), *Repräsentation im Wandel*, Ostfildern 2008, S. 36–37; Heinz Gollwitzer, »Die Endphase der Monarchie in Deutschland«, in: Heinz Gollwitzer, *Weltpolitik und deutsche Geschichte*, hg. v. Hans-Christof Kraus, Göttingen 2008, S. 367–369.

7 Weigand, 2008, S. 37–38; Hans-Michael Körner, »Die Monarchie im 19. Jahrhundert. Zwischen Nostalgie und wissenschaftlichem Diskurs«, in: Winfried Müller und Martina Schattkowsky (Hg.), *Zwischen Tradition und Modernität. König Johann von Sachsen 1801–1873*, Leipzig 2004, S. 26–27; Ernst Rudolf Huber, *Deutsche Verfassungsgeschichte*, Bd. 3, Stuttgart 1963, S. 20–22.

8 Friedrich Naumann, »Monarchie und Demokratie« (1912), in: Friedrich Naumann, *Werke*, Bd. 2, Köln/Opladen 1964, S. 443.

9 »Über Verfassungsvertrag, Verfassungsformen und die Würksamkeit ständischer Versammlungen«, in: *Rheinische Blätter* Nr. 154 vom 27.9.1817, S. 638; Dieter Langewiesche, »Die Monarchie im Europa des bürgerlichen Jahrhunderts. Das Königreich Württemberg«, in: *Monarchie und Moderne*, Stuttgart 2006, S. 26.

10 W. M. Spellman, *Monarchies 1000–2000*, London 2001, S. 209; Volker Sellin, *Gewalt und Legitimität. Die europäische Monarchie im Zeitalter der Revolutionen*, München 2011, S. 217; Hagen Schulze, *Staat und Nation in der Europäischen Geschichte*, München 1994, S. 208; Linda Colley, »The Apotheosis of George III: Loyalty, Royalty and the British Nation 1760–1820«, in: *Past and Present* 102 (1984), S. 102, 121, 124–125; Volker Sellin, »Die Nationalisierung der Monarchie, in: Hasselhorn und von Knorring (Hg.), 2018, S. 241–253.

11 Sellin, 2001, S. 217; Heinz Gollwitzer, *Ludwig I. von Bayern. Eine politische Biographie,* München 1997, S. 637; Otto Hintze, *Die Hohenzollern und ihr Werk 1415–1915. Fünfhundert Jahre vaterländische Geschichte,* 5. Aufl. Berlin 1915, S. 520; Frank-Lothar Kroll, »Zwischen europäischem Bewußtsein und nationaler Identität. Legitimationsstrategien monarchischer Eliten des 19. und frühen 20. Jahrhunderts«, in: Hans-Christof Kraus und Thomas Nicklas (Hg.), *Geschichte der Politik. Alte und neue Wege,* München 2007, S. 360–366.

12 Michaela und Karl Vocelka, *Franz Joseph I. Kaiser von Österreich und König von Ungarn, 1830–1916,* München 2015, S. 203–204; *The Times* vom 22.6.1887.

13 *The Times* vom 22.6.1887; Schulze, 1994, S. 252; David Cannadine, *Ornamentalism. How the British Saw Their Empire,* London 2001, S. 101–120; Jane Ridley, *Victoria. Queen, Matriarch, Empress,* London 2015, S. 110; Duncan Bell, »The Idea of a Patriot Queen? The Monarchy, the Constitution and the Iconographic Order of Greater Britain, 1860–1900«, in: *The Journal of Imperial and Commonwealth History* 34 (2006), S. 3–22.

14 Schulze, 1994, S. 262–263; Rüdiger vom Bruch, »Kaiser und Bürger: Wilhelminismus als Ausdruck kulturellen Umbruchs um 1900«, in: ders., *Bürgerlichkeit, Staat und Kultur im Kaiserreich. Ausgewählte Aufsätze,* Stuttgart 2015, S. 25, 30; Friedrich Naumann, *Demokratie und Kaisertum. Ein Handbuch für innere Politik,* Berlin 1900, S. 213–214.

15 *Politiken* vom 13.10.1899 und 22.7.1900; Miriam Schneider, *The »Sailor Prince« in the Age of Empire. Creating a Monarchical Brand in Nineteenth-Century Europe,* London 2018, S. 17, 242; ich danke Miriam Schneider für die Hinweise auf Prinz Waldemar.

16 Carolyn P. Boyd, »El rey-soldado: Alfonso XIII y el ejercito«, in: Javier Moreno Luzón (Hg.), *Alfonso XIII. Un Politico En El Trono,* Madrid 2003, S. 221; Javier Moreno Luzón, »Alfonso el Regenador. Monarquía escénica e imaginarionacionalista español, en perspectiva comparada«, in: *Hispania* LXXIII (2013), S. 339; ich danke Richard Meyer Forsting für die Hinweise auf Alfons XIII.

17 Denis Mack Smith, *Italy and its Monarchy,* New Haven/London 1998, S. 182–191; Christopher Duggan, *The Force of Destiny. A History of Italy since 1796,* London 2007, S. 381–384; Andrea Auguri, »The Role of the Monarchy in the War in Libya«, in: Luca Micheletta und Andrea Auguri (Hg.), *The Libyan War 1911–1912,* Cambridge 2013, S. 37; Martin Clark, *Modern Italy 1871–1982,* London 1984, S. 153–156.

18 Duggan, 2007, S. 384.

19 Dieter Langewiesche, »Nation, Nationalismus, Nationalstaat: Forschungsstand und Forschungsperspektiven«, in: *Neue Politische Literatur* 40 (1995), S. 205–210; Dieter Langewiesche, »Nationalismus im 19. und 20. Jahrhun-

dert: zwischen Partizipation und Aggression«, in: ders., *Nation, Nationalismus, Nationalstaat in Deutschland und Europa*, München 2000, S. 35–54; Johannes Paulmann, *Pomp und Politik. Monarchenbegegnungen in Europa zwischen Ancien Régime und Erstem Weltkrieg*, Paderborn 2000, S. 160–164.

20 Matthew Truesdell, *Spectacular Politics. Louis-Napoleon Bonaparte and the ›Fête Imperiale‹, 1849–1870*, New York/Oxford 1997, S. 121–135.

21 J. M. Forster, *Ludwig. Königlicher Prinz von Bayern*, München 1894, S. 54.

22 Kaiser Friedrich III., *Das Kriegstagebuch von 1870/71*, hg. von Heinrich Otto Meisner, Leipzig/Berlin 1926, S. 415f. (7. März 1871).

23 Martin Kirsch, *Monarch und Parlament im 19. Jahrhundert. Der monarchische Konstitutionalismus als europäischer Verfassungstyp – Frankreich im Vergleich*, Göttingen 1999, S. 299–411; Dieter Gosewinkel und Johannes Masing (Hg.), *Die Verfassungen in Europa 1789–1949*, München 2006, S. 281.

24 Frank Lorenz Müller, *Royal Heirs in Imperial Germany. The Future of Monarchy in Nineteenth-Century Bavaria, Saxony and Württemberg*, London 2017, S. 141–142; *Münchner Neueste Nachrichten* vom 13.3.1891.

25 Volker Sellin, »Die Erfindung des Monarchischen Prinzips. Jacques-Claude Beugnots Präambel zur *Charte Constitutionelle*«, in: Armin Heinen und Dietmar Hüsen (Hg.), *Tour de France. Eine historische Rundreise. Festschrift für Rainer Hudemann*, Stuttgart 2008, S. 489–497.

26 Volker Sellin, »Restorations and Constitutions«, in: Kelly L. Grotke und Markus J. Prutsch (Hg.), *Constitutionalism, Legitimacy, and Power*, Oxford 2014 (b), S. 91; Volker Sellin, *Das Jahrhundert der Restaurationen. 1814–1906*, München 2014 (a), S. 139.

27 Sellin, 2014a, S. 139–140; Heinz Häfner, *Ein König wird beseitigt: Ludwig II. von Bayern*, München 2008; Sicco Ernst Willem Roorda van Eysinga, *Uit het leven van Koning Gorilla*, Den Haag 1888, S. 1–91; Coenraad A. Tamse, »König Wilhelm III. und Sophie«, in: ders. (Hg.), *Nassau und Oranien. Staathalter und Könige der Niederlande*, Göttingen/Zürich 1985, S. 308–328; Martin Kohlrausch, *Der Monarch im Skandal. Die Logik der Massenmedien und die Transformation der wilhelminischen Monarchie*, Berlin 2005, S. 118–154.

28 *Staats-Anzeiger für Württemberg* vom 7.10.1891; *L'illustrazione Italiana* Jg. XXVII, Nr. 31, vom 5. August 1900; José Grases Riera, *Memoria del anteproyecto de monumento que ha de erigirse en Madrid a la gloria del Rey Don Alfonso XII, el Pacificador*, Madrid 1901, S. 7.

29 Grotke und Prutsch (Hg.), 2014, S. 3–19, 69–103; Werner Daum u. a. (Hg.), *Handbuch der europäischen Verfassungsgeschichte im 19. Jahrhundert: Institutionen und Rechtspraxis im gesellschaftlichen Wandel*, Bd. 2: *1815–1847*, Bonn 2012, S. 165–207.

30 Martin Kirsch, »Die Funktionalisierung des Monarchen im 19. Jahrhundert im europäischen Vergleich«, in: Stefan Fisch, Florence Gauzy und Chantal

Metzger (Hg.), *Machtstrukturen im Staat in Deutschland und Frankreich*, Stuttgart 2007, S. 87, 97; Langewiesche, 2006, S. 26, 28.

31 Gosewinkel und Masing, 2006, S. 1373.

32 Müller, 2017, S. 32–35; Huber, 1963, S. 275–377; Otto Pflanze, *Bismarck and the Development of Germany*, Bd. 1, Princeton 1990, S. 164–217.

33 H. T. Colenbrander (Hg.), *Gedenkstukken der Algemeene Geschiedenis van Nederland van 1795 tot 1840*, Deel 10, Bd. 3, Den Haag 1920, S. 665 –http://resources.huygens.knaw.nl/gedenkstukken (Zugriff 30.11.2016); »Regierungsjubiläum«, in: *Schwäbische Tagwacht* vom 5.10.1916.

34 Gollwitzer, »Fürst und Volk, S. 731; Tamse, 1993, S. 115; Cannadine, 1989, S. 127–165, 139–144; Walter Bagehot, *The English Constitution*, hg. von Paul Smith, Cambridge 2001, S. 60; Huber, 1963, S. 165.

35 Gita Deneckere, »The Impossible Neutrality of the Speech from the Throne. A Ritual between National Unity and Political Dispute. Belgium, 1831–1918«, in: Jeroen Deploige und Gita Deneckere (Hg.), *Mystifying the Monarch. Studies on Discourse, Power, and History*, Amsterdam 2006, S. 208–209; *Illustrated London News* vom 21.2.1880, S. 174.

36 Gosewinkel und Masing, 2006, S. 555, 563, 582, 595.

37 Veronique Laureys, »Les princes de Belgique au Sénat«, in: *L'histoire du Sénat de Belgique de 1831 à 1995*, Brüssel 1999, S. 292–309.

38 Sitzungsprotokoll: ›Chambre des Pairs. (Présidence de M. le baron Pasquier.) Séance publique du 9 août‹, in: *Journal des Débats Politiques et Litteraires* vom 10. August 1830, S. 2–3; http://landtagsprotokolle.sachsendigital.de/protokolle/ansicht/20028441Z/10/; http://www.documentarchiv.de/nzjh/verfsachsen.html (Zugriff 16.11.2016); »Opening of Parliament at Rome«, in: *Herald Democrat* vom 14.7.1891; https://www.coloradohistoricnewspapers.org/cgi-bin/colorado?a=d&d=THD18910714.2.24 (Zugriff 17.11.2016).

39 Müller, 2017, S. 109–110; *Volks-Zeitung* (München) vom 20./21.2.1893; *Mittheilungen über die Verhandlungen des Landtags*, I. Kammer, 10. Sitzung, 21.1. 1914 – http://digital.slub-dresden.de/id20028367Z/190 (Zugriff 18.11.2016).

40 Romeo Maurenbrecher, *Grundsätze des heutigen deutschen Staatsrechts*, 2. Aufl. Frankfurt am Main 1843, S. 474; Ferdinand von Prittwitz und Gaffron, *Die Königlichen Hausgesetze in Preußen*. Jur. Diss. Breslau, Leipzig 1908, S. 19, 32; Hermann Schulze, *Die Hausgesetze der regierenden deutschen Fürstenhäuser*, Bd. 3, Jena 1883, S. 614.

41 Maurenbrecher, 1843, S. 474–475; »Familien-Statut« [1839], siehe http://www.heraldica.org/topics/royalty/hg1839.htm#Familienstatut_1839 (Zugriff 21.11.2016); Matthias Stickler, »Dynastie, Armee, Parlament. Probleme staatlicher Integrationspolitik im 19. Jahrhundert«, in: Winfried Müller und Martina Schattkowsky (Hg.), *Zwischen Tradition und Modernität. König Johann von Sachsen 1801–1873*, Leipzig 2004, S. 114.

42 Hermann Schulze, *Die Hausgesetze der regierenden deutschen Fürstenhäuser*, Bd. 1, Jena 1862, S. 1, 323, 325, 326; Schulze, 1883, S. 253–254, 513–514.

43 Schulze, 1883, S. 614.

44 Sir Christopher Clark, »Fathers and Sons in the History of the Hohenzollern Dynasty«, in: Frank Lorenz Müller und Heidi Mehrkens (Hg.), *Sons and Heirs. Succession and Political Culture in Nineteenth-Century Europe*, Basingstoke 2016 (a), S. 22–26; Dorothee Gottwald, *Fürstenrecht und Staatsrecht im 19. Jahrhundert. Eine wissenschaftsgeschichtliche Studie*, Frankfurt am Main 2009, S. 46–47.

45 Heinz Dollinger, »Das Leitbild des Bürgerkönigtums in der europäischen Monarchie des 19. Jahrhunderts«, in: K. F. Werner (Hg.), *Hof, Kultur und Politik im 19. Jahrhundert*, Bonn 1985, S. 336; Anja Schöbel, 2017, S. 75.

46 Bagehot, 2001, S. 37; Königin Viktoria an König Leopold, 29. Oktober 1844, in: Arthur C. Benson und Viscount Esher (Hg.), *The Letters of Queen Victoria*, Bd. 2, London 1908, S. 27.

47 Angelika Lorenz, *Das deutsche Familienbild in der Malerei des 19. Jahrhunderts*, Darmstadt 1985, S. 184.

48 Monika Wienfort, »Dynastic Heritage and Bourgeois Morals: Monarchy and Family in the Nineteenth Century«, in: Frank Lorenz Müller und Heidi Mehrkens (Hg.), *Royal Heirs and the Uses of Soft Power in Nineteenth-Century Europe*, London 2016 (b), S. 163–165.

49 Guntram Schulze-Wegener, *Wilhelm I. Deutscher Kaiser – König von Preußen – Nationaler Mythos*, Hamburg/Bonn 2015, S. 130–142; Brigitte Hamann, *Kronprinz Rudolf. Ein Leben*, Wien 2006, S. 90; Jane Ridley, *Bertie. A Life of Edward VII*, London 2012, S. 42; Frank Lorenz Müller, *Der 99-Tage-Kaiser. Friedrich III. von Preußen. Prinz, Monarch, Mythos*, München 2013, S. 42.

50 Bagehot, 2001, S. 37; Rudolf Vierhaus (Hg.), *Das Tagebuch der Baronin Spitzemberg, geb. Freiin v. Varnbüler. Aufzeichnungen aus der Hofgesellschaft des Hohenzollernreiches*, 3. Aufl. Göttingen 1963, S. 360.

51 Martina Fetting, *Zum Selbstverständnis der letzten deutschen Monarchen. Normverletzung und Legitimationsstrategien zwischen Gottesgnadentum und Medienrevolution*, Frankfurt am Main 2013, S. 68.

52 Stefan März, *Ludwig III. Bayerns letzter König*, Regensburg 2014, S. 65.

53 Fetting, 2013, S. 68; Thomas Mann, *Königliche Hoheit* (1909) – http://www.gutenberg.org/files/35328/35328-h/35328-h.htm, Absatz 235 (Zugriff 25.11.2016); Juliane Vogel, *Elisabeth von Österreich. Momente aus dem Leben einer Kunstfigur*, Frankfurt am Main 1998, S. 161; Imke Polland, »How to fashion the Popularity of the British Monarchy: Alexandra, Princess of Wales and the Attraction of Attire«, in: Müller und Mehrkens (Hg.), 2016, S. 210–211; Alexa Geisthövel, »Wilhelm I. am historischen Eckfenster: Zur Sichtbarkeit des Monarchen in der zweiten Hälfte des 19. Jahrhunderts«, in: Jan Andres,

Alexa Geisthövel und Matthias Schwengelbeck (Hg.), *Die Sinnlichkeit der Macht. Herrschaft und Repräsentation seit der Frühen Neuzeit,* Frankfurt am Main 2005, S. 163–185.

54 *National-Zeitung* (Berlin) vom 25.1.1883.

55 John C. G. Röhl, *Kaiser, Hof und Staat. Wilhelm II. und die deutsche Politik,* München 2002, S. 113.

56 Brigitte Hamann, »Erzherzog Albrecht – Die graue Eminenz des Habsburgerhofes. Hinweise auf einen unterschätzten Politiker«, in: Isabella Ackerl, Walter Hummelburger und Hans Mommsen (Hg.), *Politik und Gesellschaft im alten und neuen Österreich. Festschrift für Rudolf Neck zum 60. Geburtstag,* Bd. 1, München 1981, S. 75–77; Brigitte Hamann, »Der Wiener Hof und die Hofgesellschaft in der zweiten Hälfte des 19. Jahrhunderts«, in: Karl Möckl (Hg.), *Hof und Hofgesellschaft in den deutschen Staaten im 19. und beginnenden 20. Jahrhundert,* Boppard am Rhein 1990, S. 61–67 (auch für den folgenden Absatz); siehe auch Jean-Paul Bled, »La Cour de Francis-Joseph«, in: Karl F. Werner (Hg.), *Hof, Kultur und Politik im 19. Jahrhundert,* Bonn 1985, S. 169–182.

57 Philip Mansel, *The Court of France 1789–1830,* Cambridge 1988, S. 3; Karl F. Werner, »Fürst und Hof im 19. Jahrhundert: Abgesang oder Spätblüte«, in: Werner (Hg.), 1985, S. 9, 11–13 (mit Verweisen auf Press und van Dülmen).

58 Karl Möckl, »Hof und Hofgesellschaft in den deutschen Staaten im 19. und beginnenden 20. Jahrhundert. Einleitende Bemerkungen«, in: Möckl (Hg.), 1990, S. 10.

59 H. A. C. Collingham, *The July Monarchy. A Political History of France 1830–1848,* London/New York 1988, S. 103; Roger Price, *The French Second Empire. An Anatomy of Political Power,* Cambridge 2001, S. 46–47; William H. C. Smith, *Napoleon III. The Pursuit of Prestige,* London 1991, S. 39–40.

60 Karl Alexander von Müller, *Aus Gärten der Vergangenheit. Erinnerungen 1882–1914,* Stuttgart 1951, S. 123–124.

61 E. S. Turner, *The Court of St James's,* New York 1959, S. 308–309.

62 Angela Rundquist, »Pompe en noir et blanc. Présentation officielle des dames à la cour de Suède«, in: *Actes de la Recherche en Sciences Sociales* 110 (Dez. 1995), S. 65–76.

63 Röhl, 2002, S. 78, 95–97, 112–114; siehe auch Martin Kohlrausch, »Zwischen Tradition und Innovation. Das Hofzeremoniell der wilhelminischen Monarchie«, in: Andreas Biefang, Michael Epkenhans und Klaus Tenfelde (Hg.), *Das politische Zeremoniell im Deutschen Kaiserreich 1871–1918,* Düsseldorf 2008, S. 31–51.

64 Michael Bentley, »Power and authority in the late Victorian and Edwardian Court«, in: Andrzej Olechnowicz (Hg.), *The Monarchy and the British Nation, 1780 to the Present,* Cambridge 2007, S. 163.

65 Hamann, 1990, S. 67–68; Bled, 1985, S. 179–180; Günter Kronenbitter, »The Opposition of the Archdukes: Rudolf, Franz Ferdinand and the Late Habsburg Monarchy«, in: Müller und Mehrkens (Hg.), 2016a, S. 216.

66 Müller, 2013, S. 206 (und FN 4); Ridley, 2012, S. 112, 350.

67 http://news.bbc.co.uk/2/hi/uk/1802875.stm (Zugriff 5.12.2016).

**Kapitel 2**

1 https://en.wikipedia.org/wiki/Anna_Karenina_principle (Zugriff 13.12.2016).

2 Gunilla Budde, *Blütezeit des Bürgertums: Bürgerlichkeit im 19. Jahrhundert*, Darmstadt 2009, S. 25.

3 Reinhold Schneider, *Die Hohenzollern*, 2. Aufl. Köln 1953, S. 146; Simone Mergen, *Monarchiejubiläen im 19. Jahrhundert. Die Entdeckung des historischen Jubiläums für den monarchischen Kult in Sachsen und Bayern*, Leipzig 2005, S. 115–117.

4 Rudolf Schlögl, *Alter Glaube und moderne Welt: europäisches Christentum im Umbruch 1750–1850*, Frankfurt am Main 2013, S. 158.

5 Thomas Mann, *Königliche Hoheit* (1909) – http://www.gutenberg.org/files/35328/35328-h/35328-h.htm, Absatz 235 (Zugriff 9.12.2016).

6 Martin Kohlrausch, *Der Monarch im Skandal. Die Logik der Massenmedien und die Transformation der wilhelminischen Monarchie*, Berlin 2005, S. 45–83; Kristina Widestadt, »Pressing the Centre of Attention: Three Royal Weddings and a Media Myth«, in: Mats Jönsson und Patrik Lundell (Hg.), *Media and Monarchy in Sweden*, Göteborg 2009, S. 47–58.

7 Alexa Geisthövel, »Den Monarchen im Blick. Wilhelm I. in der illustrierten Familienpresse«, in: Habbo Knoch und Daniel Morat (Hg.), *Kommunikation als Beobachtung. Medienwandel und Gesellschaftsbilder 1880–1960*, München 2003, S. 59–80.

8 Dönhoff an Bülow, Nr. 19, 1.2.1903 (Politisches Archiv des Auswärtigen Amtes, R3264).

9 Galater, 4, S. 1–3.

10 Mack Smith, 1989, S. 71.

11 Die folgende Darstellung des Verhältnisses zwischen Kaiser Wilhelm I. und seinem Sohn, dem späteren Kaiser Friedrich III., beruht auf meinen Ausführungen in: Müller, 2013, S. 25, 29–45.

12 Monika Wienfort, *Verliebt, Verlobt, Verheiratet. Eine Geschichte der Ehe seit der Romantik*, München 2014, S. 171–177; Schulze-Wegener, 2015, S. 269.

13 Schulze-Wegener, 2015, S. 267, 269–270.

14 N. John Hall, *Max Beerbohm Caricatures*, New Haven und London 1997, S. 171.

15 Sir Sidney Lee, *King Edward VII. A Biography*, Bd. 1, London 1925, S. 5–6; Ridley, 2012, S. 3–4.

16 Ridley, 2012, S. 15.

17 Ridley, 2012, S. 17–23.

18 Ridley, 2012, S. 40; Karina Urbach, *Queen Victoria. Eine Biographie*, München 2011, S. 98.

19 Christopher Hibbert, *Edward VII. A Portrait*, London 1976, S. 27–36; Ian Radforth, *Royal Spectacle. The 1860 Visit of the Prince of Wales to Canada and the United States*, Toronto 2004.

20 Hibbert, 1976, S. 31; Ridley, 2012, S. 44–46.

21 Philip Magnus, *King Edward the Seventh*, London 1964, S. 43, 46–47; Ridley, 2012, S. 54–57.

22 Ridley, 2012, S. 60–63.

23 Magnus, 1964, S. 52; Ridley, 2012, S. 66.

24 Magnus, 1964, S. 73; Ridley, 2012, S. 79.

25 Jane Ridley, »Bertie Prince of Wales: Prince Hal and the Widow of Windsor«, in: Müller und Mehrkens (Hg.), 2016b, S. 128; Magnus, 1964, S. 111–112, 116–117.

26 Ridley, 2016, S. 126–127, 129–130; Magnus, 1964, S. 98, 143–150.

27 Ridley, 2016, S. 133–134; Ridley, 2012, S. 281–291; Magnus, 1964, S. 222–229; *The Times* vom 10.6.1891, S. 9.

28 Ridley, 2016, S. 134.

29 Hibbert, 1976, S. 187; Ridley, 2012, S. 348.

30 Hamann, 2006, S. 454–472.

31 Vocelka, 2015, S. 300–301.

32 Karl Vocelka und Lynne Heller, *Die private Welt der Habsburger. Leben und Alltag einer Familie,* Graz 1998, S. 290; Hamann, 2006, S. 446–449, 456.

33 Vocelka, 2015, S. 302.

34 Vocelka und Heller, 1998, S. 289–290.

35 Hamann, 2006, S. 13–15, 29–30; Jean-Paul Bled, *Franz Joseph. »Der letzte Monarch der alten Schule«*, Wien 1988, S. 181; Brigitte Hamann, *Elisabeth. Kaiserin wider Willen*, 4. Aufl. München 2014, S. 173–179; Vocelka, 2015, S. 190–191.

36 Hamann, 2006, S. 57–85.

37 Hamann, 2006, S. 86, 90.

38 Kronenbitter, 2016, S. 211–225.

39 Hamann, 2006, S. 104–107.

40 Bled, 1988, S. 434, 436–437; Vocelka, 2015, S. 296.

41 Bled, 1988, S. 437–438; Hamann, 2006, S. 434.

42 Bled, 1988, S. 438; Jean-Paul Bled, *Rodolphe et Mayerling*, Paris 1989, S. 142–143.

43 Hamann, 2006, S. 142, 152–154.

44 Hamann, 2006, S. 159, 408–419; Bled, 1988, S. 436; Bled, 1989, S. 143–147.

45 Hamann, 2006, S. 419–421; Bled, 1989, S. 170–171.
46 Vocelka, 2015, S. 295–296, 298; Hamann, 2006, S. 118–141, 232–240.
47 Vocelka, 2015, S. 298.
48 Bled, 1989, S. 275.
49 Müller, 2013, S. 279–280.
50 Ridley, 2016, S. 136.
51 *Neues Tagblatt*, Stuttgart, vom 3.8.1880.
52 Daniel Schönpflug, »Heirs before the Altar: Hohenzollern Marriages in a Bourgeois Age«, in: Müller und Mehrkens (Hg.), 2016a, S. 67, 70.
53 Wienfort, 2014, S. 20; Daniel Schönpflug, *Die Heiraten der Hohenzollern. Verwandtschaft, Politik und Ritual in Europa 1640–1918*, Göttingen 2013, S. 235, 239, 241.
54 Schönpflug, 2015, S. 54–55; Müller, 2013, S. 167.
55 Schönpflug, 2013, S. 243–244; »Marriage of his Royal Highness the Prince of Wales«, in: *Illustrated London News* vom 24.1.1863, S. 85; Hamann, 2006, S. 156.
56 Wienfort, 2014, 170–186; Müller, 2013, S. 45–70.
57 Kathrin Mayer, *Mythos und Monument. Die Sprache der Denkmäler im Gründungsmythos des italienischen Nationalstaates 1870–1915*, Köln 2004, S. 64, Fußnote 123.
58 Christopher Duggan, »Francesco Crispi, the problem of the monarchy, and the origins of Italian nationalism«, in: *Journal of Modern Italian Studies* 15, 3 (2010), S. 339.
59 Mack Smith, 1989, S. 18, 22–23, 63–64
60 Paul David Fischer, *Italien und die Italiener. Betrachtungen und Studien über die politischen, wirthschaftlichen und sozialen Zustände Italiens*, 2. Aufl. Berlin 1901, S. 42–43; Martina Winkelhofer, *Eine feine Gesellschaft. Europas Königs- und Kaiserhäuser im Spiegel ihrer Skandale,* Wien 2014, S. 130.
61 Winkelhofer, 2014, S. 130–131.
62 *L'Opinione* vom 7.2.1868, N.38, 1. – Für den Hinweis auf dieses Zitat und weitere Einsichten in die Geschichte der Savoia danke ich Maria-Christina Marchi; Carlo Caselegno, *La regina Margherita,* Bologna 2001, S. 38–39.
63 Caselegno, 2001, S. 40; Hélène Vacaresco, *Kings and Queens I have known*, New York 1904, S. 169.
64 Fanny Zampini Salazar, *Margherita of Savoy. First Queen of Italy. Her Life and Times*, London 1914, S. 47–51; Maria-Christina Marchi, »The Royal Shop Window: Royal Heirs and the Monarchy in Post-Risorgimento Italy, 1860–1878«, in: Müller und Mehrkens (Hg.), 2016b, S. 23–24, 29, 31.
65 Maria Christina Marchi, »Margherita: Italy's First Heir«, AHRC-Project *Heirs to the Throne in the Constitutional Monarchies of Nineteenth-Century Europe (1815–1914)*, »Heir of the Month« (February 2014) – http://heirstothe-

throne-project.net/?page_id=843 (Zugriff 27.1.2017); Romano Bracalini, *La regina Margherita*, Mailand 1983, S. 65.

66 Marchi, 2016, S. 32; Catherine Brice, »Königin Margherita (1851–1926): ›Der einzige Mann im Hause Savoyen‹«, in: Regina Schulte (Hg.), *Der Körper der Königin. Geschlecht und Herrschaft in der höfischen Welt seit 1500*, Frankfurt am Main 2002, S. 201, 203; Bernhard Fürst von Bülow, *Denkwürdigkeiten*, Bd. 4, Berlin 1931, S. 660.

67 Axel Körner, »Heirs and their Wives: Setting the Scene for Umbertian Italy«, in: Müller und Mehrkens (Hg.), 2016a, S. 42.

68 *The Times* vom 31.7.1900, S. 10; Axel Körner, *Politics of Culture in Liberal Italy. From Unification to Fascism*, London 2009, S. 201.

69 Körner, 2009, S. 201; *Morning Post*, London, vom 2.8.1883, S. 5; Körner, 2015, S. 44.

70 Körner, 2009, S. 204; Casalegno, 2001, S. 41.

71 Giovanni Gigliozzi, *Le regine d'Italia*, Rom 1997, S. 30, 35; Körner, 2015, S. 40; Mack Smith, 1989, S. 72.

72 Duggan, 2007, S. 338–349; Mack Smith, 1989, S. 121–139; Fritz von Ostini, in: *Die Jugend* 33 (Aug. 1900), S. 567.

73 Brice, 2002, S. 201.

74 Wilhelm von Württemberg an Plato, 27.12.1874, 13.9.1875 (Hauptstaatsarchiv Stuttgart, Q, NL Plato).

75 Graf Tauffkirchen an König Ludwig, Nr. 81, 1.12.1876 (Bayerisches Hauptstaatsarchiv, MA 3036); Stadtarchiv Stuttgart, 2024, NL Hack, Nr. 84; *Schwäbische Kronik* (23.2.1876).

76 Wilhelm von Württemberg an Detlev von Plato, 24.7.1876 (Hauptstaatsarchiv Stuttgart, Q, NL Plato); *Schwäbische Kronik* (30.7.1880); *Neues Tagblatt* (Stuttgart, 3.8.1880).

77 Graf Dönhoff an Bismarck, Nr. 63, 28.12.1880 (Pol. Archiv des Auswärtigen Amtes, R3361); *Der Beobachter: Ein Volksblatt aus Schwaben*, Stuttgart, 2.5.1882.

78 *Schwäbische Kronik* vom 29.12.1882.

79 Graf Tauffkirchen an König Ludwig, Nr. 39, 26.3.1883. (Bayerisches Hauptstaatsarchiv, MA 3043).

80 Anonym [Frau E. Schweizer], *Wilhelm II. König von Württemberg. Ein Lebensbild*, Ludwigsburg 1891, S. 27–28.

81 *Schwäbische Kronik* vom 9.4.1886; Stadtarchiv Stuttgart, 2024, NL Hack, Nr. 84.

82 Prinz Wilhelm von Württemberg an Detlev von Plato, 10.7.1886 und 9.2. 1887 (Hauptstaatsarchiv Stuttgart, Q, NL Plato).

83 Graf Wesdehlen an Bismarck, Nr. 43, 28.6.1886 (Politisches Archiv des Auswärtigen Amtes, R3395); Wilhelm von Württemberg an Karl von Varnbüler,

28.6.1886, Anna Varnbüler an ihren Vater, 28.6.1886 (Hauptstaatsarchiv Stuttgart, NL Varnbüler, P10, Bü 568); Wilhelm von Württemberg an Hermann von Mittnacht, 13.6.1887 (Hauptstaatsarchiv Stuttgart, NL Mittnacht, Q1/51, 5).

84 Philipp von Eulenburg an Adolf Marschall von Bieberstein, 9.1.1891, in: John C. G. Röhl (Hg.), *Philipp Eulenburgs politische Korrespondenz*, Bd. 1, Boppard am Rhein 1976, S. 623; *Im Lichte neuer Quellen. Wilhelm II. – der letzte König von Württemberg*, Katalog zur Ausstellung, bearbeitet von Albrecht Ernst, Stuttgart 2015, S. 46.

85 *Mittheilungen über die Verhandlungen des Landtags*, II. Kammer, 3. Sitzung, 18.11.1891, S. 21–22 – http://digital.slub-dresden.de/id20028419Z/35; siehe auch Staatsarchiv Dresden, 10697, GesMin, F22825.

86 Dönhoff an Leo von Caprivi, Nr. 94, 24.6.1891 (Politisches Archiv des Auswärtigen Amtes, R3254); Friedrich August an Ernst von Oer, 8.8.1891 (Staatsarchiv Dresden, 10716, Verein Haus Wettin, Nr. 329).

87 *Dresdner Anzeiger* vom 25.11.1891; *Leipziger Zeitung*, 1. Beilage vom 26.11. 1891; *Mittheilungen über die Verhandlungen des außerordentlichen Landtags*, II. Kammer, 2. Sitzung, 5.7.1902, S. 5–11 – http://digital.slub-dresden.de/werkansicht/dlf/11504/49/ (Zugriff 18.1.2017).

88 Zitiert nach Fetting, 2013, S. 255; *Dresdner Journal* vom 17.3.1903.

89 *Dresdener Rundschau* vom 14.2.1903 und 17.9.1904; Staatsarchiv Dresden, 10789, Polizeipräsidium, Nr. 28, S. 44.

90 *Die Volkswacht* vom 26.2.1903; Graf Dönhoff an Bernhard von Bülow, Nr. 33, 19.2.1903 (Politisches Archiv des Auswärtigen Amtes, R3264); *Dresdener Rundschau* vom 21.3.1903.

91 Vierhaus, 1963, S. 424; *Sächsische Volkszeitung* vom 28.12.1902; *Dresdner Anzeiger* vom 13.1.1903.

92 *Leipziger Volkszeitung* vom 27.12.1902.

93 *Leipziger Volkszeitung* vom 3.1.1903; *Sächsische Arbeiter-Zeitung* vom 3.1.1903.

94 *Dresdner Nachrichten* vom 18.1.1903; *Die Zeit*, Wien, vom 24.1.1903; *Leipziger Volkszeitung* vom 26.1.1903; Dönhoff an Bernhard von Bülow, Nr. 19, 1.2.1903 (Politisches Archiv des Auswärtigen Amtes, R3264).

95 Hans Eggert und Rainer Kubatzki, *Friedrich August III. Lebensbilder, Briefe, Testamente*, Meißen 2007, S. 152–153.

96 *Dresdner Anzeiger* vom 16.10.1904; *Dresdner Neueste Nachrichten* vom 16.10. 1904, 2. Ausg.

97 Richard Stecher, *König Friedrich August III. von Sachsen. Ein Lebensbild*, Dresden 1905, S. 22–23; *König Friedrich August III. von Sachsen. Ein Lebensbild zusammengestellt nach dem »Kameraden«*, Dresden 1905, S. 27; W. v. Metzsch, *Friedrich August III. König von Sachsen. Ein Lebensbild*, Berlin 1906, S. 112, 116.

98 Bagehot, 2001, S. 46.

99 Hierzu ist jedoch anzumerken, dass Prinzessinnen, die einen solchen Ausstieg aus dem Leben höfischer Disziplinierung erwogen, mit schweren sozialen, finanziellen und persönlichen Konsequenzen zu rechnen hatten. Die Gefahr, für geisteskrank erklärt, inhaftiert und geächtet zu werden, war durchaus real. Siehe Winkelhofer, 2014, S. 200, 209–212, oder die Memoiren der ehemaligen Kronprinzessin Luise: »Zu meinem unbeschreiblichen Entsetzen wußte ich nun, daß es ein Irrenhaus war. Ich dachte, diese Entdeckung würde mich töten. Hier war ich nun an dem Ort, den ich am meisten auf der Welt fürchtete.« (Luise von Toskana, *Mein Lebensweg*, Berlin 1926, S. 197–198).

**Kapitel 3**

1 Richard J. Evans, *The Pursuit of Power: Europe, 1815–1914*, London 2016, S. 601.

2 *Der Kunstwart* XXIII/13 (April 1910), S. 2–5.

3 »Fürstenerziehung«, in: *Dresdener Rundschau* vom 14.3.1903, S. 3.

4 Hans-Joachim Schmidt, »Fürstenspiegel«, in: *Historisches Lexikon Bayerns* (2011) – https://www.historisches-lexikon-bayerns.de/Lexikon/F%C3%BCrstenspiegel (Zugriff 6.2.2017).

5 G. Grunwald, »Fürstenerziehung«, in: Ernst Roloff (Hg.), *Lexikon der Pädagogik*, Bd. 2, Freiburg im Breisgau 1913, S. 142.

6 Adrian O'Connor, »Between Monarch and Monarchy: The Education of the Dauphin and Revolutionary Politics, 1790–1791«, in: *French History* 27/2 (2013), S. 183, 186.

7 Lilla Lipparini (Hg.), *Lettere fra la regina Margherita a Marco Minghetti*, Mailand 1955, S. 183.

8 Christian von Massenbach, *Fürsten-Erziehung in repräsentativen Verfassungen*, 2. Aufl. Heidelberg 1817, S. 4, 6, 8, 9.

9 Miriam Schneider, *Who should educate the Prince of Wales? Eine Debatte im viktorianischen England*, unveröffentlichte Bachelor-Arbeit, Universität Bayreuth 2009, S. 5, 8, 19–23.

10 Für wertvolle Hinweise zur Erziehung der spanischen Thronfolger im 19. Jahrhundert danke ich Richard Meyer Forsting; siehe dessen Studie *Raising Heirs to the Throne in Nineteenth-Century Spain: The Education of the Constitutional Monarch*, London 2018; Isabel Burdiel, *Isabel II. Una biografía (1830–1904)*, 3. Aufl. Madrid 2011, S. 112–118.

11 *El Imparcial* vom 22.7.1894.

12 Wagner, 1995, S. 57, 313.

13 Friedrich August Wolf, *Darstellung der Alterthumswissenschaften*, hg. von S. F. W. Hoffmann, Leipzig 1833, S. 45.

14 Siehe auch Jean Meyer, *L'éducation des princes du XVe au XIXe,* Paris 2004, S. 205–240, und Peter Gordon und Denis Lawton, *Royal Education. Past, Present and Future,* London 2003, S. 151–163.

15 Kirsch, 2007.

16 »Prinzenerziehung«, in: *Encyklopädie des gesammten Erziehungs- und Unterrichtswesens,* hg. von K. A. Schmid, Bd. 6, Gotha 1867, S. 357.

17 Georg Hinzpeter, »Zusammenstellung der Grundsätze, nach denen die Erziehung S.K.H. des Prinzen Wilhelm von Preußen 1866–77 geleitet worden ist«, 21.11.1891 (Geheimes Staatsarchiv Preußischer Kulturbesitz, 1. HA, Rep 76 I, Sekt. 1, Nr. 125).

18 Hans Boldt, »Der Föderalismus im Deutschen Kaiserreich als Verfassungsproblem«, in: Helmut Rumpler (Hg.), *Innere Staatsbildung und gesellschaftliche Modernisierung in Österreich und Deutschland 1867/71–1914,* Wien/München 1991, S. 34.

19 Für eine ausführlichere Analyse der Erziehung dieser drei Thronfolger siehe Frank Lorenz Müller, *Royal Heirs in Imperial Germany. The Future of Monarchy in Bavaria, Saxony and Württemberg,* London 2017, S. 82–93.

20 *Wilhelm II. König von Württemberg. Ein Lebensbild,* Ludwigsburg 1891, S. 6, 8.

21 *Dresdner Journal* vom 18.3.1883.

22 *Unterhaltungsblatt der Augsburger Postzeitung* vom 8.1.1895.

23 Karl Biesendahl, *König Wilhelm II. von Württemberg. Ein Fürstenbild. Dem deutschen Volke und Heere zugeeignet,* Rathenow o.J. (1891), S. 14; Prinz Wilhelm an König Karl, Abschrift, 6.7.1882 (Hauptstaatsarchiv Stuttgart, E14, Bü 85).

24 Fetting, 2013, S. 247; *Dresdner Journal* vom 25.5.1886; Dönhoff an Bismarck, Nr. 46, 14.3.1886 (Politisches Archiv des Auswärtigen Amtes, R3251).

25 *Leipziger Zeitung* vom 17.10.1904.

26 Müller, 2017, S. 93–96.

27 *Augsburger Postzeitung* vom 6.1.1895; *Schwäbischer Merkur,* zitiert in: *Neue Preussische Zeitung,* Berlin, vom 7.10.1891; *Dresdner Neueste Nachrichten* vom 16.10.1904, 2. Ausg.

28 Hans Reidelbach, *Ludwig. Prinz von Bayern. Ein Lebens- und Charakterbild,* München 1905, S. 27; Hermann Schindler, *König Friedrich August III. von Sachsen. Ein Lebens- und Charakterbild,* Dresden 1906/1916, S. 35.

29 *New York Times* vom 30.7.1900, zitiert in: Valentina Villa, »An Italian Heir for the New Century: Vittorio Emanuele, Prince of Naples«, in: Müller und Mehrkens (Hg.), 2016a, S. 166.

30 Maria-Christina Marchi, »Morandi's Italian Job: Nationalising Italy's First Heir«, AHRC-Project *Heirs to the Throne in the Constitutional Monarchies of Nineteenth-Century Europe (1815–1914),* »Heir of the Month« (Juni 2014) – http://heirstothethrone-project.net/?page_id=1039 (Zugriff 17.2.2017).

31 Sidney Brooks, »The King of Italy«, in: *The North American Review* 176, Nr. 555 (Februar 1903), S. 247.

32 Marchi, 2014.

33 Villa, 2015, S. 165; Marchi, 2014.

34 Villa, 2015, S. 164–165; Mack Smith, 1989, S. 147–148.

35 Villa, 2015, S. 164; Mack Smith, 1989, S. 147; Brooks, 1903, S. 247.

36 Villa, 2015, S. 162, 169.

37 Villa, 2015, S. 170–171.

38 Am bekanntesten ist wohl das hier abgebildete Gemälde von Henry Tanworth Wells, »Queen Victoria receiving the news of her accession« von 1887 – https://www.royalcollection.org.uk/collection/406996/victoria-regina-queen-victoria-receiving-the-news-of-her-accession.

39 Urbach, 2011, S. 21; A. N. Wilson, *Victoria. A Life*, New York 2014, S. 42–75; ausführlich zur Jugend und Erziehung Viktorias: Lynne Vallone, *Becoming Victoria*, New Haven/London 2001.

40 Charles Grey, *Die Jugendjahre des Prinzen Albert von Sachsen-Coburg-Gotha. Prinzgemahls der Königin von England*, Gotha 1868, Kap. 2, 5, 7 und 9; Hans-Joachim Netzer, *Albert von Sachsen-Coburg und Gotha. Ein deutscher Prinz in England*, München 1988, S. 63–110; Franz Bosbach (Hg.), *Die Studien des Prinzen Albert an der Universität Bonn, 1837–1838*, Berlin/New York 2010.

41 Magnus, 1964, S. 5.

42 Ridley, 2012, S. 19–23; Gordon und Lawton, 2003, S. 152; David Cannadine, »The Last Hanoverian Sovereign?: the Victorian Monarchy in Historical Perspective, 1688–1988«, in: A. L. Beier, David Cannadine und James M. Rosenheim (Hg.), *The First Modern Society. Essays in Honour of Lawrence Stone*, Cambridge 1989, S. 127–165, 139–144.

43 Ridley, 2012, S. 19–23; Magnus, 1962, S. 7.

44 Magnus, 1962, S. 8, 10–14, 17.

45 Ridley, 2012, S. 36–42; Magnus, 1962, S. 20–26; Lee, 1925, S. 48–56.

46 Magnus, 1962, S. 27–30; Lee, 1925, S. 57–75; Ridley, 2012, S. 42–44.

47 *Punch* vom 24.9.1859, S. 126; Gordon und Lawton, 2003, S. 159–160.

48 *The Illustrated London News* vom 5.11.1859, S. 483–484.

49 *The Manchester Guardian* vom 23.10.1859 und 10.11.1859.

50 Magnus, 1962, S. 30–42; Lee, 1925, S. 113–117.

51 Magnus, 1962, S. 43–44.

52 Magnus, 1962, S. 46–47; Lee, 1925, S. 115.

53 Ridley, 2012, S. 67–77.

54 Ridley, 2012, S. 71; *The Times* vom 11.11.1859, S. 6; *The Illustrated London News* vom 14.2.1863.

55 Ridley, 2012, S. 84–85, 93, 164–165; Andrew Cook, *Prince Eddy. The King Britain Never Had*, Stroud 2006, S. 37.

56 Ridley, 2012, S. 164; Dalton an Königin Viktoria, 31.1.1874, Royal Archives (=RA), RA VIC/MAIN/Z/450/90.

57 John Dalton, »Memorandum on the Education of Prince Albert Victor and Prince George«, 11.2.1877 (RA VIC/MAIN/Z/459/90).

58 Ebd.

59 Lord Ramsay an Prinz von Wales, 3.12.1878 (RA VIC/MAIN/Z/473A/1); Dalton an Prinz von Wales, 4.12.1878 (RA VIC/MAIN/Z/473A/2); Prinz von Wales an Dalton, 8.12.1878 (RA GV/PRIV/AA6/20); Dalton an Prinz von Wales, 11.12.1878 (RA GV/PRIV/AA6/211).

60 Dalton an Prinz von Wales, 9.4.1879 (RA VIC/MAIN/Z/453/9).

61 »Directions for the guidance of the Revd J. N. Dalton M.A. Governor to HRH Prince Albert Victor & Prince George of Wales«, September 1879 (RA VIC/MAIN/L/28); Lord Northbrook an Königin Viktoria, 11.11.1880 (RA VIC/MAIN/E/54/27); Dalton an Prinz von Wales, 9.1.1882 [mit Berichten der Mathematik- und Französischlehrer] (RA MAIN/Z/474/15, 16, 17); Dalton an Prinz von Wales, 14.8.1882 (RA VIC/MAIN/Z/474/38).

62 Kenneth Rose, *King George V*, London 1983, S. 14–15.

63 Prinz von Wales an Dalton, 29.10.1882 (RA GV/PRIV/AA6/281); Cook, 2006, S. 99–104; Bericht von J. K. Stephen, 30.8.1883 (RA VIC/MAIN/Z/474/63).

64 *The Illustrated London News* vom 27.10.1883 und 3.11.1883; James Edmund Vincent, *His Royal Highness Duke of Clarence and Avondale. A Memoir*, London 1893, S. 142–143, 158; Dalton an Prinz von Wales, 22.10.1883, 25.10.1883, 20.2.1884, 25.3.1884 (RA VIC/MAIN/Z/474/67, 69, 72, 74); Cook, 2006, S. 111.

65 *The Times* vom 13.1.1885; *Pall Mall Gazette* vom 7.1.1885.

66 Cook, 2006, S. 135; Ridley, 2012, S. 272; *Reynold's Newspaper* vom 11.11. 1888.

67 *Pall Mall Gazette* vom 15.1.1892; Rose, 1983, S. 25; Harold Nicolson, *King George the Fifth. His Life and Reign*, New York 1953, S. 61–62.

68 *A King's Story. The Memoirs of the Duke of Windsor*, New York 1951, S. 8, 21; Philip Ziegler, *King Edward VIII. The Official Biography*, London 1990, S. 12.

69 *A King's Story*, 1951, S. 21; Ziegler, 1990, S. 14–15.

70 *A King's Story*, 1951, S. 25–26, 57–58.

71 Cynthia Behrman, *Victorian Myths of the Sea*, Athens, OH, 1977, S. 77–152; W. Mark Hamilton, *The Nation and the Navy: Methods and Oganization of British Navalist Propaganda, 1889–1914*, London 1986.

72 Ziegler, 1990, S. 19–20; Briefe zwischen Hansell und Baddeley (Dezember 1906–April 1907): RA VIC/ADDF/155, RA PS/PSO/GV/C/O/2574/2-8, 14; Baddeley an Hansell, 10.4.1907 (RA PS/PSO/GV/C/O/2574/23); *A King's Story*, 1951, 60.

73 Ziegler, 1990, S. 20–32; »A Year's Course of ›Civics‹« (RA PS/PSO/GV/C/O/2574/40); *Manchester Guardian* vom 26.10.1911.
74 *A King's Story*, 1951, S. 82.
75 *A King's Story*, 1951, S. 83; Ziegler, 1990, S. 35; Hansell an Warren, 15.12.1911 bis 17.2.1912 (Archiv des Magdalen College, Oxford, Warren Papers); *The Times* vom 17.2.1912.
76 Hansell an Warren, 2.10.1912 (Archiv des Magdalen College, Warren Papers); Warren an Hansell, 8.10.1912 (RA PS/PSO/GV/C/O/2575/522); *Illustrated London News* vom 19.10.1912; *Manchester Guardian* vom 8.10.1912; *A King's Story*, 1951, S. 94–95.
77 *Country Life* vom 24.2.1912, c 272 (Archiv des Magdalen College, P233/2/MS2/1); The President's Notebooks, 1910, f. 386 (Archiv des Magdalen College).
78 The President's Notebooks, 1910, f. 473, f. 478, f. 496 (Archiv des Magdalen College); Archiv des Magdalen College, P233/2/MS2/1 und GPD/66/9/2; *The Times* vom 18.11.1914.
79 Warren an König Georg V., 10.3.1913 (RA PS/PSO/GV/C/O/2575/528); *A King's Story*, 1951, S. 97; Ziegler, 1990, S. 35–42.
80 Ziegler, 1990, S. 42, 47.
81 Schulze-Wegener, 2015, S. 20–25, 34, 54–55; *Im Dienste Preußens. Wer erzog Prinzen zu Königen?*, Berlin 2001, S. 129–139, 153–164.
82 Wagner, 1995, S. 74, 77; *Im Dienste Preußens*, 2001, S. 173; Karin Feuerstein-Praßer, *Augusta. Kaiserin und Preußin*, 2. Aufl. München/Zürich 2011, S. 82.
83 *Im Dienste Preußens*, 2001, S. 181–182, 185–186; Wagner, 1995, S. 90–92.
84 Wagner, 1995, S. 94, 106; *Im Dienste Preußens*, 2001, S. 187–188.
85 Wagner, 1995, S. 107–108; *Im Dienste Preußens*, 2001, S. 193.
86 Müller, 2013, S. 92.
87 Wagner, 1995, S. 118–119.
88 Müller, 2013, S. 173, 179–180.
89 Zur Geburt und zu den gesundheitlichen Problemen Wilhelms II. und dem Verhältnis zu seiner Mutter siehe John C. G. Röhl, *Wilhelm II. Die Jugend des Kaisers 1859–1888*, 2. Aufl. München 2001, S. 21–71, 80–99, und Thomas A. Kohut, *Wilhelm II and the Germans. A Study in Leadership*, Oxford 1991, S. 19–224.
90 *Im Dienste Preußens*, 2001, S. 205; Wagner, 1995, S. 154–155, 156; Kaiser Wilhelm II., *Aus meinem Leben, 1859–1888*, 4. Aufl. Berlin/Leipzig 1927, S. 22–23.
91 Röhl, 2011, S. 162–165, 196; Wagner, 1995, S. 170–171.
92 Wagner, 1995, S. 200–201, 264; Clark, 2015, S. 29.
93 Wagner, 1995, S. 172–176.
94 Röhl, 2001, S. 216–221; *Im Dienste Preußens*, 2001, S. 207; Wagner, 1995, S. 204.

95 Röhl, 2001, S. 221–223, 226–227; Wagner, 1995, S. 211.

96 Röhl, 2001, S. 228–230; Ulf Morgenstern, *Lehrjahre eines neo-absoluten Monarchen. Kaiser Wilhelm II. als Kasseler Abiturient im Spiegel eines unbekannten Aufsatzheftes,* Friedrichsruh 2011; *The Times* vom 1.10.1874 und 26.1.1877.

97 Röhl, 2001, S. 301–312; Wagner, 1995, S. 265–266.

98 Wagner, 1995, S. 268, 273–279; Clark, 2015, S. 30–33; Röhl, 2001, S. 584–597.

99 Johannes Kessler, *Ich schwöre mir ewige Jugend*, Leipzig 1935, S. 121–122; Klaus W. Jonas, *Der Kronprinz Wilhelm*, Frankfurt am Main 1962, S. 18–19; *Im Dienste Preußens*, 2001, S. 220–221; Frank Lorenz Müller, »Distant from the Court and all of its influences«: The German Crown Prince at the *Prinzenschule* in Plön, AHRC-Project *Heirs to the Throne in the Constitutional Monarchies of Nineteenth-Century Europe (1815–1914)*, »Heir of the Month« (Januar 2015) – http://heirstothethrone-project.net/?page_id=1349 (Zugriff 24.2.2017).

100 *Erinnerungen des Kronprinzen Wilhelm. Aus den Aufzeichnungen, Dokumenten, Tagebüchern und Gesprächen*, hg. von Karl Rosner, Stuttgart 1922, S. 28–29; E. v. Witzleben, *Adolf von Deines. Lebensbild, 1845–1911*, Berlin 1913, S. 217–219.

101 Albrecht von Roon, *Denkwürdigkeiten aus dem Leben des Generalfeldmarschalls Kriegsminister Grafen von Roon*, Bd. 1, 4. Aufl. Breslau 1897 (1. Aufl. 1892), S. 212–232.

102 Müller, 2015; *Hundert Jahre Erziehung der Jugend auf Schloß Plön. Eine Festschrift*, Plön 1968, S. 47–53; *Erinnerungen des Kronprinzen Wilhelm*, 1922, S. 30.

103 *Im Dienste Preußens*, 2001, S. 224.

104 Gustav Hillard [d.i. Gustav Steinbömer], *Herren und Narren der Welt*, München 1954, S. 108–111.

105 Jonas, 1962, S. 23–24; Helmut Ries, *Kronprinz Wilhelm*, Hamburg/Berlin/Bonn 2001, S. 56–57.

106 *Im Dienste Preußens*, 2001, S. 225, 229; Geheimes Staatsarchiv Preußischer Kulturbesitz, 1. HA, Rep. 89, Nr. 3101 und Nr. 3274; Witzleben, 1913, S. 244.

107 Jonas, 1962, S. 24–25.

108 *Erinnerungen des Kronprinzen Wilhelm*, 1922, S. 41–42; Philipp Zorn, »Erinnerungen an den deutschen Kronprinzen«, in: *Deutsche Revue* 46/4 (1921), S. 207–210; *Bei Kronprinzens. Aus dem Familienleben des Kronprinzenhauses*, Berlin um 1914, S. 13.

109 *Erinnerungen des Kronprinzen Wilhelm*, 1922, S. 66–67; Jonas, 1962, S. 64–65; für Jes Fabricius Møller war die »Meritokratisierung« gar eines der fünf Kernelemente monarchischen Überlebens im 19. Jahrhundert, siehe Jes Fabricius Møller, »Die Domestizierung der Monarchien«, in: Hasselhorn und von Knorring (Hg.), 2018, S. 35–45.

110 *Erinnertes. Aufzeichnungen des letzten Großherzogs Ernst Ludwig von Hessen und bei Rhein*, hg. von Eckart G. Franz, Darmstadt 1983, S. 165.

111 Anni Willman, *Der gelernte König. Wilhelm II. von Württemberg. Ein Porträt in Geschichten*, Stuttgart 2007, S. 21.

**Kapitel 4**

1 Müller, 2013, S. 44, S. 205.

2 Siehe oben S. 49–57.

3 *Berliner Tageblatt* und *Norddeutsche Allgemeine Zeitung* vom 18.10.1881.

4 Joseph S. Nye, *Soft Power. The Means to Success in World Politics*, New York 2005, S. 7.

5 Hubertus Büschel, *Untertanenliebe. Der Kult um deutsche Monarchen 1770–1830*, Göttingen 2007.

6 Jean Quataert, *Staging Philanthropy. Patriotic Women and the National Imagination in Dynastic Germany 1813–1916*, Ann Arbor 2001, S. 21–53; *Dresdner Rundschau* vom 22.10.1904, S. 2.

7 *The Times* vom 13.1.1885.

8 William Shakespeare, *König Lear*, 3. Aufzug, Szene 2; Friedrich von Holstein, *Die Geheimen Papiere Friedrich von Holsteins*, hg. von Norman Rich und M. H. Fisher, dt. Ausg. von Werner Frauendienst, Bd. 2, Göttingen 1957, S. 73–74.

9 Clark, 2015, S. 33–34; Andrew Hanham, »The Leicester House Faction« – http://www.historyofparliamentonline.org/periods/hanoverians/leicester-house-faction (Zugriff 10.5.2017); Andrew Thompson, »Fathers and Sons: Intergenerational Conflict in the Early Hanoverian Monarchy«, Vortrag in Hampton Court, 2013, unveröffentl. Manuskript (mit Dank an den Autor).

10 Ridley, 2012, S. 160–162; Magnus, 1964, S. 98–117.

11 Jeroen Koch, »The King as Father, Orangism and the Uses of a Hero: King William I of the Netherlands and the Prince of Orange, 1815–1840«, in: Müller und Mehrkens (Hg.), 2016b, S. 275–276.

12 Hans A. Bornewasser, »König Wilhelm II.«, in: Tamse (Hg.), 1985, S. 260–274; Hans A. Bornewasser, »König Wilhelm I.«, in: Tamse (Hg.), 1985, S. 250–251; Jeroen van Zanten, *Koning Willem II, 1792–1849*, Amsterdam 2013, S. 252, 257, 259–260.

13 Munro Price, *The Perilous Crown. France between Revolutions, 1814–1848*, Basingstoke/Oxford 2007, S. 227, 270–271; Collingham, 1988, S. 104; Heidi Mehrkens, »The Impossible Task of Replacing a Model Heir: The Death of Ferdinand-Philippe d'Orléans and the ›New France‹«, in: Müller und Mehrkens (Hg.), 2016a, S. 196–197; Guy Antonetti, *Louis-Philippe*, Paris 1994, S. 838–839.

14 Jörg-Peter Findeisen, *Die schwedische Monarchie. Von den Vikingerherrschern zu den modernen Monarchen*, Bd. 2, Kiel 2010, S. 311–312; Jörg-Peter Findeisen, *Jean Baptiste Bernadotte. Revolutionsgeneral, Marschall Napoleons,-König von Schweden und Norwegen*, Gernsbach 2010, S. 343–346, 353.

15 Jes Fabricius Møller, »Domesticating a German Heir to the Danish Throne«, in: Müller und Mehrkens (Hg.), 2016a, S. 139–140; Olaf Jenssen und Winfried Steffani, »Königreich Dänemark«, in: Winfried Steffani (Hg.), *Regierungsmehrheit und Opposition in den Staaten der EG*, Opladen 1991, S. 95.

16 Frank Lorenz Müller, »Frau Deines Mannes, Tochter Deiner Mutter. Victoria und das Scheitern einer Mission« – http://www.perspectivia.net/publikationen/kultgep-colloquien/2/mueller_scheitern (Zugriff 23.5.2017); Otto von Bismarck, *Werke in Auswahl*, hg. von Gustav Adolf Rein, Bd. 2, Darmstadt 1963, S. 96–98.

17 Müller, 2013, S. 32–39, 100–102, 213–215.

18 *Der Sozialdemokrat*, Zürich, vom 24.7.1883.

19 Müller, 2013, S. 205–256, 293.

20 Müller, 2013, S. 278–293, 311–344.

21 *Münchener Tageblatt* vom 28.6.1886.

22 März, 2014, S. 65; Ludwig Thoma, »Ein kranker König« [1907], in: Ludwig Thoma, *Gesammelte Werke*, Bd. 1, München 1968, S. 449, 451; Müller, 2017, S. 24–29.

23 Monts an Hohenlohe, Nr. 20, 28.1.1896 (Politisches Archiv des Auswärtigen Amtes, R2802).

24 Monts an Hohenlohe, Nr. 20, 28.1.1896 (Politisches Archiv des Auswärtigen Amtes, R2802), und Nr. 74, 24.5.1900 (R2805); Müller, 2017, S. 172–184.

25 Müller, 2017, S. 205–207.

26 Müller, 2017, S. 207–209; https://www.hdbg.eu/koenigreich/web/index.php/themen/index/herrscher_id/4/id/51 (Zugriff 13.5.2017); *Berliner Tageblatt* vom 29.2.1912.

27 Kronenbitter, 2015, S. 211.

28 Kronenbitter, 2015, S. 212, 217; Hamann, 2006, S. 101–106, 146–151, 178–215, 340–351; Julius Felix [= Kronprinz Rudolf], »Oesterreich-Ungarn und seine Alliancen. Offener Brief an S. M. Kaiser Franz Joseph I.«, in: Kronprinz Rudolf, *»Majestät, ich warne Sie. Geheime und private Schriften*, hg. von Brigitte Hamann, Wien 1979, S. 191, 226.

29 Alma Hannig, *Franz Ferdinand. Die Biografie*, Wien 2013, S. 49–54; Friedrich Weissensteiner, *Franz Ferdinand. Der verhinderte Herrscher*, Wien 2007, S. 72–112.

30 Hannig, 2013, S. 54–77; Weissensteiner, 2007, S. 113–149.

31 Hannig, 2013, S. 53–54, 85–86; Kronenbitter, 2015, S. 212, 221–223; Samuel R.

Williamson Jr., »Influence, Power, and the Policy Process: The Case of Franz Ferdinand, 1906–1914«, in: *The Historical Journal* 17 (1974), S. 417–434.

32 Hannig, 2013, S. 115–121.

33 Hannig, 2013, S. 96–97; Vocelka, 2015, S. 330–332; Emil Franzel, *Franz Ferdinand d'Este. Leitbild einer konservativen Revolution*, Wien/München 1964, S. 83; Kronenbitter, 2015, S. 217–218; Robert A. Kann, »Groß-Österreich«, in: Robert A. Kann, *Erzherzog Franz Ferdinand Studien*, München 1976, S. 34, 36.

34 Kann, 1976, S. 31; Stefan Zweig, *Die Welt von Gestern* (1942) – http://gutenberg.spiegel.de/buch/die-welt-von-gestern-6858/11 (Zugriff 25.5.2017); Alma Hannig, »Archduke Ferdinand: An Uncharming Prince?«, in: Müller und Mehrkens (Hg.), 2016b, S. 139–160.

35 Friedrich Weissensteiner, *Große Herrscher des Hauses Habsburg: 700 Jahre europäische Geschichte*, München 1997, S. 337; *Der Sozialdemokrat* vom 2.8.1883.

36 Hannig, 2016, S. 139–140, 145–152, 160; Georg Franz, *Erzherzog Franz Ferdinand und die Pläne zur Reform der Habsburger Monarchie*, Brünn/München/Wien 1943, S. 59; Karl Kraus, »Franz Ferdinand und die Talente«, in: *Die Fackel* vom 10.7.1914, S. 3–4.

37 Thoma, 1907, S. 451.

38 Jörg Requate, »Einleitung«, in: Jörg Requate (Hg.), *Das 19. Jahrhundert als Mediengesellschaft*, München 2009, S. 10–11; siehe auch Jörg Requate, »Kennzeichen der deutschen Mediengesellschaft des 19. Jahrhunderts«, in: ebd., S. 30–42, und Jörg Requate, »Politischer Massenmarkt und nationale Öffentlichkeiten – Die Entstehung einer ›vierten Gewalt‹? Deutschland, England und Frankreich im Vergleich«, in: Martin Kirsch, Anne G. Kosfeld und Pierangelo Schiera (Hg.), *Der Verfassungsstaat vor der Herausforderung der Massengesellschaft. Konstitutionalismus um 1900 im europäischen Vergleich*, Berlin 2002, S. 145–168; Frank Bösch, *Mediengeschichte. Vom asiatischen Buchdruck zum Fernsehen*, Frankfurt am Main/New York 2011, S. 109–128.

39 James Retallack, »Obrigkeitsstaat und politischer Massenmarkt«, in: Sven Oliver Müller und Cornelius Torp (Hg.), *Das Deutsche Kaiserreich in der Kontroverse*, Göttingen 2009, S. 131; Richard von Kühlmann an Theobald von Bethmann Hollweg, Nr. 733, 15.9.1910 (Politisches Archiv des Auswärtigen Amtes, R6053).

40 Naumann, 1964, S. 443; Retallack, 2009, S. 130; Bösch, 2011, S. 121.

41 König Maximilians Memoiren zitiert nach Schöbel, 2017, S. 11; Kohlrausch, 2005; Frank Bösch, *Öffentliche Geheimnisse. Skandale, Politik und Medien im Kaiserreich und Großbritannien, 1880–1914*, München 2009.

42 Peter Burke, *Die Inszenierung des Sonnenkönigs*, Berlin 1993; Jürgen Luh, *Der Große: Friedrich II. von Preußen*, 2. Aufl. München 2011; zum Verhältnis von

Medien und Monarchie siehe auch Martin Kohlrausch, »Die höfische Gesellschaft und ihre Feinde. Monarchie und Massengesellschaft in England und Deutschland um 1900«, in: *Neue Politische Literatur* 47 (2002), S. 450–466; Torsten Riotte, »Nach ›Pomp und Politik‹: Neue Ansätze in der Historiographie zum regierenden Hochadel im 19. Jahrhundert«, in: *Neue politische Literatur* 59 (2014), S. 209–228.

43 John Plunkett, *Queen Victoria. First Media Monarch*, Oxford 2003, S. 1–2; Huch, 2016, S. 4; Eva Giloi, »Copyrighting the Kaiser: Publicity, Piracy and the Right to Wilhelm II's Image«, in: *Central European History* 45 (2012), S. 407—451; Karina Urbach, »Die inszenierte Idylle. Legitimationsstrategien Queen Victorias und Prinz Alberts«, in: Frank-Lothar Kroll und Dieter J. Weiß (Hg.), *Inszenierung oder Legitimität. Die Monarchie in Europa im 19. und 20. Jahrhundert. Ein deutsch-englischer Vergleich*, Berlin 2015, S. 23.

44 Plunkett, 2003, S. 13, 38–54; Johannes Paulmann, »Peripatetische Herrschaft, Deutungskontrolle und Konsum. Zur Theatralität in der europäischen Politik vor 1914«, in: *Geschichte in Wissenschaft und Unterrricht* 53 (2002), S. 452–453; Schöbel, 2017, S. 149–194.

45 Paulmann, 2002, S. 452–453; *Allgemeine Rundschau* vom 15.10.1910, S. 738; Kroll, 2007, S. 359–361.

46 Plunkett, 2003, S. 144–198; Franziska Windt, »Majestätische Bilderflut. Die Kaiser in der Photographie«, in: *Die Kaiser und die Macht der Medien*, hg. von der Generaldirektion der Stiftung Preußische Schlösser und Gärten Berlin-Brandenburg, Berlin 2005, S. 67–77; Eva Giloi, *Monarchy, Myth, and Material Culture in Germany 1750–1950*, Cambridge 2011, S. 242; Paulmann, 2002, S. 455–456; Thomas Richards, *The Commodity Culture of Victorian England. Advertising and Spectacle, 1851–1914*, London 1990, S. 73–117.

47 Bagehot, 2001, S. 46; Vernon Bogdanor, *The Monarchy and the Constitution*, Oxford 1995, S. 27, 36–37.

48 Plunkett, 2003, S. 13–67; Frank Prochaska, *Royal Bounty. The Making of a Welfare Monarchy*, New Haven/London 1995, S. 67–135, Zitat auf S. 135; Frank Prochaska, »The Crowned Republic and the Rise of the Welfare Monarchy«, in: Kroll und Weiß (Hg.), 2015, S. 144–146; Sellin, 2011, S. 241–261.

49 Frank-Lothar Kroll, »Die Idee eines sozialen Königtums im 19. Jahrhundert«, in: Kroll und Weiß (Hg.), 2015, S. 111–140; Plunkett, 2003, S. 11.

50 Richard S. Wortman, *Scenarios of Power: Myth and Ceremony in Russian Monarchy*, Bd. 2, Princeton 2000, S. 13 (mit Bezug auf das »Scenario of Love« des Zaren Alexander II.); John C. G. Röhl (Hg.), *Philipp Eulenburgs politische Korrespondenz*, Bd. 2, Boppard am Rhein 1979, S. 1440–1441.

51 Nye, 2005, S. 16; Joseph S. Nye, »The Infant Prince George is a source of real-world power«, in: *Financial Times* vom 24.7.2013 – https://www.ft.com/content/0bd55672-f482-11e2-a62e-00144feabdc0 (Zugriff 1.6.2017); *Illustre-*

*ret Tidende* vom 6.9.1885. Ich verdanke Miriam Schneider den Hinweis auf diesen Artikel. Zum Thema Thronfolger und »sanfte« Macht siehe auch Frank Lorenz Müller, »›Winning their Trust and Affection‹: Royal Heirs and the Uses of Soft Power in Nineteenth-Century Europe«, in: Müller und Mehrkens (Hg.), 2016b, S. 1–19.

52 Allerdings waren die Gerüchte über Konstanzes öffentliche Entbindung vermutlich nur antistaufische Propaganda; Hubert Houben, *Kaiser Friedrich II. (1194–1250). Herrscher, Mensch und Mythos*, Stuttgart 2008, S. 26–27; Marchi, 2014; B. Richter, *Kleine Episoden und Charakterzüge aus dem Leben unseres Kaisers Friedrich III.*, Reudnitz/Leipzig 1888, S. 32.

53 Richard Meyer Forsting, »Isabel II: niña de la libertad«, AHRC-Project *Heirs to the Throne in the Constitutional Monarchies of Nineteenth-Century Europe (1815–1914)*, »Heir of the Month« (März 2014) – http://heirstothethrone-project.net/?page_id=900 (Zugriff 22.6.2017).

54 Urbach, 2011, S. 22–23; Vallone, 2001, S. 109–121.

55 Müller, 2013, S. 155–156, 175–176.

56 Simon Schama, »The Domestication of Majesty: Royal Family Portraiture, 1650–1850«, in: *The Journal of Interdisciplinary History* 17 (1986), S. 155.

57 Windt, 2005; Jörg Kirschstein, *KaiserKinder. Die Familie Wilhelms II. in Fotografien*, Göttingen 2011, S. 38; https://www.royalcollection.org.uk/collection/search#/6/collection/2105900/the-four-generations-white-lodge-richmond (Zugriff 23.6.2017); http://www.br.de/radio/bayern2/bayern/bayerisches-feuilleton/vom-maerchenkoenig-zur-prinzregentenzeit-foerg100.html (Zugriff 23.6.2017).

58 Anne M. Lyden, *A Royal Passion. Queen Victoria and Photography*, Los Angeles 2014; Otto May, *Deutsch sein heißt treu sein: Ansichtskarten als Spiegel von Mentalität und Untertanenerziehung in der Wilhelminischen Ära (1888–1918)*, Hildesheim 1998; Schöbel, 2017, S. 261–290; Plunkett, 2003, S. 157.

59 Odd Hølaas, *Norge under Haakon Viii, 1905–1945*, Oslo 1976, S. 10; Müller, 2013, S. 156–158; über 800 sorgfältig katalogisierte Bilder des Kronprinzen Rudolf finden sich auf http://www.bildarchivaustria.at/ (Zugriff 23.6.2017).

60 Mehr als 1500 Bilder von Prinzessin/Königin Alexandra finden sich auf https://www.royalcollection.org.uk/collection/search#/page/1 (Zugriff 23.6.2017); Plunkett, 2003, S. 157; Imke Polland, »How to *Fashion* the Popularity of the British Monarchy: Alexandra, Princess of Wales and the Attraction of Attire«, in: Müller und Mehrkens (Hg.), 2016b, S. 201–221.

61 Justin Stagl, »Einleitung«, in: Justin Stagl (Hg.), *Ein Erzherzog reist. Beiträge zur Weltreise Franz Ferdinands*, Salzburg 2001, S. 3; Sophie Gordon, »Travels with a Camera: The Prince of Wales, Photography and the Mobile Court«, in: Müller und Mehrkens (Hg.), 2016a, S. 92–108.

62 Schneider, 2018.

63 Georges-Henri Dumont, *Léopold II*, Paris 1990, S. 64–90; Radforth, 2004; Ridley, 2012, S. 174–180; Milinda Banerjee, »Ocular Sovereignty, Acclamatory Rulership and Political Communication: Visits of Princes of Wales to Bengal«, in: Müller und Mehrkens (Hg.), 2016b, S. 81–100; Chandrika Kaul, »Monarchical Display and the Politics of Empire: Princes of Wales and India 1870–1920s«, in: *Twentieth Century British History* 17/4 (2006), S. 464–488.

64 Müller, 2013, S. 152–154; *Volksblatt*, Nr. 8, 1878, S. 57–58 – https://de.wikisource.org/wiki/K%C3%B6nig_Humbert_von_Italien_und_seine_Gemahlin (Zugriff 29.6.2017).

65 Villa, 2015, S. 165; Metzsch, 1906, S. 64–81; Hauptstaatsarchiv Dresden, MfÄ, 9295.

66 Jean-Paul Bled, *Franz Ferdinand: der eigensinnige Thronfolger*, Wien 2013, S. 58–64; Hannig, 2013, S. 33–49.

67 Nancy Snow und Philip Taylor (Hg.), *Routledge Handbook of Public Diplomacy*, London 2009; Erik Goldstein, »Royal Ambassadors: Monarchical Public Diplomacy and the United States«, in: Müller und Mehrkens (Hg.), 2016b, S. 64.

68 Johannes Paulmann, *Pomp und Politik. Monarchenbegegnungen in Europa zwischen Ancien Régime und Erstem Weltkrieg*, Paderborn 2000, S. 413, 421; http://thevictorianist.blogspot.de/2011/06/i-have-never-seen-so-many-people.html (Zugriff 30.6.2017).

69 Urbach, 2011, S. 24–25; Kate Williams, *Becoming Queen*, London 2009, S. 162, 213; Vallone, 2001, S. 76, 90–91.

70 Maria-Christina Marchi, »Umberto, Amedeo and Oddone di Savoia: Princes on the Road«, AHRC-Project *Heirs to the Throne in the Constitutional Monarchies of Nineteenth-Century Europe (1815–1914)*, »Heir of the Month« (Mai 2015) – http://heirstothethrone-project.net/?page_id=1548 (Zugriff 30.6.2017).

71 Diese Passage beruht auf der Analyse von Trond Norén Isaksen, »The Power of Presence: Crafting a Norwegian Identity for the Bernadotte Heirs«, in: Müller und Mehrkens (Hg.), 2016b, S. 103–121.

72 http://www.royalcourt.no/artikkel.html?tid=28678&sek=28571 (Zugriff 2.7.2017); Tim Greve, *Haakon VII. Menneske og monark*, Oslo 1980, S. 104–126.

73 Bagehot, 2001, S. 37.

74 *Berliner Tageblatt* vom 18.10.1881; *Allgemeine Zeitung* vom 7.1.1905.

75 *Bayern-Kurier* vom 7.1.1895.

76 J. M. Forster, *Prinz Ludwig von Bayern. Biographie und Reden Sr. Königl. Hoheit des Prinzen Ludwigs von Bayern*, München 1897, S. 112–113; *Münchner Neueste Nachrichten* vom 13.3.1891; *Bayern-Kurier* vom 7.1.1895.

77 Koch, 2016, S. 270–274; *La America*, Madrid, vom 28.12.1874, S. 3–4; http://heirstothethrone-project.net/wp-content/uploads/2014/05/Manifesto-in-print.pdf (Zugriff 5.7.2017).

78 Miriam Schneider, »A ›Sporting Hermes‹: Crown Prince Constantine and the Ancient Heritage of Modern Greece«, in: Müller und Mehrkens (Hg.), 2016b, S. 243–261; Miriam Schneider, »Diadochos Konstantinos: The Prussian Duke of Sparta«, AHRC-Project *Heirs to the Throne in the Constitutional Monarchies of Nineteenth-Century Europe (1815–1914)*, »Heir of the Month« (März 2015) – http://heirstothethrone-project.net/?page_id=1467 (Zugriff 5.7.2017).

79 Frank-Lothar Kroll, »Monarchen als Gelehrte. Zum Typus des ›homme de lettres‹ in den deutschen Fürstenstaaten des 19. Jahrhunderts«, in: *König Johann von Sachsen. Zwischen zwei Welten,* hg. v. der Sächsischen Schlösserverwaltung und dem Staatlichen Schlossbetrieb Schloß Wesenstein, Halle an der Saale 2001, S. 135–140; zu Johann von Sachsen siehe die Beiträge von K. Weigand und S. Neumeister in: Winfried Müller und Martina Schattkowsky (Hg.), *Zwischen Tradition und Modernität. König Johann von Sachsen 1801–1873*, Leipzig 2004; Mehrkens, 2015, S. 203–204.

80 Müller, 2013, S. 173–174.

81 Hamann, 2006, S. 118–141, 216–244.

82 Matthias Röschner, »Förderer und Protektor. Die Rolle Ludwigs III. in der Gründungs- und Aufbauphase des Deutschen Museums«, in: Ulrike Leutheusser und Hermann Rumschöttel (Hg.), *König Ludwig III. und das Ende der Monarchie in Bayern*, München 2014, S. 127–144; Lucia Travaini, *Storia di una passione: Vittorio Emanuele III e le monete*, 2. Aufl. Rom 2005; Manfred Hettling und Stefan-Ludwig Hoffmann (Hg.), *Der bürgerliche Wertehimmel. Innenansichten des 19. Jahrhunderts*, Göttingen 2000; http://www.zeno.org/Pierer-1857/A/B%C3%BCrgerliche+Tugenden (Zugriff 6.7.2017); Quataert, 2001, S. 3–4.

83 Giorgio Bordin und Laura Polo D'Ambrosio, *Medicine in Art*, Los Angeles 2010, S. 99; Telesko, 2006, S. 226; http://www.npg.org.uk/collections/search/portraitExtended/mw08509/Queen-Victorias-First-Visit-to-her-Wounded-Soldiers (Zugriff 7.7.2017); Heidi Mehrkens, »The Prince, the President and the Cholera«, AHRC-Project *Heirs to the Throne in the Constitutional Monarchies of Nineteenth-Century Europe (1815–1914)*, »Heir of the Month« (Januar 2014) – http://heirstothethrone-project.net/?page_id=768 (Zugriff 7.7.2017).

84 Kroll, 2015, S. 113, 137.

85 Müller, 2013, S. 171–172; Müller, 2017, S. 204–205; Mehrkens, 2015, S. 204.

86 Prochaska, 1995, S. 109–126.

87 Prochaska, 1995, S. 135.

**Kapitel 5**

1 *A King's Story*, 1951, S. 98–103.

2 Sellin, 2011, S. 105; Martin Wrede, »Einleitung: Die Inszenierung der mehr oder weniger heroischen Monarchie. Zu Rittern und Feldherren, Kriegsherren und Schauspielern«, in: Martin Wrede (Hg.), *Die Inszenierung der heroischen Monarchie. Frühneuzeitliches Königtum zwischen ritterlichem Erbe und militärischer Herausforderung*, München 2014, S. 11; Michael Epkenhans, »Das Ende eines Zeitalters: Europäische Monarchen und ihre Armeen im Ersten Weltkrieg«, in: Winfried Heinemann und Markus Pöhlmann (Hg.), *Monarchen und ihr Militär*, Potsdam 2010, S. 61.

3 Sellin, 2011, S. 105.

4 Dollinger, 1985, S. 340; Dieter Fricke und Kurt Finker, »Kyffhäuser-Bund der Deutschen Landeskriegerverbände«, in: Dieter Fricke (Hg.), *Die bürgerlichen Parteien in Deutschland*, Bd. 2, Leipzig 1970, S. 296–312.

5 Paulmann, 2000, S. 160–164; Stig Förster, *Der doppelte Militarismus. Die deutsche Heeresrüstungspolitik zwischen Status-Quo-Sicherung und Aggression, 1890–1913*, Stuttgart 1985, S. 300.

6 Dollinger, 1985, S. 341.

7 Truesdell, 1997, S. 138.

8 Jakob Vogel, »›En revenant de la revue‹. Militärfolklore und Folkloremilitarismus in Deutschland und Frankreich 1871–1914«, in: *Österreichische Zeitschrift für Geschichtswissenschaft* 9 (1998), S. 9–30; Alexa Geisthövel, »Wilhelm I. am ›historischen Eckfenster‹. Zur Sichtbarkeit des Monarchen in der zweiten Hälfte des 19. Jahrhunderts«, in: Jan Andres, Alexa Geisthövel und Matthias Schwengelbeck (Hg.), *Die Sinnlichkeit der Macht. Herrschaft und Repräsentation seit der Frühen Neuzeit*, Frankfurt am Main 2005, S. 163–185.

9 James J. Sheehan, *Where Have All the Soldiers Gone? The Transformation of Modern Europe*, New York 2008, deutsch: *Kontinent der Gewalt. Europas langer Weg zum Frieden*, München 2008; Epkenhans, 2010, S. 63; Kaiser Wilhelm II., 1927, S. 4.

10 Detlev von Liliencron, *Die Musik kommt*, 1883, http://gutenberg.spiegel.de/buch/detlev-von-liliencron-gedichte-2051/30 (Zugriff 17.3.2017).

11 Vogel, 1998, S. 9–10; Jakob Vogel, *Nationen im Gleichschritt. Der Kult der ›Nation in Waffen‹ in Deutschland und Frankreich, 1871–1914*, Göttingen 1997; Kaspar Hauser [d.i. Kurt Tucholsky], »Unser Militär«, 1919, http://www.textlog.de/tucholsky-unser-militaer.html (Zugriff 20.3.2017); Schönpflug, 2013, S. 224–225.

12 Ilaria Porciani, »Der Krieg als ambivalenter italienischer Gründungsmythos – Siege und Niederlagen«, in: Nikolaus Buschmann und Dieter Langewiesche (Hg.), *Der Krieg in den Gründungsmythen europäischer Nationen und den*

*USA*, Frankfurt am Main/New York 2003, S. 194; Catherine Brice, *Monarchie et identité nationale en Italie 1861–1900*, Paris 2010, S. 119–127.

13 Daniel Unowsky, *The Pomp and Politics of Patriotism. Imperial Celebrations in Habsburg Austria, 1848–1916*, West Lafayette, Indiana, 2005, S. 98; Dezső Kostolányi, *Ein Held seiner Zeit. Die Bekenntnisse des Kornél Esti*, Reinbek 2005, S. 111; Jan Rüger, *The Great Naval Game. Britain and Germany in the Age of Empire*, Cambridge 2007, S. 12–13.

14 Jakob Vogel, »Der ›Folkloremilitärismus‹ und seine zeitgenössische Kritik – Deutschland und Frankreich 1871–1914«, in: Wolfram Wette (Hg.), *Militarismus in Deutschland 1871 bis 1945*, Münster 1999, S. 280–281; *Preußisch korrekt – berlinisch gewitzt. Der Maler Franz Krüger 1797–1857*, Berlin 2007, S. 147–149; Vogel, 1998, S. 15–16.

15 Vogel, 1998, S. 10; Ute Frevert, »Das jakobinische Modell: Allgemeine Wehrpflicht und Nationsbildung in Preußen-Deutschland«, in: Ute Frevert (Hg.), *Militär und Gesellschaft im 19. und 20. Jahrhundert*, Stuttgart 1997, S. 45.

16 Manuel Borutta, »Repräsentation, Subversion und Spiel: Die kulturelle Praxis nationaler Feste in Berlin und Rom, 1870/71 und 1895«, in: Ulrike von Hirschhausen und Jörn Leonhard (Hg.), *Nationalismen in Europa. West- und Osteuropa im Vergleich*, Göttingen 2007, S. 250, 253; Lucy Riall, »Men at War: Masculinity and Military Ideals in the Risorgimento«, in: Silvana Patriarca und Lucy Riall (Hg.), *The Risorgimento Revisited. Nationalism and Culture in Nineteenth-Centur Italy*, Basingstoke 2012, S. 152–170; Paolo Colomba, »In consenso spezzato. La legittimazione militare die Vittorio Emanuele II«, in: *Vittorio Emanuele II. Il Re Galantuomo*, Turin 2010, S. 66–73.

17 »Colonial Troops in England for the Queen's Diamond Jubilee«, in: *Illustrated London News* vom 19.6.1897; Jeffrey R. Smith, »The Monarchy versus the Nation: the Festive Year 1913 in Wilhelmine Germany«, in: *German Studies Review* 23 (2000), S. 257–274; *Deutscher Geschichtskalender*, begründet von Karl Wippermann, Jahrgang 1913/Bd. II, Leipzig 1913, S. 68, 178–179.

18 Ute Frevert, »Das Militär als ›Schule der Männlichkeit‹. Erwartungen, Angebote, Erfahrungen im 19. Jahrhundert«, in: Ute Frevert (Hg.), 1997, S. 145–173; Colmar von der Goltz (1877) in: Bernd Ulrich, Jakob Vogel und Benjamin Ziemann (Hg.), *Untertan in Uniform. Militär und Militarismus im Kaiserreich 1871–1914. Quellen und Dokumente*, Frankfurt am Main 2001, S. 90–92; *Handbuch der deutschen Bildungsgeschichte*, Bd. 3, hg. v. Karl-Ernst Jeismann und Peter Lundgreen, München 1987, S. 362–377, Bd. 4, hg. v. Christa Berg, München 1991, S. 127–129, 136–137, 501–527; Sonja Levsen, »Gemeinschaft, Männlichkeit und Krieg. Militarismus in englischen Colleges und deutschen Studentenverbindungen am Vorabend des Ersten Weltkrieges«, in: Christian Jansen (Hg.), *Der Bürger als Soldat. Die Militarisierung europäischer Gesellschaften im langen 19. Jahrhundert: ein internationaler Vergleich*, Essen 2004, S. 230–246.

19 Müller, 2013, S. 29, 116; Kirschstein, 2011, S. 38.

20 Bled, 1988, S. 14; Heimo Cerny (Hg.), *Die Jugend-Tagebücher Franz Josephs (1843–1848). Ungekürzte kommentierte Textedition*, Wien 2003, S. 33

21 Mergen, 2005, S. 249–253; Müller, 2017, S. 100.

22 Müller, 2017, S. 98–100; Walter Fellmann, *Sachsens letzter König. Friedrich August III.*, Berlin/Leipzig 1992, S. 39–40; Stecher, 1905, S. 11; *Dresdner Journal*, Sonderausgabe vom 16.10.1904.

23 Richard Meyer Forsting, »The Importance of Looking the Part: Heirs and Male Aesthetics in Nineteenth-Century Spain«, in: Müller und Mehrkens (Hg.), 2016b, S. 181–200.

24 Paolo Paulucci, *Alla corte di Re Umberto: diario segreto*, Mailand 1986, S. 59. Ich danke Maria-Christina Marchi für diesen Hinweis; *The Times* vom 29.8. 1888, 3.9.1888, 10.6.1890, 13.11.1890, 18.3.1895; Alexander Robertson, *Victor Emmanuel III. King of Italy*, London 1925, S. 112–113.

25 Walter Arnstein, »The Warrior Queen: Reflections on Queen Victoria and her World«, in: *Albion* 30 (1998), S. 1–28; Schneider, 2018.

26 *The Standard*, London, vom 26.6.1885; *The Illustrated London News* vom 9.9.1911.

27 *Pall Mall Gazette* vom 15.1.1892.

28 Bornewasser, 1985b, S. 256–267; Koch, 2016, S. 263–280.

29 Bernard Cornwell, *Waterloo. The History of Four Days, Three Armies and Three Battles*, London 2014, S. 323; Koch, 2016, S. 274.

30 Mehrkens, 2015, S. 204.

31 Adrien Pascal, *Vie Militaire, Privée and Politique de Son Altesse Royale Mgr Le Duc D'Orléans*, Paris 1842, S. 8–9, 15–16; Joëlle Hureau, *L'Espoir Brisé. Le Duc D'Orléans 1810–1842*, Paris 1995, S. 187–208; Price, 2007, S. 241.

32 Pascal, 1842, S. 59, 64.

33 Mehrkens, 2015, S. 196–210; Hureau, 1995, S. 313–318; Price, 2007, S. 309–312; *The Times* vom 16.7.1842.

34 http://statues-monuments-npdc.pagesperso-orange.fr/duc%20d%20orleans%20album%20page%2033.htm (Zugriff 27.3.2017).

35 Edmondo De Amicis, *Cuore*, New York 1896, S. 8, 21–22, 104; Guerzoni zitiert nach *Dizionario de Risorgimento Nazionale*, Bd. IV: *Le Persone*, Mailand 1937, S. 506–507; Geoffrey Wawro, *The Austro-Prussian War. Austria's War with Prussia and Italy 1866*, Cambridge 1996, S. 104–107.

36 Frank Lorenz Müller, »Ludwig of Bavaria and Helmstadt: The Heroic Memory of an Unmilitary Prince«, AHRC-Project *Heirs to the Throne in the Constitutional Monarchies of Nineteenth-Century Europe (1815–1914)*, »Heir of the Month« (July 2016) – http://heirstothethrone-project.net/?page_id=2512 (Zugriff 28.3.2017); Müller, 2017, S. 100–105.

37 *Neue Freie Volkszeitung* vom 2.8.1891; *Bayrischer Kurier* vom 7.1.1895, 7.1.1905;

38 Frederik Frank Sterkenburgh, »Narrating Prince Wilhelm of Prussia: Commemorative Biography as Monarchical Politics of Memory«, in: Müller und Mehrkens (Hg.), 2016b, S. 281–301; Louis Schneider, »Der Prinz von Preußen. Zum 1. Januar 1857«, in: *Der Soldaten-Freund* 24 (Dezember 1856), S. 119–121, 126.

39 Schneider, 1856, S. 126.

40 Die folgenden Ausführungen zu Kronprinz Friedrich Wilhelm beruhen auf der Darstellung bei Müller, 2013, S. 177–192.

41 *A King's Story*, 1951, S. 118.

42 *A King's Story*, 1951, S. 119; Heather Jones, »The Nature of Kingship in First World War Britain«, in: Matthew Glencross, Judith Rowbotham und Michael D. Kandiah (Hg.), *The Windsor Dynasty. 1910 to the Present*, London 2016, S. 195–216; Lothar Machtan, *Die Abdankung. Wie Deutschlands gekrönte Häupter aus der Geschichte fielen*, Berlin 2008, S. 93.

43 Machtan, 2008, S. 92–107.

44 Stephen Graham, *Alexander of Jugoslavia. Strong Man of the Balkans*, London 1938, S. 82–94; Eva Demmerle, *Kaiser Karl I. »Selig, die Frieden stiften …« Die Biographie*, 2. Aufl. Wien 2005, S. 84–91; Yury und Sonya Winterberg, *Kleine Hände im Großen Krieg. Kinderschicksale im Ersten Weltkrieg*, Berlin 2014, S. 196–197.

45 Jones, 2016, S. 195.

46 Gustaaf Janssens, »Die belgische Monarchie und Albert I. Ritterkönig und Friedensfürst?«, in: Wrede (Hg.), 2014, S. 409–437; Frank-Lothar Kroll, »Zwischen europäischem Bewußtsein und nationaler Identität. Legitimationsstrategien monarchischer Eliten im Europa des 19. und 20. Jahrhunderts«, in: Hans-Christof Kraus und Thomas Nicklas (Hg.), *Geschichte der Politik. Alte und neue Wege*, München 2007, S. 353–374; Hartmut Pogge von Strandmann, »Nationalisierungsdruck und Namensänderung in England. Das Ende der Großfamilie europäischer Dynastien«, in: Gerhard A. Ritter und Peter Wende (Hg.), *Rivalität und Partnerschaft. Studien zu den deutsch-britischen Beziehungen im 19. und 20. Jahrhundert*, Paderborn 1999, S. 69–91.

47 *Speeches by H.R H. The Prince of Wales 1912–1926*, London 1927, S. 7.

48 Ziegler, 1990, S. 49.

49 Ziegler, 1990, S. 49–53.

50 Ziegler, 1990, S. 54.

51 Ziegler, 1990, S. 68–73.

52 Heather Jones, »A Prince in the Trenches? Edward VIII and the First World War«, in: Müller und Mehrkens (Hg.), 2016a, S. 236–241; Ziegler, 1990, S. 73–84.

53 Genevieve Parkurst, *A King in the Making. An Authentic Story of Edward, Seventeenth Prince of Wales*, New York/London 1925, S. 122–123.

54 Ziegler, 1990, S. 53–54, 88–105; Jones, 2015, S. 241–242.

55 Ziegler, 1990, S. 55; Parkhurst, 1926, S. 144–148; Basil Maine, *Prinz von Wales. König Eduard VIII. Eine Biographie*, Berlin 1936, S. 21–22.

56 Rose, 1983, S. 179.

57 Jones, 2015, S. 234, 236; Ziegler, 1990, S. 84; *A King's Story*, 1951, S. 125.

58 Jones, 2015, S. 243.

59 Katherine Anne Lerman, »Wilhelm's War: A Hohenzollern in Conflict 1914–1918«, in: Müller und Mehrkens (Hg.), 2016a, S. 247; Jonas, 1962, S. 102–103, 120–121; Ries, 2001, S. 132.

60 Kronprinz Wilhelm, *Meine Erinnerungen an Deutschlands Heldenkampf*, Berlin 1923, S. 3–4.

61 Jonas, 1962, S. 126; Ries, 2001, S. 133.

62 *Regierte der Kaiser? Kriegstagebücher, Aufzeichnungen und Briefe des Chefs des Marine-Kabinetts Admiral Georg Alexander von Müller 1914–1918*, hg. von Walter Görlitz, 2. Aufl. Berlin/Frankfurt am Main 1959, S. 51–52.

63 David Kunhardt, *Kronprinz Wilhelm, feste druff!: Humoristisch-vaterländisches Kriegslied*, Berlin 1914; Eva Krivanec, *Kriegsbühnen. Theater im Ersten Weltkrieg. Berlin, Lissabon, Paris und Wien*, Bielefeld 2012, S. 117.

64 »*Immer feste druff*«, Flugblattpropaganda, Paris 1918 – http://digital.staatsbibliothek-berlin.de/werkansicht?PPN=PPN767871014&PHYSID=PHYS_0001&DMDID=DMDLOG_0001 (Zugriff 19.4.2017); Jonas, 1962, S. 127; Lerman, 2015, S. 248, 250; Wolfgang Pyta, »Die Kunst des rechtzeitigen Thronverzichts. Neue Einsichten zur Überlebenschance der parlamentarischen Monarchie in Deutschland im Herbst 1918«, in: Patrick Merziger u. a. (Hg.), *Geschichte, Öffentlichkeit, Kommunikation. Festschrift für Bernd Sösemann zum 65. Geburtstag*, Stuttgart 2010, S. 367.

65 *Erinnerungen des Kronprinzen Wilhelm*, 1922, S. 168–169, 201ff., 209ff.

66 *Erinnerungen des Kronprinzen Wilhelm*, 1922, S. 168–169.

67 Lerman, 2015, S. 250–252; Machtan, 2008, S. 102–103; Olaf Jessen, *Verdun 1916. Die Urschlacht des Jahrhunderts*, München 2014, S. 92–93, 232–233, 318–319; *Erinnerungen des Kronprinzen Wilhelm*, 1922, S. 204–206; Kronprinz Wilhelm, 1923, S. 160.

68 *Regierte der Kaiser?*, 2. Aufl. 1959, S. 369.

69 Epkenhans, 2010, S. 69–70; Lerman, 2015, S. 252–255; Jonas, 1962, S. 153.

70 Jessen, 2014, S. 75; Jonas, 1962, S. 153–156.

71 Jonas, S. 155; *Unser Kronprinz im Felde. Gemälde und Skizzen von Wilhelm Paper, Kriegsmaler im Großen Hauptquartier*, Berlin 1918.

72 Jonas, 1962, S. 156.

73 *Regierte der Kaiser?*, 2. Aufl. 1959, S. 428; Jonas, 1962, S. 161–164; Lerman, 2015, S. 258.

74 Jonas, 1962, S. 165.

75 *Erinnerungen des Kronprinzen Wilhelm*, 1922, S. 209–212.

76 Stephan Malinowski, »Der Braune Kronprinz«, in: Zeit-Online – http://www.zeit.de/2015/33/hohenzollern-kronprinz-nationalsozialismus-adolf-hitler/komplettansicht (2015; Zugriff 21.4.2017); *Regierte der Kaiser?*, 2. Aufl. 1959, S. 97.

77 Dieter J. Weiss, *Kronprinz Rupprecht von Bayern. Eine politische Biografie*, Regensburg 2007, S. 45–55, 96; Dieter Storz, »Kronprinz Rupprech von Bayern – dynastische Heerführung im Massenkrieg«, in: Heinemann und Pöhlmann (Hg.), 2010, S. 45; Rupprechts militärische Karriere (vor allem während des Ersten Weltkriegs) ist Gegenstand der neue Studie von Jonathan Boff, *Haig's Enemy. Crown Prince Rupprecht and Germany's War on the Western Front*, Oxford 2018. Zur militärischen Ausbildung des Kronprinzen siehe Boff, 2018, S. 11–16.

78 Machtan, 2008, S. 99.

79 *Das Bayernbuch vom Weltkriege 1914–1918. Ein Volksbuch*, bearb. v. Konrad Krafft von Dellmensingen, Bd. 1, Stuttgart 1930, S. 32–33; Weiß, 2007, S. 96–108; Stefan März, *Das Haus Wittelsbach im Ersten Weltkrieg. Chance und Zusammenbruch monarchischer Herrschaft*, Regensburg 2013, S. 173–179; Boff, 2018, S. 23–24.

80 März, 2013, S. 179–180; Boff, 2018, S. 27.

81 Weiß, 2007, S. 109–110, 116; März, 2013, S. 181–186, 250.

82 März, 2013, S. 257.

83 März, 2013, S. 319–320; Boff, 2018, S. 208; Kronprinz Rupprecht, *Mein Kriegstagebuch*, hg. v. Eugen von Frauenholz, Bd. 2, Berlin 1929, S. 91; Storz, 2010, S. 52–53.

84 Weiß, 2007, S. 129–134; Karl-Heinz Janßen, *Macht und Verblendung. Kriegszielpolitik der deutschen Bundesstaaten 1914–1918*, Göttingen 1963, S. 61–65.

85 Storz, 2010, S. 54; Janßen, 1963, S. 69–72, 85–87; Kronprinz Rupprecht, Bd. 1, 1929, S. 395–396.

86 *Kronprinz Rupprecht*, 3 Bde., Berlin 1929; Storz, 2010, S. 51; Weiß, 2007, S. 124–125; Boff, 2018, S. 108–113.

87 Weiß, 2007, S. 158.

88 Weiß, 2007, S. 163–179; Dieter J. Weiß, »Kronprinz Rupprecht von Bayern (1869–1955). Thronprätendent in einer Republik«, in: Kroll und Weiß (Hg.), 2015, S. 156.

89 März, 2013, S. 512–513.

90 März, 2013, S. 513; Weiß, 2015, S. 157; Boff, 2018, S. 247–253.

91 Janssens, 2014, S. 409; Jones, 2016, S. 213; Romano Bracalini, *Il re »vittorioso«. La vita, il regno e l'esilio di Vittorio Emanuele III*, Mailand 1980, S. 85–99; Mack Smith, 1989, S. 220, 223–224, 242; Robertson, 1925, S. 113–134; Annibale Grasselli Barni, *Vittorio Emanuele Terzo*, Piacenza 1922, S. 95; Valentina

Villa, »The Victorious King: The Role of King Victor Emmanuel III in the Great War«, in: Matthew Glencross und Judith Rowbotham (Hg.), *Monarchies and the Great War*, London 2018, S. 225–249.

92 Manfried Rauchensteiner, *Der Erste Weltkrieg und das Ende der Habsburgermonarchie 1914–1918*, Wien u.a. 2013, S. 655, 665; Vocelka, 2015, S. 357–358; Demmerle, 2005, S. 84–87.

93 John C. G. Röhl, *Wilhelm II. Der Weg in den Abgrund 1900–1941*, 2. Aufl. München 2009, S. 1203–1208.

94 Janssens, 2010, S. 430; Adrian Gregory, *The Silence of Memory: Armistice Day, 1919–1946*, Oxford 1994; David Cannadine, »War and Death, Grief and Mourning in Modern Britain«, in: Joachim Whaley (Hg.), *Mirrors of Mortality. Studies in the Social History of Death*, London 1981, S. 219–226.

**Schlussbetrachtung**

1 Michael Horn, »Zwischen Abdankung und Absetzung. Das Ende der Herrschaft der Bundesfürsten des Deutschen Reichs im November 1918«, in: Susan Richter und Dirk Dirbach (Hg.), *Thronverzicht. Die Abdankung in Monarchien vom Mittelalter bis in die Neuzeit*, Köln u.a. 2010, S. 267, 277.

2 Eric Hobsbawm, *Age of Extremes. The Short Twentieth Century 1914–1991*, London 1994, S. 5. Zu diesem Thema auch: Benjamin Hasselhorn, »Das Monarchiesterben 1914–1945: Ein Siegeszug der Demokratie?«, in: Hasselhorn und von Knorring (Hg.), 2018, S. 47–60.

3 Für diesen und den folgenden Absatz: Machtan, 2008; Helmut Neuhaus, »Das Ende der Monarchien in Deutschland 1918«, in: *Historisches Jahrbuch* 111 (1991), S. 102–136; Fritz Wecker, *Unsere Landesväter. Wie sie gingen, wo sie blieben*, Berlin 1928.

4 Müller, 2017, S. 2–5; Karl-Heinz Janßen, »Der Untergang der Monarchie in Deutschland«, in: Hellmuth Rössler (Hg.), *Weltwende 1917. Monarchie – Weltrevolution – Demokratie*, Göttingen 1965, S. 104; Ingo Materna, »Schloß und Schloßbezirk in der Revolution 1918/19«, in: Wolfgang Ribbe (Hg.), *Schloß und Schloßbezirk in der Mitte Berlins. Das Zentrum der Stadt als politischer und gesellschaftlicher Ort*, Berlin 2005, S. 139–147; *Ihr seid mir scheene Republikaner. Anekdoten aus der sächsischen Geschichte*, Berlin 2006, S. 58.

5 Ernst Wolfgang Böckenförde, »Das Ende der Monarchie«, in: Kurt Jeserich u.a. (Hg.), *Deutsche Verwaltungsgeschichte*, Bd. 4, Stuttgart 1985, S. 2–9; Lothar Machtan, »Deutschlands gekrönter Herrscherstand am Vorabend des Ersten Weltkriegs. Ein Inspektionsbericht zur Funktionstüchtigkeit des deutschen Monarchiemodells«, in: *Zeitschrift für Geschichtswissenschaft* 58 (2010), S. 229, 238–239.

6 Karl Loewenstein, *Die Monarchie im Modernen Staat*, Frankfurt am Main 1952, S. 27, 43.

7 *Schwäbische Tagwacht* vom 5. Oktober 1916; Sellin, 2014a, S. 139–140.

8 Olav Kringen, »Monarchie oder Republik?«, in: *Sozialistische Monatshefte* 10 (1906), S. 66; Ludwig Quessel, »Sind wir Republikaner?«, in: *Sozialistische Monatshefte* 13 (1909), S. 1262; Ludwig Quessel, »Sozialdemokratie und Monarchie«, in: *Sozialistische Monatshefte* 16 (1912), S. 275.

9 Ian Newbould, »William IV and the Dismissal of the Whigs, 1834«, in: *Canadian Journal of History* 11 (1976), S. 311–330; Cannadine, 1989, S. 140–141, 144.

10 David Cannadine, »From biography to history: writing the modern British monarchy«, in: *Historical Research* 77 (2004), S. 293–294.

11 Machtan, 2010, S. 240.

12 Cannadine, 2004, S. 298.

13 Eric Hobsbawm und Terence Ranger (Hg.), *The Invention of Tradition*, London 1983.

14 Hinzpeter Denkschrift, 1891 (Geheimes Staatsarchiv Preußischer Kulturbesitz, 1. HA, Rep 76 I, Sekt. 1, Nr. 125).

15 Harold Fraser Wyatt, »God's Text by War«, in: *The Nineteenth Century und After* 69 (1911), S. 591–606.

16 Truesdell, 1997, S. 155.

17 Vocelka, 2015, S. 344.

# Quellen und Literatur


Amicis, Edmondo de, *Cuore*, New York 1896

Antonetti, Guy, *Louis-Philippe*, Paris 1994

Arnstein, Walter, »The Warrior Queen: Reflections on Queen Victoria and her World«, in: *Albion* 30 (1998), S. 1–28

Bagehot, Walter, *The English Constitution*, hg. von Paul Smith, Cambridge 2001

Banerjee, Milinda, »Ocular Sovereignty, Acclamatory Rulership and Political Communication: Visits of Princes of Wales to Bengal«, in: Frank Lorenz Müller und Heidi Mehrkens (Hg.), *Royal Heirs and the Uses of Soft Power in Nineteenth-Century Europe*, London 2016, S. 81–100

*Das Bayernbuch vom Weltkriege 1914–1918. Ein Volksbuch*, bearbeitet von Konrad Krafft von Dellmensingen, Bd. 1, Stuttgart 1930

Behrman, Cynthia, *Victorian Myths of the Sea*, Athens, OH, 1977

*Bei Kronprinzens. Aus dem Familienleben des Kronprinzenhauses*, Berlin um 1914

Bell, Duncan, »The Idea of a Patriot Queen? The Monarchy, the Constitution and the Iconographic Order of Greater Britain, 1860–1900«, in: *The Journal of Imperial and Commonwealth History* 34 (2006), S. 3–22

Benson, Arthur C., und Viscount Esher (Hg.), *The Letters of Queen Victoria*, Bd. 2, London 1908

Bentley, Michael, »Power and authority in the late Victorian and Edwardian Court«, in: Andrzej Olechnowicz (Hg.), *The Monarchy and the British Nation, 1780 to the Present*, Cambridge 2007, S. 163–187

Biesendahl, Karl, *König Wilhelm II. von Württemberg. Ein Fürstenbild. Dem deutschen Volke und Heere zugeeignet*, Rathenow o.J. (1891)

Bismarck, Otto von, *Werke in Auswahl*, hg. v. Gustav Adolf Rein, Bd. 2, Darmstadt 1963

Bled, Jean-Paul, »La Cour de Francis-Joseph«, in: Karl F. Werner (Hg.), *Hof, Kultur und Politik im 19. Jahrhundert*, Bonn 1985, S. 169–182

Bled, Jean-Paul, *Franz Ferdinand: der eigensinnige Thronfolger*, Wien 2013

Bled, Jean-Paul, *Franz Joseph. »Der letzte Monarch der alten Schule«*, Wien 1988

Böckenförde, Ernst Wolfgang, »Das Ende der Monarchie«, in: Kurt Jeserich u. a. (Hg.), *Deutsche Verwaltungsgeschichte*, Bd. 4, Stuttgart 1985, S. 2–9

Bogdanor, Vernon, *The Monarchy and the Constitution*, Oxford 1995

Boff, Jonathan, *Haig's Enemy: Crown Prince Rupprecht and Germany's War on the Western Front,* Oxford 2018

Boldt, Hans, »Der Föderalismus im Deutschen Kaiserreich als Verfassungsproblem«, in: Helmut Rumpler (Hg.), *Innere Staatsbildung und gesellschaftliche Modernisierung in Österreich und Deutschland 1867/71–1914*, Wien/München 1991

Bordin, Giorgio, und Laura Polo D'Ambrosio, *Medicine in Art*, Los Angeles 2010

Bornewasser, Hans A., »König Wilhelm I.«, in: Coenraad A. Tamse (Hg.), *Nassau und Oranien. Staathalter und Könige der Niederlande*, Göttingen/Zürich 1985, S. 213–255

Bornewasser, Hans A., »König Wilhelm II.«, in: Coenraad A. Tamse (Hg.), *Nassau und Oranien. Staathalter und Könige der Niederlande,* Göttingen/Zürich 1985, S. 256–288

Borutta, Manuel, »Repräsentation, Subversion und Spiel: Die kulturelle Praxis nationaler Feste in Berlin und Rom, 1870/71 und 1895«, in: Ulrike von Hirschhausen und Jörn Leonhard (Hg.), *Nationalismen in Europa. West- und Osteuropa im Vergleich*, Göttingen 2007, S. 243–266

Bosbach, Franz (Hg.), *Die Studien des Prinzen Albert an der Universität Bonn, 1837–1838,* Berlin/New York 2010

Bösch, Frank, *Mediengeschichte. Vom asiatischen Buchdruck zum Fernsehen*, Frankfurt am Main/New York 2011

Bösch, Frank, *Öffentliche Geheimnisse. Skandale, Politik und Medien im Kaiserreich und Großbritannien, 1880–1914*, München 2009

Boyd, Carolyn P., »El rey-soldado: Alfsonso XIII y el ejercito«, in: Javier Moreno Luzón (Hg.), *Alfonso XIII. Un Politico En El Trono*, Madrid 2003, S. 213–238

Bracalini, Romano, *Il re »vittorioso«. La vita, il regno e l'esilio di Vittorio Emanuele III*, Mailand 1980

Bracalini, Romano, *La regina Margherita*, Mailand 1983

Brice, Catherine, »Königin Margherita (1851–1926): ›Der einzige Mann im Hause Savoyen‹«, in: Regina Schulte (Hg.), *Der Körper der Königin. Geschlecht und Herrschaft in der höfischen Welt seit 1500*, Frankfurt am Main 2002

Brice, Catherine, *Monarchie et identité nationale en Italie 1861–1900*, Paris 2010, S. 119–127

Bruch, Rüdiger vom, »Kaiser und Bürger: Wilhelminismus als Ausdruck kulturellen Umbruchs um 1900«, in: Rüdiger vom Bruch, *Bürgerlichkeit, Staat und Kultur im Kaiserreich. Ausgewählte Aufsätze*, Stuttgart 2015, S. 25–51

Brunner, Otto, »Vom Gottesgnadentum zum monarchischen Prinzip. Der Weg der europäischen Monarchie seit dem hohen Mittelalter«, in: *Das Königtum. Seine geistigen und rechtlichen Grundlagen*, Lindau/Konstanz 1956, S. 293–303

Budde, Gunilla, *Blütezeit des Bürgertums: Bürgerlichkeit im 19. Jahrhundert*, Darmstadt 2009

Bülow, Bernhard Fürst von, *Denkwürdigkeiten*, Bd. 4, Berlin 1931

Burdiel, Isabel, *Isabel II. Una biografía (1830–1904)*, 3. Aufl. Madrid 2011

Burke, Peter, *Die Inszenierung des Sonnenkönigs*, Berlin 1993

Büschel, Hubertus, *Untertanenliebe. Der Kult um deutsche Monarchen 1770–1830*, Göttingen 2007

Cannadine, David, »From biography to history: writing the modern British monarchy«, in: *Historical Research* 77 (2004), S. 289–312

Cannadine, David, *Ornamentalism. How the British Saw Their Empire*, London 2001

Cannadine, David, »The Last Hanoverian Sovereign? The Victorian Monarchy in Historical Perspective, 1688–1888«, in: A. L. Beier, David Cannadine und James M. Rosenheim (Hg.), *The First Modern Society: Essays in English History in Honour of Lawrence Stone*, Cambridge 1989, S. 127–165

Cannadine, David, »War and Death, Grief and Mourning in Modern Britain«, in: Joachim Whaley (Hg.), *Mirrors of Mortality. Studies in the Social History of Death*, London 1981, S. 219–226

Caselegno, Carlo, *La regina Margherita*, Bologna 2001

Cerny, Heimo (Hg.), *Die Jugend-Tagebücher Franz Josephs (1843–1848). Ungekürzte kommentierte Textedition*, Wien 2003

Clark, Martin, *Modern Italy 1871–1982*, London 1984

Clark, Sir Christopher, »Fathers and Sons in the History of the Hohenzollern Dynasty«, in: Frank Lorenz Müller und Heidi Mehrkens (Hg.), *Sons and Heirs. Succession and Political Culture in Nineteenth-Century Europe*, Basingstoke 2016, S. 19–37

Colenbrander, H. T. (Hg.), *Gedenkstukken der Algemeene Geschiedenis van Nederland van 1795 tot 1840*, Teil 10, Bd. 3, Den Haag 1920, S. 665 – http://resources.huygens.knaw.nl/gedenkstukken (Zugriff 30.11.2016)

Colley, Linda, »The Apotheosis of George III: Loyalty, Royalty and the British Nation 1760–1820«, in: *Past and Present* 102 (1984), S. 94–129

Collingham, H. A. C., *The July Monarchy. A Political History of France 1830–1848*, London/New York 1988

Colomba, Paolo, »In consenso spezzato. La legittimazione militare die Vittorio Emanuele II«, in: *Vittorio Emanuele II. Il Re Galantuomo*, Turin 2010, S. 66–73

Cook, Andrew, *Prince Eddy. The King Britain Never Had*, Stroud 2006

Cornwell, Bernard, *Waterloo. The History of Four Days, Three Armies and Three Battles*, London 2014

Daum, Werner, u.a. (Hg.), *Handbuch der europäischen Verfassungsgeschichte im*

*19. Jahrhundert: Institutionen und Rechtspraxis im gesellschaftlichen Wandel*, Bd. 2: *1815–1847*, Bonn 2012

Demmerle, Eva, *Kaiser Karl I. »Selig, die Frieden stiften …«. Die Biographie*, 2. Aufl. Wien 2005

Deneckere, Gita, »The Impossible Neutrality of the Speech from the Throne. A Ritual between National Unity and Political Dispute. Belgium, 1831–1918«, in: Jeroen Deploige und Gita Deneckere (Hg.), *Mystifying the Monarch. Studies on Discourse, Power, and History*, Amsterdam 2006, S. 208–209

*Deutscher Geschichtskalender*, begr. von Karl Wippermann, Jg. 1913/Bd. II, Leipzig 1913

*Dizionario de Risorgimento Nazionale*, Bd. IV: *Le Persone*, Mailand 1937

Dollinger, Heinz, »Das Leitbild des Bürgerkönigtums in der europäischen Monarchie des 19. Jahrhunderts«, in: K. F. Werner (Hg.), *Hof, Kultur und Politik im 19. Jahrhundert*, Bonn 1985, S. 325–363

Duggan, Christopher, »Francesco Crispi, the problem of the monarchy, and the origins of Italian nationalism«, in: *Journal of Modern Italian Studies* 15, 3 (2010), S. 336–353

Duggan, Christopher, *The Force of Destiny. A History of Italy since 1796*, London 2007

Dumont, Georges-Henri, *Léopold II*, Paris 1990

Dunn, Susan, »Camus and Louis XVI: An Elegy for the Martyred King«, in: *The French Review 62* (1989), S. 1032–1040

Dunn, Susan, *The Deaths of Louis XVI: Regicide and the French Political Imagination*, Princeton 1994

Eggert, Hans, und Rainer Kubatzki, *Friedrich August III. Lebensbilder, Briefe, Testamente*, Meißen 2007

Epkenhans, Michael, »Das Ende eines Zeitalters: Europäische Monarchen und ihre Armeen im Ersten Weltkrieg«, in: Winfried Heinemann und Markus Pöhlmann (Hg.), *Monarchen und ihr Militär*, Potsdam 2010, S. 59–74

*Erinnertes. Aufzeichnungen des letzten Großherzogs Ernst Ludwig von Hessen und bei Rhein*, hg. von Eckart G. Franz, Darmstadt 1983

*Erinnerungen des Kronprinzen Wilhelm. Aus den Aufzeichnungen, Dokumenten, Tagebüchern und Gesprächen*, hg. von Karl Rosner, Stuttgart 1922

Evans, Richard J., *The Pursuit of Power: Europe, 1815–1914*, London 2016

Eysinga, Sicco Ernst Willem Roorda van, *Uit het leven van Koning Gorilla*, Den Haag 1888

Felix, Julius [= Kronprinz Rudolf], »Oesterreich-Ungarn und seine Allliancen. Offener Brief an S. M. Kaiser Franz Joseph I.«, in: Kronprinz Rudolf, *Majestät, ich warne Sie. Geheime und private Schriften*, hg. von Brigitte Hamann, Wien 1979, S. 190–227

Fellmann, Walter, *Sachsens letzter König. Friedrich August III.*, Berlin/Leipzig 1992

Fetting, Martina, *Zum Selbstverständnis der letzten deutschen Monarchen. Normverletzung und Legitimationsstrategien zwischen Gottesgnadentum und Medienrevolution*, Frankfurt am Main 2013

Feuerstein-Praßer, Karin, *Augusta. Kaiserin und Preußin*, 2. Aufl. München/Zürich 2011

Findeisen, Jörg-Peter, *Die schwedische Monarchie. Von den Vikingerherrschern zu den modernen Monarchen*, Bd. 2, Kiel 2010

Findeisen, Jörg-Peter, *Jean Baptiste Bernadotte. Revolutionsgeneral, Marschall Napoleons, König von Schweden und Norwegen*, Gernsbach 2010

Fischer, Paul David, *Italien und die Italiener. Betrachtungen und Studien über die politischen, wirthschaftlichen und sozialen Zustände Italiens*, 2. Aufl. Berlin 1901

Forster, J. M., *Ludwig. Königlicher Prinz von Bayern*, München 1894

Forster, J. M., *Prinz Ludwig von Bayern. Biographie und Reden Sr. Königl. Hoheit des Prinzen Ludwigs von Bayern*, München 1897

Förster, Stig, *Der doppelte Militarismus. Die deutsche Heeresrüstungspolitik zwischen Status-Quo-Sicherung und Aggression, 1890–1913*, Stuttgart 1985

Forsting, Richard Meyer, »The Importance of Looking the Part: Heirs and Male Aesthetics in Nineteenth-Century Spain«, in: Frank Lorenz Müller und Heidi Mehrkens (Hg.), *Royal Heirs and the Uses of Soft Power in Nineteenth-Century Europe*, London 2016 (b), S. 181–200

Franz, Georg, *Erzherzog Franz Ferdinand und die Pläne zur Reform der Habsburger Monarchie*, Brünn/München/Wien 1943

Franzel, Emil, *Franz Ferdinand d'Este. Leitbild einer konservativen Revolution*, Wien/München 1964

Frevert, Ute, »Das jakobinische Modell: Allgemeine Wehrpflicht und Nationsbildung in Preußen-Deutschland«, in: Ute Frevert (Hg.), *Militär und Gesellschaft im 19. und 20. Jahrhundert*, Stuttgart 1997, S. 17–47

Frevert, Ute, »Das Militär als ›Schule der Männlichkeit‹. Erwartungen, Angebote, Erfahrungen im 19. Jahrhundert«, in: Ute Frevert (Hg.), *Militär und Gesellschaft im 19. und 20. Jahrhundert*, Stuttgart 1997, S. 145–173

Fricke, Dieter, und Kurt Finker, »Kyffhäuser-Bund der Deutschen Landeskriegerverbände«, in: Dieter Fricke (Hg.), *Die bürgerlichen Parteien in Deutschland*, Bd. 2, Leipzig 1970, S. 296–312

Friske, Tobias, *Staatsform Monarchie. Was unterscheidet eine Monarchie heute noch von einer Republik?*, Freiburg 2007 – https://freidok.uni-freiburg.de/data/3325

Geisthövel, Alexa, »Den Monarchen im Blick. Wilhelm I. in der illustrierten Familienpresse«, in: Habbo Knoch und Daniel Morat (Hg.), *Kommunikation als Beobachtung. Medienwandel und Gesellschaftsbilder 1880–1960*, München 2003, S. 59–80

Geisthövel, Alexa, »Wilhelm I. am ›historischen Eckfenster‹. Zur Sichtbarkeit des Monarchen in der zweiten Hälfte des 19. Jahrhunderts«, in: Jan Andres, Alexa Geisthövel und Matthias Schwengelbeck (Hg.), *Die Sinnlichkeit der Macht. Herrschaft und Repräsentation seit der Frühen Neuzeit*, Frankfurt am Main 2005, S. 163–185

Gigliozzi, Giovanni, *Le regine d'Italia*, Rom 1997

Giloi, Eva, »Copyrighting the Kaiser: Publicity, Piracy and the Right to Wilhelm II's Image«, in: *Central European History* 45 (2012), S. 407–451

Giloi, Eva, *Monarchy, Myth, and Material Culture in Germany 1750–1950*, Cambridge 2011

Goldstein, Erik, »Royal Ambassadors: Monarchical Public Diplomacy and the United States«, in: Frank Lorenz Müller und Heidi Mehrkens (Hg.), *Royal Heirs and the Uses of Soft Power in Nineteenth-Century Europe*, London 2016, S. 63–80

Gollwitzer, Heinz, »Die Endphase der Monarchie in Deutschland«, in: Heinz Gollwitzer, *Weltpolitik und deutsche Geschichte*, hg. von Hans-Christof Kraus, Göttingen 2008, S. 367–369

Gollwitzer, Heinz, *Ludwig I. von Bayern. Eine politische Biographie*, München 1997

Gordon, Sophie, »Travels with a Camera: The Prince of Wales, Photography and the Mobile Court«, in: Frank Lorenz Müller und Heidi Mehrkens (Hg.), *Sons and Heirs. Succession and Political Culture in Nineteenth-Century Europe*, Basingstoke 2016, S. 92–108

Gosewinkel, Dieter, und Johannes Masing (Hg.), *Die Verfassungen in Europa 1789–1949*, München 2006

Gottwald, Dorothee, *Fürstenrecht und Staatsrecht im 19. Jahrhundert. Eine wissenschaftsgeschichtliche Studie*, Frankfurt am Main 2009

Graham, Stephen, *Alexander of Jugoslavia. Strong Man of the Balkans*, London 1938

Grases Riera, José, *Memoria del anteproyecto de monumento que ha de erigirse en Madrid a la gloria del Rey Don Alfonso XII, el Pacificador*, Madrid 1901

Grasselli Barni, Annibale, *Vittorio Emanuele Terzo*, Piacenza 1922

Gregory, Adrian, *The Silence of Memory: Armistice Day, 1919–1946*, Oxford 1994

Greve, Tim, *Haakon VII. Menneske og monark*, Oslo 1980

Grey, Charles, *Die Jugendjahre des Prinzen Albert von Sachsen-Coburg-Gotha. Prinzgemahls der Königin von England*, Gotha 1868

Grunwald, G., »Fürstenerziehung«, in: Ernst Roloff (Hg.), *Lexikon der Pädagogik*, Bd. 2, Freiburg im Breisgau 1913

Häfner, Heinz, *Ein König wird beseitigt: Ludwig II. von Bayern*, München 2008

Hall, N. John, *Max Beerbohm Caricatures*, New Haven/London 1997

Hamann, Brigitte, »Der Wiener Hof und die Hofgesellschaft in der zweiten Hälfte des 19. Jahrhunderts«, in: Karl Möckl (Hg.), *Hof und Hofgesellschaft in den deutschen Staaten im 19. und beginnenden 20. Jahrhundert*, Boppard am Rhein 1990, S. 61–78

Hamann, Brigitte, *Elisabeth. Kaiserin wider Willen*, 4. Aufl. München 2014

Hamann, Brigitte, »Erzherzog Albrecht – Die graue Eminenz des Habsburgerhofes. Hinweise auf einen unterschätzten Politiker«, in: Isabella Ackerl, Walter Hummelburger und Hans Mommsen (Hg.), *Politik und Gesellschaft im alten und neuen Österreich. Festschrift für Rudolf Neck zum 60. Geburtstag*, Bd. 1, München 1981, S. 32–43

Hamann, Brigitte, *Kronprinz Rudolf. Ein Leben*, Wien 2006

Hamilton, W. Mark, *The Nation and the Navy: Methods and Organization of British Navalist Propaganda, 1889–1914*, London 1986

*Handbuch der deutschen Bildungsgeschichte,* Bd. 3, hg. v. Karl-Ernst Jeismann und Peter Lundgreen, München 1987

*Handbuch der deutschen Bildungsgeschichte*, Bd. 4, hg. v. Christa Berg, München 1991

Hanham, Andrew, »The Leicester House Faction« – http://www.historyofparliamentonline.org/periods/hanoverians/leicester-house-faction (Zugriff 10.5.2017)

Hannig, Alma, »Archduke Ferdinand: An Uncharming Prince?«, in: Frank Lorenz Müller und Heidi Mehrkens (Hg.), *Royal Heirs and the Uses of Soft Power in Nineteenth-Century Europe*, London 2016, S. 139–160

Hannig, Alma, *Franz Ferdinand. Die Biografie*, Wien 2013

Hardman, John, *Louis XVI*, New Haven/London 1993, S. 231–233

Hasselhorn, Benjamin, »Das Monarchiesterben 1914–1945: Ein Siegeszug der Demokratie?«, in: Benjamin Hasselhorn und Marc von Knorring (Hg.), *Vom Olymp zum Boulevard: Die europäischen Monarchien von 1815 bis heute – Verlierer der Geschichte?*, Berlin 2018, S. 47–60

Hasselhorn, Benjamin, und Marc von Knorring (Hg.), *Vom Olymp zum Boulevard: Die europäischen Monarchien von 1815 bis heute – Verlierer der Geschichte?*, Berlin 2018

Hauser, Kaspar [d.i. Kurt Tucholsky], »Unser Militär« (1919) – http://www.textlog.de/tucholsky-unser-militaer.html (Zugriff 20.3.2017)

Herzogin Viktoria Luise, *Ein Leben als Tochter des Kaisers*, Göttingen 1965

Hettling, Manfred, und Stefan-Ludwig Hoffmann (Hg.), *Der bürgerliche Wertehimmel. Innenansichten des 19. Jahrhunderts*, Göttingen 2000

Hibbert, Christopher, *Edward VII. A Portrait*, London 1976

Hillard, Gustav [d.i. Gustav Steinbömer], *Herren und Narren der Welt*, München 1954

Hintze, Otto, *Die Hohenzollern und ihr Werk 1415–1915. Fünfhundert Jahre vaterländische Geschichte*, 5. Aufl. Berlin 1915

Hobsbawm, Eric, *The Age of Capital: 1848–1875*, London 1975

Hobsbawm, Eric, *The Age of Empire: 1875–1914*, London 1987

Hobsbawm, Eric, *Age of Extremes. The Short Twentieth Century 1914–1991*, London 1994

Hobsbawm, Eric, *The Age of Revolution: Europe 1789–1848*, London 1962

Hobsbawm, Eric, und Terence Ranger (Hg.), *The Invention of Tradition*, London 1983

Hølaas, Odd, *Norge under Haakon VII, 1905–1945*, Oslo 1976

Holstein, Friedrich von, *Die Geheimen Papiere Friedrich von Holsteins*, hg. von Norman Rich und M. H. Fisher, dt. Ausg. von Werner Frauendienst, Bd. 2, Göttingen 1957

Holsten, Henning, und Daniel Schönpflug, »Widersprüche eines dynastischen Gipfeltreffens im Jahr 1913«, in: Ute Daniel und Christian K. Frey (Hg.), *Die preußisch-welfische Hochzeit 1913: Das dynastische Europa in seinem letzten Friedensjahr*, Braunschweig 2016, S. 50–68

Horn, Michael, »Zwischen Abdankung und Absetzung. Das Ende der Herrschaft der Bundesfürsten des Deutschen Reichs im November 1918«, in: Susan Richter und Dirk Dirbach (Hg.), *Thronverzicht. Die Abdankung in Monarchien vom Mittelalter bis in die Neuzeit*, Köln u. a. 2010, S. 267–290

Houben, Hubert, *Kaiser Friedrich II. (1194–1250). Herrscher, Mensch und Mythos*, Stuttgart 2008

Huber, Ernst Rudolf, *Deutsche Verfassungsgeschichte*, Bd. 3, Stuttgart 1963

Huch, Gaby, *Zwischen Ehrenpforte und Inkognito: Preußische Könige auf Reisen. Quellen zur Repräsentation der Monarchie zwischen 1797 und 1871*, Bd. 1, Berlin 2016

*Hundert Jahre Erziehung der Jugend auf Schloß Plön. Eine Festschrift*, Plön 1968

Hureau, Joëlle, *L'Espoir Brisé. Le Duc D'Orléans 1810–1842*, Paris 1995

*Ihr seid mir scheene Republikaner. Anekdoten aus der sächsischen Geschichte*, Berlin 2006

*Im Dienste Preußens. Wer erzog Prinzen zu Königen?*, Berlin 2001

*Im Lichte neuer Quellen. Wilhelm II. – der letzte König von Württemberg*, Katalog zur Ausstellung, bearb. von Albrecht Ernst, Stuttgart 2015

»*Immer feste druff*«, Flugblattpropaganda (Paris 1918) – http://digital.staatsbibliothek-berlin.de/werkansicht?PPN=PPN767871014&PHYSID=PHYS_0001&DMDID=DMDLOG_0001 (Zugriff 19.4.2017)

Isaksen, Trond Norén, »The Power of Presence: Crafting a Norwegian Identity for the Bernadotte Heirs«, in: Frank Lorenz Müller und Heidi Mehrkens (Hg.), *Royal Heirs and the Uses of Soft Power in Nineteenth-Century Europe*, London 2016, S. 103–121

Janßen, Karl-Heinz, *Macht und Verblendung. Kriegszielpolitik der deutschen Bundesstaaten 1914–1918*, Göttingen 1963

Janßen, Karl-Heinz, »Der Untergang der Monarchie in Deutschland«, in: Hellmuth Rössler (Hg.), *Weltwende 1917. Monarchie – Weltrevolution – Demokratie*, Göttingen 1965

Janssens, Gustaaf, »Die belgische Monarchie und Albert I. Ritterkönig und Friedensfürst?«, in: Martin Wrede (Hg.), *Die Inszenierung der heroischen Monarchie. Frühneuzeitliches Königtum zwischen ritterlichem Erbe und militärischer Herausforderung*, München 2014, S. 409–437

Jenssen, Olaf, und Winfried Steffani, »Königreich Dänemark«, in: Winfried Steffani (Hg.), *Regierungsmehrheit und Opposition in den Staaten der EG*, Opladen 1991

Jessen, Olaf, *Verdun 1916. Die Urschlacht des Jahrhunderts*, München 2014

Jonas, Klaus W., *Der Kronprinz Wilhelm*, Frankfurt am Main 1962

Jones, Heather, »A Prince in the Trenches? Edward VIII and the First World War«, in: Frank Lorenz Müller und Heidi Mehrkens (Hg.), *Sons and Heirs. Succession and Political Culture in Nineteenth-Century Europe*, Basingstoke 2016, S. 229–246

*Journal des Débats Politiques et Littéraires* vom 10. August 1830

Kaiser Friedrich III., *Das Kriegstagebuch von 1870/71*, hg. von Heinrich Otto Meisner, Leipzig/Berlin 1926

Kann, Robert A., »Groß-Österreich«, in: Robert A. Kann, *Erzherzog Franz Ferdinand Studien*, München 1976

Kaul, Chandrika, »Monarchical Display and the Politics of Empire: Princes of Wales and India 1870–1920s«, in: *Twentieth Century British History* 17/4 (2006), S. 464–488

Kessler, Johannes, *Ich schwöre mir ewige Jugend*, Leipzig 1935

*A King's Story. The Memoirs of the Duke of Windsor*, New York 1951

Kirsch, Martin, »Die Funktionalisierung des Monarchen im 19. Jahrhundert im europäischen Vergleich«, in: Stefan Fisch, Florence Gauzy und Chantal Metzger (Hg.), *Machtstrukturen im Staat in Deutschland und Frankreich*, Stuttgart 2007, S. 82–98

Kirsch, Martin, *Monarch und Parlament im 19. Jahrhundert. Der monarchische Konstitutionalismus als europäischer Verfassungstyp – Frankreich im Vergleich*, Göttingen 1999

Kirschstein, Jörg, *KaiserKinder. Die Familie Wilhelms II. in Fotografien*, Göttingen 2011

Kirschstein, Jörg, »Kaisertochter und Welfenprinz. Die glanzvolle Hochzeit von Victoria Luise und Ernst August im Jahr 1913«, in: Stiftung Residenzschloss Braunschweig (Hg.), *Europas letztes Rendezvous. Die Hochzeit von Victoria Luise und Ernst August*, Braunschweig 2013, S. 14–55

Koch, Jeroen, »The King as Father, Orangism and the Uses of a Hero: King William I of the Netherlands and the Prince of Orange, 1815–1840«, in: Frank Lorenz Müller und Heidi Mehrkens (Hg.), *Royal Heirs and the Uses of Soft Power in Nineteenth-Century Europe*, London 2016 (b), S. 263–280

Kohlrausch, Martin, *Der Monarch im Skandal. Die Logik der Massenmedien und die Transformation der wilhelminischen Monarchie*, Berlin 2005

Kohlrausch, Martin, »Die höfische Gesellschaft und ihre Feinde: Monarchie und Öffentlichkeit in Großbritannien und Deutschland um 1900«, in: *Neue Politische Literatur* 47 (2002), S. 450–466

Kohlrausch, Martin, »Zwischen Tradition und Innovation. Das Hofzeremoniell der wilhelminischen Monarchie», in: Andreas Biefang, Michael Epkenhans und Klaus Tenfelde (Hg.), *Das politische Zeremoniell im Deutschen Kaiserreich 1871–1918*, Düsseldorf 2008, S. 31–51

Kohut, Thomas A., *Wilhelm II and the Germans. A Study in Leadership*, Oxford 1991

*König Friedrich August III. von Sachsen. Ein Lebensbild zusammengestellt nach dem »Kameraden«*, Dresden 1905

Körner, Axel, »Heirs and their Wives: Setting the Scene for Umbertian Italy«, in: Frank Lorenz Müller und Heidi Mehrkens (Hg.), *Sons and Heirs. Succession and Political Culture in Nineteenth-Century Europe*, Basingstoke 2016 (a), S. 38–52

Körner, Axel, *Politics of Culture in Liberal Italy. From Unification to Fascism*, London 2009

Körner, Hans-Michael, »Die Monarchie im 19. Jahrhundert. Zwischen Nostalgie und wissenschaftlichem Diskurs«, in: Winfried Müller und Martina Schattkowsky (Hg.), *Zwischen Tradition und Modernität. König Johann von Sachsen 1801–1873*, Leipzig 2004, S. 26–27

Kostolányi, Desző, *Ein Held seiner Zeit. Die Bekenntnisse des Kornél Esti*, Reinbek 2005

Kringen, Olav, »Monarchie oder Republik?«, in: *Sozialistische Monatshefte* 10 (1906), S. 64–68

Krivanec, Eva, *Kriegsbühnen. Theater im Ersten Weltkrieg. Berlin, Lissabon, Paris und Wien*, Bielefeld 2012

Kroll, Frank-Lothar, »Die Idee eines sozialen Königtums im 19. Jahrhundert«, in: Frank-Lothar Kroll und Dieter J. Weiß (Hg.), *Inszenierung oder Legitimität. Die Monarchie in Europa im 19. und 20. Jahrhundert. Ein deutsch-englischer Vergleich*, Berlin 2015, S. 111–140

Kroll, Frank-Lothar, »Monarchen als Gelehrte. Zum Typus des ›homme de lettres‹ in den deutschen Fürstenstaaten des 19. Jahrhunderts«, in: *König Johann von Sachsen. Zwischen zwei Welten*, hg. v. der Sächsischen Schlösserverwaltung und dem Staatlichen Schlossbetrieb Schloß Wesenstein, Halle an der Saale 2001, S. 135–140

Kroll, Frank-Lothar, »Zwischen europäischem Bewußtsein und nationaler Identität. Legitimationsstrategien monarchischer Eliten des 19. und frühen 20. Jahrhunderts«, in: Hans-Christof Kraus und Thomas Nicklas (Hg.), *Geschichte der Politik. Alte und neue Wege*, München 2007, S. 353–374

Kronenbitter, Günter, »The Opposition of the Archdukes: Rudolf, Franz Ferdinand and the Late Habsburg Monarchy«, in: Frank Lorenz Müller und Heidi Mehrkens (Hg.), *Sons and Heirs. Succession and Political Culture in Nineteenth-Century Europe*, Basingstoke 2016, S. 211–225

Kronprinz Rupprecht, *Mein Kriegstagebuch*, hg. v. Eugen von Frauenholz, Bd. 2, Berlin 1929

Kronprinz Wilhelm, *Meine Erinnerungen an Deutschlands Heldenkampf*, Berlin 1923

Kunhardt, David, *Kronprinz Wilhelm, feste druff!: Humoristisch-vaterländisches Kriegslied*, Berlin 1914

Langewiesche, Dieter, »Nationalismus im 19. und 20. Jahrhundert: zwischen Partizipation und Aggression«, in: Dieter Langewiesche, *Nation, Nationalismus, Nationalstaat in Deutschland und Europa*, München 2000, S. 35–54

Langewiesche, Dieter, »Die Monarchie im Europa des bürgerlichen Jahrhunderts. Das Königreich Württemberg«, in: Landesmuseum Württemberg (Hg.), *Monarchie und Moderne*, Stuttgart 2006, S. 25–37

Langewiesche, Dieter, »Nation, Nationalismus, Nationalstaat: Forschungsstand und Forschungsperspektiven«, in: *Neue Politische Literatur* 40 (1995), S. 205–210

Langewiesche, Dieter, *Die Monarchie im Jahrhundert Europas: Selbstbehauptung durch Wandel im 19. Jahrhundert*, Heidelberg 2013

Laureys, Veronique, »Les princes de Belgique au Sénat«, in: Veronique Laureys (Hg.), *L'histoire du Sénat de Belgique de 1831 à 1995*, Brüssel 1999, S. 292–309

Lee, Sir Sidney, *King Edward VII. A Biography*, Bd. 1, London 1925

Lerman, Katherine Anne, »Wilhelm's War: A Hohenzollern in Conflict 1914–1918«, in: Frank Lorenz Müller und Heidi Mehrkens (Hg.), *Sons and Heirs. Succession and Political Culture in Nineteenth-Century Europe*, Basingstoke 2016, S. 247–262

Levsen, Sonja, »Gemeinschaft, Männlichkeit und Krieg. Militarismus in englischen Colleges und deutschen Studentenverbindungen am Vorabend des Ersten Weltkrieges«, in: Christian Jansen (Hg.), *Der Bürger als Soldat. Die Militarisierung europäischer Gesellschaften im langen 19. Jahrhundert: ein internationaler Vergleich*, Essen 2004, S. 230–246

Liliencron, Detlev von, *Die Musik kommt* (1883) – http://gutenberg.spiegel.de/buch/detlev-von-liliencron-gedichte-2051/30 (Zugriff 17.3.2017)

Lipparini, Lilla (Hg.), *Lettere fra la regina Margherita a Marco Minghetti*, Mailand 1955

Loewenstein, Karl, *Die Monarchie im modernen Staat*, Frankfurt am Main 1952

Lorenz, Angelika, *Das deutsche Familienbild in der Malerei des 19. Jahrhunderts*, Darmstadt 1985

Luh, Jürgen, *Der Große: Friedrich II. von Preußen*, 2. Aufl. München 2011

Lyden, Anne M., *A Royal Passion. Queen Victoria and Photography*, Los Angeles 2014

Machtan, Lothar, »Deutschlands gekrönter Herrscherstand am Vorabend des Ersten Weltkriegs. Ein Inspektionsbericht zur Funktionstüchtigkeit des deutschen Monarchiemodells«, in: *Zeitschrift für Geschichtswissenschaft* 58 (2010), S. 222–242

Machtan, Lothar, *Die Abdankung. Wie Deutschlands gekrönte Häupter aus der Geschichte fielen*, Berlin 2008

Maine, Basil, *Prinz von Wales. König Eduard VIII. Eine Biographie*, Berlin 1936

Malinowski, Stephan, »Der Braune Kronprinz«, Zeit-Online – http://www.zeit.de/2015/33/hohenzollern-kronprinz-nationalsozialismus-adolf-hitler/komplettansicht (Zugriff 21.4.2017)

Mann, Thomas, *Königliche Hoheit* (1909) – http://www.gutenberg.org/files/35328/35328-h/35328-h.htm, Absatz 235 (Zugriff 25.11.2016)

Mansel, Philip, *The Court of France 1789–1830*, Cambridge 1988

Marchi, Maria-Christina: »Margherita: Italy's First Heir«, AHRC-Project *Heirs to the Throne in the Constitutional Monarchies of Nineteenth-Century Europe (1815–1914)*, »Heir of the Month« (Februar 2014) – http://heirstothethrone-project.net/?page_id=843 (Zugriff 27.1.2017)

Marchi, Maria-Christina, »Morandi's Italian Job: Nationalising Italy's First Heir«, AHRC-Project *Heirs to the Throne in the Constitutional Monarchies of Nineteenth-Century Europe (1815–1914)*, »Heir of the Month« (Juni 2014) – http://heirstothethrone-project.net/?page_id=1039 (Zugriff 17.2.2017)

Marchi, Maria-Christina, »The Royal Shop Window: Royal Heirs and the Monarchy in Post-Risorgimento Italy, 1860–1878«, in: Frank Lorenz Müller und Heidi Mehrkens (Hg.), *Royal Heirs and the Uses of Soft Power in Nineteenth-Century Europe*, London 2016, S. 23–44

Marchi, Maria-Christina: »Umberto, Amedeo and Oddone di Savoia: Princes on the Road«, AHRC-Project *Heirs to the Throne in the Constitutional Monarchies of Nineteenth-Century Europe (1815–1914)*, »Heir of the Month« (Mai 2015) – http://heirstothethrone-project.net/?page_id=1548 (Zugriff 30.6.2017)

März, Stefan, *Das Haus Wittelsbach im Ersten Weltkrieg. Chance und Zusammenbruch monarchischer Herrschaft*, Regensburg 2013

März, Stefan, *Ludwig III. Bayerns letzter König*, Regensburg 2014

Massenbach, Christian von, *Fürsten-Erziehung in repräsentativen Verfassungen*, 2. Aufl. Heidelberg 1817

Materna, Ingo, »Schloß und Schloßbezirk in der Revolution 1918/19«, in: Wolfgang Ribbe (Hg.), *Schloß und Schloßbezirk in der Mitte Berlins. Das Zentrum der Stadt als politischer und gesellschaftlicher Ort*, Berlin 2005, S. 139–147

Maurenbrecher, Romeo, *Grundsätze des heutigen deutschen Staatsrechts*, 2. Aufl. Frankfurt am Main 1843

May, Otto, *Deutsch sein heißt treu sein: Ansichtskarten als Spiegel von Mentalität und Untertanenerziehung in der Wilhelminischen Ära (1888–1918)*, Hildesheim 1998

Mayer, Kathrin, *Mythos und Monument. Die Sprache der Denkmäler im Gründungsmythos des italienischen Nationalstaates 1870–1915*, Köln 2004

Mehrkens, Heidi, »The Impossible Task of Replacing a Model Heir: The Death of Ferdinand-Philippe d'Orléans and the ›New France‹«, in: Frank Lorenz Müller und Heidi Mehrkens (Hg.), *Sons and Heirs. Succession and Political Culture in Nineteenth-Century Europe*, Basingstoke 2016, S. 196–210

Mehrkens, Heidi: »The Prince, the President and the Cholera«, AHRC-Project *Heirs to the Throne in the Constitutional Monarchies of Nineteenth-Century Europe (1815–1914)*, »Heir of the Month« (Januar 2014) – http://heirstothe-throne-project.net/?page_id=768 (Zugriff 7.7.2017)

Mergen, Simone, *Monarchiejubiläen im 19. Jahrhundert. Die Entdeckung des historischen Jubiläums für den monarchischen Kult in Sachsen und Bayern*, Leipzig 2005

Metzsch, W. v., *Friedrich August III. König von Sachsen. Ein Lebensbild*, Berlin 1906

Meyer, Jean, *L'éducation des princes du XVe au XIXe siècle*, Paris 2004, S. 205–240

Meyer Forsting, Richard, »Isabel II: niña de la libertad«, AHRC-Project *Heirs to the Throne in the Constitutional Monarchies of Nineteenth-Century Europe (1815–1914)*, »Heir of the Month« (März 2014) – http://heirstothethrone-project.net/?page_id=900 (Zugriff 22.6.2017)

Meyer Forsting, Richard, *Raising Heirs to the Throne in Nineteenth-Century Spain: The Education of the Constitutional Monarch*, London 2018

*Mittheilungen über die Verhandlungen des außerordentlichen Landtags*, II. Kammer, 2. Sitzung, 5.7.1902, S. 5–11 – http://digital.slub-dresden.de/werkansicht/dlf/11504/49/ (Zugriff 18.1.2017)

*Mittheilungen über die Verhandlungen des Landtags*, I. Kammer, 10. Sitzung, 21.1.1914 – http://digital.slub-dresden.de/id20028367Z/190 (Zugriff 18.11.2016)

*Mittheilungen über die Verhandlungen des Landtags*, II. Kammer, 3. Sitzung, 18.11.1891, S. 21–22 – http://digital.slub-dresden.de/id20028419Z/35 (Zugriff 17.9.2016); siehe auch Staatsarchiv Dresden, 10697, GesMin, F22825

Möckl, Karl, »Hof und Hofgesellschaft in den deutschen Staaten im 19. und beginnenden 20. Jahrhundert. Einleitende Bemerkungen«, in: Karl Möckl (Hg.), *Hof und Hofgesellschaft in den deutschen Staaten im 19. und beginnenden 20. Jahrhundert*, Boppard am Rhein 1990, S. 7–15

Møller, Jes Fabricius, »Domesticating a German Heir to the Danish Throne«, in:

Frank Lorenz Müller und Heidi Mehrkens (Hg.), *Sons and Heirs. Succession and Political Culture in Nineteenth-Century Europe*, Basingstoke 2016, S. 129–146

Møller, Jes Fabricius, »Die Domestizierung der Monarchien«, in: Benjamin Hasselhorn und Marc von Knorring (Hg.), *Vom Olymp zum Boulevard: Die europäischen Monarchien von 1815 bis heute – Verlierer der Geschichte?*, Berlin 2018, S. 35–45.

Morgenstern, Ulf, *Lehrjahre eines neo-absoluten Monarchen. Kaiser Wilhelm II. als Kasseler Abiturient im Spiegel eines unbekannten Aufsatzheftes*, Friedrichsruh 2011

Moreno Luzón, Javier, »Alfonso el Regenador. Monarquía escénica e imaginario nacionalista español, en perspectiva comparada (1902–1913)«, in: *Hispania* LXXIII (2013), S. 319–348

Müller, Frank Lorenz und Heidi Mehrkens (Hg.), *Sons and Heirs. Succession and Political Culture in Nineteenth-Century Europe*, Basingstoke 2016

Müller, Frank Lorenz, »›Distant from the Court and all of its influences‹: The German Crown Prince at the *Prinzenschule* in Plön«, AHRC-Project *Heirs to the Throne in the Constitutional Monarchies of Nineteenth-Century Europe (1815–1914)*, »Heir of the Month« (Januar 2015) – http://heirstothethrone-project.net/?page_id=1349 (Zugriff: 24.2.2017)

Müller, Frank Lorenz und Heidi Mehrkens (Hg.), *Royal Heirs and the Uses of Soft Power in Nineteenth-Century Europe*, London 2016

Müller, Frank Lorenz, »›Winning their Trust and Affection‹: Royal Heirs and the Uses of Soft Power in Nineteenth-Century Europe«, in: Frank Lorenz Müller und Heidi Mehrkens (Hg.), *Royal Heirs and the Uses of Soft Power in Nineteenth-Century Europe*, London 2016, S. 1–19

Müller, Frank Lorenz, »Frau Deines Mannes, Tochter Deiner Mutter. Victoria und das Scheitern einer Mission«, in: *Perspektivweitung – Frauen und Männer machen Geschichte. Beiträge des zweiten Colloquiums in der Reihe »Kulturgeschichte Preußens – Colloquien« vom 10. und 11. Oktober 2014*, hg. von Jürgen Luh und Julia Klein (KultGeP – Colloquien, 2) – http://www.perspectivia.net/publikationen/kultgep-colloquien/2/mueller_scheitern (2016)

Müller, Frank Lorenz, »Stabilizing a ›Great Historical System‹ in the Nineteenth Century? Royal Heirs and Succession in an Age of Monarchy«, in: Frank Lorenz Müller und Heidi Mehrkens (Hg.), *Sons and Heirs. Succession and Political Culture in Nineteenth-Century Europe*, Basingstoke 2016, S. 1–16

Müller, Frank Lorenz, *Der 99-Tage-Kaiser. Friedrich III. von Preußen. Prinz, Monarch, Mythos*, München 2013

Müller, Frank Lorenz, *Royal Heirs in Imperial Germany. The Future of Monarchy in Nineteenth-Century Bavaria, Saxony and Württemberg*, London 2017

Müller, Frank Lorenz: »Ludwig of Bavaria and Helmstadt: The Heroic Memory of an Unmilitary Prince«, AHRC-Project *Heirs to the Throne in the Constitutional Monarchies of Nineteenth-Century Europe (1815–1914)*, «Heir of the Month« (Juli 2016) – http://heirstothethrone-project.net/?page_id=2512 (Zugriff 28.3.2017)

Müller, Karl Alexander von, *Aus Gärten der Vergangenheit. Erinnerungen 1882–1914*, Stuttgart 1951

Münkler, Herfried, »Die Visibilität der Macht und Strategien der Machtvisualisierung«, in: Gerhard Göhler (Hg.), *Macht der Öffentlichkeit – Öffentlichkeit der Macht*, Baden-Baden 1995, S. 213–230

Naumann, Friedrich, *Demokratie und Kaisertum. Ein Handbuch für innere Politik*, Berlin 1900

Naumann, Friedrich, »Monarchie und Demokratie« (1912), in: Friedrich Naumann, *Werke*, Bd. 2, Köln/Opladen 1964, S. 439–444

Netzer, Hans-Joachim, *Albert von Sachsen-Coburg und Gotha. Ein deutscher Prinz in England*, München 1988

Neuhaus, Helmut, »Das Ende der Monarchien in Deutschland 1918«, in: *Historisches Jahrbuch* 111 (1991), S. 102–136

Neumeister, Sebastian, »Philalethes – König Johann als Dante-Übersetzer«, in: Winfried Müller und Martina Schattkowsky (Hg.), *Zwischen Tradition und Modernität. König Johann von Sachsen 1801–1873*, Leipzig 2004, S. 203–216

Newbould, Ian, »William IV and the Dismissal of the Whigs, 1834«, in: *Canadian Journal of History* 11 (1976), S. 311–330

Nicolson, Harold, *King George the Fifth. His Life and Reign*, New York 1953

Nye, Joseph S., »The Infant Prince George is a source of real-world power«, in: *Financial Times* 24.7.2013 – https://www.ft.com/content/0bd55672-f482-11e2-a62e-00144feabdc0 (Zugriff 1.6.2017)

Nye, Joseph S., *Soft Power. The Means to Success in World Politics*, New York 2005

O'Connor, Adrian, »Between Monarch and Monarchy: The Education of the Dauphin and Revolutionary Politics, 1790–1791«, in: *French History* 27/2 (2013), S. 176–201

Osterhammel, Jürgen, *Die Verwandlung der Welt: eine Geschichte des 19. Jahrhunderts*, München 2009

Otte, Wulf, »Zwischen Welfenstolz und Preußenmacht. Die braunschweigische Thronfolgefrage 1866–1918«, in: Meike Buck, Maik Ohnezeit und Heike Pöppelmann (Hg.), *1919 – Herrliche moderne Zeiten?*, Braunschweig 2013, S. 52–60

Palmer, Robert R., *Das Zeitalter der demokratischen Revolution*, Frankfurt am Main 1970

Parkurst, Genevieve, *A King in the Making. An Authentic Story of Edward, Seventeenth Prince of Wales*, New York/London 1925

Pascal, Adrien, *Vie Militaire, Privée and Politique de Son Altesse Royale Mgr Le Duc D'Orléans*, Paris 1842

Paulmann, Johannes, »Peripatetische Herrschaft, Deutungskontrolle und Konsum. Zur Theatralität in der europäischen Politik vor 1914«, in: *Geschichte in Wissenschaft und Unterricht* 53 (2002), S. 444–461

Paulmann, Johannes, *Pomp und Politik. Monarchenbegegnungen in Europa zwischen Ancien Régime und Erstem Weltkrieg*, Paderborn 2000

Paulucci, Paolo, *Alla corte di Re Umberto: diario segreto*, Mailand 1986

Pflanze, Otto, *Bismarck and the Development of Germany*, Bd. 1, Princeton 1990

Plunkett, John, *Queen Victoria. First Media Monarch*, Oxford 2003

Pogge von Strandmann, Hartmut, »Nationalisierungsdruck und Namensänderung in England. Das Ende der Großfamilie europäischer Dynastien«, in: Gerhard A. Ritter und Peter Wende (Hg.), *Rivalität und Partnerschaft. Studien zu den deutsch-britischen Beziehungen im 19. und 20. Jahrhundert*, Paderborn 1999, S. 69–91

Polland, Imke, »How to fashion the Popularity of the British Monarchy: Alexandra, Princess of Wales and the Attraction of Attire«, in: Frank Lorenz Müller und Heidi Mehrkens (Hg.), *Royal Heirs and the Uses of Soft Power in Nineteenth-Century Europe*, London 2016, S. 201–221

Porciani, Ilaria, »Der Krieg als ambivalenter italienischer Gründungsmythos – Siege und Niederlagen«, in: Nikolaus Buschmann und Dieter Langewiesche (Hg.), *Der Krieg in den Gründungsmythen europäischer Nationen und den USA*, Frankfurt am Main/New York 2003, S. 193–212

*Preußisch korrekt – berlinisch gewitzt. Der Maler Franz Krüger 1797–1857*, Ausstellungskatalog, hg. von Gerd Bartoschek, Berlin 2007

Price, Munro, *The Perilous Crown. France between Revolutions, 1814–1848*, Basingstoke/Oxford 2007

Price, Roger, *The French Second Empire. An Anatomy of Political Power*, Cambridge 2001

»Prinzenerziehung«, in: *Encyklopädie des gesammten Erziehungs- und Unterrichtswesens*, hg. von K. A. Schmid, Bd. 6, Gotha 1867

Prittwitz und Gaffron, Ferdinand von, *Die Königlichen Hausgesetze in Preußen. Jur. Diss. Breslau*, Leipzig 1908

Prochaska, Frank, *Royal Bounty. The Making of a Welfare Monarchy*, New Haven/London 1995

Prochaska, Frank, »The Crowned Republic and the Rise of the Welfare Monarchy«, in: Frank-Lothar Kroll und Dieter J. Weiß (Hg.), *Inszenierung oder Legitimität. Die Monarchie in Europa im 19. und 20. Jahrhundert. Ein deutsch-englischer Vergleich*, Berlin 2015, S. 141–150

Pyta, Wolfgang, »Die Kunst des rechtzeitigen Thronverzichts. Neue Einsichten zur Überlebenschance der parlamentarischen Monarchie in Deutschland im

Herbst 1918«, in: Patrick Merziger u. a. (Hg.), *Geschichte, Öffentlichkeit, Kommunikation. Festschrift für Bernd Sösemann zum 65. Geburtstag*, Stuttgart 2010, S. 363–381

Quataert, Jean, *Staging Philanthropy. Patriotic Women and the National Imagination in Dynastic Germany 1813–1916*, Ann Arbor 2001

Quessel, Ludwig, »Sind wir Republikaner?«, in: *Sozialistische Monatshefte* 13 (1909), S. 1254–1262

Quessel, Ludwig, »Sozialdemokratie und Monarchie«, in: *Sozialistische Monatshefte* 16 (1912), S. 271–275

Radforth, Ian, *Royal Spectacle. The 1860 Visit of the Prince of Wales to Canada and the United States*, Toronto 2004

Rauchensteiner, Manfried, *Der Erste Weltkrieg und das Ende der Habsburgermonarchie 1914–1918*, Wien u.a. 2013

*Regierte der Kaiser? Kriegstagebücher, Aufzeichnungen und Briefe des Chefs des Marine-Kabinetts Admiral Georg Alexander von Müller 1914–1918*, hg. von Walter Görlitz, 2. Aufl. Berlin/Frankfurt am Main 1959

Reidelbach, Hans, *Ludwig. Prinz von Bayern. Ein Lebens- und Charakterbild*, München 1905, S. 27

Requate, Jörg, »Einleitung«, in: Jörg Requate (Hg.), *Das 19. Jahrhundert als Mediengesellschaft*, München 2009, S. 7–18

Requate, Jörg, »Kennzeichen der deutschen Mediengesellschaft des 19. Jahrhunderts«, in: Jörg Requate (Hg.), *Das 19. Jahrhundert als Mediengesellschaft*, München 2009, S. 30–42

Requate, Jörg, »Politischer Massenmarkt und nationale Öffentlichkeiten – Die Entstehung einer ›vierten Gewalt‹? Deutschland, England und Frankreich im Vergleich«, in: Martin Kirsch, Anne G. Kosfeld und Pierangelo Schiera (Hg.), *Der Verfassungsstaat vor der Herausforderung der Massengesellschaft. Konstitutionalismus um 1900 im europäischen Vergleich*, Berlin 2002, S. 145–168

Retallack, James, »Obrigkeitsstaat und politischer Massenmarkt«, in: Sven Oliver Müller und Cornelius Torp (Hg.), *Das Deutsche Kaiserreich in der Kontroverse*, Göttingen 2009, S. 121–135

Riall, Lucy, »Men at War: Masculinity and Military Ideals in the Risorgimento«, in: Silvana Patriarca und Lucy Riall (Hg.), *The Risorgimento Revisited. Nationalism and Culture in Nineteenth-Centur Italy*, Basingstoke 2012, S. 152–170

Richards, Thomas, *The Commodity Culture of Victorian England. Advertising and Spectacle, 1851–1914*, London 1990

Richter, B., *Kleine Episoden und Charakterzüge aus dem Leben unseres Kaisers Friedrich III.*, Reudnitz/Leipzig 1888

Ridley, Jane, »Bertie Prince of Wales: Prince Hal and the Widow of Windsor«, in: Frank Lorenz Müller und Heidi Mehrkens (Hg.), *Royal Heirs and the Uses of Soft Power in Nineteenth-Century Europe*, London 2016, S. 123–138

Ridley, Jane, *Bertie. A Life of Edward VII*, London 2012

Ridley, Jane, *Victoria. Queen, Matriarch, Empress*, London 2015

Ries, Helmut, *Kronprinz Wilhelm*, Hamburg/Berlin/Bonn 2001

Riotte, Torsten, »Nach ›Pomp und Politik‹: Neue Ansätze in der Historiographie zum regierenden Hochadel im 19. Jahrhundert«, in: *Neue Politische Literatur* 59 (2014), S. 209–228

Robertson, Alexander, *Victor Emmanuel III. King of Italy*, London 1925

Röhl, John C. G., *Kaiser, Hof und Staat. Wilhelm II. und die deutsche Politik*, München 2002

Röhl, John C. G. (Hg.), *Philipp Eulenburgs politische Korrespondenz*, Bd. 2, Boppard am Rhein 1979

Röhl, John C. G., *Wilhelm II. Der Weg in den Abgrund 1900–1941*, 2. Aufl. München 2009

Röhl, John C. G., *Wilhelm II. Die Jugend des Kaisers 1859–1888*, München 2001

Roon, Albrecht von, *Denkwürdigkeiten aus dem Leben des Generalfeldmarschalls Kriegsminister Grafen von Roon*, Bd. 1, 4. Aufl. Breslau 1897 (1. Aufl. von 1892)

Röschner, Matthias, »Förderer und Protektor. Die Rolle Ludwigs III. in der Gründungs- und Aufbauphase des Deutschen Museums«, in: Ulrike Leutheusser und Hermann Rumschöttel (Hg.), *König Ludwig III. und das Ende der Monarchie in Bayern*, München 2014, S. 127–144

Rose, Kenneth, *King George V*, London 1983

Rüger, Jan, *The Great Naval Game. Britain and Germany in the Age of Empire*, Cambridge 2007

Rundquist, Angela, »Pompe en noir et blanc. Présentation officielle des dames à la cour de Suède«, in: *Actes de la Recherche en Sciences Sociales* 110 (Dec. 1995), S. 65–76

Salazar, Fanny Zampini, *Margherita of Savoy. First Queen of Italy. Her Life and Times*, London 1914

Sanson, Henri, *Tagebücher der Henker von Paris*, Bd. 1 – http://gutenberg.spiegel.de/buch/tagebucher-der-henker-von-paris-erster-band-445/12 (Zugriff 2.7. 2017)

Schama, Simon, »The Domestication of Majesty: Royal Family Portraiture, 1650–1850«, in: *The Journal of Interdisciplinary History* 17 (1986), S. 155–183

Schieder, Theodor, *Staatensystem als Vormacht der Welt, 1848–1918*, Berlin 1986

Hermann Schindler, *König Friedrich August III. von Sachsen. Ein Lebens- und Charakterbild*, Dresden 1906/1916

Schlögl, Rudolf, *Alter Glaube und moderne Welt: europäisches Christentum im Umbruch 1750–1850*, Frankfurt am Main 2013

Schmidt, Hans-Joachim, »Fürstenspiegel«, in: *Historisches Lexikon Bayerns* (2011) – https://www.historisches-lexikon-bayerns.de/Lexikon/F%C3%BCrstenspiegel (Zugriff 6.2.2017)

Schneider, Louis, »Der Prinz von Preußen. Zum 1. Januar 1857«, in: *Der Soldaten-Freund* 24 (Dezember 1856), S. 1–136

Schneider, Miriam, »A ›Sporting Hermes‹: Crown Prince Constantine and the Ancient Heritage of Modern Greece«, in: Frank Lorenz Müller und Heidi Mehrkens (Hg.), *Royal Heirs and the Uses of Soft Power in Nineteenth-Century Europe*, London 2016, S. 243–261

Schneider, Miriam, »Diadochos Konstantinos: The Prussian Duke of Sparta«, AHRC-Project *Heirs to the Throne in the Constitutional Monarchies of Nineteenth-Century Europe 1815–1914,* »Heir of the Month« (März 2015) – http://heirstothethrone-project.net/?page_id=1467 (Zugriff 5.7.2017)

Schneider, Miriam, *The Sailor Prince in the Age of Empire. Creating a Monarchical Brand in 19th-Century Europe*, London 2018

Schneider, Miriam, *Who should educate the Prince of Wales? Eine Debatte im viktorianischen England*,unveröffentlichte Bachelor-Arbeit, Universität Bayreuth 2009

Schneider, Reinhold, *Die Hohenzollern*, 2. Aufl. Köln 1953

Schöbel, Anja, *Monarchie und Öffentlichkeit. Zur Inszenierung der deutschen Bundesfürsten 1848–1918*, Köln/Weimar/Wien 2017

Schönpflug, Daniel, *Die Heiraten der Hohenzollern. Verwandtschaft, Politik und Ritual in Europa 1640–1918*, Göttingen 2013

Schönpflug, Daniel, »Heirs before the Altar: Hohenzollern Marriages in a Bourgeois Age«, in: Frank Lorenz Müller und Heidi Mehrkens (Hg.), *Sons and Heirs. Succession and Political Culture in Nineteenth-Century Europe*, Basingstoke 2016, S. 53–71

Schulze, Hagen, *Staat und Nation in der Europäischen Geschichte*, München 1994

Schulze, Hermann, *Die Hausgesetze der regierenden deutschen Fürstenhäuser*, Bd. 1, Jena 1862

Schulze, Hermann, *Die Hausgesetze der regierenden deutschen Fürstenhäuser*, Bd. 3, Jena 1883

Schulze-Wegener, Guntram, *Wilhelm I. Deutscher Kaiser – König von Preußen – Nationaler Mythos,* Hamburg/Bonn 2015

Sellin, Volker, *Das Jahrhundert der Restaurationen*, München 2014

Sellin, Volker, »Die Erfindung des Monarchischen Prinzips. Jacques-Claude Beugnots Präambel zur *Charte Constitutionelle*«, in: Armin Heinen und Dietmar Hüsen (Hg.), *Tour de France. Eine historische Rundreise. Festschrift für Rainer Hudemann*, Stuttgart 2008, S. 489–497

Sellin, Volker, »Die Nationalisierung der Monarchie, in: Benjamin Hasselhorn und Marc von Knorring (Hg.), *Vom Olymp zum Boulevard: Die europäischen Monarchien von 1815 bis heute – Verlierer der Geschichte?*, Berlin 2018, S. 241–253

Sellin, Volker, *Gewalt und Legitimität. Die europäische Monarchie im Zeitalter der Revolutionen*, München 2011

Sellin, Volker, »Restorations and Constitutions«, in: Kelly L. Grotke und Markus J. Prutsch (Hg.), *Constitutionalism, Legitimacy, and Power*, Oxford 2014 (b), S. 84–103

Sheehan, James J., *Where Have All the Soldiers Gone? The Transformation of Modern Europe*, New York 2008 (deutsch: *Kontinent der Gewalt. Europas langer Weg zum Frieden*, München 2008)

Smith, Denis Mack, *Italy and its Monarchy*, New Haven/London 1998

Smith, Jeffrey R., »The Monarchy versus the Nation: the Festive Year 1913 in Wilhelmine Germany«, in: *German Studies Review* 23 (2000), S. 257–274

Smith, William H. C., *Napoleon III. The Pursuit of Prestige*, London 1991

Snow, Nancy, und Philip Taylor (Hg.), *Routledge Handbook of Public Diplomacy*, London 2009

Spellman, W. M., *Monarchies 1000–2000*, London 2001

Stagl, Justin, »Einleitung«, in: Justin Stagl (Hg.), *Ein Erzherzog reist. Beiträge zur Weltreise Franz Ferdinands*, Salzburg 2001, S. 3–8

Stecher, Richard, *König Friedrich August III. von Sachsen. Ein Lebensbild*, Dresden 1905

Sterkenburgh, Frederik Frank, »Narrating Prince Wilhelm of Prussia: Commemorative Biography as Monarchical Politics of Memory«, in: Frank Lorenz Müller und Heidi Mehrkens (Hg.), *Royal Heirs and the Uses of Soft Power in Nineteenth-Century Europe*, London 2016, S. 281–301

Stickler, Matthias, »Dynastie, Armee, Parlament. Probleme staatlicher Integrationspolitik im 19. Jahrhundert«, in: Winfried Müller und Martina Schattkowsky (Hg.), *Zwischen Tradition und Modernität. König Johann von Sachsen 1801–1873*, Leipzig 2004, S. 109–140

Storz, Dieter, »Kronprinz Rupprecht von Bayern – dynastische Heerführung im Massenkrieg«, in: Winfried Heinemann und Markus Pöhlmann (Hg.), *Monarchen und ihr Militär*, Potsdam 2010, S. 45–57

Tamse, Coenraad A., »Die niederländische Monarchie«, in: Horst Lademacher und Walter Mühlhausen (Hg.), *Freiheitsstreben. Demokratie. Emanzipation. Aufsätze zur politischen Kultur in Deutschland und den Niederlanden*, Münster/Hamburg 1993, S. 107–138

Tamse, Coenraad A., »König Wilhelm III. und Sophie«, in: Coenraad A. Tamse (Hg.), *Nassau und Oranien. Statthalter und Könige der Niederlande*, Göttingen/Zürich 1985, S. 308–328

Telesko, Werner, *Geschichtsraum Österreich. Die Habsburger und ihre Geschichte in der bildenden Kunst des 19. Jahrhunderts*, Wien 2006, S. 282–286

Thoma, Ludwig, »Ein kranker König« [1907], in: Ludwig Thoma, *Gesammelte Werke*, Bd. 1, München 1968

Thompson, Andrew, »Fathers and Sons: Intergenerational Conflict in the Early Hanoverian Monarchy«, Vortrag in Hampton Court 2013 (unveröff. MS)

Thompson, J. M. (Hg.), *English Witnesses of the French Revolution*, Oxford 1938, S. 227–231

Tomasi di Lampedusa, Giuseppe, *Der Gattopardo*, München 2004

Toskana, Luise von, *Mein Lebensweg*, Berlin 1926

Travaini, Lucia, *Storia di una passione: Vittorio Emanuele III e le monete*, 2. Aufl. Rom 2005

Truesdell, Matthew, *Spectacular Politics. Louis-Napoleon Bonaparte and the ›Fête Imperiale‹, 1849–1870*, New York/Oxford 1997

Turner, E. S., *The Court of St James's*, New York 1959

Ulrich, Bernd, Jakob Vogel und Benjamin Ziemann (Hg.), *Untertan in Uniform. Militär und Militarismus im Kaiserreich 1871–1914. Quellen und Dokumente*, Frankfurt am Main 2001

Ungari, Andrea, »The Role of the Monarchy in the War in Libya«, in: Luca Micheletta und Andrea Ungari (Hg.), *The Libyan War 1911–1912*, Cambridge 2013, S. 15–38

Unowsky, Daniel, *The Pomp and Politics of Patriotism. Imperial Celebrations in Habsburg Austria, 1848–1916*, West Lafayette, IN, 2005

*Unser Kronprinz im Felde. Gemälde und Skizzen von Wilhelm Paper, Kriegsmaler im Großen Hauptquartier*, Berlin 1918

Urbach, Karina, »Die inszenierte Idylle. Legitimationsstrategien Queen Victorias und Prinz Alberts«, in: Frank-Lothar Kroll und Dieter J. Weiß (Hg.), *Inszenierung oder Legitimität. Die Monarchie in Europa im 19. und 20. Jahrhundert. Ein deutsch-englischer Vergleich*, Berlin 2015, S. 23–33

Urbach, Karina, *Queen Victoria. Eine Biographie*, München 2011

Vacaresco, Hélène, *Kings and Queens I have known*, New York 1904

Vallone, Lynne, *Becoming Victoria*, New Haven/London 2001

Vierhaus, Rudolf (Hg.), *Das Tagebuch der Baronin Spitzemberg, geb. Freiin v. Varnbüler. Aufzeichnungen aus der Hofgesellschaft des Hohenzollernreiches*, 3. Aufl. Göttingen 1963

Villa, Valentina, »An Italian Heir for the New Century: Vittorio Emanuele, Prince of Naples«, in: Frank Lorenz Müller und Heidi Mehrkens (Hg.), *Sons and Heirs. Succession and Political Culture in Nineteenth-Century Europe*, Basingstoke 2016, S. 160–175

Villa, Valentina, »The Victorious King: The Role of King Victor Emmanuel III in the Great War«, in: Matthew Glencross und Judith Rowbotham (Hg.), *Monarchies and the Great War*, London 2018, S. 225–249

Vincent, James Edmund, *His Royal Highness Duke of Clarence and Avondale. A Memoir*, London 1893

Vocelka, Karl, und Lynne Heller, *Die private Welt der Habsburger. Leben und Alltag einer Familie*, Graz 1998

Vocelka, Michaela und Karl, *Franz Joseph I. Kaiser von Österreich und König von Ungarn, 1830–1916*, München 2015

Vogel, Jakob, »Der ›Folkloremilitarismus‹ und seine zeitgenössische Kritik – Deutschland und Frankreich 1871–1914«, in: Wolfram Wette (Hg.), *Militarismus in Deutschland 1871 bis 1945*, Münster 1999, S. 277–292

Vogel, Jakob, »›En revenant de la revue‹. Militärfolklore und Folkloremilitarismus in Deutschland und Frankreich 1871–1914«, in: *Österreichische Zeitschrift für Geschichtswissenschaft* 9 (1998), S. 9–30

Vogel, Jakob, *Nationen im Gleichschritt. Der Kult der ›Nation in Waffen‹ in Deutschland und Frankreich, 1871–1914*, Göttingen 1997

Vogel, Juliane, *Elisabeth von Österreich. Momente aus dem Leben einer Kunstfigur*, Frankfurt am Main 1998

Wawro, Geoffrey, *The Austro-Prussian War. Austria's War with Prussia and Italy 1866*, Cambridge 1996

Wecker, Fritz, *Unsere Landesväter. Wie sie gingen, wo sie blieben*, Berlin 1928

Weigand, Katharina, »Der gelehrte Monarch und die Kulturpolitik. Johann von Sachsen und Maximilian II von Bayern im Vergleich«, in: Winfried Müller und Martina Schattkowsky (Hg.), *Zwischen Tradition und Modernität. König Johann von Sachsen 1801–1873*, Leipzig 2004, S. 189–202

Weigand, Katharina, »Die konstitutionelle Monarchie im 19. Jahrhundert im Spannungsfeld von Krone und Staat, Macht und Amt«, in: Wolfgang Wiese und Katrin Rössler (Hg.), *Repräsentation im Wandel*, Ostfildern 2008, S. 36–37

Weis, Eberhard, *Der Durchbruch des Bürgertums: 1776–1847*, Berlin 1990

Weiß, Dieter J., »Kronprinz Rupprecht von Bayern (1869–1955). Thronprätendent in einer Republik«, in: Frank-Lothar Kroll und Dieter J. Weiß (Hg.), *Inszenierung oder Legitimität. Die Monarchie in Europa im 19. und 20. Jahrhundert. Ein deutsch-englischer Vergleich*, Berlin 2015, S. 153–167.

Weiß, Dieter J., *Kronprinz Rupprecht von Bayern. Eine politische Biografie*, Regensburg 2007

Weissensteiner, Friedrich, *Franz Ferdinand. Der verhinderte Herrscher*, Wien 2007

Weissensteiner, Friedrich, *Große Herrscher des Hauses Habsburg: 700 Jahre europäische Geschichte*, München 1997

Werner, Karl F., »Fürst und Hof im 19. Jahrhundert: Abgesang oder Spätblüte«, in: Karl Ferdinand Werner (Hg.), *Hof, Kultur und Politik im 19. Jahrhundert. Akten des 18. Deutsch-Französischen Historikerkolloquiums 1985* (Pariser Historische Studien 21), S. 1–53

Widestadt, Kristina, »Pressing the Centre of Attention: Three Royal Weddings and a Media Myth«, in: Mats Jönsson und Patrik Lundell (Hg.), *Media and Monarchy in Sweden*, Göteborg 2009, S. 47–58

Wienfort, Monika, »Dynastic Heritage and Bourgeois Morals: Monarchy and Family in the Nineteenth Century«, in: Frank Lorenz Müller und Heidi Mehrkens (Hg.), *Royal Heirs and the Uses of Soft Power in Nineteenth-Century Europe*, London 2016, S. 163–179

Wienfort, Monika, *Verliebt, verlobt, verheiratet. Eine Geschichte der Ehe seit der Romantik*, München 2014

Wilhelm II., *Aus meinem Leben, 1859–1888*, 4. Aufl. Berlin/Leipzig 1927

*Wilhelm II. König von Württemberg. Ein Lebensbild*, Ludwigsburg 1891

Williams, Kate, *Becoming Queen*, London 2009

Williamson, Samuel R. Jr., »Influence, Power, and the Policy Process: The Case of Franz Ferdinand, 1906–1914«, in: *The Historical Journal* 17 (1974), S. 417–434

Willman, Anni, *Der gelernte König. Wilhelm II. von Württemberg. Ein Porträt in Geschichten*, Stuttgart 2007

Wilson, A. N., *Victoria. A Life*, New York 2014

Windt, Franziska, »Majestätische Bilderflut. Die Kaiser in der Photographie«, in: *Die Kaiser und die Macht der Medien*, hg. von der Generaldirektion der Stiftung Preußische Schlösser und Gärten Berlin-Brandenburg, Berlin 2005, S. 67–77

Winkelhofer, Martina, *Eine feine Gesellschaft. Europas Königs- und Kaiserhäuser im Spiegel ihrer Skandale*, Wien 2014

Winterberg, Yury und Sonya, *Kleine Hände im Großen Krieg. Kinderschicksale im Ersten Weltkrieg*, Berlin 2014

Witzleben, E. v., *Adolf von Deines. Lebensbild, 1845–1911*, Berlin 1913

Wolf, Friedrich August, *Darstellung der Alterthumswissenschaften*, hg. von S. F. W. Hoffmann, Leipzig 1833

Wortman, Richard S., *Scenarios of Power: Myth and Ceremony in Russian Monarchy*, Bd. 2, Princeton 2000

Wrede, Martin, »Einleitung: Die Inszenierung der mehr oder weniger heroischen Monarchie. Zu Rittern und Feldherren, Kriegsherren und Schauspielern«, in: Martin Wrede (Hg.), *Die Inszenierung der heroischen Monarchie. Frühneuzeitliches Königtum zwischen ritterlichem Erbe und militärischer Herausforderung*, München 2014, S. 8–39

Wyatt, Harold Fraser, »God's Text by War«, in: *The Nineteenth Century und After* 69 (1911), S. 591–606

Zanten, Jeroen van, *Koning Willem II, 1792–1849*, Amsterdam 2013

Ziegler, Philip, *King Edward VIII. The Official Biography*, London 1990

Zorn, Philipp, »Erinnerungen an den deutschen Kronprinzen«, in: *Deutsche Revue* 46/4 (1921), S. 207–210

Zweig, Stefan, *Die Welt von Gestern* (1942) – http://gutenberg.spiegel.de/buch/die-welt-von-gestern-6858/11 (Zugriff 25.5.2017)

### Zeitungen und Zeitschriften

Allgemeine Rundschau
Allgemeine Zeitung
Augsburger Postzeitung
Bayern-Kurier
Berliner Tageblatt
Democrat Herald
Der Beobachter: Ein Volksblatt aus Schwaben
Der Sozialdemokrat
Die Volkswacht
Die Zeit
Dresdener Rundschau
Dresdner Anzeiger
Dresdner Journal
Dresdner Nachrichten
Dresdner Neueste Nachrichten
El Imparcial
Illustrated London News
Leipziger Volkszeitung
Leipziger Zeitung
L'Illustrazione Italiana
Münchener Tageblatt
Münchner Neueste Nachrichten
National-Zeitung
Neue Freie Presse (Wien)
Neue Freie Volkszeitung
Neue Preussische Zeitung
Neues Tagblatt
New York Times
Norddeutsche Allgemeine Zeitung
Pall Mall Gazette
Politiken
Reynold's Newspaper
Rheinische Blätter
Sächsische Arbeiter-Zeitung
Sächsische Volkszeitung
Schwäbische Kronik
Schwäbische Tagwacht
Schwäbischer Merkur
Staats-Anzeiger für Württemberg

The Manchester Guardian
The Times
Unterhaltungsblatt der Augsburger Postzeitung
Volksblatt
Volks-Zeitung

### Online-Ressourcen/Web-Seiten

http://landtagsprotokolle.sachsendigital.de
www.documentarchiv.de
www.heraldica.org
http://www.st-andrews.ac.uk/history/research/monarchies/Heirslist_Project
http://news.bbc.co.uk
https://en.wikipedia.org
https://www.royalcollection.org.uk
https://www.hdbg.eu
http://www.br.de
http://www.bildarchivaustria.at
http://thevictorianist.blogspot.de
http://www.royalcourt.no
http://heirstothethrone-project.net
https://www.zeno.org
http://www.npg.org.uk
http://statues-monuments-npdc.pagesperso-orange.fr

# Regenten und Thronfolger

**Bayern**

| | | | |
|---|---|---|---|
| MAXIMILIAN I. JOSEPH | 1756–1825 | 1806–1825 | König |
| LUDWIG I. | 1786–1868 | 1825–1848 | König |
| MAXIMILIAN II. | 1811–1864 | 1848–1864 | König |
| LUDWIG II. | 1845–1886 | 1864–1886 | König |
| OTTO I. | 1848–1916 | | König regierungsunfähig |
| LUITPOLD | 1821–1912 | 1886–1912 | Prinzregent |
| LUDWIG III. | 1845–1921 | 1912–1913 | Prinzregent |
| | | 1913–1918 | König |
| RUPPRECHT | 1869–1955 | | Kronprinz |

**Belgien**

| | | | |
|---|---|---|---|
| LEOPOLD I. | 1790–1865 | 1831–1865 | König |
| LEOPOLD II. | 1835–1909 | 1865–1909 | König |
| ALBERT I. | 1875–1934 | 1909–1934 | König |

**Dänemark**

| | | | |
|---|---|---|---|
| CHRISTIAN XIII. | 1786–1848 | 1839–1848 | König |
| FRIEDRICH VII. | 1808–1863 | 1848–1863 | König |
| CHRISTIAN IX. | 1818–1906 | 1863–1906 | König |
| FRIEDRICH VIII. | 1843–1912 | 1906–1912 | König |
| CHRISTIAN X. | 1870–1947 | 1912–1947 | König |

**Frankreich**

| | | | |
|---|---|---|---|
| LUDWIG XVI. | 1754–1793 | 1774–1792 | König |
| NAPOLEON I. | 1769–1821 | 1804–1814 | Kaiser |
| LUDWIG XVIII. | 1755–1824 | 1814–1824 | König |
| KARL X. | 1757–1836 | 1824–1830 | König |
| LUDWIG PHILIPP I. | 1773–1850 | 1830–1848 | König |
| FERDINAND Herzog von Orléans | 1810–1842 | | Königlicher Prinz |
| NAPOLEON III. | 1808–1873 | 1852–1870 | Kaiser |

## Griechenland

| | | | |
|---|---|---|---|
| OTTO I. | 1815–1867 | 1832–1862 | König |
| GEORG I. | 1845–1913 | 1863–1913 | König |
| KONSTANTIN I. | 1868–1923 | 1913–1917 | und |
| | | 1920–1922 | König |

## Großbritannien

| | | | |
|---|---|---|---|
| GEORG III. | 1738–1820 | 1760–1811/20 | König |
| GEORG IV. | 1762–1830 | 1811/20–1830 | König |
| WILHELM IV. | 1765–1837 | 1830–1837 | König |
| VIKTORIA | 1819–1901 | 1837–1901 | Kaiserin und Königin |
| EDUARD VII. | 1841–1910 | 1901–1910 | Kaiser und König |
| ALBERT VICTOR | 1864–1892 | | Prinz |
| GEORG V. | 1865–1936 | 1910–1936 | Kaiser und König |
| EDUARD VIII. | 1894–1972 | 1936 | Kaiser und König |

## Italien (Piemont-Sardinien)

| | | | |
|---|---|---|---|
| VIKTOR EMANUEL II. | 1820–1878 | 1849–1878 | König |
| UMBERTO I. | 1844–1900 | 1878–1900 | König |
| VIKTOR EMANUEL III. | 1869–1947 | 1900–1946 | König |

## Österreich

| | | | |
|---|---|---|---|
| FRANZ I. | 1768–1835 | 1804–1835 | Kaiser |
| FERDINAND I. | 1793–1875 | 1835–1848 | Kaiser |
| FRANZ JOSEPH I. | 1830–1916 | 1848–1916 | Kaiser |
| RUDOLF | 1858–1889 | | Kronprinz |
| FRANZ FERDINAND | 1863–1914 | | Erzherzog |
| KARL I. | 1887–1922 | 1916–1918 | Kaiser |

## Niederlande

| | | | |
|---|---|---|---|
| WILHELM I. | 1772–1843 | 1813–1840 | König |
| WILHELM II. | 1792–1849 | 1840–1849 | König |
| WILHELM III. | 1817–1890 | 1849–1890 | König |
| WILHELMINA | 1880–1962 | 1890/98–1949 | Königin |

## Norwegen

| | | | |
|---|---|---|---|
| HAAKON VII. | 1872–1957 | 1905–1857 | König |
| OLAV V. | 1903–1991 | 1957–1991 | König |

### Preußen-Deutschland

| | | | |
|---|---|---|---|
| FRIEDRICH WILHELM III. | 1770–1840 | 1797–1840 | König |
| FRIEDRICH WILHELM IV. | 1795–1861 | 1840–1858/61 | König |
| WILHELM I. | 1797–1888 | 1858–1861 | Prinzregent |
| | | 1858–1870 | König |
| | | 1871–1888 | Kaiser und König |
| FRIEDRICH III. | 1831–1888 | 1888 | Kaiser und König |
| WILHELM II. | 1859–1941 | 1888–1918 | Kaiser und König |
| WILHELM | 1882–1951 | | Kronprinz |

### Sachsen

| | | | |
|---|---|---|---|
| JOHANN I. | 1801–1873 | 1854–1873 | König |
| ALBERT I. | 1828–1902 | 1873–1902 | König |
| GEORG I. | 1832–1904 | 1902–1904 | König |
| FRIEDRICH AUGUST III. | 1865–1932 | 1904–1918 | König |
| FRIEDRICH AUGUST | 1893–1943 | | Kronprinz |

### Schweden-Norwegen

| | | | |
|---|---|---|---|
| KARL XIV. JOHANN | 1763–1844 | 1818–1843 | König |
| OSKAR I. | 1799–1859 | 1844–1859 | König |
| KARL XV. | 1826–1872 | 1859–1872 | König |
| OSKAR II. | 1829–1907 | 1872–1907 | König* |
| GUSTAV V. | 1858–1950 | 1907–1950 | König |

* Die Schwedisch-Norwegische Union endete mit der Unabhängigkeit Norwegens im Jahr 1905.

### Spanien

| | | | |
|---|---|---|---|
| FERDINAND VII. | 1784–1833 | 1808 | und |
| | | 1813–1833 | König |
| ISABELLA II. | 1830–1904 | 1833/43–1868/70 | Königin |
| ALFONS XII. | 1857–1885 | 1874–1885 | König |
| ALFONS XIII. | 1886–1941 | 1902–1931 | König |

### Württemberg

| | | | |
|---|---|---|---|
| WILHELM I. | 1781–1864 | 1816–1864 | König |
| KARL I. | 1823–1891 | 1864–1891 | König |
| WILHELM II. | 1848–1921 | 1891–1918 | König |
| ALBRECHT | 1865–1939 | | Herzog |

# Personenregister

# Bildnachweis

17 »Des Kaisers Stolz. – Die Hoffnung seiner Völker«, 1858, Lithographie nach Johann Schmickl, ÖNB Bildarchiv und Grafiksammlung, Sign. Pk 3001, 270

39 Joseph Losch, »Dankmedaille zum Jahrestag der bayerischen Verfassung von 1818«, 1819. Vorder- und Rückseite. Foto: Berlin-George/Wikimedia Commons, CC-BY-SA-4.0

61 Jean-Léon Gérôme, »Der Empfang der Botschafter aus Siam im Château Fontainebleau, 1861«, 1865, Öl/Lwd., Schloss Versailles/Bridgeman Images

81 Max Beerbohm, »Die seltenen, die ziemlich furchtbaren Besuche Albert Edwards, des Prinzen von Wales, in Windsor Castle«, 1921. Foto: Granger Historical Picture Archive/Alamy Stock Photo

89 »Kultbild der Gesellschaft 1841–1891«, Karikatur aus der Zeitschrift »Truth«, 1891. Foto: Mary Evans Picture Library/picture-alliance

99 »Kronprinz Rudolf überreicht seinem Vater den ersten Band des ›Kronprinzenwerkes‹«, 1885, ÖNB Bildarchiv und Grafiksammlung, Sign. Pf 1.299 : E (5)

111 »Prinz Umberto, der spätere König Umberto I. von Italien, mit Braut Margherita von Savoyen-Genua«, 1868, Holzstich. Foto: Sammlung Rauch/Interfoto

131 »Prinzesssin Anna Pia Monica«, 1911, Postkarte. Privatarchiv

159 Henry Tanworth Wells, »Victoria Regina«, 1887, Öl/Lwd., Royal Collection Trust © Her Majesty Queen Elizabeth II, 2018/Bridgeman Images

175 »Die Prinzen Eddy und George als Kadetten auf dem britischen Kriegsschiff ›HMS Bacchante‹«, 1881. Foto: The Print Collector/Alamy Stock Photo

201 »Prinz Wilhelm, der spätere Kaiser Wilhelm II., als Schüler in Kassel«, 1874. Nachdruck aus: Kaiser Wilhelm II.: »Aus meinem Leben«, 1859–1888 (Berlin/Leipzig 1927), S. 128

213 Jean Baptiste Feilner, »Kronprinz Wilhelm als Bonner Preuße«, 1901, Postkarte. Foto: Jean Baptiste Feilner/Wikimedia Commons, CC0

237 »Prinz Ludwig als siegreicher Ritter im Kampf gegen den Drachen des preußischen Partikularismus«, Münchner Volkszeitung 15./16.6.1896, Bayerisches Staatsarchiv

259 José Ribelles y Helip, »Allegorie von Spanien mit Königin María Cristina

und Isabel II.«, 1833, Öl/Lwd., Museo Nacional del Romanticismo, Madrid. Foto: Oronoz/Album/akg-images

261 William James Ward, »Königin Victoria als Prinzessin«, 1825, Royal Collection Trust © Her Majesty Queen Elizabeth II, 2018/Bridgeman Images

265 »Vier Generationen im bayerischen Herrscherhause«, Postkarte, um 1905, Privatarchiv

267 Jens C. F. Hilfling Rasmussen, »Ankunft des norwegischen Königs Haakon mit seinem Sohn Olav«, 1905. Foto: Jens C. F. Hilfling Rasmussen/The Royal Collection, Oslo

269 William & Daniel Downey, »Prinzessin Alexandra, spätere Königin Alexandra, mit ihrer Tochter Prinzessin Louise«, 1866, Royal Collection Trust © Her Majesty Queen Elizabeth II 2018

273 Eduard Hodek junior, »Erzherzog Franz Ferdinand auf seiner Weltreise«, 1893, ÖNB Bildarchiv und Grafiksammlung, Hodek, Eduard junior, Sign. Kor 18E/1

293 Max Koner, »Kaiser Wilhelm II.«, 1890, Öl/Lwd. (verschollen)

309 Ferdinand Georg Waldmüller, »Porträt des späteren Kaisers Franz Josef I. von Österreich (1830–1916) als Grenadier mit Spielzeugsoldaten«, 1832, Öl/Holz © 2018. Liechtenstein, The Princely Collections, Vaduz-Vienna/Scala, Florenz

313 »Der spätere Alfons XIII. als Junge«, Kupferstich, o.J. Foto: Hi-Story/Alamy Stock Photo

321 Émile Jean Horace Vernet, »Der Herzog von Chartres zu Pferde«, 1832, Öl/Lwd., Privatsammlung. Foto: ART Collection/Alamy Stock Photo

324 Olaf Gulbransson, »Kaisermanöver«. »Simplicissimus«, München, 14. Jg., Nr. 25, 20. September 1909, S. 424 © Olaf Gulbransson/VG Bild-Kunst, Bonn 2018

337 »Der Prinz von Wales als Soldat im Ersten Weltkrieg«, 1914. Foto: The Print Collector/Alamy Stock Photo

349 »Unser Kronprinz im Felde«, o.J., Postkarte, Privatarchiv

359 »Kronprinz Rupprecht«, o.J., Postkarte, Privatarchiv

369 Horace Nicholls, »Die Enthüllung des Cenotaph in London (11. November 1920)«, 1920. Foto: Horace Nicholls/Imperial War Museum